백인의 신념

19~20세기 식민지인을 바라보는
프랑스인의 시각

«나는 단순한 생각을 가진 채로 복잡다단한 오리엔트를 향해 떠났다.»

— 샤를 드골, 1954년

알랭 뤼시오 지음
우무상 옮김

백인의 신념

19~20세기 식민지인을 바라보는 프랑스인의 시각

Le Credo de l'Homme blanc

Regards coloniaux français XIXe-XXe siècles

경북대학교출판부

지은이 **알랭 뤼시오** Alain Ruscio(1947년 ~)

소속된 대학이나 기관이 없는 프랑스 사학자이다. 인도차이나 전쟁과 알제리 전쟁 때의 프랑스 공산주의자들의 역할, 프랑스인들이 식민지와 식민지인들에 대해 가졌던 이국 취향적 시각과 환상 등이 주요 관심 영역이다. 『프랑스 공산주의자들과 인도차이나 전쟁-1944~1954년』, 『공산주의자들과 알제리. 기원에서부터 독립 전쟁에 이르기까지-1920~1962년』, 『식민지에서의 사랑. 이국적 모험과 환상 – 클레르 뒤라스에서부터 죠르쥬 심므농에 이르기까지』를 포함한 많은 단독 저서를 발표했다. 이외에도 『베트남, 역사, 땅, 사람들』을 비롯한 여러 책을 공동 저술했으며, 『프랑스 식민화 사업 백과사전』(여러 권으로 기획된 이 사전은 2017년부터 표제어 순서에 따라 간행되고 있다.)을 편찬하는 일을 주도하고 있다. 한편, 여러 역사 전문 잡지에 기고하면서 프랑스 식민사와 관련한 대중 강연도 활발히 전개하고 있으며, 현대 베트남과 관련한 자료들을 수집해서 제공하는 정보·자료 센터를 이끌고 있다.

옮긴이 **우무상**

경북대학교 인문대학 불어불문학과에 재직하면서, 프랑스 문화에 대해 공부하고 있다.
E-mail: moswoo@knu.ac.kr

백인의 신념

19~20세기 식민지인을 바라보는 프랑스인의 시각

찍은 날 2021년 1월 4일 • **펴낸 날** 2021년 1월 8일
지은이 알랭 뤼시오 • **옮긴이** 우무상 • **펴낸이** 홍원화 • **펴낸 곳** 경북대학교출판부
출판등록 1973년 10월 10일 ㉑97호 • **주소** 대구광역시 북구 대학로 80 • **전화** 053-950-3830
팩스 053-953-4692 • **이메일** press@knu.ac.kr • **홈페이지** http://knupress.com
ISBN 978-89-7180-551-0 93920

정가는 뒤표지에 있습니다. 파본은 바꾸어 드립니다.

Le Credo de l'Homme blanc-Regards coloniaux français XIXᵉ-XXᵉ siècles,

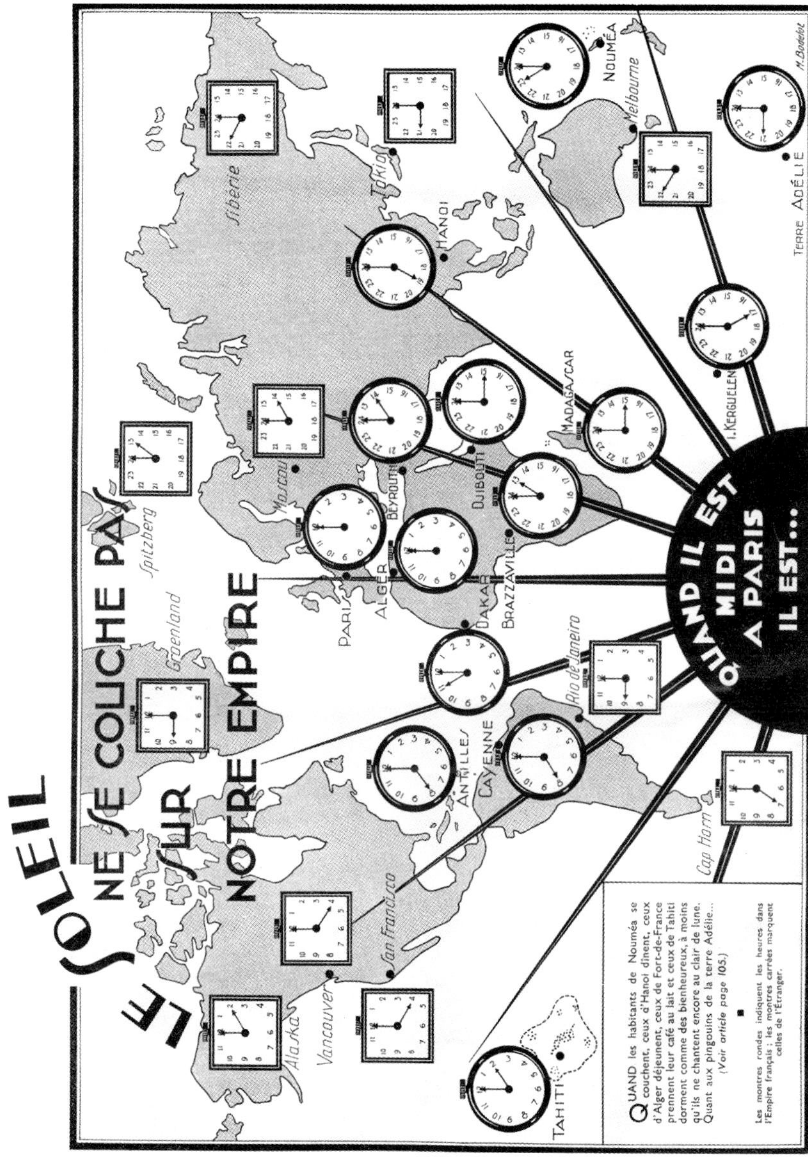

1. 「삽화가 곁들어진 식민 세계 신문 *Le Monde colonial illustré*」 1938년 6월 호. 위쪽에 «우리의 제국에서 태양은 지지 않는다.»라고 적혀 있고, 아래쪽 검은 반원 형태 속에는 «파리가 정오일 때의 시간»이라고 적혀 있다. 왼쪽 아래 네모 상자 속에는 다음과 같은 설명문이 붙어 있다. «누메아(누벨칼레도니의 항구도시)의 주민들이 잠자리에 들 때, 하노이의 주민들은 저녁 식사를 하고, 포르-드-프랑스(마르티니크의 중심 도시)의 주민들은 카페오레를 마시며, 타히티의 주민들은 달빛 아래에서 노래를 부르지 않으면 평화롭게 잠을 잔다. 아델리(프랑스가 영유권을 주장하는 남극 대륙 지역)의 펭귄들로 말하자면……» «둥근 시계들은 프랑스 제국의 시간들을 나타낸 것이며, 사각 시계들은 외국의 시간들을 나타낸 것이다.»

2. "통킹", 1930년대. 늘어선 통킹 사람들 중앙에 멋진 군복 차림으로 앉아 있는 프랑스 군인의 모습.

3. "나병 환자들을 돌보는 선교사", 우편엽서. 신앙 전파 사업, 1940년대.

4. 식민지와 광고. 적포도주 〈BYRRH〉의 광고문. 위쪽 그림에서는 인도차이나로 보이는 곳에서 식민지 관리 두 명이 "프랑스 소식은?"이라고 묻자, 하인이 술을 쟁반에 받쳐 담아 가지고 오면서 "여기 멋진 것이 있습니다. 그리고 매우 시원합니다."라고 답한다. 아래쪽 그림에서는 근동으로 보이는 곳에서 하인이 술을 가져다 탁자에 놓으면서 "사모님, 사막의 오아시스에서 〈BYRRH〉는 물과 같습니다."라고 말한다.

5. 「경찰의 눈」이라는 잡지의 표지. 〈무어족 사람들에게 고문을 당하는 어느 병사〉라는 제목이 잡지 제호 아래에 붙어 있다. 무어족 사람들이 프랑스 병사 한 사람을 기둥에 묶어 두고 가혹 행위를 하고 있다. 아래쪽 네모 상자 속에는 다음과 같은 설명문이 붙어 있다. «모로코에서 전투를 하는 병사들은 전쟁의 위험만을 겪는 것이 아니다. 그 병사들 주위에는 그들을 노리는 수많은 복병이 있다. 폭동이 일어난 이곳에서는 걸음을 옮길 때마다 그 병사들 앞에 죽음이 모습을 드러낸다. 싸우다가 쓰러지는 자들은 행복하다.»

N° 591 — Dimanche 29 Mars 1908 — Prix : 15

Journal des Voyages

JOURNAL HEBDOMADAIRE

Bureaux : 146, rue Montmartre. PARIS (2e)

& des Aventures de Terre et de Mer

"Sur Terre et Sur Mer" "Monde Pittoresque" "Terre Illustrée" réuni

CHEZ LES BONDJOS

Mangé Vivant!

par

Georges BROUSSEAU

Devant la torture, Hodister n'eut pas un cri, pas un geste de révolte; sa dernière pensée fut pour la Belgique, sa patrie et peut-être même, pardonna-t-il à ses bourreaux inconscients.

N° 591. (Deuxième série.) — N° 1603 de la collection

6.「여행 소식」 1908년 3월 29일 자. 그림 아래쪽에 다음과 같은 설명문이 붙어 있다. «본죠족[지금의 중앙아프리카공화국 우방기 지역에 사는 종족]의 땅에서 산 채로 잡아 먹히는 사람». 신문 맨 아래쪽에 다음과 같은 글이 붙어 있다. «오디스테 *Hodister* 씨는 고문을 당하면서도 한 번도 고통을 호소하거나 저항의 몸짓을 하지 않았다. 그가 마지막으로 생각한 것은 자신의 조국 벨기에였으며, 아마도 그는 자신을 괴롭히는 분별 없는 사람들을 용서했으리라.»

Hygiène

"Viens ici ! Médor !... la dame
va encore te donner des puces !!!..."

La plus grande France.

- Nos aïeux s'appelaient les Gaulois.
Ils étaient roux, ils avaient le teint blanc,
les yeux bleus et portaient de longues
moustaches tombantes...

7. 삶의 단편들. 왼쪽과 오른쪽 그림에는 다음과 같은 설명문이 붙어 있다. «위생 - "이리 와! 멍멍아!…… 아주머니가 네게 또 벼룩을 옮길 거야!!!……"» / «더 위대한 프랑스. - 우리의 선조들은 골족이라 불렸다. 그들의 머리칼은 적갈색이었으며, 피부는 백색이었으며, 눈은 푸른색이었으며, 턱수염은 길게 늘어뜨렸다…….»

8. 「작은 소식 *Le Petit Journal*」, 1913년 12월 14일 자. 모로코에서 정복 작전을 벌이는 프랑스 장군 바움가르텐 *Baumgarten*에게 모로코 북동쪽에 있는 베니 부 야히 *Beni Bou Yahi* 지방에 사는 사람들이 대표단을 보내 목숨을 살려달라고 애걸하는 장면.

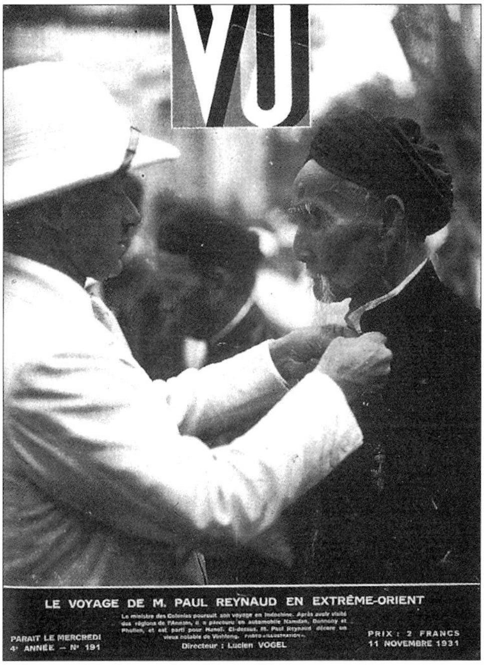

9. 잡지 「VU」 1931년 11월 11일 자 표지. 아래쪽에 다음과 같은 설명문이 붙어 있다. «폴 레노의 극동 순방 – 식민부 장관이 인도차이나를 순방하고 있다. 장관은 안남의 여러 지방을 순방한 다음, 승용차로 남단 *Namdan*, 도노니 *Donnony*, 풀렌 *Phullen*을 돌아다녔으며, 하노이로 떠났다. 하노이에서 장관은 빈롱 *Vinhlong*의 어느 나이든 유지에게 훈장을 수여하고 있다.»

10. 당리트 대위가 쓴 「황인종의 침략」 표지. 20세기 초, 다작 작가인 "당리트 대위"(이것은 사실은 장차 베르됭 전투에서 영웅이 되는 에밀 드리앙 소령의 가명이다.)는 야만인 무리들이 유럽으로 몰려들 것이라고 상상했다.

11. "마다가스카르에서 공주들이 성전(聖戰)을 선동하고 있다.", 「작은 소식 *Le Petit Journal*」 1894년 12월 9일 자.

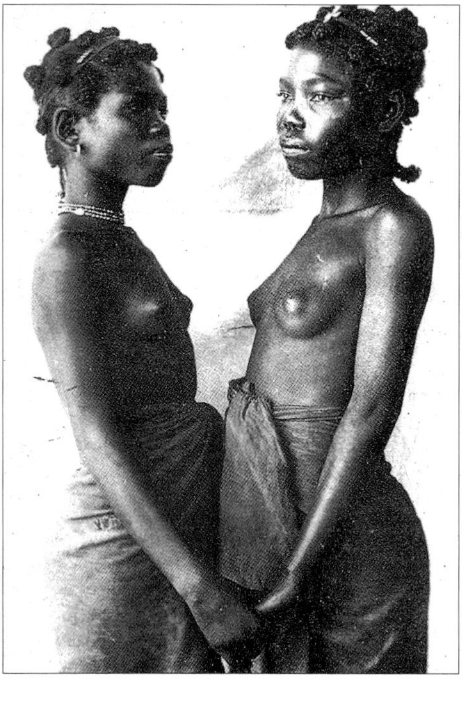

12. 이국취향적 공상 : 두 흑인 처녀.

13. "니그로"의 복수. 잡지「웃음 *Le Rire*」 1900년 8월 25일 자 표지. 아래쪽에 다음과 같은 설명문이 붙어 있다. — «맙소사! 제 남편이에요!» / — «당신, 니그로인가요? 계속하시오…….»

14. 이중으로 지배자/주인인 백인 남성. 엽서 위쪽에 다음과 같은 설명문이 붙어 있다. «마다가스카르에서 - 하여튼, 당신을 꼼꼼히 보살펴 주고 배려해 주는 니그로 여성과 함께 살면, 사람들이 뭐라고 하든 간에 마다가스카르에서 좋은 때를 누린다.»

15. 엽서 위쪽에 다음과 같은 설명문이 붙어 있다. «동화! / 진보! / 인종들의 융합! / 평화적인 정복!» 사진 속의 두 남성은 주아브 *Zouave*(알제리 카빌리 출신 프랑스 병사)로 보인다.

16. 1930년대 이민자들. 잡지 「자, 르포르타주 주간지 *Voilà, l'hebdomadaire du Reportage*」 1935년 9월 7일 자 표지. 아래쪽에 다음과 같은 글이 붙어 있다. «아랍인들, 니그로들, 황인들은 거대한 군집을 이루어서 수도에서 은밀하게 살아가고 있다. 카렐 드 푸르테 *Cartel de Poorter*가 '파리의 이국인들'에서 그들의 비밀스러운 생활을 밝힌다.»

한국 독자들께 드리는 글

한국 역사학자가 보낸 메일을 프랑스 역사학자가 받는 일은 흔치 않은 일입니다. 그렇기에 제가 쓴 책 『백인의 신념』을 번역하고 싶다는 우무상 씨의 메일을 읽고 저는 무척이나 놀랐습니다.

염치는 잠시 접어 두고, 저는 이 책이 제가 쓴 여러 책 중에서 아마도 논평을 가장 많이 받았을 것이리라는 사실을 밝혀 두지 않을 수 없습니다. 논평은 찬사가 대부분이었지만, 비판적인 글도 이따금 있었으며 증오심이 담긴 글도 간혹 있었습니다. 역사를 다루면서도 현대의 문제점에 대해 성찰해 보기 위해 쓴 책에는 이런 반응이 따르기 마련입니다. 이 책에 기술되어 있는 것은 식민지 시대에 뿌리를 두고 있는, 그리고 지금도 프랑스인들 일부를 부패시키고 있는 어떤 오래된 것, 즉 «백인»이 «흑인», «갈색인» 또는 «황인»으로 이름 붙인 사람들을 대상으로 한 인종주의입니다. 지금은 프랑스어나 영어로 된 문헌들 가운데 이 책과 성격 및 방향성이 같은 책을 많이 찾아볼 수 있지만, 『백인의 신념』 초판본이 지금으로부터 벌써 25년 전인 1996년에 발행되었다는 사실을 말하지 않을 수 없습니다. 아마도 저에게 수많은 비난을 할 수는 있겠지만, 제가 유행을 따랐다는 비난은 할 수 없을 것입니다!

그런데 식민주의를 다룬 프랑스 역사학자의 책에 대해 한국의 독자가 무슨 이유로 관심을 가질까요? 프랑스는 한국(안타깝게도 한국 역시 외세의 지배를 오랫동안 고통스럽게 받았습니다.)을 식민지로 삼은 적이 결코 없습니다. 그렇습니다. 하지만 프랑스는 한국에 관심을 가진 적이 있습니다.* 전문가들도 이 사실을 잘 모릅니다.

사실, 19세기에 여러 제국주의 세력은 너나없이 모두 중국을 나누어 차지하고자 했습니다. 주지하듯이, 프랑스는 중국 남쪽에 있는 인도차이나를 택했습니다. 이렇게 하는 동시에 1866년 11월에 선박 8척에 900명의 병력을 실어, 서울을 지척에 둔 강화도에 상륙시켰습니다. 상륙시키려고 시도했다고 할 수도 있겠군요. 민망스럽게도 프랑스 원정대는 퇴각했으니까요. 프랑스는 정말로 한국을 식민지로 삼으려는 계획이었을까요? 아니면 중국 북쪽에 거점을 하나 확보하고 싶었을까요? 아마도 후자였을 것입니다. 그 사건이 일어난 연대를 잊지 맙시다. 그런 일이 있기 6년 전에 일어난 '제2차 아편 전쟁'(1860년) 때 프랑스 군대는 야비하게도 북경의 여름 궁전을 약탈했으며, 이 전쟁으로 중국은 한층 약화되었습니다. 당시에 중국은 많은 이들이 보기에 붕괴의 길을 가고 있었습니다. «서양의 야만인들»은 각기 중국이라는 케이크의 한 조각을 차지하고자 했습니다. 1866년의 시도가 실패로 돌아가면서, 프랑스는 북(北)아시아에 대한 야욕을 접고 남(南)아시아(베트남, 캄보디아, 라오스)를 더욱 맹렬한 기세로 정복하기 시작했습니다.

안타깝게도 한국은 다른 세력, 즉 한반도 가까이에 있는 일본이 눈독을 들였습니다. 인류의 역사에서 언제나 백인들이 식민주의 정신을

---

* 이에 대해서는 다음 글을 보시기 바랍니다. 쟝-프랑스와 고시오 *Jean-François Gossiaux*, «조상을 왜 바꾼다는 말인가? 실패한 프랑스 식민주의(한국, 1866년) *Pourquoi changer d'ancêtres? Le colonialisme français en échec(Corée, 1866)*», 「*L'Homme, Revue française d'Anthropologie*」, 제20호, 2012년 4~6월.

가졌던 것은 아닙니다.

저와 같은 역사학자(저의 친구이기도 합니다.)인 우무상 씨의 세심한 번역 작업 덕분에 한국 독자들이 저의 책을 읽을 수 있게 되었습니다. 번역자에게 어떻게 감사해야 할지 모르겠군요. 한국과 프랑스 양국의 역사 애호가들이 새로운 관계를 맺는 데에 이 책이 도움이 되기를 바랍니다. 사실, 21세기에 수천 킬로미터에 이르는 먼 거리는 이제 장애물이 아니지요.

알랭 뤼시오

아래 분들에게 감사드린다.

하비브 아르파위 Habib ARFAOUI
디디에 비고르뉴 Didier BIGORGNE
미셸 부에타르 Michel BOUETARD
로베르 코리야트 Robert CORYAT
클로디아 쿠르트와 Claudia COURTOIS
다니엘 댁스 Daniel DAIX
샤를 푸르니오 Charles FOURNIAU
드니 가즈케즈 Denys GAZQUEZ
니니안 위베르 반 블리엔뷔르그 Ninian HUBERT VAN BLYENBURGH
폴 이조아르트 Paul ISOART
바파 칼릴리자데 Wafaa KHALILIZADEH
도미니크 라트롱 Dominique LATTRON
안니 레이-골드자이게르 Annie REY-GOLDZEIGUER
알랭 루시 Alain ROUCHY
다니엘르 루슬리에 Danièle ROUSSELIER
에밀 뤼시오 Emile RUSCIO
피에르 뤼시오 Pierre RUSCIO
수미야 뤼시오 Soumya RUSCIO
이본 뤼시오 Yvonne RUSCIO
쟈크 토비 Jacques THOBIE

이분들은 내게 여러 종류의 책과 자료를 알려주고자 했으며, 이 책의 원고 전부 또는 일부를 다시 읽고서 내게 우정 어린 지적을 해주는 데에 동의했다.
하지만 이 책에 표명된 견해가 오직 저자의 것임은 당연하다.
이 책에 실린 모든 도판 자료는 저자의 개인 수집품에서 가져온 것이다.
네거티브는 Studio 30×40이 만들었다.

목차

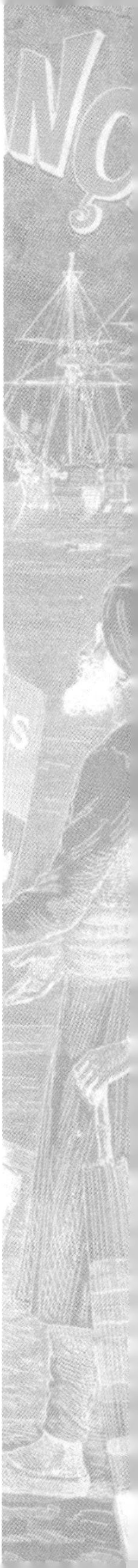

제7장 맺어질 수 없는 남녀—279

제8장 식민지의 민족주의 세력에 맞서서—341

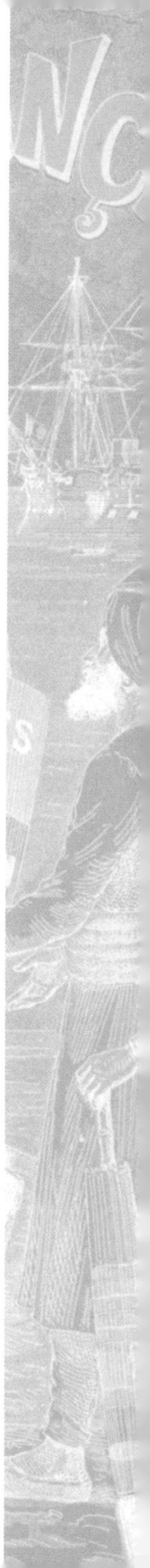

일러두기

- 이 책은 Alan Ruscio, *Le Credo de l'Homme blanc–Regards coloniaux français XIXe–XXe siècles*, Éditions Complexe, 2002를 번역한 것이다.
- [ ] 속의 내용은 문장의 자연스러운 독서를 위해 옮긴이가 임의로 첨가한 것이다.
- ( ) 속의 내용은 원문 그대로이다.
- 이 책에 등장하는 수많은 인물과 사건 중에서 비교적 중요성이 큰 인물과 사건에 대해서만 각주를 붙여 설명하였다. 각주는 모두 옮긴이가 붙였다.
- 원서에서 발견한 소소한 오류는 지은이의 동의를 얻어 바로잡았다.

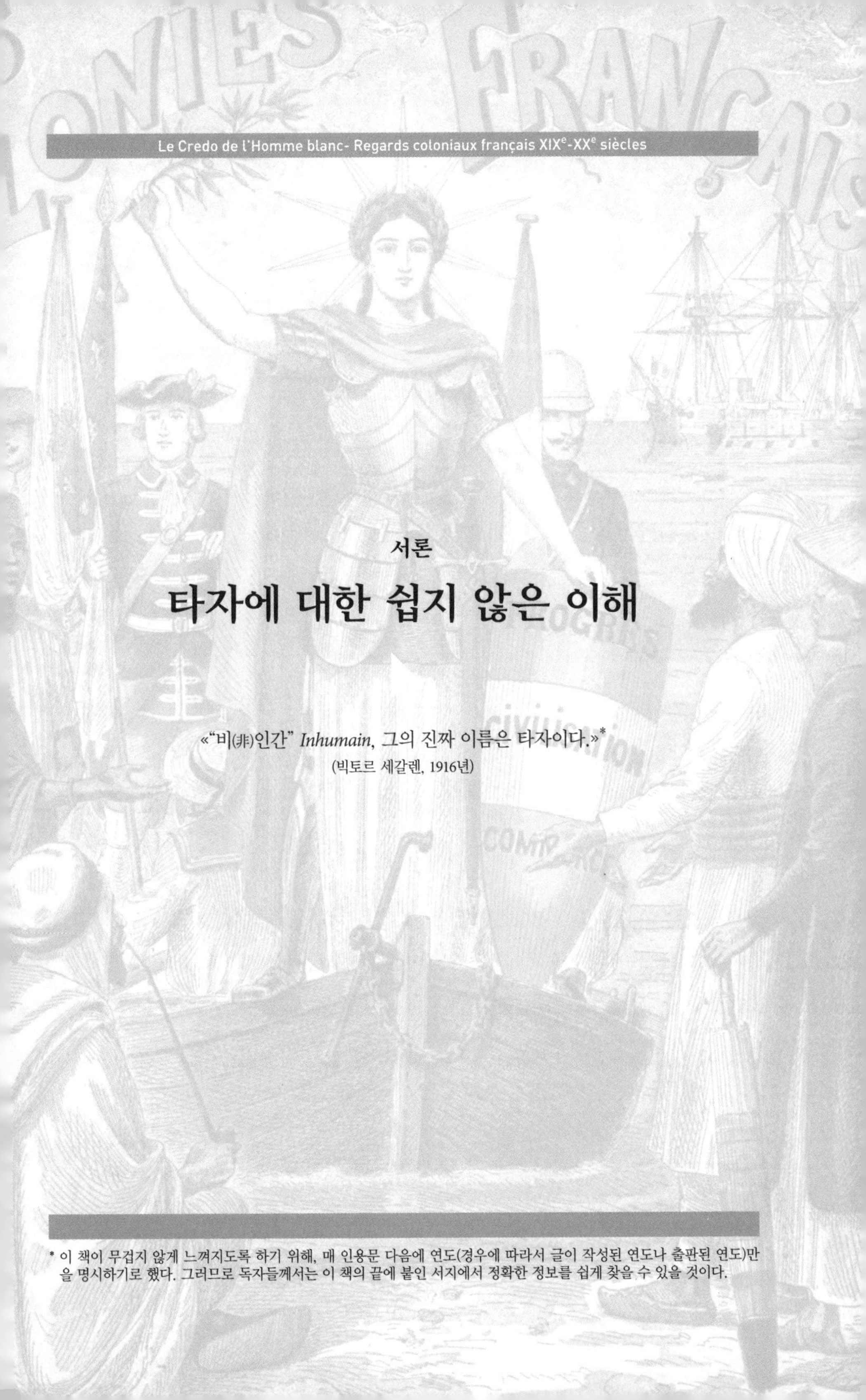

서론

타자에 대한 쉽지 않은 이해

«"비(非)인간" *Inhumain*, 그의 진짜 이름은 타자이다.»*

(빅토르 세갈렌, 1916년)

* 이 책이 무겁지 않게 느껴지도록 하기 위해, 매 인용문 다음에 연도(경우에 따라서 글이 작성된 연도나 출판된 연도)만을 명시하기로 했다. 그러므로 독자들께서는 이 책의 끝에 붙인 서지에서 정확한 정보를 쉽게 찾을 수 있을 것이다.

"우리는 유럽인들만을 인간으로 인식한다."(쟝-쟈크 루소)

«유럽에 사는 사람들이 세계의 다른 곳으로 쏘다니고 새로운 기행문집과 견문록을 쉼 없이 발표한 지 300~400년이나 된 지금, 나는 우리가 유럽인들만을 인간으로 인식한다는 것을 확신한다.» 이 글은 유명한 『인간 불평등 기원론』에 실려 있는데, 쟝-쟈크 루소가 이 책을 발표한 것은 1754년이다. 이 글은 외국의 실상에 대해 들려주는 이야기를 불신한다는 것을 밝힌 사실상의 선언문이다. 간단히 말하자면, 루소의 주장은 만일 우리가 외국의 실상을 알고자 한다면, 그것을 기행문이나 "이국적인 *exotique*"(당시에 이 낱말은 사용되지 않았다.) 풍취가 어린 체험담 속에서가 아니라 세계의 이곳저곳에서 직접 찾아보자는 것이었다. 각 사람에게는 자기 자신이 설정한 기준을 잊으려는 노력(또는 잊으려고 시도하는 노력), 그리고 자신이 품고 있는 기성관념을 지워버리려는 지속적인 노력이 너무나 부족하다. 어디에서든 기질의 영역에 속하는 것으로 보이는 것은 실은 사회 환경을 통해 전수된 가치들과 통념들이 점진적으로 내면화된 결과물이다. 한마디로 말해서, 문화라는 형식의 결과물이다. 문화적인 것 *le culturel*을 내쫓아 보시라, 그것은 빠른 걸음으로 다시 다가온다. 물론, 자신이 지닌 습관을 기준으로 삼아 개개의 존재와 개개의 낯선 풍습을 평가하는 경향은 어디서든 마찬가지이다. 지구상의 모든 언어에서 "이상한 *étrange*"이라는 말과 "낯선 *étranger*"이라는 말은 비슷한 개념이다. 물론 1952년에 클로드 레비-스트로스가 탁월한 연구서 『인종과 역사』에서 썼듯이, 언제 어디에서든 «인간 *humanité*이라는 개념은 종족 *tribu*의 경계에서, 언어 집단의 경계에서, 때로는 심지어 마을의 경계에서 끝나버린다.» 그러나 대부분의 경우, 이런 정신적 태도는 '다름'에 대한 단순한 몰이해 그 이상도 그 이하도 아니다. 유럽의 특별한 상황 때문에 그러

한 보편적인 특성은 더 나쁘게 변질되었다. 구대륙 유럽은 아시아, 오세아니아, 아메리카, 아프리카의 거대한 땅을 정치적으로, 군사적으로, 문화적으로 지배했다. '인류 역사'에서 처음으로 세계의 일부(극히 일부)에 불과한 유럽이 자신의 생각을 타자에게 강요할 수 있었으며, 타자의 말과 타자의 시각을 빼앗을 수 있었다. 초기에 유럽인들은 아시아, 오세아니아, 아메리카, 아프리카의 여러 미개 부족을 발견하고는 놀랐다. 그러나 유럽인들은 자신들이 그들 스스로 생각하는 개념으로서의 보편성의 범주에 속한다고 확신하면서 자신들의 '보호를 받는 사람들'[1]의 심리와 행위를 그 보편성 속에 편입시키려고 갖은 애를 썼다. 그들에게는 '힘'이 있었고 그에 따라서 '권리'도 있었기 때문이다. 이런 관점에서 볼 때, 당시에 많이 사용되었던 '동화하다 *assimiler*'라는 낱말보다 식민주의 정신을 더 잘 보여주는 말은 없다. 이 낱말의 첫 번째 의미는 '…와 비슷하게 만들다.'였다(『로베르 프랑스어 역사 사전』, 1992년 발행).

그렇다. 유럽이 아닌 다른 곳에 사는 사람들은 유럽인들이 보기에 확실히 유럽인 자신들과 비슷하지 않은 것으로 여겨졌다. 이 악귀 같은 사람들은 어찌하여 피부가 그다지도 희지 않을 수 있는가? 이 사람들은 어찌하여 그토록 괴상한 방식으로 음식을 먹고 옷을 입을 수 있는가? 이 사람들은 어찌하여 만유의 하느님을, 그리고 인간 세계로 내려오신 하느님의 아드님을 믿지 않을 수 있는가? 비종교적으로 말하자면, 다음과 같이 말할 수 있다. 이 사람들은 어찌하여 '인권'에 대해 그토록 무지할 수 있는가? 유럽인들은 이렇게 생각했다. 그들이 보기에 이 모든 것은 몹시 이상했다. 그들은 무언가를 해야만 했다.

식민주의 정신은 '다름'을 인정하지 않는 태도의 소산인 것이다.

1 '보호를 받는 사람들': 식민지인들을 가리킨다.

«백인의 책무»라는 것은 구실이었던가

1960~1970년대에 역사학자들 사이에 식민지 정복의 원인을 두고 유익한 논쟁이 벌어졌다는 것을 우리는 기억한다. 식민지 정복은 본질적으로 경제적인 원인 때문이었는가? 인구 면에서의 원인 때문이었는가? 정치적인 원인 때문이었는가? 이념상의 원인 때문이었는가? 이런 것들이 논쟁의 주제였다. 당시에 사람들의 심리를 다룬 역사 *histoire des mentalités*는 전례 없이 비약적으로 발전하고 있었지만, 역설적으로 식민지 정복의 원인을 두고 벌어진 논쟁은 그 심리의 역사에서 가볍게 다루어졌을 뿐이다. 식민지 개척자들에게는 동기, 말하자면 이데올로기 면에서의 동기도 역시 있었다는 것에 대해서는 모든 이들이 수긍했다. 그들 각자는 키플링이 말한 «백인의 책무»라는 유명한 표현을 기억하고 있었으며, 지금도 기억하고 있다. 그러나 이 개념은 약간은 거짓된 구실 같은 것으로 여겨졌으며, 보다 심층적인 어떤 현상 — 이것이 무엇인지를 밝혀내는 일은 역사학자들이 해야 할 일이다. —을 (자동으로) 정당화하기 위해 사용하는 어떤 구실 같은 것으로 여겨지기도 했다.

그런데 혹시 우리는 이런 양상을 과소평가한 것은 아닌가? 그리고 혹시 자신의(즉, 그 자체로 유일한) '문명'을 세계 곳곳에 전파하기 위해 그곳을 정복하러 출정하는 백인에게 볼 수 있었던, 양심에 부끄러울 것이 없는 태도가 적어도 식민지에서 얻을 수 있는 전략상의 이익 또는 경제적인 이익과 마찬가지로 식민지 확장의 심층적인 원인이었던 것은 아닌가? 그리고 혹시 계몽사상의 요람인 동시에 가톨릭교회의 맏딸[2]인 프랑스가 자신에게는 사명이 있다고 믿었던 것은 아닌가?

---

2 가톨릭교회의 맏딸: 프랑스인들은 프랑스가 여러 가톨릭 국가 중에서 으뜸이라는 의미로 가톨릭교회의 맏딸이라고 한다. 여기서 아들이 아니라 딸이라고 한 것은 France라는 국가명은 여성 명사이기 때문이다.

식민지배 현상 *phénomène colonial* 자체에 대한 연구는 이제 역사학계에서 연구 분야로 공인되어 있다. "모든 것이 다 말해졌다."라고 단 한순간도 생각할 수 없지만, 우리는 다음과 같이 말할 수 있다. 특히 20여 년 전부터 수많은 연구서가 쏟아져 나오면서, 앞으로 계속될 연구의 탄탄한 토대가 놓이게 되었다고 말이다. 프랑스 역사학계는 식민국가가 식민지에서 얻을 수 있는 경제적 이익과 정치적 이익의 충돌에 대한, 그리고 전략적인 목적에 대한 균형 잡힌 분석과 매우 흥미로운 종합적 성과물을 내놓았다. 이 책에서 우리가 하고 있는 연구가 이와 유사한 연구라고 생각하는 독자가 있다면, 그 독자는 실망할 것이다. 우리는 오히려 프랑스가 해외에 진출한 두 세기에 걸친 기간에 프랑스인들에 의해 확산된 식민주의적 심리 *mentalités coloniales*를 조명해보려는 선택을 했다. 곰곰이 생각해보면, 이 주제는 앞서 언급된 주제들에 비해 대수롭지 않은 것이 아니다. 뤼시앵 페브르는 다음과 같이 썼다. «'역사'에서 이념 *idées*의 역할을 과소평가하지 않아야 한다. 더욱이 이념의 역할을 이해관계의 작용보다 하위에 두지 않아야 한다.»(1948년)

식민주의 이데올로기란 무엇인가

프랑스 식민주의자 집단의 행위에 있어서 그 바탕이 되었던 이데올로기는 무엇인가? 본 연구에서 우리는 아래 정의에 부합하는 '이데올로기'라는 용어를 줄곧 사용할 것이다. 즉, 이데올로기는 말이나 글로 표현된, 또는 겉으로 드러나지 않은, 그리고 직업적인 사색가들(정치인들, 언론인들, 온갖 학문 분야에 종사하는 지식인들, 작가들 등)이나 자신은 자유롭게 사고할 수 있는 상황에 있다고 믿는 «보통 사람들»이 표명하는 갖가지 개념, 가치, 이념이 가지처럼 뻗어 나온 원줄기 같은 것이다. 그러나 이 원줄기는 항상 조화롭게 그리고 의식적으로 구조화되어 있지는 않다.

우리의 연구 영역에 약간의 경계를 정하기

위에서 정의된 이데올로기는 이런저런 기획자나 사용자가 차분하게 생각하는 어떤 총체가 아니며, 결코 그런 것일 수도 없다. 그러나 이런저런 때에 이런저런 과정에서 이데올로기는 형태를 갖추며, 표현 경로를 가지게 된다. 그 표현 경로는 무엇이었던가?

본 연구에서 우리는 이데올로기의 표현 경로로 사용된 매우 다양한 장르를 살펴볼 것이다. 정치인들(권좌에 있거나 또는 그렇지 않은)이 내뱉은 말들, 또는 저명한 지식인들이 쌓아놓은 연구 업적 — 이 연구 업적은 이데올로기가 형태를 갖추는 가장 멋지고도 특별한 곳이다. —을 살펴볼 것이다. 그리고 사건을 일으킨 사람들이나 그 사건을 목격한 사람들의 직접적인 증언들, 예를 들면 기행문이나 픽션 작품들(장편소설, 중편소설, 희곡 작품, 시, 노래 악보), 신문이나 잡지에 실린 일기체 견문기, 캐리커처의 내용을 설명하는 글이나 삽화가 곁들여진 글들(당시에는 만화라는 말은 아직 사용되지 않았다.), 몇몇 우편엽서에서 그림의 내용을 설명해주는 글귀들, 광고 문안들도 역시 살펴볼 것이다.

위에서 필자가 한 간단한 진술은 현기증을 일으킨다. 수천, 수만 건의 자료를 참고할 수 있고 또 참고해야 할지도 모른다. 지금까지 모든 자료를 전부 다 조사해보려는 어떤 시도도 없었다. 이것은 아마도 그런 조사를 하는 일이 결정적으로 불가능하기 때문일 것이다.

그토록 많은 자료를 어떻게 취사선택할 것인가?

우리는 몇몇 저명한 사람이 쓴 글을 잊을 수 없었다. 식민주의자들의 사상에 대해 연구하는 그 어떤 글에서도 다음과 같은 사항은 언급하지 않을 수 없다. 쥘 페리, 폴 두메르, 장 죠레스, 알베르 사로 또는 샤를 드골의 정치적 견해, 알베르 롱드르 기자와 앙드레 비욜리스 기자의 경고의 외침, 식민지의 현실에 대해 훌륭히 증언한 사람들인 알렉시스 드 토크빌, 기 드 모파상, 빅토르 세갈렌 또는 앙드레 말로의 평가, 모로코에 대한 들라크르와의 미학적 견해, 타히티에 대한 고갱의 미학적 견해, 흑인 예술에 대한 피카소의 미학적 견해, 쥘 베른과 피에르 로티 또는 루이-페르디낭 셀린의 허구적 이야기 등이 그러하다. 몇몇 이름은 비록 고전이 되기는 했지만, 우리는 이 이름들에 대해 언급해야만 했다. 왜냐하면 이 이름들은 고전이 되었기 때문이었다. 우리는 저명한 작가들의 글 중에서 전문가들만이 알고 있는 몇몇 글도 마찬가지로 선택했다. 프랑스 북부에 있는 도시 샤를르빌의 중학교를 다니던 시절에 랭보가 압델-카데르[3]에게 프랑스 문명의 장엄함에 대해 경의를 표할 것을 요구하는 내용을 담은 시의 첫 몇 줄을 썼다는 것을 누가 기억하고 있는가? 빅토르 위고와 뷔죠 원수(元帥)가 나눈 대화[4]를 누가 기억하고 있는가? 그 대화에서 시인 위고는 프랑스인들이 알제리에서 완수해야 할 문명화 사명을 찬양함에 있어서 군인 신분의 뷔죠보다 한술 더 떴다. 반대로, 오귀스트 콩트가 알제리를 아랍인들에게 돌려주라고 요구했다는 것을 누가 알고 있는가? 보다 최근에 클로드 드뷔시가 «안남의» 음악에 대해 쓴 몇 줄의 글 — 이것은 매우 이치에 맞는 글이다. —을 누가 아직도 읽는가? 그러나 이 책에서 우리는 지금까지 언급한 사람들의 발언과 글을 살펴보는 것으로 만족하지 않았다. 식민지의 실상을 목격한 다른 사람들 — 이들은 지금은 간과되고 있다(항상 간과되는 것이 아니라 이

3 압델-카데르(1808~1883년): 프랑스가 알제리를 공략할 때 그에 맞서 맹렬히 싸운 알제리의 에미라(이슬람교 국가의 수장) 및 군사 지도자.

4 위고와 뷔죠의 대화: 이 책 152~153쪽을 보라.

따금 그러하며, 이는 당연한 일이다). —도 이념의 역사에 약간 관련이 있을 수 있다. 타로 형제[5]와 피에르 밀이 쓴 글을 지금 누가 읽는가? 마리위스-아리 르블롱의 글을 누가 읽으며, 미리암 아리의 글을 누가 읽는가? 루이 느와르나 당리트 대위 같은 삼류 소설가들이 쓴 글에 누가 빠져드는가? 이국취향과 에로티즘이 버무려진 루이-샤를 르와예의 조잡한 글에 누가 관심을 가지는가? 쥘 브와시에르, 모리스 들라포스 또는 로베르 들라비녜트가 펴낸 연구서 — 하지만 이 책들은 무척 재미있다. —를 누가 읽는가? 식민지 소식을 싣는 여러 대중 잡지에 실린 수많은 글을 누가 펼쳐보는가? «우리나라의 위대한 탐험가들»을 찬양하는 내용을 담고 있는 «세므와 *Cémoi*» 초콜릿의 딱지 그림 앨범[6]을 누가 펼쳐보는가? 죠르주 몽테위스의 대중가요(〈판 판 라르비»), 샤를 트레네의 대중가요(〈봉고의 비긴 춤〉), 또는 모리스 슈발리에의 대중가요(〈알리 벤 바바〉)에 담겨 있는, 식민지를 노래한 가사 또는 «이국취향의» 가사를 조사해보려는 호기심이 있거나 그럴 시간적 여유가 있는 사람은 누구인가?[7] 식민지가 무대로 등장하는 총 150편이나 200편에 이르는 영화를 누가 볼 수 있는가? 지금은 잊혀진, 제3공화국 때에 정치인들 사이에서 벌어진 국회 논쟁에 대해 누가 연구하는가? 1860~1880년대에 명성이 드높았던 파리인류학회가 비교해볼 목적으로 아프리카인들과 아시아인들의 뇌를 적출해서 무게를 재었다는 사실을 누가 아는가?

식민사 전문가들께서는 필자를 용서해주시기 바란다. 위에서 언급한 여러 사람과 여러 사실은 이 전문가들에게는 잘 알려져 있다. 그러

---

5 타로 형제: 제롬 타로(1874~1953년)와 장 타로(1877~1952년). 장 타로가 원고를 쓰면, 제롬 타로가 수정을 하는 형식으로 두 사람이 글을 써서 40여 년간 "타로 형제"라는 이름으로 발표했다. 두 사람의 글은 인종주의적, 반유태주의적, 식민주의적 색채가 짙은 것으로 평가된다.

6 «세므와 *Cémoi*» 초콜릿의 딱지 그림 앨범: «세므와 *Cémoi*»라는 상표의 초콜릿 제조 회사가 어린아이들을 대상으로 발행한, 여러 프랑스 식민지의 이모저모를 담은 그림 앨범.

7 대중가요들: 위에서 언급된 대중가요는 이 책에서 곧 서술된다.

나 많은 독자에게는 분명히 그렇지 않다.

따라서 이 책에 사용된 여러 자료의 문학·예술적 가치나 정치적 통찰력이 반드시 고려된 것은 아니다. 물론, 흑(黑)아프리카에 대해서 쓴 앙드레 지드의 글이나 알제리 북쪽에 있는 카빌리 지방에 대해서 쓴 알베르 카뮈의 글 등을 읽고 또 읽어보면 아직도 전율을 느낄 수 있다. 그러나 심리의 역사에서 이 두 사람의 글이 인도양에 사는 소녀의 이글이글 타오르는 눈빛을 노래한 어느 가난한 백인 *petit Blanc*[8]이 쓴 저속한 시구(詩句)보다 더 중요하다고 누가 확신하는가? 또는 〈트라바쟈 라 무케르 *Travadja la moukère*〉[9]나 〈대나무 오두막으로〉[10] 같은 대중가요보다 더 중요하다고 누가 확신하는가? 우리가 보기에는 루이 뵈이요의 글보다는 알렉시스 드 토크빌의 글을 다시 읽어보는 것이 흥미롭다. 이 두 사람은 같은 시기에 알제리에 대해서 글을 썼다. 그렇다. 하지만 토크빌은 상류 지식인의 시각을 가지고 있었으며, 반면에 뵈이요는 당시에 «보통 프랑스인»이 생각했을 법한 것을 솔직하다고 할 수 있을 정도로 고스란히 종이 위에 옮겨놓았다. 「삽화 신문」에 실린 «그림 같은» 사진은 아마도 모로코에 체류하던 시기에 마티스가 그린 멋진 그림보다 더 많은 것을 우리에게 가르쳐줄 것이다. 다시 말하는 바이지만, 우리가 보기에 그렇다. 「삽화 신문」에 실린 사진이나 그림이 프랑스의 모든 가정 속으로 깊숙이 파고들었기 때문에 그렇겠지

8 가난한 백인: 유럽 출신으로 식민지에서 플랜테이션도 없이 살았던 백인. 프랑스어 의미 그대로 번역하면 '소(小) 백인.'

9 〈트라바쟈 라 무케르 *Travadja la moukère*〉: 1910년대부터 알제리에 근무하던 프랑스 병사들이 불렀던 음탕한 내용의 대중가요. "travadja"는 "일하다" "작업하다" 등을 의미하는 프랑스어 "travailler"의 2인칭 단수 명령형 "travaille"에 해당하는 비속어이다. "la moukère"는 마그레브나 알제리의 애인 또는 창녀를 의미한다.

10 〈대나무 오두막으로〉: 1899년에 등장한 대중가요. 본의 아니게 파리로 오게 되어 백인 아내와 아이들을 낳고 프랑스식으로 살고 있는, "머리에서부터 발끝까지 새까만" 흑인이 슬픔에 젖어 고향의 "대나무 오두막으로" 돌아가고 싶어 하는 내용을 담고 있다.

만……. 유일한 흑인 국회의원이었던 블레즈 디아뉴[11]의 모습을 묘사한 장 세넵[12]의 캐리커처 — 벌거벗은 채로 자기 곁에 있는 사람을 잡아먹을 태세가 되어 있는 모습 —는 프랑스인들의 무척이나 의미심장한 집단 무의식을 드러내 보여주며, 이런 사실 때문에 식인풍습에 대해 과학 연구보다 더 많이 알게 해준다. 우리의 «용감한 세네갈 원주민 출신 보병들 *tirailleurs sénégalais*»[13]을 깔보는 듯이 묘사한 — 이런 태도는 지금이라면 참을 수 없다. — 제1차 세계대전 때의 몇몇 만화는 우리에게 아프리카에 대해서 미셸 레이리스나 죠르쥬 발랑디에의 연구가 가르쳐주는 것보다 훨씬 더 적게 가르쳐주는 것은 물론이다. 그러나 그 만화들은 우리 자신에 대해서 많은 것을 가르쳐준다.

마지막으로 비교를 하나 해보기로 하자. 이자벨 에버라르트의 중편소설 『야스미나』와 루이-샤를 르와예의 장편소설 『여자 흑인 애인』은 서로 비슷해 보일 수도 있는 줄거리를 담고 있다. 백인 남성과 식민지 여성 사이의 이루어지지 않은 사랑, 불행하게 끝나는 사랑이 그 줄거리이다. 하지만 비교해 볼 수 있는 것은 이것뿐이다. 이자벨 에버라르트의 소설은 훌륭한 솜씨로 쓴 작품, 섬세하면서도 이런저런 생각을 담고 있는 작품, '타자성' *Altérité*을 존중하는 내용을 담고 있는 작품, 티 없는 보석 같은 작품이다. 르와예의 소설은 정숙함이 중시되던 당시에 소위 유해하고 진부한 요소들, 도색적인 이야기들, 조잡한 것들이 줄곧 이어지는 작품이다. 문학을 연구하는 어떤 역사학자도 한때에는 독자들의 엿보기 취향을 잘 이용해서 성공을 거둔 작가 르와예가 쓴, 그러나 지

11 블레즈 디아뉴(1872~1934년): 세네갈 태생의 프랑스 정치인. 아프리카인으로는 처음으로 프랑스 하원의 국회의원이 되었다. 식민부 부차관을 지내기도 했다.

12 장 세넵(1894~1982년): 삽화가, 캐리커처 작가. 세넵은 장-쟈크 샤를 페네스의 가명. 제앙 세넵이라는 가명을 쓰기도 했다.

13 세네갈 원주민 출신 보병: 식민 시대에 프랑스 군대 내에는 프랑스의 여러 식민지 원주민 출신 보병대 병사들이 있었는데, 그들 중에서 가장 유명했던 보병이다.

금은 사람들이 잊고 있는(이것은 당연하다.) 이 작품을 지금 주목하려고 하지는 않을 것이다. 그 어느 누구도 이 작가가 쓴 작품과 진짜 작가 이자벨 에버라르트가 쓴 작품을 질적인 측면에서 비교해보려고 하지 않을 것이다. 하지만 사소한 사실이 하나 있는데, 이 사실을 제쳐둔다는 것은 경솔한 일이리라. 당시의 프랑스인들은 르와예의 작품은 읽었지만, 에버라르트의 작품에 대해서는 거의 무지했다는 것이 그것이다. 순전히 지방에만 보급되는 신문 「동부의 진보」에 연재소설 형태로 처음 발표된 『야스미나』의 독자층이 얇았다는 사실, 그리고 『여자 흑인 애인』이 서점에서 엄청나게 팔려나갔다는 사실 — 이 소설은 10여 번 재판되었으며, 40만 부가 판매되기도 했다. —은 큰 차이점이다. 진실이 마음에 들지 않을 수도 있는 법이다. 독자들이 선택을 하는 데에 있어서 종종 훌륭한 작품보다는 조잡한 작품이 우세를 보인다. 이럴진대, 르와예를(그리고 이 책에서 우리가 앞으로 언급할 기회를 가지게 될, 르와예에 비교될 수 있는 10여 명의 작가를) 간과한다는 것은 심각한 우를 범하는 것이리라.

지적해 두어야 할 다른 사항도 있다. 그것은 다음과 같다. 우리는 가능한 한 이 책에 서술된 사건과 같은 시대에 쓴 텍스트를 선택하고자 했다. 오늘의 견해(또는 관심)에 따라 과거를 재구성하는 일은 역사학자들에게는 혐오의 대상들 중의 하나이다. 소위 통찰력 — 통찰력은 종종 뒤늦게 찾아온다. —이라는 것은 사람들이 가장 많이 공유하는 것이기 때문에, 우리는 그 텍스트들이 가능한 한 진정성을 유지할 수 있도록 하기 위해서, 프랑스 식민주의가 마침내 붕괴된 이후에 발표된 글과 분석은 멀리하려고 애썼다. 따라서 우리는 1962년[14] 이후에 발표된 작품은 매우 드물게 살펴볼 것이다. 따라서 우리는 신문 「프랑스령 인도차

14 1962년: 알제리 전쟁이 끝난 해.

이나』를 발행하던 시기에 언론인으로서의 앙드레 말로가 한 발언은 인용할 것이지만, 『반(反)회고록』(1967년)을 쓰던 시기에 관료 정치인으로서의 말로가 한 발언은 멀리할 것이다. 우리는 『태평양의 방파제』(1950년)를 쓰던 시기에 마르그리트 뒤라스가 한 발언은 인용할 것이지만, 『연인』(1984년) 등을 쓰던 시기에 그녀가 한 발언은 인용하지 않을 것이다.

마지막으로 지적할 것은, 우리가 «프랑스인들의 식민주의적 사고 *pensée coloniale française*»라는 표현을 사용했다는 점이다. 따라서 우리는 «맞은 편»의 시선들, 즉 식민지인들의 시선과 «원주민들»의 시선에 대해서는 연구하지 않았다. 비록 기얀 태생의 작가 르네 마랑이나 마르티니크 태생의 작가 프란츠 파농의 이름이 이 책의 이곳저곳에 등장하지만, 그것은 우리의 분석을 강조하기 위해서, 그리고 «[식민 국가 사람들의] 시선을 바라보는 [식민지인들의] 시선»을 제시하기 위해서였다. 그러나 우리는 그들의 사상을, 그리고 에미라 압델-카데르, 블레즈 디아뉴, 페르하트 아바스, 에메 세제르, 호치민, 레오폴드 세다르 상고르의 사상을 그 자체로 연구하지는 않을 것이다. 이에 대한 연구는 당연히 매우 흥미로울 것이라고 추측되며, 실제로 매우 흥미롭다. 실제로 매우 흥미롭다고 한 것은 이에 대해 이미 많은 연구가 행해졌기 때문이다. 그러나 굳이 따지자면, 위에서 언급한 사람들의 사상은 **프랑스 식민주의자들의** 사고라는 영역에 포함되지 않을 것이다. 그들의 사상은 여러 종류의 프랑스 식민주의자들의 사고 중에서 어느 쪽에도 속하지 않기 때문이다. 이 책에 언급된, 소위 백인들을 통해서 «개명한» 몇몇 식민지 작가는 프랑스 시민의 자격을 누리게 되었는데, 바로 그때에도 그들은 당연히 프랑스인들과는 다른 시선을 가졌다.

동일한 논리에 따라, 우리는 외국 작가들에 대해서는 주목하지 않았다. 그들이 지금 널리 알려져 있는 작품을 쓴 때에도 주목하지 않았다.

누구나 이 책에 인용된 몇몇 글을 읽으면서, 고전 중의 고전이라 할 수 있는 『콩고에 간 탱탱』에 나오는 사건들에 대해 생각하지 않을 수 없을 것이다. 그러나 식민지 콩고를 묘사한 벨기에 작가 에르제[15]는 우리가 이 책에서 다루고 있는 작가들의 범주에 들지 않았다. 러디어드 키플링이나 죠지프 콘래드 등도 마찬가지이다.

반면, 물론 분명히 프랑스 출신은 아니지만 프랑스에서 지식 활동의 많은 부분을 하고 이따금 여러 프랑스 식민지를 누비고 다녔으며 그곳에 대해서 서술한 작가들의 글을 이 책의 이곳저곳에서 인용하는 것은 우리가 보기에는 그럴만했다. 게다가 프랑스인들의 정치 활동과 지식 활동을 다룬 저작에서 스페인 사람 파블로 피카소, 루마니아 사람 트리스탄 차라 또는 벨기에 사람 죠르쥬 심므농을 발견하고 놀라는 사람은 아무도 없을 것이다.

남은 문제는 우리가 연구할 엄격한 시대적 범위를 정하는 것이었다. «두» 시기에 진행된 식민화 사업[16]의 유사점을 과소평가하지는 않는다 하더라도, 1830년에 있었던 알제 점령이 프랑스의 해외 진출 역사의 새로운 국면에 해당한다는 것은 의심의 여지가 없다. 따라서 우리는 이 시기를 택했다. 하지만 이 시기 이전의 역사를 살펴보는 것이 필요해 보일 때, 우리는 주저 없이 그렇게 했다. 예를 들면, 우리는 자주 계몽시대로 되돌아갔다. 그럼에도 불구하고, 이 연구의 주된 대상이 된 시기는 19세기와 20세기이다.

15 『콩고에 간 탱탱』과 에르제: 에르제(1907~1983년)는 벨기에 만화가. 죠르쥬 레미의 필명. 탱탱이라는 주인공 소년이 세계 여러 곳을 여행하면서 겪는 사건을 담은 만화 『탱탱의 모험』 시리즈를 발표하면서 유명해졌다. 『콩고에 간 탱탱』은 이 시리즈의 두 번째 편인데, 탱탱과 그가 데리고 다니는 개 밀루가 벨기에 식민지 콩고에서 겪는 이야기를 담고 있다.

16 «두» 시기에 진행된 식민화 사업: 프랑스 식민화 사업의 역사에서 첫 번째 시기는 16세기부터 북아메리카, 서인도제도, 인도와 아프리카의 몇몇 곳을 식민지로 확보한 시대를 가리킨다. 두 번째 시기는 1830년에 알제를 점령한 이후로 본격적으로 아프리카, 아시아, 오세아니아의 여러 곳을 식민지로 확보한 때를 가리킨다.

편차가 있는 측면들과 편차가 없는 측면들

물론 이 책에서 우리는 문제의 시선들 중에서 편차가 있는 측면들(지리적인 측면, 역사적인 측면, 개인적인 측면)을 과소평가하지는 않았다.

지리적인 측면으로 말하자면, 사태를 바라보는 방식은 라오스의 루앙프라방에서나 누벨칼레도니의 누메아에서, 마다가스카르의 타나나리브에서나 마르티니크의 포르-드-프랑스[17]에서, 인도차이나 밀림 속의 «모이족 *Moïs*»[18]이 사는 작은 오지 마을에서나 사하라 사막 한가운데에 있는 외딴 진지에서 똑같을 수 없었다.

역사적인 측면으로 말하자면, 1830년부터 1962년까지 당연히 — 그리고 다행스럽게도 — 많은 변화가 있었다. 식민지인들을 대하는 유럽인들의 교만한 태도는 유럽이 식민지를 확보하는 데에 몰두하던 초기에는 대단했으나 이후에는 그 태도가 점차로 누그러지고 미묘한 변화가 생겨났으며, 다른 문명을 인정하는 태도가 등장했다.

개인적인 측면으로 말하자면, 식민지에서 모든 백인이 똑같은 방식으로 바라보고, 이해하고, 행동한 것은 아니다. 백인들이 그렇게 반응하는 데에는 무수한 요인이 작용할 수도 있었다. 각 사람의 개인적 감수성이 한 요인이며, 삶에서 마주치는 특이한 상황이 다른 한 요인이다. 식민지 개척자 *colonisateur*[19]가 다른 어떤 사람이 아니라 어떤 «원주민»과 대면하게 되는 상황 말이다. 특히 독자 여러분께서는 이 책을

17 누메아……: 누메아는 누벨칼레도니의 주요 항구도시. 타나나리브는 마다가스카르의 수도 안타나나리보의 식민지 시대 이름. 포르-드-프랑스는 마르티니크의 중심 도시로 '프랑스의 요새'라는 뜻을 담고 있다.

18 모이족: 인도차이나 남동부의 산악지대에 사는 소수 민족. 한두 번 땅을 경작해서 작물을 수확한 다음에는 그 땅을 버리고 다른 곳으로 이동해서 생활한다.

19 식민지 개척자 *colonisateur*: 이 책에서는 식민지와 관련되는 사람들을 가리키는 여러 명사가 등장하는데, 우리는 이 명사들을 다음과 같이 구분해서 사용하고자 한다. "colonisateur"는 "식민지 개척자"로, "colonialiste"는 "식민주의자"로, "colon"은 "식민지 이주민"(식민지로 이주해서 사는 사람)으로, "colonial"은 "식민지 거주민"이나 "식민지에서 근무하는 군인" 또는 "식민지에서 근무하는 관리"로.

읽어나가면서 이런 점들을, 즉 여러 개의 문화 수준을 알게 될 것이다. 대체로 식민지에서 살았던, 문화 수준이 낮고 세련되지 못했던 «가난한 백인들 *petits Blancs*»은 기구한 운명에 의해 프랑스의 지배를 받게 된 사람들을 변함없는 시선으로 바라보았다. 이것은 아마도 다음과 같은 막연한 느낌 때문이었을 것이다, 즉, 몇몇 «원주민»이 «가난한 백인» 자신들에게 복종하는 것은 식민 상황 때문에 비롯되었을 뿐이며, 사정이 달라지면 그렇게 하지 않으리라는 느낌 말이다. 신문 「알제의 메아리」[20]를 자료로 삼아서 식민지에 살던 프랑스인들의 심리에 대해 서술한 역사는 이슬람을 연구하는 학자들의 학술 연구 결과를 토대로 삼아 서술한 역사와는 같지 않을 것이다.

하지만 우리가 보기에 결국에는 차이점보다는 공통점이 더 많은 것 같았다. 우리는 다음과 같이 의견을 모으기로 하자. 즉, 우리가 이 책에서 그려내고자 하는 것은 일반인들의 식민주의적 정신 *esprit colonial moyen*의 윤곽이라고 말이다. 이 정신은 매우 강력하게 구조화된 어떤 원줄기[21]에서 뻗어 나온 것이다. 이 정신은 수많은 자료를 통해 표명되었는데, 그 자료 중에서 많은 부분은 판티엣[22]에서부터 타만라세트[23]에 이르기까지 동일한 이데올로기를 전파했다. 그 이데올로기는 미묘하게 변화되고 바뀌기도 했으며, 그것에 대해 의문이 제기되기도 했다. 그러나 이런 편차가 있는 측면들은 편차가 없는 측면들보다 분명히 중요하지 않아 보인다. 식민지와 관련한 글을 쓴 작가들의 글을 수년간에 걸쳐 열심히 읽은 끝에 필자는 18세기에 코르넬리우스 드

20 「알제의 메아리」: 1912년부터 1961년까지 알제리의 알제에서 프랑스어로 발행된 일간 신문.
21 어떤 원줄기: 앞에서 저자가 언급한 "갖가지 개념, 가치, 이념이 가지처럼 뻗어 나온" 원줄기, 즉 이데올로기를 가리킨다.
22 판티엣: 베트남 동남부 빈투언성(省)에 있는 도시.
23 타만라세트: 알제리 남부에 있는 도시.

파우[24]가 여행자들을 숫자별로 분류해서 내린 다음과 같은 평가에 공감하게 되었다. «우리는 다음과 같은 사실을 일반 법칙으로 정립할 수 있다. 100명의 여행자 중에서 60명은 무심코 거짓말하거나 또는 멍청해서 거짓말을 하며, 30명은 고의로 거짓말을 하거나 또는 악의적으로 거짓말을 한다. 나머지 10명은 진실을 말하는데, 이들이 참된 사람이다.»(1774년) 독자들께서는 이 책에 인용된 여러 증언을 읽어나감에 따라, 이런저런 작가를 드 파우가 제시한 세 범주로 분류하는 즐거움을 줄곧 맛볼 수 있을 것이다. 독자 여러분께서 드 파우의 엄격한 분류 방식을 따른다면, 여러분께서는 100명의 사람들이 지녔던 시선 중에서 편견을 떨쳐버린 10명의 사람들이 가졌던 참된 시선은 일반 심리의 역사 *histoire générale des mentalités*에 탄탄한 토대를 제공하기에는 충분치 않으리라는 사실을 인정하게 될 것이다. 위의 예를 다시 들자면, 다음과 같이 말할 수도 있다. 즉, 이슬람을 연구하는 프랑스 학자들이 내놓은 결과물들 중에는 매우 훌륭한 성과들이 있다는 것은 이론의 여지가 없는 사실이기는 하지만, 유감스럽게도 보통 사람들의 식민주의적 정신에 대해 이해하기 위해서는 알제리에서 발행된 대중 언론 매체들을 살펴보아야 할 것이라고 말이다.

이데올로기에 대해 연구하기 위해서 고려하지 않을 수 없는 것은 우리가 보기에는 과거에 그람시가 만든 헤게모니라는 개념인 것 같다. 이탈리아 혁명가였던 그람시는 다음과 같이 썼다. 국가란 마르크시즘에 대한 통속적인 이해를 통해서 생각할 수 있는 것처럼 «인민 대중을 어떤 시대의 생산 양식과 경제에 부합하도록 만드는 것을 목표로 삼는 강

---

24 코르넬리우스 드 파우(1739~1799년): 네덜란드 가톨릭 성직자, 철학자, 외교관, 지리학자, 역사학자. 아메리카인, 이집트인, 중국인, 그리스인, 고대 게르만인, 고대사에 대한 글을 썼다. 1792년 8월, 프랑스 입법의회가 프랑스 시민으로 추대했다. 나폴레옹은 그가 참사원을 지낸 독일의 크산텐에 그를 기리는 기념비를 세웠다.

제적 기구»가 아니며, «국가 사회 전체에 발휘되는 어떤 사회 집단의 헤게모니, 가톨릭교회, 노동조합, 학교 등과 같은 소위 개별적 조직체들에 두루 발휘되는 헤게모니»(1931년)의 한 형태로 간주되어야 한다. 이 책에서 우리는 식민주의 심리 *mentalités coloniales*와 함께, 20세기 초까지도 어떤 사고 체계가 지녔던 헤게모니의 전형적인 경우를 대면하고 있다.

프랑스의 식민화 사업을 구상한 사람들, 그것을 수행한 사람들, 그것을 두 눈으로 본 사람들 중에서 대부분은 타자, 즉 자신들과는 다른 황인, 흑인, 아랍인, 인디언을 어떤 시선으로 바라보고 그들을 어떻게 규정하고 이해했는가? 그들은 프랑스가 정복한 지역의 문명을 어떻게 분석했는가? 그들의 행위에 토대로 작용한 그들의 이념과 그들의 믿음은 무엇이었는가? 요약하면, 어찌하여 막연했던(그리고 그들 모두가 가졌던) 우월감이 인종주의로 바뀌게 되었는가?

수많은 세월 동안, 백인의 신념은 무엇이었는가? «나는 단순한 생각을 가진 채로 복잡다단한 오리엔트를 향해 떠났다.» 드골이 쓴 이 글은 울림이 크다. 이 글은 바다 저편에서 출생하거나 그곳으로 여행한 매우 많은 프랑스인이 썼을 수도 있는 것이 아닐까? 신념 *Credo*, 신념 고백은 단순한 생각 위에서만 성립될 수 있을 것이기 때문이다.

독자들께서 이미 아셨겠지만, 우리가 이 책에서 제시하는 것은 다른 사람들에 대한 연구라기보다는 우리 자신들의 초상(肖像)이다. 우리는 이러한 백인의 신념의 토대를 서술한 이후라야 비로소 자신이 세계의 중심이라는 놀라운 생각을 가졌던 이 이상한 유럽인을 더 잘 이해할 수 있을 것이다.

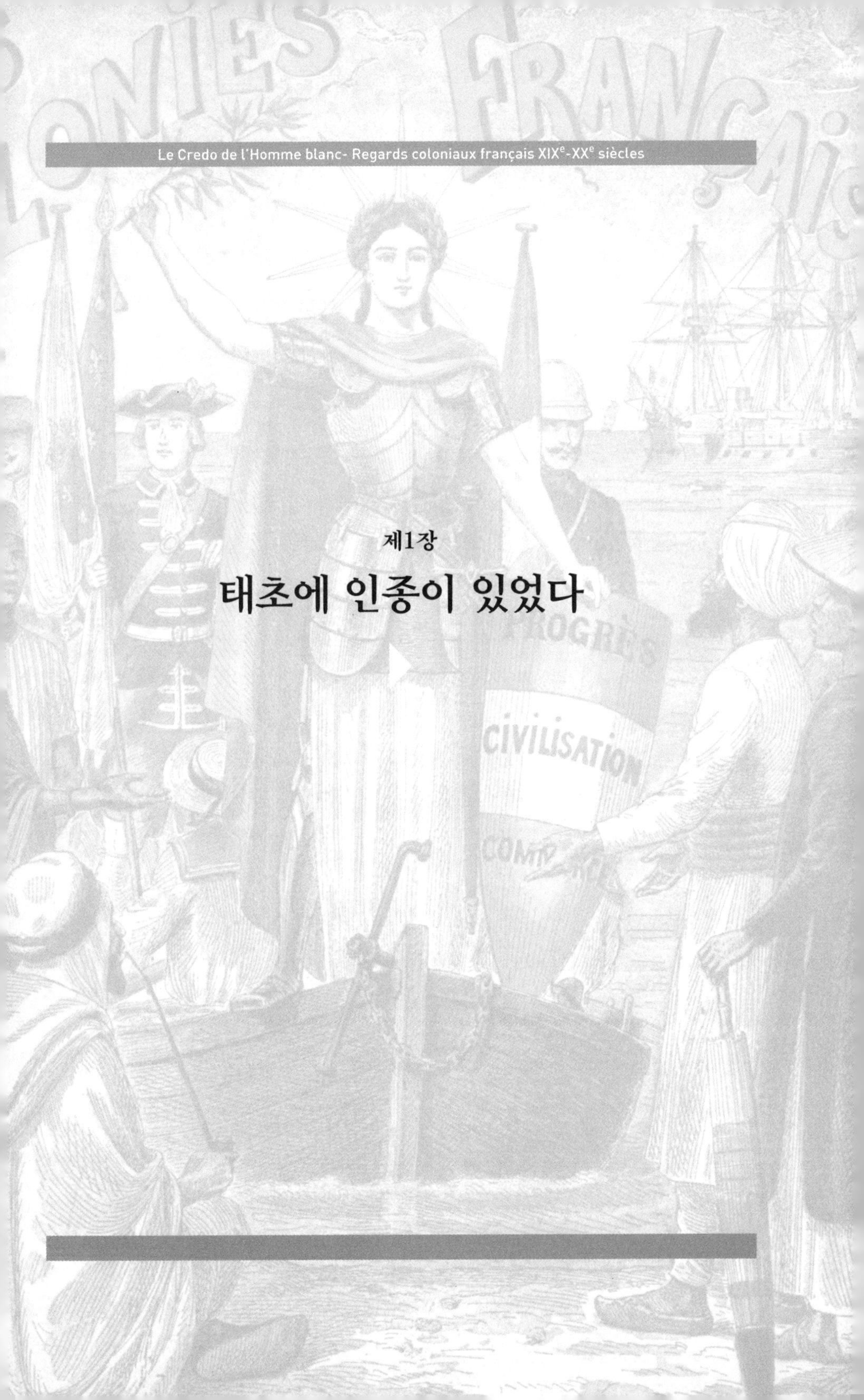

Le Credo de l'Homme blanc- Regards coloniaux français XIXe-XXe siècles

제1장

태초에 인종이 있었다

1944년에 열린 유명한 브라자빌 회의[25]에서 당시에 프랑스 임시정부의 식민지 담당관이었던 르네 플레벤[26]은 «프랑스인은 이성적으로도, 본능적으로도 인종 차별에 반대한다.»라고 했는데, 플레벤처럼 말하려면 대단한 망각력(忘却力)이 필요하다. 사실, 오늘날 모든 학자들이 인정하지 않는 «인종 *race*»이라는 개념, 그리고 이 개념과 떼려야 뗄 수 없는 생각, 즉 여러 인종은 우열(優劣 *hiérarchie*)이 있다는 생각은 고대로부터 중세에 이르는 기간에 점진적으로 인간의 사고 속으로 파고들었다. 하지만 18세기, 그리고 특히 19세기에 유럽의 우위가 확고해지면서, 마침내 이 두 개념은 구대륙 유럽의 가치체계에서 핵심적인 위치를 차지하기에 이르렀다.

인종의 위계와 식민주의

19세기 초에 마르티니크에 사는 어느 식민지 이주민이 익명으로 발표한, 『유색인들에 대한 고찰』이라는 제목을 단 풍자문(諷刺文)에 이미 다음과 같은 중요한 내용이 들어 있다. «식민지를 주의 깊게 관찰해보면, 그 식민지의 안전을 이루는 유일한 원리는 흰색의 본질 *essence de la couleur blanche*에 있다는 사실을 확신하게 될 것이다. 그것이 우리가 편견이라고 부르는 것이라면, 그 편견은 식민지를 보존해주는 장치이다. 이 편견만으로도 군대만큼의 가치가 있으며, 이 편견이 없다면

25 브라자빌 회의: 제2차 세계대전이 막바지에 이른 1844년 1월 30일부터 2월 8일까지 콩고의 브라자빌에서 식민지의 미래와 역할에 대해 논의하기 위해 드골 장군, 르네 플레벤, 아프리카의 프랑스 식민지 국가 대표들이 가진 회의.

26 르네 플레벤(1901~1993년): 프랑스 정치인. 제2차 세계대전 때에 드골이 이끄는 레지스탕스 조직인 자유프랑스 *France libre*와 프랑스 임시정부에서 중요한 역할을 했으며, 브라자빌 회의를 주재했다. 해방 후에는 총리, 법무부 장관, 외무부 장관 등을 지냈다.

군대로도 충분치 않을 것이다.» 이후로 사람들이 다른 말을 하고 다른 글을 쓸 수도 있었겠지만, 식민주의 이데올로기의 토대가 되는 주장이 이 문장 속에 들어 있다. 점진적으로 백인의 정신 속으로 파고든 확신, 즉 백인은 다른 인종들보다 우월하다는 확신이 바로 그것이다. 물론, 모든 사회에는 인종주의가 있으며, 그것은 «실제적이거나 또는 가공의 차이점들을 중요시하는, 일반화된 확고한 태도»(알베르 멤미[27], 1968년)로 정의된다. 그러나 대체로 이런 인종주의는 다인종 사회의 작동 전체에 심대한 영향을 미치지는 않는 태도(개인적 태도 또는 집단적 태도)일 뿐이다. 그러나 식민주의 시대가 되면서 양상이 달라졌다. 위에서 알베르 멤미가 말한 «실제적이거나 또는 가공의 차이점들을 중요시하는 태도»는 백인들의 지배하에서는 중요한 요소였다. 양차대전기에 활동한 작가로 식빈지를 무대로 하는 문학작품을 다룬 훌륭한 시론(試論)을 발표한 외젠 퓌자르니스클[28]은 다음과 같이 썼다. 인종주의라는 «이 원리는 인권선언문을 배우며 자란 사람들에게 충격을 줄 수 있다. 하지만 이 원리가 없다면, 식민지도 있을 수 없다.»(1931년)

«인종» 분류의 난점

위대한 지리학자였던 엘리제 르클뤼스[29]가 1905년에 짓궂게 지적했듯이, 인종을 분류하는 방법은 인종을 분류하는 사람의 수에 거의 맞

27 알베르 멤미(1920~2020년): 튀니지 출신 작가. 알제대학교에서 공부한 이후로 파리로 와서 소르본대학교와 고등연구원 등에서 공부했으며 프랑스 국적을 얻었다. 1957년에 발표한 『식민지 개척자의 초상과 식민지인의 초상 합본』이 유명하다. 이후로 비폭력, 평화 운동에 참여했다.

28 외젠 퓌자르니스클(1881~1951년): 프랑스 작가. 31세에 인도차이나로 가서 교사로 재직하면서 죽을 때까지 그곳에 살았다. 인도차이나, 그곳 사람들, 그들의 풍습을 애정 어린 눈으로 관찰하고 묘사한 글을 여러 잡지에 기고했다. 프놈펜에서 사망했다.

29 엘리제 르클뤼스(1830~1905년): 프랑스 지리학자. 『인간과 땅』 등 많은 지리서를 집필했으며, 직경이 127.5미터에 이르는 지구본을 만들 계획을 세웠으나 자금 부족으로 계획을 실현하지 못했다. 노동자인터내셔널, 파리콤뮌 등에 참여해서 싸운 아나키스트이기도 했다. 이 책에서 언급되는 오네짐 르클뤼스의 형이다.

먹을 정도로 많다. 르클뤼스의 지적은 다음과 같다.

> «블루멘바흐는 [인류를] 대표적으로 다섯 가지 종(種), 즉 백인종, 황인종, 홍인종, 올리브색 인종, 흑인종으로 분류하지만, 비레는 단지 두 가지 종으로 분류하며, 토피나르는 16가지 종이나 19가지 종으로 분류하며, 노트와 글라이든은 8가지 종 — 이것은 64개 군(群 *famille*)으로 세분된다. —으로 분류하며, 헤켈은 34가지 종으로 분류하며, 드니케[30]는 현대의 박식한 여행가들이 세계 곳곳에서 가져온 많은 인체 측정 자료를 바탕으로 해서 17개 민족 집단을 형성하고 있는 29개 종으로 세밀하게 분류한다.»

분류자에 따라 인종 분류의 기준과 조사 방법은 엄청나게 다르다. 르클뤼스는 다음과 같이 결론을 내린다. «이제 우리는 이 모든 구조물 *constructions*이 가변적인 체계라는 것을 알고 있다. 그것이 아무리 정교할지라도 말이다.» 말이 나온 김에 하는 말이지만, 르클뤼스가 내린 진단은 인종을 분류하려는 모든 시도의 권위를 결정적으로 실추시키기에 충분할 것이다.

현대적인 의미에서의 «인간종(種) *races humaines*»이라는 개념을 처음으로 사용한 사람은 프랑스 여행가 프랑스와 베르니에인 것 같다. 1684년 4월 24일 자 「과학자 저널」에 기고한 글에서 베르니에는 «서로 다른 여러 인간종(種) *espèces d'hommes/races d'hommes*»의 지리적 분포(유럽, 아프리카, 아메리카, 아시아)에 대해서 설명했다. 하지만 18세기에 린

30 블루멘바흐 …… 드니케: 요한 프리드리히 블루멘바흐(1752~1840년)는 독일 인류학자, 쥘리앵-죠제프 비레(1755~1846년)는 프랑스 인류학자, 요시야 클라크 노트(1804~1873년)는 미국 인류학자, 죠지 로빈스 글라이든(1809~1857년)은 영국 태생의 미국 국적 이집트학자. 에른스트 하인리히 헤켈(1834~1919년)은 독일 생물학자, 죠제프 드니케(1852~1918년)는 프랑스 인류학자.

네는 인류를 4개의 주요 군(群 *famille*)으로 분류했는데, 이 분류는 이후로 가장 보편적으로 통용되었던 여러 도식에서 두루 사용되었다. 나중에 «인종 *race*»이라는 개념 자체가 논란거리가 될 때까지 말이다. 스웨덴 의학자이자 식물학자였던 칼 폰 린네는 1735년에 『자연의 체계』를 발표했는데, 이 책은 장차 엄청난 반향을 일으키게 된다. 이 책의 제10판(1758년)에서 린네는 슬기 인간 *homo sapiens*을 다루었던 장(章)을 고쳐 썼다. 이 장에서 그는 신체·정신적 특성, 관례, 풍습을 복잡하게 뒤섞어 만든 기준에 따라, 인류를 4개의 큰 집단 — 그는 이것을 «타입»이라고 불렀다. —으로 나누었다. 이 장(章)에서 아메리카인(독자들께서는 아메리카의 토착민으로 이해하시기 바란다.)은 다음과 같이 묘사되어 있다. «적갈색(*rufus*) 피부, 화를 잘 내는 기질, 바른 심성 / 검고, 빳빳하며, 굵은 머리카락 / 커다란 콧구멍 / 반점이 있는 얼굴 / 수염이 없는 턱 / 고집세고 쾌활함 / 자유롭게 돌아다님 / 몸에 붉은색 곡선을 그림 / 풍습에 따라 행동함.» 아시아인은 다음과 같이 묘사되어 있다. «구릿빛(*luridus*) 피부, 털이 없음, 우울한 기질, 근엄한 심성 / 적갈색 눈 / 엄격하고, 사치스럽고, 인색함 / 헐렁한 옷을 입음 / 여론에 따라 행동함.» 아프리카인은 다음과 같이 나쁘게 평가되어 있다. «검은 피부, 나태한 기질, 문란한 생활 습관 / 검은 곱슬머리 / 기름기 있는 피부 / 원숭이 같은 코 / 두꺼운 입술 / 여성들은 수줍음을 타는 심성이며, 젖가슴은 늘어져 있음 / 유랑하면서 살아가고, 게으르고, 태만함 / 몸에 기름을 바름 / 독단적으로 행동함.» 반면, 유럽인은 다음과 같이 높이 평가되어 있다. «백색 피부, 다혈질, 뜨거운 심성 / 풍성한 금발 / 푸른 눈 / 경쾌하고, 섬세하며, 발명가적 소질이 있음 / 꼭 끼이는 옷을 입음 / 법에 따라 행동함.»

당시에는 너무나 단순한 여러 가지 분류법 중에서 어느 하나를 받아들이면서 두 학파가 대립했다. 한 학파는 기원에 있어서는 하나였던 인류가 본성은 동일하지만 외모와 성격이 각기 다른 여러 갈래로 점진적으로 나뉘었다고 주장했다(인류 단일발생론). 다른 학파는 본질적으로 상이하고 우열이 정해진 여러 종이 여러 곳에서 생겨났다고 보았다(인류 다원발생론).

19세기 중반의 가장 저명한 인류학자였던 폴 브로카[31]가 한 말을 믿는다면, 바로 이러한 과학 논쟁을 통해서 생물학적 의미에서의 «인종 *race*»이라는 낱말이 확고하게 자리를 잡게 된다. 브로카는 다음과 같이 주장했다. 전문가들은 앞으로 사용해야 할 용어를 두고 오랫동안 곰곰이 생각해보았다. 종(種 *espèces*)이라는 용어를 사용할 것인가? 이 용어를 사용한다는 것은, 인류의 «기원이 여러 개라는 의견을 따르면 문제가 해결될 것이라는» 의미였다. 변종 *variétés*이라는 용어를 사용할 것인가? 이 용어를 사용한다는 것은 앞의 경우와는 «반대로, 인간 집단 전체는 단 하나의 종(種 *espèce*)을 이룬다는 것을 함축할 것이라»는 의미였다. 당시에는 두 이론 중에서 어떤 이론도 우세하지 않았지만, 마침내 «모든 사람이 받아들일 수 있는 인종 *race*이라는 이름»이 폭넓게 받아들여졌다.(1871년)

여하튼 제국 전성기에 인류를 여러 집단으로 나누는 데에 반대하는 사람은 사실상 아무도 없었다. 그 집단을 부르는 이름이 무엇이든 간에 말이다. 인류를 분류하는 방법은 바뀌어 왔다. 그러나 인류는 대체로 4개의 주요 «인종»으로 분류된다는 주장이 힘을 얻었다. 이를테면,

---

31 폴 브로카(1824~1880년): 프랑스 의사이자 인류학자. 스무 살에 의학사 자격증을 얻어 파리의과대학 외과병리학 교수가 되었고, 이후 여러 의학 분야에서 명성을 떨쳤다. 인간의 뇌에서 언어를 관장하는 부분(왼쪽 뇌의 전두엽에 있으며, 그의 이름을 따서 «브로카 영역»이라 한다.)을 발견했으며, 신체 인류학의 개척자로서 파리인류학회를 설립했다. 두개골 측정법을 고안하고 비교해부학 분야에서도 두각을 나타냈으며, 뇌의 용적이 작을수록 신체적으로나 지적으로 열등한 존재라고 주장했다.

프랑스 제3공화국 때에 학교에서 학생들이 사용한 교과서에는 각 인종의 성격이 다음과 같이 요약되어 있다.

> «1. 백인종은 여러분이 속하며 여러분이 잘 알고 있는 종족으로서 유럽, 아메리카 대부분 지역, 아시아의 서쪽 절반 지역에 산다. 2. 황인종은 아시아의 동쪽 절반 지역에 산다. 중국인들, 일본인들, 안남인들이 이 인종에 속한다. 이들의 피부는 노랗고, 광대뼈는 튀어나와 있으며, 눈은 찢어져 있으며, 긴 머리카락은 등 뒤로 땋아 늘였다. 3. 흑인종은 아프리카에 살고 있으며, 이런 이유로 아프리카는 검은 대륙으로 불린다. 니그로 *nègre*는 피부가 흑단(黑檀)색이며, 입술은 두껍고, 머리카락은 곱슬곱슬하다. 4. 홍인종은 피부가 구릿빛이며, 미국 서부의 숲에서 사는 수천 명에 이르는 인디언들만 이에 해당한다.»(르 레압 H. & 보드리야르 J., 1920년)

백인은 완벽한 인간이다

1853년, 죠제프-아르튀르 드 고비노 백작[32]이 쓴 『인종들의 비동등성(非同等性)에 대한 시론(試論)』의 제1권이 발행되었다. 이 책은 당시에는 별로 주목을 받지 않았으나, 장차 엄청난 반향을 얻게 된다. 이 책은 참고자료가 풍부하고 여러 서적을 섭렵해서 얻은 지식과 탄탄한 여행 경험을 토대로 쓴 호소력 있는 작품이다. 그러나 이 책은 19세기 사상

---

32 죠제프 아르튀르 드 고비노(1816~1882년) 백작: 프랑스 외교관이자 작가. 외무부 장관 토크빌을 만나 그의 도움으로 1849년부터 외교관 생활을 시작했다. 페르시아에서 근무하는 동안에는 페르시아 역사를 공부하고 설형문자를 해독하는 작업을 꾸준히 진행했다. 이후로 그리스, 리우데자네이루, 스웨덴에서 근무했다. 『인종들의 비동등성(非同等性)에 대한 시론(試論)』에서 세 원시 인종(흑인종, 황인종, 백인종)은 능력이 같지 않으며, 이 세 인종의 피가 뒤섞이면 인류가 쇠퇴한다고 했다. 백인종만이 미, 지성, 힘을 지니고 있으며, 백인종 중에서 아리안 인종이 가장 우월하다고 보았다.

사에서 대단한 독창성이 있는 책인 것 같지는 않다.

고비노 이전에도 이론을 구축하려 시도했던 여러 시론가(試論家)는 인종이란 각종 사건의 경과를 설명하는 데에 사용될 수 있는 핵심적인 요소라고 주장했다. 1829년에 『역사와의 관계에서 살펴본 인간종들의 생리학적 특성』을 발표한 에드워즈 박사[33](이 사람은 자메이카 태생이지만, 프랑스에서 살면서 대단한 명성을 누렸다), 그로부터 10년 뒤에 『철학적, 역사적, 사회적 관계에 있어서의 인간종들에 대한 연구』(1938년)를 썼으며 지금은 사람들이 잊고 있는 사상가인 빅토르 쿠르테 드 릴이 그러했다. 우리는 당시의 프랑스 역사학파 전체가 «인종»이라는 개념은 현실에 적용 가능하다고 보았다는(저자마다 약간의 차이가 있지만) 사실도 알고 있다. 1825년, 자신의 저서 『영국 정복사』에서 오귀스탱 티에리[34]는 '역사'에서 인종들의 특성은 영구불변하다고 주장했다. 그는 «같은 땅에 밀집해서 살고 있지만» 수 세기 전부터 «고집스럽게 서로 분리된 채로» 살아가고 있는 노르만족과 색슨족을 예로 들었다. 1850년, 티에리만큼이나 단정적이었던 이폴리트 텐느[35]는 역사를 바라보는 자신의 생각을 다음과 같이 요약했다. «인종, 환경, 시대, (…) 이 세 요소만 있으면 실제의 완전한 역사를 재구성할 수 있다.» 오직 미슐레만이 조금도 주저하지 않고 «인종»이라는 개념을 받아들이면서도 이 개념을 이와는 다른 종류에 속하는 실체인 «민족 *peuples*»이라는 개념 속에 통합시킬 것을 주장했다.

사실, 당시의 지식인들 대부분은 고비노 백작의 생각에 다소 공감했

33 윌리엄 프레데릭 에드워즈(1777~1842년): 자메이카에서 영국인 부모에게서 태어난 프랑스 인류학자. 1828년에 프랑스 국적을 얻었다.

34 오귀스탱 티에리(1795~1856년): 프랑스 역사학자. 사실과 상상을 뒤섞어서 마치 소설처럼 역사를 풀어냈다.

35 이폴리트 텐느(1828~1893년): 프랑스 결정론적 역사학자, 철학자, 문학비평가. 인종, 환경, 시대라는 세 요소가 문학작품을 결정짓는 요소라고 주장했다.

다. 고비노의 주장에서 장점에 해당한다고 할 수 있는 것은, 두 번째의 대대적인 식민지 정복 단계가 시작될 무렵에 프랑스와 유럽에 단단히 뿌리를 내리고 있던 여러 가지 이념을 체계화했다는 점이다.

고비노는 진실성 — 이것은 자신이 옳다는 굳은 확신에서 비롯되었다. —을 유지하면서 이런저런 표현으로 잔꾀를 부리지는 않았다. 하노버 왕 게오르크 5세에게 바치는 글에서 그는 다음과 같이 썼다. «인간이 창조한 것들, 즉 과학, 예술, 문명 면에서 지구상의 위대하고, 숭고하고, 풍요로운 모든 것을 관찰해보면, 그 모든 것은 단 하나의 점(點)으로 수렴된다. 그 모든 것은 단 하나의 같은 싹에서 생겨났을 뿐이며, 단 하나의 사고에서 연유했을 뿐이며, 단 하나의 뿌리 *famille*에 속할 뿐이다. 이 하나의 뿌리에서 뻗어 나온, 각기 다른 여러 개의 가지가 지구상의 모든 문명화된 지역으로 퍼져갔다.» 이 글에서 우리는 고비노가 앞으로 어떤 주장을 펴게 될지 가늠할 수 있다. 『인종들의 비동등성(非同等性)에 대한 시론(試論)』 제1권 제1장에서 고비노는 다음과 같이 한결 더 단호한 문장을 사용해서 완강한 주장을 폈다. «모든 문명은 백인종에서 유래했으며, 그 어떤 문명도 이 인종의 도움 없이는 존재할 수 없다.» 고비노의 이런 신념 표명에 대해 이의를 제기할 사람은 앞으로 오랫동안 많지 않을 것이다. 이런 신념 표명은 이후로 한 세기 이상이나 백인의 신념 *Credo de l'homme blanc*의 근간으로 작용하게 된다.

그러므로 유럽인은 우월성의 모든 속성을 갖추고 있는 것으로 여겨졌다.

유럽인은 가장 아름다운 존재로 여겨졌다. 어떤 사람들은 '자연'이 그렇게 만들었다고 했으며, 다른 사람들은 '하느님'이 그렇게 만들었다고 했다. 그리스 예술이 탄생한 곳이 항상 '미'의 독점권을 가졌었다는 것을 어찌 의심할 수 있겠는가? 쿠르테 드 릴은 «문명»이라는 현상과 그리스인들의 미에 대한 관념 사이에는 필연적이면서도 유기적인 관계가 있다고 주장했다. 그는 다음과 같이 썼다. «어느 인종 타입이 아름다우면 아름다울수록, 이 인종의 문명은 더 앞서 있다. 어느 인종의 표본이 추하면 추할수록, 이 인종의 문명은 불완전하다.»(1849년) 그로부터 75년이 지난 뒤, 쥘 로맹[36] — 이 사람이 변변찮은 시인이었다는 사실은 인정해야 한다. —은 쿠르테 드 릴과 같은 주장을 폈다. 그 내용은 다음과 같다.

> «나는 노래하네. 백인을, 1등 인간을, 아름다운 인종을,
> 혈액의 흐름이 눈에 보이는 맨살결을,
> 대리석 같은 하얀 속살을 간직한 대낮 같은 살결을,
> 은근히 푸르름이 그치지 않는 두 눈을,
> 창공과 살[肉]을 구분해주는 것일 뿐인 피부를,
> 창백해지기도 하고 불현듯 붉은 기가 돌기도 하는 피부를,
> 욕망과 연민이 풀잎을 밟듯이 갑자기 딛고 지나가는 피부를,
> 언제나 존재하는 인간의 심장을 마치 성체현시대(聖體顯示臺)처럼 담고 있는 멋진 곳인 피부를,
> 백인의 피부를, 잘 붉어지는 피부를, 단정한 피부를,
> 사랑스러운 피부를, 야한 피부를, 유일하게 맨살인 피부를 노래하네»(1925년)

36 쥘 로맹(1885~1972년): 프랑스 작가, 철학자, 시인, 극작가. 제2차 세계대전이 일어나기 직전에 프랑스와 독일의 화해를 역설했으나, 전쟁이 일어나자 미국으로 피신했다. 전일주의(全一主義 *unanimisme*)를 주창했으며, 아카데미프랑세즈 회원을 지냈다.

그러나 '미'(美)의식이 인종의 우열을 설정하는 데에 유일한 기준이 될 수는 없었다. 19세기에는 과학·기술 지식이 비약적으로 발전했으며, 과학·기술 지식의 화신(化身)인 과학만능주의도 역시 크게 확산되었다. 이제 모든 것은 크기를 재고, 무게를 달고, 계량화되어야만 했다. 따라서 유럽인 연구자들은 백인의 우월성을 «증명해주는» 결과에 이르는 어떤 체계를 정립하려고 했다. 혹시 그 연구자들은 백인의 우월성을 «증명하려는» 야심 때문에 그 체계를 정립하려고 했던 것은 아닐까? 인종주의는 어느 시대에서나 볼 수 있는 심리적 태도이긴 하지만, 인종주의를 표명함에 있어서 «과학적 확실성»을 바탕으로 삼으려고 한 것은 오직 19세기에만 볼 수 있었던 일이다.

19세기 중반에는 «대영제국에 병합된 식민지»라는 위상이 인도에 부여되었으며, 프랑스와 영국이 합동 원정대를 보내서 베이징을 점령한 다음에 중화제국에 첫 불평등 조약을 강요했으며, 알제리 «평정 작전»이 기정사실로 굳어졌으며, 누벨칼레도니 정복이 완료되었으며, 안남 정복이 시작되었으며, 세네갈에서는 페데르브[37]가 전투를 벌였다. 모든 대륙에서 선교사, 군인, 식민지 개척자(colonisateur)를 인정할 필요가 있었다. 즉 다시 말해서 의로운 사람으로 여길 필요가 있었다. 그들을 의로운 사람으로 여기는 일은 위에서 인용한 고비노의 저서 같은 여러 저서가 실제로 담당한 기능이다. 1859년, 찰스 다윈은 런던에서 『종의 기원』을 발표했다. 이 책은 그 속에 담겨 있는 자연도태 이론 때문에 식민지 정복을 정당화하는 강력한 도구로 사용될 수 있었다. 같은 해에 한 무리의 프랑스 과학자들이 파리

37 루이 페데르브(1818~1889년): 프랑스 군인, 식민지 행정가. 1843년에 알제리 평정 작전에서 토마 로베르 뷔죠 휘하의 공병대 장교로 싸웠으며, 이어서 과들루프와 세네갈에서 근무했다. 1854~1861년에 세네갈 총독을 지냈으며, 1857년에는 세네갈 원주민 출신 보병대를 창설했다. 1863~1865년에 다시 세네갈 총독을 지냈으며, 보불전쟁에 사단장으로 참전했다.

인류학회를 설립했다.

실험을 통한 검증 — 브로카 학파

이쯤에서 파리인류학회의 주요 설립자인 폴 브로카라는 비범한 인물에 대해 언급해야 한다. 의사이자 인류학자였으며, 박학했으며, 실험을 열심히 하고 논문을 많이 썼던 — 그의 전기를 쓴 사람에 따르면, 1847년부터 1879년까지 502편의 논문을 썼다고 한다. — 브로카는 당시에 매우 저명한 학자들 중의 한 사람이었다. 그는 매우 저명했을 뿐만 아니라 매우 존경받는 학자들 중의 한 사람이기도 했다. 의학아카데미 회원(1866년부터), 파리의과대학 교수(1867년부터), 외과학회 회장(1858년부터 1865년까지), 파리인류학학교 설립자(1875년)였던 것이다. 그는 생애 말년에 프랑스 제3공화국 체제에서 상원의원을 지내기도 했다. 그러므로 그의 이론과 행위는 아웃사이더에게서 볼 수 있는 것이 전혀 아니었다.

브로카는 신뢰할 수 있는 결론에 도달하기 위해서는 당연히 인간의 뇌를 우선적인 주목 대상으로 삼아야 했으며, 대체로 뇌의 무게를 첫 번째 기준으로 삼았다. 그는 다음과 같이 썼다. «다른 인체 기관에서와 마찬가지로, 뇌 속에서의 기능 작용은 단지 뇌의 중량에 종속될 뿐만 아니라, 그 중량에 크게 좌우된다.»(1861년) 뇌회(腦回)[38]와 두개(頭蓋)의 용적도 역시 관찰 대상이 되었다. 1860~1880년대에는 수십 구의 시신이 해체되어 뇌가 적출되었다. 각각의 뇌는 그 주변에 붙어 있는 군더더기를 조심스럽게 제거해서 알코올에 씻은 다음 무게를 쟀다. 1859

38 뇌회: 대뇌의 표면에 있는, 밭의 이랑이나 둑처럼 솟은 부분.

년, 클라마르[39]의 영안실에 두 구의 시신이 같은 날 도착했다. 한 구는 흑인의 시신이었고, 다른 한 구는 백인의 시신이었다. 브로카가 부검을 했다. 그는 단 하나의 세부사항도 놓치지 않고 부검 과정을 세밀하게 묘사했다. 그 내용은 다음과 같다. «8월의 무더위가 계속되고 있었다. 부검을 할 때, 시신은 이미 부패하기 시작했다. 뇌수(腦髓)는 너무 물렁물렁해서 뇌회(腦回)를 관찰할 수 없었다. 뇌수 몇몇 곳은 완전히 흐물흐물했다.» 이어서 2개의 뇌를 씻어서 «린네르 천 위에 올려놓고 동일하게 몇 분 동안 물기를 빼서» 저울 위에 올려놓고 무게를 재었다. 그런데 과학자들은 내용물만큼이나 용기(容器)에도 관심을 가졌다. 19세기에는 «두개학(頭蓋學)»이라는 놀라운 과학이 생겨났다. 이 분야에서도 역시 선구자였던 브로카는 두개(頭蓋)의 용적을 재는 여러 가지 장치를 고안했다. «두개 촬영 장치», «두개 고정 장치»[40], «두개 진찰기», «두개 고정물»[41]이 그것이다. 물로 씻은 두개 안에 모래나 좁쌀 또는 납 탄환을 부었다가 쏟아낸 다음, 쏟아낸 것을 눈금이 새겨진 실린더에 넣어 용적을 재었다.

그런데 모든 결과가 일치했다. 당시의 학자들은 일종의 지능 순위표라는 것을 만들었다. 분석 결과는 당시의 사회적, 성적(性的), 인종적 분류와 매우 정확하게 일치했다. 브로카는 다음과 같이 결론을 내렸다.

> «나는 여러 사실을 검토해보았으며, 뇌의 무게와 두개의 용적에 대해 가능한 한 많은 관찰 결과를 모았다. 그리하여 여러 저자가 여러

39 클라마르: 일-드-프랑스 지방에 있는 작은 콤뮌. 화장장이 있다.
40 두개 고정 장치: 두개를 관찰하기 위해 고정해서 올려두는 장치.
41 두개 고정물: 두개를 고정하는 장치의 일종. 여러 개의 바이스가 달려 있다.

방법으로 수집한 이 자료들에서 다음과 같은 결론이 도출되었다. 평균적으로[42] 뇌의 중량은 노인보다는 성인이, 여성보다는 남성이, 범인(凡人)들보다는 저명인사들이, 열등 인종들보다는 우등 인종들이 더 컸다. 이렇게 해서 이론상의 예측이 완전히 확증되었다…….»

«열등 민족들»의 뇌 중량과 «우등 민족들»의 뇌 중량을 비교한 것을 살펴보자. 브로카가 저울을 사용해서 측정한 결과는 다음과 같았다. «백인의 뇌는 1003그램이었으며, 흑인의 뇌는 925.5그램밖에 되지 않았다. 8.3%의 차이가 났다.»(1861년) 1882년, 브로카의 수제자이자 그의 동료였던 폴 토피나르 박사는 여러 해 동안 연구하고 측정한 결과를 도표로 작성했다. 평균적으로 보자면, 두개 용적은 유럽인들은 1560cm^3, 아시아인들은 1510cm^3, 오세아니아의 흑인들은 1460cm^3, 아프리카의 흑인들은 1405cm^{3}였다. 최종적으로 브로카는 다음과 같이 결론을 내렸다. «수치를 언급하는 것은 쓸데없는 것이나 마찬가지이다. 모든 저자는 전체적으로 볼 때 두개부(頭蓋部)의 용적은 열등 민족들보다는 코카서스 민족들이 더 크다는 것을 인정하는 데에 의견을 같이한다.»(1861년) 이로써 인종은 우열이 있다는 것이 증명되었다.

실험실을 훌쩍 넘어 여러 곳에서 이런 주장을 들을 수 있었다. 19세기 후반에 발표된 가장 훌륭한 정치 관련 시론(試論)이었던 『지적, 정신적 개혁』에서 에르네스트 르낭[43]은 인종에 우열이 있다는 것은 이미 알

42 평균적으로: 이것은 폴 브로카가 강조한 것이다.

43 에르네스트 르낭(1823~1892년): 프랑스 철학자, 역사가. 예수의 생애를 인간의 관점에서 이해해야 하며, 성서를 다른 역사 자료와 마찬가지로 비판적으로 검토해야 한다고 주장했다. 1863년에 발표한 『예수의 생애』에서 예수를 인간으로 묘사함으로써 교황청의 분노를 샀으며, 교육부 장관은 그의 강의를 폐쇄했다.

려진 사실로서, 이에 대해 이의를 제기한다는 것은 헛되다고 했다. 그는 다음과 같이 썼다. «자연 *nature*은 노동자 인종으로 중국 인종을 만들었으며 (…), 땅을 경작하는 인종으로 니그로를 만들었으며 (…), 지도자이자 전사(戰士)인 인종으로 유럽 인종을 만들었다.» 그는 다음과 같이 결론을 내렸다. «각자는 자기에게 맡겨진 일을 하라, 그렇게 하면 만사가 술술 풀려나갈 것이다.»(1871년) 피에르 라루스는 자신이 편찬한 사전 제1판에 실은 «니그로 *Nègre*» 항목에서, 모든 이들이 인정하는 과학적 권위에 근거하여 다음과 같이 썼다. «이론의 여지가 없으며 으뜸가는 사실은 그들[니그로들]이 백인종보다 크기가 줄어들고, 무게가 가볍고, 용적이 작은 뇌를 가지고 있다는 것이다.»(1866년) 이론의 여지가 없다는 표현은 온갖 사람들이 쓴 글에서 발견된다. 마치 어떤 양심의 거리낌 *mauvaise conscience* — 일말의 거리낌이라 하더라도 —을 떨쳐버리는 데에 그 말이 사용되어야 한다는 듯이 말이다. 예를 들면, 이 표현은 과학을 대중에게 보급하는 데에 재주가 있었던 루이 피기에가 쓴 책 『인간종(種)들』(1875년)에서 발견된다. 그로부터 수십 년 뒤, 식민지를 무대로 하는 작품을 쓴 대작가들 중의 한 사람이자 한편으로는 에르네스트 르낭의 외손자였던 에르네스트 프시카리[44]는 다음과 같이 쓰게 된다.

«마지막 마을에서 고용한 짐꾼들 중의 한 사람이 내 앞에 있었다. 그는 라카족[45]이었다. 혈기가 넘쳐나고 우아한 기품을 갖춘 멋진 녀석이었다. 그에게 상자의 무게는 전혀 중요하지 않았다. 그는 민첩하

44 에르네스트 프시카리(1883~1914년): 프랑스 장교, 작가. 포병대에 입대하여 콩고와 모리타니에서 근무했다. 아버지로부터 탈종교적이고 공화주의적인 교육을 받았으나, 가톨릭으로 개종하고 군국주의적 민족주의를 지향했다. 제1차 세계대전 초에 전사했다.

45 라카족: 아프리카 차드에 사는 여러 부족 중의 하나.

고 우아하며 약간은 춤추는 듯하고 나는 것 같은 인상도 좀 풍기는 매우 가벼운 걸음으로 걸었다. 프랑스 인본주의자들은 흑인의 머리는 상자를 이고 나르기 위해서, 백인의 머리는 사고하기 위해서 만들어졌다는 것을 왜 인정하지 않으려고 하는가?»(1907년)

우리가 알기로 공식 연단에서 «열등 민족들 *races inférieures*»[46]이라는 표현을 처음으로 사용한 사람은 식민지 정복 사업을 대대적으로 벌인 쥘 페리[47]이다. 그는 1885년 7월 29일에 «통킹»과 관련하여 벌어진 유명하고 격한 논쟁에서 이 표현을 사용했다. 논쟁의 내용은 다음과 같다.

«— 쥘 페리: 여러분, 큰 소리로 그리고 사실대로 말해야 합니다! 공개적으로 말해야 합니다. 사실상 우등 민족들에게는 열등 민족들에 대해 권리가 있다는 것을 말입니다…….

— 쥘 메뉴 의원: 오! 당신은 인권이 공표된 나라에서 감히 그따위 말을 지껄이고 있소.

— 기유테 의원: 그 말은 노예제도와 흑인 노예무역을 정당화하는 것이오!

— 쥘 페리: 존경스러운 메뉴 의원의 말이 옳다면, 그리고 '인권선언문'이 적도아프리카의 흑인들을 위해 작성되었다면, 그렇다면 여러

---

46 «열등 민족들 *races inférieures*»: 이 표현은 물론 «열등 인종들»로도 번역될 수 있다. 여기에서는 아래 인용문의 맥락에 따라 «열등 민족들»로 번역했다.

47 쥘 페리(1832~1893년): 프랑스 정치인. 프랑스 제3공화국 체제의 기틀을 놓은 사람들 중의 한 명으로 평가된다. 파리콤뮌 때에 파리 시장을 지냈으며, 이후로 공교육부 장관과 미술부 장관을 여러 차례 지내면서 무상·의무 공교육 체제를 확립했다. 1880~1881년, 1883~1885년에 총리를 지내면서 식민지 확장 정책을 폈다. 여기에 인용된 «통킹» 관련 논쟁은 1885년 7월 29일에 프랑스 하원에서 벌어진 것이다. 이 논쟁에서 페리는 프랑스의 식민지 확장 정책을 열렬히 옹호하는 발언을 했다.

분은 어떤 권리로 그들에게 통상과 거래를 강요하려고 합니까? 그들이 여러분을 부르지도 않는데도 말입니다……,(극좌파 의원들과 우파 의원들 쪽에서 발언을 방해했다. 좌파의 여러 의석에서는 '매우 잘했소! 매우 잘했소!'라는 외침이 있었다.)

(…)

거듭 말씀드리는 바이지만, 우등 민족들에게는 권리가 있습니다. 우등 민족들에게는 의무가 있기 때문입니다. 우등 민족들에게는 열등 민족들을 문명화해야 할 의무가 있습니다…….»

페리의 어조는 확신에 차 있었다. 과학자들이 사실을 증명해주었기 때문에, 그리고 수백 명에 이르는 여행자와 현지의 현실을 두 눈으로 지켜보았던 사람들이 적도에서 사실을 확인했기 때문에, 자연에 내재하는 인종들의 비동등성(非同等性)을 부정할 수 없었다. «박애주의자들»(피에르 라루스의 표현)이나 «프랑스의 인본주의자들»은 그것을 부정했지만 말이다. '인권선언문'이 «적도아프리카의 흑인들»을 위해 작성되지 않았다는 표현(이것은 쥘 페리의 표현이다.)은 유감스럽다.

인종의 비동등성은 영원할 것인가

그리하여 논리상으로 식민주의적 사고와 관련하여 중요한 의문이 생겨났다. 우리의 «보호를 받는 사람들»은 선천적으로, 그리고 따라서 돌이킬 수 없이 우리보다 열등한가라는 의문이 그것이다. 대립되는 두 개의 주요 이론이 등장했다. 이 두 이론은 결국은 인류 단일발생론을 지지하는 사람들과 인류 다원발생론을 지지하는 사람들의 서로 대립되는 주장을 내포하고 있다.

식민주의 이데올로기를 만들어내는 사람들 중에서 일부 사람들은,

교육할 수 없는 존재라는 것이 너무나 분명하고 원숭이와 우리 사이의 «중간 단계»에 있는 그 열등 민족들은 우리가 아무리 노력한다고 하더라도 우리 수준까지 결코 끌어올리지 못할 것이라고 여기지 않았던 것은 아니다. 따라서 그들은 백인의 책무[48]를 줄여야 한다고 생각했다. 즉, 백인은 열등한 그 존재들의 뚜렷한 결점을 바로잡아주는 일은 감수해야 하지만, 나머지 일은 백인의 능력 밖이라고 여겼던 것이다.

반대로 다른 사람들이 보기에 모든 인간 존재에게는 공통의 조상이 있으며, 인간 집단의 몇몇 구성원은 고유한 역사적 상황 때문에 문명 — 여기서 말하는 문명이란 여러 인간 집단 각각의 문명이 아니라, 백인의 문명을 가리킨다. —의 길로 나아가는 데에 뒤처지게 되었다. 이들은 점진적으로 백인과 같은 수준에 도달할 수 있으며, 또 그렇게 되도록 도와주어야 한다. 그 과정이 오래 걸릴 것인가? 그러나 백인에게 맡겨진 임무가 중대하기에 마땅히 노력해야 한다. 다른 사람들은 이렇게 생각했다.

위에서 언급한 첫 번째 주장은 오만을 낳았으며, 두 번째 주장은 가부장적인 태도 *paternalisme*[49]를 낳았다. 그러나 유럽 국가들의 정책으로 말하자면, 이 두 주장의 결과는 거의 동일했다. 유럽인들은 보호자였던가? 지배자였던가? 이 구분은 식민지 현지에서는 별로 의미가 없었다.

48 백인의 책무: 키플링에게서 빌려온 표현이다.
49 가부장적인 태도 *paternalisme*: 백인이 아닌 사람들은 어린이처럼 보살핌을 받아야 할 존재로, 자신은 그들을 보살피는 아버지 같은 존재로 여기는 백인의 태도. '보호자적인 태도'로 번역할 수 있다.

백인의 강박관념이었던 혼혈 문제

구성원 수에 있어서 엇비슷한 두 공동체, 즉 백인들의 공동체와 타자들(백인들을 제외한 모든 타자들)의 공동체는 수 세기 동안 이곳저곳에서 함께 살아가면서 잡종 *bâtard*을 낳았다. 18세기에 마르티니크에 거주하던 모로 드 생-메리라는 식민지 이주민은 이런저런 개인의 피부에서 «검은색»과 «흰색»이 차지하는 부분을 수량으로 표시했다(그는 간단하게 2, 4, 8, 16 등으로 2배수 곱셈을 해서, «검은색»과 «흰색»이 각각 차지하는 최대 부분을 128로 정했다). 그의 노고 덕분에 프랑스어 어휘가 풍요롭게 될 수 있었다. 모로 드 생-메리는 혼혈 정도에 따라 다음과 같이 분류했다. «백인 남성과 흑인 여성의 결합에서 물라토 *Mulâtre*가 생기며, 백인 남성과 여성 물라토의 결합에서 카르트론 *Quarteron*이 생기며, 백인 남성과 여성 카르트론의 결합에서 메티스 *Métis*가 생기며, 백인 남성과 여성 메티스의 결합에서 마믈룩 *Mamelouc*이 생기며, 백인 남성과 여성 마믈룩의 결합에서 카르트로네 *Quarteronné*가 생기며, 백인 남성과 여성 카르트로네의 결합에서 혼혈아 *Sang-mêlé*가 생기며, 백인 남성과 여성 혼혈아의 결합에서 백인에 계속 가까워지는 혼혈아가 생긴다.» 그런데 독자들께서는 위의 분류에서 백인 남성이 항상 능동적인 기능을 한다는 사실을 주목하시라. 백인 여성이 능동적인 역할을 한다는 것은 상상할 수도 없는 일이라는 듯이 말이다.

염세적 관점

모로 드 생-메리의 연구는 혈통에서 결국에는 «흰색»의 비율이 우위를 차지하게 될 수 있으리라는 것을 암시하고 있다. 대체로 혼혈을 비판하는 사람들은 백인이 다른 «인종»에 속하는 사람과 결합함으로써 쇠퇴하게 되리라는 사실을 강조했다. 백인은 분명히 우등하기 때문에 백인의 피가 다른 인간 집단의 피와 섞이는 것은 절대적으로 금해야 하는 것으로 여겨졌다. 다음과 같은 진부한 주장이 이곳저곳에 유포되었다. '메티스 *métis*'는 자신의 다양한 뿌리에서 유익을 얻기보다는 자신의 뿌리인 여러 인종이 지닌 결점들을 모두 가지게 된다. 당시의 저명인사들 모두가 이런 주장을 했다. 자신의 작품 『여행 통사(通史)』에서 프레보 신부[50]는 다음과 같은 견해를 인용했다(그러나 그는 이 견해에 공감하지는 않았다). «이 인종(물라토들 — 필자 주)은 유럽인과 흑인에게서 볼 수 있는 온갖 나쁜 점들의 복합체이다. 이 인종은 그 모든 나쁜 점들이 모여 있는 시궁창이다.» 『무덤 저편의 회상』에 실려 있는 것으로 자신이 북아메리카에서 한 여행에 대한 이야기에서 샤토브리앙[51]은 «불에 탄 나무 *Bois brûlés*»(유럽인과 인디언의 혼혈을 가리키는 말)를 가리켜서 «두 인종의 결점을 가진», «문명화된 본성 *nature civilisée*과 야생적 본성 *nature sauvage*의 잡종»이라고 비하했다.(1848년) 이것은 무수한 글에서 볼 수 있는 흔해 빠진 주장이었다. 식민지를 지칠 줄 모르고 여행한 장 도르셴은 타히티에 들렀는데, 그곳에서 그는 자신이 «반(半) 백인 여성들 *demi-blanches*»이라고 부른 여성들의 꽁무니를 따라다니려고 했던 것 같다. 그는 다음과 같이 썼다. «그 여성들은 바람기가 있고, 식탐을 내고, 교태를 부리고, 어리석고, 잘난 체하고, 허영심이 많고, 도덕심이 없고, 샘이 많고, 질투심이 강하며, 신의가 없다……. 나쁜 딸, 가증

---

50 프레보 신부(1697~1763년): 본명은 앙트완 프랑스와 프레보. 흔히 아베(신부) 프레보로 불린다. 프랑스 역사가, 소설가.

51 프랑스와-르네 드 샤토브리앙(1768~1848년): 프랑스 정치인, 낭만주의 소설가. 정치인으로서는 유럽 여러 나라에 대사로 파견되었으며, 외무부 장관(1822~1824년)을 지냈다. 유럽 여러 곳, 미국, 오리엔트 등을 여행했다. 기독교를 옹호하는 『기독교의 정수(精髓)』를 썼으며 『르네』를 비롯한 여러 편의 소설을 남겼다.

스러운 아내, 보잘것없는 어머니인 이 여성들은 사회에서 여성에게 할당된 역할을 조금이라도 고결하게 완수할 수 있는 능력이 조금도 없다.»(1929년) 과학적임을 자처하는 저작들에서도 같은 종류의 흔해 빠진 주장을 볼 수 있다. 예를 들면, 1913년에 노벨 의학상을 받은 샤를 리셰[52] 박사의 글에서 그런 주장을 볼 수 있다. 그 글의 내용은 다음과 같다. «무엇보다 먼저, 우등 인종들과 열등 인종들이 어떻게든 뒤섞이는 것을 피해야 할 것이다. 그 무슨 정신 나간 생각으로 흑인을 백인에 동화시킬 수 있다고 하는지 나는 이해하지 못하겠다. 우리는 지구상에 살고 있는 여러 인종 중에서 진짜 최상층 집단 *véritable aristocratie*을 만들어내고 있다. 아프리카와 아시아가 우리의 내부로 유입시킬지도 모르는 여러 고약한 인종적 요소와 뒤섞이지 않은 순수한 인종에 속하는 백인들이 바로 그 집단이다.»(1919년)

«인종들이 뒤섞이는 것»에 반대하는 프랑스인들은 제2차 세계대전 중의 비시 체제 때에 즐거운 한때를 보냈다. 르네 마르샬 박사라는 사람은 신체 면에서도 혼혈인들에게는 결점(«상스러운 모습, 얼굴의 비대칭, 사지와 몸통의 불균형»)이 흔히 있을 수 있다고 했다.(1942년) 혼혈인들에게는 건전한 요소보다는 병적인 요소가 항상 우세하기 때문이라는 것이었다. 고비노의 계승자였으나 그보다는 재능이 많지 않았던 죠르쥬 바셰 드 라푸쥬[53]는 «뒤섞인 피는 절대로 다시 순수하게 되지 않는다.»라고 썼다.(1909년)

그들은 이제 때가 너무 늦어서 백인은 쇠퇴를 피할 수 없게 되었다고 주장했다. 이런 주장을 지지하는 사람들은 역사를 염세적인 관점에

52 샤를 리셰(1850~1935년): 프랑스 생리학자, 유전학자. 알레르기 과민 반응과 관련한 연구로 1913년에 노벨 생리의학상을 받았다. 프랑스 유전학회장을 지냈다(1923~1926년).

53 죠르쥬 바셰 드 라푸쥬(1854~1936년): 프랑스 인류학자, 법조인, 정치인. 고비노의 인종주의 이론을 계승 발전시켰으며, 우생학의 창시자로 기억된다. 검사를 지냈으며, 프랑스노동당의 창당에 관여했다.

서 바라보았다. 이미 여러 세기 전에 백인은 자신이 관심을 가져야 할 것이 무엇인지를 깨닫지 못했다. 우리는 이미 모두 혼혈인이며, 이것은 유쾌한 일이 아니다. 그들은 이렇게 주장했다. 쇠퇴 문제와 관련해서도 고비노의 글은 그런 추론의 전형을 보여준다. 고비노 백작은 다음과 같이 썼다. «어느 민족에 적용되는 쇠퇴한 *dégénéré*이라는 낱말은 그 민족이 이전에 가졌던 내재적 가치를 이제는 가지고 있지 않다는 것을 의미할 것이며, 실제로 그것을 의미한다. 이것은 그 민족이 이제는 혈관 속에 같은 피를 가지고 있지 않기 때문이다. 그 피는 계속해서 다른 피와 혼합되면서 점차로 분량(分量)이 바뀌었다. 달리 말하자면, 그 민족은 같은 이름을 지니고 있긴 하지만 시조들과 같은 혈통을 보전하지 못했던 것이다.» 인종의 위계에서 최상위에 있는 사람들이 보기에, 어떤 종류의 것이든 다른 피와 섞이는 것은 쇠락, «쇠퇴», 정체성 상실, 힘 상실로 여겨졌다. 모든 혼혈은 우리를 종말로 데려간다. 그들은 이렇게 생각했다. 고비노에게서는 서글픈 체념을 엿볼 수 있다. 그는 다음과 같이 썼다. «백인종은 이제 지구상에서 사라졌다.» «신들의 시대 *âge des dieux*»에서만 순수성이 존재했다. 이후의 역사는 고스란히 피가 뒤섞여온 역사였다. 그리하여 «아리안의 피 — 이것은 이후로 여러 번 세분되었으며, 우리가 살아가는 곳에 아직도 존재하고 있으며, 우리 사회라는 구조물을 홀로 떠받치고 있다. —는 매일매일 [다른 피에] 흡수되어 사라져버릴 종말을 향해 나아가고 있다.» 고비노는 다가올 시대를 묵시론적인 관점에서 바라보았다. 그때가 되면, «무가치하다고 할 수 있을 정도로 신체적 힘에 있어서의 초라함, 미에 있어서의 초라함, 지적 태도에 있어서의 초라함을 비롯한 온갖 종류의 초라함이 종말에» 이르게 될 것 같았다. 그는 곧 최악의 사태가 다가오리라고 보았던 것이다. 바셰 드 라푸쥬는 생애 말년에 놀라운 글 〈하느님께서

진노하실 날 — 문명 세계의 종말〉을 썼다. 이 글에서 그는 다음과 같은 의문을 제기했다. 원숭이의 후손인 인간은 마침내 다시 원숭이가 될 것인가. 너무 늦었다. 몰락이 시작되었다. 인류 최후의 날은 선사 시대로의 회귀이다. 고비노는 다음과 같이 썼다. «마지막 때가 되면, 모든 문명에서 해방되어 원초적 자유를 되찾은 인간들은 동굴 속에 둥지를 틀 것이다.»(1923년)

프랑스 문학에서 다루어진 메티스

혼혈인들 *sang-mêlés*의 운명은 허구적 작품에서는 흔히 불행하게 묘사되기도 했다. 테오도르 발렌시[54]는 튀니스의 지방관 *bey*[55] 휘하 관리인 어느 남성과 프랑스 여성의 딸인 야스미나가 등장하는 교훈적인 이야기를 썼다. 어머니가 죽자 야스미나는 아버지 가문의 계율을 따르게 되는데, 그 계율은 여성들에게는 가혹하다. 야스미나는 어느 노인과 강제 결혼을 하게 된다.(1922년) 1935년, «원주민에 호의적인» 사람들 쪽에 속하며 품성이 고결한 소설가였던 잔 포르-사르데는 흥미로운 작품 『아랍인의 딸』을 발표했다. 이 작품은 알제리의 콩스탕틴에 사는, 혈통이 각기 다른 어느 부부의 이야기를 담고 있다. 이 부부에게서 태어난 딸은 소꿉동무들의 놀림거리가 되고 «아랍인의 딸»이라는 모욕을 받는다. 모욕은 날마다 가해진다. 제앙 상드리외가 쓴 소설의 주인공 프랑스와 퓌옥(François Phuoc)도 같은 모욕을 겪는다. «"더러운 메티스 *métis*!" 그는 얼마나 여러 번 이 추악한 말을 들었던가! 얼마나 여러 번 그는 이 말을 듣지 못한 척했던가! 이번에도 그는 피할 수 없는 사

54 테오도르 발렌시(1886~1959년): 튀니스 태생의 프랑스 정치인, 소설가. 변호사, 하원의원을 지냈으며, 독일 강점기에는 체포되어 드랑시 강제수용소에 수용되기도 했다. 소설가로는 『야스미나』로 유명하다.

55 지방관 *bey*: 오토만 제국의 섭정령인 알제나 튀니스 등을 다스리던 관료.

실, 즉 자신의 피부색은 절대로 바뀌지 않는다는 사실 때문에 굴복하지 않을 수 없었다.»(1929년) 메티스의 운명은 대체로 비극적으로 묘사되었다. 여러 소설에 등장하는 주인공들은 자신들에게는 미래가 없다는 것을 깨달으면서 자살을 택한다. 젊은 야스미나 — 이 여성은 남편이라는 늙은이의 마수에서 벗어나기 위해 자살한다. —, 프랑스와 퓌옥, 그리고 쟝 마르케의 작품 『황인 여성과 백인 남성』(1927년)에 등장하는 아름다운 여성 — 유럽인과 아시아인의 피가 섞인 이 여성은 쟝 리볼레(Jean Rivolet)라는 인물과 «콩가이[56]»의 사랑이 맺은 결실이다. —이 그러하다. 혼혈인들은 죽음을 맞지 않는 경우에는 외톨이 신세가 된다. 1943년, 영화감독 발테르 캅스는 역시 인도차이나에서 사건이 전개되는 것으로 보이는 영화 〈메티스 말리아〉[57]를 촬영했다. 갖가지 불행에 시달리는 가련한 여성 말리아는 두 공동체, 즉 프랑스인들의 공동체와 인도차이나인들의 공동체로부터 버림을 받는다. 그녀는 자신이 저주받은 운명의 제물이라는 것을 깨닫는다. 마침내 그녀는 선교회에 들어간다. 그곳의 수녀들만이 말리아가 가진, 두 공동체에 속하는 사람들과는 다른 점을 감싸준다.

하지만 프랑스 문학사에 메티스이면서 긍정적인 주인공이 없는 것은 아니다. 1835년, 마르티니크 출신의 크레올인으로 유달리 개방적인 정신의 소유자였던 죠제프 르비유가 초기의 긍정적인 메티스 주인공들 중의 한 명으로 에스테브(Estève)라는 인물을 만들어냈다. 이 인물의 교훈적인 이야기 전체는 혼혈인이 숭고한 감정과 훌륭한 지적 자질을 지

56 콩가이: "여자", "딸", "아가씨" 등을 가리키는 베트남어.

57 〈메티스 말리아〉: 줄거리는 다음과 같다. 말리아는 어느 프랑스인 장교와 안남(安南) 여성 사이에서 태어나서 프랑스인 부부에게 입양되어 인도차이나에서 자란다. 양부모의 아들인 앙리가 그녀와 결혼하려 하지만 부모의 반대에 부딪힌다. 이미 아내가 있는 어느 부자가 말리아에 눈독을 들이자, 말리아는 도망친다. 앙리는 말리아를 보호하려다가 살해되고, 말리아는 선교회에 들어간다.

니고 있으며 용기 있는 행동 등을 할 수 있다는 것을 증명하기 위한 것이다. 절친한 벗의 누이(백인 여성)를 사랑하게 된 이 메티스 주인공 에스테브는 인종에 대한 편견, 즉 크레올인 집단 거의 전체가 자신에게 드러내는 적대감을 끈기 있게 공격한다. 하지만 그 공격은 성공하지 못한다. 메티스를 긍정적으로 묘사하면서도, 혈통의 «좋은 성분»인 백인의 혈통이 다른 혈통보다 우수하다는 것을 암시하는 내용을 담은 모호한 소설들도 있다. 아버지 알렉상드르 뒤마의 소설에 등장하는 주인공 죠르쥬(Georges)[58]의 개성과 운명이 이런 현상의 좋은 예시이다. 논의의 여지가 없이 작가의 의도는 진부한 인종주의적 색채와는 거리가 멀고 인본주의적이다. 뒤마는 인종주의와 관련하여 관용의 자세를 가질 것을 권고하는 것 말고 다른 무엇을 할 수 있었겠는가? 그 자신 역시 혼혈인[59]이었으며, 파리의 명사들 일부가 «니그로»라고 부른 뒤마가 말이다. 그러나 독자들은 이 소설의 책장을 넘기면서, 주인공 죠르

58 죠르쥬: 1843년에 발표된 소설 『죠르쥬』의 주인공. 이 소설의 줄거리는 다음과 같다. 무대는 인도양에 있는 모리스섬이다. 이 섬은 1715년에 프랑스 식민지가 되었다가 한 세기 후인 1810년에 영국의 소유가 되었다. 이 소설에서는 1810년부터 15년 동안 벌어지는 사건을 다루고 있다. 물라토인 부유한 피에르 뮈니에(Pierre Munier)는 1810년에 영국에 맞서 싸우는 과정에서 국민 방위대가 유색인이라는 이유로 그를 대원으로 받아주지 않자, 유색인들을 규합하여 전투에 나가서 영국 국기를 전리품으로 가져온다. 하지만 프랑스인들로 이루어진 부대를 지휘하는 드 말메디 씨(M. de Malmédie)는 질투심에 사로잡혀서, 유색인들의 성과를 인정하지 않는다. 드 말메디 씨의 12살 된 아들 앙리(Henri)가 뮈니에의 12살 된 아들 죠르쥬에게서 그 전리품을 빼앗자, 죠르쥬의 형 쟈크(Jacques)(14살)가 동생을 지키기 위해 앙리에게 주먹을 날린다. 이렇게 해서 두 가문의 대립이 시작된다. 뮈니에 씨는 두 아들을 프랑스로 보내 공부를 시킨다. 쟈크는 대위로 복무하다가 해적이 되고, 이후에는 노예상인이 된다. 죠르쥬는 박식한 교양인이 되고, 파리와 사교계에서도 이름을 떨친다. 세월이 15년이나 흘렀지만 유색인에 대한 편견은 바뀌지 않았다. 죠르쥬는 말메디 씨의 질녀 사라(Sara)에게 청혼한다. 그러나 부유한 상속녀인 사라는 앙리와 결혼하기로 약속되어 있다. 마음에 상처를 입은 죠르쥬는 복수를 결심하고, 노예들과 자유 유색인들이 일으킨 반란의 우두머리가 된다. 하지만 반란자들은 곧 영국군에게 진압된다. 체포된 죠르쥬는 곧 사형을 당할 처지이다. 그때 사라가 찾아와서 죠르쥬가 죽기 전에 그와 결혼식을 치르려고 한다. 결혼식이 거행되는 틈을 이용해서 뮈니에 씨와 쟈크가 죠르쥬와 사라를 데리고 배를 타고 도망친다. 영국 총독이 해군 군함을 타고 그를 추격한다. 그러나 총독은 자신이 탄 배에 불이 나서 배와 함께 바닷속으로 가라앉는다.

59 혼혈인 뒤마: 알렉상드르 뒤마(1802~1870년)는 생-도맹그 태생의 흑백 혼혈인이자 대혁명기에 활동한 장군인 토마 알렉상드르 다비 드 라 파이여트리와 프랑스 여성 마리-루이즈-엘리자벳 라부레 사이에서 태어났다.

쥬의 개성이 활짝 표현될 수 있도록 해주는 요소는 유럽인으로서의 정신적 자질이라는 것을 느끼게 된다. 혈관 속에 «백인» 피의 성분이 흐르고 있기에 주인공의 영혼은 위대하다. 그 성분은 다른 피의 성분으로 말미암은 잘못을 대속(代贖)하고 구원해주는 것으로 묘사되어 있다.(1843년) 젊은이들을 독자로 하는 삼류 소설 『이슬람의 혼(魂)』은 «리프인들»[60]에게 포로가 되어 있는 아버지를 구출하러 떠난 14살 소년 쟈크(Jacques)의 파란만장한 모험 이야기를 들려준다. 쟈크는 리프인들에게 붙잡혀 사형을 당할 처지에 이르게 된다. 그러나 이 소년은 «프랑스 하늘처럼 맑고 푸른 두 눈을 가진» 아랍인 청년 야이야(Yahia)가 자신을 지켜준다는 것을 알게 된다. 밤이 되자, 야이야는 쟈크를 풀어주고 그에게 믿을 수 없는 이야기를 들려준다. 야이야의 아버지와 쟈크의 아버지가 같다는 것이다. 당연히 야이야와 쟈크는 힘을 모아 리프인들을 없애버린다.(폴 세르비에르 저, 1948년)

«인종» 교배의 장점을 찬양하기조차 하는 작품들은 매우 드물다. 루이즈 포르-파비에 부인의 소설이 그런 작품에 속한다. 이 소설은 어느 백인 여성과 어느 세네갈 남성의 아들인 어느 물라토가 쓴 것으로 설정되어 있다. 이 소설의 주인공은 다음과 같은 이야기를 한다. 내가 태어날 때, «백인의 혈통»이 «니그로의 혈통»을 물리치기를 바랐던 아버지께서는 실망감을 드러내지 않을 수 없었다. 주인공은 이야기를 이어간다. «그러나 어머니께서는 깊은 사랑으로 갓난애를 두 팔로 안아 가슴에 꼭 품고는 그 갓난애에게 말씀하셨다. "엄마는 우리 아이가 아빠의 혈통만큼이나 엄마의 혈통을 자랑스러워하기를 바

60 리프인들: 모로코 북부의 리프 지방에 사는 사람들. 프랑스인들이 리프인들에게 크게 관심을 가지게 된 계기는 리프 전쟁(1925~1926년)이다.

란다(…)." "엄마는 내 아들이 검은 혈통을 자랑스러워하기를 바란다." 이 말씀은 내게는 복음과도 같았다. 어느 어머니도 이보다 더 아름답고 이보다 더 자애로운 말씀은 결코 하지 않았다고 나는 생각한다.»(1928년)

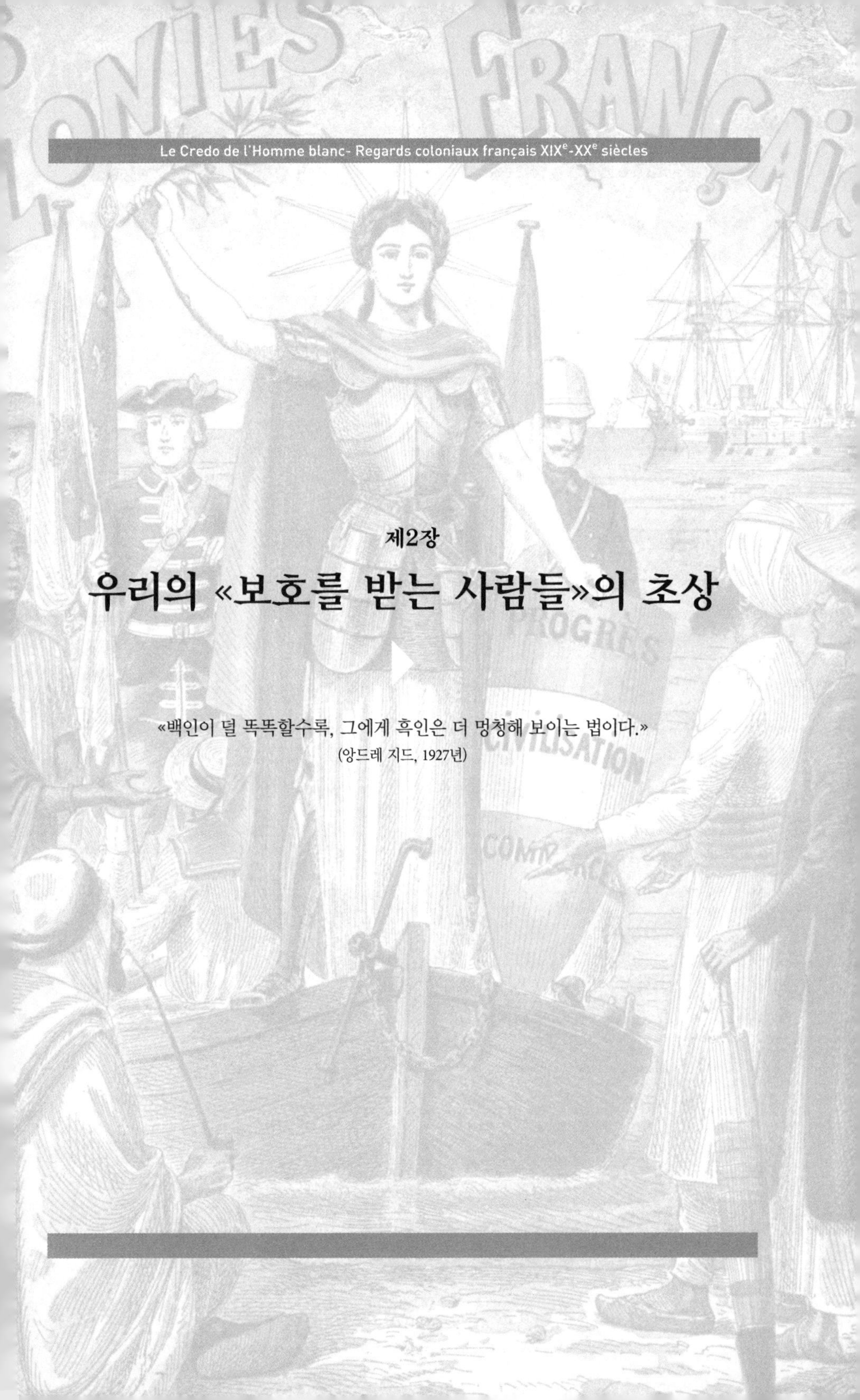

제2장

우리의 «보호를 받는 사람들»의 초상

«백인이 덜 똑똑할수록, 그에게 흑인은 더 멍청해 보이는 법이다.»
(앙드레 지드, 1927년)

새로운 땅에 발을 딛는 유럽인들을 가장 먼저 놀라게 하는 것은 그들이 만나는 사람들의 외모였다. 백인의 외모와는 다른 점 — 이것은 즉각 눈에 띄고 즉각 지각되었다. —을 가질 수 있는 '타자'[61]의 권리는 부정되었다. 이것은 흔히 있는 일이었으며, 모든 인종 차별의 토대였다. 유럽인들은 하느님께서(경우에 따라서는 '자연'이) 창조한 유일하게 완전무결한 작품은 자신들이며, 자신들이 마주하는 다른 존재는 작품의 밑그림 또는 날림으로 만든 짝퉁에 불과할 뿐이라고 확신했다. 고비노가 썼듯이 말이다. 너무나 확신으로 가득 차서 감격하기에 이른 고비노는 다음과 같이 썼다. «물론, 창조주는 초벌 작품만을 만드시려고 했다.»(여기서 고비노가 초벌 작품이라고 한 것은 «황색» 민족들이다.)

신체적 특징

피부색

여러 가지 다른 점에 두려움을 느끼는 사람이 보기에, 피부색은 그것만으로도 넘어야 할 장애물로 여겨졌다. 어떤 사람들은 그 장애물을 넘는 데에 이르지 못했으며, 그 장애물을 넘으려던 노력을 대뜸 중단했다.

많은 유럽인이 보기에 하얀색은 마땅히 '자연'의 색이었다. 그들이 보기에 다른 피부색은 기후의 차이 때문에 하얀색이 변질되어 생긴 것일 뿐이었다. 그레그와르 신부는 흑인들의 변함없는 친구[62]였지만, 이 문

61 '타자': 유색인.
62 앙리 그레그와르 신부(1750~1831년)와 흑인들의 친구: 그레그와르 신부는 대혁명 때에 국민공회 의장, 500인 의회 의장, 입법회 의장, 제헌의회 의장 등을 지내면서 제3신분을 옹호했으며, 모든 특권 폐지, 노예제도 폐지, 남성 보통선거 도입을 주장했다. 흑인들의 변함없는 친구였다는 말은 그레그

제에 대한 당대 사람들의 편견에 공감했다. 그가 보기에 «발바닥이나 손가락 사이처럼 햇볕에 가장 적게 노출된 부분들이 희끄무레하다»는 사실은 인류의 시조가 백인이라는 증거였다.(1808년) 뷔퐁은 «니그로들»이 일정 기간 아프리카를 떠나 있으면 피부가 다시 하얗게 될 것이라고 생각했다. 학자로서 그는 실험을 해서 검증해보자고 했다. 그는 세네갈인 몇 명을 덴마크로 옮겨놓고 엄격하게 격리한 다음, 외부와 일절 접촉하지 못하도록 하자고 했다. 그는 다음과 같이 썼다. «이 방법은 이와 관련되는 인간의 체질을 본래대로 되돌려놓는 데에 얼마나 시간이 필요할 것인지를 알기 위해, 그리고 같은 연유로 인간의 체질이 백(白)에서 흑(黑)으로 바뀌는 데에 얼마나 시간이 필요했는지를 알기 위해 사용할 수 있는 유일한 방법이다.»(1779년)

«원주민들»의 기이한 피부색은 경멸, 걱정 또는 웃음을 번갈아 자아내기도 했다.

자신의 저서 『19세기 가톨릭의 선교』에서 루이-외젠 루베 신부는 «검은색은 색채의 부정(否定 *négation*)이다.»라고 단호하게 주장했다. 그리고 그는 다음과 같이 강조했다. «니그로의 안색(顔色)은 거의 고정불변이고 [색채의] 부정(否定)이며, 안면(顔面)은 [사람에 따라] 빛깔 *coloris*의 차이는 없고 윤곽 *trait*만의 차이가 있다.» 루이-외젠 루베 신부는 하느님께서 아프리카인들의 열등성을 알려주는 이론의 여지 없는 그런 특이한 표징(表徵)을 인간들에게 보내주셨다고 주장했다. 18세기에 «흑인들을 호의적으로 대하는 태도»를 맹렬히 공격한 델로지에르라는 사람은 다음과 같은 확정적인 주장으로 자신의 적수들을 공격했다. «피

와르 신부가 식민지에서의 백인과 유색인 간의 평등, 노예무역과 노예제도 폐지를 목표로 하는 «흑인들의친구들협회»(1788년에 설립)에 가입해서 흑인들을 위해 꾸준히 활동했다는 뜻이다.

부라는 표지(標識)는 피부 안쪽의 다른 점을 명백하게 알려준다.» 명백하게 알려주는 것은 물론이고 말고…….

그러나 검은 피부에 대해 이처럼 공격성을 드러내는 경우는 비교적 드물었다. 대체로 검은색은 농담의 소재로 더 많이 사용되었다. 어떤 사람은 인간의 얼굴에 그런 색깔을 입히는 것은 '자연'의 멋진 솜씨일 수밖에 없다고 여겼다. 검은색은 거리낌 없이 농담의 대상이 되었다. 아리스티드 브뤼앙이 편찬한 유명한 『은어(隱語) 사전』의 «니그로» 항목에 수집되어 있는 여러 가지 농담이 이를 증명해준다. 그 내용은 다음과 같다. «감초(甘草) 막대기, 굳힌 감초 진액 막대기, 멋진 블론드 (…), 눈 뭉치, 구두약, 구두약을 칠한 (…), 깨끗이 씻지 않은 사람, 한밤 (…), 순대 껍질»(1901). 식민지 소식을 싣는 잡지를 펴내는 출판사가 1925년에 발행한 중편소설에서 에르네스트 보네라는 사람은 다음과 같이 썼는데, 이 글은 특별한 악의가 있는 것 같지는 않다. «내가 거느리는 니그로의 이름은 마다니(*Madani*)였다. 하지만 사람들은 자연스럽게 그를 블랑셋(*Blanchette*)[63]이라고만 불렀다.» '자연스럽게'라는 표현은 딱 맞는 표현이다. 우리는 그 시대 내내 비누와 세제의 광고 상표에 다음과 같은 장면이 많이 사용되었다는 것을 알고 있다. 생김새는 흑인처럼 보이지만 피부는 하얀 어린아이가 욕조 밖으로 몸을 내미는 장면이 그것이다. 그 그림에는 다음과 같은 설명이 붙어 있다. «소덱스 *Sodex*[64]는 세탁 소다 대신에 유용하게 쓰인다. 소덱스는 세제보다 더 잘 씻어주고 더 하얗게 해준다.» 다른 광고에는 역시 몸에 진흙이 잔뜩 묻은 어린아이를 젊은 프랑스 여성이 씻기는 장면이 등장하며, 다

63 블랑셋(*Blanchette*): '*blanc*(하얀색)'에서 파생한 옛 프랑스어 '*blanchet*(약간 하얀색)'의 여성형이다. 굳이 번역하자면, '하야스름한 소녀'쯤 될 것이다.

64 소덱스: 비누의 상품명.

음과 같은 설명이 붙어 있다. «흑인을 하얗게 씻기기 위해 자벨 에스데세 *Javel SDC*를 사용하면, 비누가 없어도 된다.»

앙리 베르크손은 자신이 쓴 유명한 연구서인 『웃음』에서 한 페이지에 걸쳐 이 문제를 다루었다. 그는 다음과 같은 일화를 들려준다. 어느 날, 그는 파리의 마차꾼과 흑인의 말다툼을 목격했다. 마차꾼은 흑인에게 «당신은 깨끗이 씻지 않았다.»라고 했다. 그 마차꾼의 말은 프랑스에서 흔히 들을 수 있는 유머에 속했다. 맙소사! «사람들은 왜 흑인을 웃음거리로 삼을까?»라고 철학자 베르크손은 심각하게 의문을 제기한다. 이 의문에 대해 그는 다음과 같은 답변을 내놓는다.

> «[그 흑인이] 깨끗이 씻지 않았다고! 그렇다면, 검은 얼굴은 우리의 상상력 속에서는 잉크나 그을음으로 더럽혀진 얼굴일 것이다. 그리고 그 결과로 붉은 코는 붉은 물감을 한 통이나 칠한 코일 뿐이다. 그러므로 분장(扮裝)의 희극적 효과 중에서 어떤 것은 분장을 할 수도 있었을 상황이지만 분장을 하지 않는 경우에 발휘된다. 얼마 전에 우리는 평상복이 [그것을 입는] 사람과는 별개의 것이라고 여기려고 했으나 허사였으며, 우리가 보기에 평상복은 [그것을 입는] 사람과 일체인 것으로 보였다. 우리는 그렇게 보는 데에 익숙해 있었기 때문이다. 이제는 검은색이나 붉은색을 피부에 내재된 것으로 여기려고 해도 허사이며, 우리는 그 색이 인공적으로 칠한 것이라고 여긴다. 그 색이 우리를 놀라게 하기 때문이다.»(1889년)

«흑인들»만이 문제가 된 것은 아니다. 프랑스가 정복한 지역에 사는 사람들의 피부색이 정복자들의 피부색과 똑같지 않을 때, 현지의 현실을 두 눈으로 지켜보았던 사람들은 피정복자들과 정복자들을 너무나

여러 가지로 비교하는 글을 남겼다. 그들은 피정복자들의 모습은 동물이지만, 피부색은 식물계를 연상시킨다고 썼다.

너무나 «자연에 가까운», 우리의 «보호를 받는 사람들»은 그 자연의 일부를 이룬다. 말하자면, 체질적으로 말이다. 앞에서 우리는 백인과 인디언 사이에서 태어난 남아메리카의 혼혈인들에게 식민지 이주민들이 붙인 이름에 대해 이미 언급했다. «불에 탄 나무»(샤토브리앙, 1848년)라는 표현이 그것이다. 마그레브에서는 «둥치»라는 표현 — 이 표현은 시간이 흘러가면서 인종주의적인 표현이 되었다. —은 본래는 «무화과나무 둥치» 같은 피부색을 지닌 아랍인들을 가리켰다.[65] 식민지를 여행하는 프랑스인들은 역시 그곳을 묘사할 때에 식물을 가리키는 용어를 빠짐없이 사용하였다. 원주민들의 피부색을 가리켜서 폴 모랑은 «나무» 색깔이라고 했으며(1928년), 앙리에트 셀라리에는 «감초» 빛깔이라고 했으며(1932년), 다니엘 마르키-세비는 «볶은 커피 알갱이» 색깔이라고 했다.(1937년) 인류학자 폴 토피나르[66]는 이런 명칭들을 흔쾌히 사용했지만, 이런 명칭들이 모호하다고 보았다. 과학자로서 그는 정확성을 기할 것을 부탁했다. 그 내용은 다음과 같다. 식민지 원주민들은 «아바나산(産) 시가, 마호가니, 늙은 떡갈나무, 카페오레, 볶은 커피 알갱이와 흔히 비교되지만, 우리는 이런 비교에 약간의 수식어를 덧붙여야만 한다는 것을 깨닫는다. 특히 색조(色調)를 가리키기 위해서 말이다. 이를테면 밝은색 아바나산 시가, 짙은 색 아바나산 시가, 중간

65 «둥치», «무화과나무 둥치»: 식민지 시절에 마그레브, 특히 알제리에서 식민지 이주민들이 아랍인들을 가리키는 데에 사용한 경멸적인 표현. «그루터기/등걸 *souche*»이나 «장작»이라는 말도 사용되었다. 아랍인들은 이 표현들에 등장하는 나무처럼 움직이지도 않고, 게으르고, 일도 하지도 않으며, 지능이 모자라는 것으로 여겨졌기 때문이다. 식민지 이주민들은 자신들만이 열심히 일하기 때문에 자신들만이 진짜 사람이라고 여겼다.

66 폴 토피나르(1830~1911년): 프랑스 의사, 인류학자. 고등연구원 부설 인류학 실험실에서 일했으며, 파리인류학회 총서기를 지냈다.

색 아바나산 시가가 있고, 좀 더 많이 볶은 커피, 덜 볶은 커피가 있고, 불그스름한 대황(大黃), 노르스름한 대황이 있다. 올리브 색깔과 비슷하다는 의미의 '올리브색이 도는'이라는 낱말도 수식어가 필요하다. 신선한 올리브, 갈색 올리브, 짙은 색 올리브는 색깔이 같지 않기 때문이다.»(1885년)

따라서 식민지 원주민들은 놀라움을 불러일으키기도 했으며, 거부감을 불러일으키기도 했다. 검은색은 하느님의 섭리로 창백한 피부를 가지게 된 백인의 정신에 부정적인 이미지만을 떠올려줄 뿐이었다. 1842년, 카스텔랑이라는 사람은 흑인들을 가리켜서 «지하 감방처럼 어두운, 그리고 지옥에 떨어진 자의 영혼처럼 검은» 사람들이라고 썼다. 그로부터 한 세기 뒤에 또 다른 작가는 한술 더 떠서, 흑인들의 피부는 «이상하게 어둡다.»라고 했다(앙드레 갱, 1942년) 서인도제도에 사는 어느 언론인은 «니그로들»과 물라토를 보고는 다음과 같이 썼다. «더러운 노란색에서부터 좀 더 더러운 검은색에 이르기까지 온갖 색조(色調)가 여러 가지 안색을 이루었다.»(루이 드 메이나르 드 케일르, 1833년) 아시아의 안남인들은 «노란색과 구릿빛»(에드가 불랑지에, 1887년) 또는 «올리브 색이 감도는» 피부를 가진 사람들(사비니 & 비쇼프, 1885년)로 여겨졌으며, 그들의 안색은 «노란색, 올리브 색, 마호가니 색 또는 밀랍 색»(본느탱, 1885년)으로 묘사되었다. 하지만 원주민들의 피부가 항상 이처럼 경멸적으로 평가되었던 것은 아니다. 젊은 흑인 여성의 피부에서 볼 수 있는 «적동색(赤銅色)»이 앙드레 드메종[67]의 시선을 사로잡았다.(1923년)

67 앙드레 드메종(1883~1956년): 프랑스 작가. 프랑스령 서아프리카와 세네갈에 있는 어느 상사(商社)에서 근무하면서 여러 개의 아프리카 언어를 습득했으며, 야생 동물을 수집해서 벨기에의 동물원에 보냈다. 제1차 세계대전에 참전했으며, 세네갈 원주민 출신 보병들을 통역하는 일을 맡았다. 아프리카 문명, 그리고 야생 동물과 인간의 상호작용을 소재로 한 소설을 많이 썼다. 1931년에 파리 동쪽에 있는 뱅센에서 열린 식민박람회의 공식 안내 책자를 썼다.

앙리에트 셀라리에는 주마간산 격으로 보는 사람에게 지적하기를, 똑같아 보이는 것은 실제로는 복합적이라고 했는데, 이는 매우 정확한 지적이다. 셀라리에는 다음과 같이 썼다. «이 검은색은 햇빛을 받으면 밝아져서 보랏빛을 띠기도 하고, 오렌지 빛깔을 띠기도 한다.»(1932년)

얼굴

유색인들의 피부색 말고 얼굴 모습 자체도 유럽인들을 놀라게 했다. 그들이 보기에는 '자연'이 현명하게도 그런 머리를 만들어냈을 리가 없었다. 그들은 자신들이 매일 볼 수 있는 사람들의 각기 다른 용모가 외부의 영향을 받지 않으면서 존재한다는 생각을 할 수 없었다. 그들은 그런 «기형»을 설명해줄 수 있는 것을 찾게 되었다. 그들은 여러 민족의 몇 가지 문화적 특성으로 그 기형을 설명하려고 했다. 17세기 프랑스 여행가이자 아프리카를 처음으로 탐험한 사람들 중의 한 명인 클로드 쟌느캥은 이미 그 시기에 «니그로들은 왜 코가 납작한지, 즉 그 사람들이 코가 납작한 이유»를 찾아냈다. 그는 다음과 같이 썼다. «그것은 여성들이 항상 면(綿)으로 짠 천으로 아이를 감싸서 업고, 또 그렇게 아이를 업은 채로 절구질을 하고, 몸을 격하게 움직이고, 그렇게 해서 아이의 코가 자신들의 어깨에 계속 부딪치도록 해서 아이의 연골을 부숴놓기 때문이다.»(1643년) 뷔퐁은 과학자의 권위로써 이 주장에 동의하면서, «코를 납작하게 만들고, 눈꺼풀을 잡아당기고, 귀를 늘이고, 입술을 두툼하게 하고, 얼굴을 평평하게 만드는 각기 다른 민족들의 관행»을 강조했다.(1769년) 또 다른 학파는 «기후» 학파로 불릴 수도 있을 것이다. 『여성』에서 미슐레[68]는 이 현상에 대해 몇 줄을 썼다. 그 내

68 쥘 미슐레(1798~1874년): 프랑스 역사가.

용은 다음과 같다. «아프리카 해안에 사는 니그로의 부풀어 오른 뚱뚱한 용모는 (하마의 부풀어 오른 모습과 마찬가지로) 철 따라 뜨거운 급물살이 범람하는 뜨거운 기후의 작용이다. 그 쏟아지는 물로 계곡은 쓰레기로 가득 차고, 쓰레기는 그곳에서 썩어간다. 그 쓰레기가 발효되면서, 그곳에서는 마치 밀가루 반죽이 화덕 뚜껑을 밀어 올리듯이 모든 것을 부풀게 해서 밀어 올린다.»(1860년)

유럽인들은 원주민들의 눈에 대해서는 어떤 묘사를 했을까? 유럽인들은 너무나 상투적인 생각을 늘어놓았다! 흑인들의 눈은 유럽인들의 웃음을 자아냈다. 그들의 눈은 항상 매우 하얗고 크며, 두려움, 호의, 순종을 드러내는 것으로 보였다. 아시아인들의 눈은 유럽인들을 불안하게 했으며(많이 언급되었던 표현으로 «속을 알 수 없는 눈길»), 아랍인들의 눈은 불타는 듯하고 또 얼마간 음흉함을 드러내는 것으로 보이기도 했다……. 식민지인이 자기 «주인»의 눈을 똑바로 바라본다면, 그것은 그가 오만 때문에 머지않아 어떤 극단적인 행동을 하게 되리라는 것으로 비쳐졌다. 식민지인이 눈을 내리깐다면, 그것은 그가 무언가를 감추고 있는 것으로 여겨졌다. 폴 본느탱은 이를테면 «안남» 여성들의 눈길을 다음과 같이 묘사했다. «때로는 조금도 사고(思考)하지 않는 심연처럼 깊고, 때로는 우상(偶像)의 검은 눈동자처럼 수수께끼 같고, 때로는 가축의 눈길처럼 양순하고 축축하며 미소를 짓는다.»(1886년) 에르네스트 보네는 앞에서 언급된 «블랑셋»을 회상하면서, 그 인물은 «핏기가 서리고 진주모 빛이 감도는 눈»을 하고 있는데, 그의 눈 속에서는 «맹목적 헌신» 또는 «대단한 야수성»을 읽을 수 있다고 썼다.(1925년)

유럽인들은 원주민들의 코에 대해서는 어떤 묘사를 했을까? 독자 여러분께서는 식민 국가의 평범한 사람들이 아프리카인들의 콧구멍에 대해 뭐라고 썼을지는 상상하실 수 있을 것이다. 1937년에 르블롱 사촌 형제[69]는 식민지가 무대인 문학작품에서 흔히 볼 수 있는 유형에 속하는(그리고 저질에 속하지는 않는) 다음과 같은 문장을 썼다. «불룩하게 솟은 양쪽 광대뼈에 이르기까지 얼굴의 가로 방향으로 넓적하게 짜부라진 기다란 코가 어슷하게 숨을 쉬고 있었는데, 콧구멍은 나지막하고 능글맞았다.» 그런데 아프리카인들의 그런 코는 너무나 더러워서 «머지않아 중병에 걸릴 것 같았다.»(부르동, 1842년) 아프리카인들의 코는 반드시 더러움의 기준에 부합해야만 «니그로»로 인정될 수 있었다. 예를 들면, 풀라족 *Peuhls*[70]은 용모가 너무나 반듯해서 «니그로»의 범주에 들 수 없었다. 1896년 6월 4일, 파리인류학회에 소속된 과학자들은 여러 명의 «니그로»를 직접 관찰했는데, 그 니그로들은 과학자들이 자신들의 주장이 옳다는 것을 증명하려고 그곳에 데려온 사람들이었다. 그 니그로들 중에는 풀라족도 있었다. 토론을 이끈 콜리뇽 박사는 동료들에게 다음과 같이 지적했다.

> «이들의 코는 니그로들의 코보다 더 길고 훨씬 덜 넓적합니다. 이들의 비지수(鼻指數)[71]는 광비형(廣鼻型)이긴 하지만 훨씬 작은 광비형입니다. 이들의 비지수는 일률적으로 100 이상으로 내려가지는 않고 91.22까지 올라가기 때문입니다. 게다가 우리가 지금 보고 있는 것과 같은 매우 단정한 실험 대상자들을 관찰해보면, 코의 높이가 50mm에, 심지어 54mm에 이르며, 코의 너비는 34~36mm에 이르며, 비지

69 르블롱 사촌 형제: 마리위스-아리 르블롱이라는 필명을 사용했다. 이 이름은 레위니옹 출신의 작가 죠르쥬 아테나스(1880~1953년)의 필명 마리위스 르블롱과 그의 사촌 알렉상드르 메를로(1877~1958년)(에메 메를로로도 표기됨)의 필명 아리 르블롱을 합친 것이다.

70 풀라족: 서아프리카의 세네갈과 말리를 비롯한 20여 개 국가에 사는 민족. 풀라어를 사용한다.

71 비지수: 코의 높이 대비 너비를 백분율로 표시한 수치. 비지수가 클수록 코의 너비가 큰 유형에 속한다. 대체로 54.9 이하는 과협비형(過狹鼻型), 55.0~69.9는 협비형(狹鼻型), 70.0~84.9는 중비형(中鼻型), 85.0~99.9는 광비형(廣鼻型), 100 이상은 과광비형(過廣鼻型)으로 분류된다.

수는 69.4밖에 안 된다는 것을 알 수 있습니다. 이것은 완전히 유럽인들의 비지수에 해당하는 수치입니다. 이 수치는 프랑스인들 대부분의 비지수보다 약간 높기 때문입니다.»(1896년)

하지만 유럽인들이 아프리카인들만을 부정적으로 평가했다고 생각하지 않아야 한다. 앞에서 보았던 폴 본느탱은 젊은 «안남» 여성을 묘사하면서, «가금(家禽)의 궁둥이 비슷하게 납작한 코»라는 멋진 표현을 사용했다.(1886년) 반대로 아랍인들의 코는 항상 뾰족했는데, 이것 때문에 그들의 코는 유럽인들의 기준으로 보아도 긍정적으로 보였을 것이다. 아랍인들의 코는 뾰족하면서도 물론 매부리형이었다. 이것만으로도 그들의 성격이 드러나는 것으로 여겨졌다. 당시의 유명 작가 엘리사 라이스는 자신의 작품에 등장하는 어느 인물의 모습을 묘사하면서, «그 자체만으로도 그가 속한 인종의 감각적인 측면에서의 이기심 *égoïsme sensuel*[72], 음흉함, 대단한 오만을 드러내주는» 그의 «매부리코»에 대해 언급했다.(1920년)

유럽인들에게 특히 충격을 준 것은 식민지인들의 입이었다. 이것은 식민지인들도 유럽인들과 마찬가지로 인간의 전유물인 말을 한다는 사실로 말미암아 백인 «보호자들»의 주장과 크든 작든 배치되기 때문이었을까? 흑인들의 입은 분명히 특별 취급을 받을 만했다. 그들의 두꺼운 입술은 유럽인들의 미적 규준에 어긋났다. 그들의 입술은 여지없이 식인 풍습을 연상케 했다. 흑인을 묘사한 캐리커처마다 커다란 입술이 얼굴 반쪽을 차지했다.

72 감각적인 측면에서의 이기심: 예를 들면, 게으름을 피우거나 쾌락에 탐닉하는 행위 등.

샤를 들롱은 누벨칼레도니의 카나크족[73]을 관찰하면서, «흑인의 커다랗고, 상스럽고, 튀어나온, 두꺼운 입술»에 대해 혐오감을 드러냈다.(1890년) 우리는 위대한 예술사학자였던 엘리 포르[74]의 글에서 이와 비슷한 표현을 보면서 씁쓸함을 느끼지 않을 수 없다. 포르의 표현은 다음과 같다. «짐승처럼 납작한 낮짝에 달려 있는, 가장자리가 도톰한 그들의 입술.»(1923년) 작가 장-리샤르 블로크의 글에서도 비슷한 표현을 볼 수 있다. 그는 흑인들의 몸매는 조각처럼 매우 아름답다고 썼지만, 아쉽게도 다음과 같이 쓰기도 했다. «저 완벽한 조각상이 낮짝과 두꺼운 입술로 마감되는 것을 보는 것만큼이나 당황스러운 것은 아무것도 없다. 우리는 심술궂은 장난의 대상이 된 것 같은 생각이 든다.»(1929년) 아랍인의 입은 눈과 마찬가지로 그의 성격을 드러내주는 것으로 여겨졌다. 쥘 베른은 다음과 같이 썼다. «아랍인의 입은 사나움을 잘 드러내지 않는다.»(1868년) 유럽인들이 가장 혐오한 것은 인도차이나인들이다. 우리는 베트남인들이 관례적으로 치아를 검게 칠하곤 했다는 것을 알고 있다. 반짝이는 치아를 가진 예쁜 입술을 뻥 뚫린 어두운 구멍처럼 보이게 만드는 그런 행위는 서양인들이 받아들이는 미적 기준에 가장 어긋나는 것으로 여겨졌다. 베트남인들은 구장 잎을 씹어서 새빨간 즙을 뱉어내는 습관도 있었는데, 이런 습관 때문에 치아를 검게 칠하는 관례는 더욱 좋지 않게 보였다. 제1차 세계대전이 일어나기 직전까지 죽음의 색깔인 검은색과 피의 색깔인 붉은색을 그렇게 «구역질 나게»(빈느토, 1862년) 뒤섞는 행위, 그런 반자연적인 덧칠 행위, 그런 풍습에 대해 언급하지 않은 책은 단 한 권도 없다.

---

73 카나크족: 누벨칼레도니와 태평양의 섬들에 사는 주요 종족.

74 엘리 포르(1873~1937년): 프랑스 의사, 예술사학자. 젊은 시절에 그림에 매료되어 루브르 박물관과 전시회장을 드나들었다. 마취과 의사로 활동했다. 폴 세잔과 디에고 벨라스케스 등에 심취했다. 그의 저서 『예술사』는 지금도 유용한 참고 자료로 사용된다.

동물과의 비교

백인이 새롭게 «자신의 보호를 받게 된 사람들»을 묘사할 때, 그의 입과 펜에서는 그 사람들을 동물과 비교하는 말과 글이 너무나도 자연스럽게 흘러나왔다. 후일, 서인도제도 사람 프란츠 파농[75]은 다음과 같은 신랄한 지적을 하게 된다. «식민지 이주민은 식민지인에 대해 언급할 때, 동물학 용어를 사용한다.»(1961년)

『동물들의 일반·개별 자연사』에서 뷔퐁은 «원숭이와 니그로를 가르는 간격은 포착하기 어렵다.»라고 했다.(1769년) 그로부터 한 세기 뒤에 피에르 라루스는 자신이 편찬한 『19세기 대사전』의 «인종» 항목에서 «니그로»는 인간보다는 원숭이에 더 가깝다고 평가했다. 그 내용은 다음과 같다. «미개 인종들과 유인원들 사이에서보다, 몇몇 미개 인종과 몇몇 문명 인종 사이에 더 큰 차이가 있다.»(1866년) 1887년에 발표한 기행문에서 에드가 불랑지에는 인도차이나에 도착했을 때에 받은 첫인상을 털어놓았다. 그는 인도차이나인들을 «추하고 — 그러나 그 추함은 너무나 우스워서 여러분은 웃음을 참지 못할 것이다. — 더러워서 혐오감을 불러일으키며 거의 벌거벗은 이 앙상하고 키 작은 존재들»이라고 묘사했다. 그는 다음과 같은 의문을 제기했다. «이들은 사람일까, 동물일까? 이들은 안남인들이다.»

식민지 원주민들을 동물과 비교하는 데에 있어서 분명히 원숭이가 가장 많이 비교 대상이 되었다. 식민지를 다룬 산문 작품들을 대상으로 이에 대해 전수 조사를 한다는 것은 연구자 한 사람의 능력을 넘어

75 프란츠 파농(1925~1961년): 서인도제도 출신의 정신과 의사, 반식민주의와 제3세계의 해방을 위해 투쟁한 이론가 및 투사. 알제리 민족해방전선에 가담했으며, 알제리 공화국 임시정부의 외교대표로 활동하기도 했다. 『검은 피부, 흰 가면』에서는 흑인들과 백인들의 화해를 역설했으며, 『대지의 저주받은 사람들』에서는 인종차별적 증오, 식민지인들의 예속, 인종학살을 일삼는 유럽 국가들을 규탄했다.

서는 일이다. 그리고 단지 «하급 작가들»이 쓴 작품에서만 그런 비교를 볼 수 있는 것은 아니다. 쥘 베른의 작품 『5주간의 열기구 여행』에 실려 있는 것으로, 아프리카에서 벌어진 일을 묘사한 다음과 같은 내용을 기억하는 사람은 많지 않은데, 이는 다행스러운 일이다.

«— "우리는 그대가 원주민들에게 포위되어 있을 거라고 생각했소."

— 박사가 답변했다: "다행히도 그들은 원숭이였을 뿐이오."

— "친애하는 사뮈엘(Samuel), [그 원주민들과 원숭이는] 멀리서 보면 차이가 크지 않습니다."

— 조에(Joe)가 답했다: "가까이서 봐도 마찬가지입니다."»(1863년)

『어느 원주민 출신 기병대원의 이야기』 앞부분에서 피에르 로티[76]는 «멋진 몸매와 근육에 고릴라 얼굴을 한, 키 크고 야윈 장사(壯士)들»을 묘사했다.(1881년) 르네 반랑드는 자신의 동거녀인 타히티 여성을 친절하게도 «명주원숭이 *ouistiti*»에 비유했다.(1938년) 기 드 테라몽은 자신의 말벗 역할을 하는 시녀인 슈맘마(Schmâm'ah)를 반랑드보다 더 따뜻하게 대하지는 않았다. 그는 슈맘마를 «눈매가 다정스러운 예쁜 원숭이»라고 불렀다.(1900년) 시인이자 «인도차이나 사람»이라는 별명으로 불렸던 크레이삭은 한 걸음 더 나가서, «안남» 처녀를 «작은 원숭이류 동물»이라고 부르며 애정을 보였다.(1913년) 미리암 아리[77]는 「삽화 신문」에 실을 르포 기사를 쓰는 도중에 프랑스 대통령 팔리에르[78]와 «암컷

---

76 피에르 로티(1850~1923년): 프랑스 작가. 해군 장교로 복무하면서 겪은 경험을 회상하는 소설을 많이 썼다. 프랑스 제3공화국이 추진하는 식민정책을 경계했으며, 프랑스 병사들을 식민지로 보내 죽음에 이르도록 하는 것은 무익하다고 여겼다. 당대의 이국취향을 가장 잘 대표하는 작가로서, 서양 문명에 환멸을 느끼고 이슬람에 매혹되었다.

77 미리암 아리(1869~1958년): 프랑스 작가. 예루살렘에서 태어나서 베를린을 거쳐 파리에 정착했으며, 인도차이나, 튀니지, 마다가스카르 등을 여행했다. 제1회 페미나상(賞)을 수상했다. 오리엔탈리즘적 성향의 작가로 분류된다.

78 아르망 팔리에르(1841~1931년): 프랑스 제3공화국 대통령(1906~1913년). 1911년 4월에 튀니지를 방문했다.

원숭이의 발»을 내미는 튀니지 처녀가 만나는 장면을 목격했다.(1911년)

간전기의 인기 작가 펠리시앵 샹프소르는 『여자가 된 긴꼬리원숭이 노라』에서 현실에 있을 것 같지 않은 등장인물인 노라를 등장시켰다. 노라는 무척이나 예쁜 흑인 처녀로 무희가 되어 인기를 누린다. 노라는 파리의 명사들과 어울리고, 사교 생활을 한다. 사람들은 그녀에게 치근대고, 심지어 아첨하기도 한다. 당시 사람들은 그녀의 모습에서 죠세핀 베이커[79]의 모습을 어렵지 않게 보았다. 무척이나 예쁘고 너무나 예쁜 그녀에게는 염려되는 면이 좀 있었다. 무희로서의 그녀에게서 볼 수 있는 유연성은 동물 같은 면이 좀 있었다. 샹프소르의 작품에 등장하는 인물들의 대화를 들어보자.

— 그런데, 저 노라는 뭐지? 여자인가, 긴꼬리원숭이인가? 어느 쪽인지 난 아직 정하지 않았어 (…).

— 죠르쥬, 넌 새로운 스타를 어떻게 생각해?

— 어리둥절케 하지. 여자인가, 동물인가?

— 이봐. 여자가 된 긴꼬리원숭이라고 해라. 그래야 맞을 거야.

유감스럽게도 그건 사실이었다. 작가 샹프소르는 그 «여자»는 사실은 어느 미친 과학자가 조작해서 만들어낸 긴꼬리원숭이라고 우리에게 가르쳐준다.(1929년) 그런데 죠세핀 베이커를 암컷 원숭이에 비유하는 것은 파리인들에게는 익숙한 일이었다. 아카데미프랑세즈의 회원 로베르 드 플레르스는 「르 피가로」에 기고한 글에서 자신은 «개암 열매를 뺨 속에 감추는 긴꼬리원숭이들처럼 뺨을 부풀리는» 무희 베이커가 짓는 갖가지 얼굴 표정을 증오한다고 했다.(1925년) «니그로 버라

79 죠세핀 베이커(1906~1975년): 미국 미주리주의 세인트루시아에서 흑인과 인디언의 혼혈인 어머니와 백인 아버지 사이에서 태어났다. 1937년에 프랑스 국적을 얻었다. 어려서부터 브로드웨이에서, 그리고 1920년부터는 프랑스의 뮤직홀에서 가수, 무희, 배우로 활동하면서 엄청난 인기를 누렸다. 2차대전 중에는 레지스탕스 운동에 참여했으며, 이후로 킹 목사의 민권 운동을 지지했다.

이어티 쇼 *Revue Nègre*»단(團)의 안무가들은 베이커가 «엉덩이»를 치켜들고 네 «발»로 기어서 퇴장하는 기이한 모습으로 춤을 마치도록 안무하기를 주저하지 않았다.

식민지인들의 자질을 평가하는 데에 원숭이 다음으로 많이 동원된 것은 개이다. 충직을 상징하는 개는, 인간의 먼 조상인 동시에 인간의 염려스러운 사촌 격인 원숭이보다는 거리낌을 적게 주는 동물이다. 개는 주인이 명령을 내리면 왜 그런 명령을 내리는지 알려고 하지 않으면서 잘 따르고 순종한다. 그것이 개의 근본적인 특성이다. 개의 그런 특성은 «보이 *boy*»에게 요구되었던 것이며, 주인과 하인(또는 노예)의 관계에서 그 바탕이 되는 요소로 여겨졌던 것이 아닐까? 그리하여 식민지 개척자가 곁에 없는 식민지인은 길을 잃은 존재로 여겨졌다. 쥘 베른의 작품 『바르삭 탐험대의 놀라운 모험』에는 납(Nab)이라는 애칭을 가진 인물로 흑인 나뷔쇼도노소르(Nabuchodonosor)가 등장한다. 납은 주인을 잃었다고 생각하고는 어쩔 줄 모른다. «그는 마치 주인이 쓰러진 곳을 떠날 수 없는 개 같았으며, 고통이 너무나 심해서 주인을 떠나보내고는 아마도 계속 살아갈 수 없을 것 같았다.» 그러나 무언가가 주인이 죽지 않았다고 그에게 속삭였다. 개들에게도 그런 본능이 있다. 납은 주인을 찾으러 길을 떠나서 마침내 주인의 쇠약해진, 그러나 아직 살아 있는 몸을 발견한다. 세인트버나드종 개[80]처럼 납은 주인의 몸을 데워서 목숨을 구한다.(1920년) 알렉상드르 뒤마의 작품에 등장하는 주인공으로 몬테크리스토 백작 에드몽 단테스(Edmond Dantès)는 자신의 보이인 알리(Ali)가 충직하다고 여긴다. 단테스는 다음과 같이 그

80 세인트버나드종 개: 인명 구조·안내견의 한 종. 추위를 잘 견디고 후각이 예민해서 눈에 파묻힌 사람을 구조하거나 산길을 안내하는 데에 쓰인다.

를 칭찬하는 말을 한다. «이 애에게는 급료를 주지 않아도 됩니다. 이 애는 하인이 아니라 나의 노예이자 나의 개입니다. 이 애가 의무를 다하지 않는다면, 나는 이 애를 내쫓지 않고 죽일 것입니다.» 단테스가 이렇게 말하자, «알리는 그 말을 듣고 미소를 지으며 주인에게 다가가서 무릎을 꿇고, 주인의 손에 공손하게 입을 맞추었다.»(1846년) 그러나 주의하시라! 개가 항상 누워 지내는 것만은 아니다. 개는 실제로 주인에게 충직한가, 아니면 일시적으로 힘에 굴복할 따름인가? 제라르 드 네르발[81]은 두 번째 설명이 타당하다고 여겼다. 그는 다음과 같이 썼다. «아랍인은 사람이 물러서면 물기도 하고, 제 몸 위로 치켜든 손에 다가와 핥기도 하는 개이다.»(1851년)

식민지 원주민들을 대하는 유럽인의 무의식 속에는 참으로 불쾌감을 주거나 상스러운 것으로 여겨지는 다른 동물들도 등장했다. 특히 곤충들이 많이 등장했다. 모두 개체 수가 많은 곤충이었다. 물론, 곤충들 중에서 개체 수가 단연 으뜸으로 많은 개미(이들에게서 볼 수 있는 부지런한 일꾼 자질은 잠시도 고려되지 않았다.), 벌, 흰개미 등이 그러했다. 그건 당연했다. 백인들이 인간 사회를 세밀하게 분석하는 것은 불가능한 일이었기 때문에, 그들이 보기에 식민지인들이 살아가는 세계는 각 개체가 개성도 없이 주변의 다른 개체와 분간할 수 없을 만큼 비슷한 모습을 한 채로 우글거리며 살아가는 군집 사회와 비슷해 보였다.

이어서 식민지 원주민들은 온갖 것과 마구잡이로 비교되었다. 에밀 놀리의 작품에서 아랍인 처녀 카두쟈(Kadoudja)의 얼굴은 «교활한 긴꼬리원숭이의 낯짝» 같고, 눈동자는 «암컷 염소의 눈동자» 같은 것으로

81 제라르 드 네르발(1808~1855년): 프랑스 시인, 소설가. 꿈과 환상이 뒤섞인 작품을 써서 상징주의의 선구자로 평가된다. 자신의 여행 경험을 바탕으로 『오리엔트 여행』을 썼다.

묘사되어 있다.(1932년) 드 반델부르는 우연히 마주친 어느 «원주민»에게서 «양(羊)의 눈길»을 보고는 측은함을 느낀다.(1931년) 라마르틴[82]의 희곡 『투생 루베르튀르』에는 르클레르 원정대에 속한 프랑스 병사들이 등장하는데, 이 병사들은 아이티 독립의 영웅 투생 루베르튀르[83]에게 «비늘 없는 도마뱀», «늙은 거미» 등의 욕설을 퍼붓는다.(1850년)

식민지인들은 «어린아이 같은 사람들»이다

유럽인들은 «원시» 사회를 연구하면서 여러 차례에 걸쳐서 공간 속 여행과 시간 속 여행을 같은 차원에 두기에 이르렀다. 우리와 같은 시대를 살아가는 «미개인들»은 과거의 인간 사회에서 볼 수 있었던 몇몇 특징을 분명히 상기시켜주지 않는가? 이 미개인들의 다신교 신앙은 그리스인들과 로마인들이 가졌던 다신교 신앙의 모방 — 물론, 덜 멋진 모방이다. —이 아닌가? 이 미개인들이 느끼는 기쁨이나 두려움은 고대인들이 느꼈던 기쁨이나 두려움과 같은 것이 아닌가? 당대 «미개인들»의 세계와 고대 세계를 이렇게 같은 차원에 둠으로써 점차적으로 진화론이 구축되었다. 미개인들의 지금 상태는 우리의 과거 상태와 같다. 미래에 미개인들은 우리의 지금 상태와 같게 될 것이다. 먼 어느 날

---

82 알퐁스 드 라마르틴(1790~1869년): 프랑스 낭만주의 시인, 소설가, 극작가. 정치인으로서는 1848년 2월 혁명 때에 제2공화국 수립을 선언했으며, 그해 5월까지 외무부 장관을 지냈다.

83 투생 루베르튀르(1743~1803년)와 르클레르 원정대: 투생 루베르튀르는 흑인 노예의 후손으로 태어나서 아이티 혁명 때(1791~1802년) 아이티 독립과 흑인 노예 해방을 쟁취하기 위해 투쟁했다. 아이티(당시에는 생-도맹그 *Saint-Domingue*로 불렸다.)는 1627년부터 프랑스 식민지였다. 투생 루베르튀르는 보나파르트 나폴레옹이 보낸 프랑스 원정대(샤를 르클레르 장군이 이끌었다.)와의 싸움에서 패배하고 항복했다(1802년 5월). 곧 체포되어 프랑스로 압송되었으며 옥사했다. 르클레르는 1802년에 생-도맹그에서 황열병으로 사망했다. 1804년 1월 1일, 투생 루베르튀르의 부하 장-자크 데살린이 아이티의 독립을 선언했다.

말이다. 유럽인들은 이렇게 생각했다. 이렇게 해서 19세기와 20세기 유럽 사회는 모든 사회가 다가가게 될, 그리고 다가가야 할 최종 목표이자 완성 단계로 여겨졌다. 유럽의 여러 민족은 성년 같은 민족으로 여겨졌으며, 다른 모든 민족은 장년기를 향해 나아가는 단계에 있는 — 민족마다 다른 단계 있는 — 어린아이 같은 민족으로 여겨졌다.

19세기의 저명한 지식인이자 프랑스학사원의 회원이었던 뤼시앵 레비-브륄[84]은 이런 생각을 이론화하고자 했다. 그는 처음에는 철학과 사회학을 공부했지만, 점차로 방향을 바꾸어서 민족학 *ethnologie*을 연구했다. 그는 책 — 선교사들, 탐험가들, 민족학자들이 쓴 이야기책 —에서 얻은 폭넓은 교양 지식이 있었기 때문에 그 자신이 «원시적 심리 *mentalités primitives*»라고 부르는 것을 면밀히 연구할 수 있었으며, 그 심리를 다룬 책을 6권이나 썼다. 『하등 사회에서의 심리 기능』(1910년), 『원시적 심리』(1922년), 『원시적 정신』(1927년), 『원시적 심리에서의 초자연과 자연』(1931년). 『원시적 신화』(1935년), 『원시인들의 신비주의적 경험과 상징』(1937년)이 그것이다. 그의 동료들 중에서 몇 사람은 재빨리 그의 이론에 거리를 두었지만, 다소간 재주가 있었던 보급자들에 의해 널리 확산된 그의 저서는 당대에 지속적으로 영향을 끼치게 된다.

레비-브륄의 저서에서 볼 수 있는 문제 제기는 간단했다. 그는 모든 인간 사회에는 동일한 기능이 있다는 점을 인정했다. 언어(다소간 복잡한) 사용, 한 세대에서 다음 세대로의 전통 전수, 여러 세대에 걸쳐 이루어지는 경제적·사회적·법적 제도 수립 등이 바로 그 기능이다. «이를

84 뤼시앵 레비-브륄(1857~1939년): 프랑스 철학자, 사회학자, 인류학자. 초기에는 문자가 없는 민족들에 대해 연구했다. 이후로 철학사, 도덕 사회학, 민족학에 대해 연구했다. 민족학 연구에서는 원시인의 «원시적» 심리와 서양인의 «논리적» 심리를 대립적으로 간주하는 주장을 폈다.

인정한다 하더라도 유기체로서의 여러 인간 사회는 서로 크게 다른 구조를 보일 수 있으며, 그 필연적 결과로 우등한 심리 기능에 있어서 그에 상응하는 차이점을 보일 수 있다.»(1910년) 이렇게 주장한 다음, 그는 가설을 하나 제시했다. 유럽인들의 심리, 즉 «합리주의 철학과 실증과학이 발전되어온 지중해 문명권에서 생겨난 여러 사회»(1910년)의 심리와 «원시적 심리» 사이에는 본래 차이가 있다는 것이 그 가설이다. 그 차이를 어떻게 설명할 것인가? 두 세기 전에 활동한 브로카 학파와는 반대로, 레비-브륄은 여러 존재가 자연적으로, 즉 유전적으로 동등하지 않다고 생각하지는 않았다. 그는 «원시인들»의 심리 상태는 각 사람의 뇌 — 각기 개별적으로 간주되는 —의 «근본적인 작동 불능»에서 비롯된 것이 아니라, 수천 년 전부터 정체되고 있는 집단적인 «정신적 습관 *habitude d'esprit*»에서 비롯되었다고 주장했다. 레비-브륄은 «전(前) 논리적 *prélogique*» 심리라는 새로운 개념을 만들어냈다. 그는 다음과 같이 썼다. «필자는 그것을 전 논리적이라고 부르면서, 단지 다음과 같은 사실을 말하고자 한다. 그 심리가 우리들의 사고처럼 무엇보다도 먼저 모순을 범하지 않으려고 애를 쓰지 않는다는 사실 말이다.»(1910년) 이게 무슨 말인가? «원시인»은 다음과 같이 말하는 데에 전혀 난처함을 느끼지 않는다는 것이다. «어떤 존재는 자신인 동시에 타자이며, 그 존재는 어떤 장소에 있으면서도 다른 장소에 있으며, 그 존재는 개인적이면서도 집단적이며», 등등(1910년). 레비-브륄은 «원시인»의 이런 심리적 태도는 «이성적 사유 *raisonnement*에 대한 단호한 반감»이라고 평가했다.(1922년) 그렇기 때문에 이런 사고는 추상화하거나 개념화할 수 있는 능력이 없다. 따라서 보다 명확하게 말하자면, «원시인들»은 잘못 사유하는 것이 아니라 다르게 사유한다고 할 수 있다. 예를 들자면, 원시인들은 불가능 *l'impossible*이라는 개념을 지각할 수 없다. 그렇기 때문에 그들은 자연적인 것 *le naturel*과 초자연적인 것 *le surnaturel*, 그리고 산 사람들의 세계와 죽은 사람들의 세계를 구분할 수 없으며, 항상 신령스러운 것 *le mystique*에 호소하는 것을 현실 해석의 방법으로 삼는다. 레비-브륄은 인과성을 예로 들어 다음과 같이 설명했다. «원시적 심리는 유럽인들의 심리와 마찬가지로 눈앞에 있는 현상의 원인을 이해하려고 애쓴다. 그러나 원시적 심리는 우리의 심리와 같은 방향으로 그 원인을 찾지 않는다. 원시적 심리는 도처에 존재하는 불가사의하고 무수한 힘들이 항상 작용하는, 또는 금방이라도 작용할 것 같은 세계 속에서 살아간다 (…). 조금이라도 별난 사건 *un fait*은 모두 그 불가사의하고 무수한 힘들 중의 하나 또는 여러 개가 발현된 것으로 즉각 간주된다 (…). 한마디로 말해서, 가시 세계와 비가시 세계는 하나이며, 가시 세계의 사건들은 매 순간 비가시 세계의 힘들에 좌우된다.»(1922년) 레비-브륄은 «니그로» 마을의 주술사는 동족들의 쉽게 믿는 성향을 이용해서 교묘하게 사람을 속이는 사람이 아니라, 자기 부족의 온갖 믿음을 — 긍정적으로 또는 부정적으로 — 구체화하는 사람이라고 여겼다. 이와 같은 연구 단계에 이른 레비-브륄의 저작은 두 가지 측면에서 분석될 수 있다. 첫 번째는 진화론적 측면이다. 즉, 레비-브륄은 «원시인들»이 «문명인들»과의 접촉을 통해서 느리지만 실제적으로 논리적 세계 *la logique*를 향해 나아가게 될 것이라고 했던 것이다. 다른 측면은 보다 염세적인 것으로서, 레비-브륄이 모든 이들의 사고 속에 들어 있는 «논리적 정신»과 «전(前) 논리적 정신»의 비율을 재어보니 그 비율은 시간이 흘러도 거의 변하지 않는다는 것을 알아냈다는 점이다. 그는 «전(前) 논리적 정신»이 뚜렷이 우위를 차지하게 될 때에는 혁신에 대한 저항이 너무나 강해서, 그 사회를 변화시키려는 것은 헛된 일이 된다고 했다.

엄밀성을 중시하는 과학자였던 레비-브륄은 자신이 극단적인 경우만을 분석의 대상으로 삼고 있다는 점을 분명히 밝혀두고자 했다. 그가 택한 예들은 모두 문자가 없는, 매우 고립된 사회(아프리카의 몇몇 부족과 오스트레일리아 또는 파푸아의 원주민 사회)였다. 그는 그곳 사람들이 지닌 약간의 인간성과 유럽인들의 인간성 사이에는 무한히 다양한 단계가 있다고 보았다. 식민지로 만들 수 있거나 이미 식민지가 된 여러 사회의 현실을 두 눈으로 지켜보았던 사람들 모두가 레비-브륄이 가졌던 그런 조심성 또는 즉각적이며 직감적으로 사실을 평가할 수 있는 능력을 가졌던 것은 아니다. 열대지방을 여행했거나 그곳에 살았던 많은 백인은 «원주민»을 «어린아이 같은 민족 *peuples-enfants*»이라는 개념 틀 속에 집어넣으려고 했다는 느낌이 든다. 그들 스스로 그렇게 했든, 아니면 어떤 영향을 받아서 그렇게 했든 간에 말이다.

이처럼 안이하고 상투적인 생각 역시 식민지를 무대로 한 문학작품의 수많은 페이지를 가득 채웠다.

1846년, 튀니스의 지방관 *bey*이 프랑스 남부에 있는 항구 도시 툴롱을 방문했다. 호기심 어린 눈으로, 그리고 약간은 장난기 어린 눈으로 그를 지켜본 프랑스인들 중에 빅토르 위고가 있었다. 위고는 그 지방관이 «배움에 목마른 총명한 아이의 생기 넘치는 눈과 시선»을 가지고 있다고 말했는데, 이때 그는 약간 건방진 면이 없지 않았다. 그 자신이 이 점을 순순히 인정했다. 그는 다음과 같이 썼다. «그런데 사실, 야만인은 어린아이이다.» 지금은 사람들이 잊고 있는 시인 프와리에 생-토렐르는 프랑스령 서인도 주민들을 다음과 같이 묘사했다.

> «흐느적거리는 카리브인이 가족 잔치에서
> 술에 취하면서 우울한 이마의 주름을 편다.

변덕스러운 어린아이인 그는
기뻐하다가 괴로워하고, 미워하다가 사랑하는 마음으로 바뀐다.
화를 잘 내고 경망스러운 그의 이랬다저랬다 하는 변덕스러움 때문에
한가하게 지내던 그 사람은 느닷없이 싸우기 시작한다.
그리고 아무런 근심이 없고 사람의 피에 도취한
그는 내일의 태양에 대한 믿음을 간직한 채 잠든다.
노동이 그의 의기양양한 손을 더럽힌다.
그런데 해먹에 몸을 묻은 그의 기고만장할 게으름이
불온한 성기를 곤(困)하게 만든다.
시샘이 많은 이 횡포한 자는 절대로 용서하지 않았다.
소박한 무지 속에서 행복한 이 카리브인은
자신의 변치 않는 유아스러움을 무덤까지 끌고 간다.»

(《실편백과 캐비지야자》)

「시대」의 특파원 폴 부르드는 «통킹»이라는 제목의 글에서 다음과 같이 썼다.

«그들은 새로운 주인의 손에 넘어가서, 그 주인을 쳐다보며, 그 주인에게서 무엇을 기대해야 할 것인지를 살피는 노예들이다. 우리가 미소를 지으면, 그들은 따라 미소를 짓는다. 우리가 오두막에서 눈에 띄는 몇 가지 세세한 것에 대해 물어보면, 그들은 학동들처럼 즐거워하고 노파들처럼 수다를 떤다. 그들은 오묘한 감정을 모르며, 성장하면서 정신이 굳어 버린 인종이다. 그들과 함께 오랫동안 살아본 적이 있는 사람들은 그들을 어린아이에 비유한다. 그들에게는 어린아이에게서 볼 수 있는 온순한 기질, 경망스러운 기질, 그리고 또 자신

도 모르게 별안간 화를 내는 기질이 있다.»(1885년)

루이-외젠 루베 신부는 다음과 같이 썼다. 사실 «안남(安南)» 민족에게는 «어린아이에게서 볼 수 있는 이랬다저랬다 하는 기질과 변덕스러움이 있다. 따라서 그들을 어린아이로 대해야 한다. 엄하기도 하고 관대하기도 하면서 말이다.»(1885년) 어린아이 같은 면에서 으뜸으로 여겨진 것은 단연코 아프리카 흑인들이다. 한때 식민지에서 군인으로 근무했으며 마르샹 탐험대에 참여해서 파쇼다 사건[85]을 겪었던 알베르 바라티에 대령[86]은 회고록의 한 장(章)에 «흑인들의 총명함»이라는 제목을 달았다. 그는 독자들에게 다음과 같이 말했다. "여러분은 아마도 필자가 농담을 하고 있다고 생각할 것이다. 전혀 그렇지 않다." 이어지는 글은 다음과 같다. «이 제목에는 어떤 빈정거림도 담겨 있지 않다.» 물론, 흑인들은 우리가 총명함에 대해 내리는 통상적인 정의에 부합하지 않는다. 그들은 정신이 섬세하지도 않고, 이해력이 빠르지도 않다. 그러나 그들에게는 어떤 형태의 총명함이 있는데, 바라티에 대령은 그것을 다음과 같이 규정했다. «자연 속에서 살아왔으며, 어려운 생존 문제를 해결할 필요가 없었으며, 커져가는 시련을 겪지 않았으며, 살기

85 마르샹 탐험대와 파쇼다 사건: 식민지 쟁탈전의 무대였던 아프리카 대륙에서 프랑스는 서쪽 끝의 다카르와 동쪽 끝의 지부티를 연결하기 위해 «대서양에서 홍해로»를 부르짖으며 횡단정책을 서둘렀다. 이에 따라 마르샹 소령이 지휘하는 원정대는 대륙의 서쪽 해안을 출발하여 2년에 걸쳐 열대 지역을 횡단한 끝에, 1898년 7월 10일에 수단 남부의 파쇼다에 도착했다. 이것은 «이집트에서 남아프리카로»를 부르짖으며 대륙을 남북으로 연결하려는 영국의 종단정책과 정면으로 충돌하는 것이었다. 나일강을 거슬러 올라오던 영국의 키치너 원수가 이끄는 원정대는 같은 해 9월 18일에 파쇼다에 도착했다. 키치너가 마르샹에게 철수를 요구했으나, 마르샹은 철수할 수 없다고 주장했다. 영국이 최후통첩을 발동하자, 11월 1일에 프랑스 외무부 장관 델카세는 마르샹에게 파쇼다에서 퇴각하라는 명령을 내렸다. 델카세가 그런 결정을 내린 것은 프랑스가 독일에 빼앗긴 알자스와 로렌 지방을 되찾기 위해서는 영국과의 협력이 필요했기 때문이었다. 마르샹은 12월 11일에 파쇼다에서 철수했다. 프랑스인들은 이 사건을 보불 전쟁에서의 패배에 이은 또 다른 국가적 치욕으로 여겼다.

86 알베르 바라티에(1864~1917년): 1885~1896년에 아프리카에서 군인으로 근무했으며, 1896~1898년에는 마르샹 소령이 이끄는 탐험대에 참여했다.

위해 싸우지도 않았던 그들은 어린아이의 무사태평함, 솔직함, 사랑을 받으려는 욕구, 자신을 사랑하는 사람에게 자신을 내어주려는 욕구, 온갖 것과 별것도 아닌 것에 대해서 즐거워할 줄 아는 능력을 간직하고 있었다.»(1912년)

언제나 그러하듯이, 어른은 어린아이의 미래를 위해서라면 무엇이 좋은지를, 어린이에게 진정으로 이로운 것이 무엇인지를 안다. 따라서 우리의 «보호를 받는 사람들»의 정신 속에 우리의 가치들을 기필코 주입해야 한다. 어떤 사람은 이렇게 생각했다. 위에서 언급한 저서에서 레비-브륄은 계속해서 다음과 같이 썼다. «원시 사회는 대체로 외부에서 유입되는 모든 것에 대해 적대적이다 (…). 그 사회에는 변화가 강요되어야 한다. 비록 그 변화라는 것이 단연코 진보라고 할지라도 말이다. 원시 사회는 그 변화를 받아들일 수도 있고 거부할 수도 있겠지만, 그 사회가 선택을 해야 한다는 것은 분명하다.» 만일 유럽인들의 «보호를 받는 사람들»이 진보를 규정짓는 서양의 기준을 받아들이기를 거부한다면, 바로 그때 그들은 자신들이 «야만인들»이라는 것을 증명하는 것이 아니겠는가? 만일 피정복 민족들이 분별력 없이 또는 뻔뻔스럽게 우리의 진출을 달가워하지 않는다면, 나아가 만일 그들이 석연치 않고 애매한 민족주의적 동기 때문에 반란을 일으킨다면, 바로 그들의 이익을 위해서 온건한 사람들을 대할 때는 목청을 돋우어야 하고, 들떠 있는 사람들은 엄하게 다스려야 하며, 유럽인들에게 동화될 수 없는 분자들은 물리적으로 제거해야 하지 않겠는가? 이렇게 주장하면서, 레비-브륄은 다음과 같이 결론을 내렸다. «이렇게 되면, 우리가 보기에 너무나 자연스럽고 조금도 공격적이지 않은 여러 인간 사회 사이의 관계 때문에 그 집단은 위험 — 이 위험은 어떤 것인지 알 수 없으며, 또 그렇기 때문에 더욱 무시무시하다. —에 노출될 수도 있다……. 그리하여 원시인들이 두렵다거나 믿지 못하겠다는 기색을 드러내면, 백인들은 종종 그것을 적개심으로 여겨서 유혈사태를 일으키거나 그 집단에게 보복을 가하기도 하고, 이따금 그 집단을 말살하기도 한다.»(1922년) 베트남 중부 고원지대인 달랏에 살고 있던 어느 식민지 이주민은 1949년에 다음과 같이 썼다.

> «우리가 쓴 글을 읽고 있는 프랑스인 친구들이여, 이곳에서는 그 어떤 방법도 단호함과 힘을 대신할 수 없습니다 (…). 우리는 이 사람들을 충족시키고 만족시킬 수 없습니다. 특히 그들을 응석받이 어린아이로 취급하거나 그들의 어처구니없는 눈높이에 맞추면서 말입니다. 반대로, 명심하십시오. 그들은 분별 있게 적용되는 타당한 강제와 제약은 받아들인다는 것을. 그들을 적절히 다루지 않으면, 그들은 뉘우치지 않습니다. 그들은 여전히 고집스럽고, 비타협적이며, 만족할 줄 모릅니다.»(아르노 바르투에)

«어린아이 같은» 식민지 «원주민들»은 볼기를 때려서 다루어야 한다는 것이다. '역사'가 제기하는 새로운 질문에 대해 답하는 방법으로서 말이다…….[87] 이 글은 프랑스가 디엔비엔푸에서 참패하기 5년 전에 그 식민지 이주민이 쓴 글이다.

유럽인들의 머릿속에서 식민지인들은 어린아이와 비교되었다. 당시에 보도된 많은 르포 기사에서 식민지의 어린아이들은 매우 호의적으로 묘사되었다. 현지의 현실을 두 눈으로 지켜보았던 사람들은 식민지

87 '역사'가 제기하는 새로운 질문……: "그렇다면 식민지인들을 어떻게 다루어야 했던가?"라는 것이 '역사'가 제기하는 질문이다. 이 질문에 대해서 위에 인용된 글을 쓴 식민지 이주민은 다음과 같이 답변했을 것이다. "마치 부모나 선생님이 어린 자녀나 학생의 잘못을 벌하기 위해 볼기를 때리듯이, «어린아이 같은» 식민지 «원주민들»은 신체적 징벌을 가해서 다루어야 한다."

어린아이들이 프랑스 어린아이들의 지능에 거의 비교될 만한 지능을 지니고 있고 명민하다는 것을 흔쾌히 인정하기조차 했다. 그러나 식민지 어린아이들은 청년이 되면서 모든 면에서 엉망이 되며 약속을 잘 지키지 않는 것으로 여겼다. 이런 현상에 대한 설명은 다양했다. 아무려면 어떠랴. 사실, 식민지인은 성인이 되면서 식민지 개척자를 혼란스럽게 했다. 어린아이 «원주민»은 백인의 사고 체계 속으로 아무런 문제없이 스며들었다. 어린아이 «원주민»은 이중적으로 어린아이이며, 따라서 이중적으로 복종하는 존재[88]였다. 그것은 정상적이었다. 그러나 성년 «원주민»은 살아 있는 모순과도 같았다. 식민주의자들에게서 성년 «원주민»은 불편하고도 거추장스러운 존재였다.

이론상으로 보자면 누구에게나 어린 시절은 끝이 있으며, 성숙해가는 것은 — 비록 느리게 성숙해갈지라도 — 해방 *émancipation*으로 나아가는 길이기 때문이다. 식민지배를 받는 민족들의 경우, 우리는 그들이 언젠가는 해방을 맞으리라고 확신했던가?

여하튼, 개인이나 민족이나 마찬가지이다. 몇몇 민족은 아마도 성인의 단계에 결정적으로 진입할 수 없을 것이다. 이 몇몇 민족은 단순한 상태에 머물러 있다. 어떤 사람은 이렇게 생각했다. 그가 보기에는 자신이 눈으로 확인한 «분명한 사실»과 자신이 은근히 바라던 것은 별반 차이가 없었다……. 어쨌든, 식민지인들이 어린아이 같은 사람들이라는 주장은 언제나 식민지 시스템을 완전히 멈춰세우는 토대로 작용했으며, 언제나 아무런 변화도 일어나지 못하도록 단단히 차단했다. 자기 아이가 커가는 것을 보지 않으려 하고 아이가 완전히 자립하는

88 이중적으로 어린아이이며 이중적으로 복종하는 존재로서의 «원주민» 어린아이: 어른과 식민지배자에 대해 어린아이이자, 어른에 복종하고 식민지배자에 복종하는 존재로서의 «원주민» 어린아이.

때가 다가오는 것을 보고는 두려움을 느끼는 그릇된 부모들처럼, 많은 식민지 개척자는 자신들의 «보호를 받는» 민족들을 해방해야 할 시기를 무한정 연기했다. 그 시기는 식민 개척자들 자신들이 기준을 설정한 시기였다. 그리고 그들은 자신들의 «보호를 받는» 민족에 따라 각기 다르게 그 기준을 적용했다. 식민지를 보전하고자 하는 사람들은 언제나 다음과 같이 주장했다. «너무 이르다. 이 사람들은 아직 충분히 성숙하지 않았다.» 한때는 사회주의자였으나 인도차이나 총독이 된 알렉상드르 바렌은 다음과 같이 단호한 주장을 펴면서, 인도차이나를 대상으로 조금이라도 정치적 개혁을 실시하는 것에 반대하게 된다. «소가 끄는 수레에는 비행기 엔진을 장착하지 않는 법이다.»(1927년) 변변치 않은 소책자 작가였으며 아랍인들에 대해 반감을 가지고 있었던 폴 르부의 글에서도 역시 머릿속에서 상상해낸 비유를 볼 수 있다. 그 내용은 다음과 같다. «프와그라와 샹베르탱산(産) 적도포주[89]를 먹여서 어린아이들을 기르는 것은 그 아이들을 이롭게 하는 것이라기보다는 그들을 해치는 짓이다 (…). 이 민족은 우리와 접촉하면서 형성되고, 조직되고, 성장한다. 그렇다고 해서 이 민족에게 너무 큰 야심을 심어주거나, 이 민족이 너무 강력한 자유에 도취되게 하면 안 된다.»(1946년)

도덕적 특성

식민지인들의 모습

황인종이 교활하다는 것은 기정사실로 여겨졌다. 서양인들이 상상

89 샹베르탱산(産) 적포도주: 부르고뉴-프랑슈-콩테 지방의 코트-도르에서 생산되는 고급 포도주.

으로 빚어낸 가장 유명한 아시아인은 악당 부만주 박사[90]가 아닐까? 황인종은 자신의 총명함 — 황인종이 총명하다는 것이 부정되는 경우는 드물었다. —을 '악(惡)'을 위해 사용하기 때문에 염려스러운 존재로 여겨졌다. 백인은 황인종이 가장 먼저 백인 자신의 지배를 문제 삼을 것임을 예상할 수 있었다. 폴 부르드[91]는 «안남인들»이 «매우 꾀바르고 매우 명민하다»는 것을 인정했다.(1885년) 샤를-에밀 부이유보 신부[92]는 피부색이 노란 상대 사람을 «엉큼한 사람, 거짓말쟁이, 교활한 사람, 위선자, 정직하지 않은 사람, 사기꾼, 도둑놈» 같다고 묘사하면서 동정심을 보였다.(1874년) 중편소설가 마르셀 피오니에는 한술 더 떠서 황인종은 «비굴하고 위선적»이라고 했다.(1906년) 현지의 현실을 두 눈으로 지켜보았던 또 다른 사람 라울 포스텔은 «안남인들»은 적어도 한 분야, 즉 «야비한 짓을 하고, 음모를 꾸미고, 술수를 부리는 수완»에 있어서만은 단연코 우수하다고 썼다.(1882년)

하지만 식민지 거주민들이 보기에는 백인의 «보호를 받는» 여러 민족은 등급이 있었다. «안남인»은 가장 낮은 평가를 받았는데, 이것은 아마도 프랑스가 인도차이나의 나머지 지역보다 베트남을 정복하고 «평정»하는 것이 더 힘들었기 때문이었을 것이며, 또한 그곳의 민족주의 조직을 뿌리 뽑을 수 없었기 때문이었을 것이다. 반면, 캄보디아인

90 푸만추 *Fu-Manchu*, 부만주(傅滿洲) 또는 복만주(福滿洲) 박사: 잉글랜드 소설가 아서 헨리 워드(1883~1959)가 삭스 로메르라는 필명으로 1912년에 발표한 『부만주 박사의 미스터리』를 비롯하여 1959년까지 여러 소설에 등장시킨 중국인 악당. 서양인들이 가졌던 «황인들의 위험 *Péril jaune*»에 대한 두려움(19세기 말~20세기 초에 유럽인들이 황인종에 대해서 가졌던 두려움, 즉 아시아인들이 백인을 능가하면서 세계를 지배하게 되리라는 두려움. 흔히 «황화론(黃禍論)»으로 번역된다.)을 확산시키는 데에 크게 기여했다. 이후로 여러 영화와 만화에도 등장했다.

91 폴 부르드(1851~1914년): 프랑스 극작가, 언론인. 튀니지에서 행정관으로 일하면서 올리브 재배를 촉진했다.

92 샤를-에밀 부이유보 신부(1823~1913년): 프랑스 가톨릭 사제, 탐험가. 파리외방전교회 소속 사제로 1848년에 인도차이나에 부임해서 1855년까지, 그리고 다시 1866년부터 1873년까지 전교활동을 했다. 앙코르와트 유적과 정글에 덮인 크메르의 사원들을 발견하고 이에 대해 처음으로 연구했다.

과 라오스인은 대체로 상당히 호의적인 평가를 받았다. 그들은 매우 온순하고, 매우 상냥하고, 매우 쾌활한 사람들로 여겨졌다.

식민주의자들이 생각하기에, 아랍인은 이론의 여지가 없는 혐오의 대상이었다. 황인들과 흑인들은 이따금 긍정적으로 묘사되기도 했지만, 아랍인들이 그렇게 묘사되는 경우는 드물었을 뿐만 아니라 매우 드물기도 했다는 것을 분명히 알아야 한다. 알제리가 «평정»된 직후에 샤를 리샤르 대위가 썼듯이 말이다. 그가 쓴 글은 다음과 같다. «아무리 거듭 말해도 지나치지 않은 것은, 아랍 민족은 도덕적 타락 상태에 있는 민족이며, 그 타락 상태는 문명인으로서의 우리의 생각을 넘어설 정도라는 사실이다. 도덕적인 면에서는 도둑질과 살인, 육체적인 면에서는 매독과 머리 피부병이 그 민족을 조금씩 무너뜨리는 큰 화근인데, 이렇게 해서 그 민족은 인간 집단 내에서 알아볼 수 없을 정도가 되었다.»(1846년) 따라서 아랍인에게는 온갖 결점이 있으며, 그들은 쩨쩨하고 배신을 잘하는 것으로 간주되었다. 20세기 초, 인종주의적 색채를 띤 소책자를 쓴 카미유 브뤼넬은 다음과 같은 이야기를 들려준다. 어느 프랑스인 장교가 반란을 일으킨 아랍인을 용서해주었다. 그 아랍인은 백번을 죽어도 마땅치 않을 사람이었다. 그 아랍인이 장교에게 이렇게 말했다. 나는 당신에게 빚을 지고 있습니다. 당신에게 감사를 드리는 대신에, 다음과 같은 조언을 드리니 절대로 잊지 마십시오. 제가 드리는 여러 가지 조언 중에서 이 조언은 당신에게 항상 유익할 것이기 때문입니다. 그 사람이 장교에게 한 조언은 다음과 같다. «아랍인을 절대로 믿지 마십시오. 저 자신도 믿지 마십시오.»(1906년) 아랍인에 대한 편견은 오래도록 계속되었다. 반세기 시차를 두고 간행된 『라루스 사전』의 두 판본(1898년 판과 1848년 판)에 실린 «아랍인» 항목을 읽어보면, 이 사실을 확인할 수 있다. 두 판본에서 다음과 같은 내용을 볼 수 있다. 아랍인은 «싸움하기 좋아하고, 미신을 잘 믿으며, 약탈을 일삼는 민족»이다. 여담이지만, 1948년에 알제리 내 프랑스 도(道)[93]에는 그런 사람들이 1000만 명이나 살고 있었다.

따라서 아랍인은 염려스러운 존재였다. 그러나 아랍인의 교활함은 아시아인의 교활함과는 다른 종류에 속했다. 아랍인의 교활함은 섬세함이 부족하고 보다 동물적인 것으로 여겨졌다. 아랍인의 교활함은 경멸을 받아 마땅했다. 황인종은 언젠가는 유럽인의 헤게모니를 위협할 수 있지만, 아랍인은 영원히 그럴 능력이 없는 것으로 여겨졌다. 아랍인은 기껏해야 쩨쩨한 짓을 할 수 있고 또 비열하게 행동할 수 있을 뿐인 존재로 간주되었다. 아랍인이 백인을 계속 이길 수 있으리라는 것은 생각할 수조차 없는 일이었다.

한편, 대체로 그리고 하나같이 아랍인은 도둑질을 잘하는 특성이 있는 것으로 여겨졌다. 알제리로 가서 정착하려는 유럽인들에게 정보를 제공할 목적으로 편찬된 어느 안내 책자에는 다음과 같은 경고의 글이 실려 있다. «아랍인은 날치기를 매우 잘한다. 따라서 아랍인을 조심해야 하며, 아랍인을 집에 들이지 말아야 하며, 대비책으로 모든 것을 자물쇠로 잠가두어야 한다.»(알제리 국토청 발행, 1881년) 이 점에 대해 모파상은 동의했다. 그는 다음과 같이 썼다. «아랍인에 대해 말하는 사람은 예외 없이 아랍인은 도둑이라고 한다.»(1883년) 아랍인은 항상 거짓말을 하는 사람으로 여겨졌다. 아니, 아랍인은 거짓말을 하는 사람이

93 알제리 내 프랑스 도(道): 알제리는 1830년부터 프랑스에 예속되기 시작했다. 1848년에 알제리 북부에 있는 알제 *Alger*, 오랑 *Oran*, 콩스탕틴 *Constantine*이 프랑스 도로 편성되었다. 알제리의 나머지 지역은 남부 영토로 불렸으며, 군대가 행정을 맡았다. 1855년에 콩스탕틴에서 본 *Bône*이 분리되어 역시 프랑스 도로 편성되었다. 이듬해에는 알제와 오랑이 각기 4개 도로 분리되고 콩스탕틴이 3개 도로 분리되어 알제리 내의 도는 모두 12개로 늘어났다. 1858년에 3개 도가 추가로 편성되었으나 그중에서 2개 도는 이듬해에 폐지되었다. 13개 도는 알제리가 독립하는 1962년까지 존속했다. 저자가 말하는 "그런 사람들" "1000만 명"은 알제리 내 여러 도의 주민 전체를 가리킨다.

아니라 거짓말 그 자체로 간주되었다고 할 수 있다. 이 점에 대해서도 안타깝게도 모파상은 동의했다. 그는 다음과 같이 썼다.

> «원주민의 성격을 보여주는 가장 놀랍고 가장 이해할 수 없는 징표들 중의 하나는 거짓말이다. 그들의 일부가 될 정도로, 그들의 본능을 빚어낼 정도로, 그 민족 전체를 변화시킬 정도로, 그리고 피부색이 흑인과 백인을 구분해주는 것만큼이나 도덕 면에서 그들을 다른 민족들과 구분해줄 정도로 이슬람 정신 *islamisme*이 깊이 침투해 있는 사람들은 뼛속 깊이 거짓말쟁이들로서, 그들이 하는 말은 절대로 믿을 수 없을 정도이다. 그들이 이렇게 된 것은 그들이 믿는 종교 때문인가? 모르겠다. 거짓말이 얼마나 그들의 존재, 그들의 마음, 그들의 영혼의 일부가 되어 있는지를, 그들에게서 제2의 본성이 되어 있는지를, 삶에 반드시 필요한 것이 되어 있는지를 알기 위해서는 그들과 함께 살아보아야 했다.»(1889년)

흑인은 중요한 존재로 여겨지지 않았으며, 그렇게 여겨질 수도 없는 것으로 간주되었다. 흑인은 자연 상태에 가까운 «어린아이 같은 원주민»의 완벽한 표본이었다. 흑인은 모든 것에 대해, 아무것도 아닌 것에 대해 웃을 줄 아는 사람이었다. 그의 웃음은 환하게 빛났으며, 커다란 입과 치열(齒列) 때문에 돋보였으며, 구두약 색깔의 피부 때문에 두드러져 보였다. 식민지인의 모습을 보여주는 그림들 중에서 가장 유명한 그림은 «맛 조은 바나니아 *Y'a bon Banania*»에 등장하는 흑인의 이미지[94]였다. 흑인이 삶의 즐거움을 표현하는 다른 방법은 음악과 춤이다.

---

94 «맛 조은 바나니아 *Y'a bon Banania*»와 흑인: 1915년에 출시된 것으로 바나나, 곡물, 코코아, 설탕

흑인은 리듬과 신체 표현을 삶에서 가장 중요한 것으로 여기는 사람이다. 흑인은 나무 토막(여전히 자연적인 요소)을 두드리거나 허리를 흔들면서 시간을 보내는 사람이다. 아! 물론, 흑인은 하모니에 대해서는 무지하며, 그가 연주하는 곡은 싱커페이션 리듬으로 되어 있다. 그러나 흑인은 춤추는 것을 아주 좋아하며, 그래서 우리는 그가 «어린아이처럼 즐거워하는 것»을 보고는 따뜻하게 미소를 짓지 않을 수 없다. 어떤 사람은 이렇게 주장했다. 우리는 샤를 트레네[95]의 다음과 같은 노래를 기억하고 있다.

> «당신은 마르티니크를 아시나요?
> 그대는 그곳에 사는 방고(Bango)라는 사람을 아시나요?
> 그 사람은 흥겨운 음악을 듣고는
> 곧장 벌떡 일어서서
> 아가씨와 춤을 추지요
> 아! 바람둥이 멋쟁이지요
> 아가씨, 그대가 방고와 비긴 *Biguine* 춤[96]을 출 때
> 아가씨는 날개가 달린 듯 경쾌하지요
> 오! 내 사랑, 내 사랑,
> 방고와 추는 춤»(1938년)

을 섞어서 가루로 만든 음료의 광고에는 프랑스 군대에 복무하는 세네갈 원주민 출신 보병이 이 음료를 숟가락으로 떠먹는 장면이 나온다. 광고에는 "맛 조은 바나니아 *Y'a bon Banania*"라는 글귀가 붙어 있다. "*Y'a bon*"은 식민지 원주민 출신 병사들이 프랑스어 표현 "맛 좋다 *C'est bon.*" 대신에 사용한 서투른 표현이다. 이 때문에 "맛 좋은"이 아니라 "맛 조은"으로 옮겼다.

95 샤를 트레네(1913~2001년): 프랑스 가수, 작곡가, 작사가. 1000곡가량을 작곡했다고 한다.

96 비긴 *Biguine* 춤: 서인도제도에서 생긴 춤. 재즈의 전신에 해당한다.

흑인은 웃음과 즐거움을 상징하는 사람으로 여겨지기도 하고, 두려움도 아는(여전히 어린아이처럼) 사람으로 여겨지기도 했다. 흑인은 심지어 모든 것을 두려워하는 사람으로 간주되었다. 흑인에게 일상생활의 매 순간은 두려움의 대상이었다. 미국 영화에 자주 등장하는 것으로 겁에 질린(그리고 약간 기괴한 모습을 한) 흑인의 «당구공 같은 두 눈»은 프랑스에서 발행된 식민지인를 묘사한 그림에서도 볼 수 있다. 뱀, 코끼리 또는 악령 같은 정글 속의 위험을 마주치면 흑인은 부리나케 도망치지만, 백인은 침착하게 대응한다. 어떤 사람은 이렇게 주장했다.

그리고 백인의 «보호를 받는 사람들» 모두에게는 공통적인 «특성들»이 있는 것으로 여겨졌다. 그 특성들은 다음과 같았다.

게으름

두 세기 동안 발표된, 식민지에 대해 쓴 산문 작품에서 «원주민들»의 주요 결점으로 묘사된 것은 게으름이다. 귀스타브 플로베르는 — 순진한 척하면서 — 자신의 작품 『통념 사전』에서 «더운 지방의 산물(産物)»인 «나태»의 여러 양상에 대해 언급했다.

나태에 대해 플로베르는 빈정대는 태도를 취했으나, 유럽인들 대부분은 분노했다. 유럽인들이 본 나태의 사례를 열거하자면 한이 없으리라. 죠르쥬 막스라는 사람은 «안남인들은 너무나 게으르다.»라고 했다. 그는 다음과 같은 증거를 제시했다. «그들은 보이, 요리사 또는 연락병 일 외에는 아무것도 배울 수 없다.»(1893년) 한편, 사이공에서 법관으로 일한 적이 있는 라울 포스텔은 1882년에 다음과 같이 썼다. «안남인은 이제 자신의 땅에서 무언가를 생산하려는 노력조차 하지 않으며, 자신의 처지에 만족스러워하는 모습을 보이며, 그에게 행복을 가져다줄 노동 활동보다는 나태한 가난을 분명히 더 좋아한다.» 「멋진 가게」[97]라는 신문에 소속된 어느 기자는 기얀에서 인디언들을 보고는 그들은 «마음껏 게으르다.»라고 했다.(1833년)

흑아프리카에서도 같은 모습을 볼 수 있었다. 어느 사람은 다음과 같이 썼다. «니그로들에게 죽도록 일을 시킨다는 말이 있다……. 이것은 뜬소문이다. 우리는 다만 니그로들은 갖은 꾀를 부려서 일을 하지 않으려고 한 나머지 지겨워 죽을 지경이라고 응수함으로써 이런 뜬소문에 반박할 수 있을 것이다.»(발랑시, 1927년) 북아프리카에서도 같은 모습을 볼 수 있었다. 어느 교과서의 저자인 외젠 죠세는 식민지 이주민들과 «원주민들»이 지은 농사의 결과를 비교했다. 그는 즉각 다음과 같은 차이를 볼 수 있다고 썼다. «우리의 밭고랑은 똑바르고, 반듯하고, 깊지만», «아랍인의 밭고랑은 구불구불하고, 지면과 높이가 거의 같다.»(1901년). 게으름은 «원주민들»의 본성 그 자체라는 것이 주된 주장이었다. 그것은 아마도 원주민들의 잘못이 아닐 것이다. 열대지방의 태양은 사람에게는 가혹하다. 그래서 원주민들은 강압이 없으면 노동을 거의 하지 않는다. 어떤 사람은 이렇게 주장했다. 유명한 기후이론[98]이라는 것을 만든 몽테스키외는 노예제도가 물론 비도덕적이긴 하지만 열대지방에서는 정당화될 수 있다고 생각하지 않았던 것은 아니다. 그는 다음과 같이 썼다. «열기가 몸을 무기력하게 만들고 용기를 너무나 많이 약하게 해서 사람들이 오직 징벌의 두려움 때문에 힘겨운 의무를 감당하는 나라들이 있다. 그곳에서의 노예제도는 *따라서*

97 「멋진 가게」: 1833년부터 1938년까지 발행된 대중신문, 처음에는 주간으로 발행되었으나, 이후로 월간으로, 다시 격월간으로 발행되었다. '가게'라는 이름이 붙여진 것은 도덕, 역사, 고고학, 예술, 자연과학, 산업, 여행 등을 비롯하여 오락이나 여가 생활과 관련된 거의 모든 주제를 다루는 것이 이 신문의 목표였기 때문이다.

98 몽테스키외의 기후이론: 「법의 정신」에서 몽테스키외는 «각기 다른 기후에서의 각기 다른 욕구가 각기 다른 생활방식을 만들어냈으며, 이 각기 다른 생활방식이 여러 종류의 법을 만들어냈다.»라고 썼다.

이성에 충격을 덜 준다(…). 그러나 모든 사람은 평등하게 태어나기 때문에 다음과 같이 말해야 한다. 노예제도는 몇몇 나라에서는 당연한 이치 *raison naturelle*에 근거하고 있을지라도, 자연 질서 *nature*에 반하는 것이라고(…). 따라서 지구상의 몇몇 특정 나라에 한정해서 자연스러운 예속 *servitude naturelle*을 허용해야 한다.»(1748년) 적어도 우리가 말할 수 있는 것은 이런 추론이 부자연스럽다는 것이다. 하지만 무슨 상관이랴. 이렇게 해서 철학자 몽테스키외의 주장은 백인이 불가피하게 식민지인에게 노동을 강제할 수밖에 없다는 것을, 식민지인을 위해서 그렇게 할 수밖에 없다는 것을 옹호하는 온갖 주장의 바탕이 되었다.

1931년, 통속 잡지 「삽화가 곁들여진 식민 세계 신문」에는 이런 추론을 극단화한 글이 실렸다. 엘뢰테르 마르탱이 쓴 〈노동과 문명〉이라는 제목의 글은 해외 상관(商館) *comptoirs*에 대해 언급한 철학자 몽테스키외의 다음과 같은 말로 시작된다. «옛 문명은 수고해야 할 것이 걱정되어 욕구를 줄이는 것을 목표로 삼았다. 현대 문명은 유익한 욕구를 증가시키는 것을 목표로 삼는다. 문명 민족들 *peuples civilisés*, 즉 영양 상태가 좋은 민족들이 선두에 서서 나아간다.» 따라서 이런 사고방식을 실행에 옮긴다는 말은 피정복 민족들에게 «노동 의욕»을 일깨운다는 것이다. 이에 대해서는 다음과 같은 흔한 반론이 제기될 수 있다. «사칼라바족[99] 또는 베트실레오족[100]은 문명화되지 않는 것을 좋게 여기는가?» 이 질문에 대해 엘뢰테르 마르탱은 예전에 몽테스키외가 그러했듯이, 그 피정복 민족들이 문명화되도록 강제해야 한다고 답했다.

---

99 사칼라바족: 마다가스카르 서부 해안 일대에 사는 부족.
100 베트실레오족: 마다가스카르 중남부 고원지역에 사는 부족.

그는 다음과 같이 썼다.

«배우는 것이 좋으냐고 어린아이에게 물어보시라. 나라를 지키는 것이 좋으냐고 군인에게 물어보시라. 그것이 어린아이나 군인에게 좋지 않게 여겨질 때, 여러분은 그렇게 하도록 그들을 강제한다. 우리가 원시인을 일하도록 강제하는 것도 마찬가지이며, 또 마찬가지여야 한다. 마르셀 올리비에 같은 마다가스카르 총독이 비(非)근무 병력 중의 일부를 차출해서 공공사업노동청의 공병이나 도로와 철도를 건설하는 일꾼으로 활용할 때, 그 총독은 그 사람들을 도형수처럼 착취하는 것이 아니라, 그들을 교육하고 그들에게 꾸준하고 체계적인 노력을 할 수 있도록 가르쳐주는 것이다. 그런 노력을 하지 않으면 유목생활에서 문명 단계로 넘어갈 수 없다. 인간을 이기적이며 탐욕스러운 목적을 달성하기 위한 수단으로 사용할 때에만 강제노동이 성립된다. 그러나 사회적 사업에 협력하는 데에 있어서 각자의 몫을 다하도록 각 사람에게 요구할 때에는 강제노동이 성립하지 않는다.

아주 오래전부터 게으름에 길들여 있는 우리 식민지의 원주민들에게 문명인이 되기 위한 첫 번째 조건은 노동을 하는 것임을 느끼게 해주어야 한다. 즉, 우리의 자녀들에게 주입하듯이, 그들에게 의무적 노동 관념을 주입하는 일은 엄한 감독관이 해야 할 일이 아니라, 문명 전파자 *civilisateur*가 해야 할 일이다.»

하지만 지나치게 환상을 가지지는 말자. 백인들의 영향력은 기껏해야 식민지인이 덜 게으르도록 할 수 있을 뿐이었다. 그러나 그렇게 하는 것은 시시포스의 바위를 굴려 올리도록 하는 것과 비슷하다. 가봉에서 30년간 선교사로 활동한 브리요 신부는 노력을 대하는 «아프리카 미개인들»(이것은 그의 저서 『아프리카 미개인들』의 제목이다.)의 태도에서 볼 수 있는 특징을 다음과 같이 지적했다. «일을 대강 해치우거나 최소한으로 하려는 욕구 (…), 마땅히 해야 할 노력에 대한 거부 (…), 덧없는 유혹에 사로잡힘.» 그런데 이런 특징에 가장 잘 부합하는 것은 흑인이었다. 흑인에게 자리를 지키지 않은 이유를 물어보면, «그 사람은 손바닥을 위로 편 두 손을 벌리는 동작을 한다. 아프리카인 전체가 이런 동작을 반복하는데, 이 동작은 무력감과 거부를 동시에 의미한다.» 이 동작을 말로 나타내려는 경우에는 이렇게 말할 것이다. «전 지쳤어요.» 브리요 신부는 어느 흑인의 이야기를 들려준다. 그 흑인은 «웬만큼 배워서» 어느 상사(商社)의 수석 회계원이 되었으며, 그렇게 해서 어느 정도 넉넉한 생활을 할 수 있게 되었다. 어느 날, 그가 사라졌다. 미리 알리지 않은 상태였다. 일 년 뒤, «그의 마을에서» 그를 다시 만날 수 있었다. 그는 «허리에 누더기를 걸치고 있었으며, 머리에서 발끝까지 옴에 걸려 있었으며, 너무나 비참한 몰골이었다.» 그는 남들이 부러워하는 사회적 신분과 일자리를 왜 내팽개쳤는가 하는 질문을 받았다. «그 사람은 우리가 조금 전에 말한 그 동작을 하고는 다음과 같이 덧붙였다. "전 지쳤었어요." 그는 규칙적인 삶에 지쳤었으며, 바로 그것 때문에 자발적으로 미개 상태로 되돌아갔던 것이다.» 마지막으로 브리요 신부는 다음과 같이 설명했다. «우리는 그런 변명을 받아들이지 않는다. 하지만 그런 해명은 진심이다. 미개인은 피로를 이기지 못한다. 항상 그의 몸 또는 그의 두 팔이 피로한 것은 아니다. 그의 의지가 피로한 것이다. 약한 의지, 버티어낼 수 없었던 의지 말이다. 그 사람은 일어날 때가 되었다는 것을 잘 알면서도 일어날 수 없어서 잠자리로 돌아가서 잠을 조금 더 자는 어린아이처럼, 점호 시간이 되었는데도 배를 몰고 돌아오지 않고 계속 다른 곳으로 배를 몰고 다니는 해병대원처럼 행동했다.» 그리고 «그들의 미래와 심지어 그들의 생존이 걸린 상황에서 민족 전체가 그런 이유로 일을 하지 않는 것을 볼 수 있는데», 이것은 훨씬 더 심각한 일이었다.(1943년)

인도차이나에서 이루어지는 벼농사 과정 — 세계에서 농촌 인구밀도가 높은 곳들 중의 하나인 그곳에 사는 사람들은 벼농사로 먹고 살 수 있다. 충분하지는 않지만. —을 매우 피상적으로나마 관찰해본 사람에게, 상당 기간 동안 프랑스령 서아프리카[101]에서 운영되었던 강제노동 작업장(강제노동은 공식적으로는 1946년에 비로소 폐지되었다.)을 관찰해본 사람에게, 그리고 북아프리카의 태양 아래에서 이루어지는 농사일이 얼마나 힘든지를 알고 있는 사람에게, 브리요 신부의 그런 주장은 참으로 요설처럼 들린다. 매우 다행하게도 브리요 신부보다 신중했던 다른 작가들은 우리의 «보호를 받는 사람들»의 고된 노동을 현지에서 직접 눈으로 보았다. 세상을 놀라게 한 르포 기사에서 알베르 롱드르[102]는 콩고와 대서양을 잇는 철도 부설공사장[103]에서 고된 노동 때문에 수천 명씩 죽어가는 가엾은 «니그로»들을 묘사했다.(1929년) 알제리 총독을 지

101 프랑스령 서아프리카: 서아프리카에 있는 여러 개의 프랑스 식민지를 연합한 단위. 출범 때(1895년 6월)에는 세네갈, 프랑스령 수단(말리), 기니, 코트디부아르로 구성되었으나, 점차로 모리타니, 니제르, 오트-볼타(부르키나파소), 토고, 다호메이(베냉)로 확대되어 1958년까지 유지되었다.

102 알베르 롱드르(1884~1932년): 프랑스 언론인, 작가. 1906년부터 기자로 활동하면서 러시아, 일본, 중국, 인도, 아프리카 등을 누비고 다니면서 르포 기사를 썼다. 억압받는 사람들, 소외된 사람들, 강제 노동에 시달리는 사람들의 실상을 고발하는 글을 많이 쓴 위대한 언론인으로 기억된다. 중국에서 돌아오던 중에 타고 있던 배에 난 화재로 사망했다. 1933년부터 그를 기리는 알베르 롱드르상(賞)이 제정되어 훌륭한 언론인들에게 시상된다.

103 콩고와 대서양을 잇는 철도 부설공사: 콩고의 브라자빌과 대서양 해안을 잇기 위해 프랑스가 1921~1934년에 시행한, 연장 512킬로미터에 이르는 철도 노선 공사. 출발점은 해발 200미터의 브라자빌이었으며, 종착점은 대서양 해안의 프웽트-느와르 *Pointe-Noire*였다. 협곡을 가로지르기 위해 12개의 터널(이 중에서 하나는 길이가 1690미터였다.)을 뚫고 92개의 교량을 세웠다. 공사에 동원된 현지인들이 보급품 부족, 가혹한 노동, 작업장의 비위생적인 조건에서 비롯된 질병 때문에 많이 사망했다. 1만 5000~2만 5000명이 목숨을 잃었다. 침목 하나마다 한 사람이 죽어 나간다는 소문이 나돌았다. 『콩고 기행』(1927년)에서 앙드레 지드는 "브라자빌-대서양의 철도는 사람들의 목숨을 엄청나게 삼키는 것이다."라며 분노했으며, 『흑단(黑檀)의 땅』(1929년)에서 알베르 롱드르 기자는 "흑인이 기계, 트럭, 기중기를 대신했다. 폭약을 대신하지도 않았겠는가?"라고 하면서 그곳 공사장의 가혹한 노동조건을 고발했다.

낸 모리스 비올렛[104]은 평범한 식민지 이주민의 정신상태에 짜증을 내면서 다음과 같이 썼다. «도대체 이 멋진 포도밭들을, 진짜 정원만큼이나 정성을 들인 이 경작지를 가꾸어놓는 사람들은 누구란 말인가? 그들은 분명히 원주민들 중에서 그 게으른 사람들이다. 알제리가 방치되어 있지 않다면, 그것은 분명히 그들이 두 팔로 한 노고 덕분이다. 그러므로 과장하지 말기 바란다!»(1931년) 비행사 롤랑 갸로스[105]의 아버지이자 자유주의적 성향을 지녔으며 늙은 «인도차이나 사람»이라는 별명이 붙었던 죠르쥬 갸로스는 일생 내내 극동에 있는 프랑스 식민지 인도차이나라는 사실상의 «인간 축성 재배 온실»[106]을 규탄했다.(1926년) 1936년, 위대한 지리학자 피에르 구루는 «통킹 삼각주 농민들»의 노동 — 사람을 몹시 피곤하게 만들고, 시간이 많이 들고, 세심한 노동—을 세밀하게 연구한 다음, 과학자로서의 자신의 권위를 이용해서 소박한 정의 *justice simple*를 수호하고자 했다.

다음과 같은 말을 덧붙일 수도 있다. 비록 프랑스의 여러 식민지에서의 노동 속도가 프랑스 본국에서의 노동 속도와 같지 않았다 하더라도 유럽인은 좀 더 정밀하게 분석해야 할 의무, 즉 그런 현상을 «원주민들»의 «부정적인 게으름» 탓이라고 설명하려고 하기보다는 더 깊이 있는 설명을 하려고 애써야 할 의무가 없었을까?

104 모리스 비올렛(1870~1960년): 프랑스 정치인. 시장, 하원의원, 상원의원을 지냈으며, 제1차 세계대전 때에는 조달부 장관, 1925~1927년에는 알제리 총독, 1936~1938년의 인민전선 정부에서는 국무장관을 지냈다. 1936년에 알제리 내의 알제리인들 중에서 2만~2만 5000명에게 프랑스 시민권과 투표권을 주는 것을 골자로 하는 블룸-비올레트안(案)을 입안한 사람이다. 여기서 비올레트는 그 자신의 이름에서, 블룸은 당시의 총리 레옹 블룸의 이름에서 따온 것이다. 이 안은 알제리에 거주하는 프랑스인들의 격렬한 반대에 부딪혀 1938년에 폐기되었다.

105 롤랑 갸로스(1888~1918년): 프랑스 비행사. 1913년 9월 23일, 대서양을 처음으로 횡단한 것으로 유명하다. 제1차 세계대전 전투에서 전사했다. 1927년에 프랑스인 4인조 팀이 데이비스 컵 경기에서 우승한 것을 기념해서 파리에 경기장을 지으면서 그의 이름을 붙였다.

106 인간 축성 재배 온실: 이것은 죠르쥬 갸로스의 책 제목(『인간 축성 재배 온실 — 분쟁의 땅 인도차이나, 프랑스인과 안남인의 화합 밑그림』)이다.

아마도 «원주민들»은 노동에 대한 동기 부여가 충분히 되어 있지 않았으리라고 이해해야 하지 않았을까? «원주민들»이 약간 의욕 상실을 보인 것은 아마도 기후가 혹독하기 때문이라고 이해해야 하지 않았을까? «원주민들»이 빠른 노동 속도를 견딜 수 없었던 것은 아마도 만성적인 영양 섭취 부족 때문이라고 이해해야 하지 않았을까? 1939년에 알베르 카뮈가 현지에서 직접 눈으로 보고 「공화주의 알제」에 기사화한 것으로, 알제리 북부 산악지대에 있는 카빌 지방에서 초근목피로 살아가는 사람들을 그 누가 잊어버렸는가? 1954년에도 알제 사회보장 사무국은 «알제리인들의 기아 극복 고투»라는 주제를 두고 여러 날 토론을 벌였다. 이 토론에 참여한 질베르통 박사는 중산층 무슬림 알제리인의 음식물 섭취 상태에 대해 다음과 같이 서술했다. «곡물이 대부분이며, 고기를 섭취하는 경우는 드물다. 우유와 버터를 섭취하는 경우는 매우 적고, 주로 식물성 식용유를 많이 소비한다. 과일은 들쭉날쭉 소비한다. 예외적으로 남쪽 지방에서는 대추야자를 소비하고, 카빌리 지방에서는 무화과를 소비하며, 오렌지가 생산되는 지방에서는 그 과일을 소비한다.» 이렇게 영양을 섭취하는 사람이 프랑스 본국 노동자나 농민의 노동 생산성에 버금가는 생산성을 낼 수 있었겠는가? 같은 시기에 아프리카를 누비고 다닌 막스-폴 푸셰[107]는 다음과 같은 반어적인 표현을 사용했다. «흑인들의 게으름을 바로잡을 수 있는 첫 번째 방법은 그들을 제대로 먹이는 것이다.»(1953년)

보다 근본적으로는 다음과 같은 사실에 주목해야 한다. 산업 혁명기로부터 물려받은 노동을 대하는 태도에 익숙해 있던 정복자들이 생산성을 중요시하지 않는 전통 농경사회로 갑자기 들이닥쳤다는 사실 말

107 막스-폴 푸셰(1913~1980년): 프랑스 시인, 작가, 예술 비평가, 방송인.

이다. 그 정복자들이 수익성을 절대적 가치로 삼지 않기 위해서는 많은 통찰력이 필요했는데, 그들은 그런 통찰력을 가지지 못했다. 사회주의자이자 사람들을 두렵게 하는 성격의 소유자이자 소책자 작가였던 폴 라파르그[108] — 그는 자본주의적 노동의 권리에 반대되는 명제로서 «게으를 수 있는 권리»를 주장했다. —는 바로 그 아프리카인들을 지혜의 모델로 간주했다. 그는 비꼬는 투로 다음과 같이 썼다. 서양인들은 짐 속에 세 가지 결점, 즉 «기독교, 매독, 노동에 대한 독단적 신념 *dogme du travail*»을 넣어 가지고 [아프리카로] 갔다.(1880년) 따라서 유럽인들은 현지 원주민들의 인간적 특성보다는 전(前) 산업적 행동 *comportement préindustriel*과 사회·경제적 현상들에 주목해야 했다. 1954년에 알제에서 있었던 «알제리인들의 기아 극복 고투»와 관련한 토론에 참여한 또 다른 사람 레이벨은 알제리의 청년 노동자 계급은 한 세기만에 18세기에서 20세기로 이행했다고 지적했다. 하지만 사회학자 피에르 부르디외가 이 문제와 관련하여 쓴 매우 예리한 글을 사람들이 읽기 위해서는 식민 시대 말을 기다려야만 했다. 부르디외는 전통 사회인 알제리에서 «노동은 생계비를 버는 방법이 아니라 살아가는 방법»이었다고 썼다. 부르디외가 보기에 이것은 «합리적인 경제적 계산 *calcul économique rationnel*의 부재»라는 특징을 띠는 «전(前) 자본주의적 정신»에서 생겨난 전형적인 태도였다. 부르디외는 다음과 같이 썼다. «자연 환경 속에서 살아가는 농부에게서 시간 *temps*은, 시간 길이 *durée*가 계산의 대상이 되는 기술 환경에서와 마찬가지의 의미를

108 폴 라파르그(1842~1911년): 쿠바 태생의 프랑스 사회주의 정치인, 작가, 언론인. 칼 마르크스의 사위. 저서 『게으를 수 있는 권리』로 유명하다. 프랑스 사회주의당, 노동자인터내셔널프랑스지부에 참여해서 맹렬히 활동했다. 자신이 죽기로 정한 70세가 가까워 오자 아내와 함께 자살했다. 죽기 직전에 «(…) 비정한 죽음이 다가오기 전에 몸과 정신이 온전한 상태로 자살한다. (…)»라는 내용의 편지를 남겼다.

띠지 않는다. 자연 환경 속에서 살아가는 농부는 생산성에 관심 — 생산성을 중시하면 시간이 양적으로 평가된다. —이 없으므로, 그에게는 일정표에 따라 노동시간이 정해지는 것이 아니라 어떤 일을 할 것인가에 따라 일정표가 정해진다.»(1958년)

폭력성, 미개 상태, 식인 풍습

프랑스 식민지에 사는 «원주민들»의 성격에서 볼 수 있었던 또 다른 특징은 그들이 인간관계에서 폭력성을 드러낸다는 사실이었다. 이 폭력성은 프랑스가 새롭게 정복한 여러 민족의 생활 모든 면에서 볼 수 있는 것으로 여겨졌다. 식민지에 대해 서술한 책들에는 유혈이 낭자한 끔찍한 장면이 많이 등장한다. 그 장면을 묘사한 그림도 함께 실려 있다. 「작은 소식」과 「파리 소(小)신문」에 실을 삽화를 그리는 사람들은 서로 뒤질세라 폭력적인 장면을 그려냈다. 이 두 신문의 «1면»에는 유혈 장면을 묘사한 그림이 수없이 등장한다. 유혈 사건을 보도하는 기사가 독자들에게 제공되었다. 아시아에서는 잔혹한 행위가 교묘하게 이루어지는 것으로 보도되었다. 19세기 말에 서점가에서 대성공을 거둔 작품들 중의 하나로 옥타브 미르보의 작품 『고문의 정원』의 무대는 중국이다. 이 작품에는 황인이 이웃 사람을 괴롭히면서 점점 더 큰 쾌감을 추구하는 장면들이 길게 묘사되어 있다.(1899년) 다른 작가들은 상상의 영역이 아니라 현지 취재 보고 기사에서 잔혹한 장면들을 묘사했다. 사람의 몸을 저미는 장면, 신체를 절단하는 장면, 손·발톱을 뽑는 장면, 몸에 잉걸불을 지피면 고통을 견디지 못해 실성하는 장면……. 아랍 땅에서는 잔혹한 행위가 그처럼 교묘하게 자행되지는 않는 것으로 간주되었다. 당연히 그렇다는 듯이 말이다. 그러나 아랍 땅에서도 야만적인 폭력이 난무했으며, 거세(去勢)가 엄청나게 행해졌으며, 수많은 사람이 참수되는 것으로 묘사되었다. 1852년, 빅토르 위고는 압델-카데르를 다음과 같이 묘사했다.

> «(…) [이] 불가사의한 몽상가는
> 잘린 머리들을 깔고 앉아
> 하늘의 아름다움을 감상했다.»

피에르 막 오를랑의 작품을 각색해서 쥘리앵 뒤비비에가 감독한 영화 〈에스파냐 중대〉[109]에 등장하는 어느 인물은 친구에게 다음과 같이 말한다. «비열한 놈들[110]이 너를 생포하면 너의 머리를 자르고, 나머지는 모기에게 먹잇감으로 던져준다.»(1935년)

흑인들(아프리카와 태평양에 사는 흑인들)에게는 특별히 식인 풍습이 있는 것으로 간주되었다. 그런 풍습이 과거에 실제로 존재하기는 했지만, 최근까지도 그런 풍습이 계속 존재했다는 것에 — 그리고 점차로 확산되었다는 것에 — 우리는 놀라지 않을 수 없다. 아프리카 중부 지역 기행문, 누벨칼레도니 기행문 또는 뉴헤브리디스 기행문 중에서 그곳에서 계속되는 식인 풍습에 대해 조금이라도 언급하지 않은 글은 없으며, 그 풍습에 대해 다소간 상세하게 묘사하지 않은 이야기는 없다. 사실, 식인종들의 식사를 «메뉴»별로 묘사한 이야기 속에는 기이하게도 혐오스러움과 매력이 뒤섞여 있다. 쥘 베른은 아프리카의 두 미개부족 — 이들은 너무나 적절한 «냠냠»이라는 괴상한 이름이 붙여져 있다. —이 벌이는 끔찍한 싸움을 묘사했는데, 그 장면은 소설 주인공이

109 〈에스파냐 중대〉: "에스파냐군 보병대" 또는 "에스파냐군 외인부대"라는 뜻이다. 한국에서는 〈외인부대〉로 알려져 있다. 에스파냐령 모로코가 무대이다.
110 비열한 놈들: 반란을 일으킨 모로코인들을 가리킨다.

그 유명한 열기구[111]에서 내려다본 것이다. 어느 전사가 부상한 적의 팔을 잘라서, 전투를 계속하면서 그 유혈이 낭자한 팔을 맛있게 씹어 먹는다.(1863년) 무엇 때문에 그런 장면을 그토록 상세하게 묘사하고 싶었을까? 그런 장면에 병적으로 매료되지 않았다면 말이다. 패배한 남성들과 여성들 — 이들은 곧 승자들의 식료품 저장실로 끌려가는 것으로 묘사되었다. —이 당하는 고통을 묘사한 토탱 박사 같은 사람이 그러하다. 토탱 박사는 산 채로 잘라낸 살[肉], 뽑은 혀, 아직도 살아 있는 희생자들의 항문이나 여성의 질에 꽂은 말뚝 등을 묘사했다.(1896년) 「여행 소식」 «1면»에 실린 기사에서 두 «미개인»의 싸움을 묘사한 르블랑 같은 사람도 마찬가지이다. 그는 다음과 같이 묘사했다. «타콤바우 대(大)족장[112]은 동지들 중의 한 명을 때려죽이고는 즉석에서 그 사람의 두 눈을 빼내어 삼켰다.»(1908년) 매우 사실적인 그림이 이 글에 곁들여져 있다. 누벨칼레도니를 탐험한 쥘 갸르니에 같은 사람도 마찬가지이다. 그는 몸을 숨긴 채, 늙은 카나크 족장의 식사 장면을 끝까지 지켜보았다고 털어놓았다. 그는 독자들이 수많은 세부 사항을 감상할 수 있도록 묘사했다.(1867년) 이런 주제는 재빨리 음산한 유머 — 항상 훌륭한 취향에 속하는 것은 아니었던 유머 —에 사용되기에 이르렀다. 우리는 죠르쥬 푸레스트의 시 〈금발의 니그로 여성〉에 등장하는 인물을 알고 있다. 이 인물은 다음과 같이 묘사되어 있다.

> «그 니그로 여성은
> 파랗게 질린 어린아이의 가슴을 가르고
> 파랗게 질린 아이의 살가죽을 벗기고는,

111 그 유명한 열기구: 쥘 베른의 작품 『5주간의 열기구 여행』에 등장하는 열기구를 가리킨다.
112 타콤바우 대(大)족장: 피지의 왕 세루 에페니사 타캄바우(1815~1883년)를 가리키는 것으로 보인다.

빈랑을 씹어서 검게 물든
이빨로 재빨리 씹어
심장과 뇌를 먹어 치우네,
후추나 소금도 치지 않고!
아! 아직 더운 피를
마시면서 — 이건 감미로운 음료일세! —
뇌와 심장을 흉한 이빨로 씹어
모두 삼켜버리네, 태연자약하게…….»

또 같은 시집에는 «니그로 왕» 마코코[113]도 등장한다. 그 내용은 다음과 같다. «이 폭군은 자기 할아버지의 팔을 진지하게 맛보고는 너무 많이 익혔다고 하네.»(1909년)

어느 가요의 작사가는 쥘 베른의 글을 표절해서(아마도 자신도 모르게), 자신이 작사한 곡에 등장하는 주인공인 «수단 *Soudan* 아가씨»에게 «냠냠»이라는 이름을 붙인다. 그 아가씨는 어느 청년 장교에게 무관심하지 않아서, 그 청년에게 미소를 짓는다.

«그 청년이 답했네. 그대 피아노를 감추오![114]……
파남 *Paname*[115]의 남자에게는 얼마나 슬픈 운명인가
여자에게 잡아먹힌다는 것이.
냠! 냠! 냠!

113 마코코: 현재의 콩고 공화국 중심부에 있었던 «테케» 왕국의 왕으로, 1880년에 피에르 사보르냥 드 브라자가 대리한 프랑스와 보호령 조약을 체결했다.

114 그대 피아노를 감추오!: 이 문장에서 '피아노'는, 피아노의 하얀 건반에서 연상되는 치아를 가리킨다. 그러므로 이 문장의 뜻은 "[나를 잡아먹으려고] 그대의 이빨을 드러내지 마시오."이다.

115 파남 *Paname*: 파리와 그 교외를 가리키는, 지금은 잘 사용되지 않는 은어(隱語)이다. 따라서 '파남의 남자'는 파리 출신 남자라는 뜻이다.

냠! 냠! 냠!

냠! 냠!»(쟝 르와젤 작사)

1894년에 레오 13세 교황이 아프리카에서 주교로 있던 오구아르 예하[116]를 맞으면서, 몸조심하라고 당부했다는 이야기도 있다. 그 이야기는 다음과 같다. 잡아먹히지 않도록 하십시오, 그렇게 되면 «귀하의 본당 신자들이 [귀하의] 유골마저 먹어 치워서 내게 남겨주지 않을지도 모릅니다.»라고 교황이 흥이 나서 말했다는 것이다.

사람을 잡아먹는 흑인의 이미지가 널리 전파된 것은 특히 해학적인 성격을 띤 캐리커처를 통해서이다. 사람(주로 백인이다. 끓는 물이 담긴 냄비 속에 빠져 있는 이 사람은 약간 우스꽝스럽고 당당하지 않은 모습으로 땀을 흘리고 있다.)을 잡아먹을 준비를 하는 «니그로»가 등장하는 그림을 조사해보면, 그 수가 매우 많을 것이다. 캐리커처를 그리는 사람들은 다른 «코믹한» 상황을 상상해내기도 했다. 20세기 초에 제작된 것으로 어린아이들을 독자로 하는, 삽화가 많이 들어간 작품 『용감한 사람』에 등장하는 어느 탐험가는 니그로 왕에게 다음과 같이 요청한다. «따님 손을 제게 주시겠어요?»[117] 니그로 왕은 다음과 같이 답한다. «이상한 생각을 다 하는구나! 손은 가장 맛없는 부위인데!»(마르셀 아르낙, 1913년) 청년들을 독자로 하는 것으로, 삽화가 많이 들어간 또 다른 작품은 역시 «뭐든날것으로먹는사람들 *Mangetoucrus*»이라는 이름으로 불리는 어느 원시 부족에 사로잡힌 젊은 백인 청년들의 모험담을 담고 있다. 그 내용은 다음과 같다. «뭐든날것으로먹는사람들은 밤새도록 큰 칼을

116 프로스페르 필립 오구아르 예하(1852~1921년): 프랑스 가톨릭 성직자, 선교사. 1877년부터 아프리카 선교에 힘썼으며, 프랑스령 콩고와 우방기 주교를 지냈다.

117 따님 손을 제게 주시겠어요?: 원문은 «Voulez-vous m'accorder la main de votre fille?»인데, 이 문장의 속뜻은 «따님과의 결혼을 허락해주십시오.»이다.

갈았다. 그리고는 처형 기둥을 세웠는데, 그것은 사로잡은 사람들을 잡아먹기 전에 즐겁게 놀아보기 위해서였다.» 다행스럽게도 몇몇 사람은 마지막 순간에 탈출한다.(코카르, 1945년)

심지어 «개명한» 흑인들에게도 식인 풍습이 있는 것으로 여겨졌다. 삽화가 세넵 — 이 사람은 다른 삽화가들보다는 대체로 상상력이 풍부했다. —은 세네갈을 대표하는 프랑스 국회의원이자 장관을 지낸 블레즈 디아뉴[118]를 마치 벌레처럼 벌거벗은 몸에 이빨을 모두 드러낸 채로 동료 의원 레옹 베라르[119]를 향해 달려드는 모습으로 묘사했다. 레옹 베라르는 콧구멍이 커다랗게 묘사되어 있다. 그는 겁에 질려 다음과 같이 외친다. «이 사람은 내 코를 먹어치우려 한다.»(1926년) 용케도 리비그 *Liebig* 수프[120] 회사는 식민지 원주민들을 교화(敎化)하는 일에 진전이 있었다는 것을 알리는 동시에 상업적 이익을 도모할 수 있는 방법을 찾아냈다. 20세기 초에 만들어진 이 회사의 상품 광고 그림에는 새 깃털로 치장한, 작은 왕국의 어느 왕과 차분한 표정을 한 어느 탐험가 앞에서 흥에 겨워 춤추는 «니그로들»이 등장한다. 이 그림에는 다음과 같은 설명문이 붙어 있다. «왕께서 신하들에게 앞으로는 쇠고기에서 추출한 리비그만을 먹으라는 포고령을 내리셨다.»

«개명한 사람들»

하지만 유럽인과 접촉하면서 «개명한» «원주민들»이 있었다. 그러나 당시의 어휘 속에 자주 등장한 «개명한 사람»이라는 말은 그 «원

118 디아뉴와 세넵에 대해서는 각주 11번과 12번을 보라.
119 레옹 베라르(1876~1960년): 하원의원, 상원의원, 공교육 및 미술부 장관, 법무 장관 등을 지냈다.
120 리비그 수프: 쇠고기에서 진액을 뽑아내는 방법을 개발한 독일 화학자 유스투스 폰 리비히가 내놓은 수프 상품 이름. 리비히를 영어식으로 발음하면 리비그이다. 이 수프를 만드는 회사는 런던 주식시장에 상장되었으며, 유럽과 미국 시장에 진출했다.

주민들»의 기분을 몹시 자극하는 말이었다! 식민지인은 부득이한 경우에는 백인들의 공동체 속으로 받아들여질 수도 있었다. «원시적» 심리 구조에서 점진적으로 벗어날 수 있다는 것을, 그리고 또 유럽인들의 가치를 공유할 수 있다는 것을 보여준다면 말이다. 역사상으로 그렇게 된 식민지인들의 예가 없지는 않다. 식민지인들 중에서 지도층 또는 부르주아 계층은 자녀를 프랑스 학교에 보낼 수 있었다. 대학에 보낼 수도 있었다. 이렇게 해서 민족주의적 신념을 표방하지 않는 한에 있어서 식민지인 남성들과 여성들(매우 드물기는 하지만)은 일정 정도의 사회적 여유를 누리게 되었으며, 이렇게 해서 지배자들인 백인들이 사는 세계의 주변부로 통합될 수 있었다.

«개명한 사람들»은 흔히 프랑스가 열대지방에서 거둔 승리의 생생한 증거로 언급되었다. 예로부터 이어져 온 인간 무리 중에서 몇몇 작가들, 과학자들, 교사들, 정치인들을 양성할 수 있는 나라는 나름의 사명을 가질 만하다는 증거로 여겨졌다.

식민지의 현실을 직접 눈으로 보았던 프랑스인들은 대체로 이 «개명한 사람들»에 대해 서술함에 있어서 이전과는 다른, 새로운 어조를 취할 수 없었다.

「삽화 신문」의 기자 쟝 르프랑이 세 명의 «유색» 정치인 — 위에서 언급한 블레즈 디아뉴, 그리고 과달루페가 지역구인 두 명의 국회의원(르네-브와스뇌프[121]와 캉다스[122]) —의 모습을 묘사한 글을 읽어보자. 그 글은 다음과 같다. «세 명의 니그로가 프랑스 하원에 진출했다. 이 사실을 비웃을 필요는 없다. 하지만 이 사실에 놀랄 필요는 있을 것이다.»

---

121 아쉴 르네-브와스뇌프(1873~1927년): 과달루페 태생의 프랑스 정치인. 1914~1922년에는 과달루페 지역구의 프랑스 하원의원을, 1925~1926년에는 프웽트-아-피트르 *Pointe-à-Pitre*의 시장을 지냈다.

122 그라티앵 캉다스(1873~1953년): 프랑스 교사, 정치인, 작가, 언론인. 1912~1942년에는 과달루페 지역구의 하원의원을, 1938~1940년에는 하원 부의장을 지냈다.

르프랑은 이 세 국회의원을 약간 건방지고 재미있어 하는 시선으로 바라보기를 자제할 수 없었다. 그 내용은 다음과 같다. «다음과 같은 사실을 서둘러 인정합시다. 우리나라 국회를 다른 빛깔로 빛내는 이 세 명의 니그로 국회의원들은 다행스럽게도 서양 교육학이 배출한 가장 우수한 사람들 중에서 선출되었다는 사실 말입니다.» 르프랑은 «프랑스 문화가 우리들 안에, 우리와 함께, 우리처럼 살도록 허락한 이 아프리카인들 중에서 가장 총명한 사람들 중의 한 명»으로 블레즈 디아뉴를 묘사했다. 르프랑의 글은 다음과 같이 이어진다. «그는 민감하고 심지어 약삭빠르게 우리의 생각을 이해하고 알아차린다.» 디아뉴는 여러 차례 장관직에 오른 적이 있었는데, 그때 «그는 풋내기들이 흔히 가지기 쉬운 약간의 결점들, 특히 백인들과의 관계에 있어서 뻣뻣한 태도를 보였다. 니그로는 백인의 면전에서 눈살을 찌푸려야만 한다는 것이 당시에 그가 가졌던 생각이었으리라고 추정해야만 하는가?» 다행스럽게도 «그는 이런 착각을 버리고, 자기가 속한 인종과 우리가 속한 인종의 관계에 대해서 보다 바른 생각을 다시 가지게 되었다. 이제 이 사람은 멋진 장사꾼이다.» 과달루페가 지역구인 국회의원 르네-브와스뇌프는 유권자들이 맡긴 직책의 중요성을 알고 있는, «고집 센 니그로»로 묘사되었다. 이어지는 내용은 다음과 같다. «그는 두껍고 커다란 서류 가방을 팔에 끼고서 하원 건물의 복도를 통해 퇴청하고 있다. 의젓한 모습으로 바삐 지나가는 것으로 보아, 선거 및 법률과 관련한 고상한 생각에 정신이 팔린 것 같다.» 마지막으로 르네-브와스뇌프와 마찬가지로 과달루페가 지역구인 국회의원 그라티앵 캉다스의 모습은 문학 선집의 한 대목처럼 묘사되어 있다. 그 내용은 다음과 같다.

«그라티앵 캉다스는 참 좋은 사람이다. 백인 동료 의원들은 그가

곧잘 쾌활하게 드러내는 인간미에 흡족해야만 했다. 키 크고 상반신 — 위쪽은 네모나고, 아래쪽은 둥글다. —이 우람한 그는 온갖 문제와 대화 상대자 모두를 내려다보는 것 같다. 하지만 이런 자세에서 생기는 인기는 거의 언제나 그의 입에서 볼 수 있는 미소 때문에 약화되고 완화된다. 그의 입에는 짤막하고 숱이 많지 않은 수염이 술 장식처럼 또는 웃음 띤 가면의 가장자리 장식처럼 매달려 있다. 하지만 이처럼 항상 상냥한 기질에서 과장된 겸손의 기색을 찾아낼 수 있으리라고는 조금도 생각하지 마시라. 그라티앵 캉다스는 사진사와 후손들을 위해서 포즈를 취하면서, 자신의 바른 모습을 보이고자 했다. 말아 올린 콧수염 — 자유분방하면서도 동시에 점잖은 —, 오만하게 뒤로 젖혀진 머리, 만족스러운 듯한 시선을 한 그는 이 사진에서 있는 그대로의 모습은 아니라 하더라도 적어도 과달루페의 유권자들이 생각해주었으면 하고 자신이 바라는 모습으로 등장한다.»(1924년)

요컨대 «원주민들»은 문학, 예술 창작, 공적(公的) 활동 같은 인간의 숭고한 활동을 정말로 진지하게 할 수 없는 것으로 여겨졌던 것이다. 심지어 가장 많이 «개명한 사람들»도 마찬가지로 여겨졌다.

백인들은 스스로를 아버지 같은 존재로 여기는 질병에서 그다지 쉽게 치유되지 않았다.

제3장

프랑스의 사명

«'야만'에 맞서 나아가는 '문명'»
(빅토르 위고, 1841년)

1906년, 펠리시앵 샬레[123]는 «황인들은 과거 속에서 살아가고, 흑인들은 현재 속에서 살아가며, 백인들은 미래 속에서 살아간다.»라고 썼다. 하지만 샬레는 당시의 매우 개방적인 정신을 가졌던 사람들 중의 한 사람이며, 게다가 식민지에서 자행되는 범죄를 격렬하게 비판한 사람이다. 아시아는 얼마 전에는 무척이나 아름다운 문명의 어머니였으며 화려했으나, 이제는 시들어 쇠락하고 있다. 아프리카는 조금밖에 발전되지 않았으며, 그날그날 살아가는 그곳 사람들처럼 아직도 유년기에 있다. 유럽만이 중단 없는 진보로 이루어진 미래를 상상할 수 있다. 이 모든 내용이 샬레의 표현 속에 담겨 있다.

문명은 곧 서양을 의미한다

많은 유럽인이 보기에, 구대륙 유럽의 여러 사회가 당시에 처해 있던 상태는 발전의 정점에 해당했다. 즉, 유럽의 여러 사회는 인류 역사 전체가 거의 필연적으로 이르게 된 종착점으로 여겨졌던 것이다. 루이 말르레[124]는 «그들[유럽인들 — 필자 주]이 '문명'에 대해 언급할 때, 그 문

123 펠리시앵 샬레(1875~1967년): 프랑스 사회주의 운동가, 반식민주의자, 평화 운동가. 프랑스가 인도차이나에서 펴는 정책, 제국주의, 식민주의를 줄기차게 규탄했다. 제1차 세계대전에 참전했으며, 프랑스공산당과 노동자인터내셔널프랑스지부에 가입했다. 완강한 평화주의 정신 때문에 모든 종류의 전쟁을 비난했으며, 히틀러가 등장했는데도 비무장 평화를 역설하고 각종 평화주의 단체에서 활동했다. 제2차 세계대전 중에 페탱 원수를 찬양하고 대독 협력을 옹호한 것 때문에 전후에 기소되었으나 무죄 석방되었다. 이후로도 전쟁과 각종 압제에 저항하는 평화주의 운동을 벌였다. 두 차례에 걸쳐(1917년 10월과 1919년 4월) 한국을 여행했으며, 1919년 4월에 한국에서 목격한 일제의 가혹한 탄압을 증언하는 〈일제 강점하의 한국에서〉라는 글을 썼다. 이 글은 『식민화 사업 회상』에 수록되어 있다. 1921년에는 '한국의친구들'이라는 협회를 조직하여, 프랑스에 거주하는 한국인들을 돕기도 했다.

124 루이 말르레(1901~1970년): 프랑스 고고학자. 1929년부터 사이공에서 도서관 사서, 박물관 학예사 등을 지냈으며, 1949~1956년에는 프랑스극동학교(1898년에 아시아 문화를 연구하기 위해 설립된 공공 기관. 흔히 극동학원으로 불린다.)의 원장을 지냈다.

명은 분명히 그 자신들의 문명만을 가리킬 것이다.»라고 비꼬았다. 말르레는 훌륭한 학식의 소유자였으며, 프랑스극동학교에 소속된 저명한 연구원이었으며, 따라서 유럽 아닌 세계의 다른 여러 지역에서 흠잡을 데 없이 경이로운 문명이 생겨났다는 것을 알 수 있는 적절한 위치에 있었다. 그는 계속해서 다음과 같이 썼다.

> «그들([유럽인들])은 자만심에 부풀어, [유럽의 문명과는] 다른 문명이 있다는 것을 상상할 수 없다. 그들은 만일 다른 문명이 존재한다면 그 문명은 필연적으로 열등할 것이라고 생각했다. 끊임 없이 비교를 하거나 [우열을] 가늠해 보려는 욕구를 가지고 있고, 태생적으로 관념적 사고방식에서 벗어날 수 없고, 삶이 다양하다는 것을 느끼지 못한다는 사실은 이국취향의 문학이 생겨나고 형성되는 데에 원초적이며 으뜸가는 원인으로 작용한다.»(1934년)

드골 역시 식민 시대 말기에 몇몇 민족이 보여주는 경향, 즉 «문명의 측면에서 자신들보다 앞섰던 나라들, 특히 자신들에게 문명을 접할 수 있게 해주었던 나라들과» 관계를 끊어버리려는 경향을 비난하지 않았던가? 드골 장군 자신이 말르레의 말이 옳다는 것을 인정하고 있다는 것을 짐작하지도 못하면서 말이다.

유럽인들은 자신들이 말하는 '문명'이라는 것이 서양에서만 출현한 것이 아니라 다른 곳에서도 출현할 수 있었을지도 모른다는 생각은 조금도 해보지 않았다. 오귀스트 콩트는 다음과 같이 주장했다. «서양성(西洋性) *occidentalité*은 참된 인간성 *véritable humanité*[125]에 이르기 위

125 참된 인간성 *véritable humanité*: "참된 인간"이나 "참된 인류"로 번역할 수도 있다.

한 마지막 포석(布石)일 뿐이다.» 이 마지막 포석은 콩트 자신의 유명한 «실증적 정치» 체계[126]의 토대를 이루게 된다.(1848년) 유럽인들은 '미 *Beau*'와 '조화 *Harmonieux*'에 대한 그리스인들의 관념, 기독교 정신, 인권, 프랑스 대혁명의 주요 원리인 자유·평등·박애, 그리고 인간관계에서의 어떤 특징 등을 '서양 *Occident*'이라는 낱말 속에 마구 집어넣었다. 많은 사람들이 보기에 '문명 *Civilisation*'이라는 개념과 '서양 세계 *Monde occidental*'라는 개념은 매우 가까운 것이어서 서로 뒤바꾸어놓을 수도 있는 것이 되었다. 탈식민화 문제를 두고 격한 토론이 벌어졌을 때, 식민 제국 체제를 끝까지 지지한 사람들이 내세운 주장들 중의 하나는, 만일 프랑스가 식민지에서 철수한다면 그것은 곧 서양의 후퇴를 의미하게 되리라는 것이었다. 「르 몽드」의 논설위원 레미 루르는 1946년에 다음과 같이 썼다. «서양을 제거해보시라. 그러면 여러분은 우리가 앞서 발견한 것, 즉 혼돈을 보게 될 것이며, 야만을 자주 보게 될 것이며, 난폭한 힘이 약한 힘을 착취하는 것을 보게 될 것이다. 여러분은 정복자들이 몰려와서 사람들을 노예로 만들어 짓누르는 것을 보게 될 것이다.» 인도차이나 전쟁 때에 그 전쟁을 지지하는 사람들이 끊임없이 내세운 주장은 황인들 무리(베트남인들 무리, 나아가 중국인들 무리)로부터 위협을 받고 있는 서양을 수호하려는 것이 그 전쟁이라는 것이었다. 프랑스국민연합[127]이 발행하는 주간지 「연합」에 루이즈 바이스[128]가 기고한 글의 제목은 〈극서(極西)의 전초기지 인도차이나〉(1950년)였다. 그로부터 몇 년 뒤에 미셸 드브레[129]는 제4공화국 체제의 허약성

126 «실증적 정치» 체계: 이것은 콩트의 저서 『실증적 정치 체계 – 인간성의 종교를 창시하는 사회학 개론』의 제목이다.
127 프랑스국민연합: 드골 장군이 1947년에 창당한 정당.
128 루이즈 바이스(1893~1983년): 프랑스 언론인, 작가, 여권운동가, 정치인. 1930년대에 여성 참정권 획득을 위해 투쟁한 것으로 유명하다.
129 미셸 드브레(1912~1996년): 프랑스 정치인. 국민의회 의원, 상원의원, 법무부 장관, 교육부 장관, 재

을 공격하는 소책자를 하나 발표했다. 프랑스 식민 제국을 헐값에 팔아치운다는 비난을 받는 «체제» 내의 지도자들에게 그는 다음과 같이 공격을 퍼부었다. «프랑스로부터 프랑스의 해외 영토를 제거하는 것은 서양을 제거하는 것이며, 다시 말해서 결국에는 사회의 어떤 기본 노선을 (…) 제거하는 것이다. 하노이와 사이공, 알제와 다카르, 타나나리브와 브라자빌은 처음부터 프랑스의 도시가 아니었으며 지금도 프랑스의 도시가 아니다. 그곳은 과거에도 서양의 도시였고 지금도 서양의 도시이다.»(『우리를 다스리는 저 우두머리들』, 1957년)

프랑스의 위대한 지식인이자 최소 30년 동안 영향력을 발휘한 앙드레 식프리드[130]는 서양 '문명'을 옹호하고 선양하고자 애를 썼다. 그의 논고에서 볼 수 있는 핵심적이며 확고한 주장은 다음과 같다. 서양은 아시아와 아프리카의 위협에 맞서는 요충지이자 방어 진지인 수에즈 운하를 관리하는 권한을 지켜야 한다. 1938년, 그는 소책자 『수에즈 운하로 주변』을 출판했다. 이 책에서 그는 세계 여러 곳에서 민족주의 세력이 등장하는 것을 바라보면서 자신이 느끼는 두려움을 털어놓았다. 그는 다음과 같이 예측했다. «수년 내에 이집트는 대부분의 주둔지에서 외국인들을 내국인들로 대체할 것이다.» 위험이 다가오고 있으니 조심하라. 그것은 또 다른 것이 붕괴될 수도 있다는 것을 알려주는 신호일 수도 있다는 것이다. 따라서 지금은 «비유럽인들에 대한 서양인들의 부정할 수 없는 우월성 (…)»을 재천명해야 할 때라고 했다. 이어지는 내용은 다음과 같다. «문명을 누리게 된 새로운 부국(富國)들

정경제부 장관, 외무부 장관, 국방부 장관을 지냈으며, 1959년 1월~1962년 5월에는 총리를 지냈다. 1981년에 대통령에 출마했으나 1차투표에서 미미한 득표로 낙선했다.

130 앙드레 식프리드(1875~1959년): 프랑스 역사학자, 사회학자, 지리학자. 선거 사회학이라는 분야를 개척했다. 지역별 유권자들의 정치적 성향은 각 지역의 토양과 밀접한 관계가 있다고 보았다. 도덕·정치학아카데미와 아카데미프랑세즈의 회원을 지냈다. 인종들은 우열이 있다고 믿었다.

— 우리는 이 국가들의 야심을 날뛰게 만들었다. — 내의 민족주의 세력은 세계를 앞으로 나아가도록 할 것 같지 않다.» 1943년, 앙드레 식프리드는 공격을 재개했다. 어느 강연회에서 그는 로마인들이 야만인들을 저지하기 위해 변경에 세운 요새지대와 수에즈댐을 비교했다. 이어서 그는 «백인종이 조직하고 주도하는 국제기구»가 중심이 되는 방어 시스템을 구축하자고 제안했다. 1945년 이후로 프랑스와 영국이 팽창 정책을 접은 이후로 이런 주장이 힘을 얻게 되었다는 생각이 든다. 서양은 진짜로 위험을 알아차렸는가? 앙드레 식프리드의 주장은 지나쳤던 것 같다. 이 때문에 그는 예를 들어 식민지를 해방시킬 것을 권고하는 유엔 결의를 격렬하게 비판하기에 이르렀다. 1950년, 그는 다음과 같이 썼다. «문제가 되는 것은 식민지의 위상 그 자체가 아니라, 세계 속에서의 백인종의 운명, 그리고 그와 함께 서양 문명 — 백인종이 책임을 맡고 있는, 오로지 백인종만이 책임을 맡고 있는 서양 문명 — 의 운명이다.» 1954년, 인도차이나가 붕괴되자 식프리드의 확고한 생각은 한층 더 강하게 표출되었다. 그 이유는 다음과 같았다. «아시아에서 오랜 패권 체제는 빠르게 사라지고 있으며, 대중여론은 오랜 체제가 이렇게 와해되고 있는 사태의 비극적 심각성을 전혀 가늠하지 못하고 있다.» 그가 보기에는 «우리 프랑스인들이 유일하게 관련된 것도 아니고 우선적으로 관련된 것도 전혀 아닌, 엄청나게 거센 항의»가 진행되고 있었다.» 따라서 이런 상황이야말로 진짜 문제였다. 식프리드는 계속해서 다음과 같이 썼다. «서양은 서양 자체의 방법과 열망에 의거해서, 요컨대 서양의 이해관계에 의거해서 시행되는 지구(地球) 개발 *mise en valeur planétaire*[131]을 범세계적으로 추진할 생각을 하면서 수

131 지구 개발: 식민주의자들은 그곳의 잠자고 있는 자원을 개발해서(단어의 의미대로 옮기면, 가치 있

에즈 저 너머의 모든 것을 계속해서 소유할 수 있을 것인가?»

지구 개발

식민주의를 찬양하는 열정적인 주장들을 자세히 들여다보면, 그 주장들 속에는 보다 속되며 구체적인 속셈이 감추어져 있다는 것을 어렵지 않게 간파할 수 있다. 1901년, 리용의 상업회의소 회장 쥘 이삭이 인도차이나 총독 폴 두메르[132]를 맞이하면서 한 다음과 같은 말은 아마도 식민주의적 시각에서 '문명'이라는 낱말에 대해 내린 가장 멋진 정의인 것 같다. «[식민지의] 여러 민족을 문명화한다는 것 — 현대인들이 이 낱말에 부여하는 의미를 따르자면 —은 여러 민족에게 노동하는 것을 가르치고, 그렇게 해서 그들이 [돈을] 벌고, 쓰고, [다른 사람들과] 주고받을 수 있도록 하는 것입니다.» 그에게서 '문명'이란 '자본주의'를 가리키는 다른 낱말이었던 것이다.

몇몇 민족은 이런 기본적인 개념을 알지 못하며, 이로 말미암아 자연이 그들에게 준 부(富)를 사용할 줄 모른다. 얼마나 안타까운 일인가! 따라서 그들이 하지 못한 일을 대신하는 것이 우리가 해야 할 일이다. 지구 개발이라는 개념은 식민지 시스템을 정당화하는 데에 사용되는 핵심 개념이었다. 1931년, 알베르 사로[133]는 식민지배 행위 *oeuvre*

게 만들어서 *mise en valeur*) 인류가 그 결실을 나누어 갖기 위해 식민지를 확보해야 한다는 주장을 폈다.

132 폴 두메르(1857~1932년): 프랑스 정치인. 하원의원, 하원 의장, 상원 의장, 재정부 장관을 지냈으며, 1931년 6월부터 러시아인 이민자에게 살해되는 1932년 5월까지 대통령을 지냈다. 인도차이나 총독(1897~1902년)으로 있을 때에는 베트남을 남북으로 연결하는 철도, 중국의 윈난과 베트남을 연결하는 철도 등의 대규모 토목사업을 벌였다.

133 알베르 사로(1872~1962년): 프랑스 정치인. 국민의회 의원과 상원의원, 인도차이나 총독, 식민부 장관, 해양부 장관, 국무장관, 내무부 장관, 총리를 지냈다. 인도차이나 총독 재직 시(1911~1914년과 1916~1919년)에는 행정분권 개혁을 추진했으며, 현지 엘리트들이 행정관리가 될 수 있는 길을 열었다. 『프랑스 식민지 개발』(1923년)에서 식민지를 개발할 것을 주장했으며, 『식민지배의 위대성과 굴종』(1931년)에서는 프랑스가 벌이는 식민화 사업의 위기에 대해 경고했다.

*coloniale*는 맞바꾸기 *échange*와 같다고 했다. 그의 주장은 다음과 같다. 위선자가 되지 말고 다음과 같이 고백하자. 우리는 그곳[식민지]의 부(富)를 취한다고 말이다. 이런 사실 때문에 우리는 토착민들에게서 재산을 탈취하는 것으로 보인다. 그러나 '전체'의 이익이 '부분'의 이익보다 우선한다. 우리가 식민지에 진출하는 것은 다음과 같은 사실로 정당화된다. 즉, 내버려져 있는 그곳을 우리가 인류 전체의 이익을 위해 개발한다는 사실 말이다. 사로는 다음과 같이 썼다.

> «모든 권리보다 우월한 것으로서 인류의 전체적 권리가 성립하는데, 그것은 물질적 재화와 정신적 부를 보다 풍족하게 사용해서 양질의 삶을 살아갈 권리이다. 이 물질적 재화와 정신적 부는 지구상에 살아 있는 이들 모두에게 제공될 수 있다. 이 두 가지의 풍요로움은 자신들의 자연 자원을, 그리고 자신들의 창조적 재능에서 솟아나는 고유의 능력을 아낌없이 서로 주고받는 여러 인종의 끈끈한 협력을 통해서만 생겨날 수 있다. 자연은 이런 자원과 능력을 지구 표면에 고르지 않게 분배했으며, 이와 함께 기후, [토지의] 비옥한 정도, 그리고 대대로 내려오는 가치들이 고르지 않게 영향을 끼쳤다. 자연의 변화무쌍한 분배에 따라, 그 능력과 자원은 [지구] 이곳저곳에 다양하고 상반되게 흩어져 분포하게 되었다. 운명과 역사의 작용으로 예를 들자면 지구상의 좁다란 한 구석, 즉 백인들이 살아가는 유럽에 창의력, 진보를 이룩할 수 있는 능력, 과학을 통해 변혁을 이룩할 수 있는 활력이 축적되었다. 반면, 후진 인종들이 차지하고 있는 드넓은 땅에는 자연의 부(富)가 쓸모없이 집중되어 있는 것을 우리는 수 세기 동안 볼 수 있었다. 이 뒤떨어진 인종들은 그 자연의 부를 자신들을 위해서 사용할 줄도 모를 뿐만 아니라, 거대한 순환 시스템 — 이 시

스템 속에서 인류의 날로 커 가는 수요가 충족된다. — 속에 그 부를 투입할 줄은 더더욱 몰랐다.

이런 상태가 무한정 계속되는 것이 옳고 합당한가?»(1931년)

쥘 이삭의 글에서는 노력, 노동, 절약 등을 찬양하는 내용을 볼 수 있으며, 알베르 사로를 비롯한 다른 많은 사람의 글에서는 지구 전체를 개발하는 일은 그 일을 하는 데에 가장 유능한 «인종»이 맡아야 한다는 주장 등을 볼 수 있다. 물론, 시간이 흐르면서 사회가 발전하는 것은 전 지구적인 현상이다. 앞에서 우리는 식민주의를 옹호하는 데에 심리의 역사가 동원된 것을 보았는데, 쥘 이삭과 알베르 사로 등의 주장에서는 식민주의를 옹호하는 데에 경제의 역사가 사용되기에 이르렀다. 식민지 팽창은 분명히 자본주의가 세계화되는 과정의 한 단면으로 여겨졌다.

조물주로 자처한 백인

서양 문명만이 유일한 '문명'이라고 주장하는 사람들은 서양 문명과는 너무나 다른 세계를 마주하면서, «역사 없는 민족들»이라는 허황한 생각을 오랫동안 버리지 못했다는 것을 우리는 알고 있다. 그들은 백인이 등장하기 이전의 세계는 역사 발전이 없는 정체 상태에 있었다고 여겼던 것이다. 역사학자 폴 가파렐[134]은 마그레브에 사는 민족들과 관련하여 다음과 같이 썼다. «그들은 여러 세기를 거쳐 지금에 이르기까지도 '역사' 기원에서의 모습 그대로 남아 있을 것이다.»(1883년) 이럴진대, 유럽인이 그 민족들에게로 다가온 것은 그 민족들에게는 거듭남

134 폴 가파렐(1843~1920년): 프랑스 역사학자. 식민주의 및 프랑스 식민지와 관련한 글을 많이 썼다.

과 마찬가지이자, 나아가 온전히 거듭남과 마찬가지인 것으로 여겨졌다. 고비노는 조금도 지체하지 않고 결정적인 표현을 쏟아냈다. 그는 «역사란 백인종과 접촉하면서 비로소 용솟음친다.»라고 가장 먼저 말했다.(1853년) 이 문장에 등장하는 '용솟음치다 *jaillir*'라는 동사는 분명히 식민주의적 색채를 띠고 있다. 그것은 힘, 남성다움의 발현을 나타낸다. 이 동사는 당연히 임신시킴/풍요롭게 함 *fécondation*을 연상시킨다. 마리위스-아리 르블롱은 다음과 같은 질문을 던진다. «식민지를 임신시키려면/풍요롭게 하려면 무엇이 필요한가?» 그리고는 다음과 같이 답변한다. «프랑스인들의 총명함, 프랑스인들의 선량함, 프랑스인들의 지도(指導)가 필요하다.»(1934년) 식민지를 다룬 글에서는 «뚫고 들어가기/침투 *pénétration*», «처녀지 *terres vierges*» 같은 용어들이 많이 사용되었다.

리요테[135]의 글을 읽어보자. «내가 무엇보다 좋아하는 사명은 한 나라를 새롭게 만드는 것이며, 그곳이 일찍이 겪은 것보다 더 많은 생명, 더 많은 번영, 더 많은 정신적 평화를 그곳에 다시 이룩하는 것이다.» 미래를 내다보는 눈이 있었던 리요테는 사람이 제어하는 강물, «처녀지였다가 (…) 완전히 개간된 땅», «정체되어 있다가 (…) 한 단계 발전한 민족들»이 곧 등장할 것이라고 보았다. 그리고 그는 처음에 손가락으로 한번 건드려주기만 하면 «그 움직임은 절대로, 절대로 멈추지 않을» 것이라고 썼다.(1898년) 특히 위의 마지막 문장에 주목하자. 이 문

135 위베르 리요테(1854~1934년): 프랑스 군인. 생-시르 군사학교를 졸업하고 기병대 장교로 임관되어 30년 넘게(1894~1925년) 통킹, 마다가스카르, 알제리, 모로코 등을 프랑스 식민지로 만드는 데에 기여했다. 모로코 통감으로 있으면서(1912~1925년), 원주민들과 현지 문화를 존중하면서도 무질서하고 파탄의 위기에 이른 모로코를 번영된 통일 국가로 만들고 경제를 발전시켰다. 그 사이에 육군성 장관을 지냈으며(1916~1917년), 1921년에 원수(元帥)가 되었다. 1931년에 뱅센에서 열린 식민박람회의 조직위원장을 맡았다. 모로코 땅에 묻히기를 바랐으나, 프랑스 정부의 결정으로 앵발리드에 안장되었다. 식민지가 언젠가 독립하리라는 것을 예견했으며, 프랑스 식민 제국 건설자들 중에서 가장 대표적인 존재였다.

장에서 백인은 조물주의 수준으로 격상되어 있다. 즉, 백인은 생명이 없는 것에 생명을 불어넣어 꿈틀대기 시작하도록 해주는 자로 간주되고 있다. 쟝 우그롱의 소설 『잠적』은 단연코 숭고한 마음[136]이 가득하지만, 또한 백인을 조물주처럼 여기는 정신의 흔적이 남아 있기도 하다. 이 작품의 주인공 오르시에(Horcier)는 피아스트르 화폐[137]를 밀거래하는 자들의 추격을 받는다. 메콩강 삼각주에 있는 어느 작은 마을에 숨을 수밖에 없는 그는 그 마을의 생활에 점차로 동화된다. 그러나 백인 — 고립되어 있는 백인이라 하더라도 —은 자신에게 지워진 운명과 여러 가지 임무를 외면할 수 없다. 그는 학생을 가르치고(어느 꼬마 «냐꾸에 *nha que*»[138]는 그의 도움으로 프랑스어와 셈 기초를 배운다.) 환자를 치료하는(그가 가지고 있는 키니네 덕분에 말라리아가 퇴치된다.) 등의 활동을 한다. 특히 그는 농업기술을 현대화하고, 주민들 한 사람 한 사람에게 기본적인 수익성 개념을 주입한다. 빠른 시간 내에 그는 그 마을의 우두머리에게, 그가 다스리는 사람들의 심리 밑바닥에 무엇이 있는지를 설명해줄 수 있게 된다. 그는 사실상 그 마을의 진정한 지배자가 된다.(1953년)

이런 구도는 흔히 볼 수 있다.

«원주민들» 곁에서 혼자 살아가는 백인이라면 그 누구라도 '지배자', '지도자', '왕'이 될 운명이다. 백인이라면 그 누구라도 죠지프 콘래드의

136 숭고한 마음: 아래에 서술된 이 소설의 줄거리를 보라.

137 피아스트르 화폐: 16세기에 베니스 공국에서 사용되던 화폐였으나 레반트 지역에 세워진 유럽의 상관(商館), 오토만 제국 등으로 확산되었다. 에스파냐가 남아메리카를 정복하고 멕시코에서 은광을 개발하면서 발행한 피아스트르 은화가 유럽, 남북 아메리카, 중동, 아프리카에 대량 유통되었다. 프랑스의 여러 식민지에서도 에스파냐 피아스트르화가 유통되었다. 특히 프랑스 식민지 인도차이나에서는 인도차이나 은행이 발행하는 피아스트르화가 사용되었다. 1950년대 초에 인도차이나에서 환차익(1945년의 경우, 1피아스트르는 아시아 시장에서 10프랑으로 환전되었으나 인도차이나와 프랑스 간의 송금에서는 17프랑으로 환전되었다.)을 노린 피아스트르화 밀거래가 성행했다. 프랑스 정부가 환율을 조정하면서 밀거래는 종식되었다.

138 냐꾸에: 시골에 사는 베트남인을 가리키는 말. "시골뜨기"나 "촌놈"으로 번역할 수 있을 것이다. 각주 288번을 참고하라.

작품『어둠의 한가운데』(1899년)에 등장하는 해괴한 인물 커츠[139]가 저지르는 것과 같은 터무니없는 짓을 저지르기도 하고, 대개의 경우에는 조금 잔혹한 짓을 저지르기도 한다. 그런데 실제 역사에서도 그런 어처구니없는 짓을 저지른 백인들의 예를 적지 않게 볼 수 있다. 가장 유명한 인물은 한때 인도차이나 중부의 고원지대에 있는 나라 같지 않은 나라의 «왕»이었던 마리-샤를 다비드 드 마이레나이다. 그 지역을 잘 알고 있던 장교 신분의 그는 총독부로부터 그곳에서 탐험대를 이끄는 임무를 맡는다.(1888년 4월) 그러나 그는 오로지 프랑스의 이익만을 도모하는 임무를 재빨리 내던지고는 자기에게 이익이 되는 행동을 한다. 그는 «모이족 *Moïs*»의 여러 부족을 규합하려는 꿈을 꾼다. 그는 국가를 수립하고, 콩트란 *Kong Tran*을 수도(그곳은 기껏해야 규모가 큰 부락에 불과했다.)로 정하고, 세당족 *Sédangs*의 왕 마리 1세(*Marie 1*)라는 칭호를 가진다.(1888년 6월) 세당족은 그 지역에서 주민이 가장 많은 부족의 이름이다. 그의 시도는 비참하게 끝나게 된다. 그러나 그의 흔적은 오랫동안 사람들에게 강한 인상을 남기게 된다. 예를 들면, 앙드레 말로가 이 인물을 모델로 삼아 소설『왕도로 가는 길』(1930년)의 등장인물 페르캉(Perken)을 만들게 된다.

싸구려 소설이나 어린이용 그림 이야기책에도 역시 «미개인들»이 사는 마을의 우두머리가 된 백인 주인공들이 헤아릴 수 없을 만큼 많이 등장한다. 에르제의 작품[140]에 나오는 이야기는 전혀 꾸며낸 것이 아니다. 에르제보다 한 세기 앞서 활동한 만화가 페랑은 잡지「나의 여흥」

139 커츠: 폴란드 출신의 영국 작가 죠지프 콘래드의 작품『어둠의 한가운데』(1899년)에 등장하는 인물. 콩고강 상류에 설치된 유럽 상관에서 원주민들을 폭력으로 위협하여 그들의 상아를 수탈하면서 그들의 신으로 군림한다.『어둠의 한가운데』는 그를 찾아 나섰던 챨스 말로우가 들려주는 이야기 형식을 취하고 있다. 이 작품을 각색한 프란시스 포드 코폴라 감독의 영화〈지옥의 묵시록〉(1979년)이 유명하다.

140 에르제의 작품: 앞에서 언급된 에르제의 만화『콩고에 간 탱탱』을 가리키는 것으로 보인다.

에서 어린 독자들에게 페팽(Pépin)과 피코(Pico)의 모험 이야기를 들려준다. 그 이야기에는 다음과 같은 장면이 등장한다. «많은 흑인 무리가 모습을 드러냈다. 그들 중의 한 명은 깃털로 만든 커다란 관(冠)을 쓰고 있었다. 그 사람은 큰절을 하며 그 관을 페팽에게 바쳤다. 페팽은 자신이 부족의 우두머리로 임명되었다는 것을 알아차리고는 흔쾌히 관을 받아 머리에 썼다. 피코는 총리대신이 되었으며, 그곳의 멋진 의상도 걸쳤다.»(1911년) 1945년, 프랑스공산당의 하부조직인 프랑스공화청년연합이 발행하는 잡지 「용사(勇士)」에는 이 이야기를 모방한 다음과 같은 이야기가 실려 있다. 마트[141]가 그린 등장인물 비케(Biquet)가 충직한 개 플루프(Plouf)를 데리고 «올랄라파파(Olalapapa)»라는 부족의 마을에 도착한다. 비케와 플루프는 실패를 약간 맛본 뒤에 고약하고 기괴한 모습을 한 왕을 쳐부순다. 이 이야기의 끝부분에는 비케가, 낡은 궤짝으로 만든 옥좌 위에 앉아 있는 모습이 등장한다. 그가 데리고 다니던 플루프라는 개는 비케 뒤쪽에 만족스러운 표정으로 앉아 있다. 대여섯 명의 흑인이 땅에 엎드려 두려움에 떨면서 마침내 굴복한다.

옛 식민주의와 새로운 식민주의

다른 많은 면에 있어서와 마찬가지로 이런 면에 있어서도 계몽시대와 대혁명기에서 선례를 볼 수 있다. 이 시기에는 여러 철학자와 몇몇 혁명가가 노예제도에 근본적으로 반대하기도 했으며, 이와는 정반대로 백인이 들고 있는 '이성'의 횃불을 세계 곳곳으로 전파하려는 의지가 표명되기도 했다. 19세기 초, 현대 인류학의 선구자들 중의 한 사람인 죠

141 마트(1895~1982년): 마르셀 튀를랭의 필명. 프랑스 만화가. 본문에 언급된 만화는 마트가 그린 『비케와 플루프의 모험』이다.

제프-마리 드 제랑도[142]가 «인간연구회»에서 논문을 한 편 발표했는데, 이 논문은 이론과 실천 양면에서 큰 파급력이 있었다. 유럽이 식민지를 지배한 두 가지 유형 사이의 관계가 처음으로 완전하게 이 논문에 제시되어 있는 것을 볼 수 있다고 해도 과언이 아니다. 그런데 제랑도 자신은 과거에 스페인인들과 포르투갈인들이 한 행위와, 식민지로 출발해야 할 새로운 정신의 소유자인 유럽인들이 맡은 임무를 다음과 같이 비교했다. 백인은 과거에는 남미 사람들을 억압했다. 지금, 백인의 임무와 사명은 식민지인들을 해방하는 것이다. 백인은 과거에는 공포로 다스렸다. 백인은 앞으로도 여전히 다스리겠지만, 이제는 온유하게 다스려야 할 것이다. 이렇게 주장한 다음, 제랑도는 다음과 같이 썼다.

«콜럼버스는 신세계에 탐욕스러운 정복자들만을 내려놓았지만, 여러분은 남미 사람들에게 오직 평화를 만드는 사람과 친구의 모습으로 다가가십시오. 잔인한 스페인 모험가들은 가는 곳마다 파괴만을 일삼았지만, 여러분은 선행만을 널리 베푸십시오. 잔인한 스페인 모험가들은 오로지 몇 사람의 열정만을 충족시켰지만, 여러분은 만인의 행복만을 열망하고 또 자신이 유익한 사람이라는 것을 영광으로 여기면서 그 영광만을 열망하십시오!»

이어서 제랑도는 다음과 같이 격정적으로 결론을 내렸다.

«그 영광, 즉 가장 멋지고 가장 참된 영광, 보다 정확하게 말하자면 유일하게 참되다고 할 수 있는 영광이 여러분을 기다리고 있으며,

142 죠제프-마리 드 제랑도(1772~1842년): 프랑스 언어학자, 교육학자, 인류학자. 참여적 관찰이라는 방법을 인류학에 도입했다. 이런 의미에서 그는 "현대 인류학의 선구자들 중의 한 사람"이라고 할 수 있다.

여러분을 이미 둘러싸고 있습니다. 승리와 기쁨의 그날, 여러분께서는 그 영광의 찬란한 빛을 모두 누리게 될 것입니다. 그리고 그날, 우리의 열광적인 환영을 받으며 조국으로 돌아오는 여러분은 더없이 소중한 유품들을 짊어지고, 그리고 또 세계의 구석구석으로 흩어진 우리의 형제들의 반가운 소식을 가지고 우리의 성안으로 들어오실 것입니다.»(1799년)

이 글에 담겨 있는 것은 새로운 유형의 식민주의 정신이다. 그렇기는 하지만, 여전히 식민주의 정신이라는 것은 변함없는 사실이다.

언뜻 보기에는 역설적으로 여겨질 수도 있겠으나, 18세기 내내 그리고 19세기 초 수십 년 동안 너무나 강력하고 너무나 용감한 반(反)노예제도 이데올로기와 식민주의에 찬성하는 주장은 사실상 전혀 서로 모순되지 않는다. 많은 통념과는 반대로, 18세기의 사상 전체에서 원칙적으로 식민지 확장에 대해 적개심을 보인 흔적은 많지 않다. 노예제도 폐지론자들은 흑인 노예무역을 가차 없이 비판했지만, 또 그만큼이나 진정으로 «계몽된 *éclairé*» 식민주의를 찬양하기도 했다. 예를 들면, «흑인들의친구들협회»가 걸어간 과정이 이를 증명해준다. 1788년에 창립되어 노예제도에 반대하는 운동의 선봉에 섰던 이 협회는 적수들이 자신들에게 붙이는 «식민지의 적(敵)»이라는 딱지를 떨쳐버리려고 했다. 혁명력 2년[143]에 이 협회는 새로운 이름을 가지게 되었는데, «흑인들과 식민지들의친구들협회»가 그것이다. 당시에 이 협회는 자신들이 보기에 미래의 대륙으로 여겨지는 아프리카를 개발하기 위한 매우 명확한

143 혁명력 2년: 대혁명 때에 그레고리우스력을 폐기하고 그 대신에 1792년부터 1806년까지, 그리고 파리콤뮌(1871년 3월~5월) 때 사용된 혁명력에서 1793~1794년에 해당한다.

계획을 하나 마련했다. 이 협회는 다음과 같이 주장했다. 가장 기본적인 인류애를 무시하고 또한 합리적인 예측을 무시하면서까지 도대체 왜 흑인들을 그들의 태생지인 아프리카에서 몰아내는가? 많은 비용을 들여서 장시간에 걸쳐 그들을 아메리카로 데려가는 것을 삼가고, 그 일손 — 우리는 유럽에서 온 선량하고 능력 있는 사람들을 시켜서 그들을 교육해야 한다. —을 현지에서 이용하는 것이 더 낫지 않는가?

다음 세기인 19세기에는 겉으로 보기에는 모순되어 보이는 두 단계의 일이 벌어졌다. 첫 단계로는 19세기 전반기에 흑인 노예무역을 폐지하기 위한 투쟁이 벌어졌으며, 다음 단계로는 19세기 후반기에 거대한 식민제국을 건설하기 위한 정복이 진행되었다.

그런데 노예제도 폐지론자들의 진영과 식민제국을 건설하기 위해 다른 민족의 땅을 정복하는 것을 지지하는 사람들의 진영에서 같은 사람들의 이름을 볼 수 있는데, 이는 특이한 현상이다.

두 종류의 이데올로기 또는 한 이데올로기의 양면이 빅토르 쉘셰르[144]라는 사람에게서보다 더 많이 뒤섞여 있는 경우는 아마도 없을 것이다. 19세기의 가장 유명한 흑인의 친구였던 쉘셰르의 존재 자체는 하나의 상징이다. 그는 노예무역과 노예제도 — 이 두 가지는 흑인이 인간이라는 것을 부정하는 것이다. —에 반대하는 용기 있는 투쟁을 하면서 정계에 진출했으며, 근대적 형태의 식민주의, 즉 인본주의적이고 '타자'에 관용적인 식민주의를 공개적으로 지지하면서 정계를 떠났다.

---

144 빅토르 쉘셰르(1804~1893년): 프랑스 언론인, 정치인. 아버지의 공장에서 만든 고급 자기(磁器)를 판매할 새 시장을 개척하기 위해 아메리카로 갔다가 그곳에서 노예제도의 끔찍한 실상을 목격하고는 그것을 폐지하기 위해 투쟁하기로 결심했다. 이후로 노예제도를 폐지할 것을 주장하는 글들을 발표했으며, 식민지 담당 부차관으로 있으면서 노예제도를 즉각 폐지하도록 정부를 설득했다. 마침내 1848년 4월 27일 자 법령을 통해 노예제도 폐지가 선언되었다. 나폴레옹 3세가 일으킨 쿠데타에 반대했으며, 이 때문에 제2제정기에는 벨기에와 영국으로 망명했다. 1870년에 귀국하여 공화국을 수립하기 위해 애를 썼으며, 하원의원과 상원의원을 지내면서 식민지 확장정책을 지지했다. 초등학교 의무교육, 기아(棄兒) 보호, 여성의 시민권을 위해 애를 쓰기도 했다. 1949년에 팡테옹에 안장되었다.

1848년, 그는 식민지 담당 차관으로서 노예제도를 완전히 폐지하는 법령을 공포했다. 그로부터 40년 뒤, 파리만국박람회가 열린(1889년) 바로 그해에 국제식민지회담이 개최되었다. 쉘셰르는 세네갈을 정복한 페데르브 장군과 함께 이 회담의 공동 의장직을 맡았다.

마찬가지로 흑인 해방을 위해 싸운 유명 인사들은 정확히 같은 시기에 프랑스가 알제를 정복하는 것을 공공연하게 지지한 사람들이다. 예를 들면, 1834년에 알퐁스 드 라마르틴은 두 종류의 공공 활동에 참여했다. 그 역시 흑인들의친구들협회의 회원이었으며 «노예제도폐지협회»의 창립 위원이었다. 같은 시기에 그는 귀족원[145]의 연단에 올라서 아프리카 내의 새로운 식민지로 알제리를 점령하는 방안을 결사적으로 옹호했다. 알제리를 프랑스 식민지로 유지하는 방안을 지지한 또 다른 인물인 레르미니에라는 사람은 심지어 알제리는 노예제도를 '역사'의 뒤안길로 사라지게 해줄 수 있는 생생한 반례(反例) 같은 것이라고 했다. 그 내용은 다음과 같다.

> «여기에 노예 없는 거대한 식민지가 우리에게 모습을 드러내고 있다. 노예 없는 식민지 말이다. 아시겠는가? 이곳에서 우리는 인간을 비천하게 만들고 고통스럽게 할 필요가 없다. 이곳에서 플랜테이션의 주인은 사탕수수 밭에서 일하는 노예를 등나무 회초리로 때리지 않을 것이다. 그렇다. 아프리카 땅에서 모든 일은 고결하게 진행된다. 자유인들이 땅을 가꿀 것이며, 프랑스 출신과 유럽 출신의 식민지 이주민들은 우리 군대의 보호를 받으며 노동으로 삶을 영위할 것이며, 이 새로운 식민지는 인간사의 가장 숭고한 원리들 중에서 세

145 귀족원: 1814년부터 1848년까지 존속한 상원. 국왕이 귀족 계급 중에서 의원을 지명했다. 귀족원 의원직은 처음에는 종신직이었으며 세습되었으나 점차로 위상이 바뀌었다.

가지, 즉 자유, 농업, 투쟁이 번성하도록 만들 것이다.»(1836년)

흑백논리와 거리낌 없는 양심

식민주의적 사고는 이원적이었으며 흑백논리에 기반하고 있었다. 식민주의적 사고에서 볼 때, 피정복자들이 보여주는 무지몽매, 야만성, 기이한 행태는 '악'으로 여겨졌으며, 풍요를 가져다주는 프랑스의 빛나는 힘은 '선'으로 여겨졌던 것이다. 프랑스 북부에 있는 도시 샤를르빌의 중학교에 통학하던 쟝-니콜라-아르튀르 랭보라는 청년이 열일곱 살에 시 한 편 — 이 시는 그의 초기 시에 속한다 —을 썼다. 이 시에서 랭보는 로마의 적이었던 유구르타[146]가 프랑스인을 쳐부수려는 어느 아랍인 청년에게 모습을 나타내는 상상의 장면을 그려냈다. 한때는 누미디아의 왕이었던 유구르타는 다음과 같이 부르짖는다.

> «나의 아들아, 새로운 하느님께로 가거라! 너의 불만은 내던져라!
> 자, 더 멋진 시대가 다가오고 있다……. 프랑스가 너의 사슬을 부수어줄 것이다……. 그리고 너는 프랑스의 지배하에서 번영하는 알제리를 보게 되리라! …… 너는 관대한 나라의 조약을 받아들이게 되리라.»(1869년)

정체(停滯)는 '악'으로 간주되었으며, 진보는 '선'으로 간주되었다. 야만

146 유구르타(기원전 160년경~기원전 104년): 누미디아의 왕. 사촌을 죽이고 권좌를 차지하였으나, 그 과정에서 로마 공화정과 알력을 빚었다. 가이우스 마리우스가 이끄는 로마의 토벌군에 밀려 고전을 거듭하다가 마우레타니아의 왕이자 그의 장인인 보쿠스 1세의 배신으로 로마에 신병이 인도되었으며, 마리우스의 개선식에 맞춰 처형되었다.

민족들의 흔적이 남아 있는 옛 시대와 '어둠'은 '악'으로 여겨졌으며, 문명을 전파하는 민족들이 식민지로 진출하고 있는 현재와 그 민족들이 식민지인들에게 가져다주는 새로운 '빛'의 상징인 미래는 '선'으로 여겨졌다. 알제리아니즘 *algérianisme* 유파[147]의 우두머리이자 몇몇 사람이 «알제리의 키플링»이라고 불렀던 로베르 랑도[148]는 자신의 작품에 등장하는 주인공의 입을 통해서 어느 아랍인에게 다음과 같이 말했다. «우리는 정신의 항구적인 여명(黎明)임을 선언하며, 그대들은 황혼이다.»(1911년) 모리스 마르탱 뒤 갸르[149]는 아프리카를 횡단하면서 그곳에서 «암흑에 빠져 있는 사람들»을 보았으며, «우리는 그들을 날마다 프랑스라는 빛에로 초대하고 있다.»라고 썼다.(1943년) 서양인들은 이런 생각을 너무나 머릿속 깊이 간직하고 있어서, 아프리카 북부 지역에 '바르바리(야만) *Barbarie*'라는 고유명사를 붙였다. 19세기에 널리 사용된 사전들 중의 하나로 마리-니콜라 부이예가 편찬한 『세계 역사·지리 사전』에는 다음과 같은 내용이 실려 있다. «바르바리아(야만) *Barbarie*, 바르바리아 국가들(야만국들) *États barbaresques*: 트리폴리주(州), 튀니스주(州), 알제주(州), 모로코국(國), 시디-헤샴 *Sidy-Hescham*국(國)[150]을 모두 포함하는 북아프리카 지역.»(1880년) 이런 명칭은 모든 교과서에 사용되었다.

'선'이 '악'을 물리쳐야 한다. 그것은 역사적, 정신적 필연이다. 지구상

147 알제리아니즘: 이 용어가 함축하고 있는 뜻을 충분히 담고 있는 우리말을 찾기 어렵다. 글자 그대로 '알제리주의'로 번역하면 함의가 사라진다. 오리엔탈리즘처럼 소리 나는 대로 알제리아니즘으로 옮기면서, 그 함의를 간단히 밝혀둔다. 이 개념은 20세기 초에 알제리 출신 프랑스인 로베르 랑도를 비롯한 몇몇 작가가 알제리의 프랑스인들과 베르베르족이 융합되어, 프랑스어를 도구로 삼아, 알제리 고유의 새로운 문화를 만들어나가자고 호소하면서 등장했다.

148 로베르 랑도(1873~1950년): 알제리 출신 프랑스 행정관, 작가. 수단, 프랑스령 서아프리카 등에서 행정관으로 근무했으며, 많은 소설과 시집을 남겼다.

149 모리스 마르탱 뒤 갸르(1896~1970년): 프랑스 작가, 언론인. 노벨 문학상을 수상한 소설가 로제 마르탱 뒤 갸르의 종질(從姪).

150 시디-헤샴국(國): 시디-헤샴이 1810년에 모로코 왕국 남동쪽에 세운 나라. 1882년에 모로코의 술탄 물레 하산 1세가 시디-헤샴의 손자인 시디 호세인 벤 하셈 왕을 복속시키면서 종언을 고했다.

의 이곳저곳에 우연히 존재하게 된 민족들의 이익보다는 인류 전체의 이익이 우선한다. 식민주의자들은 이렇게 주장했다. 그러므로 식민주의적 사고는 십자군 정신과 진심에서 우러나오는 인본주의 정신이 기이하게 뒤섞인 것이었다. 십자군 정신은 대체로 공격적이며 '타자'를 경멸하는 성격을 띠었으며, 인본주의 정신은 상황과 사람에 따라 기독교적 애덕 또는 비종교적인 이념을 전파하고자 하는 욕구가 가미된 것으로서 계몽사상의 소산이었다.

프랑스는 식민지인들을 응징하는 검을 들기는커녕 그들을 지켜주는 방패가 되고자 한다. 프랑스 식민지가 된 여러 나라의 주민들은 흔히 «피보호자»라는 이름으로 지칭되지 않았던가? 어떤 사람은 이렇게 반문했다.

프랑스는 상상할 수 있는 온갖 결점을 식민지 주민들이 떨쳐버릴 수 있도록 해준다. 프랑스가 그곳에 진출하기 전에 그곳 부족들 사이에는 전쟁, 내분, 무질서 등이 있었을 따름이다. 반대로, 프랑스가 그곳에 진출한 것은 인간이 구축한 *construction humaine* 모든 것이 무너지지 않고 서 있게 해주는 시멘트 같은 것이다. 어떤 사람은 이렇게 주장했다. 1921년 말의 국회 토론에서 총리 아리스티드 브리앙[151]은 시리아에서 철수할 것을 요구하는 공산주의자 하원의원 마르셀 카셍[152]에게 다음과 같이 답변했다.

151 아리스티드 브리앙(1862~1932년): 프랑스 정치인. 제3공화국 정부에서 장관을 26번, 총리를 11번 지냈다. 제1차 세계대전 이후의 국제 관계를 정립하는 데에 중요한 역할을 했으며, 1905년의 정교분리법을 발의했다. 1926년에 프랑스와 독일의 화해를 추진한 공로로 독일 외무장관 구스타프 슈트레제만과 공동으로 노벨 평화상을 수상했다. 국제연맹을 중심으로 하는 집단안보를 통해 평화체제를 구축하고자 했다.

152 마르셀 카셍(1869~1958년):프랑스 정치인, 언론인. 프랑스노동당에서 활동했으며, 프랑스공산당의 정치국위원과 상원의원을 지냈다. 1918년부터 사망할 때까지 40년 동안 「인류애」의 주간으로 활동했다.

«그렇게 말씀하시려면 시리아의 역사를 알지 못해야 합니다. 그곳에는 공동의 목표, 계획, 전통을 가진 단 하나의 민족이 존재하지 않습니다. 그곳에는 서로 간에 유대를 필요로 하며, 공동의 행정적 노력을 필요로 하며, 연방제라는 방식으로 자유를 누리며 살아갈 수 있는 여러 민족이 있습니다. 프랑스는 그 여러 민족을 위해 그러한 유대를 이룩함으로써 그 여러 민족이 바랄 수 있는 최고의 서비스를 그들에게 제공하고 있습니다.»

그로부터 10년 뒤, 파리 동쪽 교외 뱅센에서 열린 식민박람회의 공식 안내서에 실는 글을 쓴 앙드레 드메종은 그 글에서 다음과 같이 썼다. «코친차이나, 캄보디아, 안남, 통킹, 라오스는 예전에는 큰 정치적 일체성이 없었으며, 높은 산, 종족들 사이의 격차, 이해관계 충돌 때문에 서로 분열되어 있었지만», 이제는 하나로 통합되어 조화로운 하나의 실체, 즉 프랑스령 인도차이나가 되었다.(1931년)

마지막으로, 프랑스는 프랑스의 지배보다 분명히 더 가혹할 수도 있는 외세의 지배 시도로부터 «원주민들»을 보호해준다. 어쨌든 자립적 생존이 불가능한 «원주민들»이 다른 주인을 맞는다고 해서 무엇을 얻는다는 말인가? 영국 식민주의자들은 쌀쌀맞고, 그들이 식민지를 관리하게 되면 비참한 일이 생긴다(인도에서 발생한 기근에 대해 영국을 규탄하는 글을 프랑스 대중 언론에서 매우 자주 볼 수 있었다). 독일인들은 난폭하다. 암약하고 있는 소련인들은 자신들의 제국 내에서 그렇게 하듯이 식민지에서도 철권으로 지배할 것이다. 미국인들은 반식민주의자로 자처하지만 사실은 엉큼하다. 달러라는 왕이 지배하면, 부지런히 일하는 사람들은 파산할 것이다. 어떤 사람은 이렇게 주장했다.

장차 프랑스 식민지가 될 나라들은 프랑스인들을 해방자로 기다리고 있다는 것이 이런 주장의 논리적 결론이었다. «원주민들의 바람», 즉 해방자로서의 프랑스가 원주민 자신들이 사는 땅의 해안, 도시, 마을에 오는 것을 보고 싶어 하는 마음에 대해 언급한 글은 이루 헤아릴 수 없이 많다. 예를 들면, «코친차이나» 정복이 시작되기 10년 전에 이미 그곳으로 원정대를 보내야 한다는 생각이 널리 퍼져 있었다. 1845년 4월 23일, 어전회의에서 기죠[153]는 그런 주장을 다음과 같이 열렬히 옹호했다. «코친차이나 주민들은 프랑스의 보호를 기꺼이 맞이할 것이다.» 프랑스가 코친차이나를 정복하기 시작한 1857년, 피에르-앙드레 르토르[154] 예하는 프랑스 제1진 병사들이 «뚜란»(지금의 다낭)에 도착한 것이 «안남인들»에게 엄청난 «환희»를 불러일으켰다고 썼다. «그 안남인들은 이렇게 말했다. 잘 됐다. 따라서 마침내 우리는 이 썩어빠지고 전제적인 왕조로부터 곧 해방될 것이다! 프랑스 덕분에 우리는 아버지 같은 *paternel* 정부를 가지게 될 것이다. 프랑스의 영광, 프랑스의 부(富), 프랑스의 산업이 우리나라에 퍼져나갈 것이며, 지금 우리가 처해 있는 비참과 타락으로부터 우리를 끌어내어 줄 것이다.» 정계에 진출한 초기에 쟝 죠레스는 프랑스가 지나는 곳마다 감동적인 추억을 남기며, 그곳 사람들은 너나없이 프랑스의 보호를 받기를 열망한다고 확신했다. 그는 다음과 같이 말했다.

> «우리가 어느 나라를 차지할 때, 우리는 그곳에 프랑스의 영광을 함께 가져가야만 합니다. 그리고 프랑스는 순수하고 위대하며 의로

153 프랑스와 기죠(1787~1874년): 프랑스 역사가, 정치인. 7월왕정 정부에서 공교육부 장관, 내무부 장관, 외무부 장관을 지냈다. 1847년에 총리가 되었으나 이듬해의 2월 혁명으로 실각했다. 역사, 정치, 문학, 미술, 프랑스어 등과 관련한 많은 저술을 남겼다.

154 피에르-앙드레 르토르(1803~1858년): 파리외방전교회 소속으로 1832년에 통킹으로 가서 온갖 박해를 무릅쓰고 전교활동을 하다가 박해를 피해 숨어 있던 숲에서 사망했다.

움과 선함으로 가득 차 있기 때문에 환영을 받으리라고 믿으십시오. 우리는 그 사람들을 속이지 않으면서 그들에게 다음과 같이 말할 수 있습니다. 즉, 우리는 그들의 형제들에게 고의로 해를 입히지 않았다는 것을, 가장 먼저 우리가 백인들이 누리는 자유를 유색인들에게까지 확대하고 노예제도를 폐지했다는 것을, 코친차이나에서 사람들이 우리에 대해 너무나 만족스러워했으며 여러 이웃 나라에 사는 사람들이 우리나라 법의 보호를 받고자 몰려왔다는 것을, 몇 년 전에 생-바르텔레미섬[155]이 스웨덴의 너그러운 통치를 마다하고 순순히 우리에게 되돌아왔으며 모든 이들이 한마음으로 환호하며 우리나라 국기에 경의를 표했다는 것을, 콩고에서 브라자[156] 선생이 그곳 사람들의 사랑을 받을 수 있었기에 총 한 방 쏘지 않고 거대한 땅을 가로지르고 전사 부족들을 헤치고 앞으로 나아갔다는 것을, 역시 최근에 우리가 아랍인들을 약탈해서 이익을 취하려 들지 않았으며 그들로부터 감사를 받았다는 것을, 루이지애나와 캐나다 사람들이 자신들의 뿌리가 프랑스라는 것을 자부심에 가득 차서 감미롭게 되새기고 있으며 우리나라 선원들과 여행객들을 형제로 맞이하고 있다는 것을, 프랑스가 진출한 곳에서는 사람들이 프랑스를 사랑하고 있지만 프랑스가 거쳐 가기만 한 곳에서는 사람들이 프랑스를 그리워하고 있

155 생-바르텔레미섬: 서인도제도(앤틸레스제도)에 있는 섬. 1648년부터 프랑스인들이 가서 살기 시작했다. 1784년에 루이 16세가 스웨덴 국왕에게 양도했다. 1852년에 스웨덴 국왕이 프랑스에 돌려주기로 결정했으며, 주민들의 뜻에 따라 1878년에 프랑스 식민지 과들루프에 병합되었다.

156 사보르냥 드 브라자(1852~1905년):이탈리아 태생의 프랑스 탐험가. 1874년부터 10여 년 동안 가봉, 콩고, 카메룬 등지를 탐험했으며, 콩고를 프랑스의 보호령으로 삼는 데에 기여했다. 콩고의 수도 브라자빌 *Brazzaville*은 브라자 *Brazza*가 개척한 도시 *ville*를 의미한다. 그는 평화적인 방법으로 탐험을 계속했기 때문에 주민들에게 인기가 있었다. 콩고 총독으로 재임할 때(1885~1897년)에는 학교, 병원, 직업훈련장 등을 짓기도 했으며, 노예들을 해방하고 식민 정책의 폐해를 고발하기도 했다. 1903년에 콩고에 주재하는 두 명의 행정관이 프랑스 대혁명 기념일을 자축하기 위해 한 명의 원주민의 몸에 다이너마이트를 묶어서 폭파하는 만행을 저지르자 폭동이 일어났다. 프랑스 정부는 그에게 참상 조사 임무를 맡겼다.(1905년) 하지만 프랑스 하원은 그의 보고서를 인멸하기로 의결했다. 그해 9월에 열병과 이질에 걸려 다카르에서 사망했다.

다는 것을, 프랑스의 빛이 빛나는 곳 어디에서나 그 빛은 이롭다는 것을, 프랑스의 빛이 빛나지 않는 곳에서 그 빛은 길고도 은은한 어스름 빛을 남기며 사람들이 두 눈과 온 마음으로 그 빛을 오래도록 바라보고 있다는 것을 말입니다.»(1884년)

인도차이나 전쟁이 시작된 직후, 프랑스 제4공화국 정부에서 사회주의자로 장관을 지낸 마리위스 무테는 7월 왕정 때의 보수주의자 정치인[157]과 똑같은 말을 했다. 폐허가 된 하노이를 찾은 무테는 «마침내 평화와 프랑스에 의한 질서 *ordre français*를 되찾고 안도하고 행복해 하는 주민들»만을 보았다.(1947년)

과거의 이런 표현들을 추잡스럽고 파렴치할 뿐이라고 여기며 비웃는다는 것은 프랑스인들의 식민주의적 심리 *mentalités coloniales françaises*의 본질 자체를 이해하지 못한다는 것일 수도 있다. 사실, 이제 우리가 흑백논리에 빠지지 않을 수 있는 유일한 방법은 백인이 자신에게는 사명이 있다고 믿었다는 전제에서 출발하는 것이다. 위대한 역사학자였으며 알제리 전쟁 기간에 한 참여 활동을 통해서 식민주의자들의 주장에 호감을 가지고 있을지도 모른다는 의혹을 말끔히 씻었던 앙리-이레네 마루[158]는 «우리의 아버지들»에 대해 매우 미묘한 판단을 내렸다. 그 내용은 다음과 같다.

«우리에게는 (그들을) 괴롭힐 권리가 없다 (…) 그들은 그토록 나쁘지는 않았다. 그들은 자신들이 기독교에서 해방되었다고 천명할 때

157 보수주의자 정치인: 프랑스와 기죠를 가리킨다.
158 앙리-이레네 마루(1904~1977년): 프랑스 역사학자. 원시 기독교 전문가이자 역사철학 전문가였다. 앙리 다방송이라는 필명으로 음악이론가로도 활동했다.

조차도 기독교의 유산 일부분을 자신들의 자유주의적 이상 속에 간직하고 있었다. 그들은 인간의 영원한 가치인 자유·평등·박애에 대한 믿음을 천명했다. 유럽은 자체의 여러 식민지를 굴복시키고 착취하는 동시에, '문명'으로 나아가는 도상에서 뒤처져 있는 그 사람들의 보호자, 교육자, 후견인으로 자처했으며, 그들을 정복하면서 이제 그들에 대한 책임을 지게 되었다.»(1958년)

그렇다. 백인은 자신에게 사명이 있다고 믿었다.

다음과 같은 놀라운 대화를 알고 있는 사람은 많지 않다. 그것은 1841년 1월 9일에 두 저명인사, 즉 빅토르 위고와 토마 로베르 뷔죠[159]가 나눈 대화이다. 이 대화는 위고가 자신의 수첩에 기록해둔 것이다. 우리는 마음씨 너그러운 지식인이자 인본주의자였던 위고가 알제리 정복의 정당성에 대해서 보수적 성향의 군인 뷔죠를 설득하려고 했다는 사실을 확인하고는 놀라움(?)을 감출 수 없다. 당시에 뷔죠는 알제리 총독으로 임명된(1840년 12월 29일) 직후였다. 그 직책을 맡은 터였지만 그는 열정에 불타고 있지는 않았다. 그러자 시인 위고는 극도로 흥분해서, 군인 뷔죠에게 신념에 찬 일장 연설을 늘어놓았다. 독자들께서는 이에 대해 판단해보시기 바란다. 위고는 다음과 같이 주장했다. «우리의 새로운 정복은 위대하고 다행스러운 일입니다. 그것은 '야만'에 맞서 나아가는 '문명'입니다. 계몽된 *éclairé* 민족이 어둠 *nuit*에 잠겨 있는 민족을 구하러 가는 입니다. 우리는 세계를 이끌었던 그리

159 토마 로베르 뷔죠(1784~1849년): 프랑스 군인, 정치인. 압델-카데르가 이끄는 반란자들을 진압하라는 명령을 받고 1836~1837년에 알제리로 파견되어 싸웠으며, 1840~1847년에는 알제리 총독으로서 소위 알제리 평정 작전을 이끌었다. 반란자들을 징벌하기 위해 마을을 불태우고, 양 떼를 약탈하고, 농작물을 불태우는 등의 잔학한 작전을 폈쳤다. 반란자들이 도망쳐서 동굴로 피신하면 동굴 입구에 불을 피워서 그 연기로 반란자들을 질식사시킴으로써 악명을 떨쳤다. 이런 공로로 레지옹도뇌르 대(大)십자 훈장을 받고 원수에 임명되었다.

스인들 *Grecs du monde*과 같으며, 세계를 환히 밝히는 일 *illuminer*은 우리가 해야 할 일입니다. 우리의 사명이 완수되고 있습니다. 저는 환호하지 않을 수 없습니다.» 프랑스가 코친차이나를 정복할 무렵, 제2제정기에 하원의원을 지낸 브르니에 남작도 위고가 사용한 것과 같은 개념을 사용해서 다음과 같이 썼다. «유럽, 즉 '문명'은 야만을 대표하는 아시아에 맞서 나아가고 있다.»(1857년)

프랑스 식민지 개척자의 특징을 가려내 보자. 위에서 언급한 모든 생각을 극단화했다는 것이 프랑스 식민지 개척자의 특징이다. 그가 보기에 백인은 식민지에 '자유'를 가져가기 때문에 감사를 받아야만 하는 존재였다. 쥘 미슐레는 자신의 저서『세계사 입문』에서 다음과 같이 썼다. «프랑스인은 무엇보다도 패자들에게 자신의 개성 *personnalité*을 표현하고자 하는데, 그 개성은 자기 자신의 개성이 아니라 '선'과 '미'의 전형(典型)으로서의 개성이다. 그것은 프랑스인 자신의 천진난만한 믿음이다. 그는 자신의 생각, 자신의 생활 습관, 자신의 방식을 세계에 제공하는 것보다 더 유익한 일은 아무것도 할 수 없다고 믿는다. 그는 손에 검을 든 채로 다른 민족들이 자신의 생각, 자신의 생활 습관, 자신의 방식을 받아들이도록 강압할 것이며, 전투가 끝난 뒤에 반(半)은 자만심으로 반은 동정심으로 그 다른 민족들이 프랑스인이 되면 무엇을 얻을 수 있는지를 그 민족들에게 보여줄 것이다.»(1831년) 아마도 해외로의 팽창을 경험한 다른 모든 민족 이상으로 프랑스인은 식민지인들로부터 사랑을 받고 싶어 했다. 프랑스인은 재물과 땅을 정복하는 것으로 만족하지 않았다. 프랑스인은 라오스를 평화적으로 정복한 오귀스트 파비[160]가 쓴 회상록『마음 정복』(1921년)의 멋진 제목이 가

160 오귀스트 파비(1847~1925년): 프랑스 군인, 탐험가, 행정가. 1868년에 해병대 부사관 신분으로 코친

리키듯이, 식민지인들의 환심을 사고자 했다. 모리스 바레스[161]는 레반트에서 현지 조사를 진행하고 열강이 벌이는 식민화 사업의 여러 유형을 비교하면서 다음과 같이 썼다. «오리엔트에서 우리는 어떤 정신성 *spiritualité*, 정의 *justice*, 이상(理想)의 범주 *catégorie de l'idéal*를 대표한다. 오리엔트에서 영국은 강력하고, 독일은 매우 강력하지만, 우리는 [식민지인들의] 마음 *âme*을 차지하고 있다.»(1923년) 오귀스트 파비는 진실성으로 사람을 감동케 하는 다음과 같은 구절로 자신의 작품 『마음 정복』을 끝맺는다.

> «나는 작별을 고하고, 배는 출발했다. 나는 내게 맡겨진 일을 끝까지 수행할 수 있었다는 것에 대해 행복해 하면서 떠난다. 나는 기억을 더듬어 그 일을 즐겨 되돌아본다. 나를 파견한 사람들이 보내는 신뢰로 힘을 얻고 열정으로 가득 차서 우리의 땅 인도차이나에 있는 고원 지방을 향하여 처음으로 떠날 때 나를 인도한 생각들을 굳게 간직한 채로 나는 끊임없이 커져 가는 애정으로 말미암아, 내가 다가가는 거대한 땅의 선량한 주민들 쪽으로 사전에 아낌없이 마음이 기울어져 있었으며, 그 주민들이 내가 그들에 대해 가지고 있는 것과 같은 감정을 프랑스에 대해 가져주었으면 하는 뜨겁고 깊은 염원을

차이나에 파견되었으며, 군 복무를 마치고 전신국에 들어가서 1870년까지 근무했다. 보불전쟁이 일어나자 귀국해서 참전했으며, 이후로 인도차이나로 돌아가서 1879년에 프놈펜과 방콕 사이에 전신망을 가설하는 책임을 맡았다. 자신이 근무하는 지역과 그곳 주민들에 대해 관심이 많았으며, 많은 정보를 축적했다. 1886년부터 1895년까지 루앙프라방 주재 영사, 방콕 주재 영사 등을 차례로 지냈다. 라오스와 시암 *Siam* 사이의 국경을 설정하는 데에 크게 기여했으며, 그곳을 프랑스 보호령으로 만드는 데에도 결정적으로 기여했다. 1895년에 귀국하여 발표한 『사람들의 마음을 얻기 위하여 — 수백만 마리의 코끼리와 하얀 양산의 나라』(우리의 책에 『마음 정복』으로 언급된 작품)에서 자신이 라오스에서 수행한 활동에 대해 서술하고, 다른 사회를 존중하는 식민화 사업을 펼 것을 권고했다.

161 모리스 바레스(1862~1923년): 프랑스 소설가, 정치인. 초기에는 개인주의를 노래한 3부작 『민족적 에너지의 소설』로 청년들의 흠모를 받았다. 후기에는 민족주의적이며 반드레퓌스주의적인 성향 때문에 20세기 초엽의 프랑스 지식인의 한 전형이 되었다. 하원의원을 여러 차례 지내기도 했다.

> 나는 품고 있었다. 이미 내가 사랑하고 있는 사람들의 환심을 사려고 애쓰는 것, 나의 조국에 유익한 존재가 되고자 하는 야심만을 가지는 것, 일이 되어가는 대로 그것에 맞추어 행동하는 것, 추상적 선입관에 집착하지 않으면서 되어가는 일에서 교훈을 얻는 것, 그것이 나의 방침 *politique*이었다. 여기에서 이 용어가 적절하다면 말이다. 여러 상황을 보면, 나의 의도의 진정성이 거의 처음부터 너무나 분명하게 드러나기 때문에, 나는 내가 가는 곳 도처에서 사람들의 마음이 나의 마음에 합해지는 느낌을 받았다. 훌륭한 보상은, 내가 거쳐 가는 곳에서 사람들로부터 사랑을 받는 기쁨을 맛보았다는 것이다.»

1848년에 노예제도가 폐지된 사건(두 번째 폐지를 말한다. 1794년에 처음으로 노예제도가 폐지되었으나, 나폴레옹이 무효화했다.)보다 이런 정신을 더 잘 보여주는 사건은 아마도 없을 것이다. 베르사유 박물관에 소장되어 있는, 프랑스와-오귀스트 비아르가 그린 유명한 그림 한 점은 흑인들 — 이들은 감동하고 있다. —에게 복된 소식을 가져다주는 메시아 같은 빅토르 쉘셰르의 모습을 담고 있다. 쉘셰르 앞에는 흑인 두 명만이 서 있고(두 명 중에서 한 명은 끊어진 사슬을 손에 들고 있다), 다른 흑인들은 모두 무릎을 꿇고 있다. 무릎을 꿇고 있는 모습은 비굴한 복종의 표시가 아니다. 그들은 감사의 마음을 표시하고 있는 것이다. 등장인물들 중의 한 명인 흑인 여성은 백인 여주인의 두 손에 입맞춤을 하고 있다. 그로부터 거의 한 세기가 지난 뒤, 쟝-브느와 레비가 마리 엡스타인과 함께 감독한 영화 〈이토〉에서도 비슷한 내용을 볼 수 있다. 이 영화에 등장하는 유럽인 여주인공은 모로코에서 지칠 줄 모르게 일하는 어느 군의관의 아내이다. 남편은 모로코의 벽촌을 누비고 다니면서 주민들을 치료하고, 그 주민들이 프랑스를 좋아하는 마음을 가지도록 만든다. 반면, 그녀는 큰 집에 홀로 남아서 살아가는 생활을 순순히 받아들이지 못한다. 그녀는 내외가 도시로 돌아가서 보다 수월한 삶을 살아갈 수 있도록 일을 그만두어 줄 것을 남편에게 간청한다. 그러나 그녀는 남편이 하는 일이 얼마나 숭고한지를 조금씩 깨닫는다. 마침내 그녀는 남편이 의사로 살아가는 삶과 그 가치에 동참하게 된다. 이 영화의 마지막 장면은 매우 상징적으로 처리되어 있다. 이미 한 아이의 어머니로서 아이를 키우고 있는 그녀는 어린 베르베르족 고아를 거두어들여 젖을 먹이기로 결심한다. 두 아이에게 각각 한쪽 가슴을 내어주는 어머니-모국은 어느 한 아이만을 택할 필요가 없다. 어머니-모국은 자기 아이와 입양한 아이 모두를 살리고 보호한다…….(1934년)

식민지인들을 우리에게 '동화'시킬 것인가, 아니면 그들이 우리와 '협력'하도록 할 것인가

우리의 '피보호자들'은 우리의 조언을 받아들이고 우리를 지켜보게 되면 우리를 모델로 삼아 우리의 정신적 자질에 필적하는 데에 이를 수 있으며, 또한 나무랄 데 없는 인간이 되는 데에 이를 수 있을까? 또는 그들이 앞으로 나아가도록 해주어야 하는가? 환상을 너무 많이 품지는 않으면서 말이다. 그들은 결코 우리와 같게 될 수 없을 것이다. 다시 말해서, 그들은 미래에도 여전히 불완전할 것이다. 당시에 발행된 어느 참고용 서적의 부제(副題) '줄일 수 없는 차이인가 아니면 타고난 정체성인가'(라울 알리에의 저서, 1927년)[162]를 차용한다면 말이다. 이것이 바로 식민사

162 라울 알리에의 저서: 이 책의 제목은 『비(非)문명인과 우리들』이며, 부제는 '줄일 수 없는 차이인가

의 매 순간에 식민지인들을 프랑스인들에게 '동화'시키는 방안을 지지하는 사람들과 그 식민지인들이 프랑스인들에게 '협력'하도록 만드는 방안을 지지하는 사람들이 대립을 계속하면서 벌인 논쟁의 주제이다.

우리의 '피보호자들'인 식민지인들을 우리에게 '동화'시키려는 것은 야심적인 정책이다. 만일 그들을 우리에게 동화시킬 수 있다고 한다면, 그것은 '운명의 신'이 우리에게 교육을 맡긴 사람들은 더 나아질 수 있으며 우리의 수준까지 끌어 올려져서 우리의 가치를 점진적으로 받아들여서 모든 면에서 우리와 비슷해질 수 있는 잠재력을 지니고 있기 때문이다. 반면, 우리의 '피보호자들'이 우리와 '협력'하도록 만드는 것은 보다 온건한 정책이다. 이것이 의미하는 바는, 식민지 민족은 저마다 자신들의 전통과 풍습을 보존하는 것 말고는 달리 할 수 있는 일이 없으며(이들의 전통과 풍습은 우리의 전통과 풍습보다 열등하기 때문에 더 이상 논의의 여지가 없는 것으로 여겨졌다.), 그들의 운명은 우리의 운명과 맺어진 상태로 있어야만 이익이 된다는 것이다.

그런데 이런 상반되는 두 관점을 확고부동한 것으로 여기지 않아야 하는가? '동화주의자들'과 '협력주의자들'은 결정적으로 정반대되는 진영에 속해 있었던 것은 아니다. 시대에 따라, 그리고 프랑스 식민 제국의 지역에 따라, 이런 정책 또는 저런 정책이 우세했다. '동화'를 지지하는 사람이 실망해서 자신의 주장을 포기할 수밖에 없게 되고 어쩔 수 없이 «방향을 선회해서» '협력'을 지지하는 경우도 드물지 않게 볼 수 있었다. 하지만 전체적으로 볼 때, '동화'를 주장하는 경향은 공화주의 정신이 고양되어 있던 시기에는 강세를 보였지만 점차로 힘을 잃어갔다. 분명한 것은, 백인들과 식민지인들은 서로 차이점이 너무나 많

아니면 타고난 정체성인가'이다.

아서, 언젠가는 동일한 가치를 준수하면서 서로 융합되어 한 덩어리의 '인류'를 이루게 되리라는 것은 기대 난망이었다는 점이다.

'동화'는 도달할 수 없는 '이상'

1843년, 직전에 알제리 총독으로 영전한 뷔죠 장군은 프랑스가 취해야 할 행동 단계를 다음과 같이 설정했다. 첫 번째 단계는 프랑스의 힘을 과시하는 것이다. 그러나 그렇게 하는 것만으로는 충분치 않다. 이어서 아랍인들이 «우리의 호의와 우리의 사법권 *justice*»을 알도록 만들어서, 그들이 점차로 우리의 지배를 받아들이도록 해야 한다. 궁극적인 목표는 «그들을 우리와 동일시해서, 프랑스인들의 아버지가 아들을 대하듯이 온정이 넘치는 국왕 폐하의 통치를 받는 하나의 민족을 이루도록 하는 것이다.» 1900년, «통킹»에서 프랑스어로 발행되는 일간지 「하이퐁 통신」에 다음과 같은 주장이 실렸다. 안남인들에게 프랑스어를 말하는 것을 가르쳐야 할 뿐만 아니라, «프랑스인으로 사고하고 행동하는 것»을 가르쳐야 한다. 그 목표는 무엇인가? 이에 대한 답변은 다음과 같다. «이 질문은 참된 관점에서 보자면, 사실 다음과 같은 문제로 귀결된다. 즉, 안남인의 뇌를 프랑스인의 뇌로 만드는 문제가 바로 그것이다.» 미슐레는 다음과 같이 썼다. «웃지 마십시오. 세계를 고스란히 자신의 모습대로 만들고자 하는 사람은 마침내 그렇게 하는 데에 성공하게 될 것입니다.»(1831년) 여하튼, 그런 사람은 온갖 시도를 하기 마련이다…….

이런 동화주의적 계획을 취한다면 따라야 할 모범이 하나 있다. 무척이나 많은 작가가 그 모범을 제시했다. 로마가 바로 그 모범이었다. 시민 시대 내내, 식민당 *parti colonial*[163]은 라틴 문명을 열렬히 숭배했

163 식민당: 엄밀한 의미의 정당조직으로서의 식민당은 없었다. 식민주의자들의 집단으로 번역할 수도

으며, 그 숭배 정신을 확산시켰다. 로마가 이룩한 성과는 식민화 사업을 통해서 성과를 이룰 수 있다는 것에 대한 반박할 수 없는 증거로 여겨졌으며, 또한 이 사업을 통해서 사회구조를 대대적으로 변화시킬 수 있고, 사람들의 정신 구조를 뒤흔들어 놓을 수 있고, 인재들을 양성할 수 있다는 반박할 수 없는 증거로 여겨졌다. 이런 주장은 논리적이었다. 로마 문명은 모든 점에서 패배자들의 문명보다 우월하지 않았던가? 죽기 직전, 오네짐 르클뤼스[164] — 그는 프랑스는 아프리카로 식민지를 확장해야 한다는 주장을 지칠 줄 모르게 선전한 사람이다. —는 프랑스가 추진하는 식민화 사업과 로마가 추진한 식민화 사업을 동일 선상에 놓았다. 그 내용은 다음과 같다. «이 사업은 아프리카인들 — 그들이 어떤 종족에 속하든 간에 —을 동화시켜서 우리의 언어를 공통의 언어로 가지는 한 국민 *un peuple*을 만드는 것이다. 언어의 통일 *unité*은 뜻의 단결 *union*을 점차로 이끌어 내기 때문이다. 우리는 우리의 선조들을 무력으로 굴복시킨 다음에 라틴 문명을 누리게 하고 지중해 문명을 누리게 할 수 있었던 로마를 본받기만 하면 된다.» 나아가 르클뤼스는 다음과 같은 의문을 제기했다. 그렇게 정복된 지역들을 로마는 어떻게 동화시킬 수 있었던가? 이 질문에 대해 그는 다음과 같은 답변을 내놓았다. «로마라는 위풍당당한 이름으로, 문화의 우수성으로, 제국의 언어 전파로, 조밀한 전략적 도로망으로, 놀라운 도시 위생

있다. 1890년에 출현한 이 집단은 프랑스의 식민지 확장정책을 옹호하는 잡다한 계층의 사람들로 이루어져 있었다. 이들 중에는 정치인, 경제인, 언론인 등이 있었다. 이들은 처음에는 프랑스 식민지의 이름을 딴 각종 지리학회에서 활동하면서 자금을 모아 여론을 움직이고 정책입안자들에게 압력을 넣는 일을 벌였다. 1893년, 여러 명의 기업가는 프랑스식민연합을 설립하여, 자신들이 식민지에서 벌이는 활동을 옹호하려고 했다. 국민의회(하원)와 상원 내에도 이들의 집단이 있었다.

164 오네짐 르클뤼스(1837~1916년): 프랑스 지리학자. 프랑스 전국을 여행하면서 수집한 자료를 바탕으로 1893년에 『지리』를 써서 대중적 성공을 거두었다. «프랑스어권 *francophonie*»이라는 말을 처음 사용한 사람으로 유명하다. 프랑스 식민지 팽창을 찬양했으며, 프랑스 전국을 여행하면서 관찰한 풍광을 묘사한 『프랑스에서, 풍치지구와 기념물』을 발표했다. 이 책은 자연 기념물과 풍치지구 보호를 위한 법이 제정되는 데에 크게 기여했다.

관리로, 훌륭한 수자원 이용으로, 현지의 제도에 대한 존중으로, 완전한 종교적 관용으로 그렇게 할 수 있었다. 요컨대 한결같은 끈기로 그렇게 할 수 있었다.» 그러므로 상상력을 발휘할 필요는 전혀 없다. 로마의 정책을 하나씩 하나씩 되풀이하자. 그러면 로마가 이룬 것과 같은 성과를 이룰 수 있을 것이다. 지금 프랑스의 국기가 나부끼고 있는 지역들은 한 세기, 두 세기, 세 세기 뒤에 프랑스인들의 생활 습관, 풍습, 사고방식을 받아들일 것이다. 그곳은 프랑스가 될 것이다. 이렇게 주장하면서 르클뤼스는 다음과 같이 결론을 내렸다. «우리가 계획하는 것은 그들의 요소(«원주민들»의 요소를 가리킨다. — 필자 주)와 우리의 요소를 땜질하는 것이 아니라, 융합하는 것이다.»(1917년)

동화주의적 주장은 오늘날에는 비웃음을 살 수 있다. 하지만 곰곰이 생각해보면, 그 주장은 가장 모순되지 않고 가장 논리적이었다. 서양의 가치는 이토록 우수하며 나아가 지구상에서 유일한 것이기 때문에 지구상의 모든 사람이 그 가치를 공유할 수 있도록, 그리고 그들이 마침내 우리처럼 생각하고, 우리처럼 행동하고, 우리의 법과 풍습을 받아들이게 하자는 것이 동화주의적 주장이었다. 계몽사상과 그 사상에서 생겨난 프랑스 대혁명의 영향력은 다른 곳과 마찬가지로 식민지에도 파급되었으며, 19세기에 들어서 그 영향력은 커져만 갔다. 콩도르세는 다음과 같이 썼다. «좋은 법은 모든 사람에게 좋아야 한다. 마치 참된 제안이 만인에게 참되듯이.»(1780년) 몽테스키외는 『법의 정신』에서 다음과 같이 설명했다. 패배자를 [승자에게] 종속시키는 것은 초기에는 필요하지만, 패배자와 승자 간에 «어떤 정신적 일체감»이 생겨나면 그 종속 관계는 중단되어야 한다.(1748년) 이보다 뒤에 오귀스트 콩트가 이상적인 사회 모델을 구상할 때, 그가 동시대인들에게 제시한 것은 «모든 기후대에, 모든 인종들에게» 꼭 들어맞는 시스템이었다. 그가 생각하기로는 이상을 향한 «단순한 속도상의 격차»만이 계속되고 있으며, 지금은 백인만이 그 이상에 다가간 것으로 여겨졌다.(1854년)

모든 인종이 그 이상에 다가가는 데에는 시간이 걸리겠지만, 무슨 상관이랴! 그처럼 대단한 일은 온갖 노력을 기울여볼 만한 것으로 여겨졌다. 동화주의자 집단이 끈기가 있었다는 것은 부정할 수 없는 사실이다. 그 집단이 생각하는 바를 가장 뚜렷이 보여주는 사실들 중의 하나는 식민부 장관 알베르 사로가 1923년 11월 5일에 식민인력양성학교 *École coloniale*[165]의 학생들에게 행한 다음과 같은 연설이다.

«인권선언문이 발표된 나라의 전통에 스며들고 있는 위대한 정의의 사상 *grande pensée de justice*은 몇몇 인종의 열등성이 영원 불변하다고 선언한 끔찍한 도그마를 밀어냈습니다. 이 사상은 몇몇 인종의 발전이 지체되고 있다는 것은 인정하지만, 그 지체의 결과를 바로잡으려고 노력하면서 그 단계를 가속화하려고 애쓰고 있습니다. 그리고 원시적 다중(多衆) *multitudes primitives*이라는 무정형의 진흙으로 새로운 인류의 얼굴을 끈기 있게 빚어내고 있습니다.» 사로는 이어서 다음과 같이 강력히 주장했다. «저는 '끈기 있게'라고 했습니다. 이 낱말에 주목하시기 바랍니다. 이 낱말은 식민지에 쏟아야 할 노고의 참된 구호를 이루는 것입니다. 이 낱말은 가장 숭고하고 가장 실천하기 어려운 것인 동시에 여러분의 마음속에 가장 먼저 자리를 차지해야 할 덕성을 나타내는 것입니다. 인내심은 식민화 사업의 핵심어입니다.» 우리는 어떤 때에는 겉모습을 보고 낙담할 수도 있다. «일격에 깨트릴 수는 없는 단단한 모암(母巖) 깊은 곳에 감추어진 천연 보석 같은 인간의 영혼»

165 식민인력양성학교: 식민지에서 행정을 담당할 고급 인력을 양성하기 위해 1889년에 설립된 국립대학. 1934년에 국립해외프랑스학교로 개명되었다.

을 어떻게 알아볼 것인가? 끈기를 가지고 노력해야 한다. «그 우툴두툴한 겉면을 천천히, 조심스럽게, 끈질기게 갈아내서 보석을 찾아내야 하며, 여러분들의 두 손으로 쪼개고, 다듬고, 연마해서 그 보석이 어느 날 눈부신 결정면을 통해서 인간의 사고(思考)라는 광채를 내뿜도록 해야 할 것입니다.» 사로는 이렇게 주장했다.

동화주의자 집단이 가졌던 전략의 핵심에는 교육 사업이 있었다.

우리는 우리가 문명화하려는 각각의 새로운 영토에 도착해서 기존 상황을 물려받는다. 우리에게는 정신의 나쁜 습관을 버리지 못하는 성인(成人) 집단을 변화시킬 기회가 있는가? 아마도 있을 것이다. 또는 피상적으로나마 변화시킬 기회가 있을 것이다. 어린아이들은 다른 문제이다. 자기 부모들에게서 볼 수 있는 정신적 결점을 지니지 않은 — 일시적으로는 지니지 않은 — 어린아이들은 프랑스가 주입하는 것을 받아들일 수 있다. 물론, 우리의 영향력은 그 어린아이들에게 미칠 수 있으며, 또 그렇게 되어야 할 것이다. 그 어린아이들을 통해서 문명화에 이르는 어떤 기회가 성과를 얻을 수 있다. 이를 위해서는 그 어린아이들을 우리의 거푸집 속에 집어넣어 새롭게 주조(鑄造)해야 한다. 어떤 사람은 이렇게 주장했다. 쥘 페리와 같은 시대를 살았던 인류학자 폴 토피나르는 기괴한 비교를 동원하기를 서슴지 않았다. 즉, 문명인과 원시인의 관계는 가축[166]과 야생동물의 관계와 같다는 것이다. 그는 다음과 같이 썼다. «몇몇 동물에게 있어서 이런 길든 상태는 일종의 상대적 문명화이자 진보이다. 문명화란 각 개인에게 있어서는 한결같이 진보를 뜻한다는 것을 인정한다면 말이다. 그러므로 요컨대 여러 동물 종(種)에는 두 부류의 속(屬)이 있으며, 이 두 부류의 속은 박물학자들에

166 가축: 사족처럼 덧붙이자면, 사람이 길들인 동물.

게 새로운 지평을 열어준다. 야생 속과 가축 속이 두 부류이다. 이 두 부류의 속은 변이된 과(科)와 그렇지 않은 과로 나누어진다. 이 두 부류의 속은 인간에게 있어서는 예를 들면 한편으로는 부시먼족[167]이나 태즈메이니아족[168]에 비교될 수 있고, 다른 한편으로는 유럽인들에 비교될 수 있다.»(1885년)

당시에 발행된 도판(圖版)은 백인 교사 앞에 얌전하게 줄지어 앉아 있는, 온갖 피부색의 어린아이들을 묘사한 그림이나 우편엽서로 가득 차 있다. 공립 초등학교의 훌륭한 선생님이 프랑스 꼬마들의 손을 잡고 그 아이들을 지식의 길로 인도하는 것과 꼭 마찬가지로, 백인은 비문명인을 돕는 존재로 여겨졌다. 우리는 이 어린아이 같은 사람들을 상대하고 있기 때문에, 해외에 사는 모든 유럽인은 지도교사나 교육자로 여겨지거나 또는 그런 존재가 되어야 할 것으로 여겨졌다. 예를 들면, 폴 베르[169]는 학교와 관련하여 다음과 같이 외쳤다. «아! 이것은 나의 머릿속을 떠나지 않는 생각입니다. 일생동안 말입니다. 아랍 문제의 해결책은 다른 여러 문제의 해결책과 마찬가지로 학교에 있습니다. (…) 학교! 학교! 길! 길!»(1885년) 어느 나라의 학교든 상관없는 학교가 아니라 프랑스가 운영하는 학교여야 한다. 그리고 학교에서 사용되는 언어를 통해서, 그리고 그곳에서 가르치는 가치들을 통해서 우리는 인재를 양성할 것이다. 폴 베르는 그렇게 주장했다. 상원에서 에밀 콩브[170]는

167 부시먼족: 남아프리카의 칼라하리 사막에 사는 민족. 우리에게는 부시맨으로 더 잘 알려져 있다.

168 태즈메이니아족: 오스트레일리아 남쪽에 있는 태즈메이니아섬에 살던 원주민. 1800년대 초에 진출한 영국인들이 옮긴 전염병으로 엄청나게 인구가 감소했으며, 살아남은 소수 사람들은 플린더스섬으로 강제 이주되었다.

169 폴 베르(1833~1886년): 프랑스 의사, 생리학자, 정치인. 급진주의적 성향의 하원의원을 지냈으며, 공교육·문화부 장관, 공교육부 장관을 지내면서 쥘 페리가 추진하는 무상·의무·탈종교적 교육 체제를 확립했다. 파리인류학회 회원으로서 자신이 집필한 교과서 등을 통해서 인종주의적 주장을 전파했다. 안남과 통킹 주재 변리공사로 임명되었으나 몇 달 뒤에 콜레라로 사망했다.

170 에밀 콩브(1835~1921년): 프랑스 정치인. 상원의원, 공교육·미술·문화부 장관, 내무장관 겸 총리, 국무위원 등을 지냈다. 총리로 재임하면서 1905년의 정교분리법으로 귀결되는 탈교권적 정책을 추진했다.

다음과 같이 말했다. «힘 이상으로 원주민 교육 — 제가 의미하는 것은 초등교육입니다. —과 국민 대중 교육은 [우리와 식민지인들 사이의] 거리감을 메꾸는 효력을 발휘할 것이며, 또 그들이 같은 생각으로 살아가도록 함으로써 그들이 서로를 같은 인간 가족의 구성원이자 같은 국가의 구성원으로 여기고 대하는 데에 익숙해지도록 만드는 효력을 발휘할 것입니다.»(1892년) 폴 베르는 위에서 언급한 글을 다음과 같은 문장으로 끝맺는데, 이 문장 속에 그의 생각 전체가 요약되어 있다. «프랑스의 정신이 이 지방[171]에 재빨리 침투해서 스며들어야 합니다.»

식민지에서는 무엇보다도 프랑스어를 가르쳐야 했다. 프랑스어는 분명히 사람들의 정신을 정복하는 도구로 여겨졌다. 예를 들면, 1890년에 공교육부의 장학관이었던 피에르 퐁생은 다음과 같이 말했다. «어느 유럽 국민에게서 어느 이질적 민족의 정신을 정복하기 시작하는 가장 효율적인 수단은 그 민족에게 유럽 국민 자신들의 언어를 가르치는 것입니다. (…) 우리는 알제리가 프랑스어를 말하게 될 때라야 비로소 완전히 알제리의 주인이 될 것입니다.» 같은 시기에 하노이 대주교 퓌지니에 예하(猊下)는 한자를 재빨리 밀어내고 로마자 문자 체계(베트남의 국어 *Quoc Ngu*)와 프랑스어로 대체하는 것은 «통킹에 극동의 작은 프랑스를 세우는 데에 매우 정치적이며, 매우 실제적이며, 매우 효율적인 방편»이라고 생각했다.(1887년) 따라서 대체로 아랍어, 베트남어, 크레올어 등은 학교에서 사용이 사실상 금지되었다. 그것은 그로부터 한 세기 전에 브르타뉴어와 오크어가 그러했던 것[172]과 조금 비슷했다.

그리고 식민지에서 행해지는 교육에서도 본국이 중심적인 위치를 차

171 이 지방: 카빌리 *Kabylie*를 가리킨다.
172 브르타뉴어와 오크어가 그러했던 것: 대혁명기에 «하나이면서 나누어질 수 없는 공화국»을 이룩하기 위해 브르타뉴어, 오크어를 비롯한 프랑스 각 지방의 지방어 및 사투리는 사용이 금지되었다. 학생들이 학교에서 지방어를 사용하면 벌을 받았다.

지했다. 식민지에서 사용되었던 교과서를 살펴보면, 그 교과서에 실린 역사, 지리, 문학, 문화 관련 내용은 대체로 프랑스 본국에 관한 것이었다. «우리의 선조인 골족»이라는 문장을 낭송하는 흑인 어린아이들을 찍은 그 유명한 사진은 비록 평범한 사진이자 복잡한 현실을 단순화한 이미지이기는 하지만, 적어도 현실의 일부를 보여주는 것이었다. «원주민» 학생은 조금이라도 총명하기만 하면, 자기 나라의 강과 산이 아니라 프랑스의 강과 산을 알고, 쟝 드 라 퐁텐[173]의 작품을 낭송할 줄 알았으며, 이븐 칼둔[174]이나 응우옌 짜이[175] 등에 대해서는 알지 못했다.

'협력' 또는 현실주의의 '승리'

동화주의적 주장은 식민지 정복의 열정에 힘입어 19세기 말에 절정기를 맞았다. 의기양양한 백인에게는 그 무엇도 불가능해 보이지 않았다. 당시에 백인은 세계를 주무르고 있었는데, 그런 상황에서 백인이 «열등 인종들»을 왜 주무르지 못할 것인가? 어떤 사람은 이렇게 생각했다.

그러나 좌절감이 쌓여갔다. 살아가다보면 들떴던 기분은 가라앉기 마련이다. 사람들이 식민지 정복 초기에 가졌던 유토피아적 생각은 곧 현실주의로 대체되었다. 많은 이들은 알제리 목동이나 «안남인» 고관대작을 평범한 프랑스인으로 만들 수 없다는 사실을 깨달았다. 시간이 흘러도 아무 소용이 없으리라는 것을 깨달았다. 바르니에 박사는 다음과 같이 썼다. «군사작전이 시작되었을 때, 우리가 우리나라 국기 아

173 쟝 드 라 퐁텐(1621~1695년): 프랑스 고전주의 시인. 우리에게 『우화시』의 작가로 잘 알려져 있다.

174 이븐 칼둔(1332~1406년): 스페인의 세비야에서 튀니스로 망명한 가문 태생의 역사가, 철학자, 외교관, 정치인. 서아시아 이슬람 역사를 체계화하여 『이바르의 책』이라는 세계사 책을 완성했다.

175 응우옌 짜이(1380~1442년): 베트남의 후 왕조와 레 왕조의 개국 공신, 학자, 시인, 정치인. 지금도 베트남인들로부터 민족의 영웅으로 추앙받고 있다.

래로 가장 먼저 몰려와 도열한 무슬림들에게 문명화 사업에 거는 우리의 기대에 대해 언급하자, 그 무슬림들은 다음과 같이 답했습니다. "당신들은 기독교인의 고기와 무슬림의 고기를 100년 동안이나 삶을 것이지만, 두 가지 고기 국물은 뒤섞이지 않을 것입니다."»(1863년) 19세기 말에 레오폴드 드 소쉬르는 식민지인들을 프랑스인들에게 동화시켜야 한다는 주장에 반대하는 사실상의 선언문 격인 저서 『원주민 사회와의 관계에서 본 프랑스 식민화 사업의 심리』를 썼다. 이 책에서 드 소쉬르는 우리의 «보호를 받는 사람들»의 «심리 구조를 바꾸어보려는» 과도하면서도 목표를 달성할 수 없는 야심의 원천인 프랑스인들의 보편주의적 정신을 비난했다. 그는 다음과 같이 썼다. «프랑스인들은 여러 인간 종 *espèces humaines*이 오로지 교육에 의해서만 서로 다를 뿐이라고 확신한다. 여러 인종 *races*을 갈라놓는 심리 면에서의 심층적인 차이점은 프랑스인들에게는 피상적으로 여겨진다. 그들은 그 차이점을 쉽게 없앨 수 있다고 생각하며, 유전 법칙에 맞서서 무익한 싸움을 악착같이 계속하고 있다.» 드 소쉬르가 보기에 그런 싸움은 미친 짓이었다! 이어서 그는 다음과 같이 썼다. «어느 우등 민족의 제도와 생활 습관을 흡수해서 자신들의 것으로 만드는 일은 어느 민족의 의무가 아니다. 그 민족이 그것을 원할지라도 말이다. 자신들의 심리 구조를 바꾸는 것은 그 민족의 의무가 아니다. 아무리 애를 쓰더라도 개구리는 황소처럼 되지 않는다.» 드 소쉬르는 몇몇 개인적인 경우 — 이것은 주목할 만한 경우이기도 했다. —에는 프랑스인들에게 동화될 수 있다는 것을 부정하지 않았다. 그러나 그것은 개인적인 경우일 뿐이었다. 드 소쉬르는 예외적인 경우를 우리의 모든 행동의 바탕으로 삼는 것은 현명치 못할 것이라고 했다.(1899년) 에드몽 노레스에게서도 같은 견해를 볼 수 있다. 그가 보기에는 자신들이 원주민의 본성을 변화시키고 있다고 생각하는 사람들을 기다리고 있는 것은 «참담하고 실망스러운 환상»이었다. 그는 다음과 같이 썼다. «프랑스 시민의 자격을 가진 외국의 어느 백인, 흑인 또는 황인, 무슬림 또는 주술을 믿는 사람을» «프랑스인»이라고 명명하는 것으로 충분치 않다. 그 사람은 프랑스 본국의 «릴이나 그르노블에 사는 점잖은 부르주아의 심리, 사고, 생활 습관, 습성을 한꺼번에 습득할 수 있어야» 한다.(1931년)

그렇다면, 이런 도달할 수 없는 이상 대신에 무엇을 제시할 것인가? 식민지에서 그만 애를 써야 하는가? 그렇지 않다. 각 사람의 본성을 존중하면서, 우리가 대면하고 있는 «여러 민족»의 운명을 어떻게든 하나로 묶을 수 있게 해주는 어떤 방책을 끈기 있게 모색해야 한다. '협력'이 그 방책이다. 어떤 사람은 이렇게 주장했다. 폴 베르는 인도차이나 총독이 되자 자신이 견지해오던 주장, 즉 원주민들을 프랑스인들에게 동화시켜야 한다는 주장을 약간 누그러뜨렸다. 하노이에서 한 연설에서 그는 다음과 같이 말했다. «어느 민족이 그 어떤 이유에서건 다른 민족의 영토에 발을 디딜 때, 그 어느 민족이 취할 수 있는 방안은 다음 세 가지뿐입니다. 자신들이 쳐부순 그 민족을 몰살하는 것, 그 민족을 수치스러운 노예로 삼는 것, 또는 그 민족을 자신들의 운명에 비끄러매는 *associer* 것이 바로 그것입니다.» 이어서 그는 다음과 같이 썼다. 사실상 «취해야 할 것은 이익이 되는 방안이자 올바른 방안인 세 번째 방안뿐입니다. '협력 *Association*'을 통해서 그 민족을 번영과 우월한 문명에로 이끄는 것 말입니다. 그렇습니다. 그 민족을 우리의 운명과 우리의 이익에 비끄러매야 합니다.»(1886년)

«원주민들»과 프랑스인들이 협력하도록 해야 한다는 주장은 문명, 심리, 행위 면에서의 «원주민들»과 프랑스인들의 차이점들을 동화주의적 주장보다 더 존중한다. 그렇다고 해서 이런 주장이 여러 «인종»

을 우열 정도에 따라 분류하기를 그만두는 것은 전혀 아니었다. 이런 주장이 목표로 삼는 것은 «원주민들»을 그들의 지배자들과 비슷한 존재로 만드는 것이 아니었다. 이 주장의 목표는 보다 소박했다. 프랑스인들의 수준에 근접하도록 «원주민들»을 단계적으로 발전시키는 것이 바로 그 목표였다. «원주민들»은 프랑스인들의 수준에 도달할 수 있는가? 적어도 대중들이 보기에는 아마도 불가능할 것 같았다. 살아오면서 우리는 매사에 신중해야 한다는 것을 배웠다. 교육학자 폴 베르나르는 알제 아카데미 *Académie d'Alger*가 발행하는 「원주민 교육 회보」에 기고한 글에서 «원주민들»을 프랑스인들에게 '동화'시키는 것은 앞으로도 오랫동안 «순전히 탁상공론에 불과한 이상»일 것이라고 했다. 이어서 그는 다음과 같이 썼다. «남는 문제는 '협력'이다. 이것은 낮은 단계의 '동화', 실제적 '동화' 같은 것이다.»(1908년)

사회는 그 사회의 두뇌에 해당하는 사람들에 의해 바뀐다. 따라서 식민지 «엘리트들»이 우리가 그곳에 진출한 것을 받아들이고 우리에게 협력하도록 유도해야 한다. 그렇게 하기 위해서는 그들 스스로가 우리의 정신적 우월성을 확인할 수 있어야 한다. 그들의 자녀들이 현지에서 중등교육을 받을 수 있게 하고, 프랑스 본국으로 와서 고등교육을 받을 수 있게 해야 한다. 또한 우리는 그들과 함께 탄탄한 토대, 즉 이익 공동체(정치적, 물질적 공동체)를 만들어야 한다. 프랑스는 «원주민의» 주권 형식들 중에서 몇 가지는 존중해야 한다. 안남의 왕위도, 캄보디아의 왕위도, 라바트[176]의 술탄직도 폐지하지 않아야 할 것이다. 어떤 사람은 이렇게 주장했다. 이런 주장은 겉으로 보기에는 그럴싸

176 라바트: 현재 모로코의 수도. 모하메드 3세 술탄(1757~1790)이 이곳에 왕궁과 모스크를 지으면서 제국의 도시가 되었다. 1912년에 리요테 장군이 페스에서 이곳으로 수도를 옮겼다.

했다. 하지만 «원주민들»의 권한 중에서 엄밀히 정치적 권한에 속하고 의사결정의 권한에 속하는 것은 많이 축소되었다. 그 어떤 보호령에서도 그곳 총독이나 변리공사의 의견보다 군주의 의견이 우선 고려되는 경우를 볼 수 있는 날은 단 하루도 없었다. 그곳의 군주가 고집을 부리려 하고 빼앗긴 권한의 일부라도 되찾으려 하거나 또는 자기에게 남아 있는 일부 권한을 지키려고 할 때, 그리고 그 군주가 너무 공개적으로 민족주의자 행세를 하려 할 때, 그런 행위는 계란으로 바위 치기에 해당했다. «원주민»이라는 계란은 프랑스라는 바위에 부딪치면 즉각 산산조각이 났던 것이다.

식민지의 대중으로 말하자면, 그들을 프랑스인의 사고방식 속에 집어넣어 새롭게 주조(鑄造)하기를 포기해야 했다. 식민지에서 학생들을 학교에 보내야 하는 경우에는 그 학생들에게는 실용적인 교육을 해야 했다. 공립 초등학교가 설립되던 초기에 적용되었던 실용적이지 않고 불분명한 규범들 *principes*은 포기되었다. 뜨거운 열정을 가진 몇몇 식민지인은 그 규범들 중에서 위험한 이념들만을 받아들였다. 미래에 우리와 협력할 사람들을 대할 때에는 실용주의, 오로지 실용주의가 필요했다. 여자아이들에게는 훌륭한 안주인이 지켜야 할 원칙을 가르치고 (수녀들이 그 일을 맡아 잘 수행했다.), 사내아이들에게는 손으로 하는 일 ― 이것은 그 «인종들»의 실용적 지능에 더 부합하는 것으로 여겨졌다. ―을 가르쳐야 했다. 이어서 일반 민중에 속하는 «원주민들»은 사회의 위계질서 내에서 자신들의 자리가 어디에 있는지를 알아야 했다. 그들의 자리는 백인들에게 종속된 사람이라는 자리였다. 그것이야말로 사회가 조화롭게 굴러가도록 만드는 비결로 여겨졌다.

점점 더 많은 정치인과 행정관이 그러한 '협력' 정책을 권장했다. 그러한 정책이 그저 현실주의적이었던 것만은 아니다. 그 정책은 프랑스의 이익을 수호하는 데에 가장 적합했으며, 정치적으로 위험이 가장 적기도 했다. 그 정책을 편다면, 프랑스의 «보호를 받는 사람들»의 생활 습관이나 풍습에 정면으로 배치되지 않고 또 몇몇 양상을 존중하게 됨으로써, 쓸데없이 프랑스 식민지 이주민들, 프랑스 병사들, 프랑스 행정관들이 식민지인들의 느닷없는 분노 어린 공격과 유혈 반란에 노출되지 않을 것이기 때문이었다. 그 정책은 경제적으로 비용이 가장 적게 드는 것이기도 했다. '동화' 정책은 너무나 야심적인 정책이기 때문에 그 정책을 펴는 데에 엄청난 비용이 들지 않을 수 없지만, '협력' 정책을 편다면 그 엄청난 비용 중의 일부를 절약할 수 있기 때문이었다. 인구 측면에서 보자면, '협력' 정책만이 유일하게 실현 가능한 것이기도 했다. 특히 1918년 이후로 힘이 약화된 프랑스가 최고의 인재들을 국경 밖으로 보내서, 그토록 엄청나고도 고결한 임무를 수행하도록 할 수 없었기 때문이었다. 쥘 페리가 말했듯이, '협력' 정책을 편다면 우리는 «위에서 감시하고 또 위에서 통치할 수 있으며, 행정상의 온갖 자질구레한 일들에 대해서, 온갖 사소한 사건들에 대해서, 각기 다른 두 문명이 접촉하면서 생겨날 수 있는 온갖 사소한 마찰에 대해서 본의 아니게 책임을 떠맡지 않을 수 있었다.»(1884년)

문학에 나타난 '동화'

동화주의자들과 협력주의자들 사이의 논쟁은 그 시기에 발표된 픽션 작품들에 반영되었다. 서양 문명을 접한 식민지인이라는 주제는 많은 작품에 확산되었다.

마리 마레샬의 작품에는 벤 아이사(Ben Aïssa)라는 인물이 등장하는데, 이 인물은 알제리에서 귀국하는 어느 군인이 프랑스로 데려온 10살짜리 어린아이이다. 어린 부르주아처럼 양육된 아이사는 작가가 썼듯이, «어린 야생아(野生兒)»의 습관을 재빨리 잊어버린다. 그는 공부를 잘해서 생-시르[177]의 사관생도가 되고, 이어서 학년 수석이 된다. 1870년이 되자, 벤 아이사는 '조국 *son pays*' 프랑스를 지키려고 기쁜 마음으로 출정했다가 치명상을 입는다. 그가 내뱉은 마지막 말은 다음과 같다. «군사작전이 시작될 때, 나는 얼마나 여러 번 전장에서 병사의 영광스러운 죽음을 두려움 없이 생각했던가 (…) 나는 프랑스를 위해서, 그리고 내가 사랑하는 사람들에 둘러싸여 죽는다.»(1876년)

그러나 이와는 반대되는 예가 훨씬 더 많았다. 앙리 페스쿠르 감독의 영화 «서양»의 주제가 그러하다. 모로코 태생으로 파리에 와서 대학에 다니는 총명한 여성 아니사(Hanissa)가 영화의 첫머리에 등장한다. 이 여성은 완전히 «서양 문명을 받아들인»(이것은 이 영화를 소개하는 스틸 사진첩에 나오는 표현이다.) 상태이다. 이 여성의 친구들은 모두 프랑스인이고, 그녀는 멋진 곳을 들락거리면서 샴페인을 많이 마신다. 당연히 많은 남성이 그녀에게 치근덕거린다. 어느 프랑스인 장교가 그녀를 아내로 삼는다. 카사블랑카로 전근한 그 장교는 아니사가 눈에 띄지는 않지만 마음이 변했다는 것을 알게 된다. 조금씩 진실이 드러난다. 그녀가 겉으로만 프랑스의 가치들을 받아들인 듯이 보였던 것이다. 아니사는 자신이 사실은 프랑스인들을 증오하고 있다는 것을 조금씩 깨닫는다. 그녀는 조금 전에 절친한 친구였던 쟈클린(Jacqueline)과 극적이며 격한 논쟁을 벌이다가 그 사실을 털어놓는다. 그녀는 남편을 살해하려고 시도하기에 이른다. 그녀에게 남편은 그녀 자신이 속한 민족을 억압하는 상징적인 인물로 보였던 것이다.(1938년) 19세기 전반기에 인기

177 생-시르: 정확한 명칭은 생-시르 특수군사학교. 1802년에 나폴레옹 1세가 설립한, 육군 장교를 양성하는 기관이다.

를 누렸던 두 명의 작가 폴 마르그리트와 빅토르 마르그리트는 소설 『땅속으로 흐르는 물』에서 같은 주제를 다루었다. 고아이자 예쁜 소녀 아이샤(Aïcha)가 프랑스 가정에 입양된다. 기숙학교에서 교육을 받으면서 아이샤는 서양의 훌륭한 교육을 받은 소녀가 되기에 필요한 모든 것을 갖춘다. 그녀는 프랑스 군대에 소속된 어느 총명한 장교와 결혼한다. 애석하게도 그 장교가 죽으면서 모든 것이 무너진다. 아이샤는 북아프리카의 오지(奧地)로 되돌아가서, 그곳에서 더없이 고루한 풍습에 다시 얽매인 순종적인 아랍 여성이 된다……. «프랑스 여성으로서의 아이샤는 죽었다. 그 여성은 다른 들판에 판 다른 무덤 속에 누워 어수선한 잠을 자고 있었다. 이제는 또 다른 아이샤가 살아 있었다. [그녀의 내면에 잠들어 있던] *그녀가 속한 인종이 꿋꿋이 자라나면서*, 옛날의 키 작은 유색인 여성에게나 어울리는 모습으로 살아 있었다.» 이렇게 해서 제목에서 볼 수 있었던 모호한 의미가 갑자기 또렷하게 드러난다. 사막 속으로 스며들었다가 그곳에서 좀 더 멀리 떨어진 곳에 다시 나타나는 물길처럼, 뚜렷한 이유 없이 «원주민»의 본성이 완전히 사라지지 않고 문명의 이면에 잠복하고 있다는 의미가 그것이다.(1903년)

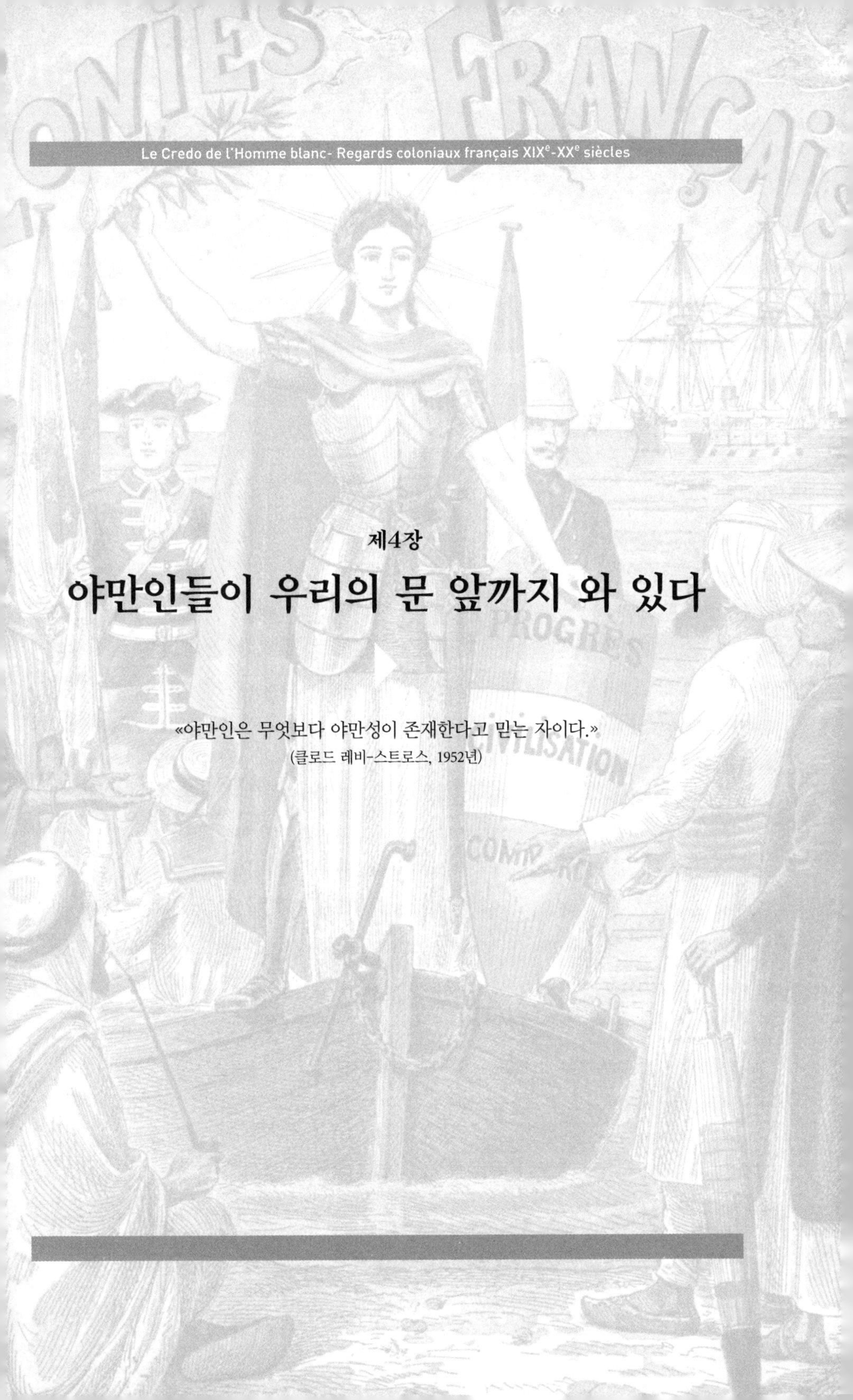

제4장

야만인들이 우리의 문 앞까지 와 있다

«야만인은 무엇보다 야만성이 존재한다고 믿는 자이다.»
(클로드 레비-스트로스, 1952년)

우리는 '권리'이며, 우리는 '정의'이다. 이것은 분명한 사실이다.

우리는 기술 면에서 우월성을 지니고 있으며, 이 우월성은 우리에게 '힘'을 준다. 그렇다.

그러나 주목하라.

지구 곳곳에서 위력을 발휘하고 있으며 유일하게 존재하는 '문명'이 되기에 이른 우리의 '문명'은 미래에도 살아남을 수 있을까? 우리의 막강한 힘은 언젠가는 위협을 받지 않을까? '야만'은 완전히 정복된 것이 결코 아니며, 그 앞잡이 무리가 우리의 문 앞에 와 있다. 우리의 적들은 일시적으로 전투를 하지 않고 있을 뿐이다. 그들은 어둠 속에 숨어서 우리가 쇠약해지고 있다는 징조가 드러나기를 기다리면서 기회를 엿보고 있다. 우리의 힘이 약화되는 날이 오면, 그들은 여러 세기 동안 모욕당한 터일 것이기 때문에 더더욱 무시무시하게 복수할 것이다.

식민주의적 정신의 소유자는 이렇게 근심이 많았다. 그 사람은 결정적인 승리를 얻고도 마음의 평안을 결코 얻지 못했다.

이슬람을 쳐부수기 위한 십자군 원정

서양의 적들 중에서 으뜸가는 적으로 여겨진 것은 이슬람이었다. 이슬람은 곧잘 «광신적»이라고 평가되었으며, 마침내는 너무나 안정을 뒤흔들고, 너무나 혼란을 일으키고, 너무나 파괴적이라고 평가되었다. 상투적인 평가였다.

오랜 대립

1830년에 식민지 정복의 새로운 국면이 시작되었을 때[178] 두 문명, 즉 기독교 문명과 무슬림 문명은 이미 오랜 역사 기간 동안 공존하고 있었다는 사실을 말해야 한다. 그 이전 1000년 동안, 기독교는 기독교와 유사한 온갖 형태의 종교들(기독교를 마지막으로 받아들인 스칸디나비아인들과 슬라브인들의 사례는 11세기로 거슬러 올라간다.)을 점진적으로 동화시켜왔다. 단 하나, 이슬람은 예외였다. 이러한 동화 과정에서 다음과 같은 강력한 이미지들이 생겨났다. 프와티에 평원에서 벌어진 전투에서 샤를 마르텔[179]이 혼신의 힘을 다해 나라를 구한 일(프랑스인들이 오늘날도 익히 알고 있는 여러 사건 중의 하나인 이 전투가 사실은 사소한 사건에 불과했다는 것은 그저 우연일까?), 롱스보에서 롤랑이 발휘했으나 결국에는 사라센인들의 배반 때문에 스러지고 만 용기,[180] '이교도들'을 성지 예루살렘에서 쫓아내기 위해 출정한 십자군 병사들의 신앙심 등이 그것이다.

그러나 이슬람은 격퇴되지도 않았고 정복되지도 않았다. 심지어 정반대되는 일이 일어나기도 했다. 무슬림 세력들 — 오토만 제국의 세력이나 아랍 제국의 세력 —이 서양 문명의 요람인 지중해 주변의 상당 부분을 중세 내내 점령하고 있었으며, '십자가'가 있던 곳에 '초승달' 깃발이 도처에 휘날렸다. 대대적인 십자군 원정은 열광 속에 시작되었으나, 그 원정에 참여한 기사들이 빈손으로 돌아오면서 끝났다. 중세에 무슬림 문화는 그 장엄함으로 같은 시기에 유럽이 이루어놓은 성과를

178 1830년에 식민지 정복의 …… 시작되었을 때: 프랑스가 알제리를 정복하기 시작한 때. 프랑스가 근대적 형태의 식민지 확장을 시작한 기점으로 평가된다.

179 샤를 마르텔의 프와티에 전투: 샤를 마르텔이 피레네를 넘어 진격해온 알안달루스의 총독 압델-라만을 격퇴한 전투(732년). 프랑스인들의 뇌리에는 기독교 세력이 이슬람 세력을 격퇴한 중요 사건으로 기억되고 있다.

180 롤랑과 롱스보: 11세기에 만들어진 무훈시 「롤랑의 노래」에 등장하는 롤랑이라는 장수가 보여준 용기. 샤를마뉴 군대가 에스파냐의 이슬람 세력을 격파하고 피레네를 다시 넘어 바스크 지방의 롱스보(스페인어로는 론세스바예스) 계곡을 지날 때, 롤랑의 계부와 결탁한 사라고스의 마르실 왕이 롤랑이 맡은 후위 부대를 급습한다. 롤랑은 앞서가는 본대에 도움을 요청하지 않은 채 용감히 싸우다가 전사한다. 프랑스인들에게 이 이야기는 자신들의 선조이자 기독교적 영웅이 이슬람 세력에 맞서 싸우면서 보여준 용기의 한 예로 기억되고 있다.

가려버렸다. 서양이 엄청난 열등 콤플렉스를 가졌다고도 할 수 있다. 르네상스 시대가 다가오면서 이전과는 반대되는 움직임이 나타났다. 문화 부문에서는 이탈리아의 콰트로첸토[181]가 다가올 유럽 예술의 놀라운 개화를 예고했다. 군사 부문에서는 유럽 서쪽에서 레콩키스타[182]가 완료되고(1492년) 동쪽에서 레판토 해전이 일어났는데(1571년) 이 두 사건은 서양이 오랫동안 웅크리고 뒷걸음치던 추세를 반전시켰다는 것을 보여주는 것이었다.

복음화의 완전한 실패

식민 시대가 되면서, 세계를 복음화하려는 계획이 실패했다는 거북한 느낌과 낭패감이 강화되기에 이르렀다.

식민지인들에게 기독교적 가치를 받아들이게 하는 것이 프랑스가 세계로 팽창해나가야 할 으뜸가는 이유는 아니었다 할지라도 적어도 그 동기였다는 것은 분명하다. 흑아프리카나 오세아니아에서 볼 수 있는 전통 종교를 대함에 있어서 식민주의자들은 경멸감을 드러내기도 했다. 과거의 잔재이자 «전(前) 논리적»(레비-브륄의 표현) 정신의 생생한 표시인 «미신»은 정복자들의 종교에 밀려 곧 사라지게 될 것으로 예측되었다. 십자가 앞에서 «부적»은 아무것도 아니었다. 아시아에서도 기독교와 그곳의 전통 종교가 대대적으로 충돌한 것은 아니다. 물론, 그곳으로 처음 진출한 기독교인들은 모진 박해를 받았다. 그렇다고 해서 이 때문에 아시아에서는 두 번째로[183] 베트남에 진출한 기독교 공동체

181 콰트로첸토: 숫자 '400'을 뜻하는 이탈리아어. 15세기 이탈리아 문예 부흥기를 가리킨다.
182 레콩키스타: 에스파냐에서 기독교도가 이슬람교도에 빼앗긴 땅을 되찾기 위해 벌인 오랜 투쟁(711~1492년).
183 아시아에서는 두 번째로: 기독교 공동체가 아시아에서는 중국에 처음으로 진출했으며, 이어서 베트남에 진출했다.

가 그곳에 뿌리를 내리고 성장할 수 없었던 것은 아니다. 식민 권력이 들어서면서 일종의 공존을 위한 잠정적 협정 *modus vivendi* 같은 것이 확고하게 자리 잡았다. 종교이면서도 행동 규범이자 지혜이기도 한 유교와 불교는 큰 손상을 입지 않고 마침내 기독교와 공존할 수 있게 되었다.

이와는 반대로, 북아프리카에서는 이슬람에 대한 그곳 사람들의 변함없는 사랑이 오롯이 드러나기에 이르렀다. 기독교와 이슬람의 충돌은 불가피했다.

이런 사실 때문에 식민주의적 사고의 전반적인 동향에 있어서 이슬람은 경멸의 대상이 되었다. 특히 가톨릭 보수 진영이 이슬람을 경멸했다. 이 진영을 대표하는 상징적인 인물은 프랑스와-르네 드 샤토브리앙이었다. 샤토브리앙이 『기독교의 정수(精髓)』에서 기독교의 정수를 찬양하면서도 — 또 바로 그것 때문에 — 동시에 이슬람을 맹렬히 비판했다는 것은 놀랍지 않은가? 이슬람은 «무지, 전제주의, 예속을 한결같이 좋아하고 '문명'에 적대적인 종교»라고 그는 평가했다.(1811년) 아랍인들의 훌륭한 점으로 평가되어야 할 요소, 즉 정상적인 종교 행위에 속하는 깊고도 두터운 신앙심은 식민지의 현실을 두 눈으로 지켜보았던 사람들이 쓴 글에서는 혐오의 대상이 되었다. 당시에 우리의 «보호를 받는» 아랍인들에게 어김없이 붙여진 «광신적»이라는 형용사는 코란에 대한 그들의 변함없는 사랑과 직접적인 관련이 있었다. 기 드 모파상은 다음과 같이 썼다. «우리가 보기에 문명인으로 여겨졌으며 평상시에는 기꺼이 우리의 생활 습관을 받아들이고 우리의 생각을 공유하고 우리가 하는 일을 도와주던 그 아랍인들은 라마단이 시작되자마자 돌연 야만스러울 정도로 광신적이고 멍청할 정도로 열성적인 모습으로 되돌아갔다.»(1883년) 에밀 졸라도 같은 낱말을 사용했다. «종교적 광신이 유발하는 야만성»(1899년)이라는 표현이 그것이다. 알제리 전쟁이 시작되기 직전에도 여전히 몇몇 프랑스인은 아랍인들을 그런 사람들로 간주했다. 1949년, 솔뤼스라는 이름의 군 교관은 병사들에게 다음과 같이 가르쳤다. «[알제리] 토착민들이 그들만의 종교 행위를 하는 것을 금지할 수 없다. 또는 그들이 경건하게 믿는 종교나 광신 — 이것은 유럽인들이 정확하게 이해하기 어려운 것이다. —이 아닌 다른 종교를 그들에게 강요할 수 없다.»

가차 없는 싸움

이슬람을 마주치면 어떻게 할 것인가? 맞서 싸워야만 한다. 몇몇 식민주의자 집단의 머릿속에는 이슬람 세력을 격퇴하기 위해 십자군 원정을 감행해야 한다는 생각이 항상 담겨 있었다. 예를 들면, 샤토브리앙이 그러했다. 프랑스가 알제를 점령하기 15년 전인 1816년 4월 9일, 귀족원의 동료 의원들 앞에서 그는 «바르바리아 해적들 *pirates barbaresques*»[184]이 아무런 응징도 받지 않는 것에 놀라고 분노했으며, 그 해적들을 징벌하기 위한 원정을 시작할 것을 요청했다. 그 내용은 다음과 같다. «제1차 십자군 원정에 대한 호소[185]는 프랑스에서 있었던 일이다. 마지막 십자군 원정의 깃발은 프랑스에서 올려야 한다.» 가톨릭 전통주의 진영이 그런 격렬한 어조를 이어받았다. 장차 30여 년 동안 그런 경향을 대변하게 될 루이 뵈이요[186]는 뷔죠 원수(元帥)의 '비서'

184 바르바리아 해적들: 지중해 연안을 거점으로 활동하던 해적들을 가리킨다. 형용사 '바르바리아의 *barbaresque*'는 아프리카 북서부의 마그레브 지역을 가리키는 고유명사 '바르바리(야만) *Barbarie*'에서 왔다. 앞에서 본문에 언급된, 마리-니콜라 부이예의 『세계 역사·지리 사전』에 들어 있는 내용을 참고하라.

185 제1차 십자군 원정 호소: 1095년 11월 27일, 프랑스 남중부 클레르몽에서 열린 공의회에서 우르바노 2세 교황이 십자군 원정을 시작할 것을 호소했다.

186 루이 뵈이요(1813~1883년): 프랑스 언론인, 작가. 열세 살에 학교를 그만두고 생계비를 벌면서 독학으로 글쓰기를 배웠다. 가톨릭 계열 언론에 종사하면서 열렬한 교황권 지상주의로서 활동했다. 토

로서 외교관 생활을 시작했다. 알제리에서 돌아온 그는 책을 한 권 썼는데, 그 책은 곧 서점가에서 대성공을 거두기에 이르렀다. 그 책에는 십자군 정신이 천진난만하다고 할 수 있을 정도로 단순하게 표현되어 있다. 하느님께서는 당신의 말씀이 아프리카 땅에 전해지도록, 그리고 그곳에서 이교(異敎)를 쳐부수기 위해 프랑스를 선택하였다. 우리는 하느님의 신뢰를 받을 수 있는 존재가 되어야 한다. 뵈이요는 이렇게 주장했다. 그는 다음과 같이 썼다. «이슬람주의가 종말을 고할 마지막 날이 다가왔다. 20년 뒤에는 알제에서 그리스도 이외의 다른 절대자를 볼 수 없을 것이다. 바로 지금, 하느님께서 주재하시는 일이 완수되었다. 그 땅이 프랑스의 것인지 의심할 수는 있지만, 적어도 이슬람 세력이 그 땅을 잃어버렸다는 것은 명백하다 (…). '초승달'은 모든 곳에서 공격을 받고 와해되고 있다.» 뵈이요가 보여준 그러한 종교적 열정은 프랑스의 이익에 대한 날카로운 관심과 떼려야 뗄 수 없는 짝을 이루었다. 이어서 그는 다음과 같이 썼다. «모든 이들이 하느님의 품에 귀의하는 것은 내가 보기에는 장차 프랑스가 알제리를 지키게 되리라는 것을 알려주는 징후인 것 같다. 아랍인들은 기독교인이 되어야만 비로소 프랑스인이 될 것이다.»(1845년)

그로부터 한 세대가 지난 뒤, 고매하신 라비쥬리[187] 예하가 뒤를 이었다. 1868년에 아프리카선교회를 설립했으며 개성이 강했던 그는 종교 문제에 있어서 중립을 지키는 것은 반역 행위와 같은 것이라고 보

마 뷔죠 장군이 알제리 총독이 되자(1841년) 비서로 그를 수행했다. 자신의 알제리 체류에 대해 회상하는『알제리의 프랑스인들 - 1841년에 한 여행의 기억』(1880년)을 썼다.

187 샤를 라비쥬리(1825~1892년): 프랑스 고위 성직자. 알제 대주교, 카르타고 대주교, 추기경을 지냈다. 아프리카를 선교하기 위해 아프리카선교회 — 일명 «백인신부회 *Pères blanc*» —(1868)와 아프리카성모선교수녀회 — 일명 «백인수녀회 *Sœurs blanches*» —(1869년)를 설립하여 아프리카에 복음을 전했다. 노예제도 폐지를 위해, 그리고 가톨릭인들을 공화체제에 동참시키기(1890년 11월 12일 알제에서 프랑스 함선의 장교들을 위해 베푼 만찬에서 한 건배사에서 가톨릭인들이 공화체제에 동참할 것을 호소한 것으로 유명하다.) 위해 노력했다.

았다. 즉, 그런 태도는 교황과 '참된 신앙'인 가톨릭에 대한 반역 행위일 뿐만 아니라, 아랍 민족에 대한 반역 행위와 같은 것이라고 보았던 것이다. 그는 다음과 같이 썼다. «이 민족을 다시 일으켜 세워야 한다. 과거의 오류에 대해서는 집착을 버려야 한다. 사람들이 오랫동안 그렇게 해왔고 또 소위 '아랍 왕국 *Royaume arabe*'[188]이라는 것으로 아직도 그렇게 하려고 하듯이, 그 민족을 코란 속에 처박아두는 일은 그만해야 한다. 그 민족에게 다른 감정, 다른 규범 *principes*을 불어넣어야 한다. 적어도 그들의 자식들에게는 그렇게 해야 한다.» 라비쥬리 예하는 해결책은 하나뿐이라고 확신했다. 그 해결책과 관련하여 그는 다음과 같이 썼다. «프랑스가 그들에게 복음을 전하거나 ― 이 말은 나의 실수이다. ―, 요컨대 그들을 우리의 삶 속으로 끌어들임으로써 그들에게 복음이 전해지도록 하거나, 그렇지 않으면 그들을 문명 세계에서 먼 곳으로, 사막으로 내쫓아야 한다.»(1867년) 라비쥬리 예하는 이슬람을 믿는 땅에 하느님의 말씀을 열심히 전했다. 그는 특히 대기근이 일어났을 때(1871년) 고아가 된 알제리 아이들에게 세례를 주었는데, 그 행위는 무슬림들의 마음을 크게 상하게 했다. 너무나 비싼 대가를 치르고 얻은 '프랑스에 의한 평화 *Paix française*'[189]가 위태로워질 정도였다. 뒤 바라이유 장군은 회고록에서 다음과 같이 썼다. «알제리 정복에 참여한 사람들은 모두 다음과 같은 사실을 알고 있었다. 아랍인들에게 많은 것을, 심지어 부당한 것을 무력으로 강요할 수는 있겠지

---

188 아랍 왕국: 1861년부터 나폴레옹 3세가 알제에서 바그다드에 이르는 광대한 땅을 하나의 왕국으로 만들어 '간접 통치'를 하기 위해 추진한 정책의 이름. 그러나 그곳을 아랍인들의 독립적인 왕국으로 만들고자 한 것은 아니다. 나폴레옹 3세는 이 정책을 통해 알제리에 진출한 유럽인들과 그곳의 원주민들이 평등을 누리기를 바랐다. 제2제정이 몰락하면서 이 정책은 폐기되었다.

189 '프랑스에 의한 평화 *Paix française*': 로마 제국이 전쟁을 그치고 평화를 누리던 1~2세기를 가리키는 '팍스 로마나 *Pax romana*'에 견준 표현. 프랑스가 식민지를 평정한 이후로 그곳에서 유지된 평화를 가리킨다.

만, 그 패배자들은 자신들의 종교가 타격을 입는 것을 허용하느니 차라리 최후의 1인까지 목숨을 던질 것이라는 사실을 말이다.»(1898년) 따라서 총독 막 마옹은 라비쥬리의 그러한 행동을 염려했다. 그는 나폴레옹 3세 황제의 처분에 맡겼다. 황제는 분명하게 막 마옹의 손을 들어주는 결정을 내렸다. 라비쥬리에게 보내는 편지에서 황제는 다음과 같이 썼다. «대주교님, 귀하께서 하셔야 할 일이 엄청나게 많습니다. 알제리에 있는 20만 명에 이르는 가톨릭 신자인 식민지 이주민들을 교화하는 일이 그러합니다. 아랍인들로 말하자면, 그들을 제어하는 일과 그들이 우리의 지배에 익숙해지도록 만드는 일은 총독에게 맡겨두십시오.»(1867년)

20세기 들어서 이런 경향은 가톨릭교회와 가톨릭계 내에서 이제는 주된 경향이 아니지만, 그렇다고 해서 완전히 사라진 것은 결코 아니다. 라비쥬리를 다룬 엄청난 수의 전기 작품이 이 사실을 증명해준다. 이런저런 전기 작품에서 라비쥬리 예하는 동시대인들 대부분으로부터는 이해를 받지 못했지만, 태산이라도 움직일 듯한 믿음에 불타는 일종의 초인(超人) 같았던 사람으로 묘사되었다. 만일 식민지에서 일하는 관료들이 그가 하는 일을 방해하지 않았더라면, 그 거인이 알제리를 복음화하는 임무를 완수하게 되었을지 그 누가 알겠는가? 그를 다룬 전기 작가들 중에서 가장 열성적이고 열정적이었던 사람은 가톨릭 작가 프랑시스 쟘[190]이다.(1927년) 라비쥬리와 마찬가지로 백인신부회에 소속되어 있던 퀴삭 신부가 쓴 작품은 다음과 같은 문장으로 끝난다. «그분의 강력한 행동으로 인간에 의한 예속[191]은 분쇄되었지만, 오류에

---

190 프랑시스 쟘(1868~1938년): 프랑스 시인. 자연과 동물에 대한 사랑과 경건한 가톨릭 신앙심을 담은 작품으로 유명하다. 본문에서 언급한, 그가 쓴 전기는 『라비쥬리』(1927년)를 가리킨다.
191 인간에 의한 예속: 노예제도를 가리키는 것으로 추정된다.

의한 예속, 광신과 이슬람에 의한 예속은 아직도 부분적으로만 분쇄되었다.» 이어지는 글에서 퀴삭 신부는 십자군 원정을 벌이자고 또다시 호소했다. «그러므로 평화적인 '정복자' 무리가 지금 더 많이 생겨나서 계속 커져 가기를! 일찍이 불우했던 아프리카의 가련한 민족들에게 50년 전부터 너무나 큰 은혜를 베풀어주신 구세주여, 당신의 은혜를 더욱 더 베풀어 주시고, 영혼을 구원하려고 애쓰는 이들의 새로운 소명을 끊임없이 북돋워 주시어서 그들이 아프리카를 정복하기 위해 전진하게 해주시옵고, 그곳을 온전히 예수 그리스도께 드릴 수 있게 해주옵소서!»(1930년) 가톨릭 고위 성직자들에게 있어서 일종의 십자군 원정 정신의 상징이 된 인물은 카르타고의 주교이자 성 아우구스티누스[192]를 기리는 성체(聖體) 대회 개최를 주도한 르메트르 예하[193]였다. 그런 그가 아랍인들이 거주하는 튀니스 구시가 맞은편에 라비쥬리 예하의 입상을 세우자는 안을 낸 것은 우연이 아니다.

«아프리카는 라틴 문명권»에 속했다는 주장

과거에 로마가 풍요롭게 만들고 기독교 신앙으로 말미암아 찬란히 빛나던 마그레브는 이슬람 때문에 중세의 암흑 상태로 되돌아갔다. 이슬람으로 말미암아 중단된 그 일을 다시 시작해야 하는 것은 프랑스의 임무이다. 어떤 사람은 이렇게 주장했다.

먼저 로마와 아프리카의 관계에 대해서 살펴보자. 우리는 우리에게 조금도 낯설지 않은 땅으로 되돌아가고 있다. 그 땅이 우리에게 낯설

---

192 성 아우구스티누스(354~430년): 우리에게 『고백록』의 저자로 알려져 있다. 로마 제국의 식민지였던 타가스테(알제리의 수크아라스)에서 태어났다. 젊은 시절에 카르타고에서 공부했으며, 밀라노에서 세례를 받고 고향에 돌아와 수도회를 설립하고 수도생활을 했다. 북아프리카의 히포 레기우스(알제리의 안나바)에서 사제 서품을 받았고 히포 교회와 북아프리카 교회를 위해 사목하였다.

193 알렉시스 르메트르 예하(1864~1939년): 사하라와 프랑스령 수단에서 사목활동을 했으며, 카르타고 대주교와 아프리카 수석 대주교를 지냈다.

지 않은 것은 과거에 로마 문명의 빛이 그 땅에서 찬란히 빛났기 때문이다. 어떤 사람은 이렇게 주장했다. 이런 주장은 알제리 정복 초기부터 볼 수 있었다. 1904년, 오네짐 르클뤼스는 «아프리카에서 우리는 로마이다.»라고 주장했다. 그로부터 얼마 뒤에는 아카데미프랑세즈 회원이자 당시에 매우 널리 알려져 있었던 작가 루이 베르트랑도 같은 주장을 했다. 그는 다음과 같이 썼다. «우리는 가장 먼 시대의, 가장 오래된 아프리카를 대표한다.»(1927년)[194] 로마 문명이 아프리카에 전파된 때가 멀리까지 소급되고 오래되었다는 것, 그것이야말로 프랑스가 아프리카를 지배하는 것을 정당화해주는 두 가지 기준이었다. 아프리카는 아랍 문명권에 속하기 이전에 라틴 문명권에 속했다는 것은 누구도 부정할 수 없는 사실로 여겨졌다. 알제리의 팀가드[195] 유적 같은 몇몇 유적에서 볼 수 있는 탁월한 아름다움이 그런 주장을 뒷받침하는 데에 줄곧 사용되었다. 루이 베르트랑은 이어서 다음과 같이 썼다. «그 지방에 있는 상징적 기념건축물은 모스크가 아니라 개선문이다.»(1927년) 그 시기에는 고고학 연구가 발전되었다. 학문적 차원에서뿐만 아니라 정치적 측면에서도 그러했다. 알제리에서 미술국(美術局)은 오랫동안 내무부 관할이었던 것이다. 알제리 역사 기념건축물을 관리하는 수석 건축사였던 알베르 발뤼는 다음과 같이 썼다. «우리의 유적이 있는 땅에 흩어져 있는 금석문을 우리가 읽고 이해하고 분석하는 것을 알제리

---

194 «우리는 …… 대표한다.»: 이 문장의 뜻을 명료하게 이해하려면, 이 문장의 앞부분을 보아야 한다. 그 내용은 다음과 같다. «아프리카로 다시 들어가면서, 우리는 라틴 문화권 *latinité*에 속하는 잃어버린 지방으로 다시 돌아갈 뿐이었다. 로마의 상속자인 우리는 이슬람이 [그곳에 전파되기] 이전의 권리들을 내세운다. 찬탈자인 아랍인에 맞서, 그리고 심지어 그 아랍인에 의해 예속되고 다른 모습을 띠게 된 원주민에 맞서, 우리는 이 땅의 진정한 주인의 후손들을 대표한다…….»(루이 베르트랑, 『황금 도시들』의 서문에서)

195 팀가드: 로마 황제 트라야누스가 서기 100년 무렵에 지금의 알제리 북동부에 있는 바트나주에 건설한 식민 도시. 로마인들(특히 병사들)이 많이 이주해서 살았으나 7세기 무렵부터 점차 쇠퇴하여 폐허가 되었다. 유적은 1982년에 유네스코 세계 문화유산으로 지정되었다.

원주민들이 보았을 때, 그 원주민들의 놀라움은 컸다. 그들은 우리에게 이렇게 말했다. "당신들은 이곳에 살았던 옛사람들의 언어를 이해하기 때문이며, 당신들은 그들의 참된 계승자이기 때문입니다."» 베르트랑은 로마가 아프리카에서 벌였던 문명화 사업이 중단되었으므로, 프랑스가 그 횃불을 다시 들었다고 했다. 베르트랑은 자신이 연구하는 학문의 정치적 용도를 더욱 강조하기 위해 다음과 같은 문장으로 글을 끝맺었다.

> «따라서 우리의 땅 알제리에 남아 있는 로마 유적은 그 유적이 고고학에 제공하는 자료로서의 가치가 있을 뿐만 아니라, 로마가 수 세기 동안 아프리카에 건설한 문명과 우리의 문명을 이어주는 강력한 끈이기도 하다. 그곳에서 우리는 여러 가지 가르침을 끌어낼 수 있으며, 여러 가지 본보기를 따를 수 있다. 그리고 현대 산업과 과학의 발전 덕분에 우리에게는 우리의 존경스러운 조상들보다 더 빨리, 그리고 더 잘 해야 할 의무가 있다.»(1922년)

언제나 그러했듯이, 기독교와 아프리카의 관계에 대해서도 역사가 동원되었다. 성 아우구스티누스와 루이 성왕[196]은 식민화 사업의 보조자 같은 존재로 여겨졌다. 4~5세기에 활동한 아프리카 출신 첫 주교(이 주교는 베르베르족이었다.)의 모범적인 존재는 기독교가 일찍이 북아프리카 땅에 전파되었다는 사실을 보여주는 생생한 증거로 간주되었다. 마호메트가 태어나기 150년 전에, 그리고 마그레브에서 가장 중요한 무슬

---

196 루이 성왕(1214~1270년): 루이 9세. 카페 왕조의 왕. 7차 십자군 원정과 8차 십자군 원정에 참여했으며, 8차 원정 도중에 튀니스의 카르타고에서 괴혈병으로 사망했다. 1297년에 시성(諡聖)되었다.

림 성지인 튀니지의 도시 카이르완[197]이 건설되기 전에 이미 성 아우구스티누스가 아프리카에 그리스도의 말씀을 전파했다. 그 시기 내내, 성 아우구스티누스의 참된 신비주의 신학이 존재했다. 루이 베르트랑은 이 점을 대중화하는 데에도 재주가 있었다. 그가 펴낸 성 아우구스티누스의 전기는 서점가에서 대성공을 거두었다(1913년). 베르트랑은 『아프리카 교회사』를 쓰기도 했다(1930년). 성 아우구스티누스 150주기 기념식이 화려하게(그리고 약간의 선동이 곁들여지면서) 거행된 1930년은 이 성인에 대한 숭배가 절정에 달한 때이다. 아마도 여러 교과서와 대중을 대상으로 하는 작품들에서 가장 소중하게 다루어진 프랑스의 루이 성왕으로 말하자면, 그는 두 가지 측면에서의 이슬람과의 관계 때문에 특별한 위상을 가지게 되었다. 그가 마지막 십자군 원정을 이끌었다는 것이 한 측면이며, 튀니스에서 '이교도들'에 둘러싸여 죽었다는 것이 다른 한 측면이다. 마치 그 '기독교 신심이 지극한 왕'이 죽음으로 '이교도들'의 죄를 대속이라도 했다는 듯이 말이다…….

아프리카에 대해서 로마 문명, 즉 다시 말해서 서양 문명 그리고 기독교는 손에 검을 들고 그곳에 어둠을 가져온 이슬람보다 더 오래되고 더 참된 권리를 가지고 있는 것으로 여겨졌다. 따라서 루이 베르트랑은 다음과 같이 주장하기에 이르렀다. «우리는 그곳의 합법적인 주인이다.»(1927년)

이슬람의 확장

그러나 이슬람은 격퇴되지도 않았고, 무기를 내려놓지도 않았다. 하느님께서 선택하신 프랑스의 땅 *terres françaises d'élection*으로 간주

197 카이르완: 튀니지 중부에 있는 도시. 서기 670년에 건설되었다는 설이 있다.

된 아프리카에서 기독교에 귀의하는 사람들의 수는 아주 미미했다. 더 심각한 것은 식민 시대 내내 아프리카에서는 이슬람을 믿는 사람들의 수가 계속 늘어났다는 사실이다. 도처에서 이렇게 이슬람을 믿는 사람들의 수가 늘어난 것은 프랑스인들 때문에 비롯된 민족적, 문화적 정체성 상실의 위험에 대한 반작용으로 프랑스인들에게 맞서기 위해서였다. 마그레브 — 그곳에서 프랑스인들은 아랍인들과 베르베르인들을 통합시켰다. —에서는 프랑스인들의 의사와는 상관없이, 그리고 프랑스인들의 온갖 기대와 온갖 예측과는 정반대로 그런 일이 벌어졌다. 1904년, 오네짐 르클뤼스는 흑(黑)아프리카에 대해 다음과 같이 썼다. «아프리카에서는 이슬람 세력이 계속 확장되고 있다. 이슬람 세력은 점점 더 수단을 길들여 가고 있으며, 나날이 콩고로 나아가고 있으며, 마주치는 모든 곳에서 주술사들의 영역을 잠식하고 있으며, 어느 곳에서도 물러서지 않고 있다.» 이런 상황은 20세기 내내 계속되었다. 분하고 쓰라리고 분노하는 마음을 가지게 된 많은 프랑스인은 이슬람 세력이 그렇게 확대되는 것에 대해 다음과 같이 가혹한 평가를 내렸다. 기독교 편이 된다는 것은 영혼의 구원을 얻는다는 것을 의미하므로, 이슬람 쪽으로 기운다는 것은 악, 질병, 죽음과 동일시될 수밖에 없다. 1931년에 발행된 달력 〈선교의 해〉에 붙이는 글에서 레수르라는 사람은 «병균을 옮기다 *contaminer*»라는 동사를 사용해서 이슬람 세력이 확장되는 상황을 규정했는데, 이 동사는 당시에 프랑스인들이 가졌던 생각을 잘 드러내준다. 그리하여 이슬람을 믿는 흑인은 이제 절대로 «착한 니그로»로 여겨지지 않기에 이르렀다. 앙리에트 셀라리에는 이슬람을 믿는 흑인은 «위선»과 «간사스러운 기질» 때문에 다른 흑인들과 구분된다고 썼다(1932년). 『풍요』라는 작품에서 에밀 졸라는 «니그로들로 이루어진, 대체로는 유순하지만» 다른 종교로 개종할 때에는 야만성을 가지게 되는 «그곳의 미개 부족들»을 그려냈다. 졸라는 다음과 같이 결론을 내렸다. «우리의 정복에 큰 난관으로 작용하는 이슬람이라는 이 끔찍한 문제와 우리는 충돌을 빚게 될 것이다. 이 문제가 해결되지 않는 한에는 말이다.»(1899년)

«황인들의 위험»에 대한 두려움[198]

서양의 패권을 위협하는 또 다른 큰 위험 요소는 «아시아인 무리»라고 어떤 사람은 주장했다. 이러한 주장만큼이나 오랫동안 그리고 대대적으로 온갖 표현 수단을 통해서 전파된 주장은 드물 것이다.

유럽인들이 볼 때, 아시아는 문명의 역사가 오랜 대륙이었다. 비록 그 문명이 대체로 쇠락하고 있는 것으로 여겨지긴 했지만 말이다. «식민지 민족들은 필연적으로 지도를 받아야 하는 어린아이들»이라는 도식을 아시아인들에게 적용하기에는 약간의 난점이 있었다. 훈족 기병들, 몽골인 기병들, 타타르인 기병들의 모습이 서양인들의 머릿속을 떠나지 않았다. 폴 두메르는 다음과 같이 썼다. «칭기즈칸의 후손들은 언젠가는 칭기즈칸의 발자취를 따라 유럽으로 가는 길을 다시 택할 수도 있다.»(1906년) 그로부터 얼마 뒤, 보수주의적인 성향의 국민의회 의원 피에르 테탱제는 한술 더 떠서 다음과 같이 썼다. «이제는 아마도 아틸라[199]의 후손들인 몇몇 현대인이 휘하에 무수한 기병들을 데리고 대대적인 정복을 감행하려고 꿈꿀 것이다…….»(1930년)

198 각주 90번을 참고하라.
199 아틸라(395~453년): 훈족 최후의 왕으로 434년부터 죽을 때까지 중앙아시아에서 중앙유럽에 이르는 제국을 지배했다. 그가 이끄는 군사들이 유럽으로 서진(西進)하면서 이에 쫓긴 게르만 민족의 대이동이 시작되었다.

프랑스가 정복한 다른 대륙들 — 많은 이들이 보기에 그 대륙들은 완전히 전의(戰意)를 잃은 곳으로 여겨졌다. —과는 반대로, 아시아는 프랑스인들을 염려스럽게 하는 곳이었다. 1868년부터 현대화 사업을 시작한 인상적인 일본이 보여주듯이, 아시아는 다른 모범을 따라 배워서 자체 개혁을 할 줄 아는 대륙으로 여겨졌다. 20세기 초에 일본은 현대화 사업을 성공적으로 수행해서 유럽의 경쟁 상대로 우뚝 설 수 있었다. 1904년에 기고한 «아시아의 반란»이라는 제목의 기사에서 빅토르 베라르는 일본이 조선에 진출한 것은 돌발적인 사건이 아니라 역사적인 사건이라고 썼다. 수 세기 이래 처음으로 팽창주의 활동의 깃발을 올린 것은 백인 세력이 아니라 일본이었다……. 그로부터 1년 뒤, 바로 그 일본이 차르가 이끄는 러시아 군대를 쑥대밭으로 만들어 수모를 안겨줌으로써 예측을 완전히 뒤집어놓았다. 10여 권에 이르는 책과 수백 편에 이르는 신문 기사에서 이 사건이 미치는 파장이 부각되었다.

유럽인들이 볼 때, 아시아는 특히 인구가 많은 곳이었다.

구독자 수가 많았던 월간 잡지 「나는 모든 것을 알고 있다」의 1911년 1월 15일 자 표지에는 독자를 놀라게 하는 그림이 실려 있다. 손톱이 지나치게 기다랗고 뼈만 앙상하게 남은 노란색 손이 지구본 위에 놓여 있는 그림이 그것이다. 그 그림에는 다음과 같은 글이 붙어 있다. «황인종이 곧 몰려올 것인가?» 문학에서도 온통 아시아인들의 인구에 대해 사람들이 느끼는 염려와 심지어 공포가 주제로 다루어졌다. 19세기 말, 지금은 사람들이 잊고 있는 작가 카미유 모클레르는 미래를 내다보는 내용을 담고 있는 작품 『때 묻지 않은 오리엔트 — 2000년의 서사 소설』을 썼다. 황인종 무리와 목숨을 건 전쟁을 벌이는 것은 불가피하다는 것이 이 소설의 주제이다. 모클레르는 예방 조치를 취하기 위해 유럽 원정대가 꾸려지는 장면을 묘사했다. 이 원정대를 이끄는 사람은 당연히 프랑스인으로 클로드 래글(Claude Laigle)이라는 사람이다. 클로드 래글은 휘하 병사들에게 다음과 같이 말한다. «필요한 것은 동시적 행동이며, 그 거대한 인간 떼거리가 자신들이 할 수 있는 일이 무엇인지를 완전히 깨닫기 전에 무력을 과시하는 것이다. 필요한 것은 황인들의 위험에 맞서 유럽이 대동단결해서 일제히 일어서는 것이다!»(1895년). 이런 종류의 글을 상습적으로 썼던 사람은 «당리트»(장차 베르됭 전투에서 영웅이 되는 에밀 드리앙의 가명) 대위이다. 1909년에 그의 작품 『황인종의 침략』이 발표되었다. 모클레르보다 염세적이었던 당리트는 그 작품에서 아시아가 승리 — 물론 일시적인 승리이기는 하지만 —를 쟁취하는 장면을 묘사했다. 일시적이긴 하지만, 피로 물든 승리였다. 황인종 무리의 손에 넘어간 파리에서는 «금방 자른 사람들의 머리로 쌓은 피라미드»가 순식간에 생겨났다. 아시아 군대의 총사령관은 다음과 같이 논평한다.

«— …… 이것은 그들이 위대한 군대 *Grande-Armée*라는 이름을 붙였던 대로(大路)이오 ……. 지금은 황색 군대가 위대한 군대이오! 거의 광채를 잃었던 황색 군대의 눈길은 아시아인 군중을 보면서 다시 생기를 띠었소. 그 군중은 도처에서 무수한 무리를 이루어 대로로 몰려나가고, 불로뉴숲과 초원과 센강 주변의 언덕을 가득 채우고 있었소. 그 군대의 선두에는 타타르[200]산(産) 작은 말을 탄 차카르[201] 기병들이 달리고 있었소. 그들 모두는 이전에 자신들의 전우였던 황제를 본떠서, 잘린 머리를 하나씩 안장에 매달고 있었소. 황제는 누군가가 가져다 바친 어느 늙은이의 머리를, 자기가 타는 말에 얹는 황금 안

200 타타르: 중세부터 20세기까지 유럽인들이 카스피해와 우랄산맥에서 태평양에 이르는 지역에 펼쳐진 중앙아시아와 북아시아를 가리키던 이름. 시베리아, 투르키스탄, 몽골, 만주, 티베트가 이에 해당한다. 몽골 제국만을 가리키기도 했다.
201 차카르: 사마르칸트 전사(戰士). 현장의 『대당서역기』에서는 자갈(赭羯)로 표기되어 있다.

장 앞쪽에 머리카락으로 매달도록 지시한 적이 있소. 누군가가 황제에게 말하기를, 그 머리는 프랑스 정부 수반의 머리라고 했소.

그 군대가 개선문 쪽으로 올라가고 있을 때, 그들 뒤쪽의 대로에는 별안간 핏빛 얼룩이 졌소.»(1909년)

그러므로 우리는 문명 세계로 몰려들려는 야만인들의 세계 바로 앞에 파수대를 배치해두었다. 어떤 사람은 이렇게 주장했다. 레옹 강베타[202]에 따르면, 프랑스가 극동에 진출해야 하는 본질적인 이유는 바로 그런 면에서 찾아보아야만 했다. 강베타는 다음과 같이 말했다. «안남, 시암 왕국[203], 버마[204]를 차지하기 위해서, 그리고 그렇게 해서 인도를 차지하기 위해서, 그리고 황인종의 문명에 맞서는 유럽 문명을 돕기 위해서는 프랑스가 통킹에 자리를 잡아야 합니다. 코친차이나에 자리를 잡았듯이, 그리고 그 이상으로 말입니다.»(1882년) 독자 여러분께서는 이해하셨겠지만, 이 글에서 강베타는 프랑스가 인도차이나의 국경을 넘어 멀리까지 진출하기를 바라고 있다. 인도인들과 중국인들을 포함한 아시아인들 전체가 명시적인 적으로 지목되었다. 프랑스는 또다시 그러한 문명 수호의 전초기지에 서 있는 것으로 간주되었다.

그러므로 황인종 무리에 맞서 싸우는, 용기 있고 영웅적인, 그러나 엄청난 적대감에 둘러싸여 고립무원의 신세가 된 백인이라는 주제가 주조를 이루었다. 아마도 이런 종류의 주제가 가장 잘 표현된 것은, 20세기 초에 발행된 것으로 어린이 독자들을 대상으로 한 이야기 그림

202 레옹 강베타(1838~1882년): 프랑스 정치인. 제2제정 체제가 몰락하면서 공화국 수립을 선언했다. 제3공화국 체제에서 하원 의원과 의장, 내무부 장관, 외무부 장관, 총리를 지냈다. 총리로서는 식민 정책을 추진했다.

203 시암 왕국: 태국의 옛 이름.

204 버마: 미얀마연방공화국의 옛 이름.

책『파리의 어느 꼬마가 비행기를 타고 한 세계 일주 여행』[205]에 등장하는 두 인물의 무용담일 것이다. 루이즈(Louise)라는 소녀와 탱탱(Tintin)이라는 소년(이 소년은 물론 에르제의 작품에 등장하는 인물이다.)이 흑기군(黑旗軍, *Pavillons Noirs*)[206]에 맞서 싸운다. 이 사건 이야기에는 «2명 대(對) 1000명!…….»이라는 제목이 붙어 있다. 용맹한 두 어린아이는 다음과 같은 대화를 나눈다.

«— 우리가 생각했던 것과는 반대로 흑기군이 우리의 흔적을 찾아냈으며, 우리가 토치카에 숨어 있다는 것을 알고 있다 (…). 이놈들은 이 고장에 자주 드나드는 중국인 비정규군 무리와 해적 떼에게 도움을 요청했다. 중국인 비정규군 무리와 해적 떼가 곧 도우러 올 것이다. 1000명이 되면 그 야만인들은 우리를 공격할 것이다. 우린 패했다!

탱탱이 용감하게 외쳤다. — 2명 대 1000명이야! 난 괜찮아.

— 우린 반드시 패할 거야!

— 누가 아니! 우리에겐 권총 한 자루와 백여 개의 탄약통이 있어! 아마도 이것만으로도 활과 창으로만 무장한 저 도적 떼를 쫓아 버리고도 남아.

— 흑기군을 도우러 올 자들은 아마 화기로도 무장했을 거야…….

---

205 『파리의 …… 여행』: 마르셀 프리올레가 르네 마르셀 드 니즈롤이라는 필명으로 1951년에 발표한 작품.

206 흑기군: 19세기 말에 활동한 청나라의 비정규 무장세력. 태평천국(1851년~1864년)난 때 활약하던 류융푸(劉永福, 1837~1917년)가 이끄는 천지회(天地會) 계통의 일부 세력이 칠성흑기(七星黑旗)를 앞세우고 활동한 데에서 이 이름이 생겼다. 1864년에 청나라 관군에 밀려 베트남 북부의 통킹으로 내려왔다. 베트남의 응우옌 왕조에 협력하여 반란 세력 및 통킹만 주변의 비적(匪賊)을 소탕했다. 청불전쟁(1881~1885년) 때에는 베트남에 침략한 프랑스군에 맞서 청나라 정규군과 함께 뚜옌꽝(宣光) 전투(1884년 11월~1885년 2월)에서 싸웠다. 청불전쟁이 끝나자 류융푸는 중국으로 돌아갔으며, 흑기군은 해산되었다. 남은 세력은 여러 해 동안 프랑스군을 괴롭혔다. 1894년에 청일전쟁이 일어나자 류융푸는 흑기군을 다시 편성해서 이끌고 타이완으로 가서 일본의 침공에 저항했으며, 총통권한대행이 되었다. 하지만 흑기군은 패퇴하여 대부분 전사했다.

— 체! 그놈들은 총을 사용할 줄 몰라!»

모든 이들이 이처럼 굳건한 낙관론을 가졌던 것은 아니다. 식민지에서 용감하게 싸운 수많은 이들이 모두 승자였던 것은 아니다. 하노이를 앞둔 리비에르 소령[207]의 죽음, 뚜옌꽝[宣光 *Tuyen Quand*]성(省)을 공략하던 때에 적군의 수적 우세에 밀려 패한 보비요 하사[208]의 죽음은 상징적이다. 그런데 그런 사건은 글 대신에 그림으로 묘사되는 경우가 자주 있었다. 예를 들면, 프랑스의 많은 어린아이가 컬러로 인쇄된 공책 커버의 그림을 보면서 보이요 하사의 무훈에 대해 배웠다. 이런 관점에서 볼 때, 「작은 소식」의 1면에 실린 그림들은 걸작에 속한다. 이 신문의 1895년 8월 25일 자 표지에는 프랑스 사람 카레르 씨(M. Carrère)가 흑기군의 포로로 잡혀 기둥에 묶여 있고 아시아 사람 6명이 그를 에워싸고 위협하는 장면이 실려 있다. 1913년 6월 22일 자 같은 신문의 마지막 뒷면에는 백인 3명이 배 위에서 «중국인 해적» 16명의 공격을 받아 피를 흘리는 모습이 등장한다.

그로부터 세월이 흘러 20세기 중반이 되어 인도차이나 전쟁이 진행 중일 때에도 같은 주제가 거의 바뀌지 않은 채로 다시 등장했다. 디엔비엔푸에서 장비 면에서 우위에 있다는 자신감에 찬 프랑스 사령부는 베트민 전사들이 에워싸고 있는 분지로 최우수 전투 부대를 낙하산으로 내려보냈다. 우리는 프랑스 사령부의 그러한 계산에서 어떤 결과가 생겼는지를 알고 있다. 전투 초기에 프랑스 군대가 가졌던 우월의식은

---

207 앙리 리비에르(1827~1883년): 프랑스 해군 장교. 크림 전쟁, 멕시코 원정, 보불전쟁에 참여했다. 이어서 누벨칼레도니에 파견되어 반란을 진압했으며(1878~1879년), 하노이(1882년)와 남딘(1883년)을 점령했다. 흑기군에 포위되어 사살되었다.

208 쥘 보비요(1860~1885년): 프랑스 군인. 뚜옌꽝 전투(1884년 11월~1885년 2월)에서 중국군과 흑기군에 맞서 싸우다가 부상해서 한 달 뒤에 사망했다. 앙리 리베에르와 마찬가지로 당시에 프랑스인들에게는 식민지 전투의 영웅이자 애국심의 상징으로 여겨졌다.

재빨리 사라지고 오래된 공포가 엄습했다. 「프랑스 석간」 기사에는 큼직한 글씨로 다음과 같은 제목이 붙어 있다. «베트민이 디엔비엔푸를 방어하고 있는 병력을 죄어오고 있다.»(1854년 4월 1일 자) «베트민의 쇄도»(「여명」 4월 1일 자) 또는 «베트민의 맹렬한 공격과 그들의 엄청난 손실»(「여명」 4월 3일 자)이 보도되었다. 너무나 수가 많아서 도저히 저지할 수 없을 것 같은 베트민의 공격에 대해서는 «미친 듯한 무리»(「프랑스 석간」 4월 1일 자)가 «격렬한 소리를 내며 파상공세»(「인민」 4월 1일 자)를 벌이는 것으로 묘사되었다. '법'과 '문명'을 대표하는 프랑스가 수적 우세에 밀렸던 것이다. 이제 신문에는 그림 대신에 사진이 실리고, 보통 프랑스인이 「작은 소식」이 아니라 「파리 마치」를 읽고, 뤼시앵 보다르[209]의 글이 당리트나 모클레르의 글을 밀어내고, 앙리 리비에르가 아니라 드 카스트리[210]가 주인공인 시대가 되어 있었다. 그러나 프랑스인들은 여전히 이전과 같은 두려움과 같은 강박관념에 사로잡혀 있었다.

적들에게 포위되어 있다는 느낌

프랑스인들이 적군의 수적 우세에 대해 가졌던 두려움은 비단 아시아에서만 볼 수 있었던 것이 아니라 그 범위를 크게 넘어섰다. 그 두려움은 식민지 거주민들이 각자 겪은 것이기도 했다. 열대지방에서 모든 백인은 구대륙 유럽이 처한 상황의 축소판을 경험했다. 즉, 거대한 야

209 뤼시앵 보다르(1914~1998년): 프랑스 언론인, 소설가. 「프랑스 석간」의 리포터로 홍콩, 북아프리카, 남아메리카를 취재했다. 소설가로는 엥테르랄리에상(1973년)과 공쿠르상(1981년)을 수상했다.

210 크리스티앙 드 카스트리(1902~1991년): 프랑스 군인. 디엔비엔푸 전투에서 1만 4000명을 이끌고 보응우옌 지압 장군이 이끄는 약 4만 8000명의 베트민 전사에 맞서 57일 동안 참호전을 벌이다가 베트민에 체포되었다. 4개월 뒤 석방되어 귀국했다.

만의 바다 한가운데에, 또는 적어도 염려되는 낯선 세계의 바다라고 할 수 있는 곳 한가운데에 떠 있는 작은 문명의 섬이 바로 그 상황이었다. 그곳에서 백인은 본래 소수였다. 평온이 뚜렷이 유지되고 있을 때조차도 백인은 경계심을 늦추지 않았다. 프레보-파라돌[211]은 «조금이라도 경계가 소홀하면 봉기를 일으킬 태세가 항상 되어 있는 아랍인 200만 명에 에워싸인 유럽인 11만 2000명이 군인 7만 2000명으로부터 불완전하게 보호를 받고 있는 것이 알제리의 상황이다.»라고 썼는데(1865년), 그의 말은 프랑스의 모든 해외 소유지에 확대 적용될 수도 있었다. 백인은 물리력을 가지려고 하고 '권력'의 주인이 되려고 했으며 '사법 당국'과 '경찰 당국'을 지휘하려고 했으나 평온무사하게 살아갈 수는 없었다. 백인은 자신이 항상 감시와 관찰의 대상이 되고 있다고 여겼다. 위협의 대상이 되고 있다는 생각을 했다고 할 수도 있지 않을까? 1901년, 피에르 뤼게라 불리는 사람이 「여행 소식」에 연재하려고 중편소설을 한 편 썼다. 그 소설에 등장하는 긍정적 주인공들 *héros positifs*[212]인 미셸(Michel) 하사와 그가 지휘하는 분대 병사들이, 분명히 순종적인 태도를 보이고 있음에도 불구하고 염려되는 곳을 지나간다. 그곳은 다음과 같이 묘사되어 있다. «그들이 지나가는 곳에서는 석연찮은 농민들이 우글거리고 있었는데, 그 농민들은 이마가 땅에 닿을 듯이 절을 하지만, 증오심에 가득 차고 비열한 눈길로 그들을 바라보았다.» 옥타브 마노니[213]는 다음과 같이 심오한 견해를 피력했다.

---

211 뤼시앵-아나톨 프레보-파라돌(1829~1870년): 프랑스 언론인, 시론가(試論家). 『새로운 프랑스』에서 쇠락하고 있는 프랑스를 일으켜 세우기 위해서는 알제리를 중심축으로 삼아 북아프리카를 포함한 지중해 지역에 강력한 식민제국을 구축해야 한다고 역설했다.

212 긍정적 주인공: 전통적 주인공이라고도 한다. 잘 생기고, 범상치 않은 신체를 지니고, 힘이 세고, 용기 있고, 고결한 품성을 갖춘 인물. 추악하고, 나쁜 짓을 일삼으며, 폭력적이며, 비도덕적인 품성을 지닌 부정적 주인공에 대립된다.

213 옥타브 마노니(1899~1989년): 프랑스 인류학자, 철학자, 정신분석학자. 마르티니크, 레위니옹, 마다가스카르에서 문학과 철학을 가르치는 교사로 근무했다. 저서 『식민화 사업의 심리학』(1950년)에서

«너무나 순진한 대중여론은 겪어보기도 전에, 식민지에서 전개되는 상황의 요점을 단순하지만 정확하게 평가한다. 대중여론은 이렇게 말한다. "니그로들이 사는 곳에서 백인은 잡아먹히는 위험을 피하기만 하면 왕이 된다." 사실, 식민지 병사가 처해 있는 양면적 상황이 바로 그러하다. 즉, 식민지 병사는 가상의 위험에 직면해 있거나, 아니면 권력 같지도 않은 시시한 지배력을 가지고 있었던 것이다. 그 자신이 그런 사실을 모르고 있을 때조차도 말이다. 마치 아버지가 자식을 사랑하듯이 그 병사가 사랑하는, 그리고 그 병사가 문명화하고 가르치려고 하는 자식과도 같은 흑인 신하 등 뒤에 그림자가 드리워져 있는 것을 그 병사는 항상 본다. 교육할 수도 없고 바로잡을 수 없는 미개인이라는 불길한 그림자가 바로 그것이다.»(1950년)

2세기 이상이 흐르는 동안, 식민지 이주민은 완전히 안도감을 느끼지는 못했다. 투생 루베르튀르 신드롬이 계속 작용했다. 백인의 지배가 절정에 이른 때라고 할 수 있는 19세기는 아이티의 생-도맹그에서 노예들이 주인을 끔찍하게 살해하면서 시작되었다. 많은 글들(역사 서적, 투생 루베르튀르의 전기 작품들, 다소간 멜로드라마풍의 극작품들, 빅토르 위고의 작품 『뷕 쟈르갈』[214] 같은 소설들)에서 그 비극적 사건이 언급되었다. 식민지에서 살아가는 백인들의 무의식 속에는 어떤 어렴풋한 두려움이 늘 잠재되어 있었으며, 원주민들이 반란 — 백인 한 명이 원주민 열 명이

세익스피어의 『폭풍우』에 나오는 프로스페로와 그의 노예 캘리번을 통해서 식민주의자와 식민지인의 심리를 설명했다. 즉, 캘리번처럼 식민지인은 식민지배에 복종하는 성향이 있으며, 프로스페로처럼 유럽인은 «지배를 하고자 하는 문화적 성향»이 있다고 했다. 이런 주장은 에메 세제르와 프란츠 파농으로부터 비판을 받았다.

214 『뷕 쟈르갈』: 빅토르 위고가 16살 때 쓴 첫 소설. 프랑스 식민지 아이티의 생-도맹그에 있는 어느 부유한 식민지 이주민 집에서 일하는 피에로라는 흑인 노예가 주인의 딸인 마리를 짝사랑하면서 겪는 인생 이야기이다. 반란을 일으킨 흑인들의 우두머리가 되고 이름이 뷕-쟈르갈로 바뀐 피에로는 결국 자신을 추적하는 백인들의 총에 맞아 죽는다.

나 백 명을 상대해야 하는 반란 —을 일으키지는 않을까 하는 걱정이 늘 자리를 잡고 있었다. 심지어 «프랑스에 의한 평화 *Paix française*»가 절정에 달한 때에도 그런 두려움과 걱정은 마찬가지였다. 식민지인들이 머지않아 그렇게 야만상태(즉, 우리의 «보호를 받는 사람들»의 내면 깊숙한 곳에 자리 잡고 있는 본성)로 되돌아가는 일은 없을 것이라고 그 누가 말했던가? 식민지 이주민들과 식민지인들 사이에는 관용과 공존 그리고 오랜 평화의 시기가 있을 수도 있었지만, 그런 상황은 항상 잠깐뿐이었다. 평온은 항상 위험스러운 두 상황 사이에 찾아오는 일시적인 상태에 불과했다. 알제리에 거주하는 식민지 이주민이었던 카미유 브뤼넬은 다음과 같이 두려워했다. «아랍인들이 우리에게 복종한다는 것은 그들의 생각 깊은 곳에서는 전투를 일시적으로 중지하고 있다는 것을 의미할 수 있을 뿐이다.»(1906년) 알제리의 카빌리(1871년), 누벨칼레도니(1878년), 베트남(1908년), 모로코의 리프(1923년), 시리아(1925년), 다시 또 베트남(1930년), 알제리의 세티프(1945년), 마다가스카르(1947년) 등에서 일어난 대대적인 반란이 식민지 소식을 보도하는 언론 기사에 주기적으로 등장했다. 다소간 사람들의 주목을 끌었던 수많은 «작은» 사건은 말할 것도 없다. 1901년 4월 26일, 알제리의 밀리아나 지방에 있는 마르그리트라는 작은 마을에 사는 아랍인 주민들이 마을을 점령해서 여러 공공장소(학교 포함)를 습격하고 유럽인 다섯 명을 살해했다. 알제리와 프랑스 본국에서는 즉각 대대적인 언론 캠페인이 시작되었는데, 그것은 프랑스인들이 두려움을 느끼고 있다는 것을 보여주는 것이었다. 프랑스에서 그 작은 마을의 이름은 한동안 유명해졌다. 「작은 소식」 «1면»에는 그 반란자들에게 홀로 맞선 어느 여교사 — 그런데 이 여교사는 목숨을 보전했다. —의 영웅적인 행동이 보도되었다. 그로부터 얼마 뒤, 작가이자 마그레브를 다룬 여러 편의 작품을 쓴 페르디낭 뒤셴이 이 사건을 소재로 해서 자기 소설의 배경으로 삼았다. 『새로운 프랑스』에서 그는 아랍인들이 대대적인 반란을 일으켜서 일시적으로 알제리의 주인이 되는 데에 성공하는 사건을 상상으로 그려냈다.(1903년) 알베르 크레미외의 작품에서도 같은 주제를 볼 수 있다. 크레미외는 1929년에 『대망의 그날』[215]을 썼다. 제1차 세계대전과 제2차 세계대전 사이에 인기가 있었던 이 작가는 국제 공산주의 세력이 프랑스 내에서 혁명을 선동하려고 하다가 — 그러나 그들의 선동은 실패로 끝난다. — 알제리로 무대를 옮겨 같은 일을 벌이는 것을 상상으로 그려냈다. 그렇게 해서 이 작가는 «한 세기 동안 쌓여 있다가 무익하고 놀라운 이 야만적인 예술·문화 파괴 행위 *vandalisme*라는 형태로 터져 나오는 온갖 증오심»을 되살려냈다. 독자는 저자의 다음과 같은 세밀한 묘사에서 환희를 느낄 수 있을 정도이다.

> «세상을 불길로 태워서 정화해야만 한다는 강박관념 같은 것이 아랍 민중의 뼛속까지 파고들었는데, 그것은 몇몇 공산주의자가 북돋운 것이었다. 광기가 엄청난 기세로 분출했다. 메종-카레 *Maison-Carrée*[216]가 불탔다. 후세인-데이 *Hussein-Dey*[217]가 불탔다. 알제가 불탔다. (…) 새롭고 현대적이며 유럽적인 것으로 보이는 모든 것이 불길 속으로 사라졌다 (…). 악독한 무리가 무수히 카스바 *Casbah*[218]에서 요란스럽게 쏟아져 내려와서 사방으로 퍼져나갔다. 늙은이들은

215 대망의 그날: 무정부주의자들이나 공산주의자들이 고대하는, 사회혁명이 완수되는 날.

216 메종-카레: 알제 동쪽 교외 약 14킬로미터 지점에 있는 콤뮌(현재의 엘-하라쉬 *El-Harrach*)을 프랑스 강점기에 가리키던 말. 사각형 *carée* 집(또는 건물) *maison*이라는 뜻이다. 오토만 제국 말기에 이곳을 굽어보는 보루의 모양이 사각형이어서 이런 이름이 붙었다.

217 후세인-데이: 알제 시내에서 약 5킬로미터 지점에 있는 콤뮌. 오토만 제국의 제28대 태수 *dey* 후세인의 이름에서 유래했다.

218 카스바: 알제의 구시가지 구역. 좁은 골목길들이 엉켜 있다. '요새'라는 의미이다. 1992년에 유네스코 세계문화유산에 등재되었다.

> 10년 만에 처음으로 오두막집에서 기어 나오고, 누더기를 걸친 거지들과 도둑들 패거리는 마치 축제 때처럼 유럽인 기독교도들 *roumis*이 주저앉는 장면을 바라보았다.»

그러나 무슬림-공산주의자들의 반란은 무자비하게 진압되면서 끝난다.

그런 반란이 자연발생적이고 비이성적인 것이었기에 유럽인들이 느끼는 두려움은 더더욱 컸다. 이 경우, 식민주의적 사고를 지닌 사람들은 자신들이 식민지인들에게 포위되어 있다는 생각 — 이런 생각은 식민주의적 사고 자체 때문에 촉발된 것이다. —의 피해자였다. 식민지인들이 드러내는 적대감의 진짜 이유를 부정하면서 평면적인 도식(«우리의 보호를 받는 사람들에 대한 애착»)을 바탕으로 하는 식민주의적 사고를 지닌 사람들은 '타자'를 이해하기 위한 개념 장치 *appareil conceptuel*를 갖추고 있지 않았으며, 따라서 식민지인들의 그런 행위를 예방할 수 없었다.

그렇기 때문에 식민지 개척자가 폭력을 행사하는 것은 어떤 특별한 공격성 때문이 아니었다. 그가 생각하기에, 자신이 폭력을 행사하는 것은 예방 효과가 있었다. 물리력을 사용한다는 것은, 또는 적어도 그 물리력을 사용할 수 있으며 장차 그 물리력을 사용하기를 주저하지 않을 것임을 매 순간 보여주는 것은 식민지 개척자에게는 자신의 생존 조건 자체였다. 1914년 6월 28일 자 「여행 소식」 «1면»에 실린 것으로 샤를 제니오의 중편소설을 장식하고 있는 그림에는 어느 식민지 이주민의 모습이 등장한다. 그 사람은 권총을 빼 들고, 찌푸린 얼굴로 자신을 위협하는 11명의 «베두인족들»에 홀로 맞서고 있다. 베두인족들은 몽둥이만을 휘두른다. 카뮈의 『이방인』의 주인공 뫼르소는 알지 못하는 사람이나 다름없는 아랍인 한 명을 권총으로 쏘아 죽인다. 그가 그런 행동을 한 것은 그 아랍인의 손에 들려 있는 뾰족한 칼이 햇빛에 번쩍이는 것을 보았기 때문이다. 뫼르소에게는 자신이 타인을 공격한다는 느낌조차 없었다. 그는 단지 자신의 생존 본능에 따라 그렇게 했을 뿐이다.(1947년) 식민지에서 백인은 물리력을 사용해야만 했는데, 그것은 그 자신이 항상 정당방위를 해야 하는 상황에 있었기 때문이다. 그러나 식민지인도 권총을 가지는 날이 왔다.

공산주의에 대한 강박관념

1917년부터 식민지인들에 대해 프랑스인들이 가졌던 강박관념들 중에서 으뜸을 차지한 것은 단연 국제 공산주의 세력에 대한 강박관념이었다. 소비에트 체제의 러시아가 자국의 요원들을 전 세계로 보내서 서양을 위태롭게 하고 도처에 자국의 철권 체제를 강요하고 있다. 공산주의인터내셔널이라는 기구가 세계 혁명을 준비하고 있다. 한 무리의 불순분자들이 집요한 공산주의인터내셔널의 프랑스 내 조직인 프랑스 공산당을 창당했다. 이것이 당시에 프랑스인들이 공산주의에 대해 가졌던 강박관념이었다.

그들이 내건 구호는 «공산주의는 적이다.»였다. 이 표현을 처음으로 사용한 사람이 당시에 내무부 장관이자 고위 식민지 관리였던 알베르 사로였다는 것은 우연이 아니다. 그가 아프리카 땅, 즉 알제리의 콩스탕틴에서 이 구호를 실천에 옮기기로 한 것 역시 우연이 아니다. 그는 다음과 같이 썼다.

«식민지에서 반란을 일으키는 것, 그리고 프랑스가 자체의 식민지

를 잃거나 포기하도록 하는 것은 프랑스의 국력을 약화하려는 계획에 들어 있는 중요한 여러 항목 중의 하나이다. 외부 세력은 [모스크바 제3인터내셔널에] 가입해서 그 명령을 비굴하게 따르고 있는 프랑스인들에게 그 계획을 차근차근 실행에 옮기도록 엄격하게 지침을 내리고 있다. 이 점에서 볼 때, 모스크바 제3인터내셔널의 계획은 어떤 엄밀한 논리에 따른 것이다 (…). 근로 대중에게서와 마찬가지로 내각과 국회에서도 구호는 같아야 한다. 공산주의는 적이라는 구호가 바로 그것이다.»(1927년)

프랑스인들이 가졌던 그런 두려움은 1930년대에 절정에 달했다. 마그레브와 인도차이나에 공산당 세포조직들이 등장했다. 공산당 세포조직원들은 북아프리카에서는 대체로 유럽인들로 이루어져 있었지만, 베트남에서는 달랐다. 베트남에서는 응우옌 아이 꾸옥(장차 호치민으로 불리게 될 사람)의 드높은 위상 *aura*이 굳건해지기 시작했다. 1930년, 낫과 망치가 그려진 붉은 깃발이 농민들의 시위에 처음으로 등장했다. 이후로 여러 해 동안 많은 글에서 이 문제가 다루어졌다. 르네 반랑드는 『공산주의의 위협을 받는 인도차이나』(1930년)를, 알베르 드 푸부르빌은 『아시아를 움켜쥔 붉은 발톱』(1933년)을, 귀스타브 고트로는 『식민지에서의 볼셰비키주의와 붉은 제국주의』(1930년)를 발표했다. 보수주의자 정치인들도 한몫을 했다. 프랑스와 코티는 『공산주의로부터 우리의 식민지를 구하자』(1931년)를 썼으며, 피에르 테탱제는 『붉은 꿈』(1930년)을 썼다……. 도처에서 같은 주장을 볼 수 있었다. 하원에서 한 연설에서 피에르 테탱제는 문제를 «이전»과 «이후»로 나누는 고전적인 설명 방식을 사용해서 훌륭한 연설 효과를 얻었다. 그는 다음과 같이 말했다. «예전에 인도차이나는 조용하고 친절하며 손님을 환대하는 나라였습니다. 그곳 주민들 대부분은 순박하면서도 가슴 뭉클한 신뢰를 [우리에게] 보냈습니다. 우리는 지금 [그들의] 태도 돌변에 직면해 있으며, 또한 조용하고 평화적이었던 사람들이 궐기해서 [우리의] 적이 되어 있는 것을 보고 있습니다. 대체 무슨 일이 일어났기 때문일까요?» 이에 대한 답은 자명했다. 피에르 테탱제는 자신이 제기한 물음에 다음과 같은 답을 내놓았다. «살인자들의 팔을 잡아끄는 것은 모스크바입니다.»(1930년)

레닌의 이름이 언급되었다. 레닌은 러시아에서 혁명을 시도했으나 실패하자 러시아의 주변국들을 통해서, 즉 서양의 여러 식민지를 통해서 서양을 위태롭게 하려는 사악한 계획을 세운 자로 간주되었다. 어떤 사람은 도처에 음모가 도사리고 있다고 주장했다. 흑인종보호연맹이라는 조직도 공산주의자들이 조직한 단체로 여겨졌으며, 리프에서 반란을 일으킨 모로코인들도 공산주의자로 여겨졌으며(1925년에 발행된 「토론 소식」에 다음과 같은 글이 실렸다. «모로코에서 일어난 소요는 볼셰비키들이 일으킨 소요이다.»), 1931년에 베트남 북부에 있는 옌바이에서 반란[219]을 일으킨 «인도차이나인들»도 공산주의자로 여겨졌다(부인할 수 없는 문건을 하나 프랑스 정보부가 찾아냈는데, 모스크바와 연락을 취하고 있는 1만 4361명에 이르는 «안남인» 관리들의 명부가 바로 그것이었다). 석연치 않고 추잡한 러시아인 요원들이 프랑스 제국을 은밀하게 누비고 다니고 있는 것으로 여겨졌다. 식민지를 무대로 한 초기 영화들 중의 한 편으로 쟈크 드 바롱셀리가

219 옌바이 반란: 하노이에서 북서쪽으로 120킬로미터에 있는 옌바이의 프랑스군 요새에서 근무하는 베트남 출신 보병 200명이 1930년 2월 9일에서 10일로 넘어가는 밤에 프랑스인 장교와 부사관, 원주민보병을 포함한 10여 명을 살해하고 그곳을 점령하면서 시작된 반란. 베트남국민당은 전국적인 반란을 일으키려고 했으나 약 2주만에 진압되었으며, 주도자들은 체포되어 처형되었다.(1000여 명이 기소되어 그 중에서 80명은 사형을 선고받았으며, 약 600명은 감옥형을 선고받았다.) 곧이어 베트남공산당 주도로 플랜테이션 농장에서 대대적인 파업이 일어나 베트남 북부와 코친차이나로 확산되었으며, 수천 명의 농부들도 봉기했다. 봉기는 그해 9월에 진압되었다. 수천 명이 체포되어 처형되었으며, 공산당 조직은 와해되었다.

감독한 영화 『사격!』에 등장하는 인물로 리프인들에게 무기를 공급하는 밀매업자의 이름은 디미트리(Dimitri)이다.(1926년)

탈식민화 시대에 긴장이 고조되면서 공산주의에 대한 혐오증은 거의 히스테리 수준이 되었다. 호치민과 그의 베트민 동지들은 물론 국제 공산주의 세력의 요원인 것으로, 오직 그런 요원일 뿐인 것으로 여겨졌다. 모스크바 측과 베이징 측이 그들과 동맹을 맺고 있기에 그들은 참된 애국자가 아닌 것으로 간주되었다. 다른 식민지의 민족주의자들 중에서 가장 온건한 사람들조차도 프랑스 지도자들에게는 호의적으로 보이지 않았다. 프랑스 제4공화국 대통령 뱅상 오리올은 미국 국무장관 죤-포스터 덜레스(사실을 말하자면, 덜레스는 오리올의 말을 의심했다.)를 다음과 같이 설득하려고 했다. 즉, «부르기바[220] 뒤에는 공산주의자들이 있고, 이스티크랄[221] 뒤에는 공산주의자들이 있다.»(1952년)라고 했던 것이다. 1961년에 네 명의 장성이 드골 체제 — 이 체제는 알제리를 헐값에 팔아치웠다는 비난을 받았다. —에 반발해서 무장폭동[222]을 일으키려 했을 때, 그들은 알제리의 도시 «메르 엘-케비르와 알제가 머지않아 소련의 기지가 되지나 않을까» 염려된다고 했다.(모리스 샬 장군) 역사가 증명해주었듯이, 유감스럽게도 그 민족주의자들 대부분은 마르크시즘 이데올로기에 단호하게 반대하지는 않았지만 그 이데올로기

220 하비브 부르기바(1903~2000년): 네오-데스투르당을 창당해서 독립운동을 벌였다. 튀니지가 독립한(1956년) 이후로 재헌의회 의장, 국방부 장관, 외무부 장관, 내무부 장관, 튀니지 공화국 초대 대통령(1957~1987년)을 지냈다.

221 이스티크랄 *Istiqlal*: 1943년에 창당된 모로코의 민족주의 정당. 술탄 벤 유세프를 지원했으며, 독립투쟁에서 중요한 역할을 했다.

222 1961년 4월, 장군들의 무장 폭동: 4월 21일에서 22일로 넘어가는 밤에 알제에서 권력을 장악한 라울 살랑 장군, 에드몽 쥬오 장군, 모리스 샬 장군, 앙드레 젤러 장군이 알제리 주둔군과 알제리에 거주하는 프랑스인들을 끌어들여 프랑스 본국 정부에 대해 일으킨 반란. 본국에서 공모자들은 즉각 체포되었다. 23일 저녁, 텔레비전에 등장한 드골 장군은 반란자들을 진압하려는 단호한 의지를 천명했다. 25일, 소수의 장교를 제외한 대부분의 고위 장교가 반란에 가담하기를 거부함으로써 거사는 실패로 끝났다. 이후 반란군은 드골 정부가 알제리 민족해방전선과 협상을 벌이는 것에 반대하는 사람들이 결성한 비밀군사조직 *OAS*이 이끄는 지하운동에 가담했다.

에 멀찌감치 거리를 두었으며(베트남의 경우는 예외였다), 다른 한편으로 국제 공산주의 운동 조직은 물론 나름의 방식으로 반식민주의 투사들을 양성하려고 애쓰기는 했지만 그 반식민주의 투사들의 운동 조직 — 이 조직은 공산주의인터내셔널 운동 조직의 사상 체계를 순순히 받아들이지 않았다(이 점 역시 베트남의 특징이었다). —을 항상 의심의 눈길로 바라보았다.

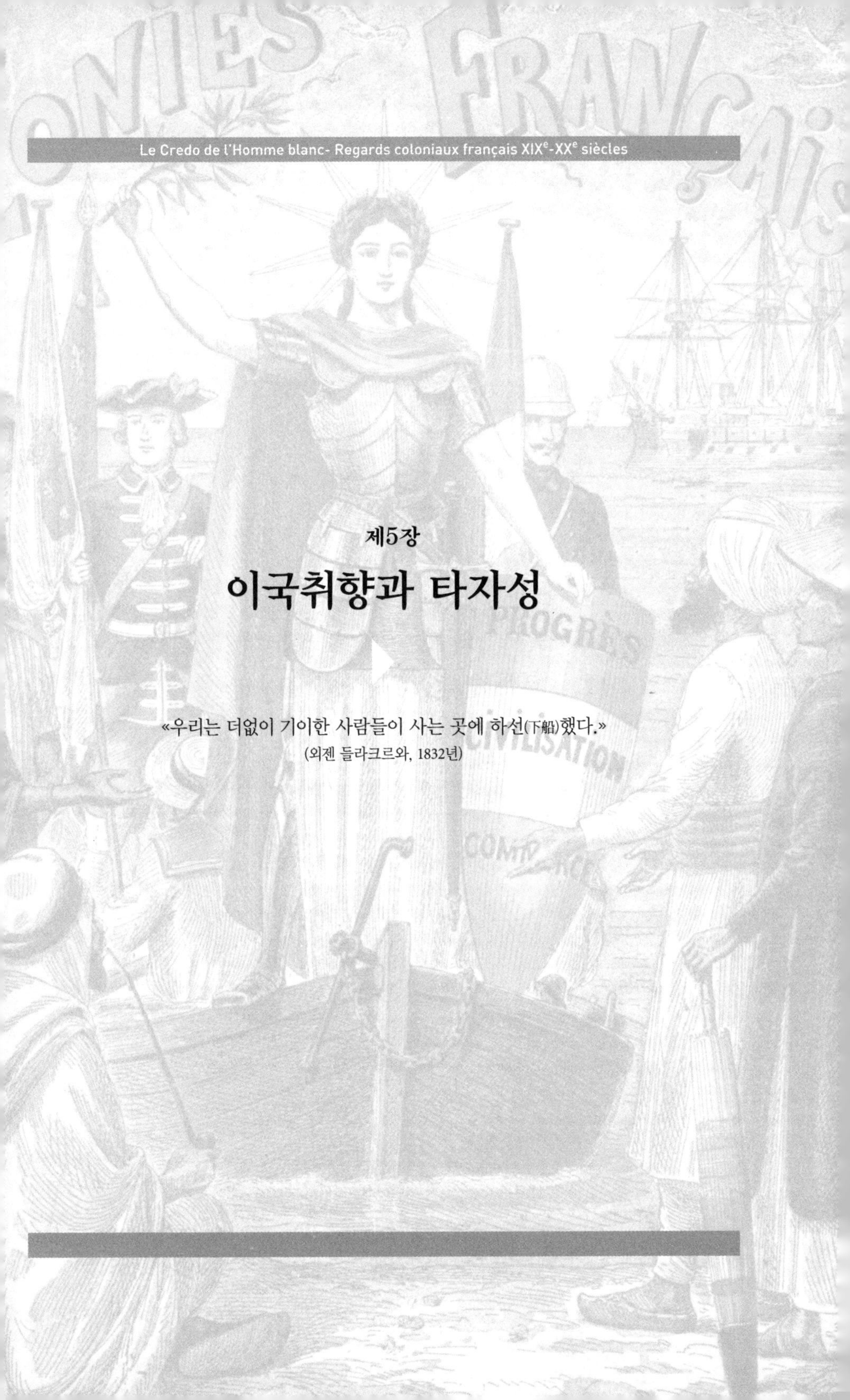

제5장

이국취향과 타자성

«우리는 더없이 기이한 사람들이 사는 곳에 하선(下船)했다.»
(외젠 들라크루와, 1832년)

식민주의적 사고 속으로 '기이한 *étrange*'이라는 형용사가 밀려들었다. 피지배 국가의 문화에서 볼 수 있는 모든 것이 유럽인들의 시각, 청각, 그리고 '미' 의식에 충격을 주었기 때문이다.

식민지의 다양한 예술 전통

음악과 춤

기얀에 처음으로 발을 디딘 프랑스인들 중의 한 사람인 드 베스네는 인디언의 음악과 춤을 다음과 같이 과소평가했다. «그들이 즐겨 연주하는 플루트 비슷한 악기가 있기는 하지만, 그들은 그 악기를 사용해서 매우 듣기 거북하고 시끄러운 소리를 낼 뿐이다. 어떤 박자도, 어떤 멜로디도 나타내지 못하면서.» 부이유보 신부는 «안남인들»의 음악과 춤을 다음과 같이 혹평했다. «우리가 그들의 음악적 재능에 대해 할 말이 무엇이 있겠는가? 그들에게는 여러 종류의 악기가 있지만, 그들은 하모니에 대해서는 아무것도 모른다. 그들은 몇 가지 뻔한 곡을 연주할 줄 알지만, 그 곡은 여러분을 잠들게 한다. 그들은 가련한 노래꾼이기도 한데, 그들의 목소리는 대체로 듣기 거북하다.»(1874년)

프랑스인들은 아프리카의 음악과 춤에 대해서도 마찬가지로 몰이해를 드러냈다.「삽화 신문」의 기자 샬뤽스는 흑인에게 «리듬의 달인» 자질이 있다는 것을 부정하기 어려웠지만, 곧장 다음과 같은 말을 덧붙였다. «원주민은 불협화음을 거의 개의치 않는다. 불협화음이 요란하면 할수록 원주민은 행복감을 느낀다.»(1929년) 아프리카인들의 춤은 어떤 평가를 받았는가? 아프리카인들의 춤은 유럽인이 따라가지 못할 정도로 너무 느리거나 너무 빠르다는 경멸적인 평가를 받기도 했다.

프놈펜에서 궁중 무용을 관람한 어느 기자는 다음과 같은 말을 내뱉었다. «춤의 특징은 본래 신체 뒷부분을 활발히 움직이는 것인데, 캄보디아인들은 손톱을 금으로 장식해서 기다랗게 보이도록 한 손가락만을 움직인다.»(앙리 비두, 1906년) 반대로, 흑인들이 공연할 때 그렇게 하듯이, «신체 뒷부분을 활발하게 움직이는» 춤은 혐오감을 주는 것으로 평가되었다. 파리의 블로메(Blomet)로(路)에 있는 «니그로 무도회장 *Bal Nègre*»[223]을 구경하고는 질겁한 기자 클라라 캉디아니는 흑인들이 몸을 떨며 추는 춤은 «흉측한 발정 흉내»라고 썼다.(1931년) 클레르-샤를 제니오는 튀니지에서 마그레브의 전통 춤인 «누바 *nouba*» 춤 공연을 구경하고는 다음과 같이 썼다.

«마귀에 홀린 듯한 연주가들이 입에 거품을 물면서 심벌즈를 미친 듯이 울려댔다. 노래하는 사람들은 흰자위가 이마 쪽으로 뒤집힌 채로 고래고래 고함을 질러댔다. 양탄자 위에서는 악령이 든 여성들이 개가 짖듯이 소리를 질러댔다. 군중 속에서는 다른 흑인 여성들이 도취 상태로 두 팔을 벌리고 벌렁 나자빠졌으며, 커다란 체구의 어느 니그로는 반쯤 죽은 듯이 경련을 일으키면서, 자신 속으로 들어온 바람의 악령을 다시 토해냈다.»(1934년)

문학

프랑스가 통킹 원정을 감행할 당시에 「르 피가로」의 특파원이었던 폴 본느탱은 통킹 문학에 대해 다음과 같이 엄숙하게 설명했다. «이 민

223 니그로 무도회장: 소위 광란의 시대에 해당하는 1920~1929년 무렵에 파리 몽파르나스 구역의 블로메로(路) 33번지에 있던 무도회장.

족의 역사는 오래되었지만 문학으로 말하자면 몹시 빈약하다. 격언과 경구가 뒤범벅되어 있고 통속적인 후렴이 따르는 몇 편의 단시(短詩), 이것이 바로 안남 문학의 변변찮은 성과이다.»(1887년) 이런 발언은 오늘날 세계적으로 대작가로 추앙되는 응우옌 짜이와 응우옌 주[224]의 혼을 부들부들 떨게 하는 발언이다. 흑(黑)아프리카 문학은 통킹 문학보다 더 높은 평가를 받지 못했다. 펠리시앵 샬레는 사헬[225] 남쪽에 있는 여러 나라에는 20세기 초까지 문학이 없었다 — 이것은 사실이다. —고 한 다음, 다음과 같이 덧붙였다. «그 여러 나라에는 구비문학(口碑文學)조차도 없다. 아비들은 자식들에게 자기 민족의 과거와 관련되는 어떠한 전통에 대해서도 알려주지 않는다. 고작 몇몇 미개 부족이 몇 개의 매우 단순한 우화(寓話)를 이야기할 따름이다.»(1906년) 이런 주장은 이후의 연구를 통해서 거짓임이 분명하게 밝혀졌다.

건축과 조각

인도차이나의 앙코르와트 건축물을 폄하하기란 쉽지 않았다! 그곳을 직접 눈으로 보았던 사람들 대부분은 열대 숲속의 폐허에서 볼 수 있는 그 건축물의 완벽한 미 앞에서 감탄하고 겸손한 태도를 취했다. 그곳을 처음으로 방문한 서양인들 중의 한 사람인 앙리 무오는 다음과 같이 썼다. «이 사원을 보노라면 정신은 짓눌리는 느낌이 들고, 상상력은 압도당하는 느낌이 든다. 사람들은 바라보고, 감탄하고, 경외감에 사로잡혀 입을 다문다. 아마도 지구상에서 견줄 만한 대상이 없는, 결코 없는 이 건축 작품을 찬양하기 위한 말을 어느 곳에서 찾을 수 있겠는

224 응우옌 주(1766~1820년): 베트남 레 왕조 말기와 응우옌 왕조 초기의 문신, 정치인, 시인.
225 사헬 : 아랍어로 '평지'를 뜻하는 말. 아프리카 북부의 사하라 사막과 중부의 사바나 기후 지역 사이에 가로로 길게 뻗은 지역.

가?»(1872년) 방문객 대부분이 이런 태도를 취했다. 피에르 로티 같은 작가들, 또는 앙코르와트를 보전하는 데에 큰 도움을 준 프랑스극동학교에 소속된 팀들이 그러했다. 그러나 다른 사람들에게서는 여전히 서양을 최상위에 두면서 여러 문명의 우열을 정하려는 (더러운) 편집증이 완강하게 자리 잡고 있었다. 루이 들라포르트[226]는 캄보디아의 예술 작품들은 멋지며, 이 때문에 캄보디아 예술은 «서양의 위대한 작품들 바로 다음»이 될 수 있다고 썼다. 들라포르트는 아무런 증거도 없이 다음과 같이 덧붙였다. «캄보디아 예술은 두 가지 영향으로 그리스 건축과 고딕 건축에 관련된다.»(1890년) 모든 예술적 미는 오직 유럽의 하늘 아래에서만 생겨날 수 있었다는 듯이 말이다. 프랑스극동학교의 교장 죠르쥬 코에데스는 앙코르와트 사원이 발견된 지 3/4세기가 지난 1943년에 대중 독자를 겨냥한 소책자를 써서 이런 허튼소리에 대해 다음과 같이 반박했다. «특히 앙코르와트에서 발견할 수 있는 몇몇 장식 모티브는 이탈리아 르네상스의 몇몇 모티브와 매우 놀라운 유사성을 보여준다. 그러나 이 유사성은 실재적 유사성이라기보다는 아마도 피상적인 유사성일 것이다. 이런 유사성은 우연적이지 않을 것이라는 주장을 펴는 말을 나는 이따금 들은 적이 있다. 어떤 사람은 말하기를, 앙코르와트의 건설 연대(12세기)를 재검토해야 할 것이며, 그 유적이 다른 시대에 건축된 것으로 봐야 할 것이며, 그 유적이 14세기 이후에 건설된 것임을 보여주는 어떤 점을 기어코 찾아내야 할 것이라고 한다.» 정직한 학자이자 재주 있는 대중작가였던 코에데스는 분개하기도 하고 재미있어하기도 하면서 이런 «주장들»을 하나씩 하나씩 차례로 박살냈다.

226 루이 들라포르트(1842~1925년): 프랑스 탐험가. 해군에 입대해서 메콩강을 탐사하다가 앙코르와트를 발견하고 이 유적을 알리는 데에 평생을 보내기로 결심했다. 이어서 윈난 삼각주까지 홍하를 탐사하고 크메르 예술품을 수집하는 임무를 맡아 수행했으며, 이 예술품을 전시하는 박물관에서 일했다.

프랑스인들은 이슬람 국가의 예술에 대해서도 유럽 중심주의적 광기를 드러냈다. 다른 부문에서와 마찬가지로 예술의 영역에서도 전문잡지에 발표된 과학적 성과와, 수많은 신문·잡지 기사를 가득 채운 기만적 주장 사이에는 분명한 간극이 있었다. 1923년, 앙드레 세르비에는 마그레브에는 엄연히 아랍인들이 살고 있음에도 불구하고 또 이슬람이 있음에도 불구하고, 여러 종류의 문화가 있다고 주장했다. 그는 다음과 같이 썼다. «아마도 무슬림 문명이라는 것이 있을 것이다. 그러나 이 문명은 아랍인들 덕분도 아니며 이슬람 덕분도 아니다. 무슬림이 된 여러 민족은 아랍족이 아닌 다른 종족에 속하기 때문에, 그리고 이슬람의 영향을 너무 크게 받지 않았기 때문에, 비로소 진보를 이룰 수 있었다.» 1947년에도 콩스탕틴 박물관의 관장 앙드레 베르티에가 잡지 「인구」에 발표한 글에서 마그레브가 인류 문명에 실제로 기여한 일체의 것을 부정했다. 베르티에는 다음과 같이 질문했다. 중세에 어느 곳이 이슬람의 대도시였는가? 그것은 스페인의 톨레도라고 그는 답했다. 그러므로 이슬람에서 기원한 문화가 이후로 확산된 것은 지중해 저편 남쪽이 아니라 스페인에서부터라고 그는 주장했다. 이어서 그는 프랑스 남부 지중해 부근의 도시 몽펠리에(의술 부문), 영국 남부의 옥스퍼드(과학 부문) 그리고 프랑스 파리(철학 부문)가 특별히 그 문화를 이어받았다고 했다. 그의 주장은 유럽이 다시 한번 이슬람 문화가 확산되는 중심지로 기능했다는 것이다. «반대로, 말하자면 베르베르 지역 *Bérberie*[227]이 문명에 기여한 바는 없다 (…). 그리하여 북아프리카에서는 단 한 명의 위대한 시인, 위대한 철학자, 위대한 수학자, 위대한 의

227 베르베르 지역: 베르베르족이 사는 지역. 알제리, 모로코, 튀니지, 리비아, 모리타니를 비롯한 북아프리카 일대가 이에 속한다.

사도 발견되지 않는다. 역사가 이븐 칼둔은 예외이다.» 그러므로 만일 마그레브에 예술 도시들이 있다면, 스페인에서 가까운 곳에 있을 수밖에 없다고 그는 주장했다. 그가 보기에는 유럽 연안에서 가장 가까운 곳인 모로코가 예술 면에서 가장 풍요로운 곳이라는 사실이 이를 증명해주었다. 베르티에는 자신의 동료인 페로네의 말을 인용하면서 다음과 같이 결론을 내렸다. «이 기념건축물에서 표현되는 것은 아랍인들이나 베르베르인들의 정신이 아니라, 안달루시아 사람들의 정신이다. 아랍인들과 베르베르인들은 예술에 관련되는 것을 깊이 있게 느끼거나 그것을 참으로 완벽한 기법으로 나타낼 수도 없다.»

근본적인 이국취향과 조잡한 이국취향

이국취향(또는 최소한 일상 어휘에서 통용되는 이 용어의 의미)은 결국 식민주의적 사고가 필연적으로 이르게 된 정점이었다. 우리의 «보호를 받는 사람들»의 전통은 매혹적이긴 하지만 낡아빠진 유물로서, 보고 듣기에는 감미로울지 몰라도 인류의 문화유산을 풍요롭게 하는 것이라고는 할 수 없는 것으로 여겨졌다. 식민지를 무대로 한 온갖 문학작품 이곳저곳에서 발견되는 '그림 같은 *pittoresque*'이라는 낱말보다 이런 정신 상태를 더 잘 요약해주는 낱말은 무엇일까?

이국취향의 주요 이론가는 그 용어를 마구 사용하는 것을 격렬하게 비판하기도 했던 빅토르 세갈렌[228]이다. 그 용어를 마구 사용하는 데

228 빅토르 세갈렌(1878~1919년): 프랑스 시인, 소설가, 민족학자, 중국학자, 고고학자. 해군 군의관으로 폴리네시아, 중국 등에 파견되어 그곳의 문화와 문명에 대해 알게 되었으며 그것을 소재로 많은 작품을 썼다.

에 따르는 위험을 그는 예감했다. 그가 보기에 다양성이라는 것은 삶 그 자체였다. 사실, «'타자'의 모든 것은 이국취향의 대상이 된다. 그것을 즐긴다는 것은 '다양한 것'을 음미하는 법을 배운다는 것이다.» 세갈렌은 동시대인들에게 다음과 같이 말하고자 했다. 조심하시라, 어떤 종류의 이국취향은 이국취향 자체를 «더럽혀 놓았다.»라고. 이런 애매한 점을 청산하기 위해 그는 『이국취향 시론(試論)』이라는 제목의 저서에서 자신이 해야 할 작업 계획을 다음과 같이 정했다. «무엇보다 먼저 장애물을 제거하자. 이 이국취향이라는 낱말에 담겨 있는 역겹고 잘못된 모든 것을 내버리자. 이 낱말에서 이것이 상기시키는 종려나무, 낙타, 식민지 관리의 헬멧, 검은 피부, 노란 태양 같은 모든 장식물을 떨쳐버리자. 이렇게 하는 동시에 이런 낱말들을 너무나 자주 멍청하게 사용하는 모든 이들을 멀리하자 (…). 참으로 구역질 나는 제거 작업이로구나!»(1915년) 그러나 사실을 말하자면, 세갈렌은 그 일에 성공하지 못했다. 아마도 그 일은 그의 역량을 넘어서는 것이었으리라. '그림 같은'이라는 낱말과 참된 인식이 벌이는 가차 없는 싸움에서 그 낱말이 어렵지 않게 승리했다.

당시 사람들은 대체로 세갈렌이 이국취향에 대해 내린 정의와는 너무나 거리가 먼 이국취향을 드러냈다!

프랑스 본국과 식민지에서 사람들은 이국취향의 대가(大家) 피에르 로티의 산문 작품을 빨리 읽고는 많은 대화를 나누었다! 수많은 상투적인 생각이 종이 위에 표현되었다! 보들레르조차도 다음과 같이 썼다. «나른한 아시아와 불타는 아프리카.»(1857년) 프랑시스 잠조차도 다음과 같이 썼다. «군고구마 냄새가 럼주 냄새에 뒤섞여 풍겨왔으며, 나는 노예들의 가슴 아픈 노래를 들었다.»(1921년) 탐탐 북을 연주하는 아프리카 사람들, 폴리네시아 여인들, 아편을 피우는 아시아 사람들,

모로코 기병들이 무수히 언급되었다! 미리암 아리가 마다가스카르를 여행하면서 남긴 다음과 같은 평가처럼, 너무나 공허한 문장들이 수없이 사용되었다. «쉬아비낭드린 *Suavinandrine*![229] 이 낱말은 내 마음에 꼭 든다! 나는 미모사가 금빛 비를 뿌리고 용설란이 마디마디 꽃 피는 진홍빛 길을 가며 이 말을 되풀이한다.»(1943년) 다음과 같은 가슴 아픈 노래들이 수없이 등장했다.

«사이공은
금빛 햇살 속에서
더없이 아름다운 배경 속에서
더없이 어여쁜 항구
사이공은
사랑의 기항지
사람들은 그곳에 며칠간 머물 예정으로 와서
영원히 머문다네
소년들이 너무나 멋지게 "사랑해"라고
속삭일 줄 알기 때문이라네
처녀들의 갸름한 두 눈 속에
시(詩)가 들어 있기 때문이라네
사이공,
그대의 초록 집들 속에서는
사랑과 노래가 꽃 피어난다네.»(장-루이 마를롯, 1948년)

229 쉬아비낭드린 *Suavinandrine*: 마다가스카르의 왕 라다마 1세가 사칼라바족(피지배 종족으로 주로 해안에 살았다.)으로부터 빼앗아서 호바족(지배 종족으로 주로 고원지대에 살았다.) 귀족들(마다가스카르어로 «앙드린 *andrines*»)에게 준 곳. 마다가스카르 북서부에 있다. 그곳 기후의 «상쾌함 *suavité*» 때문에 붙여진 이름. «suavité»와 «andrine»을 결합해서 만든 낱말.

그렇다. 세갈렌이 옳았다. 이국취향(이런 식의 이국취향)은 '다양한 것'에 대해 가질 수 있는 느낌을 더럽혀 놓는 한 형식이었던 것이 분명했다.

물론, 이런 문학 장르는 해외 여러 나라에 대해 비뚤어진 이미지를 대중의 머릿속에 심어주었다. 또한 이런 문학 장르는 재미있는 장르일 뿐이지만, 오늘날 사람들은 이런 장르에 대해서 미소를 지을 수 있을지 모르겠다. 심각한 사실은, 이런 형태의 이국취향이 «외국» 민족들에게 씌워진 너울 같은 것이었다는 점이다. 아니, 너울 이상의 것이었다. 하지만 제1차 세계대전과 제2차 세계대전 사이에 대학교수였던 폴 위블랭은 다음과 같이 경고했다. «어떤 종류의 문학에 대해서는 각별히 조심합시다! 『파리의 노트르담』을 중세 고고학 개론으로 삼지 말아야 하는 것 이상으로 『아지야데』[230]를 레반트 정치를 공부하기 위한 교재로 삼지 맙시다!»(1924년)

위블랭의 호소는 거의 받아들여지지 않았다.

사실을 확인해보아야 한다. 참된 인식은 그 인식이 타락한 형태인 이국취향적 인식과의 대결에서 항상 완패했다. 1934년, 루이 말르레는 다음과 같이 썼다. «지금도 여전히 프랑스 독자들은 인도차이나를 베르나르댕 드 생-피에르[231]가 좋아한 착한 미개인들의 나라로 상상하거나, 도처에 장대한 나무들이 있고 눈부신 하늘과 마법 같은 태양이 있는 곳이자 자연의 온갖 은혜로움이 베풀어진 곳으로 상상하고 있지나 않는지는 확실치 않다.»

230 『파리의 노트르담』과 『아지야데』: 『파리의 노트르담』은 빅토르 위고가 1831년에 발표한 소설이다. 『아지야데』는 피에르 로티가 1879년에 익명으로 발표한 첫 소설로, 1876~1877년의 터키를 무대로 그곳의 어느 부유한 늙은이의 애첩인 젊은 여성과 유럽인 해군 장교의 사랑을 그린 작품이다.

231 베르나르댕 드 생-피에르(1737~1814년): 프랑스 작가, 식물학자. 『자연 연구』로 명성을 얻어서 식물원 원장이 되었으며, 소설 『폴과 비르지니』에서는 이국적 풍경 속에서 펼쳐지는 목가적인 사랑을 그렸다. 전기 낭만주의자로 평가된다.

식민박람회

프랑스에는 «이국적인 것들»을 전시해서 프랑스 본국 사람들의 호기심을 충족시키는 오랜 전통이 있었다. 르네상스 시대까지 거슬러 올라가서 그 흔적을 찾아볼 수 있다. 예를 들면, 1550년에 루앙(Rouen)시는 앙리 2세와 카트린 드 메디치[232]의 입성을 축하하기 위해 인디언 투피남바족의 생활 습관을 재현한 대규모 공연을 열었다. 이에 즈음하여 노르망디 지방 주민들의 호기심을 충족시키기 위해 50명의 진짜 인디언이 전시되었다.

물론, 이런 종류의 행위가 일반화된 것은 식민 시대가 시작되면서부터이다. 이 시대 내내 식민당[233]은 프랑스가 식민지에서 거둔 멋진 성과를 프랑스 본국 사람들에게 알리기 위해 교육 부문에서 조직적인 노력을 쏟았다.

이미 1851년에 런던에서 열린 만국박람회에서 인도회사는 그 회사가 펼치는 활동을 미화한 장면을 구경꾼들에게 보여주었다. 프랑스에서 식민지 팽창을 지지하는 사람들도 뒤질 수 없었다. 1855년에 열린 파리 박람회 때부터 식민지관(植民地館)이 설치되었다. 이 박람회에 즈음하여 식민지 관련 상설 사무국이 문을 열었다. 사무국은 샹젤리제 거리에 있는 산업관(産業館 *Palais de l'Industrie*)에 자리를 잡았다. 제3공화정이 수립되고 얼마 되지 않아 개최된 첫 박람회 때(1878년), 파리의 트로카데로에 있는 공원은 호기심 많은 군중으로 가득했다. 그 군중은 한가롭게 멈추어 서서, 프랑스가 «안남», «코친차이나» 또는 알제리에서

232 앙리 2세(1519~1559년)와 카트린 드 메디치(1519~1589년): 앙리 2세는 발르와-앙굴렘 가문의 프랑스의 국왕(1547~1559년 재위)이며, 카트린 드 메디치는 왕비이다.
233 식민당 : 각주 163번을 보라.

이룩한 성과를 구경할 수 있었다. 1889년에는 프랑스가 여러 식민지에서 거둔 성과를 자랑하는 것들이 파리의 앵발리드 광장에 설치된 식민지관에 전시되었다. 구경꾼들 중에는 폴 고갱이라는 사람이 있었는데, 그는 자신이 오래전부터 찾고 있던 새로운 지평을 그곳에서 발견하기 시작했다. 그런 일이 너무나 큰 성과를 거두었기에 이후로 루앙(1896년), 파리(1900년), 보르도(1908년), 루배(1911년), 리용(1914년), 스트라스부르(1924년), 파리(1925년에 열린 장식예술박람회), 그리고 다시 파리(1937년)를 비롯해서 프랑스 곳곳에서 개최된 온갖 박람회에서는 식민지와 관련한 전시 공간이 필수적으로 포함되기에 이르렀다. 한편으로는 식민지와 관련한 것들만을 보여주는 박람회가 개최되었다. 1894년에 리용에 있는 황금 머리 공원 *Parc de la Tête d'Or*의 104헥타르에 이르는 공간에서 첫 식민박람회가 열렸다. 그 뒤를 이어서 프랑스의 «식민 수도»로 불리던 마르세유에서 두 차례에 걸쳐 식민박람회가 열렸다. 마침내 1931년에는 그런 종류의 행사 중에서 가장 큰 규모의 행사가 파리의 뱅센숲에서 열렸다. 5월 6일, 박람회 조직 위원장 리요테 원수(元帥), 총리 피에르 라발, 식민부 장관 폴 레노가 그곳에서 가스통 두메르그 대통령을 맞았다. 폴 레노는 두메르그 대통령에게 이렇게 말했다. «대통령 각하, 각하께서는 15분 만에 세계 일주를 하셨습니다.» 15분이라는 표현은 아마 조금 과장된 것이리라. 그러나 한 시간이나 반나절만에 박람회를 구경하고 그렇게 해서 프랑스의 여러 식민지와 그곳에 사는 여러 기이한 민족을 알게 되었다는 착각을 할 수 있다는 것은 사실이었다. 게다가 박람회를 주최한 사람들 중에서도 가장 낙관적인 사람들이 바랐던 것 이상으로 1931년 한 해 동안 800만 명의 구경꾼들이 박람회에서 식민지를 여행하는 경험을 했다.

이 모든 박람회에서 볼 수 있는 공통점은 «진짜처럼 보이고자 하는»

의지였다. 그리하여 그런 종류의 행사와 긴밀히 연계해서 거대한 건축물을 재현하는 작업이 시행되었다(여담으로 하는 말이지만, 어떤 «원주민»도 건축물을 재현하는 작업에 참여시키지 않았다). 가장 유명한 예는 앙코르와트 사원을 재현한 것이었는데, 그 건물은 뱅센에서 열린 식민박람회에서 가장 인기가 있었다. 그 건물은 건축가 샤를 블랑슈와 가브리엘 블랑슈가 설계하고 오베를레-로랑(Auberlet et Laurent)회사가 건축했는데, 대중들로부터 엄청난 인기를 얻었다. 그 건물은 온갖 각도에서 사진으로 촬영되었으며, 그 사진들 중에서 가장 잘 찍은 것은 우편엽서로 제작되어 세계 곳곳으로 보내졌다. 이 시기를 회상하는 글 중에서 그 모조 건축물에 대해 언급하지 않은 글은 없다. 물론 다른 글들도 많이 있지만. 회교 사원의 첨탑(미나렛), «안남의» 탑, 아프리카의 성채 등이 우뚝 솟아있고 너무나 다양하고 그림 같은 풍경에 대해 언급하지 않으면서 회상록을 쓸 생각은 누구도 하지 않았다. 식민지의 거리와 주거지가 재현되었으며, 구경꾼 — 아마도 앞으로도 프랑스 밖으로 나가지 않게 될 보통 프랑스인 구경꾼 —은 아프리카의 오두막집을 구경하고는 이어서 인도차이나의 초가집을 구경하고, 회교 사원을 구경하고는 이어서 불교 사원을 구경하고, 모로코의 장터를 구경하고는 이어서 서인도제도의 장터를 구경할 수 있었다. 「삽화가 곁들여진 식민 세계 신문」의 특집호에는 뱅센 식민박람회장에 재현된 튀니지의 장터를 소개하는 글이 실렸는데, 그 내용은 다음과 같다. «이 작은 건물들 전체는 멋지며, 여러분을 튀니지에 있는 어느 거리의 분위기로 데려갑니다.» 뱅센 식민박람회장의 호숫가에는 이국적 식당이 무수히 들어섰다. 토고 식당, 인도차이나 식당, 튀니지 식당, 모로코 식당, 마다가스카르 식당, 과들루프 식당, 그리고 신비로운 «정글 식당» — 이곳의 식사 메뉴는 지금까지 전해오지는 않는다. —이 그러했다. 구경꾼들은 그 여러 식당 중에서 어느 한 곳을 골라서 그곳에서 식사를 할 수 있었다. 식민박람회장은 식민지를 고스란히 베껴놓은 듯해서 제비들도 착각할 정도였다. 1908년에 발행된 어느 신문에서 다음과 같은 글을 볼 수 있다. «특이한 양식으로 지어진 그 집들은 제비들을 가장 먼저 놀라게 했다. 그 다음으로 돔, 용마루, 하얀 쿠폴, 날렵한 회교 사원은 제비들에게 그들이 얼마 전에 떠나온 곳을 상기하게 했다……. 제비들은 자신들이 아직도 오리엔트에 있다고 여겼다……. 곧 제비들은 자신들이 착각했으며 무척이나 오랫동안 날아보지 못했다는 것을 알아차리고는 더 북쪽으로 날아갔다.»(『마르세유 소(小)신문』 9월 19일 자) 믿기 어려운 이야기일까?

«진짜»처럼 보이고 또 «향토색»를 살려야만 했던 건축물만 있었던 것은 아니다. 16세기에 루앙에서 그러했듯이, 여러 식민지에서 남성들, 여성들, 어린아이들을 데리고 와서, 식민박람회 개최자들과 구경꾼들의 상투적인 생각에 어울리도록 옷을 입혀서(또는 알몸으로) 전시했다. 모든 것이 세심하게 꾸며졌다. 한 치의 어긋남도 없었다. «원주민들»은 정식 계약에 따라, 어떤 유형의 행동을 해야만 했다. 즉, 백인들의 시선을 개의치 않고, 구경꾼들이 보고 있지 않는 듯이 생활하는 모습을 보여주어야 했다. 하지만 아주 조금은 «그림 같은 모습»을 곁들여야 했다. 우리는 다음과 같은 사실을 상기하지 않을 수 없다. 즉, 대체로 그 인간 존재들은 동물들과 함께 전시되었으며, 또 그와 동시에 구경꾼들이 머릿속으로 그 존재들은 동물들과 비슷하다고 느낄 수밖에 없도록 해주는 환경 속에 전시되었다. 예를 들면, 1887년에 파리 시민들은 불로뉴숲에 있는 동물원에서 흑아프리카 부족인 아샨티족을 구경할 수 있었다. 당시에 유명한 시사 평론가였던 쥘 르메트르는 그 행사를 보도하는 기사를 썼는데, 그 기사는 다음과 같이 시작된다.

«이번 주(週)에는 새로운 구경거리가 하나도 없다. 나는 불로뉴숲 속의 동물원에서 아샨티족 사람들밖에 보지 못했다. 이 동물원은 멋지다. 그림 글자나 『스위스 로빈슨 가족의 모험』[234]에 실려 있는 생동감 넘치는 그림과 비슷하다. 그곳에서 어린아이들은 여행 이야기에 나오는 신비로운 동물들을 보는 기쁨을 맛본다. 어린아이들은 타조를 타보거나 낙타 또는 코끼리 등에 올라탈 수 있다. 그리고 이 즐거운 날에 빠진 것이 아무것도 없도록 하려고 어린아이들에게 미개인들을 구경시켜 주기도 한다.»

이런 유형의 본보기와도 같은 것으로서 1931년 뱅센에서 식민박람회와 동물원이 동시에 개장되었다. 그리하여 개장 날, 「조간」의 독자들은 그 신문의 «1면»에 다음과 같은 설명문이 붙어 있는 4장의 사진이 실려 있는 것을 볼 수 있었다. «위의 왼쪽 — 프랑스령 서아프리카에 사는 원주민 / 위의 오른쪽 — 낮잠을 자는 사자들 / 아래쪽 — 캄보디아의 소녀들이 예복을 기다리고 있고, 기린과 타조가 이야기를 나누고 있다.»

«니그로 마을»을 재현한 곳에서는 언제나 그곳 주민들이 전시되었는데, 그 주민들은 그때 그곳의 기후가 어떠하든 간에 언제나 거의 알몸 상태였다……. 튀니스의 거리를 재현한 곳에는 언제나 뱀을 부리는 사람들이 전시되었다……. 모로코의 장터를 재현한 곳에서는 언제나 가죽을 무두질하는 장인(匠人)들이 전시되었다……. «인도차이나»관(館)에서는 언제나 캄보디아의 무희들, «안남의» 고관대작들이 전시되었다……. 여전히 1887년에 쥘 르메트르 — 이 사람은 남의 말에 쉽게

---

234 『스위스 로빈슨 가족의 모험』: 스위스 목사 요한 데이비드 위스가 다니엘 데포의 『로빈슨 크루소』를 모델로 해서 쓴 소설(1812년에 초판 발행). 오스트레일리아의 포트 잭슨으로 가는 도중에 난파된 스위스인 부부와 네 명의 자녀가 인도네시아의 어느 무인도에 도착해서 그곳을 개척해나가는 과정을 담고 있다. 위스 목사의 아들 요한 엠마누엘 위스가 삽화를 그렸다.

속아 넘어가지 않는 사람이었다. —는 백인들이 머릿속에서 꾸며낸 장면을 독자들에게 묘사했다. 그 내용은 다음과 같다. «남성들은 목청껏 내뱉는 함성, 즉 미개인의 함성(물론 그렇다.)을 지르며 전쟁놀이를 한다. 전투를 하고 사람을 죽이는 시늉을 하는 것이다. 이따금 그들 중에서 한 사람은 쓰러져 죽는 시늉을 하고, 다른 사람들은 그 사람 주위에 둘러서서 극도로 경쾌한 춤을 춘다.» 리용에서 제1회 대식민박람회가 열렸을 때(1894년), 잘생긴 흑인들이 «세네갈 마을»에서 생활하는 장면을 보여주었다. 그 흑인들은 카누를 저어 박람회장 중심에 있는 호수를 누비고 다녔다. 수영을 잘하는 그 흑인들은 물속으로 뛰어들어 구경꾼들이 던진 동전을 건져내면서 사람들을 즐겁게 해주었다. 1906년에 마르세유에서는 캄보디아 국왕 시소와스를 따라온 프놈펜 왕실 무용단 무희들이 인기를 누렸다. 「작은 소식」의 «1면»에 그 여성들의 모습이 실렸는데, 그 모습은 매우 다채로운 색깔로 채색되어 있다. 무희들이 춤을 추는 장면을 구경하던 오귀스트 로댕은 크로키를 많이 그렸다. 1909년에는 파리에서 「여행 소식」을 발행하는 회사가 재미있는 광고 아이디어를 냈다. 투아레그족[235] 축제를 개최한 것이다. 파리의 클리시대로(大路)에 «커다란 사하라 천막촌»이 설치되었다. 공예가들, 전사들, 마술사들, «여성 주술사 타미나(Tamina)와 그녀의 부적»뿐만 아니라, 유명한 울레드-나일[236] 여성들이 전시되어 파리인들의 호기심을 채워주었다. «울레드-나일 여성들이 추는 사막 춤은 기이하고도 보는 이의 마음을 사로잡는 매력을 발산하게 될 것»으로 소개되었다. 1889년에 열린 만국박람회에서는 인력거를 끄는 «안남인들»이 앵발리

235 투아레그족: 사하라 사막에서 유목 생활을 하는 종족.
236 울레드-나일: 알제리에 사는 부족 또는 그 부족이 사는 곳의 이름.

드 광장에서 조용히 고객을 기다리고 있었다. 「삽화 신문」에 실려 있는 어느 그림에는 어깨로 양산을 받쳐 든 예쁜 파리 여성 한 명이, 무표정한 모습의 인력거꾼이 끄는 인력거를 타고 가는 모습이 그려져 있다. 1906년에 마르세유에서도 같은 광경을 볼 수 있었다. 어느 광고 전단에는 그 독특한 운송 수단(인력거)을 자랑하는 다음과 같은 글이 실려 있다. «하노이와 사이공에서 운행 중인 것과 유사한 것으로 바퀴에 고무를 덧댄 인력거 30대가 구경꾼들을 박람회장 곳곳으로 데려다준다. 박람회장 입구에 승강장이 있다. 하노이와 사이공의 인부들이 입고 있는 것과 유사한 제복 차림을 한 기운 센 인부들이 이 인력거를 끈다. 이런 운송 방식은 구경꾼들로부터 큰 인기를 얻었다.» 인력거 운행은 «큰 인기»가 있었지만, 이후로 개최된 다른 박람회에서는 금지되었다.

1931년, 박람회가 너무나 치밀하게 계획된 탓에 작은 소란이 일어나기도 했다. 「캉디드」의 기자 알랭 로브로는 식인종들이 등장하는 고약한 연극 공연을 관람하다가 그 «식인종들» 중에 카나크족 친구가 한 사람 있는 것을 보고는 놀랐다. 그 친구는 선교회 학교에 다닌 적이 있었고 로브로가 예전에 누벨칼레도니의 누메아에서 알던 사람이었다. 로브로는 다음과 같이 썼다.

> «그런데 그로부터 12년이 지난 뒤에 나는 파리에서 다시 그를 만났는데, 그 사람은 식인종이 되어 있었다. (…) 얼마 전에 가까이 다가온 카나크족 사람들이 호기심에 차서 우리의 대화를 지켜보았다. 프로스페르(Prosper)가 소개를 했다. (…) 귀 기울여 들어보시라. 지금 나는 조금도 지어내고 있지 않다. 박람회 누벨칼레도니관(館)에 가보시면 아직도 확인할 수 있다. 그 야수들의 이름은 엘리제 *Élisée*, 쟝 *Jean*, 모리스 *Maurice*, 오귀스트 *Auguste*, 제르맹 *Germain*이며, 마리위스

Marius[237]도 있다. 한 사람은 누메아에서 발랑드(Ballende) 백화점의 마차꾼이었으며, 다른 한 사람은 세관 사무원이었으며, 또 다른 사람은 호텔 지배인이었으며, 역시 또 다른 사람은 연안 화물선의 조타수였다. 경찰이었던 사람도 있고, 교회지기였던 사람도 있다 (…). 이 사건에서 가장 기막힌 것은 그 기괴한 순회공연을 기획한 '흥행사'의 이름이 프랑스 행정부라는 것이다. 내가 여기서 그 순회공연을 가리켜서 기괴하다고 한 것은, 자신들이 우스꽝스러운 흥행에 참여하고 있다는 것을 카나크족들이 알고 있다 하더라도, 그 흥행이 식민부의 엄중한 감독하에서 공식적으로 마련되었다는 사실을 잊지 말아야 할 것이기 때문이다. 그것도 우리나라 '나리들'이 진보니, 사회 해방이니, 인간의 위엄이니 하는 말만을 입에 달고 다니는 시대에 말이다(…).»

다른 정기간행물은 그 공연을 조롱하는 편을 택했다. 그 공연을 조롱하는 데에 단연 으뜸을 차지한 것은 당연히 신문 「사슬에 묶인 오리」[238]였다. 그 신문의 기자 드레쥬랭은 맛있는 음식을 판매하는 «오베르뉴[239]관(館)»을 상상으로 그려냈으며, 그곳의 주인 피에르 라발[240]이 사투리 억양으로 구경꾼들을 맞이하고 특산 요리를 소개하는 장면을 묘사했다. 「웃음」 특집호가 발행되었는데, 그 신문에 실린 그림들은 모두 알베르 뒤부[241]가 그린 것이다. 그 그림들 중에서 특히 주목을 끄는 것은 키

237 엘리제 …… 마리위스: 이 이름들은 프랑스식 이름이다. 따라서 누벨칼레도니관에서 일한 그 «야수들»(원주민들)은 프랑스 국적을 가진 사람들이었다.

238 「사슬에 묶인 오리」: 1915년에 창간된 주간신문으로 매주 수요일에 발행된다. 정치인들의 비리를 폭로하고 그들을 가차 없이 풍자하는 것으로 유명하다.

239 오베르뉴: 프랑스 남중부에 있는 지방. 토속 요리로 유명하다.

240 피에르 라발(1883~1945년): 오베르뉴 지방에서 태어나서 스물여섯 살까지 그곳에서 생활하면서 아버지가 운영하는 여인숙 겸 식당에서 심부름꾼으로 일했다. 뱅센 식민박람회가 열린 1931년에는 총리였다. 비시 체제 때에 다시 총리를 지냈으며, 종전 후 국가 반역 혐의로 재판을 받고 처형되었다. 말솜씨가 익살스럽고 걸쭉했다고 한다.

241 알베르 뒤부(1905~1976년): 프랑스 삽화가, 영화인, 화가. 풍자화를 잘 그렸다.

가 크고 못생긴 어느 노처녀가 수위에게 다음과 같이 묻는 장면이다.

«실례합니다만, 흑인 남자에게 강제로 몸을 빼앗기려면 어디로 가야 하지요?»

제복 차림의 수위는 태연하게 다음과 같이 답한다. «뱅센숲, 오른쪽 세 번째 길로 가십시오.»

다른 그림에는 뒤부가 그린 그림에서 볼 수 있는 전형적인 인물로서 모자를 쓰고 키가 무척 작은 영감과 키가 크고 벌거벗은 것이나 다름없는 흑인이 길에서 마주치는 장면이 등장한다. 두 사람은 각자 다음과 같은 생각을 하지 않을 수 없다. «별 고약한 차림 다 보겠군!»

이런 까다롭고 이상한 글과 그림들은 중요하지 않았다. 그 박람회를 개최한 사람들에게서 중요한 것은 구경꾼들 각자가 우리의 «보호를 받는 사람들»의 생활 조건을 두 눈으로 확인하고, 그들의 신체 모습을 가까이에서 관찰하고, 그들이 만든 물건들을 감상할 수 있다는 것이었다.

그 박람회를 구경하고 나면 식민지에 대해 더 잘 알게 되었던가? 그것은 다른 문제였다. 앙리 바르뷔스[242]가 주간으로 있던 주간 잡지 「세계」에 실린 매우 감동적인 기사에서 기자 레옹 베르트는 뱅센의 길거리에서 구경꾼들에 둘러싸여 춤추는 어느 «늙은 흑인»의 이야기를 들려준다. «그 공연을 구경하는 사람들은 줄줄이 어지간히 누추한 백인들이었다. 그들은 무공훈장을 받은 사람, 금혼식을 맞은 사람, 코냑상[243]을 탄 사람을 비롯한 선량한 사람들이었다.» 그들은 눈길은 따뜻하고 입에는 미소를 머금고 있었다. «그들에게서는 단 한 점의 의심도 찾아

242 앙리 바르뷔스(1873~1935년): 프랑스 작가. 제1차 세계대전에 지원병으로 참전했다. 전선의 병사들이 겪는 고통스러운 삶을 사실적으로 묘사한 소설 『포화-어느 분대의 일기』를 썼으며, 열렬한 반전주의자가 되었다. 러시아 혁명에 열광하고 공산주의를 수호하기 위해 투쟁했다. 잡지 「세계 *Monde*」를 창간해서 이끌었다.

243 코냑상: 정식 명칭은 코냑-자이상. 에르네스트 코냑과 마리-루이즈 자이가 제정한 상. 자녀가 다섯 명 이상인 대가족 가정에 수여한다. 아카데미프랑세즈가 매년 300가정에 상금과 상을 수여한다.

볼 수 없다. 그들은 문명 자체이다. 식민지에서는 마호가니와 고무가 생산된다. 니그로들은 코코넛을 주식으로 삼고, 천 조각이나 조가비를 옷으로 삼으며, 지상에서 그들이 맡은 일은 식민박람회에서 사람들의 구경거리가 되는 것이다. 아마도 그들을 문명화하는 날이 올 것이다.» 딱한 일이었다. 레옹 베르트는 다음과 같이 결론을 내렸다. «이를테면, 전쟁 때에는 예쁜 간호사들이 미소를 지으며 병사들의 이야기에 귀를 기울였다. 식민박람회는 식민화 사업의 후방과도 같은 것이다. 그곳에서는 전방[244]의 실상이 조금도 드러나지 않는다.»

식민 시대는 특히 두 세계, 즉 식민지인들의 세계와 식민 지배인들의 세계 사이에 서로 접촉이 없었다는 특징을 띠며, 식민박람회는 분명히 그런 접촉 부재의 정점에 해당했다.

누가 누구인지 구분되지 않고 한 덩어리로 여겨진 식민지인들

«프랑스인들은 지리(地理)를 모른다.» 이것은 익히 알려진 사실이다. 프랑스인들이 특히 식민지의 지리를 잘 모른다는 것은 확실했다. 1868년, 식민지의 현실을 직접 눈으로 보았던 람보송이라는 사람은 프랑스인들이 지리를 잘 모른다는 사실에 대해 다음과 같이 탄식했다. «식민지는 프랑스 내에 거의 알려져 있지 않다! 단순히 "식민지의 수가 몇 개인가?"라고 물어보더라도, 이 단순한 질문에 누가 답할 수 있을까?» 그로부터 80년이 지난 1949년 말에도 사정이 더 낫지는 않았다. 수

244 전방: 식민지 현지를 의미한다.

십 년에 걸쳐 식민지와 관련한 선전이 펼쳐졌지만, 프랑스인들 중에서 19%(다섯 명 중에서 한 명!)는 해외 영토의 이름을 단 하나도 댈 줄 몰랐으며, 28%만이 다섯 개 이상을 댈 줄 알았다(국립 경제 통계 연구소의 조사).

이런 무지는 식민지인들에 대한 프랑스 본국 사람들의 머릿속에 팽배해 있던 엄청난 혼동이 자라나는 부식토가 되었다. 식민지인들이 서로 비슷해 보였던 것이다……. 모든 식민주의적 사고에서 어김없이 드러나는 이런 흔한 현상은 프랑스 내에서 한층 두드러졌다. 보통 프랑스인들이 보기에 모든 식민지인들은 누가 누구인지 구분되지 않고 한 덩어리로 여겨졌으며, 같은 곳 — 즉, 막연히 이국적인 어느 곳 — 출신처럼 보였으며, 너무나 바르게 이해되지 못했던 것이다. 1876년에 소설가 마리 마레샬은 꼬마 소년 벤 아이사(Ben Aïssa)가 프랑스 부르주아 가정에 입양되는 내용을 담은 소설을 썼는데, 이 소설에서 소설가는 선량한 여성 요리사가 내비치는 다음과 같은 적대감 어린 반응을 부각했다. 이 요리사는 중국에서 프랑스 선교사들이 학살당한 것에 대해 언급하면서, 아랍 소년 벤 아이사에게 비난을 퍼붓는다! 잘못을 지적하는 사람에게 그녀는 다음과 같이 답한다. «중국과 알제리는 같은 게 아닌가요!» 뱅센에서 열린 식민박람회의 인도차이나관(館)에서 연주된 음악 프로그램을 살펴보면, 지금의 우리는 아연실색할 따름이다. 당시의 구경꾼들 대부분에게는 충격을 주지 않았겠지만 말이다. 이 프로그램에는 다음과 같은 내용이 들어 있다. «안남의 원주민 근위대»가 «에미라의 행진곡»을 연주할 것이며, 라오스 예술단이 페르시아 음악과 이집트 음악에 맞추어 춤을 출 것이다 ……. 같은 시기에 카지노 드 파리[245]에서 공연된 버라이어티 쇼 «프랑스의 여러 식민지» 프로그램 속에는 믿기지

245 카지노 드 파리 *Casino de Paris*: 파리 제9구(區)에 있는 공연장.

않을 정도로 잡다한 것이 담겨 있다. 그 쇼의 으뜸가는 스타였던 죠세핀 베이커는 «알제리의 북, 인도의 자명종 악곡, 마다가스카르의 탐탐북, 콩고의 코코넛, 과들루프의 차차차, 마르티니크의 카드릴, 인도차이나의 징, 아랍의 춤»을 뒤죽박죽 노래 속에 담았다.(1930년) 게다가 이 무대에서 베이커는 〈통킹 소녀〉(이 노래는 그로부터 30년 전에 폴랭이 처음으로 불렀다.)를 불러 불멸의 곡으로 만들었다. 극동에서 남녀가 나누는 사랑 이야기를 담고 있는 이 재미없는 가요를 미국 흑인 여성이 정확한 프랑스어 발음으로 불러서 유명해졌다는 사실은 서양인들의 정신 속에 팽배해 있던, 식민지에 대한 혼동에 대해 말해주는 바가 많다.

혼동이라고? 그 이상이었다! 뒤죽박죽이었다! 식민주의가 막바지에 도달한 시대에 이르기까지 남녀 배우들 — 백인이 아니거나 프랑스인이 아니라는 것이, 또는 백인도 아니고 프랑스인도 아니라는 것이 유일한 장점인 배우들 —이 연극과 영화에서 «원주민» 역할을 맡았다.

1913년, 쟝 리슈팽의 희곡 『미나렛』이 파리의 무대에 올랐는데, 주연은 러시아 여배우 이다 루빈스타인이 맡았다. 쟈크 페데르 감독의 영화 〈아틀랑티드〉(1921년)에 등장하는 아하가르[246]의 공주 앙티네아(Antinea) 역을 처음 맡은 사람은 슬라브 미녀 스타시아 나피에르코프스카였다. 별 권한이 없는 술탄의 아내이면서도 백인 주인공을 열정적으로 사랑하는 야스미나 역을 맡은 사람은 부쿠레슈티 왕립 극단의 배우 플로리카 알렉산드레스코였다.(1922년) 앞에서 언급한 죠세핀 베이커는 영화 〈탐탐 공주〉(1935년)의 주인공으로, 쟝 가뱅을 사랑하게 되는 야생마 같은 튀니지 소녀 역을 맡았다. 예외가 하나 있다. 서인도제도 태생의 식민지 여성 라마-타에는 1938년에 앙리 페스쿠 감독의 영화 〈서양〉의 주연을 맡아

246 아하가르: 알제리 남부의 사하라 사막 한가운데에 있는 산악지대.

서 아름다운 모로코 여성 아수나(Hassouna) 역을 연기했다.(1949년)

전쟁이 끝난 뒤에도 식민지에 대한 많은 사람의 혼동은 여전히 계속되었다. 죠르쥬 퐁피두[247]는 다음과 같은 의미심장한 일화를 회고록에 남겼다. 1945년, 젊은 퐁피두가 어떤 임무를 띠고 오베르뉴 지방에서 드골 장군을 수행하고 있을 때였다. 당시에 자유프랑스 *France libre*의 지도자 드골 장군은 모로코의 술탄과 함께 있었다. 퐁피두는 «모로코의 유력 인사들이 지나갈 때에 "브라보, 니그로들!"이라고 외치던 그 선량한 농부»를 떠올리면서 다음과 같이 썼다. 그 외침은 «열광적인 탄성이었지만, 나는 그 탄성이 그 누구라도 만족시키기에 알맞은 것이었음을 의심치 않는다.»(1982년) 작은 탄광촌인 르 샹봉-푸쥬롤[248]을 사회학적 관점에서 연구한 책을 저술한 사람은 프랑스인 광부들이 자신들과 같이 일하는 북아프리카인들을 가리키기 위해 «니그로»라는 낱말을 꾸준히 사용한다는 점을 지적했다.(쟈크 에스트린, 1954년) 이와는 반대로, 우리는 다음과 같은 사실을 알고 있다. 처음에는 아프리카 흑인들에게 붙여졌던 경멸적인 용어 «검둥이 *Bougnoule*»(월로프어[249]에서 유래)가 1950~60년대 들어서 부지불식간에 마그레브인들을 가리키게 되었다는 것을 말이다.

247 죠르쥬 퐁피두(1911~1974년): 프랑스 정치인. 1969~1974년에 대통령을 지냈다.
248 르 샹봉-푸쥬롤: 프랑스 남부의 르와르도(道)에 있는 작은 마을.
249 월로프어: 세네갈과 감비아 등에 사는 종족의 언어. 월로프어에서 «부 뉼 *wu ñuul*»은 «검은 사람»이라는 뜻으로, 북아프리카 원주민을 가리킨다.

제6장

진짜 접촉과 가짜 접촉

«원주민들과 우리는 하나가 되지 못하고 서로 동떨어져 있다.»
(오귀스탱 베르크, 1933년)

앞에서 살펴본 것과 같은, 식민지인들에 대한 인종주의적 교만과 몰이해는 백인 지배자들의 눈이 패배한 민족들의 참모습을 보지 못하도록 하는 차단막 같은 작용을 했다.

물론 약간의 차이를 인정해야 한다. 시간상의 차이와 공간상의 차이, 그리고 상황과 개인에 따른 차이 말이다.

시간상의 차이는 다음과 같다. 프랑스인 집단과 «원주민» 집단은 수십 년 동안 같은 나라에서 나란히 생활했다. 각종 금지 사항과 서로에 대한 편견에도 불구하고 이 두 집단이 마침내 서로에 대해 알게 되었다는 것은 분명한 사실이다. 비록 서로에 대해 조금밖에 알지 못했긴 하지만 말이다. 그러나 이 두 집단의 관계는 1880년과 1950년에 동일하지 않았다.

공간상의 차이는 다음과 같다. «원주민들»과 어울리고 그들과 좋은 시간을 함께 보내는 것은 흑아프리카와 누벨칼레도니에서는 몹시 드문 일이었으며, 마그레브와 서인도제도에서는 별로 잦지 않았으나 상상 가능한 일이었으며, 인도차이나에서는 적어도 제1차 세계대전과 제2차 세계대전 때부터는 비교적 용인되었던 일이다…….

상황과 개인에 따른 차이는 다음과 같다. 백인 지배자들과 패배한 민족들은 서로 가까이하게 되었다. 예를 들면, «원주민 엘리트들»은 프랑스 초·중·고등학교에 자녀들을 점점 더 많이 보냈다. 원주민의 자녀들과 백인의 자녀들은 하노이의 알베르 사로 고등학교[250], 모로코 라바트의 구로 고등학교[251] 또는 알제의 뷔죠 고등학교[252]의 같은 교실에

250 알베르 사로 고등학교: 1911~1914년 그리고 1916~1919년에 인도차이나 총독을 지낸 알베르 사로(1872~1962년)의 이름을 딴 고등학교.

251 구로 고등학교: 수단, 말리, 차드, 모로코 등지에서 근무했던 프랑스 장군 앙리 구로(1867~1946년)의 이름을 딴 고등학교.

252 뷔죠 고등학교: 토마 로베르 뷔죠의 이름을 딴 고등학교. 뷔죠에 대해서는 각주 159번을 보라.

서 공부함으로써 서로 관계를 맺었으며, 그 관계는 각자의 다른 생활에도 불구하고 멀어지지 않았다. 민중 계층에서는 다른 접촉이 생겨나기도 했다. 유럽 아이들과 «원주민» 아이들이 뒤섞여서 도시의 골목길에서 놀이를 하거나, 알베르 카뮈가 어렸을 때에 알제에서 그렇게 했듯이 축구공을 차며 놀거나, 또는 마르셀 세르당[253]이 어렸을 때에 카사블랑카에서 그렇게 했듯이 권투를 하면서 놀 수 있었다. 학생들에 대한 헌신에 있어서 경탄스러웠으며, 학생 한 명 한 명에 관심을 기울였으며, 탈종교적 체제의 프랑스 공화국이 자신들에게 부여한 임무를 완수하려고 애썼던 프랑스인 교사들은 식민지의 «벽촌»에 감동적인 기억을 남겼다. «피에-느와르 *pied-noir*»[254] 출신 노동조합원들은 누구랄 것 없이 임금 노동자 모두를 강력하게 옹호함으로써 함께 일하는 아랍인 노동자들로부터 신뢰를 얻을 수 있었다. 아프리카의 오지에서 활동한 백인 신부들[255]과 도시의 가난한 동네에서 활동한 수녀를 비롯한 성직자들은 인간의 비참을 덜어주는 데에 자신의 삶을 바쳤으며, «원주민들»로부터 사랑을 받을 수 있었다.

백인 지배자들과 패배한 민족들 간의 이런 접촉의 양상을 부정하려는 생각은 아무도 하지 않을 것이다. 그러나 솔직히 말해서, 그들의 접촉이 이런 양상만으로 요약될 수 있을까? 이런 양상은 보다 어두운 다

253 마르셀 세르당(1916~1949년): 알제리에서 스페인계 부모에게서 태어난 권투 선수. 일곱 살에 부모를 따라 모로코의 카사블랑카로 이주했다. 여덟 살에 카사블랑카에서 아버지가 운영하는 카페의 무도장에 설치된 링에 처음 올랐으며, 열일곱 살에 프로 권투 선수 생활을 시작했다. 모로코, 북아프리카, 프랑스, 유럽, 미국, 전 세계에 차례로 명성을 떨쳤다. 에디트 피아프의 연인으로 유명했다. 뉴욕에 가 있던 피아프를 만나려고 비행기를 타고 가던 도중에 사고로 사망했다.

254 피에-느와르: 1956년부터 사용되기 시작한 것으로서 처음에는 프랑스 식민지 알제리에서 출생하고 성장한 프랑스인들을 가리키는 말이었으나, 모로코나 튀니지에서 출생하고 성장한 프랑스인들을 가리키는 것으로 확장되었다. "검은 발"이라는 뜻을 가지고 있다. 배에서 석탄 연료를 담당하던 사람(주로 알제리인)을 가리키는 말에서, 또는 알제리에 이주한 프랑스인들의 신발 색깔에서, 또는 철새 이름에서 유래했다는 설이 있지만 정확한 기원은 분명치 않다.

255 백인 신부들: 각주 187번을 참고하라.

른 양상과 짝을 이루는 것이 아닐까? 이 문제에 대한 무수한 증언을 살펴보기 위해서는 다음과 같은 생각을 반드시 해보아야 한다. 결국, 타자의 정체성을 존중하는 참된 접촉, 즉 서로가 대등한 관계 속에서 이루어지는 접촉은 항상 그러했던 것이 아니라 예외적이었다는 생각을 말이다.

서로 동떨어진 두 세계

유럽인들 대다수가 알았던 사람들은 누구였던가? 그 사람들은 유럽인들에게 종속된 사람들이었다. 유럽인들 대다수가 어울렸던 사람들은 누구였던가? 그 사람들은 유럽인들의 들러리였다. 그리고 다른 사람들도 있었다. 알제리에 잠시 체류한 적이 있는 기 드 모파상은 일체의 개혁을 단호하게 거부하는 그곳 유럽인들의 태도에 대해 개탄했다. 그 유럽인들은 «원주민들»이 어떤 사람들인지를 자신들이 알고 있기 때문에 자신들은 개혁에 반대한다고 했다. 모파상은 다음과 같이 분노했다. «원주민들»이 어떤 사람들인지를 유럽인들이 안다고? 유럽인들은 «원주민들»이 어떤 사람들인지를 모른다. 모파상은 다음과 같이 썼다. «그들은 자신들의 장화를 닦아주는 아랍인들 말고 다른 아랍인들을 본 적이 전혀 없다.»(1881년) 한편 20세기 초, 식민지에 거주하는 프랑스인들의 사회와 베트남인들의 사회를 날카롭게 관찰했으며, 특이한 인물이었던 프랑스인 장교 페르낭 베르나르 대위는 다음과 같이 썼다.

«많은 수비대 때문에 질서가 쉽게 유지될 수 있었던 여러 대도시에서는 유럽인들과 안남인들 사이에 관계가 생겨났다. 보다 평온한 삶

을 되찾기를 갈망하는 조용한 성격의 사람들이 그곳으로 몰려들었다. 특히 빈곤과 범죄 때문에 살던 마을에서 쫓겨난 유랑자들이 그러했다. 그들은 그곳에 와서 굽신거리며 살아갔다. 그들은 목숨을 부지하려는 강한 욕구를 가지고 있었으며, 민족주의 투쟁에 대해서는 무관심했으며, 온갖 주인을 섬길 준비가 되어 있었다. 행정이나 가사에 필요한 모든 인력은 그들 중에서 충원되었다. 보이, 인부, 연락병, 그리고 통역사나 필경사가 그러했다. 통역사나 필경사는 선교회가 운영하는 학교에서 서둘러 양성되었다. 식민지 이주민들이나 막 그곳에 발을 디딘 관리들은 이 비참한 사람들과 접촉하면서 안남 민족을 알게 되었다.»(1901년)

백인들이 일시적으로 함께 살았던 여성들, 직업 활동을 함에 있어서 백인에게 종속되었던 «원주민들»(들판에서 일하는 농부들, 작업장에서 일하는 인부들) 등을 덧붙이자. 그리고 «개명한 사람들»을 덧붙이자. 이 «개명한 사람들»은 종종 서양 문화의 물이 들어 있었으며, 이따금 백인들의 매너를 흉내 내는 경향이 있었다. 여하튼 그들은 백인들의 정치 생활, 경제 생활, 사교 생활에 미미하게나마 참여하는 것이 유일하게 허용된 사람들이었다. 하지만 이때 그들은 민족주의자들의 주장에 지나치게 귀를 기울이지 않아야 했다.

보이 직책(장 스타르의 표현)

식민지를 무대로 하는 글을 썼으며 당시에 이름이 널리 알려져 있었던 작가 장 아잘베르는 다음과 같이 썼다. «원주민과의 접촉은 관청에서 이루어졌다.»(1941년) 사실, 자기 집 안에서 '식민지 거주민'은 시중을 드는 사람 말고 다른 누구와 가까이 지낼 수 있었겠는가?

보이는 가정생활의 주축이었다. 아무 일이든 하는 사람, 시종, 심부름꾼, 급사장 일 등을 차례로 하다가, 어느 날은 백인의 기분을 맞춰주다가, 다음 날에는 놀림감이 되고 괴롭힘을 당하는 보이는 자신을 꼭 필요한 사람으로 만들 줄 알았다. 이어서 보이는 온갖 종류의 고용인이 되었다. 임금이 싸기 때문에 종종 수가 너무 많았던 고용인 말이다. 20세기 초에 «통킹 사람»이라는 별명이 붙었던 작가 쟝 스타르는 이것을 보이 직책이라고 불렀다. 그는 이 특이한 직업의 보이지 않는 위계를 묘사했다. 우두머리인 «안방 보이»의 지휘 — 이것은 이따금 난폭하게 표출되었다. —를 받으며 «베프 *bep*»(요리사), «사이스 *saïs*»(마부), «쿨리-크세 *coolie-xé*»(심부름 담당), «정원사 쿨리», «세탁부 보이», 아무도 하려고 하지 않는 불결한 일을 해야 하는 매우 젊은 «베콩 *bécon*» 등이 일을 한다. 쟝 스타르는 다음과 같이 썼다. «잘 세어보시라. 모두 일곱 명인 이 하인들의 역할은 각기 다르다. 신세가 가엾은 하인도 있다! 독신자 한 사람의 시중을 드는 하인 말이다. 식구가 두 사람이 되면 하인 수를 늘려야 한다. 공연이 불발되지 않도록 하려면 대역을 써야만 하는 법이다. 하인은 아홉 명, 열 명으로 늘어나기도 한다. 바느질 담당 꽁가이, 보조 보이, 조리사 보조 등으로 말이다. 가정에 아이가 한둘이 있으면 가정부 역할을 하는 꽁가이와 유모 역할을 하는 꽁가이 같은 재미있는 인물들이 생겨나서 하인은 열두세 명으로 늘어난다.»(1902년) 이 계산을 곧이곧대로 여긴다는 것은 물론 지나친 일이 될 것이다. 모든 프랑스인이 이토록 많은 하인의 도움을 받을 수 있었던 것은 아니다. 전혀 그렇지 않다. 그러나 한 가정에 두세 명의 하인을 고용하는 것은 흔한 일이었다.

탈식민화가 시작되기 직전에도 몇몇 사람은 «니그로»에게는 자연적 기능에 따라 하인의 자리가 정해져 있다고 주장하기를 주저하지 않았다. 1947년에 앙드레 루생은 연극을 한 편 무대에 올렸는데, 경쾌하고 경박할 뿐인 『오두막집』이 그것이다. 그 내용은 다음과 같다. 세 명의 남자(백인 두 명, 흑인 한 명)와 한 명의 여성(백인)이 무인도에 표착한다. 파란 많은 사건들(백인 여성과 흑인 남성이 사랑을 나누는 밤을 포함한 사건들)이 지나간 뒤로 어떤 일이 일어났는지 독자 여러분은 아시겠는가? 두 명의 «평범한 프랑스인 남성»은 흔한 도식을 약간은 즐겁게 되풀이한다. 즉, 두 명의 프랑스인 남성은 하인 역할을 할 것을 흑인 남성에게 강요한다. 흑인 남성은 물고기를 잡고, 사냥을 하고, 요리를 하고, 집안일을 한다. 다른 사람들은 안락한 생활을 즐긴다……. 이 미니어처 사회 속에는 식민지에 거주하던 «가난한 백인들 *petits Blancs*»이 바라던 바가 모두 반영되어 있다.

그 «원주민» 하인들은 마음속으로 무슨 생각을 했을까? «안남인» 보이의 무표정한 얼굴, «니그로» 요리사의 미소, 아랍인 «파트마 *Fatma*»[256]의 내리깐 눈은 무엇을 의미하는 것이었을까? 그들은 단지 백인이 자신들에게 살 곳을 허락해준 것에 감사했을까? 특히 자신들과 같은 시민들이 받는 평균치 수입보다 더 많은 수입을 자신들이 받을 수 있도록 해준 것에 감사했을까? 그들이 애정을 보일 때, 그들은 진실했던가? 그렇지 않으면, 그들은 은밀한 원한을 간직하고 있었던가? 불화가 생기면 곧장 분출할 수 있는 원한 말이다.

1831년, 외젠 슈[257]는 흔치 않을 정도로 대단히 극적인 내용을 담은 소설 『아타르-귈』을 썼다. 이 작품에는 자메이카에서 노예로 살아가는 아타르-귈(주인공)과 그의 주인 톰 빌(Tom Will)이 등장한다. 톰 빌은 예

256 파트마: 백인들이 아랍인 여성을 일컫던 말. 각주 302번을 참고하라.
257 외젠 슈(1804~1857년): 프랑스 소설가. 신문 연재소설로 유명하다. 이국취향의 해양소설, 풍속소설, 역사소설, 사회소설, 정치소설 등을 썼다.

전에 아타르-귈의 아버지를 죽게 한 사람이다. 그러나 그는 심성이 사악한 사람은 아니었다. 그는 마침내 아타르-귈을 노예 신분에서 해방해서 자신의 하인으로 삼는다. 마음씨 좋은 주인 톰 빌에 대한 «니그로» 아타르-귈의 복종심, 존경심, 나아가 사랑하는 마음을 모든 사람이 칭찬한다. 주인 가족과 하인은 프랑스로 귀국한다. 그리고 여러 해가 지나가고 수십 년이 흘렀다. 톰 빌의 친구들과 친척들이 한 명씩 한 명씩 죽고, 마침내 톰 빌과 아타르-귈 두 사람만이 일대일로 남았다. 그런데 톰 빌의 옛 노예 아타르-귈은 마음 깊은 곳에 복수심을 간직하고 있었다. 그 복수심은 잘 가려져 있어서 누구의 눈에도 보이지 않았다. 그리고 마침내 때가 왔다. 혼자가 되고 늙고 기력이 없는 톰 빌은 자신을 지킬 수 없는 처지가 되었다. 아타르-귈이 주인 톰 빌에게 말했다. 진심으로 하는 말이었다. 아타르-귈은 너무나 오랫동안 마음속에 억눌러두었던, 하지만 항상 불타고 있던 증오심이 넘쳐나는 말을 쏟아냈다. 그의 눈 속에는 이제 자신이 상대에게 고통을 준다는 기쁨, 칼처럼 날카로운 기쁨이 넘쳐흘렀으며, 아무것도 이해할 수 없는 나머지 가엽게 된 톰 빌의 눈 속에는 마지막 순간까지 그런 상황을 믿을 수 없으며 또 왜 그런 상황이 벌어지게 되었는지 의아해하는 기색이 역력했다. 식민주의 역사를 수놓은 여러 반란이 일어났을 때 많은 유럽인이 보인 반응이 생각난다. 종종 유럽인들은 자신들이 가장 잘 안다고 여겼던 사람들, 즉 하인들, 소작인들, 이웃 사람들이 자신들의 적들 중에서 가장 폭력적이고 가장 만만치 않은 사람들이라는 것을 확인하고는 질겁했다.

여하튼 외젠 슈의 소설은 식민지인들과의 접촉에 대해 다음과 같은 진지한 의문을 제기한다. 신분 자체 때문에 자신들에게 종속되어 있는 사람들과 어울리면 그들을 제대로 알게 될까? 만일 자신들의 속생각을 말한다면 자신들이 차지하고 있는 자리를 잃을 수도 있고 또 아마도 그 이상을 잃을지도 모르는 사람들이 겉으로 드러내는 모습을 보고서 그들의 생각이 바뀌어 간다는 것을 어찌 알 수 있는가? 절대로, 그리고 어떤 경우에도 폭력을 휘두르지 않는 «마음씨 좋은 주인»조차도 자신이 부리는 하인들과 대화를 나눌 생각을 할 수 없었다. 서로가 상대의 말에 귀를 기울이고, 서로의 상반되는 생각을 비교해보고, '타자'를 설득하려고 시도하고, 혹시라도 자신이 실수를 하면 그것을 인정하는 참된 대화 말이다. 식민지를 여행했던 모리스 롱데-생[258]은 하인의 얼굴에서 아무것도 읽을 수 없으며, 일상생활에 필요한 말 이외의 다른 말은 그 하인에게서 전혀 끌어낼 수 없다는 사실을 솔직하게 인정했다. 그 내용은 다음과 같다.

> «도(Dô)는 여러 달 동안 우리와 함께 살았다. 그는 사이공에서 앙코르와트의 폐허로, 안남의 산악지대에 있는 오지로, 하롱베이로, 윈난의 추운 고원지방으로 우리를 따라다녔다. 우리는 수레, 자동차, 여객선, 노 젓는 배, 삼판[259], 소달구지, 기차, 말, 가마를 타고 여행했다.
>
> 밤이 되면, 그는 우리가 자는 방의 문 부근에 누워 잤다.
>
> 우리는 정성 — 이것은 각 사람이 자기의 시중을 드는 사람에게 베풀어야 하는 것이다. — 을 기울여서 그를 돌보았다. 우리는 그에게 언제나 먹거리가 있는지 신경을 썼다. 그가 식사를 하는 장면을 자주

258 모리스 롱데-생(1863~1937년): 프랑스 엔지니어, 여행가, 작가. 무역 자문관이었던 그는 프랑스 상무부로부터 외국에 나가 있는 프랑스인들을 감독하라는 임무를 부여받고 수에즈, 아덴, 실론, 싱가포르, 상하이, 요코하마, 밴쿠버, 샌프란시스코, 만사니요, 콜리마, 과이마스, 산타로잘리아, 남아메리카의 이곳저곳, 몬테비데오, 리우데자네이루, 다카르를 누비고 다녔다.

259 삼판(三板): 동남아에서 많이 운행되었고 지금도 일부 운행되는 중국식 배. 나무로 만들었으며 바닥이 평평하다. 광둥어로 세 개의 판자(평평한 바탕 판자와 그 좌우에 각각 하나의 판자)로 만든 배를 가리키는 말에서 유래했다. 돛을 달고 운행되기도 한다.

보지 못했지만 말이다. 그가 아플 때, 우리는 최선을 다해서 그를 간호했다. 그가 백인의 의술을 꺼렸지만 말이다.

어느 날 아침, 나는 몸단장을 하는 그를 불시에 찾아갔다. 그는 머리를 매만지고 있었다. 그의 곁에는 가발 타래가 널브러져 있었다. 도는 가발을 썼던 것이다! 그는 머리 둘레에 붉은색 스카프를 항상 매고 다녔는데, 그것만으로도 그는 노처녀 같은 모습을 꾸며내기에 충분했다…….

그는 시녀처럼 유순하고, 신중하고, 조용하고, 능란하게 내 아내의 시중을 들었다. 나는 그의 무표정한 얼굴에서 미소도, 분노도 보지 못했다.

그는 아편을 피운 흔적이 있었다. 그러나 나는 그가 아편을 피우는 모습을 한 번도 보지 못했다.

그는 나무랄 데 없이 우리의 시중을 들었다. 그러나 그는 내 손목시계를 훔쳐 가려고 한 적이 있었다. 범죄 현장에서 들켰지만 당혹해하는 표정도, 놀란 표정도, 분노의 표정도 그에게서 볼 수 없었다.

그는 우리에게 조금이라도 헌신했던가? 위험이 다가왔을 때, 그를 믿을 수 있었던가? 아니면 그는 본질적으로 외국인인 우리를 증오했으며, 그가 속한 인종과 우리가 속한 인종이 대결하는 위기가 진행될 때 우리를 배반하고 우리에게 타격을 가했던가?

나는 이 사람에게서 이 모든 것 중의 어떤 것도 결코 찾아낼 수 없었다. 내가 한가로이 오랫동안 살펴볼 수 있었던 이 사람에게서 말이다.

도(*Dô*)는 안남인이었다.

그리고 식민지배 체제를 만들어 내는 사람들 — 이들은 안남인을 안다고 뽐내는데, 프랑스에서 뽐내기도 하고 가끔은 인도차이나에 체류한 뒤에 그렇게 하기도 한다. —은 매우 훌륭한 사람들이다. 그들의 예감을 존중하자.

식민지인들에게서 볼 수 있는 바다의 침묵.[260]»(1917년)

식민지의 도시

열대 지역의 주거 밀집 지역에 작은 프랑스를 만들고자 하는 야망이 공공연히 표명되었다. 그곳에서 유럽인들은 그들끼리 생활하고 그들끼리 놀았다. 일이 끝나면, 그들은 모여서 함께 여가 활동을 즐겼다. 남성들은 스포츠를 즐겼다. 마그레브 지역에서는 축구를 좀 더 많이 즐겼으며, 인도차이나에서는 테니스를 많이 쳤다. 남편을 따라 식민지로 간 여성들은 낮에는 몹시 지루해했으며, 저녁에는 시간을 많이 빼앗기는 사교 활동을 했다. 각종 예식이 이들 집단을 단결시켰다. 오후가 끝나갈 무렵에는 적지 않게 아페리티프를 마셨다. «사이공에서 생활했던 사람들» 중에서 지금 «컨티넨탈» 호텔[261]의 테라스를 잊어버린 사람이 누가 있는가? 게다가 사람들은 외출을 많이 했다. 연극이나 콘서트를 보려고, 특히 이 사람 저 사람의 집에서 저녁 파티를 즐기려고 외출을 많이 했다. 사람들은 돌아가며 서로를 초대했다. 험담이라고는 할 수 없겠지만, 소문이 떠돌았다. 서로 간에 참된 우정이 생겨나기도 했고, 강한 증오심도 생겨났다. 해당 집단의 규모가 크지 않아서 그렇게 되었겠지만, 식민지에 거주하는 그 유럽인들의 정신은 시골뜨기 같은 정신이었다.

물론, 인종 차별 *apartheid* — 그것이 어떤 형태의 것이든 간에 —을 합법화하는 어떤 종류의 법도 없었다. 부유한 «원주민»은 «백인» 동

---

260 바다의 침묵: 장 브륄레가 베르코르라는 가명으로 1942년에 발표한 소설『바다의 침묵』에 빗대어 속내를 드러내지 않는 식민지인들을 가리킨다.

261 컨티넨탈 호텔: 1880년에 사이공(지금의 호치민)에 건설된 호텔. 그때와 마찬가지로 지금도 1층의 카페 테라스가 유명하다.

네 이곳저곳에서 살 수는 있었지만, 그런 일은 실제로는 드물었다. 백인들은 사실상 «원주민들»과 분리된 자신들만의 동네를 형성했는데, 법에 의해서 그렇게 된 것은 아니다. 마르그리트 뒤라스[262]는 『태평양의 방파제』의 한 장(章)에서 사이공에 대해 묘사하면서 이 사실을 지적했다.(1930년) 프랑스령 서아프리카에서는 «백인» 도시와 «흑인» 도시가 너무나 뚜렷이 구분되어서, 죠르쥬 발랑디에[263]는 자신의 저서(『검은 브라자빌들의 사회학』)의 제목에 단수(單數)로 브라자빌이라 쓰지 않고 복수(複數)로 브라자빌들[264]이라고 표현했다. 죠르쥬 발랑디에가 추정하는 6000명에 이르는 유럽인 주민들 중에서 100여 명에 불과한 하층 백인들만이 도시의 «원주민» 지구를 택해서(또는 그곳으로 내몰려서) 그곳에서 살았다.(1955년) 아프리카 콩고에 있는 여러 도시(프랑스령 도시와 벨기에령 도시)를 비교·분석하는 연구를 한 위대한 지리학자 쟈 드레슈도 같은 결론에 도달했다. 그는 다음과 같이 썼다. 브라자빌과 레오폴드빌[265]에는 «외부 세계로부터 다소간 단절된 채로 살아가는 두 종류의 인간들이 모여 있다. 한 종류의 인간들은 백인 집단인데, 이들은 통신 수단이 여의치 않고 또 먼 거리에 있기 때문에 프랑스 본국뿐만 아니라 오지(奧地)로부터도 단절되어 있다. 다른 한 종류의 인간들은 흑인 집단인데, 이들은 사회적으로나 경제적으로 오지로부터 단절되어 있다. 그러나

---

262 마르그리트 뒤라스(1914~1996년): 프랑스 소설가. 사이공 근처의 마을에서 프랑스인 부모에게서 태어나서 어린 시절을 그곳에서 보냈다. 자신이 인도차이나에서 겪은 사랑과 성 경험 이야기를 담은 소설 『연인』(1984년 공쿠르상 수상작)으로 유명하다.

263 죠르쥬 발랑디에(1920~2016년): 프랑스 민속학자, 사회학자. 젊은 시절에 인간박물관에서 일하다가 다카르와 기니로 가서 일했다. 알리운 디오프와 함께 「아프리카의 존재」의 공동 편집장으로 활동하고 아프리카 국가들의 독립을 옹호했다. 고등연구원의 원장을 지내고 소르본대학의 교수로 흑아프리카의 인류학과 사회학을 강의했으며, 아프리카 연구소를 설립했다.

264 브라자빌들: 브라자빌을 단수가 아니라 복수로 표현했다는 것은 백인들이 사는 식민지 도시들 중에 브라자빌 같은 곳이 많다는 것을 강조하기 위한 것으로 보인다.

265 레오폴드빌 *Léopoldville*: 콩고민주공화국의 수도 킨샤사의 옛 이름. 벨기에 국왕 레오폴드 2세의 이름을 따서 붙여진 이름으로, 레오폴드의 도시라는 뜻을 담고 있다.

그들은 서로 뒤섞이지 않는 두 종류의 인간들이다. 생활, 그리고 심지어 법마저도 그 두 종류의 인간들을 갈라놓고 대립하게 한다. 그것은 "식민지"의 비극이며, 도시의 다양한 양상에 그 비극이 투영된다.»(1948년) 그리하여 프란츠 파농은 식민지의 도시계획에 «상호 배제의 원리» — 아마도 무의식적인, 그러나 대단히 효율적인 원리 —가 적용되고 있다는 것을 당연히 알 수 있었다.(1961년)

식민지의 도시에서 가난한 백인 *petit Blanc*조차도 특권자였다. 그는 언제나 필수품을 갖추고 있었으며, 필요 이상의 것도 이따금 갖추고 있었다. 그에게는 집이 있었고, 수도와 전기도 있었다. 그는 최소한의 생활공간(1961년에 알제리에 거주하는 모든 부류의 유럽인들은 평균적으로 방 하나에 1~2명이 거주한 반면, 아랍인들은 3배 많은 3~4명이 한방에서 살았다.)도 갖추고 있었다. 그는 치료를 받을 수 있었으며, 그의 자녀들은 학교에 가는 것이 보장되었다. 모든 상황에서 일상적으로 그는 «토착민»보다 우선권을 누리게 되었다. 알베르 멤미는 다음과 같이 썼다. «특권은 상대적인 것이다. 식민지 개척자라면 누구나 다소간 특권자이다. 다소간이라고 한 것은 그가 **상대적으로 특권자이기 때문**이다. 식민지인에게 해를 끼치는 특권자 말이다. 식민화 사업을 펼친 권력자들의 특권은 대단했으며, 이렇다 할 권력이 없는 식민지 개척자나 심지어 힘없는 식민지 개척자의 자질구레한 특권도 매우 많았다. 식민지 개척자가 일상생활에서 이런저런 행위를 할 때마다 그는 식민지인과 부대끼게 되며, 각각의 행위에서 그는 공인된 우위를 누린다.»(1957년) 어린 알베르 카뮈 가족은 벨쿠르(알제)의 리옹로(路) 93번지에 살 때 확실히 가난했다. 매우 가난했다. 카뮈 가족과 프랑스 본국 노동자 가족의 생활을 비교해본다면, 아마도 프랑스 본국 노동자 가족이 훨씬 더 유복했다는 것을 알 수 있을 것이다. 그러나 우리의 머릿속에 떠오르는 것은 이런 비교가 아니다……. 우리의 머릿속에 떠오르는 것은 카뮈 가족의 어둡지만 살 만한 작은 집, 그리고 아랍인 가족들이 근근이 살아가던, 식구 수에 비해 비좁고 불결한 집들의 대조적인 모습이다…….

백인들이 살아가던 열대지방의 동네는 마치 프랑스에서 가져온 프랑스의 일부 같았다. 피에르 로티는 자신이 퐁디셰리[266]에서 느낀 감격을 다음과 같이 토로했다.

> «오! 금이 가서 갈라진 벽 틈에 프랑스의 과거가 고스란히 졸고 있는 이 매혹적이고 먼 옛 도시에 다다르면서 맛보는 애수(哀愁)여! 우리나라의 조용한 지방 구석에 있는 길들을 조금 닮은 듯한 소로(小路)들, 석회가 하얗게 칠해지고 100여 년이나 된 작은 집들이 붉은 땅 위에 늘어서 있는 곧은 소로들, 메꽃 줄기가 늘어진 정원의 벽들, 창살이 쳐진 창문들, 그 창살 뒤로 보이는 크레올 여인들의 몇몇 창백한 얼굴 또는 눈 속에 인디언의 신비를 간직한 너무나 예쁜 혼혈 여성들.»(1903년)

식민지의 모든 것은 식민지 거주민들이 모국을 상기하도록 만들어졌다. 도시 계획도 유럽풍이었다. 널찍하고 곧은 간선도로들, 반듯한 모퉁이들이 그러했다. 도시 풍경도 유럽풍이었다. 테라스가 딸린 카페들, 프랑스에서 흔히 볼 수 있는 이름을 단 가게들(식민지의 도시에서 사는 웬만큼 부유한 유럽인들은 1930년대부터 본국에서와 거의 같은 상품을 사용했다.)이

266 퐁디셰리: 인도 동남부에 있는 항구 도시. 1674년에 프랑스가 인도에 진출하기 시작하면서 상관을 건설했다. 1693년에 네덜란드에 점령되었다가 1699년에 돌려받았으며, 1761년에는 대영제국에 점령되었다가 1763년의 파리 조약으로 돌려받았다. 1793년에 다시 영국에 점령되었다가 1802년의 아미앵 조약으로 돌려받았으며, 1803년에 다시 영국에 점령되었으며 1814년에 돌려받았다. 이후로 간혹 인도인들이 봉기를 일으켰으나 별일이 없었으며, 마침내 1954년에 인도에 반환되었다. 지금도 프랑스의 옛 식민지답게 프랑스 색이 짙으며 프랑스어가 사용된다.

그러했다. 거리 이름도 유럽풍이었다. 패배한 이들에게는 조금은 치욕적인 사건을 상기시켜주는 이름들(알제의 이슬리 *Isly*로[267], 베트남의 «뚜란» — 지금의 다낭 —을 처음으로 포격한 군함의 이름이 붙여진 사이공의 카티나 *Catinat*로), 그리고 정치인들, 군인들, 성직자들을 비롯하여 식민지를 정복한 인물들의 이름들……. 식민주의 전성기에 만들어진 하노이 지도를 자세히 들여다보면 폴 베르로(路) 또는 쟝 뒤피로, 강베타대로(大路), 펠릭스 포르대로 또는 두다르 드 라그레대로, 폴 두메르가(街) 또는 퀴지니에 예하가(街), 클레망소 강변로(江邊路) 등을 볼 수 있다. 인물상들 — 대체로 매우 상징적인 상(像)들 —이 식민지 여러 도시의 중앙 광장에 세워졌다. 튀니스에는 라비쥬리 예하의 상, 퐁디셰리에는 뒤플렉스[268]의 상, 사이공에는 레옹 강베타의 상, 하이퐁에는 쥘 페리의 상, 그리고 거의 도처에 총독들의 상이 세워졌던 것이다. 특히 건축이 유럽풍이었다. 대형 건물들은 프랑스 본국의 기념건축물들을 상기시켜주었다. 사이공에서는 샤르트르 대성당[269]을 너절하게 모방한 지저분한 분홍빛 대성당의 첨탑이 우뚝 솟아 있었다. 하노이에서는 팔레-갸르니에[270]를 축소해놓은 모형 같은 극장 — 이 극장 역시 좀 더 추한 모형이었다. —이 세워졌다.

그러나 보다 비순응주의적인 작가들은 피에르 로티를 비롯한 사람들이 찬양한 것을 전면적으로 비판했다. 여행 중에 하노이에 들렀던 레이몽 르쿨리는 다음과 같이 비난을 퍼부었다. «건축, 특히 공공 건

---

267 이슬리로: 이슬리는 1844년 8월 14일에 뷔죠가 모로코 군대를 격파한 곳으로, 모로코의 탕헤르 부근에 있다. 알제의 한 거리에 이슬리라는 이름이 붙여졌다.

268 죠제프 프랑스와 드 뒤플렉스(1697~1763년): 프랑스 식민지 관료. 1742~1754년에 퐁디셰리 총독 및 인도 내 프랑스 주둔지의 총사령관을 지냈다.

269 샤르트르 대성당: 프랑스 북부의 샤르트르 *Chartres*에 있는 노트르담 대성당. 특히 스테인드글라스가 아름답기로 유명한 고딕식 건물이다.

270 팔레-갸르니에 *Palais-Garnier*: 파리 시내에 있는 국립극장. 주로 오페라를 상연한다. 샤를 갸르니에의 설계로 1875년에 완공되었다.

축이라고 부를 수 있는 건축은 프랑스에서도 대단한 가치가 있었던 것은 아니지만 식민지에서는 100배나 더 흉측했다. 사람들은 그 나라, 그곳 주민들, 그곳 기후의 너무나 특별하고 너무나 새로운 조건에 건축술을 적용하기 위한 진정으로 예술적인 창조·발명의 노력을 조금도 기울이지 않았다. 하지만 어떤 집 또는 기념건축물이 센 강변이나 홍하(紅河)[271] 기슭에 세워진다면, 그 건물은 완전히 다른 방식으로 설계되고 건축되어야만 한다는 것은 분명하다. 이곳에 "창궐"했던(이 낱말이 너무 심한 것은 아니다.) 건축물 대부분은 이 중요한 진리를 완전히 잊은 것 같다.»(1932년) 북아프리카의 여러 도시에서는 «원주민»들이 지은 장엄한 건축물과 유럽인들이 지은 건축물이 더욱 뚜렷이 대비되었다. 알제를 방문한 테오필 고티에[272]는 분개했다. 사이공에서와 꼭 마찬가지로 알제에서 프랑스인들은 파리의 리볼리로(路)에서 볼 수 있는 것과 같은 형태의 아케이드를 건축했다. 고티에는 다음과 같이 부르짖었다. «오! 빌어먹을 아케이드여! 사람들은 그대의 보기 흉한 곡선들과 그대의 비례에 맞지 않는 기둥들을 도처에서 볼 것인가?» 왜 악마는 «이 현대적인 대형 건물들의 저급하고 진부한 모습을 우리 눈 아래에 가져다 두는가?»(1845년) 에르네스트 페도 역시 고티에와 같은 것을 느꼈다. 그는 다음과 같이 썼다. «프랑스령 알제는 현재 — 이런 사실을 말하자면 용기가 필요하다. — 바티뇰[273]의 분소(分所) 같다 (…). 알제는 파리를 고스란히 모방하고 싶어 하지만, 기껏해야 보기 흉한 마르세유처럼 될 따름이다.»(1862년) 이보다 더 나쁜 일이 벌어지기도 했다. «원주민들»이 사는 도시의 이곳저곳이 모두 파괴되는 경우도 이따금 있었던 것이

271 홍하: 중국 윈난에서 발원해서 베트남 북쪽의 통킹만(灣)으로 흘러드는 강. 홍강(紅江)으로도 표기된다. 베트남어로는 Sông Hồng, 瀧紅으로 표기된다.
272 테오필 고티에(1811~1872년): 프랑스 시인, 소설가, 예술 비평가. 고답파의 선구자로 평가된다.
273 바티뇰: 파리 제7구에 있는 동네.

다. 물론 위생상의 이유 때문이었다. 그러면 도시 풍경은 어떻게 한단 말인가? 페도와 같은 시대를 살았던 샤를 데스프레즈라는 사람은 그렇게 도시를 파괴한 사람들의 정신에 맞서 항의했다. 그는 그들의 정신을 다음과 같은 공격의 함성 — 이 함성은 근대주의자들에게서 빌려온 것이다. —으로 요약했다. «무어인들의 집을 부수자! 궁륭이 덮여 있는 통로, 경사로, 구불구불한 길을 부수자! 5층짜리 병영 만세! 계단, 곧은 길, 넓은 광장 만세!»(1868년)

식민지의 «벽촌»

외따로 떨어진 작은 생활 터전들 — 이곳은 식민지 거주민들 모두가 아랍어 어휘에서 영향을 받아서 곧 «벽촌 *bled*»이라고 부르게 되는 곳이다. —에서의 상황은 아마도 더 나빴을 것이다. 유럽인들은 사방 수천 킬로미터에 이르는 사막이나 밀림 한가운데에서 몇 명씩 외따로 떨어진 집단을 이루어 살았다. 수많은 기행문이나 소설에서 자주 볼 수 있는 식민지인들의 생활에 대한 묘사는 너무나 끔찍하다. 셀린의 작품 『밤의 끝으로의 여행』을 연상시킨다. «벽촌»에서도 프랑스인이 «원주민» 세계를 접하는 경우는 많지 않았다. 도시에서와 마찬가지로 그곳에서도 프랑스인과 «원주민»이 서로 의사소통을 할 수 있으리라는 환상을 가졌던, 프랑스 문화에 동화된 «엘리트»는 단 한 명도 없었다.

이런 일상생활을 무엇보다 잘 요약하는 낱말은 권태였다. 식민지에서 겪는 권태는 끔찍한 고통이었다. 자신의 『일기』에서 미셸 레이리스[274]는 이에 대해 잘 묘사했다. 하루의 낮 시간이 흘러가면서 다가오는 밤

274 미셸 레이리스(1901~1990년): 프랑스 시인, 작가, 민족학자, 예술비평가. 젊은 시절에 초현실주의자들과 교우했으며, 제2차 세계대전 때에는 레지스탕스 운동에 가담했다. 이후로 사르트르가 발행하는 「현대」에 간여했으며, 죠르쥬 발랑디에, 에메 세제르, 알리운 디오프(세네갈 출신 프랑스 정치인이자 언론인) 등과 잡지 「아프리카의 존재」를 창간했다. 민속학자로서는 인간박물관에서 근무했다.

에 대한 두려움이 엄습한다. 밤이 되면, 텅 빈 복도 쪽으로 문을 속절없이 열어두고 홀로 오랫동안 잠을 이루지 못한다. 레이리스는 다음과 같이 썼다. 그때, «너무나 생생한 우울, 식민지에서의 우울»이 둥지를 튼다.(1934년) 다른 작가는 다음과 같이 썼다. «무수한 아가리를 가진 짐승처럼 나를 집어삼키는 것은 불빛이 주는 거대한 우울이다.»(르네 기요, 1936년) 이런 상태를 아르튀르 랭보 — 에티오피아의 도시 하라르에서 가족들에게 보낸 편지에서 그렇게 설명했다. —보다 더 잘 설명한 사람은 아무도 없다. 1888년 8월 4일, 그는 다음과 같이 썼다. «니그로들 — 우리는 이들의 처지를 개선해주려고 하지만, 이들은 오히려 우리를 이용하려고 애쓰고 또 우리가 일을 빨리 해결하지 못하게 한다. — 한가운데에 내던져진 채, 머리를 쓰는 일도 없고, 가족도 없이 살아가는 이런 생활은 비참하지 않을까요? 그들의 영문 모를 말을 해야만 하고, 그들의 불결한 음식을 먹어야만 하고, 그들의 게으름과 그들의 배반과 그들의 멍청함 때문에 생기는 수많은 권태를 감내해야만 한다는 것 말입니다!» 1890년 2월 25일에는 다음과 같이 썼다. «멍청한 니그로들이 사는, 길도 없고, 우편물도 없고, 여행객도 없는 사막들. 이곳에서 뭘 써서 보내기를 원하시나요? 지루해져 보십시오, 따분해져 보십시오, 우둔해져 보십시오.»

일터에서의 관계

프랑스인들과 «원주민들»이 같은 일터에서 함께 일을 할 때 다른 형태의 관계가 생길 수 있었던가?

먼저 사회적 위계에 있어서 이런저런 사람들의 지위는 여전히 법에 의해서가 아니라 현실에 의해 엄격하게 정해져 있었다는 사실에 유의해야 한다. 사무실 책임자, 작업 현장 책임자, 감독, 간부 등은 프랑스인들(또는 토박이 유럽인들)이었으며, 그들은 군림하고 명령했다. 사무실 직원, 노동자, 막일꾼, 인부 등은 «원주민들»이었으며, 그들은 복종하고 명령을 따랐다. 1950년대, 유네스코로부터 서인도제도에 대해 조사하는 임무를 부여받은 미셸 레이리스는 다음과 같이 썼다. «주로 경제를 바탕으로 하는 위계 — 이 위계에 따라 여러 계층의 순서가 정해진다. —에 또 다른 위계가 겹쳐지는데, 이 또 다른 위계는 경제를 바탕으로 하는 위계와 정확하게 일치하지는 않지만 다음과 같은 사실을 보여준다. 즉, 마르티니크와 과들루프에서 1848년 이후로 일어난 변화가 엄청나기는 했지만, 그 변화로 노예제 시대에 있었던 낡은 사회적 계층 구분이 완전히 없어지지는 않았다는 사실 말이다.» 거의 언제나 «상위 계층»은 백인들이었으며, «중간 계층»은 물라토였으며, «하위 계층»은 흑인들이었다.(1955년) 제2차 세계대전 직전에 알제리의 공장에서 일하던 유럽인들 중에서 20만 명은 임금 노동자였으며, 막일꾼은 7000명에 불과했다. 즉, 막일꾼 비율은 5% 이하였다……. 무슬림들 중에서 임금 노동자는 26만 5000명이었으며, 막일꾼은 14만 명이었다.

심지어 프랑스인들과 «원주민들»이 생산 과정에서 같은 자리를 차지하고 있을 때 그들이 동일한 관심을 가졌다고 말하기는 어렵다. 마르티니크에 잠시 체류한 적이 있는 폴 모랑[275]은 적절한 지적을 했다. 그 내용은 다음과 같다. 백인 프롤레타리아 또는 «유색» 프롤레타리아를 싸잡아 지칭하기 위해 노동자라는 같은 낱말을 사용한다는 것은 기만적이다. 그들은 모든 면에서 구분된다. «그러므로 그들의 처지가 다른 만큼, 그들 각자를 지칭하기 위해 새로운 낱말을 찾아야만 할 것이

275 폴 모랑(1888~1976년): 프랑스 작가, 외교관. 런던, 로마, 마드리드 등에서 외교관 생활을 했다. 제2차 세계대전 때에는 비시 정부와 가까웠고 반유태주의적 성향을 보였으며, 루마니아 주재 대사와 스위스 주재 대사를 지냈다. 독일군으로부터 작품 출판 지원을 받기도 했다. 해방 후 10여 년간 스위스에서 망명 생활을 했다. 1968년에 아카데미프랑세즈 회원이 되었다.

다.»(1927년) 여전히 1954년에 알제리에서 유럽인 노동자는 월평균 6000프랑을 받았지만, 무슬림 노동자는 1500프랑을 받았다. 상황이 이러할진대, 예를 들면 알제리공산당과 노동총동맹[276] 알제리 지부가 그렇게 했듯이, 회사 내의 각종 요구 사항을 단일화하려는 시도를 어찌 할 수 있었겠는가? 단일화 시도는 실패하기 마련이었다. 그런 시도는 노동자인터내셔널이 지향하는 이데올로기를, 그것을 받아들일 수 없는 어떤 현실에 접목하려는 — 시험적으로 접목하려는 — 다소 인위적인 시도에 해당했다. 알제리 독립 전쟁이 시작된 이후, 알제리공산당과 노동총동맹 알제리 지부 어느 한쪽에 속했거나 양쪽 모두에 속했던 사람들 대부분은 너무나 자연스럽게 민족주의 운동 조직에 가담하게 된다. 반면, 극좌파에 속하는 많은 «가난한 백인들»은 몸을 움츠리고는, 그 민족주의 운동 조직에 맞서는 대열에 합류하게 된다. 당시에 피에-느와르 출신 노동자들 대다수는 프랑스령 알제리를 지지했다는 사실을 알 수 있으며, 그 얼마 전만 하더라고 공산주의자에게 투표했던 구역에 사는 사람들이 우파로 분류되는 사람들과 마찬가지로 비밀군사조직[277]에 소속되어 있었다는 사실을 볼 수 있다. 그렇다고 해서 앙리 알렉[278], 모리스 오댕[279] 또는 앙드레 므완[280]처럼 알제리 독립을 위해 싸운 용감

276 노동총동맹: 프랑스에서 가장 오래되고(1895년 1월에 결성) 조합원 수가 가장 많은 노동조합.

277 비밀군사조직 *Organisation armée secrète:* 드골 정부가 알제리 민족해방전선과 협상을 벌이는 것에 반대하면서, 테러를 포함한 모든 방법으로 프랑스령 알제리를 수호하기 위해 알제리 내 프랑스 군인들이 1961년에 결성한 비밀군사조직. 머리글자를 따서 OAS로 흔히 표기된다.

278 앙리 알렉: 각주 535번을 참고하라.

279 모리스 오댕(1932~1957년): 알제리 공산당 당원이자 알제대학교에서 조교로 근무하면서 독립운동 조직에 가담했다. 1957년 6월 11일에 자택에서 공수대원들에게 체포되어 끌려간 이후로 종적이 묘연했다. 프랑스군 당국은 그가 이송 도중에 도망쳤다고 발표했으나, 고문 도중에 살해된 것으로 추정된다. 시신은 끝내 발견되지 않았다.

280 앙드레 므완(1909~1994년): 기계 조립공 노동자로 공산주의 운동과 반파시즘 운동을 벌이고 스페인 내전에 참전했다. 제2차 세계대전 때에 레지스탕스 운동을 하다가 체포되어 알제리로 강제 이송, 수감되었다. 알제리인들에게 동조하면서 반식민주의 운동을 벌이는 과정에서 테러리스트로 지목되고 체포되어 1957년부터 1962년까지 수감 생활을 했다.

한 유럽인 투사들을 모욕하는 것은 아니다. 피에르 노라[281]는 자신의 저서 끝부분에서 다음과 같이 쓰게 된다. «식민 제도 때문에 계급 충돌이 약화되었다. 프랑스인들의 공동체는 소수 집단으로 행동하는 경직성을 보였다. 항상 존재했으나 입 밖으로 내뱉어진 적이 결코 없는 민족 대 민족의 관계가 계급 대 계급의 관계를 압도했다.»(1961년)

사비르어, 흑인이 쓰는 엉터리 프랑스어 *petit nègre*, 피진어

심지어 언어적 측면에서도 프랑스인들과 식민지인들의 관계는 평등하지 않았다. 프랑스인들 대부분은 식민지인들의 언어를 알지 못했지만, 식민지인들은 정복자의 언어를 반드시 배워야 했다. 몇몇 식민지인은 정복자의 언어를 훌륭하게 구사했다. 우리들 각자는 레오폴드 세다르 상고르[282]나 에메 세제르[283]를 비롯한 저명 작가들이 프랑스어를 풍요롭게 했다는 사실을 잘 알고 있다. 우리들 각자는 고전극이나 플로베르 또는 누보로망에 대해서 여러 시간 동안 말할 줄 아는 마그레브 출신 또는 인도차이나 출신 식민지인을 만난 적이 있거나 알고 있다. 그러나 대부분의 «원주민들»은 학교에 다닐 기회를 얻지 못했으며, 대체로 자국어에 대해서도 문맹이었다. 하물며 프랑스어에 대해서는 말해 무엇 하리오. 식민화 사업이 시행된 지 한 세기 이상이 지난 1948년,

---

281 피에르 노라(1931년~): 프랑스 역사학자.

282 레오폴드 세다르 상고르(1906~2001년): 세네갈의 부유한 가톨릭 가정에서 태어나서 선교사들이 운영하는 학교에서 수학한 후 1928년에 프랑스로 유학했다. 고등사범학교에서 공부했으며, 아프리카인으로는 처음으로 프랑스 교수 자격시험에 합격했다. 1945년에 세네갈 지역구 입헌의회 의원에 선출되었으며, 에드가 포르 내각과 드골 내각에서 장관을 지냈다. 1960년부터 1980년까지 독립된 세네갈의 초대 대통령을 지냈다. 1983년에 아카데미프랑세즈 회원이 되었다.

283 에메 세제르(1913~2008년): 마르티니크 출신 시인, 극작가, 정치인. 프랑스 고등사범학교에 재학하면서 레오폴드 세다르 상고르 등과 교우했다. 교직에 종사하다가 마르티니크로 귀국해서 고향 포르-드-프랑스 *Fort-de-France*의 시장(1945~2001년)과 마르티니크 지역구의 국민의회 의원(1945~1993년)을 지냈다. 상당 기간 겸직했다. 『식민주의에 관한 담론』에서 제국주의 세력의 폭력과 위선을 거세게 비판했다.

알제리에서 아랍인 남성들 중에서는 15%, 여성들 중에서는 6%만이 프랑스어를 바르게 구사했다. 나머지 사람들이 사용하는 프랑스어는 통사에 오류가 많고 터무니없는 발음으로 가득 찬 초보적인 구어(口語)였는데, 알제리인들이 유력자들, 즉 유럽인들과 의사소통을 하는 데에 사용되었다. 그 구어에서 여러 언어가 생겨났다. 그 여러 언어는 물론 다채롭고 생동감이 있지만 몹시 초보적인 형태의 언어였다. 흑아프리카에서 «흑인이 쓰는 엉터리 프랑스어 *petit nègre*», 마그레브에서 사용된 «사비르어», 인도차이나에서 사용된 «피진어»(영국령 아시아에서 생겨난 구어가 확산되면서 생긴 언어)가 그러했다.

1869년, 알퐁스 도데는 짤막한 연극 작품 『희생』(이 작품으로 도데는 자신의 문학적 영광에 아무것도 덧붙이지 못했다.)을 보드빌 극장 무대에 올렸다. 이 작품에는 파리의 어느 부르주아 가정에서 하인으로 일하는 나문(Namoun)이라는 이름의 아랍 청년이 등장한다(이 인물과 관련한 지문은 다음과 같다. «그는 알제의 무어인들이 입는 옷인 긴 상의, 페르시아산(産) 신발, 두건 달린 소매 없는 겉옷, 저고리 차림이다.»). 아랍인 특유의 어투가 짙게 배어나는 이 인물의 대사는 관객들에게 확실한 효과를 냈다. 그 대사는 다음과 같다. «인리씨는 지베 이서서요. 이를 해서리, 마니 이를 해서리. 안데요, 안데요, 마니므, 내이른 가지 마세여.»[284] 제1차 세계대전과 제2차 세계대전 사이에 알제(1924년)와 오랑(1931년)에 «웃음 살롱»[285]이 문을 열었다. 그곳에서는 피에-느와르 출신 풍자화가들이 사비르어로 자신의 의사를 표현하는 «원주민들»을 그린 그림으로 큰 성공을 거두었다.

284 인리씨는 …… 마세여.: 어투를 살려 번역한 것이다. 바른 말로 수정하면 다음과 같다. «앙리 *Henri* 씨는 집에 있습니다. 일을 많이 했기 때문입니다. 안 돼요, 안 돼요. 마님, 내일 절대로 가시지 마세요.»

285 웃음 살롱: 1924년에 알제에서 10명의 대학생이 풍자화를 전시하기 위해 연 공간. 현지인들의 모습과 풍습 등을 담은 풍자적인 그림들로 인기를 얻었다. 1931년에는 오랑과 파리에도 같은 이름의 전시 공간이 열렸다.

알제리의 어느 출판사는 이 그림으로 우편엽서를 만들었다. 예를 들면, 그 여러 우편엽서 중의 하나에 실린 그림에는 어느 명랑한 아랍인 청년이 다음과 같이 새해 인사를 전한다. «새히 칫날이미다. 긴강하고 즈거운 새히를 기운함니다! 도늘 마니 버러서 기족가 쿠스쿠스르 드시오. 내게도 즈거운 시히임니다.[286]»

그러나 이 분야의 명실상부한 대가는 튀니스 태생의 프랑스인으로, 카두르 벤 니트람이라는 필명으로 글을 쓴 에드몽 마르탱이다. 이 유머 작가는 라디오 방송에서 다음과 같은 대사를 읽었으며, 이것을 소책자로 펴냈다.

«- 8892번 원주민 출신 보병이 바로 너냐?

- 와시요[왔습니다], 대우님[대위님]!

- 이름이 뭐냐?

- 대우님[대위님]! 카두르입니다 …… 카두르 벤 알리 벤 엘 하지 마브룩 벤 젠파를루 벤 엘 페르치치입니다…….

- 됐어, 됐어! 간단히 말하면 카두르이군. 할 줄 아는 일이 뭐냐?

- 전보 다요[전부 다요], 대우님[대위님]…… 지는[저는] 다 아라요[알아요] …… 전보 다[전부 다]…….

- 빌어먹을! …… 글을 읽을 줄 아냐?

- 지는[저는] 일글[읽을] 줄 아라요[알아요]. 대우님[대위님] …… 지는[저는] 도[또] 씰[쓸] 줄도 아라요[알아요]…….쪼금요[조금요]. 지는[저는] 조럽장 바다요[졸업장을 받아요]…….

286 새히 …… 시히임니다.: 역시 어투를 살려 번역했다. 바른 말로 수정하면 다음과 같다. «새해 첫날입니다. 건강하고 즐거운 새해를 기원합니다! 돈을 많이 벌어서 가족과 쿠스쿠스를 드십시오. 저에게도 즐거운 새해입니다.»

- 그러면, 산수도 알겠구나?

- 무론이요[물론이죠], 대우님[대위님]! …… 지는[저는] 아라요[알아요] 사수[산수]를요…….

- 그러면 …… 기하는?

- 기학[기하]도 여시[역시], 그레요[그래요], 대우님[대위님] …….

- 그러면 …… 지리는?

- 후! …… 지라요[지리요]? 지는[저는] 아조[아주] 졸[잘] 아라요[알아요], 대우님[대위님]…….

- 세계 5대륙이 있다는 것도 아니?

- 그레요[그래요], 그레요[그래요], 대우님[대위님]…….

- 그게 뭐지?

- 그게 뭐지요?

- 유럽이 있지.

- 로브[유럽] …….

- 그 다음은 아시아…….

- 아시[아시아]…… 그레요[그래요], 오아시[아시아]……, 지는[저는], 지는[저는] 아라요[알아요]…….

- 그 다음은 아프리카…….

- 아프리트[아프리카]……, 그레요[그래요], 아프리트[아프리카], 지는[저는] 아라요[알아요] …… 지는[저는] 아라요[알아요]…… 지는[저는] 아라요[알아요]…….

- 그리고 아메리카…….

- 그레요[그래요] …… 아미르 리크[아메리카] ……, 지는[저는] 아라요[알아요], 아라요[알아요] 이거도[이것도] …….

- 그리고 마지막으로 …… 오세아니아……

- 에이우아[오세아니아]! …… 루시아니[오세아니아] …… 오! 그레요 [그래요]! …… 아! 대우님[대위님] …… 바루[바로] 그거요[그거예요], 그럼요, 지는[저는] 아조[아주] 졸[잘] 아라요[알아요], 아조[아주] 졸[잘].

- 오세아니아를 안다고? …… 아! 어떻게 생겼지?

- 루시아니요[오세아니아요]? 마라자면[말하자면] 지는[저는] 아조[아주] 졸[잘] 아라요[알아요] …… 안빅하기오[완벽하게요] …… 지가[제가] 대우님이[대위님이] 아라요처럼요[아시는 것처럼]…… 뤼아니요[오세아니아요]…… 우리 집 여레[옆에] 시는[사는] 기[그] 갱찰요[경찰요].»(1931년)[287]

튀니스에 거주하는 유럽인들은 이 대사를 듣고는 박장대소했지만, 너무나 가슴 아프고 또 너무나 극단적인 사실을 자신들이 확인하고 있다는 것을 깨닫지 못했다. 두 공동체, 즉 유럽인들의 공동체와 식민지인들의 공동체는 의사소통이 불가능하다는 것이 그 사실이었다. 그것은 식민지의 상황에 내재하는 본질적인 측면이었다.

위에서 우리가 너무나 가슴 아프고 또 너무나 극단적이라고 한 것은 이따금 또는 자주 이런 형태의 대화(이런 형태의 대화 부재)는 난폭한 자들이 휘두르는 폭력보다 더 깊은 상처를 식민지인들에게 주었기 때문이다……. «흑인이 쓰는 엉터리 프랑스어 *petit nègre*»의 다양한 형태는 실제로는 무엇이었던가? 이 질문에 대해 프란츠 파농은 『검은 피부, 흰 가면』에서 다음과 같이 격분하면서 답한다. 그 다양한 형태는 "너, 검둥이 촌놈 *bougnoul*, *nhaq*'[288]은 그 자리에 가만히 있어라. 너의 기괴한

---

287 위의 대화에서 [ ] 속의 낱말들은 독자들의 이해를 돕기 위해 옮긴이가 첨가한 것이다.
288 *nhaq*: «촌놈»을 의미하는 베트남어. «nhà(집) + quê(시골)»에서 왔다.

언어로 언젠가는 나의 수준으로 올라오겠다는 희망을 가지지 마라." 라는 것을 의미한다.(1952년) 식민지인들, 심지어 더없이 세련되지 못한 식민지인들조차도 이 사실을 다소간 의식적으로 느꼈다. 식민지인들이 그런 말은 들으면서 느끼는 거북스러움의 정도가 어떠했는지를 보여주는 그림이 하나 있다. 그 그림에는 어느 백인 주인이 자기가 부리는 «안남인» 보이에게 다음과 같이 말하는 장면이 등장한다. «니는[너는] 행정관 나으리께 서류를 즉각 갖다 드려라. 니는[너는] 안다[알겠느냐], 더러운 부주 *bouzou*[289]야?» 뻣뻣한 그 하인은 다음과 같이 답한다. «나으리께서 여느 사람처럼 말씀해주시면, 저는 물론 더 잘 알아들을 수 있을 것입니다.[290]» 이것은 제1차 세계대전과 제2차 세계대전 사이에 발행된 것으로 식민지를 다룬 주요 대중 잡지의 캐리커처에서 볼 수 있다. 그 그림의 제목은 «거북스러움의 원인»이다.(브와로, 「삽화가 곁들여진 식민 세계 신문」, 1931년 2월호)

쟈크 베르크가 썼듯이, 사비르어의 유행에 대해 분석하려면 초급 단계, 즉 유머의 단계를 넘어서야만 하며, 유럽인들과 식민지인들 사이에는 접촉이 끔찍하게도 부재했다는 것 — 사비르어가 사용되었다는 사실은 유럽인들과 식민지인들 사이의 접촉 부재를 드러내 보여주는 것일 따름이다. —을 적나라하게 보여주어야 한다. 베르크가 쓴 글의 내용은 다음과 같다. «인간 대 인간으로서의 대화는 사실상 뜸해졌다. 대화를 나누는 각 사람은 상대로부터 일상생활에서 필요한 간단한 몸짓 이상은 보지 않으며, 그 사람이 내뱉는 빈정거림 속에는 사실상 무지와 두려움이 내포되어 있다.»(1956년)

289 부주: 투아레그족 사회에서 노예 신분의 종족.
290 «나으리께서 …… 것입니다.»: 주인이 보이에게 "너", "알겠느냐"라 하지 않고 "니", "안다"라고 잘못 말하지만, 보이는 매우 세련된 말로 답한다는 것을 독자들께서는 주목하시기 바란다.

일상적으로 식민지인들의 자존심을 상하게 하는 장면들

일화

유럽인들과 식민지인들이 그날그날 함께하는 생활은 어떻게 표현되었던가? 앞에서 본 것처럼 유럽인들과 식민지인들은 서로 참된 접촉은 하지 않으면서 함께 살았다. 이보다 더 좋지 않은 일도 있었다. 겉으로는 의미 없어 보이는 것이지만, 유럽인들은 식민지인들의 자존심을 상하게 하는 수천 가지에 이르는 자잘한 짓을 날마다 했던 것이다. 식민지에 막 도착한 식민 본국 사람이 가장 먼저 목격하는 것이 바로 그러했다.(대부분의 경우에 식민 본국 사람은 곧 이런 행위들을 있는 그대로 받아들였다.) 차례를 기다리며 서는 줄, 교통수단, 상점 등에서 식민지인들이 유럽인들에게 «자연스레» 양보하는 자리 등. 인력거에서 유럽인들이 요금의 일부를 지불하지 않는 것 등. 식민지인에게 구두를 닦게 하는 가난한 백인의 교만 등. 유럽인들이 식민지인들을 부를 때 사용하는, 기이하게 보이며 저속한 호칭 등. 최근에 앙드레 망두즈[291]는 이것을 «일상의 인종주의, 전차와 시장에서의 인종주의»라고 불렀다.(1947년) 이런 인종주의는 아마도 식민지를 정복하고 «평정»하는 과정에서 행해진 수많은 폭정보다 더 많은 폐해를 사람들의 머릿속에 야기했을 것이다.

루이 루보[292]는 인도차이나에서 전해 들은 다음과 같은 일화를 들려준다.

«어느 대도시의 우체국 내부. 전보를 치는 창구가 붐비고 있었다.

291 앙드레 망두즈(1916~2006년): 프랑스 역사학자, 가톨릭 언론인. 알제대학교 교수를 지내면서 알제리 독립을 위해 투쟁했으며, 알제리민족해방전선에 가담해서 활동하다가 체포되었으나 곧 석방되었다. «121인의 선언문»(«알제리 전쟁에 불복종할 권리 선언문»)(1960년)에 서명했다.

292 루이 루보(1884~1941년): 프랑스 작가, 언론인.

차례를 기다리는 줄 맨 끝에 서 있는 사람은 키가 작은 황인종이었다. 그 사람은 인내심을 가지고 자신의 차례를 기다리고 있었다. 그 사람이 전보에 담을 내용을 창구 직원에게 내밀려고 할 때, 거칠게 어깨가 잡아채여서 창구로부터 멀리 내던져졌다.

– "난 바빠!"

[이렇게 외치며] 젊은 유럽인 한 명이 우체국 안으로 들어섰다.

이런 일은 흔하며, 사람들은 평소에는 이런 일에 별로 주의를 기울이지 않는다. 원주민은 줄을 다시 서서, 전보를 보낼 수 있는 보다 적절한 기회를 기다리는 수밖에 없다. 하지만 이번 경우에는 그 키가 작은 황인종 사람이 백인에게 되돌아가서, 그의 저고리를 잡고 흔들면서 그를 강제로 줄 밖으로 밀어내고는 그에게 명함을 내밀었다. 사람들이 모두 깜짝 놀랐다. 명함에는 다음과 같이 적혀 있었다.

마츠오카

황제 근위대 대위

도쿄(일본)

이 사건은 명예 문제가 걸린 사건이었다. 바로 그날 저녁, 그 유럽인의 입회인들이 마츠오카의 입회인들에게 당사자 유럽인의 사과문을 가져왔다.

유럽인의 입회인들은 다음과 같이 덧붙였다. — "우스꽝스럽고 사소한 사건이지요……. 우리 친구인 그 사람은 귀하를 안남인으로 착각했습니다!……"»(1931년)

같은 시기에 같은 곳에서 사소한 사건이 일어났다. 쟝 도르센은 다음과 같이 사건 이야기를 들려준다.

«사이공에서 있었던 일이다. 총독의 살롱에서 폴 레노를 주빈으로 모신 공식 야회(夜會)가 열렸다. 코친차이나의 수도 사이공에 거주하는 중요 인물들이 모두 모였다. 안남인들도 몇 명 초대되었다. 나는 혈색이 좋고 뚱뚱하고, 자신의 위세를 과시하는 한 남자를 알아보았다. 그 남자는 문간에서 마주친 어느 나이 든 안남인을 떠밀었다. 그 안남인은 원주민 세계에서 권위를 가진 사람이었으며, 그 권위는 그럴 만한 이유가 충분했다. 그 늙은이는 무례한 그 남자에게 매우 정중하게 항의했다. 그러자 화가 나고 놀란 그 남자는 두 팔을 치켜들면서 다음과 같이 외쳤다.

- 그런데 당신, 무슨 짓이야, 이거?

뚱뚱한 그 남자는 자신이 인도차이나 땅을 정당하게 점유한 유일한 사람이라고 진정으로 믿었으며, 원주민들이 그들의 나라에서 뻔뻔스럽게 살아가고 있다고 여겼던 것이다.»(1932년)

또 다른 일화를 보기로 하자. 이번에는 프랑스 본국에서 있었던 일이다. 이른바 만담이라는 것을 쓴 어느 작가는 다음과 같은 이야기를 들려준다. 어느 날, 알베르 사로를 주빈으로 모신 사교 리셉션에 흑인 국회의원들(그라티앵 캉다스, 블레즈 디아뉴 등)이 초대되었다. «12시 반, "식탁이 차려졌다." 알베르 사로가 그 집 여주인과 팔짱을 끼고 식당으로 들어섰다. V 부인의 어린 딸이 활짝 열린 문을 통해서 손님들 중에 상당수의 흑인 국회의원들이 있는 것을 보았다. 네 살짜리 꼬마 쟈클린(Jacqueline)은 혼비백산했다. 그 어린애는 마구 내달려서 엄마의 목에 매달리며 이렇게 외쳤다. "엄마! 엄마! 미개인들이야!" 캉다스가 웃었

다. 내가 기억하기로는 그 사람 혼자만 웃었던 것 같다.»(귀스타브 살레, 1931년)

사실, 식민지에서 살아가는 서양인은 생활의 매 순간, 모든 상황에서 불안정한 상태에 있었다. 서양인은 그곳에서 지배자로서의 자리를 차지하기 때문에, 그리고 또 대체로 인종과 문화에 대한 편견을 가지고 그곳으로 가기 때문에, 그 자신이 살아가는 «원주민들»의 나라에서 그 «원주민들»의 사고나 풍습과 충돌을 일으킬 위험을 야기했다. «원주민들»에 대한 몰이해가 너무나 컸기에 모로코로 향하는 프랑스인들을 위한 안내 책자에는 다음과 같은 일련의 권고가 담겨 있다.

«기차 객차 또는 자동차를 탈 때, 당신의 좌석이 원주민들 가까이에 있다는 것에 대해 혐오감을 보이지 마라.

원주민들에게는 이가 득실거린다고 큰 소리로 말하지 마라. 비록 그것이 사실이라 할지라도, 원주민은 불쾌해할 것이다. 운전사에게 이야기해보는 편이 낫다. 운전사는 다른 유럽인들 가까이에 당신의 자리를 배치해줄 것이다.

말을 타고 좁은 길을 지나갈 때, "개 같은 놈들아, 조심해라. 네 아비들이 저주를 받을지어다!"라고 외치며 말을 달리지 마라.

원주민들은 천천히 비켜선다. 당신이 어느 사람과 부딪치면, 그 사람은 평생 프랑스인을 증오할 것이다.

당신이 차를 타고 있다면, 짐을 진 노새들 곁을 지나가면서 경적을 울리지 마라. 노새들이 뒷발길질을 하면서 짐을 떨쳐버리거나 이따금 짐 위에 앉아 있는 가여운 여성을 떨쳐버리는 것을 보는 재미 때문에 그렇게 하지 마라.

닭들을 치어 죽이지 마라. 느릿느릿 걸어가는 양 떼를 몰고 천천히 길을 건너는 목동들에게 욕을 하지 말고, 그들을 때리지도 마라.

우체국이나 상점에 들어갈 때는 원주민 놈들이 온갖 곳에 몰려든다거나 그놈들에게서 나쁜 냄새가 난다고 투덜거리면서, 당신 앞에 서 있는 그들보다 먼저 일을 보게 해달라고 요구하지 마라.

그 사람들은 자기 나라에 있으며, 당신은 외국인이다.

(…)

식사 중에는 당신 옆자리의 유럽인들을 웃기려고 그들 쪽을 쳐다보면서 농담하듯이 트림을 하지 마라. 무슬림은 우리나라에서는 그렇게 하는 것이 풍습이 아니라는 것을, 그리고 당신이 그들을 놀리려고 그렇게 한다는 것을 알고 있다.

모스크 앞을 지나가면서 무심결에 침을 뱉지 마라. 거리에서는 휘파람을 불지 마라. 여성의 얼굴을 계속 쳐다보지 마라. 등등.

그들의 종교를 비웃지 마라. 거친 말을 하지 마라.

그들이 당신에게 말하는 것에 대해, 그들의 믿음에 대해, 그들의 미신에 대해 의심하지 마라.

(…)

마치 자신이 왕이나 된 듯이 만족스러워하는 태도로, 다른 사람이 당신의 손에 입맞춤하는 것을 가만두지 마라. 당신이 항의하면서 재빨리 손을 움츠리지 않는다면, 모든 원주민이 비웃을 것이다.»(폴 오디노, 1926년)

식민지인들에게 상처를 주는 말과 인종주의적인 모욕

«원주민들»의 자존심을 상하게 하는 자잘한 짓들 중에서 첫 번째에 해당하는 것은 아마도 그들을 약간은 경멸하는 듯이 하대하거나, 그들에게 상처를 주는 말을 하거나, 인종주의적인 모욕을 가하는 것이다.

그런 행위는 식민지에서는 흔한 일이었다는 것을 인정하는 용기를 가져야만 한다. 훌륭한 고위 식민지 관리였으며 명석하고 섬세한 사람이었던 리요테는 어느 날 «모든 원주민들에게 획일적으로 적용되는 "더러운 비코 *sale bicot*"[293]라는 표현으로 요약되는 이런 개탄스러운 정신상태»를 비난해야만 했다. 그 표현은 «너무나 충격적이며 위험스러운 표현이자 그 표현의 대상이 되는 사람들이 그 표현에 담겨 있는 모든 경멸적이며 위협적인 의미와 함께 너무나 잘 알아듣고 이해하는 표현일 뿐만 아니라, 그들이 그 어떤 것으로도 지워지지 않는 쓰라린 감정을 간직하게 되는 표현이었다.»(1916년)

사하라 사막 이남의 아프리카에서 흑인들은 «니그로»로 불리었다. 아! 이 낱말은 1950년대까지만 하더라도 지금처럼 대단히 경멸적인 의미를 담고 있지는 않았다. 이 낱말은 흑인들을 그저 막연히 얕보는 말이었다. 그렇다 하더라도, 이 낱말이 경멸적이었다는 것은 변함없는 사실이다. 이 낱말은 흑인들의 자존심을 상하게 하지 않을 수 없었다. «니그로»는 타자, 즉 이상한 존재이자 실질적인 정체성을 가지고 있지 않은 타자로 간주되었다. 롤랑 바르트는 자신의 저서 『신화론』에서 다음과 같이 썼다. «사실상 니그로에게는 완전하면서도 자율적인 생명이 없다. 니그로는 기이한 물건이다.» 풍자만화가 브와로가 「삽화가 곁들여진 식민 세계 신문」에 실은 풍자만화에 등장하는 «어느 선량한 여성»은 어느 흑인의 면전에서 다음과 같이 말한다. «설마! 당신이 세네갈인이라구요? …… 난 당신을 니그로라고 생각했는데요!»(1931년, 6월호) 이런 표현들은 특별한 악의 없이 내뱉어졌을 때조차도 그것을 내뱉

293 비코 *bicot*: 식민 시대에 유럽인들이 북아프리카 사람들을 일컫던 말. "아랍인 *Arbe*"을 가리키는 아랍어 "arbi"가 변형되어 "arbicot"가 되고, 이 후자에서 접두사 "ar"가 탈락되어서 만들어졌다. 그 자체로 "염소 새끼"를 의미한다. 아랍인을 동물에 비유하는 모욕적인 말이다.

은 사람의 제2의 천성 같은 것을 보여주는 것이다. 또 한편으로는 아마도 더 심각한 것일 수도 있다.

식민지인이 반항할 때, 그때까지 막연히(또는 분명히) 얕보는 말에 불과한 것으로 여겨지던 모욕적인 말은 공격적인 것으로 간주되기에 이르렀다. 어떤 반항이든 간에 반항은 모두 그렇게 반항하는 사람 자신의 위엄과 인간성을 드러내는 행위이며, 이로 말미암아 수많은 도식을 와해하는 것이기 때문이다. 식민주의자들은 재빨리 이념적으로 맞불을 놓아야 했다. 따라서 그들은 식민지의 애국자들을 제외한 모두를 적으로 간주하기에 이르렀다. 반란을 일으키는 자들은 식민주의자들에게는 «강도», «해적», «약탈자» 등으로 여겨졌다. 프랑스가 모로코를 정복할 때, «더러운 놈들 *salopards*»이라는 말이 등장해서 프랑스 군대에 대적하는 식민지 전사들을 가리키는 데에 사용되었다.

탈식민화 시대 동안, 프랑스 언론 중의 일부(제2차 세계대전 중의 «레지스탕스 운동» 과정에서 생겨났다고 자랑스럽게 자처하는 바로 그 언론)는 그동안 지켜오던 신중한 태도를 조금도 지키지 않았다. 베트남 민족주의자들이 처음으로 공격을 받을 때였다. 일부 프랑스 언론이 보기에 베트남인들은 «도형수 무리», «극악무도한 자들»로 여겨졌다.(가콩, 1946년) 호치민은 «동굴 속으로 도망친 해적 두목»으로 여겨졌다.(「르 피가로」, 1950년) 식민지인은 평온한 시기에도 이미 짐승 같은 존재로 여겨졌으나, 이제는 너무나 혐오감을 주는 존재로 여겨지게 되었다. 마리 뒤바[294]와 에디트 피아프가 〈군단의 깃발〉에서 노래한 아랍인 전사들은 위험에 정면으로 맞서는 프랑스 병사들과는 반대로, 밤중에 잠입하는 «하이에나»로 여

294 마리 뒤바(1894~1972년): 프랑스 여배우, 가수. 〈군단의 깃발〉은 뒤바와 에디트 피아프가 같이 노래한 3곡 중의 하나이다.

겨졌다.(피에르 아소, 1945년) 모로코 민족주의 정당 이스티크랄은 프랑스와 루가 보기에는 선량한 국민들의 피를 빨아먹는 «거머리»였다.(1953년) 베트남인들은 «고약한 해충»(가콩, 1946년), «두더지»(뤼시앵 보다르, 1954년), «푸르스름한 개미»(조엘 르 탁, 1954년)로 여겨졌다. 민족해방전선[295]에 가담한 알제리인들은 지나가는 곳을 모두 초토화하는 «메뚜기떼» 등과 동일시되었다.

몇몇 민족과 몇몇 부족의 이름조차도 프랑스 본국에서는 욕설로 여겨졌는데, 이것은 언론이 여론을 대상으로 벌인 캠페인의 반향을 보여주는 놀라운 지표이다. 지금 우리에게까지 전해지고 있는 가장 오래된 예는 18세기 캐나다에서 프랑스 병사들의 두려운 상대였던 «이로쿼이»[296]이다. 당시에 편찬된 사전에는 «이로쿼이»에 대해 다음과 같은 정의가 실려 있다. «캐나다의 잔인하고 사나운 민족. 어느 사람에 대해 말할 때, 그 사람이 무례하고, 거칠고, 조잡하거나 심지어 별로 총명하지 못하다는 것을 말하기 위해 '그 사람은 이로쿼이'라는 말이 사용되기도 한다.»(피에르 리슐레, 1759년) «크루미르»[297]라는 말 — 이 말은 본래는 알제리와 튀니지의 국경 지대에 살면서 «프랑스에 의한 평화 *Paix française*»를 깨트린다는 비난을 받았던 부족을 가리키는 말이었다. —은 프랑스가 튀니지를 정복할 때에 일시적이긴 하지만 엄청난 인기를 얻었다. 「시대」에는 다음과 같은 설명이 실렸다. «크루미르는 1년 전에는 프랑스에서 완전히 생소했지만, 지금은 코사크족이나 베두

---

295 민족해방전선: 1954년에 알제리 독립을 위해 창당된 정당. 1962년에 프랑스와 에비앙협약을 체결하여 알제리의 독립을 이끌어냈으며, 해방 후 오랫동안 알제리의 유일 정당이었다.

296 이로쿼이: 북아메리카 온타리오 호수 주변에 살던 인디언 원주민들.

297 크루미르: 북아프리카 산악지대에 사는 부족. 1881년 2월 말, 알제리에 사는 울레드 나흐드족이 국경을 넘어 튀니지 내 크루미르족의 천막촌을 공격했다. 크루미르족은 국경을 반대로 넘어 보복 공격을 했지만, 프랑스 군대에 패퇴했다. 그해 4월, 쥘 페리 내각은 튀니지-알제리 국경에 질서를 회복한다는 명분으로 튀니지에 원정대를 보냈다. 그해 5월 12일에 바르도 조약이 체결되어 튀니지는 프랑스의 보호령이 되었다.

인족처럼 대중의 어휘 속에 자리를 잡고 있다. 크루미르는 경멸의 표현이 되었다.»(1882년) 당시에는 파리의 건방진 젊은이가 «더러운 사람»이라는 의미로 크루미르라는 낱말을 쓰는 것을 드물지 않게 들을 수 있었다. 같은 시기에 «흑기군(黑旗軍)»(«통킹»의 «흑기군»)도 역시 완전히 부정적인 의미로 대중의 말 속에 자리를 잡았다. 그로부터 얼마 뒤, «실하족 *Chleuh*»이라는 낱말은 아주 재미있는 의미 변화를 겪었다. 본래는 모로코에 사는 베르베르족을 가리켰던 이 낱말은 제1차 세계대전 중에 프랑스로 들어왔는데, 이 낱말을 들여온 사람은 그로부터 몇 년 전에 모로코를 «평정하는» 데에 참여한 프랑스 병사들이었다. 이 낱말은 호의적으로 사용되지는 않았다고 생각해야 한다. 이 낱말은 그로부터 20년 뒤인 제2차 세계대전 때에 독일 점령군을 가리키게 되었기 때문이다.

유럽인들의 «손과 몽둥이의 대단한 날렵성»(테오필 고티에)

유럽인들은 어쩔 수 없는 상황일 때에는 «원주민»에게 폭력을 휘두를 줄도 알아야 했다. 유럽인들이 식민지인들과 가진 접촉의 매우 특별한 형태는 «작은» 폭력을 휘두르는 것이었다. 따귀를 갈기거나, 주먹이나 팔꿈치로 치거나, 나아가 몽둥이로 때리는 것이 이에 해당했다. 그런 행위가 일반화되어 있었다고 말하는 것은 과장이리라. 그런 행위를 부정하거나 또는 그런 행위가 예외적인 것이었다고 주장하는 것 역시 거짓이리라. 게다가 체벌이 당연한 것으로 여겨졌다는 수많은 예를 당대의 글에서 볼 수 있다. 식민지인들은 큰 아이로 여겨졌다. 이런저런 날에 어느 부모가, 좀 나약하거나 말을 잘 듣지 않는 아이의 따귀를 갈겨야만 했다고 하면서 부끄러워할 것인가?

테오필 고티에는 1845년에 알제를 여행하면서 유럽인들이 «원주민들»에게 휘두르는 «손과 몽둥이의 대단한 날렵성»에 대해 이미 개탄한 바 있다. 에르네스트 프시카리는 말을 하던 도중에 순진하게도 다음과 같은 이야기를 털어놓았다. 프시카리가 자신이 부리는 사마(Sama)라는 이름의 보이를 때리자 그 보이는 «아무런 화»도 내지 않았으며, 심지어 프시카리가 자신을 때린 것에 대해 «존경심을 더 많이 드러냈다.»(1927년) 그 보이가 그렇게 한 것은 그것이 자신에게 유리했기 때문이다……. 그런데 프시카리가 올바로 지적했듯이, «프랑스의 휴머니스트들»은 식민지에 정착하는 과정에서 재빨리 다른 사람들과 똑같이 되었다. 현지의 현실을 두 눈으로 지켜보았던 로프트 씨라는 사람은 다음과 같이 썼다. «자신이 가지고 있는 생각과 편견을 고스란히 간직한 채로 [그곳에] 발을 들여놓으며 아랍인을 좋아하는 프랑스인은 조롱당하고, 속임을 당하고, 배반당하고, 거짓말에 속고, 가진 것을 도둑맞고, 온갖 거짓말을 듣고, 계속되는 교활하고 뻔뻔스러운 기만 때문에 고통을 겪은 뒤에는 반응한다. 힘차게 반응하며, 종종 난폭하게 반응한다. 몽둥이를 휘두르는 것이다. 그런 행위는 옳지 않다. 그러나 먼 곳에서 고통을 겪고, 거짓되고 위선적인 수많은 행위가 자행되는 사태를 만나게 되는 사람들을 가혹하게 심판하기란 너무나 쉽다.»(1897년) 1927년, «고무 업계의 왕» 옥타브 옹베르그의 고용인으로 그의 글을 대필했던 언론인 죠르쥬 르 페브르는 플랜테이션에서 책임자로 일하던 어느 식민지 이주민을 묘사한 글을 썼는데, 그 글은 그 이주민에 대한 석연치 않은 존경심으로 가득 차 있다. 그 내용은 다음과 같다.

> «이제 그는 상반신에는 말레이시아산(産) 사롱 천을 두르고 목에는 수건을 걸치고 나타난다. 머리카락은 짧게 잘랐으며, 이마는 강한 의

지가 엿보이며, 목덜미는 힘차다. 근육은 탄탄하다! 가슴은 성벽 같다. 그 사람은 충격이 생기면 먼저 가슴을 내밀어 그 충격을 줄이려고 하는 것 같다. 큰 흉근(胸筋)을 수축시켜서 난처한 일에 대응하고, 삼각근을 움직여서 난관을 헤쳐나가려고 하면서, 그리고 항상 판정승을 하면서, 힘을 쓰면서도 쾌활함을 잃지 않으며, 열정적으로 싸우며, 권위를 행사하면서도 쾌활하다. 어조는 갑작스럽게 터져 나오는 무시무시한 분노를 담고 있다. 결점이라면 [잘못을 범한 사람을] 처벌한다는 것뿐이다. 그러나 그 처벌은 원한을 담고 있지 않으며, 잘못을 범한 사람을 기억해두는 것이 고작이다. 잘못을 범한 사람의 임금을 삭감하기보다는 그에게 몽둥이를 휘두르는 편을 더 좋아하며, 다음과 같이 말하면서 마치 어느 대령이 자기가 지휘하는 연대 병사들을 다루듯이 자기가 부리는 사람들을 다룬다.

– "안남인은 실 한 가닥만 있으면 부릴 수 있다. 단, 그 실을 놓치지 않아야 한다."»

프랑스인들이 식민지인들에게 폭력을 행사하는 데에 심각한 사건이 필요했던 것은 아니다. 프랑스 본국에서라면 평등한 두 개인 사이에 일어나는 대수롭지 않은 마찰로 여겨졌을(이 두 사람 모두 백인이기 때문에) 일이 식민지에서는 서로 얼굴을 붉히는 원인이 되었다. 「사이공 신문」에 실린 기사에서 어느 기자는 다음과 같은 질문을 던졌다. «인도에서 실수로 자기를 밀친 안남인이나 중국인의 따귀를 언젠가 주저 없이 갈긴 적이 있는 저 사람은 누구인가?»(1884년) 「삽화가 곁들여진 식민 세계 신문」의 «유머의 달[月]» 난(欄)에 실은 글에서 삽화가 마르셀 장쟝은 백인 주인 — 이 사람은 아직도 침상에 누워 있다. —과 그가 부리는 보이 — 이 사람은 주인을 막 깨운 참이다. — 사이에 오가는 다음과 같은 대화 장면을 묘사했다.

> «- 날씨가 어떠냐?
>
> - 바리시는[바라시는] 대로입니다. 내리[나리]!……
>
> - 뭐라고? 내가 바라는 대로라고?
>
> - 내리께서(나리께서) 바리시는[바라시는] 날씨가 아니면, 내리께서는[나리께서는] 어딘가에 발길질을 하시지요. 그래서 바리시는[바라시는] 대로라고 했습니다요.»[298](1927년)

세월이 흘러가면서, '문명화 사명'이라는 담론과 프랑스인들이 그들의 «보호를 받는 사람들»에게 아무런 이유 없이 가하는 폭력을 조화시키기가 점점 어려워졌다. 현명한 식민주의자들은 편협하기 짝이 없는 같은 나라 사람들이 저지르는 만행을 공격했다. 식민지의 가정 내에서 식민지인들을 대상으로 은밀히 자행되는 «사소한» 사적 폭력은 결코 완전히 사라지지 않았다. 그러나 거리와 공공장소에서 자행되는 폭력은 점차로 좋지 않은 평가를 받았다. 이런 상황이 모든 이들의 마음에 들었던 것은 아니다. 롤랑 도르쥘레스[299]는 인도차이나를 여행하면서 마주친, 공공장소에서 자행되는 폭력에 대해 언급했다.

---

298 이 대화에서 [ ] 안의 내용은 이해를 돕기 위해 옮긴이가 첨가한 것이다.

299 롤랑 도르쥘레스(1885~1973년): 프랑스 언론인, 작가. 롤랑 모리스 르카블레의 필명. 두 번이나 퇴역 조처를 당했지만 다시 자원 입대하여 제1차 세계대전에서 싸웠다. 1919년에 소설『나무 십자가』로 페미나상을 받았다. 이어서 인도차이나에 체류한 경험을 바탕으로 소설『고관대작로(高官大爵路) 위로』를 썼다. 공쿠르상 심사위원과 심사위원장, 참전 작가 협회장을 지냈다. 참전 작가 협회는 1995년에 그의 이름을 딴 롤랑 도르쥘레스상을 제정하여 라디오와 텔레비전 방송에 종사하는 사람들 중에서 프랑스어를 수호하는 데에 공헌한 사람에게 상을 수여한다. 1965년, 롤랑 도르쥘레스는 그의 공식 이름이 되었다.

«주막에서 나에게 다가온 가스코뉴 지방[300]의 억양을 지닌 그 멍청이 같은 상스러운 사람들을 만나는 경우가 있다. 그 멍청이는 [식민지인들에게] 천진난만하게 분노하면서 다음과 같은 말을 되풀이할 줄밖에 몰랐다. "모두 꺼져라. 내가 바로 너희들에게 이 말을 한다. 이제 내게는 내 시중을 드는 보이를 두들겨 팰 권리가 없다는 생각이 드는데, 이게 내 마음에 드는 일인가!" "몽둥이, 몽둥이 좀 주시오!"»(1929년)

«원주민»이 백인의 부속물로 여겨지다

이럴진대, 백인들이 사는 동네의 거리에서 원주민은 그 백인들의 부속물로 여겨졌다. 베트남의 사이공에서는 «인력거»꾼이 그러했고, 코트디부아르의 아비장에서는 열대 과일을 파는 행상이 그러했고, 모로코의 카사블랑카에서는 구두닦이가 그러했다……. 식민지 거주민들의 상상 속에서 구두닦이는 놀라운 인기를 얻었다! 자신이 부르는 노래의 가사를 쓰기도 했던 모리스 슈발리에[301]는 1942년에 알리 벤 바르바(Ali Ben Barba)라는 이름의 매력적인 구두닦이 소년을 노래하는 가사를 썼다. 그 내용은 다음과 같다.

«도시 알제에서
사람들은 보았네
심장처럼 예쁘장한
꼬마 구두닦이가 돌아다니는 것을

300 가스코뉴 지방: 프랑스 남서부 끝의 피레네산맥과 대서양을 면한 지방.
301 모리스 슈발리에(1888~1972년): 프랑스 작곡가, 작사가, 가수, 배우. 광란의 시대(1920~1929년)에 프랑스 뮤직홀에서 가장 인기 있었던 가수이다. 1930년대에는 할리우드에 진출해서 오스카상 최고 배우상에 두 번이나 노미네이트되기도 했다.

소년은 여기서도 구두를 닦고,
저기서도 구두를 닦았네.
그가 하는 일에는 작은
사랑이 깃들어 있었다네.»(1942년)

자신이 쓴 여행 안내 책자의 «사이공»을 다룬 장에서 쉬잔 고넬은 자신의 생각을 다음과 같이 솔직하게 털어놓았다. «그런데 안남인들은 어디에 있는가? 아 그렇지. 보이들, 요리하는 사람들, 하인들이 있지. 다른 사람들은? 인력거를 끄는 일꾼들이 있지. 이들이 전부인가? 기다려보시라. 여러분이 그들을 볼 수 있는 곳은 이곳이 아니다. 당연히 프랑스에서 볼 수 있다!»(1930년경) 식민지를 무대로 한 픽션 이야기(소설이나 영화)에서 식민지 토착민들은 오로지 백인들의 들러리로만 등장한다는 사실을 지적한, 식민지의 현실을 두 눈으로 지켜보았던 사람은 한둘이 아니다. 쉬잔 고넬의 표현을 빌어와 다르게 표현하자면, 다음과 같이 쓸 수도 있을 것이다. 카사블랑카 한복판에서 사건이 벌어지는 영화 〈망향〉(1937년)에서 아랍인들은 어디에 있는가? 영화 〈외인부대〉(1934년)에서 아랍인들은 어디에 있는가? 이 두 영화에서 아랍인들은 «향토색이 짙은» 그림자 같은 존재나 대수롭지 않은 행인들로 등장할 뿐이다. 오랑을 무대로 벌어지는 사건을 다룬 카뮈의 소설 『흑사병』에서 아랍인 사망자들은 어디에 있는가? 그들은 그 끔찍한 전염병에 걸리지 않았는가, 아니면 그들의 시신은 작가 카뮈의 시선을 벗어나 있었던가?

또 다음과 같이 말하는 사람들도 있었다. 식민지 «원주민들»은 자신을 희생하려고 하지 않는다. 그들 모두는 서로 비슷하다……. 이런 흔해 빠진 생각이 당시의 사람들 모두의 사고를 관통하고 있었다.

루이 베르트랑은 이런 생각이 악의에서 비롯된 것이 아니라고 변호했다. 그는 다음과 같이 썼다. «알제리에서 나는 우리나라 식민지 이주민들 모두가 자신들이 부리는 아랍인들을 "아흐메드(Ahmed)"라고 부르는 것에 대해 관광객들이 분노하는 말을 들었다. 사실은 그 아랍인들을 분간하기란 쉽지 않다.»(1910년) «인도차이나»를 무대로 한 중편소설에서 작가 에밀 놀리는 다음과 같이 썼다. «한 명의 인도차이나 여성을 본 사람은 인도차이나의 모든 여성을 본 셈이다.» 하지만 그는 그 여성들 중 한 명의 모습을 그려내고자 애를 썼다. 그러나 결국에 그는 자신이 처음에 한 주장으로 되돌아갔다. 그 내용은 다음과 같다. «티 남(Thi Nam)이 그러했다. 코친차이나의 모든 꽁가이가 그러하다. 서로 약간은 다른 점이 있지만 말이다.»(1925년) 1930년대에 발표된 것으로 프놈펜에서 벌어지는 사건을 다룬 어느 탐정소설에서 캄보디아인들은 자동인형 같은 존재로 묘사되었다. 작가는 다음과 같이 썼다. 사람들은 «그들의 등에 달린 태엽을 감는 열쇠를 무의식적으로» 찾는다.(레옹 그록, 1933년) 더 딱한 일은 그들의 이름이 백인들에게는 이상하고 발음할 수 없는 것으로 여겨지고, 또 그들의 이름을 기억해두려고 애쓰는 것은 헛된 것으로 여겨진다는 점이다. 백인들은 아랍인 남성들은 무차별적으로 아흐메드(Ahmed) 또는 모하메드(Mohamed)로 불렀으며, 여성들은 당연히 파트마(Fatma)로 불렀으며, 사헬 지역 남쪽에서는 마마두(Mamadou)[302]라는 이름으로 많이 불렀다……. 심지어 종종 «원주민들»은 이름을 가질 권리조차 없었다. 예를 들면, 문학사가들은 카뮈의 『이방인』에 등장하는 어떤 아랍인도

302 아흐메드, 파트마, 마마두: 아흐메드는 예언자 마호메트 *Mahomet*(모하메드 *Mohamed*, 무함마드 *Muhammad* 등으로도 표기됨)를 찬양하는 말인 아흐마드 *Ahmad*에서 유래한 것으로, "찬미를 받는 자"라는 뜻이다. 파트마는 예언자 마호메트의 딸의 이름인 파티마 *Fatima*에서 유래했다. 마마두는 아흐메드와 마찬가지로 마호메트에서 유래했다.

이름이 없다는 점에 주목했다. 다른 등장인물들에게는 뫼르소, 엠마뉘엘, 페르낭델, 쟌느, 피에로라는 이름이 있다. 아랍인들은 서로 구분되지 않고 한 덩어리로 그저 아랍인으로 불린다. 이럴진대, 누가 이방인인가? 뫼르소인가, 아니면 그가 살해한 아랍인인가? 아니면 두 사람 모두인가? 두 사람은 요컨대 서로에게만 이방인이 아닌가?(1947년) 흑아프리카에 잠시 체류한 적이 있는 쟝 게노는 이런 유형의 상황에 충격을 받았다. «이 고장에는 흑인 남성의 이름을 절대 알지 못할 백인들이 수두룩하다. 그들은 자기 개, 자기 고양이, 자기 원숭이에게는 이름을 붙인다. 그러나 흑인은 (…) 성도 이름도 없다. 흑인은 언제나 "쿡(조리사)", 또는 "보이", 또는 "운전사", 또는 "모터-보이"로 불린다.»(1952년) 심지어 의복 때문에 «원주민»은 하급 인간 취급을 받았다. «원주민»의 이상한 옷차림에 대해서 백인들은 어떻게 생각했는가? 피에르 노라는 다음과 같은 이야기를 들려준다. 유럽식 옷차림을 한 어느 알제리인에 대해 묘사해보라는 요청을 받은 어느 피에-느와르가 다음과 같이 말했다. «그 사람은 아랍인이었는데, 사람처럼 옷을 입고 있었어요.»(1961년)

이런 행위들이 체제에 끼치는 위험을 의식한 몇몇 양식 있는 식민주의자 계층은 '타자'의 존엄성을 더 많이 존중하는 보다 정중한 사적인 관계를 «원주민들»과 맺고자 애를 썼다. 옛날 형태의 식민주의, 즉 거칠고 이따금은 폭력적이기도 한 식민주의를 지지하는 사람들과 «원주민들»을 언짢게 하지 않으려고 더 애를 쓰는 계층은 걸핏하면 논쟁을 벌였다. 논쟁은 이따금은 격하게 되기도 했다. 예를 들면, 식민지를 다룬 글을 많이 쓴 지식인 계급에 속하는 피에르 밀[303]이 아프리카의 기

303 피에르 밀(1864~1941년): 프랑스 작가, 언론인. 마다가스카르 총독부 비서실 책임자로 근무하면서

니에 사는 어느 식민지 이주민에게 쏘아붙인 말이 대표적인 예이다. 그 식민지 이주민은 리요테가 «원주민» 유력자들을 뱅센 식민지 박람회에 초대해서 정중하게 대했다고 비난했다. 그런 행위는 «대중 선동»이라고 그 사람은 외쳤다. 당신이 초대한 소위 «개명한 사람들»은 교만함으로 부풀어 귀국하게 될 것이며, 우리는 그런 행위에서 아무것도 얻어낼 수 없을 것이다. 우리들은 그들을 낙오자로 만들게 될 것이다. 그런 정책의 혹독한 대가를 치르게 될 날이 멀지 않다. 그 사람은 이렇게 주장했다. 이 사람에게 피에르 밀은 다음과 같이 쏘아붙였다, 모든 «원주민»을 열등한 사람으로 다루지 않도록 조심하시라. 그렇게 한다면, 우리는 «다른 일을» 그르치게 될 것이다. «같은 일이 아니라, 더 큰 일을 더 많이 그르치게 될 것이다.» 작가 피에르 밀은 이제는 «원주민 부르주아지»와 협력하는 정책을 시작할 때가 되었다고 평가했다. 그는 «원주민들»의 상황과는 대비되는 상황을 묘사했는데, 식민주의적 사고를 하는 사람들에게는 이런 상황이 통상적인 것으로 보였다. 피에르 밀이 묘사한 상황이란 식민지에서 백인들은 일종의 귀족 계급을 형성하고 있다는 것이었다. 그러나 우리는 자신들의 지배가 영원하리라고 믿었던 구체제 때의 귀족 계급이 대혁명을 맞아 느꼈던 좌절감을 기억하고 있다. 우리는 그 귀족 계급이 온갖 종류의 개혁안을 무시한 것을 기억하고 있다. 우리는 그 귀족 계급이 저지른 것과 같은 잘못을 저질러야만 하는가? 피에르 밀은 이렇게 질문을 한 다음, 다음과 같이 결론을 내렸다. 이제 우리와 같은 «인종»이 아닌 사람들과 화해하고, 협상 테이블에 그들과 마주 앉을 때가 되었다. 피에르 밀이 보기에, 그런 전망

「시대」 등에 글을 기고했다. 식민지 문제와 관련한 당대 최고 전문가로 간주된다. 식민학아카데미, 식민작가협회를 설립하여 의장을 지냈다. 해외프랑스언론노동조합이 최고의 르포르타주 기사에 그의 이름으로 수여하는 상(«피에르 밀»상)이 있다.

은 «불가피하고도 유익했다.» 상호보완적인 두 형용사('불가피하다'라는 형용사와 '유익하다'라는 형용사)는 문제의 핵심에 해당한다. 그러나 누가 이런 말을 들어보았던가? 1947년, 인도차이나 주재 고등판무관 에밀 볼라에르는 함부로 처신하지 말고 베트남인들에게 더 예의를 차리라고 자신의 부하들에게 부탁했다. 그러나 때는 너무 늦었다. 인도차이나 전쟁이 막 시작된 시점이었던 것이다…….

식민지 거주민들과 «원주민들»은 어떤 대화를 나누었는가

«우리는 서로를 이해하고 있는가? 우리는 언젠가는 서로를 이해하게 될까? 나는 그렇게 생각하지 않는다. 화학에서와 마찬가지로 윤리에서도 [서로] 끌리지 않는 것들이 있으며, 수 세기 동안 시행된 어떤 정책도 인간 서로 간에 존재하는 증오의 법칙을 사랑의 법칙으로 바꾸어 놓을 수 없을 것이다. 겉으로는 평화가 이루어졌다. 그러나 무엇을 대가로 치르며 그렇게 되었는가? 그 평화는 지속될 것인가? 그 평화로 말미암아 무엇이 생겨날 것인가? 이것은 알제리와 또 다른 곳에서, 서양이 한 조각의 땅을 오리엔트와 나누어 가지고 있는 모든 곳에서, 북반구와 그 영원한 적인 남반구가 우발적인 경쟁으로 대치하고 있는 모든 곳에서 논의되는 중요한 문제이다.»

이 고뇌 어린 염세주의적 질문은 프랑스가 알제리에 진출한 초기에 외젠 프로망탱[304]이 제기한 것이다.(1859년) 아무도 이 질문에 진지하게

304 외젠 프로망탱(1820~1876년): 프랑스 화가, 작가. 알제리를 여행하면서 그곳의 풍경과 풍습을 스케

답하지 않았다.

여러 사람의 증언을 통해서 제기된 가장 중요한 질문은 다음과 같다. 서양인들과 식민지인들의 접촉은 어떻게 이루어졌는가? 서양인들의 눈은 어떤 프리즘을 거쳐서 '타자'와 '다른 사람'을 이해하고(또는 이해하려고 애쓰고) 설명하게(또는 설명하려고 애쓰게) 되었는가? 유럽인들은 '타자'와 '다른 사람'을 바라보기를 거부했는가? 우리는 여기에서, 즉 우리가 가짜 접촉이라고 부르고자 한 그 접촉에서 '타자'와 '다른 사람'에 대한 서양인들의 근본적인 오해가 비롯되었다는 것을 알고 있다.

결국, 그 수십 년 동안 유럽인들 대부분은 «토착민들»과 나란히 살아가면서도 진정으로 그 식민지인들을 알고자 하지 않았다는 사실을 인정하지 않을 수 없다. 알제리 전쟁 초기, 작가 물루 페라운[305]은 두 공동체, 즉 유럽인들의 공동체와 «원주민»들의 공동체 사이에 생겨난 «갑작스럽고도 돌이킬 수 없는 반목»에 대해 자문하면서 다음과 같이 썼다. «진실은 [두 공동체가] 화합한 적이 결코 없다는 사실이다 (…). 한 세기 동안 사람들은 [서로에 대해] 호기심을 가지지 않은 채 나란히 살아왔다. 이제 사랑에 반대되는 이 의식적인 무관심의 결과를 받아들이는 일만이 남아 있다.» 페라운은 다음과 같이 결론을 내렸다. «서로 사랑하기 위해서 해야만 했던 일은 무엇인가? 먼저 서로를 아는 것이다. 그런데 우리는 서로를 알지 못했다.»(1955년) 페라운의 이 글은 알제리를 정복하기 위해 처음으로 출정한 프랑스 군대가 알제리에 진출한

치한 것을 바탕으로 해서 귀국 후에 매우 사실적인 그림을 그렸다. 작가로서는 알제리 여행기 『사하라에서 보낸 여름 한 철』과 『사헬에서 보낸 한 해』를 썼다.

305 물루 페라운(1913~1962년): 프랑스어로 글을 쓴 알제리 작가. 가난한 농부 부모에게서 태어났다. 그의 아버지는 프랑스로 일하러 갔다가 사고가 나서 장애연금으로 생활했다. 이런 가족적, 사회적, 문화적 요소들은 그의 작품에 잘 반영되어 있다. 교사로 재직하면서 소설을 썼다. 『가난한 자의 아들』, 『대지와 피』, 『오르막길』 삼부작으로 유명하다. 사회복지 센터 감독관으로 일하다가 비밀군사조직(이 조직은 그 센터를 알제리 독립운동가들의 소굴로 여겼다.)에게 살해되었다.

지 125년이 지난 시점에서 쓴 것이다……. 식민지에서 유럽인들은 '타자'를 볼 수도 없었고, 볼 줄도 몰랐다. 편견 없이, 그리고 눈가리개를 벗어 던지고 그 '타자'를 바라보려고 하지 않았기 때문이다. 그렇기 때문에 서로 동떨어진 두 사회, 거의 본질적으로 서로 분리되어 있던 두 사회, 공간과 심리와 시간 속에서 서로 동떨어져서 분리되어 있던 두 사회를 분석해보아야만 한다는 느낌이 든다. 1934년에 모로코에서 루이 루보는 그런 두 사회를 보면서 약간의 거북함을 느꼈다. 그가 본 것은 다음과 같다.

> «오두막집과 텐트가 드문드문 들어서 있는 해변에서 해수욕을 즐기는 사람들이 햇볕에 등을 그을리고 있었다. 그곳에서 멀지 않은 곳에 샘이 하나 있었는데, 머리에 단지를 이고 얼굴을 천으로 가린 여성들이 물을 길으러 왔다. 누더기를 입고 있었지만 의젓한 모습의 옛날 사람 같은 노인들이 물을 먹이려고 나귀들을 그곳으로 몰고 왔다……. 성서에나 나옴 직한 그 풍경과 해수욕장은 서로 200미터가 아니라 …… 스무 세기나 떨어져 있었다!»

이것은 알제리 주재 무슬림 담당부의 책임자였던 오귀스탱 베르크가 언급한 것이기도 하다. 그는 두 사회를 다음과 같이 간결하게 묘사했다. «원주민들과 우리는 하나가 되지 *associés* 못하고 서로 동떨어져 *juxtaposés* 있다!»(1933년) 식민시대가 끝나갈 무렵, 이런 현상은 뚜렷해졌다. 쟝 라쿠튀르[306]는 모로코에서 다음과 같은 사실을 두 눈으로

306 쟝 라쿠튀르(1921~2015년): 프랑스 언론인, 작가. 앙드레 말로, 샤를 드골 등의 저명인사들의 전기를 많이 썼다. 반식민주의 운동과 반미주의 운동을 벌이기도 했다.

확인했다. «프랑스인들과 모로코인들의 접촉은 전무하다 (…). 어떤 학설로도 설명될 수 없는 사실상의 진짜 인종차별이 생겼다.»(1953년) 마요트[307]를 방문하고는 환상에서 깨어난 로제 바이양[308]은 『내면 일기』에 다음과 같이 썼다. «식민화 사업이 말기에 이른 지금, 원주민과 유럽인은 사이가 틀어지고 서로 관계를 끊고 있다. 어떤 접촉도 없다.»(1958년) «원주민»과 유럽인이 공통적으로 가졌던 유일한 가치는 '타자'에 대한 불신이었음이 분명하다. 자유주의적 성향의 피에-느와르였던 엠마뉘엘 로블레스[309]는 자신의 소설에서 제2차 세계대전 중에 아랍인 주인공과 프랑스에서 온 어느 레지스탕스 대원이 대화를 주고받는 장면을 묘사했다. 그 내용은 다음과 같다.

«그가 내게 물었다. 알제리인들과 유럽인들의 관계를 어떻게 생각하느냐고. 나는 다음과 같이 답변하는 것으로 족했다.

– 유럽인 엄마가 아들을 꾸짖을 때는 이렇게 말하지요. "얌전하게 굴어야지, 그렇지 않으면 아랍인을 부를 거야." 아랍인 엄마는 이렇게 말하지요. "얌전하게 굴어야지, 그렇지 않으면 부슈 *Bouchou*를 부를 거야."

– 부슈가 누구입니까?

– 뷔죠 *Bugeaud*[310]입니다.»(1948년)

---

307 마요트: 인도양의 코모로제도 중의 하나. 1843년에 프랑스의 식민지가 되었으며, 현재 프랑스의 광역도 *région*이자 도(道)이다.

308 로제 바이양(1907~1965년): 프랑스 소설가, 극작가, 언론인, 시나리오 작가.

309 엠마뉘엘 로블레스(1914~1995년): 프랑스 소설가, 극작가, 시인. 알제리에서 스페인계 노동자 가정에서 태어났다. 알제리 전쟁이 가열되던 1956년, 알제리인들과 프랑스인들이 서로에 대한 적대 행위를 중단할 것을 호소하는 위원회에 참여했다. 물루 페라운을 발굴하고 그의 일기를 출판했다.

310 뷔죠: 부슈 *Bouchou*는 뷔죠 *Bugeaud*를 잘못 발음한 것이다. 위의 이야기는 뷔죠가 알제리인들에게 얼마나 큰 공포의 대상이었는지를 말해준다. 뷔죠에 대해서는 각주 159번을 보라.

유럽인과 원주민은 서로 상대의 세계로 들어가지 않은 채로 함께 살았으며, 하나로 결합되지 않고 서로 동떨어져 있었다. 마땅히 다음과 같은 질문이 제기될 수 있다. 잘못은 누구에게 있었는가?

이럴진대, 유럽인과 원주민 사이에는 제도상의 목표로 설정된 «인종들» 간의 이해(물론, 어느 한 인종이 다른 인종의 너그러운 지도를 받으면서 이루어지는 이해)가 아니라, 불신과 멸시 — 증오는 아닐지 모르지만 —가 자리를 잡았다는 사실에 어찌 놀라지 않을 것인가?

1945년 5월 8일, 전 세계가 나치즘이 몰락한 것을 경축하고 있을 때, 그리고 프랑스 본국에서는 자유에 대한 갈망이 큰 소리로 터져 나오고 있을 때, 알제리에서는 민족주의자들이 벌이는 시위가 폭동으로 비화했다. 유럽인 수십 명을 살해하고 그들의 시신을 끔찍하게 훼손하는 식민지인들의 폭력에 맞서 가혹한 진압 작전이 벌어졌다. 마치 때를 기다렸다는 듯이 두 공동체, 즉 알제리인들의 공동체와 프랑스인들의 공동체는 서로를 향해 돌진했다. 젊은 작가로서 이미 유명해져 있었으며 당시에 「투쟁」에서 사설을 담당하고 있던 알베르 카뮈는 이 사건이 얼마나 중요한 의미를 띠는지를 예감했다. 그는 다음과 같은 내용의 비장한 호소문을 썼다. «저는 증오가 무엇인지를 아는 프랑스인들에게 단지 다음과 같이 묻습니다. 여러분은 진정으로 수백만 명에 이르는 사람들로부터 증오를 받고 싶습니까? 여러분이 다른 수천 명의 사람들을 증오하였듯이 말입니다. 그렇다면, 북아프리카에서 사태가 흘러가는 대로 내버려 두십시오. 그렇지 않다면, 그 사람들을 여러분 곁으로 맞아들여서 적절한 방법으로 그들을 여러분과 동등한 사람으로 만드십시오.»

그러나 그러기에는 1945년은 이미 너무 늦은 시점이었으리라. 프랑스인들과 식민지인들의 서로에 대한 원한과 증오심이 너무나 컸으며,

서로 상대를 향해 크고 작은 폭력을 너무나 많이 휘둘렀으며, 서로 자존심에 너무나 큰 상처를 입었기 때문이다……. 알제리 전쟁이 시작되는 1954년에 온갖 모순이 터져 나오게 되며 온갖 허위가 발가벗겨지기에 이른다. 그때, 역겨운 분위기에 휩싸인 채, 유럽인들과 «원주민들»은 서로 치열하게 싸웠다.

이제 식민주의는 생명을 다하고 사라졌다. «원주민들»과 유럽인들이 아무런 소통도 하지 못한 채로 말이다.

제7장

맺어질 수 없는 남녀

«오리엔트에서 연애란 끔찍한 어떤 것이다.»
(알퐁스 도데, 1872년)

두 공동체, 즉 식민지인들의 공동체와 유럽인들의 공동체는 더없이 자연스러운 관계, 즉 '사랑'을 통해서 적어도 서로 만나고 서로를 더 잘 알고자 할 수 있었던가? 그랬을 가능성은 희박하다.

«열대지방의 뜨거운 불볕»(외젠 슈)

서양인들의 상상력 속에서 더운 기후는 흔히 성적 환상과 결부되었다. 이런 놀라운 현상의 첫 흔적을 찾기 위해서는 아마도 역사 속 아주 먼 곳으로 거슬러 올라가야만 할지도 모르겠다. 알제리 정복이 놀라운 성공을 거두기 한 세기 전에 『천일야화』의 첫 프랑스어 번역본이 발행되었다는 것을 상기하는 것으로 만족하자. 이 작품은 사람들이 머릿속에서 더운 기후를 성적 환상과 결부시키게 되는 데에 너무나 크게 이바지했을 것이다.

«나는 나무와 사람 — 이곳의 나무와 사람은 제각기 생기가 넘쳐난다 —이 뜨거운 기후 아래에서 오랫동안 황홀에 젖는 그곳으로 가리라.» 독자 여러분께서는 이 글을 쓴 사람이 보들레르라는 것을 아셨을 것이다.(1857년) 다른 프랑스 대작가들도 보들레르가 가졌던 것과 같은 상투적인 생각을 가졌다. 기 드 모파상은 알제리 땅에서 근무하는 프랑스인 젊은 장교를 콩트 『마로카』에 등장시켰다. 프랑스에 남아 있는 어느 동료에게 보내는 편지에서 이 장교는 자신이 벌이는 사랑 놀음에 대해 다음과 같이 묘사했다. «이곳에서 우리는 격렬하게 사랑한다는 것을 아시게나.»(1882년) 외젠 슈는 불후의 작품 『파리의 신비』에서 다음과 같은 결정적인 표현을 사용했다. «열대의 뜨거운 불볕을 받아야만 점화되는 불타는 관능.»(1843년) 자연이 가까이 있으며 풍성하다

는 것, 밤에는 기온이 포근하다는 것, 그 모든 것은 적어도 현지의 현실을 두 눈으로 보았던 외국인들의 눈에는 사랑을 즐기기에 멋진 환경처럼 비쳐졌다. 본래는 기후를 형언하는 데에만 사용되었던 «화끈한 *torride*»이라는 형용사는 시간이 흐르면서 부지불식간에 몹시 뜨거운 어떤 종류의 성생활을 묘사하는 데에 사용되기에 이르렀다. 위에서 언급한 콩트에서 모파상은 «그대를 흥분시키는 *enfiévrer* 대기의 변함없는 뜨거움 *brûlure*», «너무나 가까이 있는 거대한 사막에서 불어오는 불볕 *feu*의 물결», «태워버릴 듯이 엄청난 햇볕»은 «피를 뜨겁게 하고 *embraser*, 살을 공포에 떨게 만들고, 사람을 짐승처럼 만들어버리는» 등의 어휘를 의식적으로 선택해서 사용했다.

이런 어휘들은 진부한가? 그렇다. 하지만 이런 어휘들은 너무나 널리 사용되었다. 여행을 즐겼던 장 포므롤 부인은 마그레브를 무대로 한 글에서 다음과 같이 썼다. «그런 기후 속에서 살아가는 그 족속들 중에서 정숙한 여성은 없다. 순결한 약혼녀는 없다. 미덕은 존재하지 않는다. 미덕, 정직, 순결은 정신적이며 신체적인 어떤 순수의 상태를 강한 의지로 보존하는 것이다. 그것은 사람 자신으로부터 나오는 어떤 본능 또는 어떤 노력이며, 자신이 자기 자신에 대해 확인하고 싶은 어떤 자존감이다. 남반구에 사는 여성 배우자, 약혼녀, 소녀는 어찌 그 모든 것을 조금도 느낄 수 없거나 또는 바라지 않을 수 있는가?»(1900년) 반세기 동안 프랑스 전국에서 불리었으며 대중들로부터 큰 인기를 얻었던 노래 〈통킹 소녀〉는 다른 곳을 소재로 쓴 모든 글을 압도했다.(1906년) 이 노래보다는 상스러움이 덜한 다른 노래들을 통해서 상투적인 생각이 많이 전파되었다. 쉬잔 캉탱이 가사를 붙인 멋진 노래 〈사랑의 탑에서〉가 한 예이다. 이 노래의 가사는 다음과 같다.

«저기 꽃의 나라에서

여성 애인들의 눈에는

근심도 눈물도 없다네.

바람둥이가 그를 유혹하자마자

여성은 아름다운 과일처럼

두려움도 없이 기쁜 마음으로

몸을 허락한다네»(1928년)

여행자들이 이런 통념을 더욱 굳건하게 했다. 이를테면, 프랑스가 «통킹»을 정복하던 때에 수병으로 근무한 필립 오드 — 이 사람에게는 어떤 욕구가 있었으며, 그는 그 욕구를 잘 감추지 못했다. —는 다음과 같이 설명했다. «이곳 여성들은 엄청나게 음탕하다. 그 여성들에게 접근하는 자는 불행할지어다.»(1864년)

이런 면에서 태평양에 있는 섬들에 대해 사람들이 내린 평가보다 더 대단한 것은 아무것도 없다. 부갱빌[311]의 영향이 컸다. 얼마 뒤, 고갱의 그림을 통해서 이런 현상은 증폭되었다. 독자 여러분께서는 다음과 같은 상상을 해볼 수 있을 것이다. 거의 벌거벗고 피부가 비단처럼 고운 젊은 여성들이 방문객들을 맞으러 달려오고, 아버지, 오빠, 심지어 남편마저 새로 오는 손님들에게 상냥한 여성들을 이따금 제공하는, 축복받은 땅을 말이다. 어느 누구도 이에 대해 의심하지 않았다. 그 이교도들의 땅에서 '사랑'은 진정하고도 유일한 '종교' 같은 것으로 여겨졌기 때문이다. 그리하여 바히네(타히티 처녀들)는 «'사랑의 신'을 모시는 여사

311 루이-앙트완 드 부갱빌: 프랑스 해군장교, 항해가, 탐험가. 영국에 맞서 누벨 프랑스(캐나다)를 수호하기 위한 전투에 참전했다. 1766~1769년에 공식적으로는 처음으로 세계를 일주했다. 미국 독립전쟁에 참전했다. 북극 탐험 계획을 세웠으나 성사되지는 못했다. 부겐빌레아 꽃의 이름은 그를 기리기 위해 붙인 것이다.

제»로, 성행위는 그 여성들의 «참된 존재 이유»로 여겨졌다.(샤리에, 1928년) 뷔송은 다음과 같이 썼다. 마르키즈 «소녀는 애인의 수를 자랑스럽게 여긴다. 소녀는 사춘기에 접어들면 계곡에 사는 온갖 수컷의 공격을 받는다. 그것도 한꺼번에.»(1903년) 유명한 «1000프랑의 놀이»[312]를 만들어낸 앙리 퀴브닉은 젊은 시절에 다음과 같은 노래 가사를 썼다.

«매우 오래된 관행에 따라
소시에테제도[313]에서
소녀들은 그럴 나이가 되면
스스로 결혼에 신경을 쓴다네.
그래서 혼인할 남자를
찾아 헤매는 소녀는 야자나무 아래에서
상냥하게 교태를 부린다네.
귀에는 꽃을 꽂고
목에는 꽃목걸이를 걸고서.
그 소녀는 투아모투 소녀들 중에서
가장 멋지다네.
귀에는 꽃을 꽂고, 꽃목걸이 말고는
아무것도 하반신에 걸치지 않은 채로
파푸아의 모든 젊은이들이
밤잠을 자지 못하게 한다네.
물가에서, 오!

312 1000프랑의 놀이: 앙리 퀴브닉이 1958년에 제작한 퀴즈 방송 프로그램. «1000유로의 놀이»라는 이름으로 바뀌어 지금도 방송되고 있다. 프랑은 유로화가 사용되기(1999년 1월 1일) 이전에 프랑스에서 사용된 화폐 단위.
313 소시에테제도: 남태평양에 있는 프랑스령 폴리네시아에 딸린 섬들.

밤마다, 그렇지,
탈리마노(Talimano)는, 오!
남편감을 찾았네.
산호초 위에서, 오!
자신을 원하는 첫 남자에게
달려가
제 몸을 주었다네.»(1946년)

아프리카 여성의 성생활은 이와는 다른 것으로 여겨졌다. 아프리카 여성은 에로티즘도 많지 않고(또는 없고), 관능도 많지 않지만(또는 없지만), 확실히(그리고 당연히) 동물적으로 암내를 풍기려고 하는 것으로 여겨졌다. 19세기 초, 비레[314]는 다음과 같이 썼다. «니그로 여성들은 격정적으로 사랑에 몰두하는데, 그런 모습은 다른 곳 어디에서도 볼 수 없다. 그 여성들의 성기는 커다랗다.»(1801년) 커다란 «니그로 여성들의 성기»는 여러 글에서 묘사되었다. 그 글에서 우리는 아마도 혐오감과 매료, 그리고 공포와 열등 콤플렉스가 뒤섞여 있는 것을 발견할 수 있을지도 모른다. 1814년에 누군가가 젊은 아프리카 여성 사르키 바트만을 유럽으로 데려왔다. «호텐토트의 비너스»라는 경멸적인 별명이 그녀에게 붙여졌다. 그녀가 파리에서 사망하자, 당대의 대학자 죠르쥬 퀴비에가 그녀의 시신을 부검했다. 퀴비에는 그녀의 생식기를 적출해서 왕립의학아카데미에 기증했다. 당시에 그녀의 생식기를 본 사람들은 그것이 지나치게 크다고 묘사했다. 이어서 그녀의 생식기는 인간박물관에 전시되었다…….(1817년)

314 쥘리앵-죠제프 비레(1755~1846년): 프랑스 인류학자.

난교(亂交)로 끝나는 춤에 대한 묘사가 아프리카를 배경으로 하는 «야한» 문학작품에 빠짐없이 등장한다. 그런 행위는 변함없이 행해지는 관례 같은 것으로 여겨졌다. «수컷들»과 «암컷들»이 뒤섞인 채로 서로에게 다가가서 몸을 맞대 비비며 흥분한다. 욕정이 부풀어 오르고, 여전히 같은 리듬으로 귀가 먹먹하게 울려 퍼지는 음악이 더욱 그들을 흥분시키면서 분위기가 달아오른다. 수치심은 모두 사라진다. 수치심이라는 것이 있다면 말이다. «수컷»마다 스쳐 가는 첫 번째 «암컷»에게 달려든다. 짝짓기가 시작된다. 그 모든 행위는 자연 속에서, 야외에서, 만인이 보는 앞에서 진행된다(마땅히 그래야 한다는 듯이). 뱅센 동물원의 원숭이들이 수줍어하던가? 아프리카에서는 도처에서 야수성이 민감하게 작동한다. 그런 야수성은 기회가 생기면 즉각 고개를 쳐든다. 성(性)도 야수성의 하나이며, 야수성 중에서 가장 주요한 것이다. 미리암 아리는 마다가스카르 여성들의 «억제할 수 없는 성욕»과 «동물적 노골성»에 대해 언급했다.(1943년) 폴 모랑은 자극적인 요소를 덧붙였다. 그는 세계를 누비고 다니는 파멜라 프리드만(Paméla Freedman)이라는 멋진 젊은 미국 여성을 자신의 작품 속에 등장시켰다. 그녀는 피부가 맑고 용모가 «반듯하지만», 피는 검은색이었다. 어느 날 저녁, 아프리카에서 그녀는 위에서 언급한 유형의 춤을 구경하게 되었다. 그녀의 존재 속에 숨어 있던 동물적인 면이 반응했다. 그녀는 다른 수많은 사람들과 마찬가지의 평범한 구경꾼이자 여행자에서 춤에 참여하는 여성으로 바뀌었으며, 백인 여성에서 «니그로 여성»으로 바뀌었다. 모랑은 다음과 같이 썼다. «그녀의 뒤에 몸을 밀착시키던 벌거벗은 니그로 여성들이 그녀를 사방으로 에워싸고는 그녀를 흥분시켰다. 늙은 여성들의 물컹한 가슴은 그녀의 몸에 부딪쳐서 납작해졌으며, 젊은 여성들의 단단한 젖가슴이 그녀의 몸속으로 밀려 들어왔다. 니그로에게서 지독하게 풍겨 나오는 사향 같은 냄새가 그녀를 얼빠지게 했다. 그러나 그녀는 콧구멍으로 그 냄새를 들이마시는 것을 그만둘 수 없었다. 그녀는 자신이 검은 세계 속으로 들어가고 있는 것을 느꼈으며, 그 세계 속에 빠져서 허우적댔다.» 이 글에서 사용된 마지막 동사는 적절하다. 운 좋게도 백인 여성인 경우(또는 적어도 백인들의 세계에 받아들여진 경우), «니그로» 상태로 되돌아간다는 것은 단연코 일종의 익사 같은 것이자 자기 포기에 해당한다. 이어지는 이 이야기가 그 증거를 보여준다. 프리드만의 내면에 잠자고 있던 야수성의 일면이 발산된다. 이야기는 다음과 같이 이어진다.

> «그녀는 입고 있던 원피스와 목걸이를 벗어 던지고, 메고 있던 소총과 탄약을 내팽개치고, 가지고 있던 돈을 공중에 뿌렸으며, 욕심 많은 천민들이 허리를 굽혀 먼지 속에서 돈을 줍도록 내버려 두었다. (…) 뉴욕이여, 이제 그만 안녕! 파멜라 프리드만은 아프리카의 한복판으로 들어갔다. 그녀는 이제 수억 달러의 값이 나가는 것이 아니라, 다른 여성들과 마찬가지로 암소 세 마리만큼의 값이 나갔다. 사람들은 그녀가 니그로 여성처럼, 이제는 니그로 여성들 중의 한 사람이 되어, 박자마다 몸을 절반 굽히고, 두 발을 모으고, 두 다리는 서로 바짝 붙이고, 엉덩이는 내밀고 손뼉을 치는 것을 보았다.»(1928년)

독자 여러분께서는 시시한 작가들이나 안이하게 글을 쓰는 작가들이 이런 종류의 것을 글감으로 삼아서 많은 문학작품을 썼다는 것을 머릿속에 그려보시라. 예를 들면, 루이-샤를 르와예[315]는 한 번도 해보

315 루이-샤를 르와예(1885~1970년): 프랑스 대중소설가. 주로 에로틱한 소설을 썼다.

지 못한 성적 경험을 추구하느라 인생의 반을 보냈으며, 프랑스 독자들을 깜짝 놀라게 하기에 적절한 «진짜» 소설을 쓰는 데에 인생의 나머지 반을 보냈다. 같은 경향에 속하는 것으로, 유머가 풍부하기로 너무나 유명했던 죠르쥬 밀통은 1927년에 오페레타 『오블리가도 백작』을 써서 신작(新作) 극장의 무대에 올렸다. 이 오페레타의 대표 곡에 해당하는 〈베두인 사람의 딸〉에 등장하는 여주인공은 아랍인 처녀이다. 이 노래의 마지막 절을 들어보면, 이 «작품»의 애처로울 정도로 상스러운 성격에 대해 알 수 있다. 그 내용은 다음과 같다.

> «그녀는 대상(隊商)에 속한
> 3000명의 베두인 남자들을
> 차례로 겪었네.
> 그 베두인 소녀가 방구석에 놓아둔
> 작은 광주리 속에
> 낙타를 몰고 가는 1200명의 남자와
> 당나귀를 몰고 가는 1800명 남자가
> 바나나를 놓아두었네.»(1927년)

온 파리 사람들이 한목소리로 흥겹게 이 노래를 따라 불렀다.

그런데 이 노래에 등장하는 남근의 상징인 바나나는 모든 곳에서 볼 수 있었다. 열대 식물 — 바나나와 사탕수수가 쌍벽을 이루었다. — 을 소재로 삼은 저급한 에로티즘이었다. 〈통킹 소녀〉에 등장하는 여성은 애인에게 «바나나만» — 바나나는 «별로 비싸지 않다.» —을 달라고 한다. 그녀의 애인은 허풍을 떨며 다음과 같이 답한다. «난, 그녀가 원하는 대로 듬뿍 그것을 준다.»(앙리 크리스티네, 1906년) 죠세핀 베이커는 카지노 드 파리의 버라이어티 쇼 «프랑스의 여러 식민지»에서 반(半) 알몸으로 청중석으로 내려가서 사탕수수 모양의 보리 사탕[316]을 나누어 주었다. 관객들이 그 사탕을 빠는 동안, 베이커는 다음과 같은 콧노래를 불렀다.

«사탕수수는 멋져요
바나나보다 나아요
각자 취향대로 드셔요.»(1931년)

요컨대, 이런 이미지는 각 사람으로 하여금 대중가요에 등장하는 그 여성들의 성적 매력을 잘 평가할 수 있게 해주었다. 그 시기 내내 프랑스인들은 비교적 근엄한 척했으며 여성의 벌거벗은 몸은 여러 전문 잡지에서만 볼 수 있었으나, 아래 대중가요의 가사에서 볼 수 있듯이 식민지 여성의 몸은 만인의 시선에 노출되었던 것이다.

«마티니크, 마티니크, 마티니크[317]에서
그건 멋져요! 그건 멋져요!
아가씨들은 바나나 잎으로만
앞을 가리지요
쾌락, 쾌락, 쾌락이 있지요»(앙리 크리스티네, 1912년)

«젖가슴을 드러낸 무어족 여성들»에서부터 «젊은 니그로 여성들»에

316 보리 사탕: 보리를 끓인 물에 설탕 시럽을 넣고 졸여 만든 사탕.
317 마티니크: 마르티니크를 줄인 표현으로 보인다.

이르기까지 프랑스 식민지 여성들의 모습을 담은 우편엽서가 엄청나게 발행되었다. 사람들은 그 여성들의 모습과는 아무런 관련이 없는 말을 몇 마디 적은 우편엽서를 아버지, 어머니, 아내, 자녀를 비롯한 가족들에게 보냈다. 더욱 안타까운 일은 프랑스 본국에 사는 어떤 사람들은 식민지에서 아랍 여성들이 실제로 벌거벗은 채로 차 시중을 든다고 생각했다는 점이다. 몸매가 풍만한 흑인 여성들의 사진이 사전이나 일부 교과서에도 실렸다. 심지어 도시의 거리나 건물의 벽에도 벌거벗은 여성들의 모습을 담은 광고가 붙어 있는 것을 볼 수 있었다. 도르므와라는 사람이 만든 광고에는 다음과 같은 글귀가 적혀 있었다. «멋진 여행을 하고 일을 배우려면 해군에 입대하세요.» 볼록한 젖가슴을 드러낸 예쁜 흑인 여성의 모습이 그 광고를 장식했다. 이런 경향은 당시 프랑스에서 사람들이 지나치게 수줍어하던 것과는 모순되었던가? 그렇지 않다. 식민지 여성은 진정으로 여성으로 여겨지지 않았다. 그토록 자연에 가까운 상태에 있는 식민지 야생녀들의 모습을 그런 방식으로 노출하는 것에는 뚜렷한 제약이 조금도 따르지 않았다. 당시의 사람들은 눈요기하기를 마다하지 않았지만 말이다…….

많은 작가에 따르면, 이렇게 감각적 쾌락에 빠져드는 행위 자체에서 «열등 민족들»이 지적으로 뒤떨어진 이유를 찾아야만 했다. 라울 알리에는 다음과 같이 자문했다. «이토록 많은 아프리카 민족들을 정체되게 하고 퇴행하게 만든 것이 무엇인가? 색욕에 눈이 멀어서 그들 자신의 내면생활에 빚어진 정신 이상이 그것이 아니라면 말이다.»(1927년) 많은 백인들은 다음과 같이 엄숙하게 주장했다. «원주민들»은 학교에서는, 그리고 13세나 14세까지는 훌륭하게 행동한다. 사춘기 때까지는 말이다! 사춘기에 이르면, 성생활이 그들의 삶 전부를 차지하고 — 결정적으로 차지하고 —, 모든 지적 문제에 대한 관심을 없애 버린다. 르네 라 브뤼예르[318]는 폴리네시아에서(1928년), 모리스 마르탱 뒤 갸르는 아프리카에서(1943년) 그런 사실을 목격했다. 폴 모랑은 «성적 무절제 때문에 우둔해져 버린 (…) 흑인종의 열등성의 비밀»은 바로 그런 점에 있다고 단정했다.(1928년)

우리는 이 문제와 관련해서 서양인 목격자들의 과장 정도에 대해(또는 자기 세뇌 정도에 대해) 자문해볼 수 있다. 인도차이나에서 유교가 성적 쾌락을 차단하는 기능을 종종 한다는 것을 알고 있는 사람들로서는 «안남» 여성들이 너무나 음탕하다는 구절을 프랑스 식민지 이주민들이 쓴 글에서 읽고는 놀라게 된다. 19세기 말, 엄청나게 많은 자료를 바탕으로 해서 프랑스령 인도차이나의 온갖 측면을 기술한 부이네라는 사람과 폴뤼스라는 사람은 다음과 같이 썼다.

> «여성들의 생활 습관이 종종 사람들의 입에 오르내렸다. 뜨내기 외국인들이 살고 있는 사이공과 촐롱에서는 모든 대도시의 악습을 볼 수 있고 또 그곳에는 많은 콩가이가 있지만, 지방에서는 사정이 다르다. 지방에서 안남인은 외따로 떨어진 초가집에서 아내와 함께 살고, 어부는 쪽배 위에서 가족과 함께 산다. 반대로 여성들은 대체로 외국인들과 살아가게 되어 있다.»(1885년)

이슬람 문명권에서는 나체를 드러내는 것이 금지되어 있다는 것을 알고 있는 사람들로서는 벌거벗은 마그레브 여성들의 모습을 계획적으로 보여주는 것을 의아스럽게 여기지 않을 수 없었다. 반대로, 다른

---

318 르네 라 브뤼예르(1875~1951년): 프랑스 해양 역사 소설가. 해양경찰관으로 타히티를 비롯한 태평양의 이곳저곳을 여행하고 그 기록을 남겼다. 아카데미프랑세즈 문학상을 네 차례 받았으며, 해양아카데미의 회원과 의장을 지냈다.

여러 식민지 사회에서 육체적 사랑에 부여되는 가치는 마그레브에서보다는 아마도 적었을 것이다. 우리는 다음과 같이 말할 수 있으며, 또 그렇게 말해야 한다. 그래서 어쨌다는 것인가? 그러나 이렇게 생각하는 사람은 매우 적었다. 다음과 같이 대담하게 글을 쓰기 위해서는 폴 고갱처럼 자기 자신의 기준을 버리고 생각할 줄 아는 흔치 않은 자질이 필요했다. «유럽에서 사람의 짝짓기는 사랑의 결과이다. 오세아니아에서 사랑은 성교의 결과이다. 어느 쪽이 옳은가?»(1893년) 마르셀 페루통이라는 사람은 참을 수 없는 자만심을 드러내기도 했지만, 다음과 같은 바른 지적을 이따금 하기도 했다. 가부장적인 색채가 짙은 지적이기는 하지만 말이다. «흑인들은 진실하다. 그들의 머릿속에서 성애(性愛)는 인간이 다다를 수 있는 가장 숭고한 기능이다. (…) 흑인은 사랑을 할 때에는 건전하고 자연스럽다. (…) 흑인은 그런 행위를 할 때 조금도 거침이 없다. 흑인은 다른 속셈이 없기에 수치심도 없다.»(1930년)

이 모든 사실에서 도출되는 결론은 분명하다. «토착민들»의 성생활을 대하는 그런 태도는 하나부터 열까지 옳지 않다(보다 정확히 말하자면, 그런 태도는 왜곡된 것이다). 그런 태도는 현실을 대하는 태도라기보다는 알선에 의한 성매매를 대하는 태도이다.

그러므로 너무나 «뜨거운» 여성들 중에서 매춘부가 별난 위치를 차지하지 않을 수 없었다. 식민지의 유곽을 다룬 문학이 있었다. 많은 작가는 프랑스 본국에서 볼 수 있었던 것과 똑같은 정사를 그려내면서 아마도 취할 수도 있었을 신중한 태도를 취하지 않은 채, 화대를 지불하는 사랑 이야기를 다루었다. 앙드레 지드는 알제리의 사하라 사막 북동쪽에 있는 도시 비스크라를 여행하면서 일기에 다음과 같은 이야기를 적었으며, 나중에 이 이야기를 『지상의 양식』(1917년)에 고스란히 옮겨놓았다.

«여자들이 문 앞에서 기다리고 있었다. 여자들 뒤로는 가파른 계단이 곧게 나 있었다. 여자들은 그곳 문 앞에 앉아 있었다. 마치 인형처럼 화장하고, 여러 개의 동전을 이어 만든 머리띠를 두른 엄숙한 모습이었다. 밤이 되자, 거리는 생기가 돌았다. 계단 끝에는 램프 불이 불타고 있었다. 여자들은 각기 계단의 쇠창살로 둘러싸인 그 빛의 둥지 속에 가만히 앉아 있었다. 여자들의 얼굴에서 반짝이는 머리띠의 금빛 아랫부분은 어둠에 잠겨 있었다. 여자마다 나를 기다리고 있는 것 같았다. 특별히 나를 기다리고 있는 것 같았다. 계단을 올라가기 위해서 우리는 여자들의 머리띠에 동전 한 닢을 보탰다. 유곽에서 일하는 여자가 지나가며 등불을 껐다. 우리는 그녀의 비좁은 방으로 들어갔다. 우리는 조그만 잔으로 커피를 마셨다. 그리고 우리는 낮은 소파 같은 것 위에서 일을 벌였다.»

«홍등가»에 대한 묘사는 많은 기행문에 빠짐없이 등장한다. 피에르 막 오를랑은 이 분야의 대가이다. 1934년, 그는 이런 종류의 장소 중에서 완벽한 본보기에 해당하는 곳으로 카사블랑카에 있는 동네 «부스비르»에 대해 묘사했다. 그는 그곳의 무희들이 «모로코에서 가장 유순하고 가장 도착적»이라고 썼다. 같은 시기에 모리스 데코브라는 같은 종류에 해당하는 작품으로 『직업여성들의 거리』를 발표했다(1933년). 저급한 에로티즘과 저급한 이국취향을 담은 작품이었다. 수상쩍은 동네, 음산한 분위기, 걸쭉한 농담 등을 담은 작품이었다. 화장을 너무나 진하게 하고 이따금 몸에 문신을 새기고 가끔은 아무나 볼 수 있게 가슴을 노출한 여성들, 어떤 연유로 그곳에 오게 되었는지 알 수 없고 추하게 늙어 버린 유럽인 매춘부들, 인색하고 위선적인 소작인들, 술에 취한 선원들과 외인부대 병사들 — 이들은 하나같이 거칠고 가엾은 사내들

이다. — 즉, 사회에서 버림받은 자들이 우글거리는, 조악한 정취(情趣)를 풍기는 작품이었다. 싸움판, «성행위», 노름 등으로 얼룩진 작품이었다.

여성들의 모습

유럽인들은 열대지방에 사는 여성들의 신체적 특징과 정신적 특징을 어떻게 평가했을까? 매우 날카로운 분석가였던 외젠 퓌쟈르니스클은 어느 날 농담처럼 다음과 같은 말을 했는데, 이 말은 시몬 드 보브와르가 좋아했을지도 모른다.[319] «원주민 여성들은 결점이 많다. 그 여성들은 먼저 여성이며, 그 다음으로 원주민이다.»(1931년)

이 표현은 식민지를 다룬 글을 쓴 작가들이 다시 써먹었을 수도 있을 것이다. 너무나 진지하게 말이다.

1905년에 페르디낭 제카 감독이 만든 아주 오래된 프랑스 무성 영화에는 드라넴(Dranem)이라는 우스꽝스러운 인물이 등장한다. 이 인물은 침실 침대에서 아내 — 이 여성은 마땅히 그래야 한다는 듯이 백인이다. — 곁에 누워 있다. 그는 아내를 껴안기 시작한다. 잠이 몰려오고, 그는 꿈을 꾼다. 꿈이라고? 아니, 악몽이다! 그는 잠깐 «니그로 여성»과 입맞춤을 하는 상상을 한다. 혐오감이 그의 얼굴 전체에 드러난다. 다행스럽게도 그는 잠에서 깨어나고, 자신 곁에 누워 있는 사람이 자기 아내 — 아내는 얼마나 더 매력적인가! —라는 것을 알아차린다. 이 장면은 두세 번 반복된다. 희극적인 효과를 내는 데에 필요했기 때

319 이 말은 …… 모른다.: «여성은 여성으로 태어나는 것이 아니라 여성으로 되어간다.»라는 시몬 드 보브와르의 말을 상기하라.

문이다. 드라넴이 눈을 떴을 때, 잠자리를 같이하고 있는 사람은 그의 아내이다. 그는 잠들자마자 흑인 여성을 껴안는 꿈을 다시 꾼다. 물론, 그는 또 다시 놀라서 꿈에서 깨어난다.

사실, 다른 모든 영역에서와 마찬가지로 여성의 아름다움과 관련해서도 현지의 현실을 두 눈으로 보았던 많은 프랑스인은 모든 것을 유럽의 기준으로 평가하는 편집증을 버릴 수 없었다. 젊은 베트남 여성의 모습을 그려내려고 했던 베르나르 박사는 온갖 상투적 표현을 멋지게 요약해서 다음과 같은 단 한 문장으로 표현했다. «미토(Mytho)는 이빨이 검지[320] 않고, 눈이 찢어지지 않고, 코가 납작하지만 않다면 봐줄 만한 여자일 것이다.»(1888년) 1939년에 발행된 「마리안-잡지」에서도 똑같은 주장을 볼 수 있다. 인도차이나 여성들은 멋을 부리려고 치아를 검게 칠한다는 것이다. 안타깝게도! 이 잡지에 실린 내용은 다음과 같다. «그러나 약간 두툼한 입술을 다물면, 콧구멍은 커다랗고 코는 납작함에도 불구하고 이 여성은 검고 생기 있는 두 눈 때문에 매력적인 표정을 가지게 된다.» 이 여성을 아시아인이게끔 해주는 모든 요소를 그 여성에게서 제거하라. 그리고 그 여성의 입술은 약간 두툼하고, 콧구멍은 커다랗고, 코는 납작하다는 사실조차도 잊어라. 그러면 그 여성은 봐줄 만하게 된다! 이것이 베르나르 박사의 주장이었다.

역시 식민지를 무대로 하는 글을 쓴 인기 작가 장 데슴은 젊은 타히티 여성을 묘사하면서 다음과 같이 썼다. «그 여성은 약간 아름다운 소녀티가 나고, 거의 유럽인 타입이며, 무척 예쁘다»(1948년) 1823년, 클레르 드 뒤라스 부인이 감상소설(感傷小說)을 한 편 썼다. 이 소설의 주인공 우리카(Ourika)는 세네갈 태생으로, 프랑스 귀족 가정에서 자란 젊

320 검은 이빨: 구장 잎을 씹어서 검게 물든 치아.

은 여성이다. 어릴 때, 우리카는 거울에 비친 자신의 모습을 바라보면서 자신이 무척 예쁘다고 생각했다. 우리카는 다음과 같이 중얼거린다. «예전에 나는 니그로 여성이라는 것이 불만스럽지 않았다. 사람들은 내게 예쁘다고 했다.» 우리카는 다음과 같은 표현을 덧붙이는데, 이 표현에 모든 것이 요약되어 있다. «게다가 어느 모로 보나 그게 결점이라고 생각되지는 않았다. 나는 다른 아이들은 거의 보지 못했다». 하지만 운명의 날이 다가왔다. 그날, 우리카는 사람들이 나누는 대화를 엿듣는데, 그 대화는 그녀의 삶을 뒤흔들어 놓게 된다. 우리카의 보호자인 B. 부인이 우리카는 절대로 다른 애들처럼 되지 못할 것이며, 우리카를 영원히 결혼시키지 못할 것이라는 생각을 하며 탄식했다. 예를 들면, 그 부인은 다음과 같이 말했던 것이다. «언제, 누가 니그로 여자와 결혼하려고 할까요? 만일 니그로 자식을 가지는 데에 동의하는 누군가를 돈의 힘으로 찾아내게 된다면, 그 사람은 신분이 낮은 남자일 것입니다. 그리고 그 남자와 함께 살게 되면 우리카는 불행하게 될 것입니다.» 우리카는 자신이 다른 사람들에게 주는 느낌을 이해하면서 당시의 편견에 공감하게 된다. 그녀는 다음과 같이 말한다. «내 모습이 무서웠다. 나는 거울에 나 자신을 비춰볼 엄두를 내지 못했다. 두 눈으로 나의 검은 손을 바라볼 때, 원숭이의 손을 보는 것 같았다. 내가 보기에도 나는 너무 추했다. 그리고 그 검은색은 천벌을 받았다는 표시로 여겨졌다.»

식민지 여성이 미를 평가하는 유럽의 기준에서 멀어지면 멀어질수록 그 여성은 경멸을 받았다. 예를 들면, 아프리카 흑인 여성들의 얼굴을 찬양하는 묘사는 결코 볼 수 없다. 그 반대이다. 쥘 미슐레는 아이티의 흑인들이 해방된 것에 열광하면서도 다음과 같이 주장했다. «자유, 행복, 지적 교양»을 가지게 되면, «니그로 여성»은 점차적으로 자취를 감추고, «코는 뾰쪽하고 입술은 얇은 진정한 흑인 여성»이 될 수 있으며, «심지어 머리칼도 다르게 바뀔» 수 있다.(1860년)

아프리카 여성의 얼굴(짐승 같은 얼굴)과 몸매(조각 같은 몸매)는 너무나 뚜렷이 대조되었다!

백인들이 식민지 여성, 특히 흑인 여성이 백인 여성보다 우월한 점을 주저 없이 인정하는 부분이 있다면, 그것은 몸매였다. 흑인 여성의 몸매는 아무나 볼 수 있게 노출되었기에 더더욱 호의적으로 묘사되었다. 그리하여 흑인 여성들에 대해 갖가지 묘사를 할 때, 그 여성들의 가슴과 둔부를 장황하게 그리고 또 긍정적으로 묘사했다.

백인들 거의 모두가 흑인 여성의 가슴에 열광했는데, 이런 행위는 제1차 세계대전과 제2차 세계대전 사이에 가슴이 별로 돌출되지 않고 «사내 같은 아가씨들»의 약간 실망스럽고 뻣뻣한 태도에 대한 백인 수컷들의 앙갚음 같은 것이었다고 여겨야 하는가? 어쨌든 «니그로 여성들»의 신체 구조 중에서 먼저 가슴이 장황하게 묘사되었다는 것은 사실이다. 죠르쥬 심므농[321]의 작품 『가슴을 에는 달빛』에서 주인공 남성과 «원주민 여성»이 어느 식민지의 오지(奧地)에서 우연히 만나는 이야기는 다음과 같은 문장으로 시작된다. «그녀에게는 티마르(Timar)가 한 번도 본적이 없는, 커다랗고 풍만한 젖가슴이 있었다.»(1933년) 기욤 아폴리네르는 자신이 상상으로 만들어낸 어느 젊은 흑인 여성과 사랑을 나누는 꿈을 꾸었다. 1915년, 그는 참호 속에서 글을 쓰면서 다음과 같은 비유를 사용했다. «포탄처럼 …… 단단한 젖가슴.» 한편, 존경스러운 아카데미프랑세즈 회원이었던 앙리 보르도는 «우리의 검은

321 죠르쥬 심므농(1903~1989년): 프랑스어로 글을 쓴 벨기에 작가. 탐정소설로 유명하다. 여러 개의 필명으로 76편의 장편소설과 10여 편의 중편소설 등을 썼으며, 본명으로 193편의 장편소설과 158편의 중편소설 그리고 다수의 자전적 작품을 썼다.

인도»에서 «오똑한 젖가슴을 지닌 젊은 여성들»을 보고는 마음이 동요했다.(1936년) 적어도 젊은 여성들을 묘사할 때, 거의 언제나 그 여성들의 젖가슴은 «단단하고»(앙리에트 셀라리에, 1932년), «견고하고»(크리스티앙 메그레, 1937년), «뾰쪽한»(르네 마르샹, 1929년) 것으로, 한마디로 말하자면 «멋진»(앙드레 드메종, 1923년) 것으로 묘사되었다. 약간의 이국취향도 가미되었다. 따라서 «원주민»의 젖가슴은 «레몬 형태»(마르셀 소바쥬, 1937년)로 되어 있고, «사프란 색깔의 튼튼한 유두 두 개»(피에르 윙부르, 1928년)가 달려 있는 것으로 묘사되었다. 이에 더해서 «니그로 여성들»의 몸매도 훌륭한 것으로 묘사되었다. 그 여성들의 «둥그런 엉덩이»(샤를 카벤, 1834년)는 갖은 찬사를 받아 마땅한 것으로 여겨졌으며, 그 여성들의 «멋지게 휘어진 엉덩이의 곡선»(앙드레 드메종, 1923년)은 «풍만한»(마르셀 페루통, 1930년) 것으로 묘사되었다. 애석하도다! 여전히 이런 찬사의 이면에 어떤 형태의 엉큼함이 배어나고 있다는 것을 어찌 보지 못할 것인가? 흑인 여성들의 그런 여러 가지 장점은 인간의 아름다움에 속한다기보다는 야수성이라고는 할 수 없을지 모르나 적어도 동물성에 속하는 것으로 여겨졌다. 식민지를 다룬 갖가지 문학작품에서는 동물의 몸 부위를 가리키는 «젖통»이나 «방둥이» 같은 낱말이 널리 사용되었다.

그리하여 잔인하게도 열대지방의 여성들은 인간의 특성을 가지지 않은 것으로 여겨졌다. 그 여성들의 신체는 동물에 붙여지는 이름으로 불리지 않을 때에는 물건의 이름으로 불리었다. 다른 어떤 영역에서도 식민지인이 그 여성들보다 더 사물로 여겨지지는 않았다. 그 여성들을 가리키는 데에 «조상(彫像)»이라는 표현이 곳곳에서 사용되었다.(특히 아프리카 여성들을 묘사할 때에는 «청동» 조상이란 표현이 사용되었다.) 피에르 로티는 «타히티 여성들»이 «아름다운 피조물»이라는 것을 인정했다. 어찌

달리 표현할 수 있었겠는가? 그러면서도 로티는 그 여성들의 단점을 지적하기를 잊지 않았다. 그는 «사실은 사람들이 아름다운 과일, 시원한 물, 아름다운 꽃만큼이나 좋아하는 불완전한 여성들»(1880년)이라는 표현을 사용했다. 피에르 카모는 마다가스카르 여성들에 대해 언급하면서 한술 더 떠서, «사람들이 잠시 동안만 즐기고 감상하는 뭔가 귀중한 골동품에 부여하는 비중만을 이 나라 미녀들에게 부여해야 한다.»라고 했다.(1926년)

다행스럽게도 «원주민» 여성들을 묘사한 모든 글이 이런 피상적인 면들만을 그려내는 것으로 그쳤던 것은 아니다. 그 여성들의 많은 모습에는 긍정적인 면이 매우 많은 것으로 여겨졌다. 아랍 여성의 «불타는 두 눈» — 이것은 온갖 글에서 볼 수 있는 표현이다. —이나 흑인 여성의 부드러운 피부 등과 같은 상투적인 이미지들도 이따금 사용되었다. 한편, 식민지 여성을 묘사한 어느 글은 애정이 넘쳐나면서도 대단히 가부장적인 *paternaliste* 냄새를 풍긴다. 그러나 식민지를 무대로 하는 글을 쓰는 작가들이 쓴 것으로, 식민지 여성을 진실로 존중하는 마음과 진실한 감정을 표명한 글도 읽어보아야 한다. 프랑스극동학교에서 가르친 저명한 학자 죠르쥬 그로슬리에[322]는 두 편의 소설에서 자신이 일상생활을 훌륭히 그려내는 작가가 될 수도 있다는 것을 보여주었다. 『강자의 길』에서 그는 프랑스 여성과 캄보디아 여성을 비교하면서 단연 캄보디아 여성을 더 높이 평가했다. 그 내용은 다음과 같다. «여러분이 보시기에 프랑스 여성은 무겁고, 뚱뚱하고, 저속하며, 시끄

322 죠르쥬 그로슬리에(1887~1945년): 화가, 고고학자, 민족학자, 사진가. 크메르 예술에 대해 연구하고 그에 대한 많은 글을 남겼다. 총독부의 부름을 받아 크메르의 예술 전통을 전수하기 위한 학교를 열었다. 앙드레 말로 부부가 반테아이스레이 유적을 절취하는 것을 중단시키고 그들을 경찰에 인계했다. 1931년에 열린 식민박람회를 비롯한 여러 전시회에서 캄보디아관을 운영하는 책임을 맡았으며, 알베르 사로 박물관장을 지냈다.

럽다. 왜냐하면 여러분께서는 이 호리호리하고, 나긋나긋하며, 수동적인 몸매를 보고 있기 때문이다. 서양 여성의 옷치장은 복잡하고 우스꽝스럽다. 왜냐하면 여러분은 이제 스카프나 시원한 비단옷에 더 익숙해지고 있기 때문이다. 프랑스 여성은 [이곳의] 기후를 고통스러워하고, 땀을 흘리며, 여러분께 혐오감을 준다. 반면, 이 원주민 여성은 언제나 상아처럼 싱그럽고, 건조하며, 부드럽기 때문이다.»(1925년)

우리는 관능성과 숨김없는 매력이 배어 있는 다음과 같은 글을 같은 작가가 쓴 다른 소설에서 읽을 수 있다.

> «이 나라 남쪽에서 북쪽으로 가면, 더위 속에서 원숙해진 강건하고 번다스러운 미녀들이 줄줄이 모습을 드러내는 것이 보인다. 어렸을 때, 그 여성들의 벌거벗은 몸은 공기와 물에 씻겨 매끈해졌다. 머리에 인 짐 때문에 이 여성들은 고결한 자세와 휘어진 허리를 가지게 되었다. 날마다 까부는 키 때문에 복부는 움푹 들어가고 둔부는 보다 더 탄탄한 근육을 가지게 되었다. 쉼 없이 쪼그려 앉아 생활하면서 두 다리와 골반은 등나무처럼 유연해졌다. 그 여성들의 언제나 너무나 재바르고, 너무나 유연하고, 너무나 능숙하고, 너무나 군더더기 없는 기본 동작, 자세, 몸짓만이 보인다. 그 여성들의 행동, 자세, 중요 동작은 그 여성들 주변의 모든 것과 어우러지며, 대기를 이용해서 가벼워지고 빛을 유일한 장신구로 사용한다 …….»(1928년)

블레즈 상드라르스[323]가 아프리카 여성들에 대해 쓴 다음과 같은 아

323 블레즈 상드라르스(1887~1961년): 스위스·프랑스 작가. 프레데릭 루이 소제르의 필명. 스위스에서 태어나서 17살에 집을 나와 러시아, 뉴욕 등을 전전했다. 제1차 세계대전 때 프랑스군에 용병으로 입대해서 싸웠다. 부상한 오른팔을 절단했으며, 프랑스에 귀화했다. 그의 시와 소설은 모험과 이국 취향이 버무려진 문학 세계를 보여준다.

름다운 글을 다시 읽으면서 감동하지 않을 수 없다. «세상에서 어떤 여성도 그런 기품, 그런 고결함, 그런 거동, 그런 자세, 그런 우아함, 그런 무사태평함, 그런 세련됨, 그런 정결함, 그런 청결함, 그런 낙관주의, 그런 경쾌함, 그런 산뜻한 취향을 가지고 있지 않다.»(1947년) 또는 빅토르 세갈렌이 타히티 여성에 대해 쓴 다음과 같은 글을 다시 읽으면서 감동하지 않을 수 없다.

> «두 눈에는 인광(燐光)이 번뜩이며, 목은 완벽하게 날씬하고 둥글며, 두 젖가슴은 처음에 잠깐 봉긋이 솟아날 때에만 싱그러운 모습을 드러낼 뿐이다. 아기를 잉태하지 않은 복부는 단단한 순결의 방패다. (…) 맨살이며, 싱그러우며, 무광택 크리스탈처럼 윤기가 나지 않는 그 피부는 자연의 망토들 중에서 가장 아름답다. 낮에 그 피부를 태우거나 상하게 하지는 않으면서 풍성하게 하는 햇볕을 받아 그것의 본래 색깔은 올리브색이 섞인 호박색을 띠며, 그 피부의 특색을 이루는 초록빛 반사광이 빛난다. 그 피부는 손가락 끝의 연한 살로 건드려 보면 예민하고 멋지며, 손가락 끝의 연한 살만큼이나 부드럽다. 마치 손가락 끝의 연한 살 그 자체를 만지는 듯하고, 더 없이 감미롭고 더 없이 부드럽다. 이렇기에 한없이 쓰다듬고 싶어진다…….»(1904년)

타히티 여성들의 이러한 면에 대해서는 특히, 그리고 여전히 폴 고갱의 글을 참조해야 한다. 고갱은 펜을 거의 붓만큼이나 섬세하게 놀려서, 타히티 여성들의 아름다움을 생생하게 묘사할 줄 알았다. 그는 자신의 유명한 그림 〈꽃을 든 여인〉의 모델이 되었던 여성에 대해 언급하면서 다음과 같이 썼다.

«요컨대, 그녀는 미를 평가하는 유럽인의 기준에 따르면 별로 예쁘지 않다. 그녀의 이목구비는 곡선들이 마주치는 부분에서 라파엘로의 그림에서 볼 수 있는 것 같은 조화로움을 보여 주었으며, 그녀의 입은 (…) 생각, 입맞춤, 기쁨, 고통을 표현하는 온갖 언어를 말할 줄 아는 어느 조각가가 빚어낸 것 같았다. 매우 고결한 그녀의 이마는 쳐들린 선들 때문에 다음과 같은 에드가 포의 글을 상기하게 했다. "비례에 어떤 독특한 면이 없는 완벽한 미는 존재하지 않는다."»(1897년)

이 위대한 화가는 다시 한번 핵심을 말했다.

평등하지 않은 커플 – 백인 남성과 식민지 여성

어떤 사정 때문에 이루어지는 만남

«초기 식민화 사업» 때에 노예제도가 정착되었는데, 이때 백인 남성과 식민지 여성으로 이루어진 커플 — 이것은 백인 남성이 온갖 신중한 태도를 취해야 하겠지만, «유색» 여성에 대한 어떤 형태의 존중하는 마음이 있어야만 가능했다. —의 존재 자체는 간단히 말해서 상상할 수 없는 일이었다. 하지만 만일 아웃사이더들이 금기를 피해 가려 한다면, 법이 그들을 바른길로 돌아오게 했을 것이다. 1685년 3월에 발효된 그 유명한 흑인법전에 따라, 노예 여성과 지속적인 관계를 유지하거나 또는 노예 여성과의 관계에서 자녀 — 이 자녀는 대체로 인정을 받았다. —를 가지게 된 백인은 벌금형에 처해졌다. 1704년에 반포된 국왕의 칙령에는 «여성 니그로» 또는 «여성 물라토»와 결혼하는 귀족은 모든 직위를 박탈하도록 규정되어 있다.

1848년에 노예제도가 폐지되면서 법적 장벽이 제거되었으며, 그리하여 백인 남성과 흑인 여성이 함께 사는 일은 잦아졌다. 대체로 한창나이의 백인 남성이 홀로 식민지로 갔기 — 적어도 초기 식민지 정복 단계에는 그랬다. — 때문에 흑인 여성과 함께 사는 일은 더더욱 잦았다. 그 남성들은 동거녀 — 이 여성들은 그 남성들에게 매혹되었다. —를 맞는 것이 **편리할** 것이라고 여겼다. 이런 현상은 **원주민식 결혼** *mariage à l'indigène*이라는 끔찍한 표현으로 불리었다.

하지만 독자 여러분께서는 오해하지 마시기 바란다. 이런 식으로 백인 남성과 식민지 여성이 함께 살아가는 데에는 흔히 연애 감정이 동반되는 애정이 존재하지 않았기 때문이다. 식민지 국가에서 백인 남성과 식민지 여성 커플이 빈번히 생겨나는 데에는 감정보다는 그럴 수밖에 없는 사정이 더 많이 작용했다. 장 마르케가 들려주는 이야기는 비록 시정(詩情)이 몹시 부족하기는 하지만, 식민지의 상황을 자연주의적으로 그려낸 글이다. 사건이 일어나는 무대는 통킹이다. 리볼레(Rivolet)라는 백인 독신 청년은 그곳의 여성들에게 특별히 끌리지 않았다. 그러나 어느 날이었다……. 11시경, 그 청년은 손수 여러 가게의 문을 닫았다. 마지막 가게 안으로 들어가면서 그는 어느 처녀를 보았다. 주인이 다가오자, 가게로 늦게 찾아온 그 처녀는 출구 쪽으로 달아나려고 했다. 그러나 처녀가 가게에 쌓아둔 자루 더미에 부딪쳐 자루들이 무너지면서, 처녀의 짧은 치마가 문의 걸쇠에 걸려 복부까지 처녀의 맨살이 드러났다. 리볼레는 까만 치마와 대조를 이루는 처녀의 우윳빛 허벅지를 보았다. 가슴이 두근거리고 눈앞이 캄캄해지고 귓속이 윙윙거렸다. 이런 일이 대체 어찌 일어날 수 있을까? 순수한 청년 리볼레는 처녀를 떠밀어 빈 자루 더미 위로 넘어뜨렸다. 이튿날 같은 시간에 그 처녀 — 그 처녀는 이런 상황을 어떻게 이용할 수 있는지 깨달았다. —가 또다시 뒤늦게 가게로 왔다. 같은 장면이 되풀이되었다. «며칠 동안 소금 자루 더미 위에서 그런 사랑을 나누고 난 뒤, 리볼레는 처녀에게 근무지를 둘러싸고 있는 울타리로 오라고 했다. 그는 처녀에게 비밀 문을 열어줄 것이며, 두 사람은 집에서 함께 밤을 보낼 계획이었다. 두 사람은 그렇게 했다. 이제 처녀는 다음 날 첫새벽에 하인들과 종업원들이 깨기 전에 리볼레의 방에서 나왔다. 왜 계속 감출 것인가? 다른 백인 독신 남성들도 똑같이 그렇게 하지 않는가? 이 처녀 또는 다른 처녀와 말이다 ……. 어느 날, «그녀가 미소를 지으며 리볼레에게 다음과 같이 말했다. "티 누옹(Thi Nhuong)[324]이 애인이 되어주길 바라나요?" 그러나 아마도 두 사람이 다른 사람들의 눈을 속이면서 만나고 헤어지는 것을 성가시게 여긴 그는 그렇다고 힘 없이 말했다.»

폴 고갱이 들려주는 이야기(이 이야기는 실제로 고갱 자신이 체험한 것이다.)보다 더 낭만적인 이야기는 거의 없다. 타히티에서 있었던 일이다. 그곳에 체류한 지 얼마간의 시간이 지나자, 지칠 줄 모르는 향락가였던 고갱에게 외로움이 엄습하기 시작했다. 그는 타히티섬 주변을 한 바퀴 돌기 시작했다. 그가 들려주는 이야기는 다음과 같이 이어진다.

«40여 세의 아름다운 마오리 여성이 내게 물었다.

- 어디 가세요?

- 히티아[325]에 갑니다.

- 뭐 하러 가세요?

그때 내 머릿속에 무슨 생각이 떠올랐는지 모르겠다. 아마도 나도

324 티 누옹: 이 말을 하는 여성 자신의 이름.
325 히티아: 타히티에서 500여 킬로미터 떨어져 있는 환초(環礁) 섬 히티 *Hiti*를 가리킨다.

모르게 나의 실제 목표를 말했던 것 같다. 내게는 여행의 비밀이었던 목표 말이다.

나는 답했다.

- 여자를 구하러 갑니다.

- 히티아에는 여자들이 많아요. 예쁜 여자들요. 그런 여자가 필요해요?

- 젊은가요?

- 그래요.

- 건강한가요?

- 그래요.

- 좋습니다. 데려다주세요.

그 여성은 밖으로 나갔다. 15분 뒤, 어떤 사람이 빵나무 열매, 야생 바나나, 새우, 물고기 한 마리를 요깃거리로 가져왔다. 그때 그 여성이 집 안으로 들어왔다. 키가 큰 처녀 한 사람이 뒤따라 들어왔다. 처녀는 손에 작은 상자를 하나 들고 있었다. 지나치게 속이 비치는 분홍빛 모슬린으로 만든 원피스 아래로 어깨와 팔의 금빛 피부가 비쳐 보였다. (…) 그 처녀가 내 곁에 앉자, 나는 몇 가지 질문을 했다.

- 내가 겁나지 않니?

- 아이타 *Aita*(아뇨.)

- 내 집에 살고 싶어, 계속 말이야?

- 에 *E*(네.)

- 아픈 적은 없어?

- 아이타.

그게 전부였다.»(1897년)

이중으로 지배자/주인인 백인 남성

백인 남성이 이런 종류의 상황에 이끌리는 이유는 대부분 «마음이 순박한» «원주민» 여성들과 함께 살아가는 일상생활이 편하기 때문이었다(또는 그러하리라고 생각되었기 때문이었던가?). 유럽 여성들과는 반대로, «원주민» 여성들은 자신의 지배자/주인인 남성의 면전에서 자기 기분을 드러내지 않았으며, 순종적이었으며, 지배자/주인의 말을 잘 들었다(또는 그러하리라 여겨졌다). 『상어 가죽』의 한 페이지에서 오노레 드 발작은 «우둥한 남성들에게는 (…) 그 남성들에게 필요한 것이 무엇인지만을 생각하는 여성이 필요하다.»라고 했다. 발작은 무의식적으로 어떤 형용사를 사용해서 그런 여성들을 규정했을까? 그는 «동양의»라는 형용사를 사용했다.(1831년) 샤를 보들레르 — 그는 잘못 생각했다. —는 이번에는 다음과 같이 썼다.

> «하느님께서 너를 태어나게 한 덥고 푸른 나라에서 네가 할 일은
> 너의 주인의 담뱃대에 불을 붙이는 것이다.
> 시원한 물과 향기를 병에 채워두는 것이다.
> 돌아다니는 모기를 침상에서 멀리 쫓는 것이다.
> 그리고 아침이 와서 플라타너스가 노래를 부르면,
> 곧장 장터에 가서 파인애플과 바나나를 사 오는 것이다.»(1866년)

«원주민» 여성과 함께 사는 남성은 이중으로 지배자/주인이었다. 실제로 그러했다. 식민지 관리로서 말이다. 그는 남성이기 때문에, 그리고 식민지 여성이 자신은 그 남성에게 예속되어 있다는 것을 인정하기 때문에 그러했다. 무명작가 피에르 빌로테는 자신의 동거녀인 라오스 여성에 대해 자신이 느끼는 감정을 다음과 같이 내비쳤다. «그녀에게

서 나는 지배자/주인, 즉 그녀가 다정스럽게 사랑하는 지배자/주인이었다. 그녀의 사랑 속에는 존경심이 깃들어 있었다. 그것은 내가 비웃을 수 없고 또 없애버리고 싶지도 않은 존경심이었다. 그렇게 하면 사오 케오(Sao Kéo)는 곧 덜 행복해질 것이기 때문이었다. 내 발아래 앉아 있는 사오 케오가 침울하지만 빛나는 눈을 들어 내 눈을 바라볼 때, 그녀가 [나를] 사랑하는 것을 무척이나 자랑스러워하고 있다는 것이 느껴졌다.»(1930년) 이 저자는 자신의 동거녀를 자신의 발아래 앉아 있는 — 이것은 그 여성 자신이 낮은 신분이라는 것을 받아들이고 있다는 분명한 표시였다. — 것으로 묘사했는데, 그것은 우연이 아니었다. 식민지인들을 부리거나 가축을 부리는 사람을 지칭하기 위해 지배자/주인 *maître*이라는 낱말 자체가 사용될 수 있었는데, 그것 역시 우연이 아니었다……. 그런데 매우 많은 작가들이 이 낱말을 어김없이 사용했다. 그것은 그들이 그런 지배자/주인이 되고 싶었기 때문이었을까? 프랑스에서는 실현할 수 없게 된, 그러나 무의식적으로 이루고 싶었던 것이었을까? 죠르쥬 그로슬리에도 지배자/주인이라는 낱말을 사용했다. 그러나 보다 섬세하고 보다 관찰력이 있었으며 «원주민의 마음»을 보다 잘 알고 있었던 그는 환상을 가지지는 않았다. 그가 쓴 글은 다음과 같다.

«그녀는 나를 완전한 지배자/주인으로 모심으로써 나를 한층 대단한 존재로 만든다. 그녀는 진정으로 나를 남자로 모신다. 나는 그녀의 무한히 비어 있는 삶에서 그녀의 유일한 활력소이다. 그녀가 내 팔에 안겨 보여주는 순종과 복종은 (…) 나를 만족시키고 나를 기쁘게 하지만 나를 속박하지는 않는다. 그리고 나는 그런 순종과 복종을 받을 만한 자격을 갖출 필요도 없으며, 그런 순종과 복종을 계속

받고 싶은 강박관념을 겪지도 않는다. 내가 잠자리에서 일어나서 움직일 준비를 할 때마다, 나를 제지하거나 나에게 간섭을 하는 것은 아무것도 없다. 그녀는 휴식이자 축복이다. 그녀는 나의 주변을 율동과 소박함으로 채운다. 그녀는 나의 평화이다. 나는 그녀의 보살핌을 받으면서 — 그러면서도 나는 자유로움을 고스란히 간직한다. — 속마음을 감추지 않아도 되고 지킬 것이 아무것도 없고 아무것도 약속하지 않아도 된다는 엄청난 안도감에 빠져든다. 나는 그녀를 사랑하지만 말을 하거나, 고백하거나, 맹세하거나, 거짓말을 하면서 그 사랑을 가꾸어 나가지는 않는다. 나는 온몸으로, 그리고 나 스스로 사실을 확인하면서 그 사랑을 쌓아 나간다. 그녀에게서 나 자신이 아닌 그 무엇을 나는 사랑할 수 있을까?»(1928년)

그로슬리에의 이 지적은 현상의 본질을 말해준다. 그 본질은 다음과 같이 간단하게 표현될 수 있다. 즉, 식민지 여성과 같이 사는 백인 남성은 자신이 대단한 사람이라고 여긴다. 그는 자신과 함께 사는 여성을 사랑하지 않는다. 이런 유형의 남녀 관계에서 '사랑'에 전제되는 평등한 관계는 없기 때문이다. 비참하게 없으며, 필연적으로 없다. 기 드 모파상은 자신의 콩트 작품에서 자신의 정부(情婦)인 아랍인 여성을 다음과 같이 묘사했다. «나는 그녀를 사랑하지 않았다. 그렇다. 사람들은 그 원시의 대륙에 사는 처녀들을 전혀 사랑하지 않는다. 그 처녀들은 인간의 동물성에 너무나 가깝다. 그 처녀들은 너무나 미발달된 마음을 가지고 있고 너무나 섬세하지 못한 감수성을 가지고 있어서, 연정이라는 감정의 흥분을 우리 마음속에 불러일으킬 수 없다.»(1889년) 식민지 여성들은 '사랑'을 할 줄 모른다는 비난을 받기는 했지만, 백인 남성들 역시 그 여성들을 사랑하려고 애쓰지 않았다…….

열대지방에서 유럽인 남성들은 그곳의 많은 여성을 자신의 상대로 삼았는데, 그들의 공통된 특징은 프랑스 본국에서라면 입 밖에도 낼 수 없었을 어떤 꿈을 충족시켰다는 점이다. 유럽인 남성은 조금도 부끄러워하지 않고 성적 망상의 나래를 활짝 폈다. 유럽인 남성은 열대지방의 여성들에게 명령을 내릴 수 있었지만, 그 여성들은 명령을 거역할 수 없었다. 식민지를 무대로 한 문학작품과 여행 이야기는 유럽인 남성이 «오리엔트에서 보이는 행태»를 비난하는 내용을 담고 있긴 하지만, 어느 누구 없이 백인 수컷의 눈앞에는 하렘[326]이 아른거렸다. 모파상의 작품에 등장하는 주인공은 알루마(Allouma)라는 여성과 처음으로 성행위를 한 다음, 다음과 같은 꿈을 꾼다. «이 처녀는 이렇게 내 팔에 안겼기에 나는 그녀를 가질 것이며, 그녀를 하렘의 여성들처럼 나의 집 깊숙한 곳에 숨겨두고 일종의 노예 같은 정부(情婦)로 삼을 것이다.» 종종 식민지 출신 여성들이 19세기 프랑스의 여러 대도시에 번성했던 창녀촌에서 일했다는 것은 분명히 우연이 아니다……. 모파상의 작품에 등장하는 평범한 부르주아 남성 — 이 남성이 식민지 여성에 대해서 아는 것이라고는 소위 «화끈한» 하급 문학이 가르쳐주는 것밖에 없었다. —은 상상의 나래를 활짝 폈다. 1894년, 오렐리앵 숄은 어느 베트남 처녀가 겪는 불행을 묘사한 감동적인 중편소설을 썼다. 당연히 «중국 여자»라는 별명이 붙은 이 여성은 프랑스 남동부 지중해변의 바르도(道)에 있는 항구 도시 드라기냥의 유곽에 흘러들었다. 그녀의 명성은 타락한 이국취향에 힘입어 삽시간에 널리 퍼져나갔다. 그녀는 같은 업계의 여성들 누구보다도 불운을 많이 겪었다. 그녀를 찾는 고객은 지방의 명사들로서, 가정에서는 성적으로 약간 억눌린 사람들이었다.

326 하렘: 이슬람 세계에서 가까운 친척 이외의 남성의 출입이 금지된, 궁궐의 후궁이나 가정의 내실.

그들은 «호사 방탕한» 이야기를 친구들에게 들려주었다. 그녀를 고용한 주인들은 기뻐하면서, 항상 더 많이 «손님을 받아줄 것을» 그녀에게 요구했다. 손님들이 그녀를 너무나 많이 찾으면서, 그 가련한 여성은 쉴 틈이 조금도 없었다. 마침내 그녀는 자기 방에서 고통에 시달리다가 사망한다.

열대지방에서 백인 남성들이 아낌없이 충족시켰던 또 다른 성적 망상은 처녀들, 그것도 나이 어린 처녀들을 가지는 것이었다. 당시에 사용된 말, 즉 "우리에게는 새로운 땅의 생명을 일깨울 사명이 있다."라는 말은 백인 남성의 사고를 적나라하게 보여준다. 사명은 여성들에게로 확장될 수 있다는 상상이 그러한 생각으로부터 생겨났다…….

해외에서 남녀가 짝을 이루는 이야기를 담고 있는 소설 또는 체험담에서는 백인 남성과 어린 «원주민» 소녀 사이의 관계가 빈번히 다루어졌다. 프랑스 내에서 그런 상황이 벌어지는 것으로 설정되었더라면 경악스럽게 여겨졌으리라. 그토록 노골적으로 그리고 아무런 거리낌도 없이, 심지어 상당한 긍지를 가지고 그런 한 쌍의 남녀 이야기를 담을 수 있는 것으로 우리가 상상할 수 있는 것은 선정적인 문학작품 말고는 없다. 백인 남성과 «원주민» 소녀가 한 쌍이 되는 것은 식민지에서는 그다지 많지 않은 사람에게 충격을 준 것 같다. 식민지 정복 이후 얼마 되지 않은 시점에 발표되었으며, 아마도 그런 유형의 상황을 등장시킨 최초의 작품인 것 같은 마르셀랭 드 보날의 소설에서 주인공 남성은 열세 살에 불과한 «어린 베두인 소녀» 스마일라(Smaïla)를 자기 것으로 만든다.(1848년) 그로부터 얼마 뒤, 앙리 드 몽테를랑[327]의 작품에 등

327 앙리 드 몽테를랑(1896~1972년): 프랑스 소설가, 극작가. 스포츠, 모험, 영웅적이며 남성적인 의지를 좋아했다. 탐미적 개인주의, 귀족적 오만, 억센 남성적 성격을 예찬했다. 여성을 경멸했으며, 두 번이나 약혼했으나 파혼했다. 2차대전 때에는 독일에 협력하는 글을 쓰기도 했다. 1960년에 아카데미프랑세즈 회원에 선출되었다. 갑자기 실명하여 자살했다.

장하는 멋진 대위는 열네 살의 아름답고 순결한 소녀 람(Ram)을 차지한다. 폴 고갱은 글 도중에, 자신이 막 획득한(이 용어 말고 다른 어떤 용어를 사용할 것인가?) 소녀의 나이가 열세 살에 불과했다는 이야기를 털어놓았다.(1897년). 고갱이 우리에게 들려주는 이야기가 가혹하기는 하지만, 이 화가에게는 자신이 보기에 인간이라는 존재 *un être humain*인, 아직은 어린애티를 못 벗은 그 여성을 존중하는 마음이 있었다. 아마도 이미 그녀를 사랑하는 마음도 있었으리라. 당시에 번창한, 조잡하기 그지없고 선정적이며 문학작품이라고도 할 수 없는 작품 모두는 장차 보다 준엄한 평가를 받기에 이른다. 이를테면, 소녀들을 자기 것으로 만드는 이야기를 하면서 희열에 젖는 쟝 데스트레라는 사람이 있다. 그가 들려주는 이야기는 다음과 같다. «열세 살, 열네 살? 오, 분노할 필요 없다. 열세 살짜리 안남 소녀는 이미 오래전부터 여자이고, 그녀의 몸은 이미 많은 침대와 많은 오지(奧地)의 풀 위를 거쳐 왔다!» 그는 다음과 같이 결론을 내린다. «그 소녀들을 가지는 것이 우리나라 프랑스에서는 아마도 큰 범죄가 될 것이지만, 이곳에서는 너무나 자연스러운 일이다. 그 소녀들은 아직도 아름다움을 잃지 않고 있다!» «인도차이나»를 무대로 한 글을 쓴 또 다른 작가 그랭도르는 이국땅에서 살아가는 «즐거움»을 노래하는 시를 한 편 썼는데, 그 내용은 다음과 같다.

> «울창한 대나무 아래에서, 해안 절벽의 그늘에서
> 나는 관능을 자극하는 라오스와 안남 소녀들의
> 미칠 듯이 아름다운 몸이 고동치는 것을 느꼈다
> 나는 찰흙처럼 싱그러운 숫처녀를 소유했다.»(1929년)

어떤 «원주민 여성들»은 나이가 어렸기 때문에 백인 남성들을 유달리 자극했다. 여러 전문 사진가가 어린 아랍 소녀들의 가까스로 생긴 젖가슴을 거리낌 없이 찍어댔다. 루돌프 레네르트[328]와 에른스트 란트로크 같은 사람이 그러했다. 이 두 사람은 1920년대에 프랑스령 북아프리카를 누비고 다녔으며, 그곳에서 애매한 자세로 꽃을 내미는 벌거벗은 아이들의 모습을 담은 사진을 찍어서 유럽으로 가지고 왔다……. 고갱 같은 사람도 마찬가지이다. 그는 야생의 소녀 — 바로 이 소녀의 어머니가 소녀를 고갱에게 주었다. —의 젖가슴이 아니라 «꼿꼿하게 솟은» «봉오리»에 대해 묘사하면서 감격했다.(1897년) 앞에서 이미 언급한 그랭도르 같은 사람도 마찬가지이다. 그는 티 남(Thi Nam)이라는 여성이 아침에 세수하는 모습을 다음과 같이 묘사했다.

> «그 꼬마 소녀는 둑길의 계단을 내려가서
> 사람들의 시선이 닿지 않는 곳에서 사지 천으로 된 상의를 벗고
> 아침의 싱그러운 바람에 제 젖가슴을 내놓았다.»(1929년)

또 다른 외설적인 세부 묘사는 그 소녀들에게는 체모가 없다는 것이었다. 현지의 현실을 두 눈으로 지켜보았던 많은 서양인은 자신들이 연상(聯想)하는 것에 대해 거북함을 느끼기도 했고 매료되기도 했다. 마그레브에서는 본래 위생적인 이유로 이루어지던 제모(除毛) 행위가 점차로 에로틱한 의미를 띠게 되었다. 유럽인들은 당연히 이 사실을 알고 있었다. 귀스타브 플로베르 — 우리는 이 사람이 «거시기»에 매료되었다는 것을 알고 있다. —는 알제리를 여행 중이던 에르네스트 페도에게

328 루돌프 레네르트(1878~1931년): 오스트리아-헝가리 태생의 사진가. 1931년에 프랑스로 귀화했다. 튀니지를 여행하고 귀국하던 도중에 독일 사진가 에른스트 란트로크(1878~1966년)를 만나 «레네르트-란트로크 출판사»를 열었다. 란트로크와 함께 또는 레네르트 혼자 튀니지, 독일, 이집트, 알제리 등을 다니며 많은 풍광과 특히 벌거벗은 어린 여성들의 사진을 많이 찍어 출판했다.

다음과 같은 편지를 썼는데, 이때 그는 여전히 같은 고정관념에 이끌리고 있었다. «자네는 털이 없는 거시기를 빨고 있니?»(1860년 7월 4일) 그리고 또 다음과 같이 썼다. «아랍인의 생활 습관에 빠져보아라! 이어서 구름 한 점 없는 하늘 아래 모닥불 가에 앉아 오랫동안 털 없는 거시기를 꿈꾸어 보아라!»(1860년 10월 21일) 인도차이나에서 루이-샤를 르와예 같은 사람은 위선을 더해서 다음과 같이 썼다. «기이한 일은 대체로 머리털은 무성하고 빳빳하며 아름다운 이 여성들의 몸에 털은 매우 조금밖에 돋아나 있지 않다. 이 때문에 이 여성들은 더 소녀처럼 보인다.»

성적 망상이라고?

식민지에서 홀로 살아가는 남성들 대부분에게서 자신들의 동거녀인 «원주민» 여성은 어떤 존재였던가? 대개의 경우, 그 여성들은 유익한 존재(집안 살림을 하는 존재)인 동시에 즐거움을 주는 존재(집안 살림을 하는 존재 이외의 나머지 면에서의 존재)이자 노리개로 여겨졌다. 최상의 경우에는 신비롭고 흔치 않은 것에 대한 탐구의 표상, 즉 이국취향적 경험의 대상으로 간주되었다. 최악의 경우에는 물건으로 간주되었다. 클로드 파레르는 «콩가이»를 다음과 같이 규정했다. «반은 하녀이고 반은 아내이며, 인도차이나에서 살아가는 유럽인의 가구(家具)의 모자라는 부분을 채워주는 꼭 필요한 기능을 하는 안남의 소녀.»(1905년) 그러므로 이따금 유럽인이 체류 기한이 만료되어 본국으로 다시 떠날 때 그 유럽인이 후임자에게 자신과 함께 살던 여성을 «양도했다»면, 이에 대해 분개해야 하지 않을까. 크리스티앙 메그레의 작품에 등장하는 사람으로, 본국으로 떠날 때가 된 어느 인물은 다음과 같이 말한다. «나는 집에 무소 *mousso*[329]를 하나 데리고 있습니다. 나는 이곳을 떠나면서 부엌

329 무소: 코트디부아르, 부르키나파소 등에서 사용되는 디울라어로 "여자", "아내"를 의미한다.

살림살이와 함께 무소를 당신에게 남겨 줄 수 있을 것입니다.»(1937년)

식민지 여성들의 불감증과 경박성

상황이 이럴진대, 위에서 언급한 작가들이 식민지 여성들은 계산적이고, 냉혹하며, 사랑의 감정을 모른다고 뒤죽박죽 비난하는 것에 놀라면 안 된다……. «안남» 여성을 경계했던 시인 알프레드 드루앵은 다음과 같이 썼다.

> «그녀의 두 눈에는 술수와 거짓이 깃들어 있네.
> 그녀의 매력적인 가슴 속에는 메마른 심장이 있다네.»(1906년)

대체로 우리의 «보호를 받는 사람들»의 정서 속에 사랑의 감정은 존재하지 않는 것으로 간주되었다. 트뤼믈레라는 사람은 알제리 여성들에게는 심장이 없다고 주장했다. 그는 다음과 같이 썼다. «아랍인 여성이라 불리는 악기에 [사랑의 감정이라는] 이 현(絃)은 존재하지 않는다.»(1863년) 한편, 바라티에 대령은 다음과 같은 의문을 제기하기도 했다. «어찌 흑인들이 사랑할 줄 알겠는가? 그들은 사랑한다는 말을 할 줄 모른다. 그들은 여러 동사 중에서 가장 감미로운 그 말을 모른다. 그들은 그 동사를 인칭에 따라 활용하지 않거나 또는 동물처럼 그 동사를 활용할 뿐이다.»(1912년) 이 두 작가보다 더 유명하지만 통찰력은 별로 없었던 앙리 드 몽테를랑 — 그는 마그레브에서 오랫동안 산 적이 있었다. — 역시 '타자', 즉 식민지 여성과는 애정 관계를 맺을 수 없다고 했다. 위에서 이미 언급한 소설에서 그는 올리니(Auligny) 중위와 «사막의 장미»[330]라는 별명을 가진 오지(奧地)의 아랍 소녀 람(Ram) 사이의 이루어지지 못한 사랑을 묘사했다. 몽테를랑은 «사막의 장미»라는 별명에 대해 다음과 같이 설명한다. 마치 사막의 돌 같은 아랍인 여성은 «겉은 꽃처럼 무척이나 아름답지만 실제로는 차갑고 생기가 없다.»(1932년)

많은 유럽인은 열대지방에서 소위 뜨거운 사랑을 할 수 있다는 주장과 소위 자신들의 동거녀에게는 불감증이 있다는 주장이 모순된다는 것을 알아차리지도 못하면서, 자신들의 동거녀가 형편없는 상대일 뿐이라는 불평을 쏟아냈다. 당연했다. 크리스티앙 메그레는 다음과 같은 단순한 장면을 묘사했는데, 이 장면은 수백 페이지의 글보다 더 많은 것을 말해준다. 소설의 주인공이 동거녀와 함께 사는 오두막집으로 들어갔다. 동거녀는 잠들어 있었다. 그는 그녀를 가지고 싶었다. 메그레는 다음과 같이 썼다. «베몰(Bémaule)은 조용히 휘파람을 불고는 아쟈비(Adjavi)의 어깨를 만졌다. 그녀는 잠에서 깨어났지만 소스라쳐 놀라지는 않았다. 의식을 되찾은 그녀는 그 백인 남자를 조용히 바라보았다. 베몰은 아쟈비를 가볍게 떠밀었다. 그녀는 돗자리에 누웠다. 고분고분하고 무심했다. 그리고는 천장을 똑바로 쳐다보았다.»(1937년) 지드가 이끈 콩고 탐험대의 일원이었던 마르크 알레그레[331]는 보줌[332]에 사는 어느 식민지 이주민의 증언을 수집했다. 그 식민지 이주민은 혼자 살고 있었다. 그는 아프리카 여성을 동거녀로 맞이하려고 여러 번 시도했다. 그러나 이제 그는 아프리카 동거녀를 원하지 않는다고 했다. 그는 그 이유를 다음과 같이 설명했다. «저는 마지막 여자를 돌려보냈습니다. 그 여자에게는 일주일마다 오드콜로뉴 1리터가 필요했

330 사막의 장미: 사막에서 피는 장미가 아니라, 사막에서 발견되는 장미꽃 모양의 돌을 말한다.
331 마르크 알레그레(1900~1973년): 프랑스 영화감독. 지드가 따르던 엘리 알레그레 목사의 아들로, 열일곱 살에 앙드레 지드와 육체관계를 가졌다. 앙드레 지드와 함께 콩고를 기행하면서 다큐멘터리 〈콩고 기행〉(1927년)을 촬영하고, 역시 다큐멘터리 〈앙드레 지드와 함께〉(1950년)에서 앙드레 지드의 족적을 더듬었다.
332 보줌: 현재의 중앙아프리카 공화국의 도시. 1889년부터 1960년까지 프랑스 식민지였다.

기 때문이었습니다! 값이 너무 비쌌습니다.» 젊은이로서의 자신의 성적 욕구를 충족시키기 위해 이제 어찌할 것인가? 그는 다음과 같이 말했다. «뭔가 필요한 게 있으면, 저는 나쿠에(족장)에게 심부름꾼을 보냈습니다. 그러면 정해진 시간에 잘 고른, 예쁘고 말쑥한 여자아이가 왔습니다. 나쿠에는 보는 눈이 있거든요. 당신이 뭔가를 원하시면, 통역을 물색해보기만 하면 됩니다. 2프랑과 소금 한 숟가락을 주면 됩니다.

- 당사자 여성들은 뭐라고 하는가요?

- 그 여자들은 아무것에도 관심이 없어요.»(1925년)

«고분고분하고 무심하다……»는 것과 «그 여자들은 아무것에도 관심이 없다»는 것. 여기에 더 보탤 말이 없다. 백인은 아마도 자신의 태도가 «열대지방의 뜨거운 불볕»을 얼음으로 변화시켰으리라는 생각을 단 한순간도 할 수 없었다…….

반대로, 그 여성들은 애달프게도 경박한 존재로 여겨졌다. 언론인 파트리스 드 빌레닉은 자신이 겪은 어떤 장면을 그려냈다. 그 내용은 다음과 같다. 사이공에서 «콩가이에 매료된» 어느 친구 집에 초대를 받은 그는 «안남인» 동거녀를 끊임없이 칭찬하는 말을 들었다. 안남인 동거녀에게 진실로 매료된 그 친구는 동거녀가 자신을 진실로 사랑하고 있다고 했다. 사이공에서 2주를 보내고, 작별의 순간이 다가왔다. 파트리스 드 빌레닉은 자신을 환대해준 두 사람에게 어떻게 감사를 표해야 할지 알지 못해서, 친구의 아내에게 50피아스트르짜리 지폐 한 장을 쥐어주었다……. 그 «콩가이»는 즉각 반응했다. 그녀는 파트리스 드 빌레닉을 집의 어두운 구석으로 끌고 가서, 요망한 눈길로 그를 바라보며 드레스를 벗었다…….(1939년) 쟝 우그롱의 소설 『복부에 비치는 햇살』에 등장하는 어느 인물은 모든 베트남 여성은 정절을 지킬줄 모른다, 전혀 모른다고 주장한다. 그 내용은 다음과 같다. «그 여성들이 너와 함께 사는 동안, 그 여성들은 처음 만난 검둥이 사내와 바람을 피우며 너를 오쟁이 지울 생각만을 한다.» 여기에서 «검둥이»는 «베트남 사내»라는 의미로 이해되어야 한다.(1957년) 사실 소설 속에서 식민지 여성들과 함께 사는 많은 남성은 그 여성들로부터 «오쟁이를 진다.» 그 여성들은 거의 언제나 같은 «인종»에 속하는 남자와 바람을 피운다. 이것은 프랑스 소설가들이 백인 남성과 식민지 여성 사이의 보다 평등한 관계에 바치는 찬사(의도하지 않은 찬사)였다.

미래가 없는 백인 남성과 식민지 여성 커플

백인 남성과 식민지 여성은 거의 언제나 일시적으로 함께 살았다. 식민지에서 혼자 사는 백인 남성은 함께 살 여성을 골랐다. 그 남성은 식민지에 머무는 동안만 동거녀와 함께 살았다. 그러나 백인 남성이 본국으로 돌아갈 때가 되면, 그에게는 동거녀를 데리고 갈 수 있으리라는 생각이 들지 않았다. 1945년 이후가 되어서야 비로소 식민지에서 맺어진 백인 남성과 «원주민» 여성 커플들이 프랑스 본국으로 함께 들어와 살았다(인도차이나 원정대 병사들을 생각해보라). 앙리 크리스티네가 작사한 유명한 노래 〈통킹 소녀〉는 체험담을 담고 있다. 그 내용은 다음과 같다.

> «모든 것이 지나가고
> 모든 것이 깨어지고
> 나는 프랑스로 돌아와야 했네
> 사랑하는 애인과 작별해야 한다는 생각에
> 내 마음은 슬픔이 가득했네.
> 아픈 마음으로

나의 꼬마 여왕은

나를 따라왔네»(1906년)

앙토냉 쉴의 소설에 등장하는 주인공 레름(Lerme)은 본국에서 어느 여성과 약혼한 상태이다. 그러나 아프리카로 간 그는 가본(Gabone)이라는 흑인 처녀와 «아프리카식으로 결혼한다.» 두 사람 사이에서 아이가 태어난다. 레름의 프랑스인 약혼녀가 그를 만나러 아프리카로 간다. 그곳에서 모든 사실을 알게 된 그녀는 슬프긴 하지만, 그 흑인 여성을 자신의 진짜 경쟁자로 느낄 수 없다. 그녀는 레름에게 다음과 같이 말하기 때문이다. «저는 가본에게 질투하지 않아요. 왜냐하면 당신이 보기에 저는 모든 면에서 그 여자보다 우월하기 때문이에요 (…). 당신은 아는 것도 없고 배운 것도 없는 흑인 여자와는 지적으로나 정신적으로 너무나 다르기 때문에, 그 여자에게 당신 자신의 훌륭한 면을 줄 수 없어요.» 그렇게 해서 그녀는 모든 것을 용서한다. 그러자 레름은 잠시도 주저하지 않고, 자신과 같은 세계에 속하는 약혼녀와 함께 살아가기로 결심한다. 가본의 처지는 언급조차 되지 않는다. 그녀가 낳은 아이의 처지에 대한 언급은 채 한 문장도 되지 않는다.(1933년) 조금은 멜로드라마 같은 면을 띠고 있는 이러한 상황은 아마도 드물지 않았으리라. 그러나 죠르쥬 그로슬리에는 식민지 여성들의 «메마른 마음»을 비난하기보다는, 이와 관련하여 다음과 같은 분별력 있는 지적을 한다. «자, 생각해봅시다. 이 여성들은 왜 우리를 사랑하게 되는 것일까요? 우리는 지나치다가 그 여성들을 가지고, 우리는 떠나면서 그 여성들을 버립니다.»(1928년)

그런데 왜 다음과 같이 말하지 않을 것인가? 재산이나 권력 면에서의 명백한 불균형에 바탕을 둔 관계는 사랑으로 맺어진 관계라기보다는 거래에 의한 관계였다고. 백인 남성이 이런 말을 입 밖에 내기 위해서는 큰 용기가 필요했다.

진실한 사랑

하지만 백인과 식민지 여성 사이의 진실하고 지속적인 사랑도 있었다. 현실 속에서나 소설 작품 속에서 평등(시간과 장소가 허용하는 한에서의 평등)에 바탕을 둔, 사랑으로 맺어진 관계를 보여주는 여러 예를 들 수 있다. 독자 여러분께서는 이런 종류의 관계를 세심하게 묘사할 줄 알았던 작가들 중에서 외젠 프로망탱이나 이자벨 에버라르트[333]를 발견하고는 놀라지 마시기 바란다. 화가이자 소설가인 프로망탱은 『사헬에서 보낸 한 해』에서 알제리 중부에 있는 도시 블리다의 아름다운 처녀 하우아(Haoua)와 자신의 매우 플라토닉한 관계를 너무나 정감 있게 묘사했다. 그 내용은 다음과 같다.

> «그녀는 마치 새들이 노래하는 것처럼 말한다. 그리하여 하우아가 하는 말을 즐기기 위해서는 모호한 멜로디를 좋아해야 하며, 마치 바람 소리를 듣는 것처럼 그녀가 하는 말을 들어야 한다. 만일 그녀를 조금 더 상냥하게 만들고 싶으면, 그녀를 아이니 *aïni*('나의 눈'이라는 뜻)라고 불러야 한다. 그녀는 하비비 *habibi*('나의 벗'이라는 뜻)나 로아흐디알리 *ro'ahdiali*('나의 영혼'이라는 뜻)라고 답한다. 어떤 것도 그녀의 말보다 더 음악적이지 않고 덜 격정적이지 않다. 새장 속의 꾀꼬리라면 그녀처럼 말하리라.»(1959년)

333 이자벨 에버라르트(1877~1904년): 스위스 태생의 프랑스 언론인, 작가. 10살에 어머니와 함께 알제리로 이주해서 살면서 이슬람으로 개종했다. 스물네 살에 마르세유에서 프랑스 국적의 무슬림 남성과 결혼하고 프랑스 국적을 얻었다. 곧 알제리로 돌아가서 언론에 종사했다. 폭우로 집이 무너져 사망했다. 알제리와 북아프리카를 잘 이해했던 여성으로 평가된다.

어떻게 보면 프로망탱의 경우와는 반대된다고 할 수 있는 이런 유형에 속하는 상황을 경험한 이자벨 에버라르트는 매우 아름다운 중편소설 『야스미나』를 썼다. 이 소설은 알제리 북부에 있는 카빌 지방의 양치기 소녀와 프랑스인 미남 장교의 사랑 이야기를 담고 있다. 에버라르트는 사랑 — 두 주인공은 이 사랑을 완벽하게 평등한 행위로 여긴다. —의 장면을 다음과 같이 주저 없이 묘사했는데, 이것은 당시로서는 대담한 행위였다. «어느 날, 격정 — 이 격정은 그녀가 속한 종족 특유의 것이었다. —에 사로잡힌 그녀는 스스럼없이 자신의 몸을 허락했다……. 두 사람은 잠시 이루 말할 수 없는 황홀에 젖어 넋이 나갔다. 마침내 두 사람이 황홀에서 깨어났을 때, 영혼이 새로운 빛으로 환하게 빛나고 있었다. 마치 어둠을 벗어난 듯이.» 에버라르트가 이어서 쓴 몇 줄의 글은 프랑스 문학에서 사랑을 묘사한 아름다운 글들 중의 하나라고 할 수 있다. 그 내용은 다음과 같다.

> «이제 쟈크는 자신의 정신을 가득 채우고 있는, 감미롭거나 비통한 거의 모든 것을 야스미나에게 말할 수 있었다. 그럴 정도로 그의 아랍어 실력은 빨리 늘었다……. 이따금 그는 야스미나에게 노래를 해달라고 간청했다. 그렇게 해서 그는 야스미나 곁에 누워 그녀의 무릎을 베고는 두 눈을 감고 모호하지만 무척이나 감미로운 몽상에 빠져들었다. 얼마 전부터 기이한 어떤 생각이 그의 머릿속을 떠나지 않았다. 그는 그 생각이 매우 유치하고 실현하기 몹시 어렵다는 것을 알면서도 그 생각에 빠져들어서, 그 생각에서 어떤 기묘한 기쁨을 맛보았다……. 모든 것을 영원히 떠나고, 가족과 프랑스를 버리고, 아프리카에서 야스미나와 항상 함께 살아가는 것……. 심지어 사직을 하고, 야스미나와 함께 자취를 감추고, 아랍식 옷을 걸치고 머리에는 터번을 두르고,

남쪽의 어느 마을에서 아무런 걱정거리도 없고 느린 생활을 영위하는 것……. 쟈크는 야스미나와 멀리 떨어져 있을 때에는 정신을 차리고는 그런 멜랑콜리하고 유치한 생각에 미소를 지었다……. 그러나 다시 야스미나 곁에 있게 되면 즉각 그는 말로 표현할 수 없을 정도로 감미로운 일종의 지적 마비 상태에 빠져들었다. 그는 야스미나를 안고는 그녀의 그윽한 눈을 바라보면서, 아랍인들이 하는 다음과 같은 다정한 말을 끝없이 되풀이했다. "아지자! 아지자! 아지자![334]"»(1902년)

작가들은 심지어 백인 남성과 식민지 여성이 서로에 대한 어떤 존경심을 바탕으로 삼아 함께 살아가는 상황을 묘사하기도 했다. 매우 장황한 묘사를 즐겨하던 쟝 데슴은 식민지를 다룬 문학작품들 중에서 큰 인기를 얻은 『안남 여자 티 바』에서 어느 행정관과 여주인공이 함께 살아가는 것을 조금도 나쁘게 평가하지 않았다.(1920년) 외젠 퓌쟈르니스클은 계급이 낮은 어느 병사와 어느 촌뜨기 «안남» 소녀의 감동적인 사랑을 그려냈다.(1922년) 아르망 라프리크는 아마도 앞으로 문학사에서 언급되지는 않겠지만, 다음과 같이 생생한 감정을 드러내는 시를 썼다.

«오, 안남의 갈색 꽃이여! 그대의 비로드 같은 두 눈 속에
사랑, 거룩한 사랑이 불꽃을 조금 피웠네
나는 그대를 온전히 가지고 그대의 영혼 속에서 다음과 같은 말을 읽고 싶네.
"저를 오랫동안 사랑해주시겠어요? 저는 언제나 그대를 사랑할 것입니다."»(1915년)

334 아지자 *Aziza*: 아랍인들이 아기나 사랑하는 사람을 부를 때 쓰는 말로, '내 사랑'을 뜻한다.

우리는 많은 작가에게서 그들이 실제로 경험한 것이 소설 이야기의 바탕이 되었다는 것을 느낀다. 죠르쥬 그로슬리에는 우리의 책에서 여러 번 언급된 매우 아름다운 소설『황토(黃土)로의 귀환』을 썼다. 이 작품의 주인공 클로드(Claude)는 유럽식 가정생활과 안락한 사회적 지위를 떠나, 문명 — 이후로 그는 이 문명을 거부한다. —과는 거리가 먼 마을에서 아름다운 캄보디아 여성 캄랑(Kamlang)과 평온한 사랑의 삶을 살아가려고 침착하게 선택한다.(1928년) 마그레브에서 활동한 소설가로는 신중하면서도 폭넓은 교양을 갖추었으며 모로코 여성과 결혼하고 이슬람으로 개종한 프랑스와 봉장이 자전적인 요소를 적나라하게 담은 소설을 여러 편 썼다.『사랑에 빠진 이자 여왕』같은 작품이 그러하다.(1947년)

이 소설의 경우, 식민지에는 «착한 미개인»이 살고 있으며 그곳에서의 삶은 거칠지만 평온하다는 허황한 믿음이 자주 부각되고 있다. 그렇긴 하지만, 시간을 돈으로 환산해서 계산하고 이욕(利慾)에 바탕을 둔 서양의 기계 문명을 피해 달아나는 것이 그토록이나 어리석은 짓이었던가? 서양 세계의 좋은 점들을 포기하고, 안락에 빠져 있으면 잃게 되는 것을 내면의 평화 속에서 얻고자 하는 소설 속의 그 주인공들은 이해할 수 없는 사람들이었던가? 그리하여 백인 남성이 «원주민» 여성과 함께 살아가는 행위는 백인 남성이 «원주민» 여성에게 한 약속을 지킬 것이라고 맹세하는 상징적인 행위였다. 고갱이 가장 먼저 모범을 보여주었다. 그 다음으로 픽션 작품에 등장하는 많은 인물이 그렇게 했다. 1930년에 소설로 발표되고 같은 해에 영화화된 작품『카인』에서 레옹 프와리에는 열대지방에 있는 어느 섬의 해안에 표착한 어느 소설가의 모험 이야기를 들려준다. 그로부터 얼마 뒤, 그 소설가는 한 무리의 «원주민»을 만난다. 그 원주민들 중에서 어느 처녀(영화『카인』에서 서

인도제도 출신의 배우 라마-타에는 대부분 나체로 등장하는데, 이것은 당시로서는 매우 드문 일이었다.)가 그의 동거녀가 된다. 『로빈슨 크루소』에 등장하는 크루소와 프라이데이를 닮은 듯한 한 쌍의 남녀는 완벽한 사랑을 나누며 살아간다. 두 사람 사이에 자녀가 여럿 태어난다. 그들의 가족은 풀뿌리, 과일, 사냥한 짐승을 먹고 살아간다……. 지평선에 배 한 척이 나타나는 날까지 그런 삶이 계속된다. 그 배를 본 «카인»은 예전에 자신이 살던 세상과 자신이 믿었던 가치로 되돌아가고 싶은 유혹을 이길 수 없다. 그는 서양으로 돌아가기 위해 모든 것과 작별한다. 그러나 그는 곧 자신이 어리석은 짓을 저질렀다는 것을 깨닫는다. 그는 평온을 버리고 망상을 택했던 것이다. 그는 배에서 뛰어내려 헤엄을 쳐서, 아내와 자식들이 기다리고 있는 섬으로 되돌아간다……. 이 이야기가 담고 있는 교훈은 분명하다. «문명»을 포기하는 백인은 사실은 현명한 사람이라는 것이 그 교훈이다. «원시 세계»로 가는 것은 사실은 원천으로 되돌아가는 것이자 거듭남이다……. 이제 «원시 세계»는 타락한 세계로 여겨지는 것이 아니라, 반대로 «탈(脫)문명화된» 세계라는 멋진 말을 적용해야만 하는 것으로 여겨지기에 이르렀다…….

우리가 앞에서 언급한 글들과는 정반대로, 위에서 언급한 작가들은 감성, 즉 유럽인들과 식민지 여성들을 이어주는 서로 간의 애정을 중요시했다. 그렇다. 식민 시대에도 각기 다른 문명권에서 태어난 사람들 사이의 사랑은 가능했다. 그러나 그런 사랑은 쉽게 이루어지지 않았으며, 흔치 않았다!

그런 사랑은 흔치 않았을 뿐만 아니라, 곱지 않게 여겨졌다! 식민지를 소재로 하는 글을 쓴 작가들은 이런 유형의 상황을 그려내면서, 거의 언제나 그런 사랑을 경멸적으로 묘사했다. «원주민» 여성을 진정으로 사랑하고 또 우리의 «보호를 받는 사람들»의 가치를 공유하고 그들의 생활 습관을 받아들이는 백인은 체면이 손상되었다. 그런 백인 남성은 동료들로부터 혹독한 평가를 받았다. 게다가 그런 평가를 내릴 때, 동료들은 몹시 무례한 용어를 사용했다. 식민지 여성들과 사는 백인 남성들에 대해 말할 때, 사람들은 약간 경멸적으로 다음과 같이 말했다. 그 백인 남성들은 인도차이나에서는 «콩가이에 매료되었으며 *encongailleés*»(1910년, 아돌프 콩바네르는 다음과 같이 썼다. «콩가이에 매료됨 *encongaillement*은 유럽인 수컷이 안남 여성에게 매혹되었다는 의미이다.»), 흑아프리카에서는 «검둥이화했으며 *bougnoulisés*»(1965년, 가스통 에노는 다음과 같이 그 뜻을 풀이했다. «검둥이처럼 만들다 *bougnouliser* — 자동사: '흑인 여성'과 함께 새로운 가계의 조상이 되다. 검둥이처럼 되다 *se bougnouliser* — 대명동사: 세네갈인들의 생활 습관을 가지다.»), 오세아니아에서는 «카나크족화하였다 *encanaqués*»(1927년, 마르크 샤두른은 다음과 같이 썼다. «카나크족화한 사람들, 즉 마법에 의해 죽을 때까지 또는 완전히 노쇠할 때까지 섬에 발이 묶인, 온갖 인종에 속하는 온갖 신분의 사람들.»)…….

«원주민» 여성은 백인 남성을 매료하기도 하고 또 적어도 그만큼 그 남성을 못살게 하는 것으로 여겨졌다. 외젠 쉬는 다음과 같이 썼다. «말하자면 유럽인 남성들에게 치명적인 그 유색인 여성들, 즉 사람을 호리는 그 흡혈귀들에 대해 말하는 것을 모든 사람이 들었다…….»(『파리의 신비』, 1843년) 로티의 작품에 등장하는 원주민 출신 기병대원 장 페랄(Jean Peyral)의 어린 애인 파투-게(Fatou-gaye)는 «열대의 봄이 서둘러 익힌 수단의 맛있는 과일» — 이 표현은 문장 중에서 긍정적인 부분이다. 이 표현 바로 다음에 부정적이며 훨씬 더 중요한 표현이 등장한다. —이자 «이국적인 즙으로 부풀어 있고, 비위생적이고 열정적이며 미지의 쾌락이 가득 차 있는» 과일로 평가되었다.(1881년) 기 드 모파상은 아프리카 처녀들을 평가하기 위해 «유해한»이라는 형

용사와 «썩은»이라는 형용사를 사용하는 것으로 그쳤다.(『마로카』, 1882년) 이런 예들에 비추어볼 때, 피에르 브느와의 작품[335]에 등장하는 앙티네아(Antinéa)라는 인물은 대단히 상징적이다.(1920년) 전설에 등장하는 투아레그 왕국 «아틀랑티드(Atlantide)»의 공주 앙티네아는 연인을 고른다. 그러나 공주와 잠자리를 같이한 애인들은 모두 죽음을 맞는다. 애인들은 모두 소금 상(像)이 된다. 공주가 한 남자를 바라보자마자, 그 남자는 사라져버린다……. 이 이야기는 흥행성이 있었던 모양이다. 여섯 차례나 영화로 만들어졌기 때문이다. 마지막으로 영화로 만들어진 것은 1991년이다.

식민지에서 백인 남성은 식민지 여성과 성관계를 가질 수 있었다. 심지어 어떤 경우에는 «콩가이»나 «무소»[336]와 같이 살아야만 했다…….그러나 당시의 풍조를 따른다면, 백인 남성은 식민지 여성과 사랑에 빠져서 자신의 품위를 떨어뜨리지 말아야 했다. 열대지방의 미녀들에 대한 건전하지 못한 애정 때문에 형편없이 타락하게 되는 소설 주인공은 셀 수 없이 많다. 루이-샤를 르와예의 작품 「흑인 애인」의 주인공 로베르 드 쿠상(Robert de Coussan)은 풀라족의 멋진 처녀에 매료된다. 그녀로부터 오쟁이를 진 그는 애인의 마음을 되돌려놓기 위해 안간힘을 쓴다. 그는 파산을 하고 명예를 잃는다. 반대로, 그의 애인은 그를 버린다. 그리하여 삽시간에 무일푼이 된 그는 피골이 상접한 몸을 이끌고 다니다가 결국에는 죽음을 맞는다. 결론적으로 르와예는 의미심장한 용어를 사용해서 다음과 같이 썼다. 즉, 그런 남자는 «타락했다»는 것이다.(1928년) 보다 최근에 발표된 장 우그롱의 소설 『잠적』에 등장하는

335 피에르 브느와의 작품: 『아틀랑티드』.
336 콩가이, 무소: 각주 56번, 329번을 보라.

주인공은 유럽인과 아시아인 사이에서 혼혈로 태어난 여성과 진실한 사랑을 나누며 살아가지만, 같은 나라 사람들로부터 «망가진 사람»으로 간주된다.(1953년) 샤를-루이 포티에가 가사를 쓴 대중가요 〈네쟈〉에 등장하는 젊은 장교 — 이 장교는 원주민 출신으로 이루어진 기병대 *spahis*에 소속되어 있다. —는 또 다른 마법의 피해자가 된다. 그 장교는 모로코의 «탕헤르에 있는 노래하는 카페»에서 일하는 무희 네쟈를 미친 듯이 사랑하게 된다. 네쟈는 그 장교의 애인이 된다. 그러나 ……

> «사랑 때문에 의무를 내팽개치고,
> 자신의 욕구에 도취해서
> 굴종적으로 되고
> 천천히 우둔해지면서»

그는 비밀 서류들이 굴러다니도록 내버려 둘 정도로 조심성이 없어졌다. 어느 날 밤, 그는 잠에서 깨어난다. 서류를 훔치고 있던 그의 동거녀가 깜짝 놀란다. 그는 사태를 깨닫는다! …… 자신의 애인이 스파이였던 것이다! «독이 잔뜩 들어 있는 입맞춤의 환상에서 갑작스럽게 깨어난» 그 장교는 애인을 쫓아버린다!

식민지에서 이루어지는 소위 «혼종 *mixte*» 결혼[337]이 예외적이었다는 사실은 이런 모든 이유로 설명이 된다.

유네스코가 프랑스령 서인도제도로 보내는 사절단에 임명된 미셸 레이리스는 현지에서 다음과 같은 기록을 남겼다. 각기 다른 «인종»에 속하는 여성들과 남성들이 불법적으로 함께 살아가는 것 — 일시적이

337 «혼종» 결혼: 백인 남성과 «원주민» 여성의 결혼.

거나 또는 그렇지 않거나 간에 —은 부득이한 경우에는 용인된다. 이 경우, 연인들이 자신들이 처한 상황을 공식적으로 인정받으려 할 때 문제가 생긴다. 더구나 두 공동체, 즉 유럽인들의 공동체와 식민지인들의 공동체 양측이 부정적인 반응을 보인다. 비난이 거세기에 두 남녀는 대개의 경우에는 해외로 이주하기로 결심해야 한다. 그렇지 않은 경우에는 요주의 대상이 되고, 점차적으로 따돌림을 당하게 되는 것을 받아들여야 한다(1955년). 마그레브에서는 두 공동체가 각자의 종교에 집착하는 것도 두 남녀에게 또 다른 장애가 되었다. 식민 시대 말기에 있었던 조사 — 알제리만을 대상으로 한 조사 —에 따르면, 유럽인 남성들(또는 여성들)과 무슬림 남성들(또는 여성들)이 연간 결혼한 총 횟수는 고작 75건이었다.(M. H. 베일레, 1957년)

빈축을 산 커플 – 식민지인 남성과 백인 여성

«여성의 수만을 중요하게 여기는 흑인 수컷»(폴 모랑)

식민 시대 사람들이 «원주민» 수컷들의 성생활에 대해 가졌던 이미지 역시 «원주민» 여성들의 성에 대해 그들이 가졌던 이미지와 꼭 마찬가지로 상투적이었다.

황인종은 농담의 대상이었다. 이 경우, 백인의 우월 콤플렉스가 한껏 작용했다.

아랍인 수컷의 성생활은 더러우며 거의 필연적으로 질병을 유발하는 것으로 여겨졌다. 이런 고정관념에서 큰 자리를 차지한 것은 매독이다. 식민지에서 일한 고위 공무원이자 프랑스인-무슬림 병원을 건립할 계획을 입안한 사람이기도 한 피에르 고댕은 다음과 같이 썼다. «그것은

북아프리카인들에게는 현대의 나병이다. 그들 거의 모두가 유전적으로 그 병에 걸려 있다.»(1933년)

식민 시대에 사람들이 식민지인들에 대해 가졌던 이미지 중에서 가장 인기가 있었던 것은 흑인의 성생활이었다. 이 문제를 다룬 글들에서 무엇이 공포감이었으며 또 무엇이 억눌린 질투심이었던가를 분간하려면 정신분석 연구를 해보기만 하면 될 것이다. 이 문제를 다룬 글들 중에서 피부가 흑단 색깔인 우리의 피보호자들에 대해 언급하지 않은 것은 없다. 그들의 성생활은 물론 성생활로 인정되기는 했지만, 야수적이며 동물적인 것으로 간주되었다. 『검은 주술』에서 폴 모랑은 다음과 같이 썼다. «그는 여성이라면 가리지 않고 수컷으로서의 엄청난 욕정을 드러냈다. 그는 여성의 수만을 중요시하는 수컷이었다.»(1928년) 당시에 크게 인기를 얻은 이미지들 중의 하나는 한 침대에 누워 있는 백인 여성과 흑인 남성의 모습이었다. 「웃음」에 실린 루베이르의 그림처럼 말이다. 루베이르가 그린 그림에는 교묘하게 다음과 같은 제목이 붙어 있다. «쇼코트 *Chochotte*가 침대에서 초콜릿 *chocolat*을 먹고 있다.»[338](1900년) 이따금, 이따금 오쟁이를 진 남편이 그 장면을 발견한다. 아벨 페브르가 그린 그림에 등장하는 바람기 있는 여자는 다음과 같이 뻔하게 외친다. «맙소사! 제 남편이에요!» 그러나 매우 너그러운 그녀의 남편은 남자에게 다음과 같이 말한다. «당신, 니그로인가요? 계속하시오…….»(1900년) 같은 상황에서 남편에게 발각이 된 다른 한 여성은 남편에게 다음과 같은 말 외에는 달리 할 말이 없다. «저는 '니그로처럼 일한다'[339]라는 표

338 «쇼코트 *Chochotte*가 침대에서 초콜릿 *chocolat*을 먹고 있다.»: 프랑스어에서 쇼코트 *Chocotte*와 초콜릿[쇼콜라] *chocolat*는 비슷하게 소리 난다. 인용문의 속뜻은 쇼코트라는 백인 여성이 초콜릿 같은 피부색을 지닌 남성과 정사를 나누고 있다는 것이다. 쇼코트 *chocotte*는 속어로서 "치아"라는 뜻도 있다. 성적 이미지를 상상해보라!

339 '니그로처럼 일한다': 프랑스어 원문에서 «travailler comme un Nègre»는 «열심히/고되게 일한다.»라는 의미가 있다.

현으로 사람들이 뭘 말하고 싶어 하는지 알고 싶었을 뿐이에요.» 그녀의 얼굴에서 읽을 수 있는 행복한 표정으로 보아 남편이 추궁해서 얻을 수 있는 답이 무엇인지 알 수 있다…….(H. 제르보, 1902년)

하지만 유럽 여성이 식민지 남성과 진실한 사랑으로 맺어진 경우를 묘사한 글은 훨씬 적었다는 사실에 놀라지 말아야 한다. 실제로 그런 커플은 많지 않았다(적어도 식민지에서는 많지 않았지만, 프랑스 본국에서는 1950/60년대부터 그런 경우를 적지 않게 볼 수 있었다). 마치 어떤 금기가 백인 여성이 그러한 «타락»에 빠지지 않도록 «지켜주었기» 때문인 듯이 말이다. 다른 민족의 땅을 침략해서 그곳을 풍요롭게 하는 행위 *acte de pénétration, de fécondation*[340]인 식민화 사업은 본질적으로 그런 상황에 어울리지 않았다. 「양 세계 평론」에 소속된 기자 에스키로스가 1845년에 다음과 같이 엄숙하게 설명했듯이 말이다. «에티오피아 민족에 속하는 어떤 남성과 백인 여성의 결합은 고통스럽고, 불쾌하며, 대체로 비생산적이다.» 반면, «백인 남성과 흑인 여성의 결합은 용이하고, 유쾌하며, 거의 언제나 풍요로운 결과를 가져오며», 그런 관계에 대해서 어느 누구도 놀라지 않을 것으로 평가되었다. 백인 여성과 «유색인» 남성의 결합에 대한 평가는 에스키로스가 한 설명처럼 너무나 터무니없는 것은 아니었지만, 거의 언제나 부정적이었다. 1951년, 프랑스 내 어떤 계층의 가정에서도 가족 내의 처녀가 흑아프리카인 남성과 결혼하려는 것을 긍정적으로 여기지 않았다. 경우에 따라서, 설문조사에서 이런 결혼에 대해 부정적으로 답한 사람은 70~95%에 달했다.(1953년에 발표된 프랑스 국립인구연구소의 설문조사)

340 다른 민족의 땅을 침략해서 그곳을 풍요롭게 하는 행위 *acte de pénétration, de fécondation*: 여기서 저자는 짓궂게 식민지를 정복하는 행위를 성적 행위에 비유하고 있다. «pénétration»과 «fécondation»은 «침투/뚫고 들어감»과 «풍요롭게 함/임신시킴»의 의미가 있다. 앞에서 언급한 마리위스-아리 르블롱의 글을 보라.

픽션 작품에서 식민지인 남성과 관계를 맺는 백인 여성은 거의 언제나 달리 선택의 여지가 없어서 그렇게 하는 것으로 묘사되었다. 즉, 백인 여성은 그런 관계를 바라지는 않지만 감내하는 것으로 묘사되었던 것이다. 픽션 작품에서 흑인 부족에 사로잡히거나 또는 더러운 곳으로 끌려간 연약한(그리고 대체로 금발인) 여성이 등장하는 상황은 셀 수 없이 많다.

식민지인 남성과의 관계가 애초에는 폭력 없이 이루어졌을 때도 그런 상황을 받아들이는 백인 여성은 피해자나 끌려간 사람으로 묘사되었다. 아우구수토 제니나 감독의 영화에 등장하는 〈백인 여성 노예〉(이것은 영화 제목이기도 하다.)가 그러하다. 이 여성과 식민지인 남성의 결합은 본래는 사랑에서 비롯되었지만, 곧 비극으로 바뀐다. 이 여성은 하렘에서 일부다처제와 복종을 감내하게 된다.(1927년) 하지만 만일 백인 여성이 그런 상황을 감내하고 또 요구하면, 그 여성은 «일반» 여론으로부터 혹독한 평가를 받는다. 클레르 에체렐리[341] — 이 여성에 대해서는 뒤에서 다시 언급할 것이다. —는 다음과 같이 지적했는데, 이 지적은 울림이 크다. 유럽인 여성이 식민지 출신 남성과 «사귈» 때, 이 여성은 사람들의 집단 무의식에서는 어느 한 사람의 애인이 아니라 필연적으로 더러운 사랑, 즉 여러 사람과 관계를 가지는 사랑에 결부되었다. 에체렐리의 작품에 등장하는 주인공 엘리즈(Élise)는 이 사실을 느낀다. 그녀는 다음과 같이 말한다. «나는 다음과 같은 문장, 즉 "그녀는 알제리인들과 같이 걸어간다."라는 문장에 주목한다. 여러 사람과 함께 걸어간다는 것, 언제나 여러 사람을 거느리고 걸어간다는 것. 이것은

341 클레르 에체렐리(1934년~): 프랑스 소설가. 아홉 살에 고아가 되었으며, 열여덟 살에 결혼을 하고, 열아홉 살부터 소설을 쓰기 시작했다. 이혼, 결혼, 다시 또 이혼을 하고 노동자로 힘겹게 살았다. 처녀작 『엘리즈 또는 참된 삶』에서는 알제리 전쟁이 진행되던 당시를 배경으로 사회의 인종주의적 분위기와 사람들의 갈등 관계를 그려냈다. 1967년에 이 소설로 페미나상을 받았다. 그녀의 소설은 자전적 요소와 당대 사회에 대한 비판을 담고 있는 것으로 평가된다.

흔히 있는 표현이다. 그런데 알제리인들과 함께, 흑인들과 함께 걸어 간다는 말은 최고의 모욕이다.»(1967년)

백인 남성이 식민지 여성에게 순전히 육체적으로 이끌리는 것은 이해되고 또 충분히 정당화되었지만, 백인 여성이 «유색인» 남성들의 성욕에 끼치는 매력은 언제나 낮게 평가되고 또 건전하지 못한 것으로 여겨졌다. 앞에서 이미 언급한 작가, 즉 여자가 된 긴꼬리원숭이 노라라는 등장인물을 만들어낸 펠리시앵 샹프소르는 오지를 가로지르는 광기 어린 대상(隊商)[342] 이야기를 썼다. 풍만한 몸매에 금발(언제나 그렇듯이)이며 성적 매력이 넘치는 여성 프레야(Freya)와 그의 애인이 대상(隊商)의 중심 인물로, 200명의 «흑인»을 거느리고 있다. 일어나고야 말 일이 일어난다. «자신들의 본능, 즉 역겹고 격정적이며 살인과 음란한 짓을 일삼고 본능만을 따르는 발정 난 짐승» 같은 흑인 남성들이 반란을 일으켜서 모두가 프레야를 차지하려고 한다. 그러자 프레야는 아무런 두려움 없이 그 위험에 맞선다. 이야기는 다음과 같이 이어진다.

> «— 너희들 중에서 [나를] 가장 사랑하는 놈은 앞으로 나서서 내게로 다가오라.
>
> 모두가 달려 나왔다. 그녀는 짧은 동작으로 그들을 멈춰 세웠다.
>
> — 단 한 사람이라고 했다!
>
> 그러자 아랫입술이 두껍고 덩치가 큰 남자가 동료들을 거세게 밀어제치고, 마치 멧돼지가 돌진하듯이 튀어나왔다. 그 남자는 프레야 앞에 버티고 서서 그녀의 얼굴을 빤히 쳐다보면서 말했다.
>
> — 내가 다른 사람들보다 더 당신을 사랑하오.

342 광기 어린 대상(隊商): 이것은 펠리시앵 샹프소르의 작품 제목이기도 하다.

프레야가 권총으로 그의 얼굴을 갈겼다. 머리가 깨진 그 남자는 풀 위에 나뒹굴었다.

그녀는 외쳤다.

— 다른 놈이 나서봐라. 그놈도 같은 꼴이 될 것이다! 개 같은 놈들! …… 네놈들이 여왕을 쳐다보도록 여왕이 내버려 둘 것이라고 네놈들은 믿었느냐? 더러운 놈들, 너희들은 내가 너희들의 역겨운 욕정을 달래줄 것이라고 생각했느냐?»

기가 꺾인 흑인들은 자신들의 왕성한 성욕이 끔찍하다는 것을 돌연 깨달으면서 물러났다……. 작가들은 유색인 남성도 감정이 있다는 것을 인정했지만, 그럴 때조차도 그들이 묘사한 유색인 남성들과 유럽인 여성들의 관계는 이루어질 수 없는 관계였다. 오노레 드 발작은 젊은 시절(당시에 그는 오라스 드 생-토뱅이라는 필명으로 글을 썼다.)에 극작품 『니그로』를 한 편 썼는데, 이 작품은 지금은 사람들의 기억에서 잊혀졌다. 이 작품에서 발작은 흑인 주인공 죠르쥬(Georges)가 애인 제르발 부인(Mme de Gerval)에게 품고 있는, 온전하게 플라토닉한 사랑의 마음을 묘사했다. 죠르쥬는 그 마음을 고백하지 못했다. 죠르쥬는 다음과 같이 말한다. «나의 두 눈이 말하고 또 그녀를 탐하지만, 다행히도 내 입은 언제나 말이 없었다.» 하지만 어느 날, 그는 참지 못하고 사랑을 고백한다. 제르발 부인은 겁에 질려 그를 밀쳐낸다. 그러나 그녀는 그를 용서한다. 그녀는 다음과 같이 말한다. «우리 두 사람은 서로 격이 다르기 때문에 모욕은 성립되지 않소.» 절망한 죠르쥬는 입을 다문다. 그는 비밀을 무덤 속까지 가지고 간다.(1822년) 그런데 바로 그 발작에게 고정관념이 있었던 것 같다. 왜냐하면 같은 해에 그는 자신이 사랑하는 젊은 백인 여주인을 납치해서 키스를 퍼붓는 어느 «흑인 탈주 노예» — 이 흑인은 분개한 동료들에게 살해된다. ―가 등장하는 작품(『아르덴느의 보좌 신부』, 1822년)을 썼기 때문이다. 카셍 부인이 쓴 약간 진부한 소설 『사랑과 자유』에 등장하는 흑인 주인공 ― 이 흑인은 오래전부터 백인 여주인을 사랑하고 있다. ―도 대담하게 여주인의 입술에 키스를 한다……. 그리고는 곧장 숨을 거둔다. «기쁨이 지나쳐서 죽었던» 것이다.(1847년)

예외

하지만 터부를 벗어던진 여성들, 그 터부에서 해방된 여성들, 유럽의 생활에서 얻을 수 있는 것과는 다른 종류의 감정에 대해 호기심을 가졌던 여성들에게는 «유색인 남성»을 경험하고 싶은 욕구가 있을 수 있었다. 간단히 말하자면, 서로 다른 «인종»에 속하는 남성과 여성 사이에 아름다운 사랑의 이야기가 있을 수 있었다. 식민 시대에 발표된 문학작품에는 진실한 사랑의 감정으로 맺어진 그런 유형에 속하는 남녀 커플의 예가 여럿 등장한다. 사실, 드물기는 하지만 말이다. 여성들이 그런 작품을 많이 썼다면, 그것은 우연일까? 1826년, 소피 드욍은 『백인 여성과 흑인 남성』이라는 제목의 중편소설에서 유럽 출신 여주인공과 노예 신분에서 해방된 아이티 남성을 결혼시키는 용기를 보여주었다. 당시로서는 드문 용기였다. 그 한 쌍의 남녀는 새로 탄생한 자유 공화국 아이티[343]에서 행복하게 살아간다. 그로부터 한 세기 뒤, 루이즈 포르-파비에는 똑같은 제목의 작품을 썼다. 이 작품은 프랑스 중부 산악지대에 있는 도시 블레에 사는 어느 공증인의 부유한 미망인 이야기를 담고 있는 놀라운 작품이다. 이 작품은 지금은 사람들의 기억에서 잊혀졌다. 미망인은 1889년에 개최된 박람회를 구경하러 가서 그곳

343 아이티 공화국: 1804년 1월 1일, 장-자크 데살린이 아이티의 독립을 선언하면서 탄생했다.

에서 교양 있는 어느 흑인 남성을 만난다. 그녀는 그 남성과 결혼하고 그의 고향인 세네갈로 가서 그와 함께 더없이 완벽한 사랑을 나누며 살아간다. 이 작품은 아마도 대단한 문학작품은 아닐 것이다. 이 작품은 1928년에 쓴 것인데, 당시는 백인 여성이 흑인 남성과 결혼하여 살아가는 것을 좋게 보는 사람들이 많지 않았던 때이다.

위험한 관계

서로가 진실로 사랑하는 것이 분명해 보이는 때에도 서로 다른 두 «인종»에 속하는 남녀 간의 애정 관계는 거의 언제나 불행을 배태한 관계, 그리고 결국에는 실패할 수밖에 없는 관계로 여겨졌다. 즉, 그런 관계는 위험한 어떤 것을 내포한 것으로 여겨졌던 것이다. 사실, 그런 종류의 이야기 중에서 행복한 결말을 맞는 경우는 매우 드물었다. 알퐁스 도데의 작품에 등장하는 타르타랭은 농담조로 다음과 같이 말한다. «오리엔트에서 사랑 이야기는 끔찍한 어떤 것이다.»(1872년)

서로 다른 두 «인종»에 속하는 남녀가 왜 사랑을 이루지 못하는지, 그 이유는 대체로 제시되지 않았다. 그런 남녀의 결합에서는 아무런 좋은 일도 생길 수 없는 것으로 여겨졌기 때문이다. 운명의 신은 자신의 손아귀를 벗어났다고 믿는 자를 다시 붙잡는다. 1912년, 모리스 올리뱅은 자전적 성격이 뚜렷한 짤막한 중편소설 『유적지에서의 사랑』을 썼다. 소설 내용은 다음과 같다. 인도차이나에서 살고 있는 어느 프랑스인 남성에게 젊은 티 남(Thi Nam)이라는 애인이 있다. 두 사람은 서로 진실하게 사랑한다. 프랑스인 남성이 식민지 인도차이나를 떠날 때, 그 사람 몰래 애인이 배에 탔다. 프랑스인 남성이 이 사실을 알아차렸을 때, 그는 무척이나 행복했다. 젊은 남녀는 프랑스에 정착했다. 맙소사! 햇볕이 따사로운 고향에서 멀리 떨어진 프랑스에서 티 남은 곧 우울증에 걸린다. 추위와 회색빛 풍경 속에서 그녀는 쇠약해져 간다. 마침내 그녀는 결핵에 걸려 애인의 팔에 안겨 숨을 거둔다.

그러나 이런 애정 관계를 망가뜨리는 것은 대체로 주변의 유럽인들이었다.

주인공의 이름을 따서 «브와텔(Boitelle)»이라는 제목이 붙은 기 드 모파상의 매우 감동적인 중편소설을 요즈음 사람들은 잘 알지 못한다. 해군에 입대한 청년 농부 앙트완 브와텔은 프랑스 본국의 어느 항구에서 젊은 흑인 여성을 만난다. 그 여성은 어느 식당에서 음식을 나르는 일을 하고 있다. 그 여성이 어떤 연유로 그곳에 와서 일하게 되었는지는 알 수 없다. 두 젊은 남녀는 서로를 진정으로 사랑하며, 앙트완은 사랑하는 그 여성과 결혼하고 싶어 한다. 그러나 아직도 농경사회였던 19세기 말의 프랑스에서 자식이라면 결혼 문제에 대해서는 마땅히 부모의 승낙을 얻어야 했다. 그리하여 앙트완은 결혼을 약속한 애인을 노르망디 지방[344](모파상의 작품에서는 당연히 이 지방이어야 한다는 듯이 말이다.)에 있는 고향 마을로 데려간다. 앙트완의 부모님은 편견을 가지지 않으려고 애쓰는 훌륭하신 분들이다. 부모님은 그 여성을 식사에 초대한다. 식사는 무척 화기애애했으며, 앙트완과 그 처녀는 부모님이 결혼을 승낙하리라고 낙관한다. 중대한 순간이 다가온다. «식구들이 산책을 할 때, 앙트완은 아버지를 따로 붙잡고는 다음과 같이 묻는다.

— 그런데, 아버지께서는 생각이 어떠세요?

그 농부는 사건에 휘말려든 적이 한 번도 없었다.

344 노르망디 지방: 모파상의 고향이다.

— 난 아무래도 좋아. 네 엄마에게 물어보렴.

그러자 앙트완은 앞서가던 어머니에게로 다가가서 붙잡고는 다음과 같이 물었다.

— 그런데, 어머니 생각은 어떠세요?

— 가여운 아들아, 사실이지 그 애는 너무 검구나. 조금만 덜 검다면, 난 반대하지 않을 건데. 그 애는 너무 그래. 사탄 같아!

그날 저녁, 앙트완 브와텔은 마지막으로 부모님을 설득하려고 했다.

어머니께서 (…) 아들에게 다음과 같이 말했다.

— 여하튼 그 애는 좋은 애야. 애석하게도 그 애는 너무 검구나. 사실이지 너무 그래. 어쩌면 좋을지 모르겠구나. 그 애는 돌아가야 해. 그 애는 너무 검어!» 앙트완과 부모님 사이의 간격은 너무나 컸다. 가까운 주위 사람들도, 마을 사람들도(앙트완과 그의 애인이 사람들의 야유와 비웃음을 받으면서 마을을 지나가는 장면에 대한 묘사는 소설을 읽는 우리의 가슴을 아프게 한다.) 자신들과는 너무나 다른 존재를 받아들일 수 없다. 부모님의 말씀에 복종하는 아들의 머릿속에는 시대의 편견보다 자신의 행복을 중요시할 수 있다는 생각이 들지 않는다. 결국, 앙트완은 마음속에 분노를 간직한 채 자신의 아내가 될 수도 있었을, 자신의 아내가 되어야만 했을 애인을 역으로 배웅한다. «그녀를 포옹한 다음, 그는 그녀를 객차로 올려 보냈다. 그는 눈물로 부어오른 두 눈으로 객차가 멀어져가는 것을 바라보았다.»(1889년)

1947년, 마르그리트 뒤라스의 선구자 같은[345] 사람이자 지금은 사람들이 잊고 있는 작가인 장 미니에는 놀라운 소설 『황인종 연인』을 썼

345 마르그리트 뒤라스의 선구자 같은: 마르그리트 뒤라스가 1930년대의 베트남을 무대로 열다섯 살 반의 프랑스 소녀와 삼십대 후반의 중국인 남자가 벌이는 사랑을 그린 『연인』을 1984년에 발표하게 된다는 사실을 기억하시라.

다. 이 작품에서 미니에는 하노이에 거주하는 어느 프랑스인 유부녀와 베트남인 의사의 사랑 이야기를 들려준다. 미니에는 많은 사람이 바람을 피우는 장소로 하노이를 묘사한다. 프랑스인 유부녀의 남편도 바람기가 많다. 그러나 이 작품에서 벌어지는 사건은 심각하다. 프랑스인 유부녀의 연인이 «안남인»이기 때문이다. 그리하여 그녀의 남편은 하노이에 살고 있는 프랑스인들의 비웃음거리가 된다. 사실을 알게 된 남편은 격분한다. 극적인 마지막 장면에서 그는 가증스러운 두 남녀와 함께 하롱베이로 가서 보트를 탄다. 그곳에서 그는 다음과 같은 약간 진부한 말을 한다. «배신을 당했어! 누구에게? 황인종 냐꾸에에게 배신당했어. 최악의 모욕이다.» …… 그리고 그는 그 «안남인»을 향해 돌아서서 다음과 같이 쏘아붙인다. «당신은 나와 같은 인종이 아니며, 당신은 [나의] 묘한 기분을 이해할 수 없소.» …… 마침내 그는 자신의 적수를 죽인 다음, 스스로 목숨을 끊는다.

반면, 진실한 사랑을 비극으로 내모는 것은 식민지 여성의 가족이나 사회의 주변 사람들이다.

『사헬에서 보낸 한 해』에서 외젠 프로망탱과 아랍인 여성 하우아의 관계 — 하지만 두 사람의 관계는 순수했다. —는 하우아의 전 남편이 미친 듯한 질투심에 사로잡혀 하우아를 죽이려고 하면서 유혈로 끝난다.(1859년) 마르셀 모랭은 알제에서 발행되는, 식민지 소식을 싣는 잡지에 매우 짤막한 중편소설 『벽촌 이야기』를 기고했다. 그런 소설이 알제에서 발행되는 신문에 실린 것은 놀라운 일이었다. 어느 영지 주인의 딸이 하인의 아들인 젊은 알제리 남성 아마르(Amar)의 애인이 된다. 아마르는 도시에서 공부를 막 마친 참이었다……. «[두 사람은] 고작 몇 마디 말, 몇 개의 짧은 문장을 주고받았다. 두 사람은 자신들의 눈이 너무나 분명하게 표현하는 것을 드러내기 위해 무슨 말이 필요했겠는가. 두 사람의 눈은 끔찍한 두려움에 사로잡힌 채 서로에게 묻고 말하는 듯했다. '낯선 인종에 속하는 그대, 나를 매료하는 기이한 매력을 지닌 그대, 그대는 누구인가'라고.» 그러나 사태를 모두 알아차린 아마르의 아버지는 두 사람의 사랑이 비극을 잉태하리라는 것을 알고는 아들을 다시 도시로 보낸다…….(1925년) 영화 〈장엄 교향곡〉 — 이것은 은막에서 잠시 활동한 죠르쥬 카르팡티에가 활동 초기에 출연한 영화이다. —에서 폴 롤랑(Paul Roland)이라는 병사와 결혼하기로 되어 있는 제트-자이아(Zett-Zaïa)가 약혼식 전날에 삼촌에게 납치된다. 그녀는 결국 애인의 품에 안겨 죽는다.(앙리 에티에방과 마리오 날파가 감독한 영화, 1928년) 기 드 모파상의 작품에 등장하는 젊은 여주인공 알루마는 사랑하는 프랑스인 장교의 곁을 떠난다. 그녀의 행위는 프랑스인 장교가 보기에는 이해할 수 없는, 말도 안 되는 행위였다. 알루마는 그 장교 덕분에 모든 것을 가졌기 때문이다. 그녀는 귀여움을 받았으며, 자기가 속한 부족 속에 남아 있었더라면 가졌을 것과는 비길 수 없을 정도로 많은 물질적 행복을 그 장교 덕분에 누리고 있었다. 하지만 어느 날 아침, 그녀는 한마디 말도 없이 어느 초라한 목동과 함께 집을 나간다. 그 목동은 «거친 야만인 같은 타입으로 (…) 피골이 상접한 몸에 누더기를 걸치고 있었으며, 눈은 자칼의 음흉한 눈 같았다.» 그런데 알루마는 왜 그런 터무니없는 선택을 한 것일까? «그것은 그녀가 알루마, 즉 사막의 딸이었기 때문이다.»(1889년)

한 쌍의 남녀가 함께 살고자 하는 선택을 분명히 했을 때조차도, 그리고 두 사람의 사랑하는 마음으로 모든 것을 헤치고 나아가려는 각오가 되어 있을 때조차도 실패할 위험이 도사리고 있었다. 1924년, 식민지를 무대로 한 문학작품을 쓴 두 명의 대작가 피에르 밀과 앙드레 드메종은 합심해서 소설 『여자와 벌거벗은 남자』 — 당시에 이 작품은 소란을 일으켰다. ―를 썼다. 사실을 말하자면, 이 작품은 상당히 해괴한 이야기를 담고 있다. 조국을 떠나온 젊고 아름다운 러시아 공주 바니아(Vania)와 군대에 소집되어 프랑스에서 근무하고 있는 힘센 세네갈 원주민 출신 보병 티에코코(Tiékoko)가 만나서 벌이는 이야기가 그러하다. 두 사람은 용감했다. 그들은 악의에 찬 시선과 위협에 맞서 싸운다. 하지만 두 사람에게 삶은 가혹하다. 티에코코는 다카르로 돌아가는데, 집요한 바니아가 그를 따라간다. 두 사회, 즉 백인들의 사회와 흑인들의 사회가 똑같이 반대하면서 두 사람을 갈라놓는다. 티에코코는 고향 마을로 돌아가고, 바니아는 배를 타고 눈물이 글썽글썽한 눈으로 세네갈 해안이 멀어지는 모습을 가만히 바라본다.(1924년) 그로부터 40년 뒤, 알제리 전쟁이 끝나고 얼마 되지 않은 때에 클레르 에체렐리가 흔치 않고 비범한 감수성으로 대담한 내용을 담은 소설을 한 편 썼다. 이 작품에서 작가는 파리에서 경찰로부터 검색을 당하고 박해를 받으면서 알제리 민족해방전선의 투사이자 자신의 애인인 알제리 남자 아레스키(Areski)와 함께 살아가는 여주인공 엘리즈(Élise)의 힘겨운 삶을 그려냈다. 이 소설은 두 주인공의 다음과 같은 끔찍한 현실 인식을 담고 있다. 즉, 두 사람은 같은 나라 사람들부터 아무것도 기대하지 않으며, 특히 온갖 반대에 부딪힌 듯이 보이는 두 남녀가 서로 사랑할 수 있다는 것조차도 같은 나라 사람들이 받아들이리라고 기대하지 않으며, 모든 이들의 비난을 숙명인 양 견디어내며, 사람들이 관용을 실천하게 될 때는 먼 미래에나 가능할 것이며 아마도 현재의 삶에서는 그날을 볼 수 없을 것이라고 여긴다……. 아레스키는 일제 단속을 벌이는 경찰에 체포된다. 겁에 질린 엘리즈는 그것이 무엇을 의미하는지 깨닫는다. 그녀는 애인을, 자신의 '사랑'을 다시는 보지 못할 것이라고 예감한다.(1967년)

각기 다른 «인종»에 속하는 한 쌍의 남녀를 짓누르는 어떤 저주 같은 것이 있었다. 마치 두 세계는 절대로 화해될 수 없다는 듯이 말이다. 심지어 더없이 다정한 관계에서마저도 말이다. 식민지를 무대로 한 문학작품에 등장하는 인물들 중에서 금기를 위반하려고 하는 대부분의 사람들은 크리스틴 갸르니에의 소설에 등장하는 젊은 흑인 여성처럼 다음과 같은 말을 들을 수 있을지도 모른다. «네 가족을 데리고 꺼져라.»(1951년)

그러나 현실은 겉으로 드러나 보이는 것만큼 어둡지는 않았다. 엘리즈는 이제 혼자가 되어 파리를 헤매어 다니면서 다음과 같이 자신에게 물어본다. «운명이라고 쉽사리 부를 수 있는 것을 우리가 이겨내지 못하게 하는 결점은 무엇인가? 그리고 그녀는 다음과 같이 훌륭한 답변을 내놓는다. «필연적인 희망의 불씨는 재 속에서 꺼지지 않을 것이다. 그 불씨를 키울 바람이 어디에서 불어올지 나는 모른다. 그 불씨가 나를 어디로 떠밀지 나는 모른다. 나는 그 불씨를 느낀다. 나는 나락으로 빠져들면서도 그 불씨를 느낀다. 그것은 분명치 않고 형체도 없으며 만질 수도 없지만, 분명히 존재하고 있다. 나는 안으로 움츠러들지만, 이렇게 죽지는 않으리라.»(1967년) 식민 시대가 끝나고 얼마 되지 않은 시점에 쓴 클레르 에체렐리의 작품은 이러한 «필연적인 희망»을 가능케 해주었는데, 그것은 우연일까?

각기 다른 문명과 각기 다른 대륙에서 태어난 남녀의 사랑을 가로막는 것은 시간을 초월하는 어떤 숙명이 아니다. 그것은 인간 역사의 어느 페이지와 직접적인 관련이 있는 «인종»에 대한 고약한 편견, 즉 식민주의 정신이다.

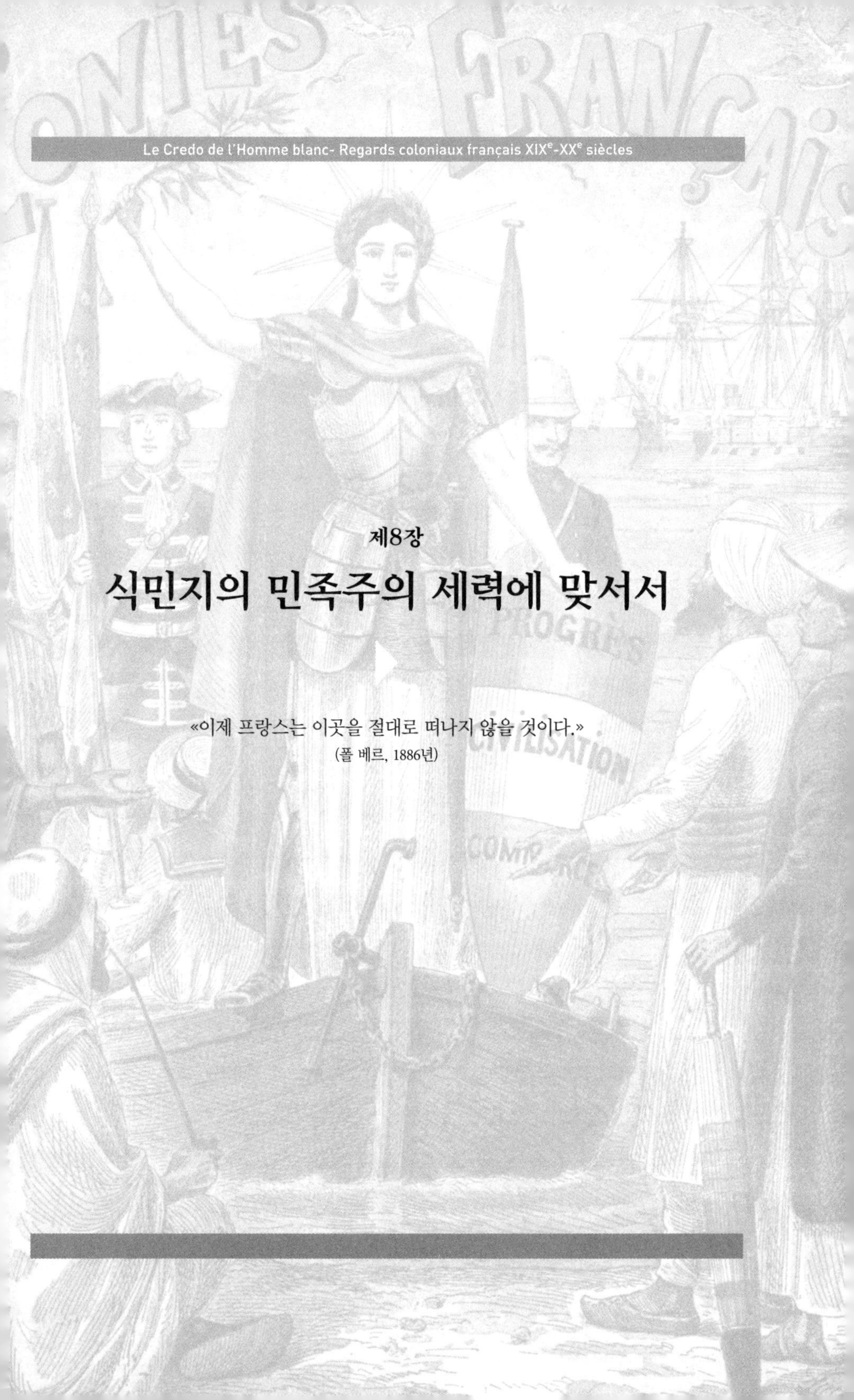

제8장

식민지의 민족주의 세력에 맞서서

«이제 프랑스는 이곳을 절대로 떠나지 않을 것이다.»
(폴 베르, 1886년)

20세기 초, 「삽화가 곁들여진 세계 신문」에 소속된 어느 기자는 인도차이나에 잠시 체류하면서 다음과 같은 의문을 제기했다. «300년이나 중국의 지배를 받고서도 그 굴레를 벗어던질 수 있었던 어느 민족이 30년 동안 [프랑스의] 지배를 받고서 스스로가 돌이킬 수 없이 패배했다고 여긴다는 것을 어찌 인정할 수 있겠는가, 터무니없이 무분별하지 않다면 말이다.»(1905년) 하지만 7월 왕정에서 제5공화국에 이르는 기간에 프랑스의 수많은 정계, 언론계, 문화계 인사들은 그런 가설, 즉 **식민지배가 영원하리라는 가설**을 믿었다.

식민지에 민족주의는 없다

프랑스 식민주의는 **영원하리라고** 여겨졌다.

1886년, 인도차이나 총독으로 막 임명된 폴 베르는 다음과 같이 천명했다. «이제 프랑스는 이곳을 절대로 떠나지 않을 것이다. [프랑스가] 퇴각하리라는 일체의 기대를 버려야 한다.» 그로부터 반세기 뒤, 샤를 드골은 폴 베르만큼이나 경솔하게 다음과 같이 말했다. «프랑스는 무슨 일이 있든 간에 알제리를 포기하지 않을 것이다.»(1947년) 그로부터 15년이 지나서 드골은 에비앙협약을 체결해야 한다고 주장했다. 사태를 지켜보았던 사람들 중에서 이 두 사람보다 미래를 내다보는 통찰력이 있었던 사람들은 식민지에 대한 프랑스의 모든 보호·감독은 언젠가는 종말을 고할 것이며 그것은 그 자체의 본질이라고 말하고 썼지만, 식민지 거주민들은 프랑스가 식민지를 지배하는 시대로 접어드는 것은 일종의 '역사'의 종언이라고 믿었다.

프랑스 식민주의는 **필요불가결한** 것으로 여겨졌다. 1950년, 튀니지 통감 루이 페릴리에는 다음과 같이 선포했다. «튀니지는 프랑스의 도움 없이는 살아갈 수 없는 작은 나라이다.» 그로부터 얼마 전, 사회주의자로 통킹 지역구를 대표하는 국민의회 의원이었던 부르고앵은 공개적으로 다음과 같은 의문을 제기했다. «인도차이나의 독립이라는 표현이 내포하고 있는 암묵적인 난센스에 대해서 우리는 깊이 생각해 본 적이 있는가? 프랑스 문명의 중재와 결속에 의해 연방 체제가 된 인도차이나[346]는 독립을 맞이하는 바로 그날 생명이 끝나게 될 것이기 때문이다.»(1945년) 많은 식민지 거주민은 프랑스의 지배를 벗어난 어떤 자주적인 존재를 도무지 상상할 수 없었다. 그로부터 다음과 같이 끊임없이 되풀이되는 주장이 생겨났다. 만일 우리가 식민지를 포기하고 떠난다면, 다른 외세(물론 프랑스보다 더 억압적이며 덜 인간적인 세력)가 우리의 자리를 대신 차지해서 지배할 것이다.

국민감정이라는 것은 피정복 민족들에게는 존재하지 않는다는 주장이 종종 제기되었다. 우등한 인간 집단의 숭고한 표현인 애국심이 그 피정복 민족들에게 도대체 무슨 의미가 있을 수 있겠는가 하는 의문이 제기되기도 했다. 너무나 사실에 반하는 터무니없는 주장이 제기되었다. 당시에 «인도차이나인»이라는 말은 인도차이나에 사는 프랑스인을 가리켰으며, «알제리인»이라는 말은 알제리에 사는 피에-느와르를 가리켰다. 이와는 반대로, 프랑스 식민지가 된 나라와 그곳의 주민들을 가리키는 이름 자체는 식민주의자들의 어휘에서 점차로 자취를 감추었다. 마치 그들 민족 본래의 이름을 붙여서 그들을 지칭하면, 입술이나 펜이 화상을 입는다는 듯이 말이다. 알제리 «토착민들»은 처음에는 아랍인 또는 무어인으로만 불리었으며, 나중에는 마그레브인 또는

346 인도차이나 연방: 1887년부터 1954년까지 지금의 베트남, 캄보디아, 라오스, 그리고 중국의 광둥성 일부가 프랑스령 인도차이나 연맹(또는 연방)으로 편성되어 있었다.

북아프리카인으로 불렸다(프랑스령 알제리 시대 막바지에 가서는 «프랑스인 무슬림»으로 불린 것은 말할 나위 없다). 사람들은 오랫동안 «코친차이나인», «안남인» 또는 «통킹인» 따위로밖에 베트남인들을 지칭할 줄 몰랐다. 프랑스와 식민지 사이에 긴장이 흐르던 시기에는 새로운 낱말들이 보태어져 식민지인들을 가리키는 어휘가 풍요로워졌다. 1880년대 주요 언론에서는 크루미르족들이 주로 보도되었으며, 1950년대에는 베트민(또는 비엣 사람들 *Viets*)이 주로 보도되었다.

인도차이나에서의 민족주의

프랑스 식민 제국 중에서 식민주의가 민족주의 운동 세력 — 그 운동을 벌이는 사람들이 민족주의 운동으로 여겼다. —에 맞서 싸워야만 했던 한 곳이 있다면, 그곳은 베트남이다. 많은 프랑스인, 심지어 식민지 정복을 지지하는 사람들 중에서 많은 사람이 이 사실을 적절하게 지적했다. 하지만 다른 사람들은 프랑스인들에게 맞서는 베트남인들의 레지스탕스 운동이 애국심을 바탕으로 삼고 있다는 것을 고집스럽게 거부하면서, 자신들의 사고 도식 속에 갇혀 있었다. 정적들이 통킹사람이라는 별명을 붙였던 쥘 페리가 통킹의 지하 운동가들을 지칭하기 위해 «해적»이라는 말을 사용함으로써 본보기를 보여주지 않았는가? 통킹의 지하운동가들은 «해적이기» 때문에 «다음과 같이 말할 수 있다. 통킹에서 벌어지는 해적질은 말하자면 우발적인 사건에 불과하고 비교적 짧은 기간 동안만 계속될 것인데, 이것은 그런 짓이 애국심에 고취되거나 독립을 쟁취하려는 염원에 고취되어 행해지는 것이 아니기 때문이다. 안남인들에게는 민족주의 감정이 거의 없다.»(1890년) 쥘 페리는 이렇게 주장했다. 독자 여러분께서는 페리가 쓴 이 글을 읽으면서 «거의»라는 말에 놀라워했을 것이다.

페리에 이어서 몇몇 프랑스인은 적들이 벌이는 투쟁이 민족주의를 바탕으로 삼고 있다는 것을 인정하지 않으려고 애를 썼다. 인도차이나 전쟁이 한창일 무렵, 코앵시라는 사람은 다음과 같이 썼다. «시암인들, 캄보디아인들, 통킹인들이 차례로 침입하면서 그곳에 잡종 주민들이 생겨났는데, 이 주민들은 애국심이라고 불리는 민족 고유의 유구한 전통을 가지고 있지 않다.»(1866년) 대중 서적의 저자 샤를 들롱은 인도차이나에는 타락한 중국인들밖에 없다고 보았다. 그는 다음과 같이 썼다. «복식은 중국식이며, 언어도 중국식이다. 생활 습관, 관행, 이념, 행정, 종교도 마찬가지이다. 그런 것이 조금이라도 있다면 말이다. 미신과 의례도 중국식이다. 장점과 단점도 중국적이다.»(1890년) 하지만 이 문제를 가장 확실하게 종합적으로 다룬 글을 쓴 사람은 여전히 통킹 정복이 진행되고 있을 때에 「르 피가로」의 특파원을 지낸 폴 본느탱이다. 그가 쓴 글의 내용은 다음과 같다. «부정적인 품성과 비열한 악덕을 지닌 경박한 안남인은 도덕의식보다 정치의식을 별로 많이 가지고 있지 않다. 인습적으로 자신이 처해 있는 노예 상태에 대한 둔감한 의식과 대대로 전해오는 사회 규범 때문에 이 아시아 천민의 두뇌는 혼미하게 되었다.»(1885년) 식민 시대가 저물어갈 무렵 호치민이 베트남의 독립을 선언했을 때[347], 정계와 언론계 일부는 꿈쩍도 하지 않았다. 쟝 드 코케가 본느탱의 후임으로 「르 피가로」의 인도차이나 주재 특파원이 되었다. 그러나 저명한 선임기자 본느탱과 마찬가지로 그 역시 기이하게도 미래를 내다보는 능력이 부족했다. 그는 만일 «안남인들»이 독립을 쟁취하기 위해 목숨을 내놓을 수 있다고 호치민이 믿고 있다면, 호치민은 착각하는 것이라고 썼다. 그가 쓴 글은 다음과

347 호치민의 독립 선언: 1945년 9월 2일 하노이의 한 광장에서 호치민이 독립 선언문을 낭독했다.

같다. «그들 중에서 많은 사람은 신제품, 즉 유행 — 이것은 물론 재미있는 측면이 있지만, 피를 흘릴 만한 가치가 있는 것은 아니다. —에 관심이 있다.»(1945년) 또 다른 언론인은 다음과 같은 의문을 제기했다. 어찌 이 «안남인들»이 감히 «타이족이 살고 있는 인도차이나를 요구하거나» 또는 «중국인들이 살고 있고 중국어가 주로 사용되고 있는 풍요로운 지역, 즉 통킹을 중국에게서 빼앗을 수 있겠는가?»(S. 지베트, 1945년) 또한 인도차이나 전쟁이 시작되고 3년이 지난 시점이자 인도가 독립한 지 1년이 지난 1948년 — 당시에는 민족주의 운동이 거세게 일어나면서 아시아 전역이 요동치고 있었다. —, 사이공에 거주하는 프랑스 여성 프랑스와즈 마르탱은 태연자약하게 여전히 다음과 같이 주장했다. «평균적인 안남인들이 보기에 독립이라는 것은, 갑자기 감시가 없어지자 벌 받을 것을 겁내지 않으면서 숙제를 대충 해치울 수 있게 되고, 목이 터져라 고함을 지를 수 있게 되고, 어떤 선생님의 간섭도 받지 않으면서 싸움질을 할 수 있게 된 어린애들이 느끼는 감정 같은 것이다.» 그리고 그녀는 다음과 같이 결론을 내린다. «안남인들은 독립을 바라지만, 국가라는 것이 무엇인지 모른다.»(1948년)

마그레브에서의 민족주의

식민주의자 지식인 계급 중에서 명성이 자자했으며 식민지 문제와 관련한 프랑스 사료를 편찬한 저명인사들 중의 한 사람이었으며 훌륭한 책 『프랑스 식민지의 역사』 — 이 책은 가브리엘 아노토와 알프레드 마르티노의 지도로 편찬되었다. —의 『알제리』 편을 저술한 오귀스탱 베르나르[348]는 다음과 같이 썼다.

348 오귀스탱 베르나르(1865~1947년): 프랑스 지리학자, 역사학자. 알제 문과대학, 소르본대학교 등에

«우리는 과장하지 않고 다음과 같이 말할 수 있다. 알제리는 프랑스인들이 도착하기 이전에는 존재하지 않았다고 말이다. [당시에] 알제리는 이름조차 없었다. [당시에는] 알제, 알제 정부, 바르바리아의 섭정령이라는 말이 사용되었다. 알제리라는 용어 자체는 1830년 이후에야 비로소 등장한다. 우리는 그곳을 평정하고 정비하고 개발했을 뿐만 아니라, 그곳을 사실상 무(無)에서 창조했다. 우리는 그곳이 자체의 이름과 면모를 가질 수 있게 했다. 1830년 100주년[349]은 한 나라와 한 국민 탄생 100주년에 해당한다.»

식민당에 속했던 인물들 중의 한 사람인 쥘 스티은 다음과 같은 의문을 표시했다. 어찌 아랍인이 민족 집단 *collectivité nationale*이라는 개념을 받아들일 수 있을 것인가. 그가 쓴 글은 다음과 같다. «아랍인의 애국심은 그 자신이 살아가는 천막과 양 떼가 풀을 뜯는 들판에서 보이는 지평선을 그다지 넘어서지 않는다.»(1907년) 우리는 알제리 전쟁이 시작되었을 때, 프랑스의 어떤 주요 정당도 본질적인 문제, 즉 오랜 성숙 과정을 거쳐 마침내 알제리 민족이라는 실체가 출현하게 된 것에 대해 논의해보지 않았다는 것을 알고 있다. 알제리 전쟁이 시작되고 3년이 흐른 때, 어느 소책자의 저자는 다음과 같이 썼다. «알제리에서는 석연치 않은 싸움 — 이 싸움에서 문제가 되는 것은 독립이라는 한마디 말인 것 같다. —에서 매일 사람들이 죽고 있다. 뱃속이 비면, 머리도 비는 법이다. 이 독립이라는 말은 이성적으로 사고하는 것을 중단할 정도로 꽉 차 있던 마그레브의 몇몇 밥통에게서 반향을 일으켰

서 교수로 재직하면서 지리학과 북아프리카 식민화 역사에 대해 강의했다.

349 1830년 100주년: 프랑스가 알제리를 정복하기 시작한 1830년으로부터 100주년이 되는 1930년을 가리킨다. «알제리 100주년»이라는 이름의 기념식과 전시회가 성대하게 열렸다.

다.»(미셸 마스네, 1957년)

또 다른 공격 각도는 그 지역은 아랍적 특성이 있다는 것을 부정하는 것이었다. 이러한 관점을 사람들은 베르베르족(과/이나 카빌족) 신화라고 불렀다.[350]

유럽인들이 보기에 베르베르족이라는 말은 아랍족이라는 말에 비해 두 가지 큰 이점이 있었다. 첫째, 베르베르족은 현재 그곳에 살고 있는 다른 모든 종족이 도래하기 이전부터 그곳에 살고 있었다. 따라서 베르베르족이 그곳에 존재하고 있다는 사실만으로도 현재 그곳에 살고 있는 다른 모든 종족은 동등한 존재로 간주된다. 즉, 아랍족은 그 북아프리카 땅을 침략한 많은 종족 중의 하나로 간주된다. 많은 종족 중의 하나라는 말은 그 아랍족은 결점이 많기 때문에 다른 여러 종족보다 훨씬 낙후되었다는 의미이다. 두 번째, 베르베르족의 공동체는 이슬람화하기 어려운 것으로 추측된다. 베르베르족의 공동체는 위협에 직면하여 회교도들에게 굴복해야만 했다. 그러나 오래전의 기독교적 바탕이 다시 모습을 드러내고 있다. 이슬람 이전부터 존속했으며 반(反)이슬람적인 베르베르족은 '역사'가 식민지 개척 국가인 프랑스에게 준 멋진 선물이다. 유럽인들은 이렇게 생각했다.

그리하여 식민지 문제를 다룬 모든 글에서 베르베르족과 아랍족은 구분되었다. 대립적인 것으로 간주되었다고는 할 수 없지만 말이다. 베르베르족 신화는 프랑스가 알제를 정복한 직후에 생겨났으며, 말하자면 뷔죠 원수(元帥)에 의해 공식화되었다고 할 수 있다. 1845년, 뷔죠 원수는 「오리엔트 평론」에 글을 한 편 발표했는데, 그 글은 이 문제를

350 베르베르족(과/이나 카빌족의) 신화: 아랍인들이 오기 전에 베르베르족과 카빌족이, 또는 베르베르족이나 카빌족이 알제리 땅에 살고 있었으며, 이후로 아랍 문명에 의해 알제리는 일종의 식민지가 되었다는 주장. 이 주장에 따르면, 베르베르족과/이나 카빌족의 문화가 알제리 문화의 원류라고 할 수 있다.

처음으로 다룬 원조 격에 해당하는 글이다. 그 글에서 뷔죠는 베르베르족이 그 지역의 유일하게 적법한 주민들이라고 주장했다. 프랑스인들은 7~8세기에 침략자 아랍족에 맞서 그곳을 지킨 베르베르족 여왕 카히나[351]가 놀라운 삶을 산 것으로 상상했다. 카히나를 다룬 소설과 극작품은 10여 편에 달한다. 다른 모든 글에서는 침략자들에 맞선 사소한 싸움의 흔적을 '역사'에서 지워버리려는 시도가 있었지만, 카히나가 벌인 싸움은 높이 평가되었다. 알제리(아랍이라는 의미로서의)라는 말에는 절대로 붙여지지 않았던 «조국»이라는 말은 반대로 «베르베르족의 쟌 다르크» 카히나의 생애를 다룬 서사 작품에서는 자주 사용되었다.

베르베르족에게 긍정적인 특성을 부여하기 위해, 그 종족은 아프리카 출신이 아닌 것으로 간주해야만 했다. 이런 관점에서 중요하게 작용한 생각은 다음과 같다. 마그레브 지역은 지리적으로, 인적으로, 역사적으로, 문화적으로 유럽에 연결되어 있으며, 거대한 사하라 사막이 그 지역을 유럽으로부터 분리해놓고 있는 실제적인 장벽이다. 예를 들면, 이러한 주장은 식민학아카데미의 회원이었던 에두아르 브레몽 장군이 많은 자료를 토대로 써서 1950년에 발표한 매우 두꺼운 책의 내용이다. 이 책의 결론은 단호하다. «사실, 북아프리카, 마그레브, 베르베르 민족의 땅은 어떤 이름으로 불리든 간에 유럽의 한 지역이다.»

베르베르족은 외모 면에서도 훌륭하게 여겨졌다. 프랑스의 여러 식민지에 사는 사람들은 피부색이 갈색이거나 구릿빛일 수밖에 없다는 것이 확실한데, 베르베르족은 그들과 확실히 다른 점들이 있다. 이런 사실을 바탕으로 프랑스인들은 우리의 «보호를 받는 매우 특이

351 카히나: 7세기에 무슬림 세력이 마그레브 지역을 침략했을 때, 우마이야 왕조를 격파한 베르베르족의 여왕, 여전사. 디햐라고도 한다.

한 사람들»인 베르베르족의 기원에 대해 이론을 구축하기에 이르렀다. 폴 브로카는 베르베르족들이 북아프리카에 사는 금발의 사람들이라고 보았다.(1860년) 알프레드 랑보[352]는 베르베르족이 «유럽인과 흡사한 머리», «다갈색 수염», «푸른 눈»을 가지고 있다는 사실을 강조했다.(1892년) 의문의 여지 없이 그런 «종족»은 유럽에서만 생겨날 수 있었다는 주장이 제기되었다. 또 한편으로는 두 가지 주장이 격돌했다(그러나 이 두 가지 주장은 부차적 양상에 대한 것이었다). 베르베르족의 기원은 북유럽이라는 주장과 지중해라는 주장이 그러했다.

파리인류학회의 회합에서 폴 토피나르는 다음과 같이 지적했다. 요컨대, «모든 면에서 그들은 우리와 비슷하다. 즉, 아마도 기원에서의 공통점, 감정·성격·소질에서의 유사성, 이해관계에 있어서 그러하다.»(1873년) 그럴진대, 일체의 북아프리카 정책을 수립함에 있어서 왜 그런 이해관계의 공통점을 토대로 삼지 않을 것인가?

그리하여 베르베르족과 아랍족을 비교할 때에는 항상 베르베르족이 우월한 것으로 간주되었다. 여전히 토피나르는 찬사로 가득 찬 수식어를 사용해서 베르베르족을 평가했다. 즉, 베르베르족은 «능동적이고 (…), 적극적이고 (…), 미래를 내다볼 줄 알고 (…), 근면하고 (…), 자존심이 강하고 (…), 당당하다.»라고 했던 것이다. 그리고 토피나르는 그들의 머리에는 «총명함을 나타내는 인장»이 찍혀 있다고 했다. 토피나르는 다음과 같이 결론을 내렸다. «그들의 존재는 우리의 식민지에 있어서 부(富)의 원천이다.» 반대로, 토피나르는 아랍족에게는 온갖 악덕이 있다고 했다. 즉, 아랍족은 «게으르기도 하고 (…), 무사태평하기도 하

352 알프레드 랑보(1842~1905년): 프랑스 역사가, 정치인. 역사가로서는 비잔틴 제국, 러시아, 식민사에 대해 많은 업적을 남겼으며, 캉, 낭시, 소르본대학교에서 역사와 지리를 가르쳤다. 쥘 페리의 부름을 받고 정치에 입문해서 공교육부 장관(1896~1898년), 상원의원을 지냈다. 1897년에 도덕·정치학 아카데미의 회원이 되었다.

고 (…), 비천하기도 하고, 교만하기도 하며», 땅을 돌보지 않고, 그날그날 살아간다고 했던 것이다. 너무나 서로 다른 이 두 «종족», 즉 베르베르족과 아랍족 중에서 어느 쪽을 택해야 할지는 의문의 여지가 없었다. 토피나르는 다음과 같이 썼다. «아랍인들은 우리가 수행하는 문명화의 방식에 그렇게 빨리(이것은 원문에 있는 표현 그대로이다.) 동조하지 않을 것이다. 반대로 베르베르인들(이것은 원문에 있는 표현 그대로이다.)은 그 방식에 동조하려는 참이다.»(1873년)

프랑스가 모로코를 지배하려고 할 때인 1912년에 프랑스인들은 알제리에서 반세기 동안 시험적으로 사용해본 도식을 너무나 자연스럽게 다시 사용했다. 리요테 통감은 1914년에 가스통 두메르그 외무부 장관에게 보내는 편지에서 썼듯이, «[베르베르족과 아랍족의] 생활 습관, 전통, 사회조직, 언어 면에서의 차이점에 입각한 대(對)베르베르 정책»을 실시했다. 같은 해 9월 11일에 모로코 국왕의 칙령이 반포되었는데, 이 칙령에는 베르베르인들이 프랑스의 보호 아래에서 자신들의 법과 풍습을 존중받을 것이라는 내용이 들어 있다. 다른 여느 식민지에서와 마찬가지로 모로코에서도 학교와 사법기관이 대(對)베르베르 정책의 주요 도구였다. 예를 들면, «프랑스-베르베르» 학교[353]가 설립되었다. 교과과정에서는 프랑스어 습득이 중시되었으며, 베르베르족 고유의 전통을 장려했다. 1925년의 공문에서 리요테는 다음과 같이 썼다. «우리는 언제나 아랍어가 필요하지 않았던 사람들에게 아랍어를 가르칠 필요가 없다. 아랍어는 코란의 언어이기 때문에 [베르베르인들을] 이슬람화하는 한 요소이며, 베르베르인들을 이슬람의 영향권 밖으로 끌

353 프랑스-베르베르 학교: 모로코 내의 베르베르인들을 아랍인들과 코란의 영향력으로부터 보호하기 위한 목적으로 설립되었다. 베르베르족의 전통과 제도, 그리고 프랑스어를 교육했다. 모로코를 구성하는 여러 종족을 분리 통치하기 위한 전략의 일환이었다. 1923년에 첫 학교가 문을 열었다.

어내는 것이 우리의 이익에 부합한다.» 모로코를 잘 알고 있던 리요테는 체면치레는 했다. 그의 후임자들은 리요테만큼 신중하지 않았다. 뤼시앵 생 변리공사의 «조언»에 따라 술탄은 1930년 5월 16일에 유명한 «베르베르 칙령»[354]을 반포했다는 것을 우리는 알고 있다. 이 칙령은 샤리프 고등 법정이 베르베르족의 땅에서 행사하던 일체의 사법권을 박탈하고, 사실상의 두 종류의 사법 체계를 모로코 내에 두는 내용을 담고 있다. 그로부터 얼마 뒤 탈식민화가 시작되기 직전, 주앵 원수(元帥)는 모로코의 군주정에 맞서서 글라우이[355]를 중심으로 하는 북부 지방의 베르베르인들을 이용하고자 했다. 이 계획은 독자 여러분께서 주지하듯이 성공했다. 주앵 원수가 펴는 정책이 불러온 돌이킬 수 없는 피해를 복구하라는 부름을 뒤늦게 받은 질베르 그랑드발 변리공사는 다음과 같이 분명하게 인정해야만 했다. «아랍적인 모로코에 맞서서 베르베르적인 모로코를 이용하려고 한 나머지 프랑스의 정책은 역설적으로 [모로코] 민족의 단결 — 권위를 잃은 술탄의 이름이 2년 전부터 이 단결의 상징이 되고 있었다. —을 공고히 하거나 또는 그 단결을 명확히 하는 데에 성공했을 따름이다.»(1956년)

흑아프리카에서의 민족주의

식민지에서의 민족주의에 대해 언급하는 프랑스인들의 어조는 프랑

354 베르베르 칙령: 프랑스의 대(對)베르베르 정책의 일환으로, 베르베르 관습법을 지키는 부족들이 저지른 범죄는 그 부족의 족장이 처벌하도록 하는 조처를 담은 칙령. 1930년 5월 16일 모하메드 5세(벤 유세프)의 이름으로 반포되었다. 이에 따라 모로코에서 이슬람 율법(샤리아)과 베르베르 관습법이 별도로 적용되었다. 칙령은 모로코인들을 분열시키는 조처로 간주되면서, 모로코인들의 민족주의 운동이 싹트게 되었다. 1934년에 칙령은 폐지되었으며, 이후로 샤리프 고등 법정(이슬람 율법에 따라 재판하는 고등법원)이 모로코 전역에서 사법권을 행사하게 되었다.

355 타미 엘 글라우이(1875~1956년): 모로코 마라케시의 족장. 식민지배하에서 프랑스 측에 가까웠으며, 1953년에 프랑스와 결탁해서 술탄 벤 유세프를 폐위하고 아라파를 왕위에 앉혔다. 모로코가 독립하면서 모든 재산이 압류되었다.

스령 흑아프리카와 관련해서는 훨씬 더 또렷했다. 아직도 유아 단계에 머물러 있는 그곳의 민족들이 국가에 해당하는 정부 조직을 만들어낼 수 있었다고 어찌 상상할 수 있겠는가? 어떤 사람은 이렇게 반문했다. 프랑스령 흑아프리카의 민족주의자들은 인도차이나의 민족주의자들이나 마그레브의 민족주의자들보다 훨씬 더 경멸적으로 간주되었다. 프랑스와 미테랑[356] — 하지만 그는 식민지 정책 면에서 «자유주의자»로 간주되었다(그는 모로코 술탄의 폐위에 항의하면서 장관직을 사임했다.). —은 다음과 같이 단호한 주장을 폈다.

> «[프랑스와] 연합하는 데에 필요한 규범을 선택하기는커녕 오히려 국가 독립을 목표로 하는 조직적인 요구가 점차로 커져가는 것을 우리는 목격할 위험이 있다. 그런 경향은 역사적인 측면에서 볼 때 터무니없다. 아프리카에 국가라는 단위가 있었다는 어떤 흔적도 과거에서 찾아볼 수 없다 (…). 따라서 뒤떨어지고, 과격하고, 편협한 민족주의 운동이 이렇게 분출하고 있는데, 이것은 너무나 헛되다.»(1955년)

그리하여 흑아프리카 국가들이 독립을 맞이하기 직전인 1957년, 미셸 드브레도 다음과 같이 단도직입적으로 썼다. «아프리카에서 국가라는 것은 공허하게 울리는 말이다.»(1957년) 역설적으로, 바로 그 드브레는 얼마 뒤에 드골 정부의 총리가 되어 바로 그 흑아프리카 여러 나라의 국가 독립을 받아들이게 된다.

356 프랑스와 미테랑(1916~1996년): 사회주의당 *Parti socialiste* 소속으로 1981년부터 1995년까지 프랑스 대통령을 지냈다.

평화로운 대중들과 불순분자들

1913년, 베트남인들은 하노이 한복판에서 일련의 테러를 감행했다. 식민부 장관 쟝 모렐[357]은 사태를 걱정하는 상원의원들을 다음과 같이 안심시켰다. «여러분, 사실 인도차이나에 소요가 일어났습니다. 몇몇 분은 그곳에 소요가 일어나서 전역으로 확산되고 있다는 생각을 할 수도 있었습니다. 우리가 알게 된 사건들은 사실은 매우 가벼우며, 안남인들에게 반향을 일으키지 못했습니다. 범죄 시도가 있었는데, 그것은 여러분께서 아시듯이 중국에 있는 반도(叛徒)들의 사주를 받아 그렇게 된 것입니다. 국경 저 너머에서 폭탄이 제조되어 인도차이나에 투척되었지만, 안남인들을 많이 동요시키지는 못했습니다 (…). 그런 종류의 테러를 예방하고 가능한 한 억제하기 위해 온갖 조처가 취해졌습니다. 다시 한번 더 말씀드리지만, 그것은 안남인들에게 반향을 일으키지 못했으며, 안남인들은 평온과 침착을 유지하고 있습니다. [안남] 전반의 안전을 해치지 못하는 이런 테러를 겪으면서도 안남인들은 이전만큼이나 우리의 행정을 신뢰하고 있습니다.»

그로부터 40여 년이 흘러 알제리 전쟁이 발발했다. 이번에는 프랑스 제4공화국의 하원의장 기 몰레가 어느 기자의 질문에 다음과 같이 답했다.

> «당신이 알고 있듯이, 알제리에서 우리는 몇몇 테러리스트 집단을 먼저 대하고 있는데, 이 집단은 늘 있는 것도 아니며, 이 집단 내의 극소수에 불과한 인원이 정확히 몇 명인지 잘 알 수 없습니다. 그러나 특

357 쟝 모렐(1854~1927년): 프랑스 정치인. 1898년부터 1927년까지 여러 차례 하원의원을 지냈으며, 1910년 11월부터 이듬해 3월까지, 그리고 1913년 1월부터 12월까지 식민부 장관을 지냈다.

> 히 조직이 비교적 잘 갖추어져 있고 지휘 계통이 잘 서 있는 무리도 있는데, 이들은 게릴라 활동이나 집단적 테러 활동을 벌이고 있습니다.
>
> 우리의 주적이 되는 것은 이 무리입니다. 이들의 수와 조직은 계속 늘어나고 있습니다. 하지만, 이들은 현재로서는 특정 지역에 국한되어 있습니다.
>
> (…)
>
> — 군사적 차원에서 우리는 알제리에서 두 가지 행동을 전개해야 합니다. 주민들을 안심시키고 신뢰를 회복하는 것, 그와 동시에 그 무리를 와해시키는 것이 그것입니다. 이에 이르는 방법은 각기 매우 다른 성질의 것이며, 이렇게 하려면 많은 병력을 주둔시킬 필요가 있습니다.
>
> 주민들과 유럽 출신 사람들뿐만 아니라 무슬림도 안심시키기 위해서는 [병력을] 주둔시키는 정책을 시행해야 합니다. 우리와 대적하고 있는 그다지 많지 않은 무리가 무슬림 주민들로부터 지원을 받고 있다면, 그것은 부분적으로는 [무슬림 주민들이 그 무리에게] 이념적으로 공감하기 때문일 뿐만 아니라, 많은 경우에는 그 무리가 퍼트리는 공포감 때문입니다. 프랑스 군부대 하나가 어느 지방에 주둔하기만 하면, 무슬림들의 태도는 바뀌며 신뢰가 다시 싹틉니다. 그때 평화를 이룩하는 일이 가능하게 됩니다.»(1956년)

이 글은 식민주의적 사고의 놀라운 지속성과 놀라운 확신을 보여준다. 대중들은 «프랑스에 의한 평화와 질서»가 유지되는 것을 좋아하고 침착하며, 선동가들은 소수이기 때문에 더더욱 날뛰고 있으며 공격적이라고 식민주의자들은 평가했다. 이렇게 대중들과 선동가들을 대립적으로 파악하는 것은 식민지를 대하는 프랑스인들의 심리에서 늘 볼 수 있었던 측면이다. 프랑스 식민주의자들은 다음과 같이 주장했다. 식민지 사회는 그 자체로는 논란거리를 야기할 수 없다. 그 사회가 왜 그런 논란거리를 만들어낼 것인가? 우리는 우리 자신들의 행위를 통해서, 우리의 «보호를 받는 사람들»과 매일 조금씩 더 단단히 맺어지고 있다. 어느 사회에서든 배척을 당하는 성격이 모진 사람들, 시기심이 많은 사람들, 야심적인 사람들만이 불만과 원한을 드러낼 수 있다. 암약하고 있는 프랑스의 적대국의 요원들만이 그런 자들을 지원할 수 있다. 특정 지역에서 활동하고 있는 불순분자들이나 외국인 요원들 같은 이런저런 사람들은 식민지의 현실과는 무관하다. 이것이 프랑스 식민주의자들의 생각이었다. 그들은 본래는 건강한 유기체에 건강하지 못한 싹이 인위적으로 이식되고 있다는 주장을 지속적으로 펼쳤다.

만일 피아가 노출된 상태에서 싸움이 일어난다면, 프랑스는 크게 걱정할 것이 없을 것이다. 그럴 경우, 결과는 프랑스에 유리하게 작용할 것이다. 그러나 불순분자들이 암약하고 있으며, 그들은 바로 이 사실 때문에 염려스러운 존재이다. 어떤 사람은 이렇게 주장했다. 독자 여러분께서 당시에 발표된 글을 읽어보면 암이라는 끔찍한 질병이 생각날 것이다. 몸이 겉으로는 건강미를 발산하고 있을지라도 그 몸속에 종양이 생겨나도록 방치하고 또 그 종양이 매일매일 은밀하게 몸 자체를 갉아 먹도록 방치하면, 그 몸은 더없이 끔찍스러운 질병에 걸릴 위험이 있다. 불순분자, 선동가, 혁명가는 식민지라는 유기체를 위협하는 암과도 같은 존재이다. 어떤 사람들은 이렇게 주장했다.

선동가는 광신적인 자이다

식민주의자들이 선전 활동을 벌여서 선동가에 덮어씌우려 했던 이미지는 선동가는 악령에 사로잡혀 발광한 상태에 있는 자라는 것이었다. 1894년에 발행된 「작은 소식」의 표지 한 면 전체에 실려 있는 그림은 «성전(聖戰)을 선동하고 있는 마다가스카르 공주들»의 모습을 담고 있다. 젊은 마다가스카르 공주들이 흥분한 군중을 더 잘 내려다보기 위해 작은 구릉 위에 올라가 있다. 두 공주의 눈은 휘둥그레져 있다. 두 번째 공주는 심지어 입고 있는 셔츠를 찢어서 가슴을 드러내는 중이다. 창으로 무장한 사람들은 프랑스인들과 싸우러 갈 준비가 되어 있는 모습을 하고 있다. 그로부터 거의 12년이 지난 뒤에도 같은 주제가 등장했다. 이번에는 알제리와 모로코의 국경에서 벌어진 일과 관련하여 «성전을 선동하는 무슬림 불순분자»의 모습을 담은 그림이 등장했다. 이 불순분자 역시 흥분한 군중을 굽어볼 수 있는 조금 높은 곳에 서 있다. 이 사람은 흉포하고 비밀스러운 표정을 짓고 있다.(1906년) 롤랑 바르트는 자신이 쓴 여러 편의 글을 모아 놓은 『신화지』에서 그런 메커니즘을 매우 빈정거리는 어조로 분석했다. 그 내용은 다음과 같다. «경멸적인 판정(전쟁이 벌어지면 이따금 이런 준엄한 태도를 취해야 한다.)을 내리는 것이 필요할 때, 우리는 기꺼이 사람들을 여러 부류로 나눈다. 대체로 광신적인 사람이나 또는 [다른 사람의] 조종을 받는 사람으로 분류된다. 실제로 식민지인은 오로지 광신적이기 때문에, 또는 경솔하기 때문에 식민지인이라는 처지에서 벗어나려고 하는 것으로 간주된다. 그렇지 않은가?»(1957년)

선동가는 과거의 인간이다

선동가가 모습을 드러내지 않으면서 행동하는 것은 그가 과거의 어둠을 대표하는 자이기 때문이다. 인도차이나에서는 고관대작들이, 이슬람 국가들에서는 율법 학자들이, 흑아프리카에서는 주술사들이 행세할 수 있었던 것은 가련한 사람들이 그들의 말을 잘 믿었기 때문이다. 그들은 프랑스가 광명을, 즉 인류 해방의 빛을 그들의 땅에 가져다주는 것을 겁에 질린 눈으로 바라본다. 그렇기 때문에 그들은 프랑스에 맞서기 위해 온갖 짓을 다하며, 또 앞으로도 그렇게 할 것이다. 어떤 사람은 이렇게 주장했다.

선동가는 «개명한 사람»이기도 하다

어떤 사람은 다음과 같이 여러 주장을 동시에 늘어놓았다. 그 갖가지 주장이 내포하고 있는 모순은 개의치 않으면서. 우리나라가 설립한 학교에서 (잘못) 양성된 지식인들만이 우리가 그들의 땅에 진출한 것을 문제 삼는다. 식민지 거주민의 심리 세계 속에는 서양 문화를 습득한 «원주민들»에 대한 말 없는 적대감이 숨어 있었다. 어떤 사람은 그 원주민들이 우리의 결점을 흉내 내는 정도밖에 이르지 못하면서 우리와 대등하게 되려고 한다고 비웃었다. 어떤 사람은 우리 덕분에 사회적 지위를 누릴 수 있게 된 자들의 배은망덕을 통렬하게 비난했다. 특히 프랑스 본국에서 학교를 다니면서 공부를 하고 귀국해서 민족주의자가 된 식민지 «원주민»들이 비난 대상이었다. 그런데 이 모든 비난은 논리적으로 매우 타당했다. 사회적인 측면에서 이런 범주에 속하는 사람들은 많은 백인과 직접 경쟁하려고 프랑스로 온(또는 올 수 있을지도 모르는) 사람들로 여겨졌다. 백인들은 이따금 사태의 본질을 꿰뚫어 보기도 했는데, 그 경우에 그들은 자신들이 식민지에서 특권을 가지고 있지 않다면 그곳에서 쫓겨나게 될 것이라는 사실을 분명히 알고 있었다. 이념적인 면에서는 누가 식민주의적 사고의 바탕 자체를 «원주민» 지식인들보다 더 잘 허물어뜨릴 수 있었겠는가? 우리의 «보호를 받는 사람들»은 교육을 통해서 우리와 굳게 결속될 것이라고 주장하는 사람들에게 어떤 사람들은 화를 내면서 그 반대가 진실이라고 주장했다. 1897년, 튀니스에서 언론인으로 활동한 M. 드 카르니에르 씨는 다음과 같이 썼다. «원주민은 교육을 받으면 받을수록 우리를 더 증오한다.» 그런 사람들에게 붙여진 지식인이라는 낱말 자체를 비판하는 글도 많았다. 인도차이나 총독 알렉상드르 바렌은 그 지식인들에 대해 다음과 같이 썼다. «…… 그들이 자신들에게 부여하는 위세 말고는 다른 위세를 가지고 있지 않고, 또 이해하지도 못하면서 우리에게서 빌려가는 이념 말고는 다른 이념을 가지고 있지도 않은, 사상가인 척하는 학동들과 애송이 작가들 ……»(1927년) «원주민»은 필연적으로 스스로 사고할 수 없는 존재로 간주되었던 것이다. «원주민»이 스스로 사고해보려고 하더라도 그것은 그 자신의 자유의지와는 관계없는, 떳떳이 밝힐 수 없는 영향을 받아서 그렇게 될 수 있을 뿐인 것으로 여겨졌다. 지식인이라는 것은 곧 반체제 인사라는 의미였으며, 반체제 인사라는 것은 곧 반역자나 혁명가라는 의미였다. 코친차이나 총독 모리스 코냑은 다음과 같이 분노의 말을 쏟아냈다. «이 나라에는 지식인이 필요 없다. 여러분께서 지식인을 보고 싶다면, 모스크바로 가라!»(1924년)

다행스럽게도 선동가는 홀로 활동하고 있다

식민 시대 내내, 식민주의자들이 생각하기에 식민지인 대다수는 프랑스가 식민지에 진출한 것에 대해서 결코 적대적이지 않았다. 언론은 식민지인들이 대다수 사람들(대중)과 극소수 사람들(선동된 사람들)로 불균형하게 나뉘어 있다고 종종 주장했다. 1946년, 「시절」에 소속된 어느 언론인은 베트민은 «소수에 불과하며, 하층민들은 계속 일하고 싶어 하고 [베트민이라는] 그 골칫거리를 떨쳐버리고 싶어 한다.»라고 설명했다. 붉은 섬 마다가스카르 전역이 불타오른 반란[358]이 일어난 직후인 1950년, 그곳의 총독 피에르 드 슈비네는 뱅상 오리올 대통령에게 태연하게 다음과 같이 말했다. «우리가 [이곳을] 떠나는 것을 보고 기뻐할 사람들은 아마도 200~300명이 될 것입니다. 그러나 그게 전부이며, 그 이상으로 확대되지는 않습니다.» 이에 부응하여, 센세이션을 일으킨 주간 잡지 「흑백」에 실린 어느 기사에는 (많은) 독자에게 다음과 같이 단언하는 말이 실려 있다. «3000명의 살인자들이 300만 명의 튀니지인들을 공포에 떨게 만들고 있다.»(1954년) 이런 발언들은 형편없는 정객들과 공격적인 언론인들이 내뱉은 헛소리일까? 앙리 보르도, 롤랑 도르쥴레스, 앙드레 프랑스와-퐁세, 피에르 각소트, 다니엘 알레비, 가브리엘 마르셀, 앙리 마시스, 쥘 몬느로, 로제 니미에, 티에리 모니에를 비롯한 프랑스 지식인 계급에 속하는 몇몇 저명인사가 서명해서 알제리 전쟁이 한창일 때에 발표한 «프랑스 지식인들의 선언문»[359]에 대해서는 무어라고 해야 하는가? 이 선언문에 담겨 있는 다음과 같은 내용에 대해서는 무어라고 해야 하는가? «프랑스가 **독립을 쟁취하기 위해 일어선 알제리 민족과 싸우고 있다**고 말하고 쓰는 것은 사기이다. 알제리 전쟁은 몇몇 우두머리 — 그들의 개인적 야심이 무엇인지는 분명하다. —의 조종을 받고 또 외국으로부터는 재정을 지원받아 무장한

358 마다가스카르 반란(1947~1948년): 마다가스카르 독립 운동을 벌이는 비밀조직의 주도로 1947년 3월 말에 마다가스카르 남부와 동남부에서 식민지배 체제에 저항하는 반란이 일어났다. 처음에 2000여 명에 불과했던 참여자들의 수가 급격히 불어났으며, 반란은 중부 지방과 북부 지방으로 확산되었다. 반란자들은 창, 칼, 도끼 등으로 무장하고 프랑스 식민 이주민들과 식민 행정기구에서 일하는 마다가스카르인들을 공격했다. 프랑스 군대의 잔인한 진압이 시작되어 1만 1000~10만 명을 학살했다. 게릴라를 완전히 소탕하는 데에 1년이 걸렸다.

359 〈프랑스 지식인들의 선언문〉: 〈포기에 저항하기 위한 프랑스 지식인들의 선언문〉(1960년 10월 7일 발표)을 가리킨다. 이 선언문은 소위 〈121인의 선언문〉으로 불리는 〈알제리 전쟁에 불복종할 권리 선언문〉(1960년 9월 6일 발표)을 규탄하고, 알제리에서 프랑스 군대가 벌이는 행위를 옹호하는 내용을 담고 있다. 우파 지식인 300여 명이 서명했다. 반면, 〈… 불복종할 권리 선언문〉은 전쟁과 고문을 비난하고, 알제리 민족해방전선을 지원하는 조직망을 결성할 것을 선동하고, 청년 징집병들의 탈영을 부추기는 내용을 담고 있다.

소수의 광신적인 반역자, 테러리스트, 인종주의자가 프랑스에 강요한 전쟁이다.»(1960년)

선동가는 배후 조종자이다

따라서 선동가가 그토록 위험한 존재라면, 그 선동가는 흉악한 술책을 부리는 자로 간주되어야 했다.

1945년 이전의 경우, 식민지 민족주의자들의 위협은 아직은 대수롭지 않았으며, 프랑스의 식민 통치 자체는 결코 위험에 처하지 않았다. 선동가들은 언제나 진압되었으며, 그들의 행동은 신속히 무력화되었다. 그러나 2차대전이 끝나면서, 위험이 눈앞에 다가와 있었다. 인도차이나에서는 사실상의 전쟁이 아니라 지하운동가들을 색출하기 위한 작업이 벌어졌다. 프랑스 군대는 처음으로 베트민이 벌이는 장기적인 혁명 전쟁에 맞서 싸워야만 했다. 그리고 프랑스 군대는 그 전쟁에서 고배를 마셨다. 분명히 주민들은 베트민 편이었다. 선동가가 홀로 행동하고 있다는 주장은, 그런 주장을 믿어 의심치 않는 사람들 말고는 누구도 납득시킬 수 없었다. 프랑스 정치인들, 언론인들, 군인들은 이런 상황을 설명할 수 있는 새로운 방안을 찾아내고자 애써야 했다. 이런 상황에 직접적으로 관계되는 군인들은 이런 상황을 설명해줄 수 있는 정연한 논리 체계를 개발했다. 한 무리의 젊은 프랑스 장교들(샤를 라슈르와 대령[360], 로제 트랭키에 대령[361] 등)은 시간을 쪼개어 사용해 가면서, 베트민이 벌이는 혁명전쟁이 어떤 성격을 띠는지를 열심히 연구하기 시작했다. 그들 중에서 많은 장교가 즐겨 읽은 것은 마오쩌둥의 저서였

360 샤를 라슈르와(1906~2005년): 프랑스 군인. 제2차 세계대전, 인도차이나 전쟁 등에 참전했다. 심리전 이론가였다.

361 로제 트랭키에(1908~1986년): 프랑스 군인. 제2차 세계대전, 인도차이나 전쟁, 알제리 전쟁 등에 공수부대 장교로 참전했다. 게릴라 소탕 작전 이론가였다.

다. 마오는 휘하 군인들에게 다음과 같이 설명했다. «전사들은 주민들 속에서 마치 물속의 물고기처럼 되어야만 한다.» 중국 공산주의자들이 승리함으로써 마오의 전략이 성공했다는 것이 증명되었다. 왜 그런가? 이 물음에 대해서 그 한 무리의 젊은 프랑스 장교들은 마오가 인간의 심리를 잘 알고 — 인간 심리에 대한 마오의 인식은 물론 추잡스럽기도 하지만 심오하기도 하다. —, 그것을 바탕으로 해서 대중을 조종하는 기술을 개발했다고 답변했다. 트랭키에 대령은 다음과 같이 썼다.

«현대전에서 적을 무찌르는 데에 절대적으로 필요한 방법은 주민들의 무조건적 지지를 확보하는 것임을 이제 우리는 알고 있다 (…). 주민들의 지지는 이따금은 자발적일 수 있다(자발적인 지지는 매우 드물며, 자발적인 지지를 받는 경우에도 그 지지는 일시적일 수밖에 없다). 그렇지 않은 경우에는 적절한 조직을 통해서 주민들의 지지를 얻을 수 있을 것이다. 이 조직은 갖가지 방법 — 가장 효율적인 방법은 테러리즘이다. —으로 주민들의 지지를 꾸준히 얻을 수 있게 해줄 것이다. 사실, 현대전에서 우리는 통상적인 기준에 따라 조직된 군대를 마주치는 것이 아니라, 특수 조직의 조종을 받는 주민들 속에서 은밀히 행동하는 소수의 무장 분자를 마주친다.»(1958년)

인도차이나 주둔 비행대의 사령관이었던 샤생 장군은 다음과 같이 지적했다.

«인간의 정신은 외부의 영향을 매우 잘 받아들이고 또 유순하다. 슬로건을 잘 선택하고 또 지혜롭고, 끈기 있고, 체계적인 의식화 교육(이 표현은 원문 그대로이다.)을 한다면, 우리가 원하는 것을 사람들이

믿게 할 수 있다. 그들을 마취시킬 필요도 없이, 또는 화학적이며 물리적인 방법을 사용할 필요 없이 말이다. 인간 정신은 [외부의] 압박을 순순히 받아들인다. 대체로 인간 정신의 통찰력 있는 직관에 적절하게 호소하는 것으로 충분하며, 또한 인간 정신이 믿도록 하고 싶은 바를 힘차게 그리고 특히 쉼 없이 되풀이해서 말하는 것으로 충분하다. 논리로 증명할 필요가 전혀 없다. 그 정반대이다. 감정에 호소하는 편이 훨씬 더 낫기 때문이다.»(1953년)

이런 논리를 따른다면, 모든 것은 방법의 문제이며 세뇌작업의 문제였다. 몇몇 소수 사람은, 대중 선동적이기 때문에 사람의 마음을 움직일 수 있으리라고 생각되는 주제를 하나 골라서 끝없이 되풀이했다. 또 다른 프랑스 군인은 다음과 같이 썼다.

«우리의 적(敵)은, 익히 알려져 있는 표현에 따르면, [그들이 벌이는] 전쟁의 목표와 대체로 맞아떨어지고 듣기에 좋은 말을 고르는 일부터 시작했다. 적은 독립, 즉 베트남어로 Doc Lip이라는 말을 골랐다. 그렇게 해서 단숨에 모든 것이 Doc Lip으로 여겨졌다. 사람들이 말을 할 때에는 Doc Lip이라는 말을 가장 먼저 입에 올렸다. 의사들은 독립을 위해 일하는 의사로 간주되었으며, 우표에도 Doc Lip이라는 말이 쓰였으며, 모든 라디오 방송에서도 이 말부터 사용되었으며, 모든 연설과 모든 공식 보고서에도 이 말부터 사용되었으며, 학교에서도 모든 것에서 이 말부터 사용되었다. 모든 곳에서 Doc Lip, Doc Lip, Doc Lip……이라는 말이 사용되었다.»(M. 베르나르, 1958년)

샤생 장군은 자신이 주장한 대전제를 설명하기 위해 예를 하나 들었다. 프랑스 원정대와 베트민 사이에 진행 중이던 충돌에 별로 관련이 없고, 초연하며, 실제로 정치색을 띠지도 않은 베트남의 어느 전통 마을이 그 예였다. 베트민 지역 위원회는 그 마을을 장악하기로 결정하고, «말발이 센» 선전 활동가 한 사람을 그곳에 보냈다. 그 선전 활동가는 마을 주민 한 사람 한 사람과 이야기를 나누고, 호감이 가는 모습을 보이고, 자잘한 도움을 베풀고, 사회 정의나 평등 같은 숭고한 감정을 부르짖었다. 몇몇 농민이 다른 농민들보다 더 부유한 경우, 그 선전 활동가는 땅을 나누어 가져야 한다고 위협함으로써 가난한 사람들의 신뢰를 얻고자 했다. 그리고 특히 그는 외국인에 대한 증오심을 퍼트렸다. 그는 자신의 말을 쉽게 믿는 그곳 농민들에게 설명하기를, 외세가 나라를 수탈하는 데에서 불행이 비롯된다고 했다. 흉작에 대해서는 뭐라고 설명할 것인가? 프랑스인들의 탓이다. 쌀이 부족한 것은? 프랑스인들의 탓이다. 어린아이가 죽는 것은? 이 역시 프랑스인들의 탓이다. 이런 문제를 해결하는 방법은 너무나 간단하다. 프랑스인들이 떠나면, 우리는 각자 행복과 번영을 누릴 것이다. 그 선전 활동가는 이렇게 부르짖었다. 하지만 넘쳐나는 이런 대중 선동은 농민들의 억센 마음을 파고들었다. «그 모든 일은 음지에서 조용히 진행되었다. 외부의 어느 누구도, 특히 베트남계 프랑스인들의 밀사들(바오다이[362]의 밀사들을 가리킨다. — 저자 주)도 그 일에 대해서 아무것도 알지 못했다. 프랑스 군대가 지키고 있는 요새에서 몇 킬로미터밖에 떨어지지 않은 곳에서도 그런 작전이 이따금 벌어지기에 이르렀다. 분위기가 달아올랐다. 악

362 바오다이 保大(1913~1997년): 베트남 응우옌 왕조의 마지막 황제(1926~1945년)로 재위하다가, 베트남 제국을 수립하여 황제로 즉위해서(1945년) 일본의 강점하에서 상징적인 권력만을 유지했다. 호치민이 베트남민주공화국을 수립하면서 퇴위했다(1945년). 1949년에 프랑스의 지원을 받아 베트남국의 국가원수가 되었으나, 응오 딘 지엠 총리가 왕정을 폐지하고 베트남공화국을 수립하자 프랑스로 망명했다(1955년). 파리의 군의병원에서 사망했다.

성 종양이 생기면 곧 온몸을 썩게 만들게 되는 법이다. 그로부터 몇 주 뒤, 그 마을의 분위기는 다른 전사들이 찾아오는 것을 환영할 정도로 «무르익었다.» 그 전사들은 마을 베트민 위원회를 설치하고, 이 위원회는 곧 같은 방법을 대대적으로 사용했다. 그때부터 «선전 활동, 의식화 교육»이 대대적으로 펼쳐졌다. 그렇게 하는 것으로 충분하지 않으면, 현장의 전사들은 기꺼이 테러리스트가 되었다. «미온적인 사람들»과 «의심스러운 사람들»은 가차 없이 심판을 받고 제거되었다. 그리하여 그들을 추종하는 사람들과 광신적인 사람들만이 남게 되었다. 그런 일을 하도록 양성된 베트민 지휘관들은 «미온적인 사람들»과 «의심스러운 사람들»을 재빨리 알아채고는 그들을 새로운 선전 활동가로 만들게 되며, 그 새로운 선전 활동가들이 작전을 이어받았다. 이렇게 해서 «부패한» 마을 사람들은 지역에 이런 상황 — 그 마을이 이런 상황의 피해를 입었다. —을 다시 퍼트리게 된다. 이것은 샤생 장군의 설명이었다.(1953년)

외세의 개입

외국인의 마수

프랑스의 힘이 너무나 막강하기 때문에 그 선동가들 — 심지어 마키아벨리적인 선동가들이라 할지라도 —은 독자적으로는 자신들이 기도하는 더러운 작업을 성공적으로 완수할 수 없을 것이다. 따라서 그 선동가들은 외부로부터, 즉 프랑스가 식민지에서 발휘하고 있는 힘을 무너뜨리는 데에 관심이 큰 외부 세력의 지원을 받아야만 한다. 어떤 사람은 이렇게 주장했다.

따라서 그 선동가들에 이어서, 그리고 그 선동가들과 동시에, 다음과 같은 외부 세력들이 비난 대상이 되었다.

먼저 일본인들이 비난 대상이 되었다. 20세기 초에 일본인들이 유럽의 팽창에 저항하는 유일한 «비(非)백인»이었을 때 비난을 받았으며, 이어서 히틀러와 동맹을 맺은 군국주의 국가 일본이 1940년부터 1945년까지 프랑스령 인도차이나를 사실상 점령했을 때에도 비난을 받았다. 1945년 8월에 베트남 혁명[363]이 일어난 후, 많은 해설가는 프랑스가 극동으로 다시 진출하기 어렵게 된 것은 일본인들의 지도를 받는 베트민 전사들이 — 외국인을 혐오하는 정신을 가지게 된 — 급속하게 양성되고 있기 때문이라고 평가하게 된다.

다음으로 중국인들이 비난 대상이 되었다. 해설가들은 증오심에 가득 차서 흑기군 무리(«통킹» 정복 때)와 이어서 장제스의 영향권 내에 있는 민족주의자들(1911년 이후)을, 그리고 마오쩌둥을 따르는 공산주의자들(1949년 이후)을 비난했다. 인도차이나 전쟁 중에 현지에 머무르고 있던 프랑스인들은 도처에서 중국인들을 보았다. 알제 지역구를 대표하는 하원의원으로 인도차이나에 관심이 있었던(당연히 그럴 수밖에 없었다.) 아돌프 오므랑 장군은 미국의 도움을 받아 국경을 따라 방사능 장벽을 세우자는 제안을 했다(1954년). 디엔비엔푸 전투가 벌어지던 당시의 프랑스 내각, 즉 죠제프 라니엘과 죠르쥬 비도 내각[364]은 여전히 미국군과 어깨를 나란히 하고 중국을 포격하고자 했다(«독수리» 작전).[365]

---

363 1945년 8월의 베트남 혁명: 8월 13일, 일본군이 태평양 전선에서 패주하고 있을 때, 베트민이 베트남 전역에서 봉기를 일으켰다. 16일, 베트민이 전국인민대회를 열고 베트민의 깃발과 국가를 채택하고 전국적인 봉기를 결정했다. 여러 날 동안 봉기가 이어졌다. 19일, 인도차이나에 주둔하고 있던 일본군이 항복했다. 1945년 9월 2일 하노이에서 호치민은 독립과 베트남민주공화국 수립을 공표하였다.

364 죠제프 라니엘과 죠르쥬 비도 내각: 당시에 라니엘은 총리, 비도는 외무부 장관이었다.

365 «독수리» 작전: 인도차이나 전쟁이 막바지에 이른 1954년, 아이젠하워 미국 대통령은 프랑스를 돕기 위해 디엔비엔푸 전투에 참전하려고 했다. 오키나와 및 필리핀에 기지를 둔 B-29 폭격기 60~90

이어서 프랑스의 활동 무대 밖에 있는 아랍 국가들이 비난 대상이 되었다. 당시에 프랑스가 레반트 지역과 마그레브 지역에서 겪고 있던 어려움을 설명해주는 주요 요인으로 거론된 것은 카이로에서 꾸며진 음모[366]였다. 프랑스가 1956년에 수에즈 원정을 감행했다가 비참한 결말을 맞은 사건을 정당화하는 데에 사용된 것이 바로 이런 주장이라는 것을 우리는 알고 있다. 프랑스가 수에즈 원정을 감행한 것은 이집트에 숨어 있는 알제리인 반도(叛徒)의 수뇌부를 타격하기 위해서였다.

독일인들도 비난 대상이 되었다. 모로코를 정복하기 위해서(1912년), 그리고 그곳에서의 입지를 유지하기 위해서(1920년대) 프랑스가 힘차게 전투를 벌여야만 한다면, 그것은 그곳에 독일 요원들이 우글거리고 있기 때문이다. 독일 황제가 식민지로 삼은 카메룬 같은 흑아프리카의 몇몇 나라에서도 같은 상황이 벌어지고 있다. 어떤 사람은 이렇게 주장했다.

이탈리아인들도 비난 대상이 되었다. 마그레브 지역, 특히 튀니지 —그곳에서 이탈리아인들은 인구 면에서 수적으로 우세한 공동체를 지지 기반으로 삼았다. —에서 이탈리아인들은 이론의 여지 없이 좋지 못한 영향력을 발휘하고 있는 것으로 간주되었다.

영국인들도 비난 대상이 되었다. 프랑스가 해외에서 맛보는 갖가지 실패는 영국 정부의 은밀한 영향력 탓이라는 비난은 오랫동안 전통처

대와 150대의 전투기로 1500톤의 폭탄과 3개의 소형 원자폭탄을 디엔비엔푸 주변의 고원지대에 있는 베트민의 진지에 투하해서, 베트민 군대에 포위된 프랑스군을 구출하려는 계획을 세웠다. 계획은 처칠의 반대로 실현되지 못했다.

366 카이로 음모: 가말 압델 나세르(1918~1970년)가 1952년에 쿠데타로 권력을 장악한 이후로 주창한 범아랍주의, 비동맹 중립 노선 등을 가리키는 것으로 보인다. 1956년 7월에 나세르가 수에즈 운하 국유화를 선언하면서, 그해 10월 29일에 비밀 협약에 따라 이스라엘이 수에즈 운하 동부 지역을 침공했다. 이어서 31일부터 영국과 프랑스 연합군이 포격을 감행했으며, 11월 5일에는 포트-사이드에 공수부대를 투입했다. 미국과 소련을 비롯하여 유엔이 철군을 요구하고 11월 22일에 유엔 긴급군이 상륙하자, 그해 12월 22일에 영국과 프랑스는 철수해야만 했다.

럼 이어져 온 영국인들에 대한 혐오감 — 영국인들에 대한 혐오감은 프랑스 해군 내에서 매우 격렬했으며, 또 그건 당연했다. —에서 비롯되었다는 것을 우리는 알고 있다. 18세기 말, 서인도제도에서 벌어진 «니그로 폭동»[367]은 영국 때문이라는 비난이 이미 가해진 바 있다.

미국인들도 비난 대상이 되었다. 프랑스 식민주의자 집단은 미국을 별로 좋아하지 않았다. 이 집단은 미국의 반식민주의적 «이상주의»는 면밀히 계산한 물질적 이득을 얻기 위해 동원하는 힘의 정책을 은폐하기 위한 거짓 구실이라고 비난했다. 어떤 사람은 다음과 같이 주장했다. 루스벨트가 모로코의 술탄에게 영향을 주지 않았거나 또는 트루먼이 바오다이의 측근들에게 영향을 주지 않았더라면, 프랑스는 그곳에서 패배를 맛보았겠는가?

끝으로, 각 식민지 내의 일부 지역은 평온했으며, 일부 지역에서는 소요가 일어났다. 어떤 사람은 다음과 같이 주장했다. 만일 인도차이나에서 «안남인들»이 부채질하지 않는다면, 캄보디아와 라오스는 변함없이 프랑스 편에 서 있을 것이다. 만일 1954~1962년에 모로코와 튀니지(독립된 두 나라)가 알제리 민족해방전선의 테러리스트들을 고무하고 그들에게 무기와 피신처를 제공하지 않는다면, 알제리는 프랑스에 의한 평화 *paix française* 속에서 계속 살아가고자 할 뿐이다. 만일 시리아가 또 그렇게 하지 않는다면, 레바논은 평온할 것이다.

문사(文士)들의 배반

«원주민들»이 일으킨 봉기에 직면하여 프랑스가 겪고 있는 불행의 또 다른 원인은 몇몇 프랑스인이 낡은 인권 옹호론 또는 혁명 이론을

367 니그로 폭동: 1791년부터 생-도맹그에서 빈발한 노예들의 반란을 가리키는 것으로 보인다.

식민지로 전파하려 하기 때문인 것으로 여겨졌다. 그 프랑스인들은 나쁜 사람인가? 몰지각한 사람들인가? 어느 쪽이든 결과는 마찬가지다. 그런 외부 세력의 지원이 없다면, 우리의 보호를 받는 사람들은 반란을 일으킬 생각조차 하지 못할 것이다. 어떤 사람은 이렇게 주장했다. 18세기에 흑인들이 처한 상황과 관련하여 대대적인 논쟁이 벌어졌을 때, 노예제도에 찬성하는 집단은 노예제도 폐지론자들만이 혼란에 책임이 있다고 비난한 적이 있다. 당시에 뒤트론 드 라 쿠튀르[368]가 썼듯이, «흑인들의 친구로 자처하는 그 사람들»[369]은 사실은 «백인들의 적»으로 간주되었다.(1790년) 그다음 세기에 마르티니크에서 봉직하고 있던 두 명의 사제, 즉 리코르 신부와 자키에 신부는 너무나 명백하게 사회의 평안을 해치는 현대 사상[370]을 다음과 같이 비판했다. «박애주의자들이 [노예제도에 대해] 반대하기 전에 식민지는 행복했으며 평온했다.»(1845년) 세월이 흐른 뒤에도 여전히 같은 주장이 제시되었다. 프랑스 제국이 전성기를 누리던 때에 쟝 도르센은 고집스럽게 다음과 같이 생각했다. «원주민들»의 정신에 이는 혼란은 «우리나라 선생들»이 퍼뜨린 불온한 사상 때문이다. 그는 다음과 같이 썼다. «안남인들에게는 민족 감정이 존재하지 않았다. 쟌 다르크 또는 쟌 아셰트[371]의 애국심을 찬양하고 또 그 안남인들에게 민족 자결권에 대해 가르쳐줌으로써 그들의 머릿속에 민족주의라는 개념을 불어넣은 것은 우리나라 선생

368 쟈크-프랑스와 뒤트론 드 라 쿠튀르(1749~1814년): 프랑스 의사, 경제학자, 농학자. 히스파니올라(지금의 아이티)에 파견되어 사탕수수에서 설탕을 추출해서 제조하는 과정을 연구하고, 새로운 추출 방법을 개발했다. 노예제도가 필요하다고 보았다.

369 «흑인들의 친구로 자처하는 그 사람들»: 흑인들의친구들협회에 소속된 사람들을 가리킨다.

370 현대 사상: 노예제도 폐지론을 가리킨다.

371 쟌 아셰트(1454~사망 연도 불명): 프랑스 북부에 있는 도시 보배 *Beauvais* 태생. 1472년 6월 27일, 부르고뉴 공작 무모공(無謀公) 샤를이 이끄는 부르고뉴파 군대가 보배를 포위 공략하자, 보배의 남녀 주민들이 성벽에 올라 적을 물리치기 위해 함께 싸웠다. 7월 9일, 아셰트는 사다리를 타고 성벽으로 올라오는 적병을 도끼로 물리쳤다. 이에 고무된 주민들은 8만 명에 이르는 부르고뉴 공작 휘하의 병력을 물리쳤다.

들이다.»(1932년)

1954년, 모로코에서 「파리-마치」의 리포터로 일하고 있던 미셸 클레르도 그런 18세기 사상이 아직도 계몽사상을 받아들일 준비가 되어 있지 않은 사람들의 정신을 피폐하게 만들고 있다고 주장했다. 볼테르와 루소의 저서를 읽음으로써 술탄 모하메드 5세[372](당시에 폐위되어 있었다.)의 뇌는 모호한 이념으로 가득 차게 되었으며, 그는 자신의 역할을 중요시하기에 이른 것으로 평가되었다. 식민지인들은 볼테르의 작품이나 루소의 작품 같은 고전 작품을 자신들의 나라에서 남몰래 읽거나, 또는 프랑스 본국을 여행하는 기회를 틈타서 읽었다. 예를 들면, 프랑스령 인도차이나에서 많은 베트남 식자(識者)는 중국어 번역본을 통해서 그런 고전 작품을 만나게 되었다는 것을 독자 여러분께서는 아시는지?

이런 논리에 따라서, 식민지인들이 일으킨 저항 운동에 으뜸으로 책임이 있는 사람들로 여겨진 것은 프랑스 본국의(또는 식민지에서 살고 있는 유럽인들의 공동체에 속한) 인본주의자들이었다. 프랑스의 위대한 원리[373]는 식민지로 전파하면 안 되는 것으로 여겨졌던 것이다. 빅토르 위고는 『뷕 쟈르갈』에 등장하는 한 인물의 입을 빌려서 다음과 같이 말한다. «철학자들이 박애주의자들을 낳았으며, 박애주의자들은 니그로 애호자들을 낳았으며, 니그로 애호자들은 백인을 잡아먹는 자들 — 이들은 사람들이 그리스식 또는 라틴식 이름을 찾아서 자신들에게 붙여주기를 기다리면서 이렇게 불리었다. —을 낳았다. 프랑스에서 사람들이 열광하는 소위 자유주의 사상이라는 것은 열대지방에서는 독(毒)이 된

372 모하메드 5세(1909~1961년): 모로코 알라위 왕조의 술탄(회교도 군주) 벤 유세프. 1927년에 술탄이 되어 재위 초기에는 프랑스에 협력했으나, 제2차 세계대전이 끝나면서 모로코의 독립을 요구했다. 1953년 8월 20일, 프랑스군에 의해 코르시카와 마다가스카르에 유폐되었다. 1955년, 프랑스는 그를 다시 국내로 불러들였다. 모로코가 독립한(1956년) 이듬해에 왕위에 올랐다. 알제리 민족해방전선을 지원하고, 프랑스와 단교했다.

373 프랑스의 위대한 원리: 자유, 평등, 박애 같은 사상을 가리킨다.

다.»(1818년) 자유·평등·박애라는 가치를 받아들일 준비가 되어 있지 않은 사람들에게 한사코 이 가치에 대해 말해주려고 애를 쓸 때 비극에 이르게 된다. 그런 행위는 온당치 못한 휴머니즘이자 — 아무리 좋게 봐도 몰지각한 것이기 때문이다. —, 대체로 진짜 프랑스인들을 겨냥한 음흉한 정략적 계산이다. 어떤 사람은 이렇게 주장했다. 이후로 프랑스 본국과 식민지 사이에 긴장이 이어지던 시기에는 늘 이런 주장이 제기되었다. 리프 전쟁[374]이 한창일 즈음, 프랑스 대학에서 명성이 자자했으며 소르본대학교에서 식민화 사업의 지리에 대해 강의하는 정교수였던 오귀스탱 베르나르는 다음과 같은 «명백한 사실»을 상기했다. 반란자 압델-크림은 단지 수상쩍은 외부 세력의 지원을 받고 있기 때문에 위험할 뿐이다. 특히 프랑스에서 그러하다. 그는 다음과 같이 썼다. «각자가 마음속으로 가만히 생각하는 바를 큰소리로 당당히 말하자. 가장 큰 난관은 리프가 아니라 파리 자체에 있다고.»(1925년)

인도차이나 전쟁 때, 프랑스 제4공화국 정부는 프랑스가 극동에서 그런 난관에 이르게 된 것은 내부의 반역(«비둘기의 음모»[375]와 «기밀 유출 사

374 리프 전쟁: 모로코 북부의 리프 지방에서 프랑스-스페인 연합군과 그 지역의 원주민들인 베르베르족이 충돌한 사건. 1912년에 스페인은 페스 조약으로 모로코 북부의 산악지대를 차지했다. 모로코 남부는 명목상으로는 술탄이 지배하고 있었으나 실제적으로는 스페인 고등판무관이 통치하고 있었다. 스페인군에 협력하던 압델-크림이 이끄는 베르베르족이 1921년에 반란을 일으켜서 스페인군을 격퇴하고 리프 공화국을 수립했으며, 1925년에는 다시 남부 국경에 배치된 스페인 수비대를 공격했다. 프랑스와 스페인이 연합하여 대처하기로 한 합의에 따라 프랑스는 병력을 파견했다. 프랑스가 보기에 리프 공화국은 프랑스의 보호를 받고 있는 모로코 전체에 위험 요인이었기 때문이다. 압델-크림이 지휘하는 베르베르족은 험준한 지형을 이용하여 저항했으나, 1926년에 프랑스의 필립 페탱 원수와 스페인의 미겔 프리모 데 리베라가 이끄는 연합군에게 격퇴되었다.

375 비둘기의 음모: 1952년 5월 28일, 미군의 리지웨이 장군이 북대서양조약기구의 사령관으로 파리에 부임하는 것에 반대하는 대규모 시위가 벌어졌다. 공산주의자들이 시위를 주도했다. 그날 저녁, 프랑스공산당의 지도자 쟈크 뒤클로가 경찰에 체포되었다. 그의 자동차 트렁크에서 권총 한 정, 경찰 곤봉 한 개, 비둘기 두 마리, 노트 한 권이 발견되었다. 노트에는 프랑스공산당 비서실과 정치국의 메모가 적혀 있었다. 메모의 내용은 다음과 같다. «우리는 베트남, 한국, 튀니지에서 [프랑스 군대가] 확실히 패배하도록 하기 위해 일한다.» 내무부 장관이 보기에 그 비둘기 두 마리(연락용 비둘기)는 누군가에게 메시지를 전달하기 위한 것으로서, 체제에 반대하기 위해 꾸민 음모의 명백한 증거로 간주되었다. 하지만 그 비둘기들은 이미 죽어 있었으며, 뒤클로에 따르면 식용 비둘기로서 누군가로부터 선물로 받은 것이었다. 뒤클로는 수감되어 있다가 약 한 달 뒤에 무혐의로 석방되었다.

건»[376]) 때문이라는 틀에 박힌 설명을 내놓게 된다. 그로부터 얼마 뒤, 알제리와 관련해서는 특히 좌파 지식인들이 비난 대상이 되었다. 당시에 쟈크 수스텔[377]은 다음과 같이 썼다. «알제리에서의 충돌[378]은 80%는 심리전인데, 이 심리전에서 적은 프랑스 내부에서 무기를 얻고 있다.»(1957년)

식민주의자들의 남성성

프랑스 당국자들은 이런 사고 도식을 가지고 있었기 때문에 울려 퍼지는 경보 신호를 무시하거나 또는 잘못 해석했다. 바로 이러한 사실로 말미암아 파리의 위정자들에게는 프랑스가 해외에 진출한 것을 비판하고 그것을 공격하는 식민지의 민족주의자들은 식민지 사회와 무관한 집단으로 보였다. 여러 요인을 완전히 거꾸로 해석한 것이다. 즉, 식민지인들에게는 민족주의적 의식이 있기 때문에 «불순분자들»이 활

376 기밀 유출 사건: 1954년 9월 8일, 내무부 장관 프랑스와 미테랑은 총리 피에르 망데스 프랑스가 두 달 전부터 은밀하게 미테랑 자신의 뒤를 캐고 있다는 것을 알게 되었다. 그해 7월, 망데스 프랑스는 그해 5월과 6월에 최고국방위원회에서 논의된 사항들(군사기밀)이 프랑스공산당에 유출되었다는 것을 알게 되었다. 프랑스 정부는 프랑스군이 인도차이나 전쟁에서 고전하고 있는 상황에서 이 기밀이 소련과 베트민에 유출되었다고 여겼다. 수사 결과, 군사기밀 유출자는 최고국방위원회에 근무하는 사무국장의 부하 두 사람(로제 라브뤼스와 르네 튀르팽)이라는 것이 밝혀졌다. 이 두 사람은 평화주의에 고취되어 수년 전부터 군사 정보, 국가 기밀 등을 평화주의자이자 친공산주의자인 엠마뉘엘 다스티에 드 라 비쥬리에게 유출했으며, 엠마뉘엘 다스티에 드 라 비쥬리는 정부를 혼란에 빠트리기 위해 자신이 받은 정보를 역으로 흘렸던 것이다. 1956년 5월 21일, 라브뤼스와 튀르팽은 각기 징역형 6년과 4년을 선고받았으며, 미테랑은 혐의를 벗었다.

377 쟈크 수스텔(1912~1990년): 프랑스 민족학자, 정치인. 젊은 시절에는 민족학자, 좌파 평화주의자, 반파시즘 운동가 등으로 활동했다. 제2차 세계대전 때에는 드골이 이끄는 자유프랑스군에 가담해서 언론을 담당하는 공보부 위원 등을 지냈다. 해방이 되면서 제헌의회 의원, 공보부 장관, 식민부 장관, 프랑스 국민연합 사무총장을 지냈다. 1955년 1월부터 1956년 1월까지 알제리 총독으로 있으면서 프랑스령 알제리를 옹호하고 회교도들을 프랑스인들에게 통합하는 정책을 폈다. 1958년에 드골의 정계 복귀를 지원하고 공보부 장관 등을 지내다가 1960년에 공직에서 물러났다. 알제리를 독립시키려는 드골에게 반대하면서 프랑스령 알제리를 고집하다가 1961년에 이탈리아로 망명했으며, 1968년에 귀국했다.

378 알제리에서의 충돌: 알제리 전쟁을 가리킨다.

약하고 있으며 국민들이 그들을 지지하고 있다고 설명하지 않고, 반대로 «불순분자들»이 활동하고 있기 때문에 식민지인들이 민족주의를 표방한다고 설명했던 것이다.

반대로, 경보가 울릴 때마다 지도층에서는 개혁을 시행할 필요성을 두고 심각하고 진지한 논쟁이 벌어졌다. 어떤 사람은 다음과 같이 주장했다. 물론, 반란 선동가들은 대중 선동가이다. 그러나 그들은 식민지인들의 실제적 빈곤과 잠재적 불만을 기반으로 삼고 있다는 사실을 말해두어야 한다. «원주민들»의 처지를 개선하자. 그러면 그 반란 선동가가 아무리 외쳐도 우이독경 같을 것이다. 대담해지자. 개혁을 시행하는 데에 두려움을 가지지 말자. 「삽화가 곁들여진 식민 세계 신문」의 기자 에세르는 다음과 같이 진단했다. «시리아의 마을이 번영하게 될 때, 나쁜 목자(牧者)들[379]을 두려워하지 않아도 될 것이다.»(1936년) 이런저런 때에 식민부 장관 모두는 사회적 조처를 긴급히 실시해야 한다고 역설했다. 인민전선 정부의 장관이 그러했다. 유명한 브라자빌 회의(1944년)[380]에 뒤이어 성립된 제4공화국 초기 정부에서 장관을 지낸 사람들, 그리고 인도차이나, 튀니지, 모로코, 알제리 등에서 근무하는 프랑스 정치 당국자들이 그런 주장을 폈다.

그러나 곧 그들(개혁가들)의 굳은 결의는 허공에 날아가고, 다른 사람들(보수주의자들)의 반격이 시작되었다. 1930년에 베트남에서 대대적인 혁명[381]이 일어난 직후, 보뒤앵 드 벨르발이라는 기자는 다음과 같이 썼다. «몇몇 사람은 이렇게 물을 것이다. 개혁이라고, 무슨 개혁 말인가. 안남 사람들 대부분은 특히 안전을 원하고 평온하게 일할 수 있

---

379 나쁜 목자들: 대중들을 나쁜 길로 몰고 가는 선동가들을 가리키는 것으로 짐작된다.

380 브라자빌 회의: 각주 25번을 보라.

381 1930년 베트남 혁명: 1930년 2월에 응우옌 아이 꾸옥(호치민) 등이 홍콩에서 베트남공산당을 창당했다. 이 정당은 그해 10월에 코민테른의 지령에 의해 인도차이나공산당으로 이름이 바뀌었다.

기를 바란다.» 식민지를 변화시킬 것을 부르짖는 사람들에게, 현상 유지를 지지하는 사람들은 만사가 아무런 문제없이 잘 흘러가고 있다고 응수했다. 그들은 «원주민들»을 잘 알고 있었으며, 그렇기 때문에 자신들만이 해법을 제시할 자격이 있다고 자평했다. 소요가 일어난다면 어떻게 할 것인가? 낡아빠진 반응이 다시 등장했다. 잘못을 저지른 자들을 본보기로 처벌하자는 것이었다. 대중이 주저할 때에는 태도를 정하지 못한 사람들이 동요하기 전에, 그리고 부패균이 생기기 전에, 소요를 일으킨 자들에게 재빠르고도 힘차게 타격을 가하자는 것이었다. 1930년, 죠르쥬 바르텔레미는 다음과 같이 주장했다. «강력한 총독들, 새로운 병사들로 이루어진 몇몇 외인부대, 그리고 15대의 폭격기는 온갖 쓸데없는 말보다 더 훌륭한 일을 해낼 것이다.» 어떤 사람은 열대 지방에 세운 단두대, 도형장(푸올로 콘도르[382] 등에 설치된 도형장), 강제 이송은 식민화 사업의 어두운 면 — 하여간 피할 수도 있었을 어두운 면 — 이 아니라 식민화 사업을 이루는 하나의(또는 여러 개의) 요소라고 주장했다. 1895년 당시에 «통킹»에서 근무하고 있던 죠제프 갈리에니[383] 대령은 다음과 같이 썼다. «수뇌부를 치는 것, 믿을 수 없는 말을 듣고 갈팡질팡하는 대중을 안심시키는 것. 바로 이 두 마디 말에 평정의 비밀 전체가 들어 있다. 요컨대, 식민지에서의 모든 정치적 행위는 현지의 쓸 만한 사람들은 찾아내어 활용하고, 쓸모없는 사람들은 무력화하고

---

382 푸올로 콘도르: 지금의 꼰다오 제도. 13개의 섬으로 이루어져 있다. 1862년, 프랑스는 이곳에 감옥을 세우고 베트남 독립운동가들과 정치범들을 수감했다. 열악한 환경으로 악명이 높았으며, «호랑이 우리»라는 별명을 얻었다.

383 죠제프 갈리에니(1849~1916년): 프랑스 군인. 생-시르 군사학교를 졸업하고 해병대 장교로 임관되어 보불전쟁에 참전했다. 이어서 레위니옹, 세네갈, 수단, 통킹에서 근무했다. 1896년에 장군으로 진급하고 곧 마다가스카르 총독으로 임명되어 그곳에서 일어난 폭동을 진압하고 1905년까지 재임했다. 이후로 '식민당'의 주요 인물로 활동했다. 대대적인 군사작전보다는 정치적 행위를 동반한, 느리면서도 조직적인 전진을 통해 식민지를 확보하려고 했다. 파리 군사령관(1914년)과 육군성 장관(1915년)을 지냈으며, 1921년에 원수(元帥)로 추증되었다.

없애버리는 것이어야만 한다.»(1895년)

식민 정책을 옹호하는 압력단체를 대변하는 목소리가 매우 컸던 사람들 중의 한 사람인 에드몽 지스카르 데스탱[384]은 이런 대중 선동가들과 극단주의자들에게 희생된 무고한 주민들의 수호자로 자처했다. 그는 다음과 같이 썼다. «해를 끼칠 수 있는 자유가 몇몇 사람에게 주어질 때, 수백만 명의 사람들이 고통을 겪는다.»(1936년) 소요를 일으키는 자들에게는 동정심을 보이지 말 것! 수뇌부를 칠 것! 특히 관용을 베풀지 말 것! 식민지 당국이 폭력을 사용하는 것은 반대로 주민들에게 베푸는 서비스이다. 식민지와 관련하여 많은 글을 쓴 또 다른 작가 르네 반랑드는 이렇게 주장했다. 이어서 그는 다음과 같이 주장했다.

«지금, 우리의 첫 번째 의무는 난투극이 벌어지는 날, 은밀하게 몸을 숨긴 채로 «안남 사람들»이 아무런 거리낌 없이 서로를 죽이도록 유도하는 자들이 그 안남 사람들을 끌어들이려고 할지도 모르는 사태로부터 이 안남 민족을 지키는 것이다. 안남 민족이 우리와 그들 자신의 지혜로움 말고는 아무것도 기대할 것이 없다는 것을 지체 없이 이 안남 민족에게 보여주자. 이미 행정부는 이성을 회복할 것을 촉구하는 호소를 하고, 세금과 임금을 보다 공정하게 조정하고, 소규모 농지에 지원을 하고, 농업 대출을 확대함으로써 정직하고 온순한 사람들이 행정부가 하는 일에 동참하도록 했다. 나는 지방 행정관이 공포한 포고문이 껀터[385]의 벽에 게시되어 있는 것을 읽어보았는데, 이 담화문에 담겨 있는 단호하면서도 친숙한 어조는 시골 주민들

384 에드몽 지스카르 데스탱(1894~1982년): 프랑스 고위공무원, 사업가. 인도차이나의 여러 행정 위원회에 간여했으며, 국가 회계감독관과 몽블랑 터널 건설 공사 사장을 비롯하여 여러 재정 관련 기관에서 고위 관료로 일했다. 발레리 지스카르 데스탱 대통령의 아버지이다.
385 껀터: 메콩강 삼각주에서 가장 큰 도시.

의 순박한 양식(良識)에 딱 들어맞았다. 그 지방관은 공로(公路)에서 군중집회를 획책하거나, 명령에 복종하기를 거부하거나, 폭동을 선동하는 글을 배포하거나, 통신을 방해하는 자들은 어떤 형을 받게 될지를 설명한 후에 다음과 같이 글을 맺었다. «이 담화문은 착한 사람들을 대상으로 공포된 것이 아니다. 그러나 이 담화문은 아직도 자신들이 경작하던 논이나 집안일을 내던지고 소동을 일으키는 자들을 따르려고 할지도 모르는 사람들이 많은 불행을 당하지 않게 해줄 것이라고 본 지방관은 생각하는 바이다.»

한편, 사댁[386]의 행정관은 다음과 같이 분명하고도 너그러운 말로 자신의 입장을 설명했다.

«…… 만일 정부가 준엄한 모습을 보여야 했다면, 그것은 착하고 근면한 주민들을 대상으로 한 것이 아니라, 고집스럽게도 삐뚤어진 길을 걸어가고 또 온순한 대중을 타락시키려고 하는 제정신이 아닌 자들과 불순분자들을 처벌하기 위해서이다.

만일 정부가 비행기를 동원한 군사작전을 명령했다면, 그것은 소요를 일으키는 자들이 자신들은 그럴 필요가 있는 곳이라면 어디에서든 쫓기고 추격을 당하게 될 것임을 알도록 하기 위해서, 그리고 물리력은 필요한 경우에는 정상적인 사람들을 보호하기 위해 있다는 것을 그 정상적인 사람들에게 보여주기 위해서이다.»(1930년)

아마도 그 어떤 사건도 1878년에 일어난 반란[387]을 이끈 주요 인물이자 카나크족 대족장이었던 아타이가 죽음을 맞이한 사건보다 더 상징

386 사댁: 껀터보다 약간 북쪽에 있으며, 껀터보다 규모가 작다.
387 1878년의 반란: 누벨칼레도니에서 아타이가 이끄는 카나크족이 프랑스의 식민 정책에 불만을 품고 일으킨 반란. 프랑스 측은 누벨칼레도니의 다른 부족들의 지원을 받아 반란을 진압했다. 아타이는 그해 9월에 자신의 부관에게 살해되었다.

적이지는 않았으리라. 아타이는 자신의 부관들 중의 한 명으로부터 배신을 당하고 살해되어 머리가 잘려졌다. 그의 머리는 프랑스인들에게 넘겨졌다. 그런데 식민지에서 근무하는 공무원들이 생각하기에, 으스스한 그의 유해는 어떤 정치적 기능을 할 수 있으리라고 여겨졌으리라. 아타이의 머리는 프랑스 본국으로 보내져서 전시되었다. 이런 행위는 «문명 전파자들»이 비난한 «미개인들»의 행위와 유사한, 말 그대로의 마귀 쫓기 의식이다.

우리는 물리력을 행사하는 것을 주저하는 사람들에 대해 많은 식민지 거주민이 가졌을 한없는 경멸감을 이런 행위에서 느낀다. 그들이 보기에 어떤 방식이든 간에 소심한 태도를 보인다는 것은 남성이 거세되었다는 것과 같은 의미였다. 식민지 거주민이라면 자신이 남성답다는 것을 보여주어야만 했다. 식민당에 속한 선전 활동가였던 모리스 롱데-생은 다음과 같이 썼다. «힘차고, 자신감을 가지고, 사나이답게 됩시다. 그렇게 하면, 인도차이나는 영원히 프랑스 땅으로 있게 될 것입니다.»(1917년) 식민지를 정복하는 행위는 그곳으로 침투하고/뚫고 들어가는 것이다. 질서를 유지하는 행위는 완력을 행사하는 것이다. 그 모든 일은 사나이들, 진짜 사나이들이 해야 할 일이다. 1950년대 튀니스 주재 프랑스 변리공사였던 장 드 오트클로크는 다음과 같은 말을 뱅상 오리올 대통령에게 했는데, 그 말은 대통령 집무실에서는 흔히 들을 수 없는 말이었다. «대통령 각하, 지금까지 우리는 발기가 잘 되지 않았습니다. 이제 우리는 단단하게 발기해야 합니다.» 질문을 하나 해본다. 이러한 면은 역사가들과 정신분석가들이 공동으로 연구해 볼 수 있는 영역이 아닐까?(사실, 이 영역은 옥타브 마노니가 이미 개척한 영역이다.)

제9장

더불어 사는 공간 속의 외국인들

«서양은 한 세기도 되기 전에 외국인 노동자들로 가득 차게 될 것이다.»
(죠르쥬 바셰 드 라푸쥬, 1909년)

식민지인들의 이민의 몇 단계

20세기 초까지

식민지 출신 사람들이 프랑스 본국에 둥지를 틀게 된 것은 비교적 최근에 일어난 현상이다. 프랑스가 해외로 팽창하던 초기에는 프랑스인들이 식민지로 이민을 갔으며, 그 반대로 식민지인들이 프랑스로 이민을 오지는 않았다. 당시에 프랑스 경제는 외국인 일손을 크게 필요로 하는 상태가 아니었다. 외국인 일손이 프랑스에 들어오기 시작할 무렵에도 식민지에서 들어오는 일손은 많지 않았으며, 유럽의 가난한 나라 출신 사람들이 조국을 떠나 프랑스로 왔다. 19세기와 20세기 초 수십 년 동안 이탈리아인들이 프랑스로 이민을 온 것은 잘 알려진 사실이다.

여전히 20세기 초, 프랑스의 어느 도시에서 «유색인» 남성을 마주치는 일은 작은 사건이었다. 어느 지리 교과서(라니에, 로쥬, 라보르드 공저, 1903년)에는 학생들에게 교훈을 주기 위한 것으로 보이는 다음과 같은 야릇한 대화가 실려 있다.

> «폴은 보통 때에는 시간을 매우 잘 지키는 학생이다. 하지만 어느 날, 그는 아주 늦게 등교했다.
>
> 폴이 말했다.
>
> — 선생님, 죄송해요. 큰 광장에서 니그로 한 사람을 바라보느라 시간을 잊었습니다.
>
> — 그래, 진짜 니그로였니?
>
> — 오! 네, 선생님. 피부는 새까맣고 이빨은 우유처럼 하얀 진짜 니그로였습니다. 사람들은 그 남자가 아프리카에서 왔다고 합니다. 우

리나라에 니그로들이 많이 있나요?

— 그렇단다. 얘야.»

20세기 초가 되어서 비로소 식민지에서 프랑스로 이민을 오는 사람들이 급증하기 시작했다. 그러나 당시에 이민자 수는 많지 않았다. 예를 들면, 1914년 이전의 경우에 프랑스 본국으로 이민을 온 마그레브인들은 1만 명(이들 중에서 대부분은 알제리의 카빌리 지방 사람들이었다.)도 되지 않았다.

외국인 이민자들은 대체로 사회·경제적인 이유로 프랑스로 이주했다. 예를 들면, 마르세유에서 현지 고용주들은 오랫동안 프랑스들인과 이탈리아인들이 대립하는 것을 이용했지만, 이탈리아인들이 점차 프랑스인들에게 동화되고 프랑스인들과 이탈리아인들이 공동으로 투쟁하기 시작하면서 예전의 그런 방식은 이제는 통하지 않는다는 것을 알게 되었다. 이런 상황에 직면한 몇몇 사람은 알제리에서 보다 유순한 일손을 모집할 필요가 있으며, 또 그 알제리 노동자들에게는 보수를 더 적게 지불할 수도 있을 것이라는 생각을 했다. 카빌리 지방 사람들이 프랑스에 처음으로 이민을 온 것은 1907년이다.

식민지에서 온 사람들이 프랑스 본국에 둥지를 틀게 된 또 다른 사정은 프랑스 군대 내에 «원주민» 부대가 편성되었기 때문이다. 프랑스가 알제리를 정복할 당시, 카빌리 지방 출신 보충병들이 모집되었다. 사람들은 곧 그들을 주아브 *Zouave*(이것은 카빌리 지방의 주아우아 *Zouaoua* 족[388]의 이름에서 비롯된 것이다.)라고 불렀다. 이 주아브 병사들은 크림 전쟁[389] 때부터 프랑스 군대에 편입되어 싸웠다. 이들에 이어서 타보르

388 주아우아족: 카빌리 지방에 사는 베르베르족의 연합체.
389 크림 전쟁(1853~1856년)과 주아브: 러시아에 맞서 프랑스, 영국, 사르데냐 왕국이 벌인 이 전쟁에서

Tabor[390]를 비롯한 여러 원주민 출신 보병들 — 이들 중에서는 세네갈 원주민 출신 보병들(샤를 망쟁 장군이 지휘한 유명한 «흑인 부대»)이 가장 유명하다. —이 프랑스 군대에 편입되어 싸웠다.

1870년의 보불전쟁 때 «원주민» 병사들이 처음으로 프랑스 본국에 등장했다. 알퐁스 도데는 «파리콤뮌에 가담한 튀르코 *Turco*(알제리 원주민 출신 보병)»인 카두르(Kadour)[391]의 감동적인 모습을 그려냈다. 프랑스어를 겨우 말하는 카두르는 프로이센 군대에 맞서 싸우는 전쟁에 내던져졌는데, 이 전쟁에서 카두르는 아무것도 이해하지 못했다. 퇴각할 때, 카두르는 자신이 속한 연대가 어디로 갔는지 찾지 못한다. 그는 파리에서 방황한다. 파리콤뮌이 일어난다. 파리콤뮌을 일으킨 사람들은 그를 고용해서 베르사유 군대(정부군)에 맞서 싸우는 데에 이용한다. 이해하지 못하면서도 복종하는 데에 익숙한 그는 명령을 따른다. 정부군이 나타났을 때, 그는 왜 그 프랑스인들이 자신을 의심의 눈길로 바라보는지 이해하지 못한다. 소설 내용은 다음과 같다.

> «미개인으로서 생각하기에, 파리 사람들이 그토록 오랫동안 기다렸던 것은 바로 그 페데르브[392] 또는 샹지[393]가 이끄는 해방군이라고 막연히 생각되었다. 그리하여 그는 무척이나 행복했으며, 하얀 이빨을 온통 드러내면서 그들에게 웃음을 보냈다! 흘끗 보니, [정부군이]

주아브는 알마 전투, 발라클라바 전투, 인케르만 전투에서 전과를 올렸다.

390 타보르: 모로코 원주민 출신 병사들을 가리키는 말.

391 카두르: 알퐁스 도데의 콩트집 『월요 이야기』에 실린 〈파리콤뮌의 튀르코〉에 등장하는 키 작은 알제리 원주민 출신 병사. 보불전쟁에 참전했다가, 파리콤뮌이 일어나자 파리에서 콤뮌 연맹군에 가담해서 싸우다가, 연맹군이 도망치자 홀로 남은 그는 콩코드 광장의 바리케이드에서 정부군에 맞서 싸우다가, 영문도 모른 채 전사한다.

392 페데르브: 루이 페데르브를 가리킨다. 각주 37번을 보라.

393 알프레드 샹지(1823~1883년): 프랑스 군인. 알제리에서 근무했으며(1848~1870년), 보불전쟁에 참여했다. 이어서 하원의원과 상원의원, 알제리 총독(1872~1879년)을 지냈다. 1879년 대통령 선거에서 낙선한 이후로 러시아 상트페테르부르크 주재 대사와 최고군사위원회 위원 등을 지냈다.

바리케이드에 몰려 와 있었다. 정부군이 그를 에워싸고는 흔들어댔다.

- 네 총 좀 보자.

그의 소총은 아직도 뜨거웠다.

- 네 손 좀 보자.

그의 손은 화약이 검게 묻어 있었다. 알제리 원주민 출신 보병 카두르는 여전히 껄껄 웃으면서 두 손을 용감하게 내밀었다. 그러자 사람들이 그를 벽에 몰아세우고는 탕! ……! 그는 무슨 영문인지 전혀 이해하지 못한 채 숨을 거두었다…….»(1872년)

프랑스 문학사에 등장하는 초기 이민자들 중의 한 사람인 카두르는 이렇게 생을 마쳤다.

1899년 7월 14일, 아프리카 출신 흑인들로 이루어진 부대의 병사들이 전통적으로 벌어지는 군사 퍼레이드에 처음으로 참여했다. 파쇼다의 영웅 마르샹 대위를 뒤따르는 흑인 병사들의 행렬이 당당히 파리의 군중 앞을 지나갔다. 파리의 군중은 놀랐으며 열광했다. 1913년 7월 14일 롱샹에서 열린 퍼레이드는 구경꾼들에게 더 생생한 인상을 남긴 것 같다. 그날, 알제리 원주민 출신, 세네갈 원주민 출신, 안남 원주민 출신, 통킹 원주민 출신, 마다가스카르 원주민 출신, 가봉 원주민 출신 보병들이 천천히 행진했다. 레이몽 프왱카레 대통령은 그로부터 얼마 전에 모로코에서 «혁혁한 전공을 세운» 제1 세네갈 연대의 깃발에 훈장을 달아주었다. 군중은 아낌없이 환호했다. «니그로 만세!»라는 외침이 터져 나왔다. 이튿날, 알제리 원주민 출신 보병들로 이루어진 군악대가 앵발리드에서 샹젤리제에 이르는 파리 한복판을 행진했다. 모든 대중 언론이 그 행진을 보도했다. 피부가 검은색, 노란색 또는 구릿빛으로 번쩍이는 병사들의 모습이 「순례자」의 양면에 컬러로 실렸다. 대령으로

승진한 마르샹이 한 말이 「만인을 위한 독서」에 실렸다. «별명이 "조아요[좋아요]"인 니그로이자 원주민 출신 보병이며 멋진 맨발의 사나이인 마흐마두-콘테(Mahmadou-Konté)»의 자질을 칭찬하는 말이었다.

프랑스 국민과 «착한 미개인들» 사이에 밀월 관계가 시작되었다.

제1차 세계대전

프랑스 국민과 «착한 미개인들» 사이의 밀월 관계는 제1차 세계대전 때에 절정에 달하게 된다. 이때 식민지 출신 사람들이 프랑스 본국 땅으로 대량 유입되었다. 군대는 전투에 투입할 병사들이 필요했으며, 산업은 상품을 생산할 노동력이 필요했던 것이다. 1914년부터 1918년까지 25만 명의 마그레브인, 16만 5000명의 아프리카 흑인, 5만 명의 «인도차이나인», 4만 5000명의 마다가스카르인, 2만 5000명의 서인도 제도인과 기얀인, 그리고 카나크족 원주민 출신 징집병, 소말리아 원주민 출신 징집병, 타히티 원주민 출신 징집병이 프랑스 군복을 입고 전투에서 싸웠다. 이와는 별도로, 수천 명에 이르는 식민지 출신 사람들이 동원되어 후방의 공장에서 일했다.

«원주민» 병사는 보통 프랑스인에게 잘 알려진 — 그리고 높이 평가되는 — 인물이 되었다. 당연한 일이었다. 다른 «야만인들», 즉 «독일 놈들 *Boches*»[394]이 프랑스로 곧장 들이닥칠 태세였다. 군대를 지원하는 모든 일은 환영을 받았다.

흑인이 가장 큰 환영을 받았다. 전선에서 기욤 아폴리네르는 자신의 전우인 «다카르 출신 포수(砲手)»를 노래하는, 감성이 넘치는 시를 한

394 «독일 놈들 *Boches*»: 독일 병사 또는 독일계 사람을 가리키는 경멸적 표현. 1870년의 보불전쟁 때 프랑스 군인들의 은어(隱語)에 사용되었다. 제1차 세계대전과 제2차 세계대전 때에도 병사들이 많이 사용했다. «독일 놈의 머리 *tête de Boche*»는 «나무(木) 머리 *tête de bois*»(우리식으로 말하자면 «돌대가리»)라는 뜻이다.

편 썼다.(1915년) 제롬 타로와 장 타로 형제는 가련한 징집병인 «삼바 디우프(Samba Diouf)의 긴 산책»[395]을 다룬 작품을 썼다.(1922년) 뤼시 쿠스트뤼에는 자전적 소설『우리 집의 미지인들』을 썼는데, 이 소설은 프랑스 남부 지중해변의 코트다쥐르에서 요양을 하는 흑인 부상병들의 일상생활 이야기를 담고 있다. 뤼시 쿠스트뤼에는 약간의 유머를 가미해서 주민들의 반응을 묘사했다. 이 병사들에 대해 주민들은 처음에는 무척 겁먹은 반응을 보이다가 곧 익숙해지고, 마침내는 약간의 애정을 보인다.(1920년) 모든 사람이 흑인들에게 이런 반응을 보인 것은 아니다. 식민지인의 모습을 담은 그림들에 등장하는 용감한 흑인 병사의 전형은 바나니아의 상표 «맛 조은 *Y'a bon*»에 등장하는 흑인이었다.[396] 1912년에 이 제품을 발매한 사람은 일-드-프랑스에 있는 작은 마을 쿠르브와에 사는 약사 피에르-프랑스와 라르데였다. 그는 당시에 생겨나고 있던 흑인의 인기(그리고 흑인이 전하는 건강, 자연스러움, 쾌활한 기질 같은 이미지)를 상품 판매에 이용하는 재능을 발휘했던 것이다. 1915년에는 베카신(*Bécassine*)[397]이라는 인물이 등장했다. 프랑스 북서부 지방 브르타뉴 태생의 유명한 만화 주인공 베카신은 왕자님이라고 불리는 세네갈인 병사에게 위문품과 편지를 보낸다.[398] 이후로 수많은 우편엽서, 신문·잡지의 캐

---

395 «삼바 디우프의 긴 산책»: 삼바 디우프라는 소년이 아프리카에서 프랑스로 끌려와서, 세네갈 원주민 출신 보병대에 편성되어 제1차 세계대전에 참전했다가 부상하고, 다시 아프리카로 돌아간다는 내용을 담은 동명의 소설.

396 «맛 조은 *Y'a bon*»에 등장하는 흑인: 각주 94번을 참고하라.

397 베카신: 쟈클린 리비에르가 글을 쓰고 에밀-죠제프-포르피르 팽숑이 그림을 그린 만화에 등장하는 브르타뉴 태생의 하녀. 1905년에 처음 등장했으며, 필진과 만화가가 바뀌면서도 2018년까지 계속해서 이 인물이 등장하는 여러 앨범이 발행되고 영화도 만들어졌다. 둥그스름한 얼굴의 베카신은 초기 앨범에서는 약간 바보스러운 모습으로 등장하지만, 점차로 시대의 중요 사건에 참여한다. 제1차 세계대전 때에는 병사들의 사기를 진작하기 위해 참전하고, 어린아이들을 가르치고, 자동차와 배와 비행기를 운전하고, 스키를 타고, 미국을 여행하고, 1931년의 식민박람회와 파리 지하철 공사현장을 구경하는 등으로 못 하는 일이 거의 없는 인물로 바뀌어 갔다.

398 베카신과 왕자님: 모리스 랑그로가 대사를 쓰고 에밀-죠제프-포르피르 팽숑이 그림을 그린『전쟁 중의 베카신』이라는 제목의 만화집에서 베카신은 적십자사에서 부상병을 돌보는 일을 하며, 톰북투 출신 왕자라는 어느 세네갈 원주민 출신 보병에게 위문품과 편지를 보낸다.

리커처에서 우리의 «보호를 받는» 유색인들은 호의적인 시각으로 묘사되었다. 아프리카인들과 «독일 놈들»은 매우 자주 대조적으로 묘사되었다. 이제 야만인으로 묘사된 것은 «독일 놈들»이었다. 주간 잡지 「총검」[399] — 이 잡지는 극단적으로 애국적인 경향을 띠었다. —의 어느 호에서는 참호 속의 아프리카 병사들이 특집으로 다루어졌다. 이 잡지의 첫 페이지에는 풀보라는 삽화가가 그린 그림이 실려 있다. 무릎을 꿇고 용서를 빌고 있는 독일인들 앞에서 붉은 술이 달린 챙 없는 모자를 쓴 어느 흑인 병사가 비꼬듯이 미소를 짓는 모습을 담고 있는 그림이 그러하다. 같은 잡지의 속 페이지에는 또 다른 삽화가 파이노가 그린 그림이 실려 있다. 부상한 원주민 출신 흑인 보병이 지나가는 장면을 보고 있는 주부 두 사람의 모습이 그러하다. 그 두 명의 선량한 여성은 다음과 같은 대화를 나눈다. «예전에 사람들은 저들을 잘 씻지 않는 사람들이라고 했지만, 이제 저들은 우리와 같이 소탕전 *nettoyage*[400]을 벌이고 있다.»(1916년) 프랑스인들이 각성하기(양심의 가책을 가지기) 시작한 것일까? 그렇지 않다. 단지 어떤 형태의 가부장적인 모습을 띠었을 뿐이다. 마르샬 메를랭[401] 총독은 다음과 같이 격정적으로 외쳤다. «백인들 중에서 일등은 프랑스인이고, 흑인들 중에서 일등은 세네갈인이다.»(1916년)

아랍인 병사들도 환영을 받았다. 비록 흑인 병사들보다는 훨씬 드물게 칭찬을 받았지만 말이다. 그로부터 10년 전에는 반군국주의적 내용을 담은 불후의 명작 가요 «제17 보병대 찬가 »를 쓴 죠르쥬 몽테위스 — 그는 1914년에 신성 단결[402]에 합류했다. —는 «탕, 탕 …… 아르

399 「총검」: 1915년부터 1920년까지 발행된, 풍자적 성격을 띤 주간 잡지.
400 소탕전 *nettoyage*: 씻기, 청소 등의 의미도 있다.
401 마르샬 메를랭(1860~1935년): 프랑스 행정가. 프랑스령 서아프리카, 마다가스카르, 프랑스령 적도 아프리카, 인도차이나의 총독을 지냈다.
402 신성 단결: 1914년 8월 3일에 독일이 프랑스에 선전포고하자, 그동안 정부에 반대해오던 노동총동맹과 노동자인터내셔널프랑스지부 등이 힘을 보태기로 했는데 이것을 «신성 단결»이라고 부른다.

비»[403]를 썼다. 그 내용은 다음과 같다.

> «만세! 만세!
> 나는 너무나 기쁘네
> 대포가 울리고
> 나팔이 울릴 때
> 만세! 만세!
> 나는 앞으로 달려가네
> 앞으로
> 독일 놈들을 죽이고 또 죽이러!
> 탕, 탕, 아르비
> 나는 파리를 보는 게 기쁘네
> 나는 기쁘네, 너무나 좋아
> 더러운 프로이센 놈들의 목을 따버리는 것이
> 그놈들은 아주 나쁜 놈들이니
> 겁내지 마라, 겁내지 마라, 시디(Sidi)야,
> 프로이센 놈들이 오면, 나는 모가지를 딸 거야
> 모가지를 딸 거야!»

청년들을 독자로 하는 어느 이야기책 — 당시에는 이런 이야기책이 많았다. —에는 여러 명의 «독일 놈»에 홀로 맞서서 검을 휘두르는 «원주민 출신 기병대원 유세프 벤 살라그(Youssef Ben Salag)»를 묘사한 그

온 국민이 정치적 성향을 떠나 거룩하게(신성하게) 단결했다는 의미이다. «신성 연합» 또는 «신성 동맹» 등으로도 번역할 수 있다.

403 아르비 *Arbi*: 군인들의 은어(隱語)로 아랍인을 가리킨다.

림이 실려 있다. 독일군의 총구 앞에서는 중과부적이다. 그러나 용맹한 그 아랍인 병사가 뜨거운 눈길로 적을 노려보자, 적은 공포에 떨고 있는 것 같다. 이 이야기는 유세프의 승리로 끝난다.(1915년) 또 다른 이야기에서는 «알제리 원주민 출신 보병 아마르(Amar)»가 다음과 같은 무공을 세운 사람으로 등장한다.

> «아마르는 카빌리에서 태어났다. 그는 아주 젊은 나이에 알제리 원주민 출신 사람들로 이루어진 보병대에 입대했다. 그는 모로코 전투에 참여했으며, 연대 내에서 가장 담대한 "튀르코 *Turcos*(알제리 원주민 출신 보병들)" 중의 한 명이었다. 프랑스로 배속되었을 때, 그는 프로이센인들을 무찌르러 가는 것이 너무나 기뻤다. 그는 그들과 겨루는 것이 기다려졌다. 그는 벨기에에서 쏟아지는 포격을 무릅쓰고 [프로이센] 황제 근위대를 향해 맹렬히 돌진한 영웅들 중의 한 명이다. 그는 다섯 명의 건장한 튜튼인들과의 싸움을 견디어내야 했다. 힘차고 민첩하며 격노한 그는 그 큰 체구의 튜튼인들을 쳐부수었다. 그는 네 곳에 상처를 입고 돌아왔다. 하지만 그는 그 상처를 치료받고 싶지 않았다. 사실, 그는 참호에서 멀어질까 염려했다. 그는 참호 속에 있고 싶어 했으며, 모든 전투에 참여하고 싶었다…….»(1916년)

이야기는 이런 투로 계속된다.

양차대전 사이에서

이민자들이 프랑스로 밀려든 것은 다음과 같은 두 가지 사정 때문이었다. 즉, 자신들이 출생한 국가에서 빈곤이 계속되자 아시아인들과 아프리카인들이 프랑스 본국으로 와서 먹고살 것을 찾으려고 했으며,

교통 발달로 대량 이동이 가능하게 되었던 것이다. 여하튼 당시에 프랑스 사회는 인구가 부족했다. 1914~1918년에 있었던 엄청난 인명 손실은 프랑스 인구에 지속적으로 타격을 주었다. 전쟁이 끝나고 프랑스 본국의 경제에 많은 노동력이 필요했는데, 그 노동력은 물론 숙련되지는 않았지만 값이 쌌다……. 이에 더해서 사용자들이 보기에 그 노동력은 그다지 노동 투쟁을 열심히 할 것 같지도 않았다. 프랑스학사원의 회원 뤼시앵 드 로네는 노동력 부족 문제를 해결할 수 있는 방법들을 차례로 검토해보았는데, 그가 보기에는 «외국인 일손»을 국내로 이주시키는 것이 한 방법이었다. 그는 이런 일손 또는 저런 일손의 특징에 대해 다음과 같이 설명했다. 튀니지인들은 «온순하고, 순종적이며, 부지런하고, 스스로 깨우칠 줄 안다.» 카빌인들이나 모로코인들은 «기운이 세고, 근면하며, 돈 욕심이 많은데, 그렇기 때문에 [프랑스 본국에서 일하면서] 저축한 돈을 가지고 고국으로 돌아가는 그들의 동료들이 보여주는 본보기를 통해서 그들의 마음을 점점 더 사로잡을 수 있다.» 반면, 알제리인들은 «복종을 잘 하지 않기 때문에 좋지 않게 평가되며», 심지어 청소부나 광부 같은 직업에 종사할 수 있는지도 의문시된다. 마다가스카르인들은 «온순하고, 총명하며, 이따금 만족스럽다.» 병사로서는 훌륭하지만 노동자로서는 형편없는 흑인들은 «변덕이 심하며, 꾸준히 일을 하도록 하기 힘들다.» 마지막으로 «인도차이나인들»은 «온순하고 재주가 있지만, 키가 작고 별로 건장하지 않으며 기운이 없다. 기껏해야 여성 일손과 비슷하다고 할 수 있다.»(1919년)

따라서 식민지에서 온 이민자는 프랑스 본국의 도시 풍경을 이루는 한 부분이 되었다. 1921년 1월 5일, 하원은 파리에 모스크를 건립하기 위해 알제리, 모로코, 튀니지에 투입할 예산 중에서 50만 프랑을 빼내서 쓴다는 방침을 가결했다. 모자라는 돈은 마그레브, 레반트, 프랑스령 흑아프리카 신자들과 이집트와 터키 신자들의 개인 기부금으로 채워졌다. 1922년 10월, 미흐라브[404]를 설치하는 의식이 베풀어졌다. 공사는 1926년에 마침내 완료되었다. 그해 7월, 가스통 두메르그 대통령과 물레 유세프[405] 모로코 술탄이 참석한 가운데 낙성식이 열렸다. 이후로 프랑스 수도 한복판에 세워진 그 건물은 프랑스 본국의 두 번째 종교는 마호메트교라는 것을 파리인들에게 상기시켜주었다. 상황이 기이하게 뒤바뀐 것이다. 알제의 언덕 꼭대기에서 이슬람에 용감하게 도전하는 노트르담 성당에 대응하여, 파리의 라틴 구역에 회교 사원의 첨탑이 세워진 것이다. 감격한 투로, 그리고 또 아마도 약간은 비꼬는 듯이 들리는 투로 물레 유세프는 다음과 같이 선언했다. «저는 같은 하늘 속에서 뒤섞여 있는 노트르담 성당의 종루와 모스크의 첨탑을 두 눈으로 보았습니다.» 따라서 미흐라브가 건립된 것은 상징적인 가치를 지닌다. 그러나 모든 무슬림 공동체가 예배 장소를 가질 수 있었던 것은 아니다. 전혀 그렇지 않다. 이민자 대부분은 파리의 한복판에 있는 제5구에서 멀리 떨어진 가난한 교외에 살았다. 하지만 그들은 종교 행위를 할 수 있었다. 「자, 르포르타주 주간지」는 «변두리 동네의 이슬람»과 관련한 특별 앙케트를 실시했으며, 개인주택이나 «아랍 카페»의 뒷방에서 이민자들이 드리는 예배 의식을 보도했다.(쟝 갈로티, 1933년)

이민자들은 픽션 작품에도 등장했다. 1937년, 쟝 다마스는 도발적인 제목에 매우 인종주의적인 내용을 담은 책 『프랑스로 이주해서 교외에서 살아가는 북아프리카인』을 발표했다. 그로부터 1년 뒤에는 마르셀 마르티가 거의 같은 제목에 같은 주제를 다룬, 그러나 덜 저속한

404 미흐라브: 이슬람 사원에서 신자들이 예배를 드리는 방향에 있는 벽감(壁龕). 메카가 있는 쪽을 가리킨다.

405 물레 유세프(1881~1927년): 1912년부터 1927년까지 모로코의 술탄이었다. 벤 유세프의 아버지이다.

내용을 담은 『프랑스로 이주한 어느 북아프리카인 또는 인생은 아름다워……』를 발표했다.(1938년) 마르셀 파뇰[406]은 마르세유의 거리에서 길을 잃은 식민지인들(이들은 흘러가는 작품의 줄거리와 분명한 관련이 있는 것은 아니다.)을 두 차례나 작품에 등장시켰다. 『마리위스』에서 어느 양탄자 상인 — 이 사람은 물론 아랍인이다. —이 마르세유 구항(舊港)에 있는 유명한 술집에 들어간다. 이 상인은 파니(Fanny)라는 아가씨에게 무척이나 친절하게 다음과 같이 말을 건넨다. «아가씨, 이뿐[예쁜] 양탄자 드릴까요?» 파니는 퉁명스럽게 다음과 같이 답한다. «아뇨.» 그러자 상인은 술을 마시고 있는 어느 사람에게로 — 이 사람은 얼굴조차 들지 않는다. — , 그 다음에는 마리위스에게로 다가가서 다음과 같이 말한다. «마리위스 선상님[선생님], 이뿐[예쁜] 양탄자 드릴까요? 마리위스 샌생님[선생님], 이깃[이것] 봐요. 순수 양털로 짠 거예요! (…) 이 위로 맨발로 걸어보시면, 보들보들해서 즐거워 죽을 정도예요!» 일어나고야 말 일이 일어난다. «마리위스 선상님»의 답변이 터져 나온다. «아니라고 했잖아, 더러운 비코[407]!» 상인은 황급히 줄행랑을 쳤다.(1929년) 그로부터 얼마 뒤, 『파니』에서도 비슷한 장면이 벌어지는데, 이번에는 폭력이 동반된다. 이 작품에서는 마르세유 구항(舊港)에 있는 그 유명한 술집의 단골들이 짜증스럽게 반응하는 사람은 «안남인»이다. 여전히 에스카르트피그(Escartefigue)라는 등장인물과 격한 논쟁을 벌이던 세자르(César)라는 등장인물이 한잔하러 온 «안남인»이라는 사람의 두 발에 뜨거운 커피를 쏟는다. 큰 고통을 느낀 «안남인»은 «알아들을 수 없는 욕설»을 주절거린다. 안남인이 아닌 다른 손님이었더라면 주인은

406 마르셀 파뇰(1895~1974년): 프랑스 소설가, 극작가, 영화인. 소설 『마리위스』를 발표하면서 유명해졌다. 남프랑스를 무대로 하는 소설들을 썼으며, 영화제작사를 차리고 자신의 소설들을 영화화했다. 우리에게는 영화 〈마농의 샘〉의 감독이자 동명의 소설을 쓴 사람으로 잘 알려져 있다.

407 비코: 각주 293번을 보라.

그 손님에게 사과해야만 할 것이다. 그러나 여기에서는 반대의 일이 벌어진다! 세자르는 에스카르트피그 때문에 난 화를, 커피에 발을 덴 그 «안남인»에게 퍼붓는다. 세자르는 다음과 같이 말한다. «이봐, 노르스름한 놈, 싫은가? 그럼, 꺼져! 어서!» 파뇰은 지문(地文)에 다음과 같이 썼다. «그는 곤봉을 든다. 안남인은 줄행랑을 친다.»(1931년)

탈식민화 시대

1918년 이후에 일어난 것과는 반대로, 제2차 세계대전 이후에는 식민지 원주민 출신 병사들이 참전했다고 해서 프랑스 본국 사람들이 이민자들의 공동체에 호감을 가지지는 않았다. 이민자들에 대한 프랑스 본국 사람들이 가지고 있던 은밀한 적대감은 탈식민화 과정에서 프랑스 본국과 식민지 사이에 긴장이 드높아졌기 때문일 것이다. 프랑스 내의 이민자들의 공동체는 민족주의자들의 유혹에 점점 더 민감하게 반응했으며, 보통 프랑스인은 신문을 읽으면서 식민지배 체제의 허약성을 보여주는 사건들을 계속 접하게 되었다. 당시에는 프랑스가 식민제국을 거느리고 있다는 의식이 굳건했기 때문에 프랑스 본국 내의 프랑스인들과 이민자들 사이의 간극은 더 커져갔다.

1951년 1월, 국립인구연구소는 프랑스 본국에서 실시한 여론조사 결과를 발표했다. 이탈리아인들, 독일인들, 벨기에인들, 스위스인들, 북아프리카인들(그런데 여론조사를 진행한 사람들은 마그레브 3국[408]을 구분하지 않았다.)을 비롯한 10개 나라 외국인들 중에서 어느 나라 사람에게 가장 호감을 느끼는지를, 어느 나라 사람에게 가장 호감을 느끼지 않는지를 프랑스인들에게 물어보았다. 프랑스인들이 식민지인들을 잘못 이해하

408 마그레브 3국: 모로코, 알제리, 튀니지.

고 있다는 것, 그리고 그들에게 두려움을 느끼고 있다는 것이 이 질문에 대한 답변에서 생생히 드러났다. 우리의 «보호를 받는 사람들»에 대해 프랑스인 100명 중에 두 명만이 가장 호감을 느끼며, 세 명은 두 번째로 호감을 느끼며, 여섯 명은 세 번째로 호감을 느낀다고 답했다. 따라서 조사에 응한 사람들 중에서 대체로 10%가 식민지인들에 대해 비교적 호감을 가졌다고 할 수 있다. 반대로, 북아프리카인들에 대해서 프랑스인들 22%는 가장 호감을 느끼지 않으며, 14%는 아홉 번째로 호감을 느끼며, 12%는 여덟 번째로 호감을 느낀다고 답했다. 따라서 프랑스인들 중에서 약 절반이 북아프리카인들에 대해 대체적으로 적대적이었다고 할 수 있다. 프랑스인들이 북아프리카인들보다 더 나쁘게 평가한 것은 독일인들뿐이었다. 당시는 제2차 세계대전이 끝나고 채 10년도 되지 않은 때였다…….(1953년에 국립인구연구소가 발표한 여론조사 결과)

독자 여러분께서는 이런 모든 현상이 탈식민화 시대에 더욱 강화되어 가리라고 상상하실 것이다. 프랑스 본국 사람들은 인도차이나 전쟁에 크게 관심을 거의 가지지 않았으며, 따라서 아시아 사람들 — 어쨌든 이들은 수가 별로 많지 않았다. —을 배척하는 현상은 거의 없었다. 하지만 머지않아 알제리 전쟁은 엄청난 비극을 낳게 된다.

알제리 전쟁이 시작되면서 프랑스인들의 위선은 더욱 심해졌다. 프랑스 본국 내에서 두 공동체, 즉 프랑스인들의 공동체와 식민지 출신 사람들의 공동체 사이에 드리워져 있던 불투명한 장막 — 이 장막은 제2차 세계대전 이전에 이미 뚜렷이 존재했다.(위에서 언급한 1951년의 여론조사를 보라.) —은 두꺼운 벽으로 바뀌었다. 「프랑스-관찰자」에 발표한 짤막한 조사 결과를 작성한 앙리-프랑스와 레이는 약간은 씁쓸한 어조로, «프랑스에는 20만 명의 "비코 *bicot*"가 있다.»라고 썼다.(1955년) 프랑스인들이 배척하는 사람들의 수가 그만큼이나 되었던 것이다. 프랑스인 대다수는 스스로 그런 사고 도식에 갇혔다. 아랍인들을 차별하는 사례는 알제리 전쟁이 일어나기 이전에도 이미 있었지만, 이후로는 프랑스 본국 내에 사는 아랍인들이 영위하는 일상생활의 일부분이 되었다고 사회학자 앙드레 미셸[409]은 지적했다. 아랍인은 영화관, 카페, 호텔, 공중목욕탕에 들어갈 수 없거나 내쫓겼다.(1956년) 반대로, 북아프리카 출신 사람들의 태도도 바뀌기 시작했다. 이제 그들이 프랑스 사회에 개인적으로 통합되려고 하는(또는 예를 들면 노동조합을 통해 집단적으로 통합되려고 하는) 경우는 매우 드물었다. 프랑스 본국 내의 아랍인들은 마그레브 내의 «원주민들»이 과격화되어 간 것과 같은 속도로, 나아가 더 빠른 속도로 과격화되어 갔다. 쟈크 에스트린은 여전히 「프랑스-관찰자」에 기고한 글에서 다음과 같이 서술했다. 이후로 북아프리카인들의 공동체는 거의 한결같이 자신들의 모국과 프랑스 사이를 이어주는 가교 역할을 하려는 일체의 의사를 포기했다. 심지어 좌파 정당 당원들이 보기에도, 프랑스 본국에 사는 아랍인들은 «외부와 절연»되었다.(1955년) 그로부터 얼마 뒤인 1959년, 마르크스주의적 성향을 띤 잡지 「사상」에는 앙드레 미셸 — 이 여성은 이 문제에 대해 정말로 장황하게 서술했다. —과 노동총동맹 내의 금속노동자동맹의 젊은 사무국장 앙리 크라쥐키[410] 사이에 벌어진 논쟁이 보도되었는데, 이 논쟁은 알려주는 바가 많다. 현장 조사를 해본 결과 노동자 계급 내에 차별 행위가 계속되고 있다는 사실을 확인한 앙드레 미셸의 주장에

409 앙드레 미셸(1920년~): 프랑스 여성 사회학자, 페미니스트, 반식민주의자, 반군국주의자. 인종 차별, 계급 간의 불평등, 남성과 여성 간의 불평등, 프랑스 내 알제리 노동자들의 조건 등이 주요 관심사였다. 국립과학연구소에서 일했으며, 알제리 전쟁 때에는 알제리민족해방전선을 돕기도 했다.

410 앙리 크라쥐키(1924~2003년): 바르샤바 태생의 프랑스 노동운동가. 네 살에 어머니와 함께 프랑스에 와서 미리 와 있던 아버지와 재회했다. 공산주의자이자 노동운동가인 부모의 영향을 받았다. 제2차 세계대전 때에는 레지스탕스 운동에 참여했다가 체포되어 독일의 강제노동 수용소에 이송되었다. 전후에 프랑스공산당과 노동총동맹에서 맹활약했다. 1982~1992년에 노동총동맹 총서기를 지냈다.

맞서, 노동 운동가 앙리 크라쥐키는 인터내셔널 정신에 대해 언급했다……. 크라쥐키는 인터내셔널 정신은 싹트고 있는 중이지만, 각종 기구가 도와주어야 자라날 수 있다고 했다. 미셸은 있는 그대로의 노동자들에 대해 말했으며, 이에 맞서 크라쥐키는 마땅히 그러해야 할 모습으로서의 노동자들에 대해 말했던 것이다……. 아아! 이후에 일어난 여러 가지 사건을 보면, 사회학자 미셸의 말이 대체로 옳았다는 것을 알 수 있다. 공장에서 노동자들은 각자 자신을 위해 일했다. 프랑스인 노동자들과 아랍인 노동자들이 서로를 이해하지 못했다는 것은 많은 증언으로 증명되었다. 그들은 서로 말을 많이 건네지도 않았으며, 구내식당에서 함께 식사를 하지도 않았다……. 숙소에서도 그들은 각자 자기 세계 속에서 살았다. 프랑스 노동자들은 영세민 임대 주택 — 그들은 «영광의 30년» 시기부터 이곳에서 살 수 있게 되었다. —에서 살았으며, 북아프리카인들은 음산한 «선술집»을 들락거리고 «가구가 딸린 싼 셋방»에서 살았다. 이제 프랑스인들과 이민자들이 서로 소통할 수 있는 통로는 없었다. 각자 자기 세계 속에서, 각자 독자적으로 살아갔다.

상황이 이러했기에, 이민자들이 무수한 억압을 받아도 프랑스 본국 사람들의 마음 깊숙한 곳에서 항의의 외침이 솟아나지 않았던 것이다. 10년 동안이나 말이다. 1961년 10월, 모리스 파퐁[411]이라는 자가 지휘

411 모리스 파퐁(1910~2007년): 2차대전 중에 비시 정권에서 지롱드도(道)의 사무국장으로 근무하면서 약 1600명의 유태인을 체포하여 강제노동수용소로 보냈다. 이어서 보르도 경찰국장, 내무부 내의 알제리 담당 부차장, 센 도지사를 지냈다. 알제리 전쟁 때에는 알제리 주재 행정총괄 감찰관으로 있으면서, 독립을 요구하는 알제리인들을 무자비하게 탄압했다. 이후로 코르시카 도지사, 모로코 보호령 사무국장을 지냈으며, 1958~1967년에는 파리 경찰국장을 지냈다. 1961년 10월 17일에 일어난 알제리인들의 시위(아래 각주를 참고하라.)와 이듬해 2월 8일에 일어난 시위(비밀군사조직에 반대하는 시위)를 무자비하게 진압했다. 1978~1981년에는 예산부 장관을 지내기도 했다. 제2차 세계대전 중에 유태인들을 강제노동수용소로 보낸 것과 관련하여 반인륜 범죄 혐의로 기소되어 1998년 4월에 10년 징역형을 선고받았으나, 2002년 9월에 건강상의 이유로 가석방되었다.

하는 경찰이 파리 한복판에서 수백 명의 알제리인들을 도살한 것에 대해서도[412] 프랑스인들은 크게 반응하지 않았다. 몇몇 사람이 분노에 찬 고함을 지르고, 「기독교인의 증언」, 「현대」, 「인류애」, 「정신」에 사건이 보도되고, 국회에서 논쟁 — 논쟁은 큰 반향을 일으키지 못했다. —이 벌어진 것이 고작이다. 그리고 프랑스인들은 다른 문제로 넘어갔다.

스테레오타입

프랑스 본국에서 유독 식민지인들을 얕잡아보는 인종주의라는 현상이 언제 등장했는지를 정확히 가늠하기란 쉽지 않다. 그런 인종주의는 식민주의 초기 단계(1830~1890년)에는 별로 없었던 것 같다(공격적이지 않기는 하지만 당연히 프랑스인으로서의 우월 의식을 담고 있는 유머를 제외한다면 말이다). 당시에 식민지 출신으로 프랑스에 정착한 사람들의 공동체는 수적으로 보잘것없었다고 할 수 있다.

식민지인들에 대한 적대감 같은 것은 20세기 초에 서서히 자리를 잡았으며, 이어서 제1차 세계대전 직후에 확산되었다고 할 수 있다. 식민지인들에 대한 여러 종류의 스테레오타입이 생겨나고 인종주의가 서서히 모습을 드러냈다. 당시에 「삽화가 곁들여진 북아프리카 소식」에 실린 글에서 볼 수 있듯이, 이제 모든 것이 «이 대대적이고 수상쩍은 이

412 알제리인 도살: 알제리 전쟁이 끝을 향해 치닫고 있을 무렵인 1961년 10월 17일, 파리에 거주하는 약 3만 명의 알제리인들이 자신들에게 내려진 야간 통행금지 조처(그해 10월 7일부터 파리에 거주하는 알제리 출신 사람들은 저녁 8시 30분부터 아침 5시 30분까지 외출이 금지되었다.)에 항의하기 위해 시위를 벌이자 경찰국장 모리스 파퐁의 명령을 받은 경찰이 발포했으며, 의식불명이 된 사람들과 사망자들의 시신을 센강에 던져버렸다. 시위대 중에서 1만 명 이상이 체포되었다. 사건 이튿날의 공식 발표에 따르면 두 명의 알제리인이 사망했다고 하나, 실제 사망자 수는 수십 명에서 수백 명에 이르는 것으로 추정된다.

민»을 두려워하도록 부추겼다.(1922년) 이 글에는 두려움을 불러일으킬 수 있는 이민의 두 가지 특징이 다음과 같이 언급되어 있다. 먼저, 식민지인들의 이민은 «대대적»으로 이루어지고 있으며 따라서, 프랑스인들은 이 이민자들과 필연적으로 경쟁할 수밖에 없다. 둘째, 식민지인들의 이민은 «수상쩍으며», 따라서 정체를 알 수 없다. 그리하여 프랑스인들의 뇌 — 정상적으로 작동하는 뇌라면 말이다. —에 "조심하자, 위험하다."라는 신호가 켜졌다. 장차 크게 유행하게 될 다음과 같은 여러 가지 진부한 표현이 등장했다.

이민자들이 우리의 땅을 침략하고 있다

«관용의 한계», «침략»이라는 개념이 사용되기 시작했다. 식민지인들이 프랑스로 이민을 오는 것 — 앞에서 보았듯이, 이것은 프랑스 내의 인구가 줄고 있다는 걱정과 직접적인 관계가 있었다. —은 미개인 무리가 우리의 문명화된 서양으로 쇄도하게 될 것임을 알려주는 전조 같은 것으로 여겨졌다. 「삽화가 곁들여진 북아프리카 소식」에 다음과 같은 표현이 등장했다. «어깨에 아랍 양탄자를 멘, 혼자 사는 고물 장수들»과 «일자리를 찾으면서 쉬고 있는 노동자들»은 «아프리카 침략군의 전령(傳令)»이다.(1922년) 이미 1906년에 이런 현상을 예견한 지리학자 오네짐 르클뤼스는 다음과 같이 썼다. «우리는 입술이 두꺼운 사람들이 우리의 해안으로 달려오는 것을 보게 될 것이다. 그들은 처음에는 수가 매우 적을 것이다. 그들은 미래의 기형적인 여러 도시로 밀려와서, 백인들이 창피스러워서 하지 않을 하수구 청소부 일에서부터 하인 일에 이르기까지 온갖 일자리와 수많은 자잘한 일자리를 차지할 것이다.» 같은 시기에 극단적인 인종주의적 성향을 지녔던 작가 죠르쥬 바셰 드 라푸쥬는 다음과 같이 썼다. «이민을 통해서 반세기만에 야

만인들의 대이동보다 더 많은 수의 외국인들이 [프랑스 국내로] 들어왔다 (…). 서양은 한 세기도 되기 전에 외국인 노동자들로 가득 차게 될 것이다.»(1909년) 그러나 이런 두려움은 1914년 이전에는 막 싹이 트고 있을 뿐이었지만, 간전기에 들어와서는 급격하게 커졌다. 이런 현상은 많은 책에서 다루어졌다. 프랑스 식민지 출신 사람들에게만 비난이 가해진 것은 아니다. 전혀 그렇지 않다. 이탈리아인들, 유태인들, 터키인들, 중앙 유럽과 동유럽에서 이민 온 사람들 모두가 «거류민»이라고 불리었는데, 이들은 훌륭한 프랑스인들이 지닌 피의 «순수성»을 파괴하는 균을 들여오고 있다는 의심을 받았다. 이런 문제의 전문가였던 죠르쥬 바셰 드 라푸쥬 — 이 사람은 그 무렵에 사회 활동을 마감했다. —는 우생학을 주창한 미국인 매디슨 그랜트의 저작에 붙이는 서문에서 다음과 같이 주장했다. 프랑스에는 «출신 성분이 매우 순수한 프랑스인»이 2000만 명이 있으며, «옛날에 이웃한 여러 나라 출신 사람들이 침투함으로써, 무슬림들이 노예로 수입됨으로써, 그리고 심지어 지난 3세기 동안 서구의 여러 지방에 니그로들이 대량 유입됨으로써 오염되고 잡종이 된 프랑스인»이 약 1000만 명이 있으며, «최근에 몰려온, 또는 한 세기 조금 더 전부터 몰려온 거류민»이 1000만 명이 있다. 바셰 드 라푸쥬가 가장 신랄하게 공격한 것은 식민지인들이다. 그는 다음과 같이 주장했다. 어찌 감히 «1억 명의 주민이 살고 있는 프랑스»라는 말을 입에 올릴 수 있는가? 암묵적으로 여러 인종을 동등하게 여기면서 말이다. «기독교인이거나 또는 기독교인과 다름없는 4000만 명의 백인»은 «불교인이거나 물신 숭배자이거나 또는 회교도 신자인 6000만 명에 이르는 황인들이나 흑인들»에게 압도될 것이다 (…). 이 6000만 명의 외국인들은 우리를 위협하는 가장 큰 위험이다. 이들의 자녀들이 번성하기 때문에, 그리고 우리가 우리 자녀들의 상황을 안전하게 해줄 방법을 찾지 못하고 속수무책이기 때문에 더더욱 이 외국인들은 큰 위험이다. 미래는 6000만 명에 이르는 이 외국인들의 후손이 만들어 갈 것이다. 바셰 드 라푸쥬는 여러 범주의 «거류민들»이 프랑스로 귀화하는 행위를 보면서 다음과 같이 분개했다. «군주, 왕, 대신 또는 의회는 니그로의 피부를 하얗게 하거나 중국인의 눈을 크게 만들거나 여성을 남성으로 바꿀 수 없는 것 이상으로, 그리스인이나 모로코인을 프랑스인으로 만들 수 없다. 모든 것은 한계가 있기 마련이다. 법적 간주[413]도 마찬가지로 한계가 있기 마련이다. 어느 사람이 프랑스인이기 위해서는 프랑스인 남성과 프랑스인 여성 사이에서 태어나야 한다. 세기에서 세기를 거쳐서 말이다.»(1926년) 이 글에서 바셰 드 라푸쥬는 속지주의에 반대하면서 혈통주의를 부르짖고 있다!

많은 이들은 이런 생각 때문에 프랑스 땅에서조차도 «백인종»이 완전히 다른 인종들에게 압도되지나 않을까 우려하게 되었다. 다른 인종들이 프랑스 땅을 침략하고 있다는 이미지가 생겨났다. 1931년, 파리의과대학 부속 인류학연구소의 소장 죠르쥬 파피요 교수는 어느 토론회에서 자신이 염려하는 바를 털어놓았다. 그는 만일 프랑스 본국이 국경을 폐쇄하지 않는다면, 본국 자체가 거꾸로 여러 해외 점령지의 식민지가 될 것이라고 평가했다. 쟝 다마스의 소설에 등장하는 한 인물 — 이 인물 역시 의사이다. —은 마그레브인들과 관련하여 다음과 같이 소리친다. «우리는 그들을 격퇴하지 못하고 그들에게 치여 죽을 지경이다. 요컨대 그놈들이 500만 명이나 되기 때문이다.»(1937년) 500만 명이라! 새빨간 거짓말이었다. 다마스의 소설이 발표된 때와 정확히 같

---

413 법적 간주: 법률에 의해 사실로 간주되지만 실제로는 사실이 아닌 것. 바셰 드 라푸쥬에 따르면, 법적으로는 프랑스인이지만 태생적으로 프랑스인이 아닌 사람들이 이에 해당한다.

은 때(1936년)에 실시된 인구조사에서 외국인은 7만 2891명의 북아프리카인 등을 포함하여 240만 명으로 집계되었다. 실제 사실과 이 사실에 대해 사람들이 체감하는 바가 큰 차이가 난다는 것을 보면, 이 문제가 인구통계의 차원 또는 사회학적 차원의 문제를 넘어서 심리적 차원의 문제라는 것을 알 수 있다. 쟝 지로두[414]는 증식하는 해충을 연상시킬 수밖에 없는 동사를 사용해서 다음과 같이 썼다. «그르넬과 팡탱[415]에는 아랍인이 우글거린다.»(1937년) 자기가 사는 도시의 거리를 걸어가는 프랑스인은 이제 프랑스의 여러 식민지에서 온 그 이상한 존재들에 익숙해져야만 했다. 그런 사실이 프랑스인에게 반드시 기쁨을 주었던 것은 아니다. 탐정소설 작가 레오 말레는 파리의 라틴 구역에서 이민자들을 마주칠 때, 이 문제에 대해 다음과 같이 말장난 — 이 말장난은 문제의 소지가 있다. —을 했다. «불미슈 *Boul'Mich*라고요? 이런! 그렇지요. 부뉼 미슈 *Bougnoule Mich*'지요![416]»(1957년) 그러면 또 다른 탐정소설의 대가인 오귀스트 르 브르통이 사용한 다음과 같은 흥미진진한 어휘는 말해 무엇 하리요.

«이 비크들 *Bics*[417]!. 그들은 자신들이 이곳에서 무엇이든 할 수 있다고 여겼다. 그들은 계집들을 유혹했다. 그 여자들이 결혼했는지 알려고 하지도 않으면서. 그리고 그들은 어느 사람에게 지불해야 할, 미

---

414 쟝 지로두(1882~1944년): 프랑스 작가, 외교관. 『트로이 전쟁은 일어나지 않으리라』를 비롯하여 고대 신화를 차용한 극작품을 많이 썼다. 프랑스 외교부에서 근무했다. 반유태주의자, 인종주의자로 평가된다.

415 그르넬, 팡탱: 그르넬은 파리 남서쪽 교외에 있는 콤뮌이며, 팡탱은 파리 북동쪽 교외에 있는 콤뮌이다.

416 불미슈, 부뉼 미슈: 불미슈는 파리 한복판의 대로인 불르바르 생미셸 *Boulevard Saint-Michel*을 줄여서 부르는 이름. 부뉼 미슈는 "불"(불르바르 *Boulevard*의 준말) 대신에 "검둥이"를 뜻하는 "부뉼 *Bougnoule*"을 덧붙인 것이다. 말레는 불미슈에는 "검둥이"가 많다는 뜻으로 "부뉼 미슈'라는 말을 만들었다.

417 비크: 아랍인을 경멸적으로 일컫는 말.

납 상태의 벌금이 있는지 생각해보지도 않았다. 그렇다. 전쟁 이전에 파리에 살았던 북아프리카 놈들 *Crouilles*은 규범을 준수했다. 그러나 새로 들이닥친 자들은……. 그들은 샤르본[418]을 기점으로 해서 점차 주변으로 퍼져나갔다. 우선 바르베스[419]로 진출했다. 이후로 그들은 조용히 앙베르, 피갈, 블랑슈, 클리시[420]로 확산되었다. 이제 그들은 몽마르트르에 있는 대부분의 유흥장, 술집, 호텔을 외상으로 사들였다. 그 방면의 두목들이 설쳐대던 때에 코르시카인들은 거의 손을 뗐다. 믿을 수 없는 일이었다. 이제 오페라 거리와 샹젤리제에까지 '세력'을 뻗칠 태세이다. 그들은 어디에서 멈추게 될 것인가?»(1953년)

이민자들은 불결하다

이민자들이 특정 지역으로 몰려들기 시작한 것은 제1차 세계대전 때이다. 1918년 이후로 이민자들이 모여 사는 사실상의 게토가 출현했다고 할 수 있다.

외국인들의 공동체에 속하며 가진 것이 없는 가난한 몇몇 사람이 빈민가에 정착하자, 곧 다른 사람들이 뒤따라왔다. 당연한 일이었다. 프랑스 내의 생소한 대도시에서 그곳 말고 다른 어떤 정착지, 다른 어떤 표지(標識)를 발견할 수 있었겠는가? 이미 그곳에 와서 사는 사람들의 무리, 즉 같은 나라, 같은 고장, 같은 마을 출신 사람들의 무리에 합류한 개별적인 사람을 그곳으로 이끈 것은 군집 본능이라기보다는 생존 본능이었다. 자리가 많지 않으면? 서로 밀착하게 된다. 돈이 많지 않으면? 서로 나누어 쓰게 된다. 그런데, 프랑스인들 중에서 가장 가난한

418 샤르본: 파리 시내 동쪽의 제11구에 있는 지역.
419 바르베스: 파리 시내 북쪽의 제18구에 있는 지역.
420 앙베르, 피갈, 블랑슈, 클리시: 파리 시내 북쪽의 제9구에 있는 지역.

사람들조차도 «이상한 생활 습관»을 가진 «더럽고», «시끄러운» 이 이질적인 존재들과 같이 사는 것을 싫어했다. 사실상 외국인 집단만이 모여 살아가는 구역이 점차 생겨났다. 파리 북동부(라 구트 도르 *la Goutte d'Or*, 라 샤펠 *la Chapelle*, 라 빌레트 *la Villette*)와 남서부(보지라르 *Vaugirard*, 자벨 *Javel* 등), 몇몇 교외 지구(젠느빌리에 *Gennevilliers*, 생-드니 *Saint-Denis*, 오베르빌리에 *Aubervilliers*, 라 쿠르뇌브 *La Courneuve* 등), 대도시의 몇몇 동네(마르세유의 포르트 덱스 *Porte d'Aix*)에 이주 노동자들이 몰려들기 시작했다. 이들 대부분은 북아프리카 출신이었다. 악덕 숙박업자들(대체로 부자가 된, 같은 나라 사람들)은 새로 온 사람들이 어리둥절하고 자금 부족을 겪는 상황을 이용해서 그들을 불결한 «가구가 딸린 셋방»에 몰아넣었다. 방 하나마다 다섯 명, 일곱 명, 열 명씩 몰아넣었다. 그곳의 주거 환경은 비참했으며, 위생은 거의 관리되지 않았다. 「그렇다」의 기자 카르텔 드 푸르테를 따라 파리의 쟝 죠레스대로(大路)에 있는 게토 한복판으로 가보자. 푸르테는 다음과 같이 썼다.

> «아흐메드(Ahmed)가 라이터 불을 켰다. 노인이 문을 밀고 들어왔다. 나는 가슴이 답답했다. 지독한 악취가 갑자기 내 폐에 달라붙었다. 상황에 익숙해지고 질식 상태가 되는 것을 받아들여야만 할 때였다……. 나는 안내인들을 따라 방 안으로 들어갔다. 어떤 연출가도 그런 장치를 무대에 올리려고 하지 않을 것이다. 절대로. 그것은 빈곤이 아니라 (…) 무기력이자 비천함이었다. 생명이 없는 물건들도 속속들이 그렇게 보였다. 벽지도 바르지 않은 을씨년스러운 벽, 옷가지(누더기!)와 싸구려(그리고 품질이 의심스러운) 양탄자와 더러운 이불과 온갖 크기의 칼들 가운데에 놓여 있는 삐걱거리는 의자 세 개 (…). 벽에는 커다란 구멍이 여러 개 나 있었다. 나는 컴컴한 그 구멍들을 바라보았다.

험상궂고 무서웠다. 그 구멍은 같은 층의 방 3개를 터서 하나로 만들려고 곡괭이질을 하면서 생겼다. 투숙객들은 그곳에서 뒤죽박죽 얽힌 채로 잠을 잤다. 마치 쥐들처럼, 인간 해충처럼. 상상할 수도 없는 장면이었다. 이러한 사실을 믿기 위해서는 그 장면을 실제로 봐야만 한다. 파리 같은 도시에서 그것은 조잡하다 못해 범죄가 될 만한 일이었다.»(1935년)

프랑스 «남부의 관문»이자 대표적인 국제도시이며 극빈자들이 배에서 내려 도착하는 곳인 마르세유에서 알베르 롱드르도 같은 것을 보고 또 그것에 대해 기술했다.(1927년) 1945년 이후, 프랑스에 사는 알제리인들의 상황에 대해 방대한 조사를 한 사회학자 앙드레 미셸은 끔찍한 예에 대해 언급했다. «가구가 딸린 셋방»이 한 예였다. 셋방 주인은 세 사람이 침대 하나를 돌려가며 쓰게 했다(3명은 8시간 일을 하고, 3명은 8시간 잠을 잤다. 순서대로 착착 돌아갔다.) 없는 것이나 마찬가지인 위생 시설도 한 예였다. 이에 대해 앙드레 미셸은 다음과 같이 묘사했다. «50명에서 100명에 이르는 숙박인들에게 수도꼭지 하나와 화장실 하나가 배당될 수 있다.» 공동 침실도 한 예였다. 공동 침실에서는 침대를 2층으로 포개놓아서 단번에 수용 면적을 두 배로 늘렸다. 이에 대해 앙드레 미셸은 다음과 같이 썼다. «당사자들이 환경 개선을 요구하자, 어느 관리(官吏)는 자신도 포로 생활을 하면서 같은 상황에서 산 적이 있다고 답했다.» 다른 것도 이런 식이었다.(1956년) 해외 영토 출신 이민자들이 급증하면서 그 직접적인 결과로 몇몇 도시의 외곽에 거대한 판자촌이 생겨났다. 1955년에 파리 서쪽에 있는 도시 낭테르에 있었던 가장 큰 규모의 천막촌에는 2500~3000명의 주민이 살았다. 이 «주거지들»은 1970년대를 지나면서 비로소 사라지게 된다.

상황이 이럴진대, 질병이 창궐하는 것이 어찌 놀랄 일이었겠는가? 가난한 사람들이 걸리는 대표적인 질병인 결핵이 마그레브인들에게 큰 피해를 입혔다. 매독도 마찬가지였다. 따라서 위생 상태가 좋지 않은 마그레브인들은 수가 많았기 때문에 대도시 주민들 전체에 사실상의 위협이 되었다. 게다가 그들의 심리와 그들의 풍습을 쉽게 알 수 없었기 때문에, 그리고 또 입원해서 치료받을 수 있는 병원 같은 곳에 그들이 제 발로 가기를 싫어했기 때문에, 그들을 별도로 치료하는 것이 나았다. 식민지에서 고위 관료로 근무한 적이 있었으며 파리 시의원이 된 피에르 고댕은 이런 «상식적인» 사실을 알고는 마그레브인만을 수용하는 병원을 짓자고 제안했다. 이렇게 해서 «프랑스-무슬림 병원»이 생기게 되는데, 이 병원은 노동자들이 많이 거주하는 교외 지역 한복판에 있는 보비니[421]에 건립되어 1935년 3월 22일에 문을 열었다.

그러나 마땅히 연민의 대상이 되어야만 할 것이 어떤 사람들에게는 추가적인 부담으로 여겨졌다. 당시의 많은 자료를 기초로 해서 작성한 연구서(그러나 이 연구서의 결론 부분은 그야말로 인종주의적 냄새가 풀풀 난다.)의 저자 레이몽 밀레는 몇 페이지에 걸쳐 이런 현상에 대해 서술했다. 이 글에서 그는 프랑스인이 아닌 사람들이 병원을 이용함으로써 비용이 너무 많이 드는 — 그가 보기에 — 것을 유감스러워했다. 그 내용은 다음과 같다. «몰려드는 이민족(異民族)들은 우리나라의 위생 서비스에 부담이 된다. 특히 대도시에서 그러하다.»(1938년) 의학 잡지에 발표된 «이민과 정신 위생»이라는 글을 쓴 사람은 자기 나라를 떠나는 많은 식민지인은 «우리나라의 위생 서비스에 빌붙어서, 돈주머니를 열지 않고 치료를 받거나 수술을 받고자 하는 목표 — 이 목표는 확인된 사실

421 보비니: 파리 북동쪽의 도시.

이다. —를 가지고» 프랑스로 온다고 평가했다. 그리고 그 사람은 «외국인들을 걸러내서» «지적이며 체력적인 면에서 자체의 활발한 활동이 저해될 위험을 무릅쓰고[422], 프랑스가 착취당하는 것을 저지하자.»라고 호소했다.(A. 마리, 1934년) 다른 사람들은 조롱하는 편을 택했다. 앞에서 이미 언급한 쟝 다마스의 소설 『프랑스로 이주해서 교외에서 살아가는 북아프리카인』에는 어느 병원에서 일어나는 다음과 같은 장면이 등장한다. 수석 의사가 네 명의 기자를 데리고 회진을 한다. 병실마다 이민자들로 포화 상태이다. 그 의사는 말한다. «우리는 이런 제도에서는 파산하게 됩니다……. 1936년에 우리가 치른 비용이 얼마인지 아시나요? 파리에서만 총 입원 일수가 50만 일이었습니다……. 국제적 질병에 걸린 이주민들이 50만 일 입원했다는 말입니다……. 매독을 치료하려면 비용이 많이 듭니다!» 어느 기자는 머뭇거리며 주장하기를, 그 사람들은 요컨대 그들의 의사(意思)를 무시하고 노동을 시키기 위해 데려온 것이라고 했다. 그러자 의사는 어느 환자에게 다음과 같이 물었다.

«영감님, 어디서 왔소?

- 티지-우주 *Tizi-Ouzou*[423]에서요, 의사 센생님[선생님].

- 프랑스에 온 지 얼마나 됐소?

- 여섯…… 일곱 달……

- 그 뒤로 얼마 동안 일했소?

- 무신[무슨] 말이요, 일이 없어요. 그래서 난 실업이라우[실업 상태입니다].»

---

422 지적이며 …… 무릅쓰고: 만일 이민자들이 프랑스로 들어오는 것을 막는다면, 그들이 지적으로나 체력적으로 제공할 수도 있는 부분을 프랑스는 가질 수 없게 된다는 점을 무릅쓰고.
423 티지-우주: 알제리의 알제 동쪽 100킬로미터 지점에 있는 소도시.

그로부터 20년 뒤, 다마스보다는 예리했지만 «일급» 작가는 아니었으며, 반식민주의 투사였으며, 역시 의사(정신과 의사)였던 프란츠 파농은 설득력 있는 설명 방식을 제시했다. 그는 프랑스 의사들과 북아프리카 환자들이 서로를 이해하지 못한다는 사실에 주목했다. 북아프리카 환자들은 의사들이 던지는 질문에 명료하게 답변할 수 없는 경우가 잦았다. 이 때문에 사태의 본질은 보지 못하고 겉으로 보이는 면에만 집착하는 사람이 북아프리카 환자들을 «상상병 환자»로 여기는 자연스러운 경향이 생겨났다. 파농은 다음과 같이 질문한다. 오히려 그 환자들은 일련의 트라우마를 표현하지 않고 마음속에 억눌러 두고 있는 것이 아닐까? 그 환자들은 자신들이 태어나고 자란 자연환경으로부터 단절되어 있고, 친구들이나 가족들과도 떨어져 있고, 소외되어 있기 때문이다. 비록 그 환자의 답변 — 거짓으로 꾸민 것처럼 보이는 —이 분명치 않기는 하지만, 그 환자는 정말로 아픈 사람이다. 단지 그 환자에게는 의사가 대단해 보이지 않을 뿐이다. 파농은 이렇게 주장했다.(1952년)

이민자들은 공격적이다

이민자들의 범죄는 흔히 그 이민자들의 «원주민»으로서의 본성과 불가분의 것으로 간주되었다. 특히 아랍인들의 경우가 그런 것으로 간주되었다. 프랑스 정신병리학의 한 경향을 대표하는 사람들은 그런 주장을 이론화하려고 시도했다. 앙트완 포로 박사와 그의 제자인 아르리 박사(이 두 사람 모두 마그레브에서 근무했다.)가 이 분야의 대표적인 인물이다. 아르리 박사는 1926년에 알제에서 박사학위 논문으로 『알제리 원주민의 범죄 충동』을 발표했다. 포로 박사와 아르리 박사는 「병리심리학회지」에 발표한 논문에서 자신들의 주장을 종합적으로 제시했다. 두 사람에 따르면, «알제리 원주민들»은 다음과 같은 주요한 네 가지 심리적·정신적 특징을 보인다.

1. «정신적 나약»
2. «남의 말을 쉽게 믿고 잘 속는 특성»
3. «보속증(保續症)[424], 완고함, 원한, 복수심»
4. «정서적, 정신적 둔감»

이 논문에서 두 사람은 다음과 같이 결론을 내렸다. «그[알제리 원주민]에게서 볼 수 있는, 희로애락에 대한 둔감에 대해 곰곰이 생각해보면, 그것은 종교에 의해 강요되거나 또는 개인적 본능에 뿌리를 두고 있는 몇몇 관념을 제외한 정신적 가치는 [그에게] 존재하지 않기 때문이다……. 문명인들이 자기방어 반응을 할 수 있도록 해주는 도덕적 기반(이것은 약하기는 하지만, 문명인들에게는 분명히 존재한다.)이 원주민에게는 거의 존재하지 않는다. 우리 유럽인들의 정신으로는 도저히 생각할 수도 없는 타고난 도덕 불감증을 드러내 보여주는 참으로 «흉악한» 범죄 행위를 [알제리 원주민이] 빈번히 자행하는 것은 이 때문이다.»(1932년)

이러한 전제로 말미암아 큰 폐단이 생겨났다. 수십 년이 흐르는 동안, 프랑스 본국의 수많은 프랑스인의 정신 속에 집단적 공포감이 단단히 자리를 잡게 되었던 것이다.

프랑스인들과 이민자들이 어울리는 경우는 많지 않았다. 아니 매우 적었다. 프랑스인들과 이민자들은 서로 간에 소통이 전무하다시피 했기 때문에 서로에 대해 의혹을 품게 되었다. 「프랑스-관찰자」에 실은 기사에서 쟈크 에스트린 기자는 «보통 프랑스인»이 보이는 반응을 다음과 같이 묘사했다. «그들[알제리인 노동자들]은 궁핍한 경우에는 우리가 가진 것을 훔칠 것이며, 혼자 살아가는 경우에는 우리의 아내를

---

424 보속증: 어떤 말이나 동작을 병적으로 집요하게 되풀이하는 경향.

납치할 것이다. 이것이 바로 알제리인 노동자들과 철저히 단절된 프랑스 사람들이 가지는 너무나 단순한 생각이다.»(1955년) 그리고 또 그런 의혹 때문에 소문이 생겨났다. 프랑스 사회 내에서 이민자 — 이번에도 또다시 마그레브 출신 이민자가 언급되었다. —의 특별한 위상 때문에 소문은 증폭되었다. 우리들은 «정상적인» 가정, 즉 한 명의 남성과 한 명의 여성 그리고 자녀들로 이루어진 가정을 꾸리고 살아가는데, 대부분 젊은 나이이며 혼자 살아가는 마그레브 출신 남성 이민자들은 무슨 짓을 할까? 우리는 일이 끝나면 집으로 돌아오지만, 왜 그들은 저녁 시간에 거리나 카페 뒷방을 어슬렁거리는가? 아랍인들의 공동체에 속하지 않는 사람은 출입할 수 없는 구역인 «아랍 선술집들» 때문에 이민자들에 대한 프랑스인들의 불신은 증폭되었다. 1925년, 쟝 시아프 경찰청장은 특별히 북아프리카인들을 감시·진압하는 임무를 띤 팀을 하나 만들었다. 수만 명에 이르는 사람들이 합법적으로 감시를 받고 요주의 인물 대장에 올려져 분류·관리되었다.

소위 «대중» 신문이라고 하는 어느 신문이 이런 공포 분위기를 조성하는 데에 가세했다. 1925년 2월 8일 자 「삽화가 곁들여진 작은 소식」 1면에 «경찰이 기피 인물들을 추격하다»라는 제목을 단, 생생한 그림이 실렸다. 경찰이 컴컴한 도박장을 덮치는 장면을 묘사한 그림이었다. 경찰에 검거된 사람들의 «용모»는 모두 다 유난히 보기 흉하고 외국인이라는 생각을 불러일으킨다. 그들 중에서 첫 줄에 있는 사람은 아랍인들이 쓰는, 붉은 술이 달린 모자를 쓰고 있다. 탁자에는 끝이 뾰쪽한 칼 몇 자루가 꽂혀 있다. 게다가 이렇게 칼과 아랍인을 결부시키는 일이 잦았다(이것은 1914년 이전에 있었던 일로, 칼과 이탈리아인을 결부시키던 것 대신에 등장한 것이다.). 그 칼은 숨기기는 쉽지만 찾아내기는 어려운 «은밀한» 무기였다……. 「작품」에 기고한 글에서 죠르쥬 드 라 푸샤르디에르[425]는 다음과 같이 묻는다. «오늘날, 라 빌레트 지구 부근에서 행인을 칼로 찔러 죽이는 자는 누구이며, 일터에서 [자기와] 같은 게으름뱅이를 칼로 깊이 찌르는 자는 누구인가? 그자는 아프리카의 사막에서 비용을 많이 들여 데려온 아흐메드 벤 모하메드(Ahmed ben Mohamed)이다.»(1925년) 그로부터 24년 뒤, 「여명」에도 역시 공포를 부추기는 글이 실렸다. 그 내용은 다음과 같다. «북아프리카인들은 파리에서는 야간 공격의 전문가들이자 기록 보유자이다. 아랍인은 늦은 시간에 귀가하는 행인을 길모퉁이에서 기다렸다가 몽둥이로 때려서 시계 같은 것을 훔쳐 가는 바로 그 도둑이다. 깡패 집단이 우글거리고 있기 때문에 오늘날 파리는 어둠이 내리고부터 해가 뜨기 전까지는 세계에서 안전하지 않은 곳들 중의 한 곳이다.»(1949년) 어디선가에서 난투극이 벌어지면, 죠제프 케셀이 들려주듯이 사람들은 누구나 그건 «비코들의 짓»이라고 단언할 것이다.(1932년) 1954년 이후로 알제리인들 사이에 더러운 유혈 복수극이 자주 벌어졌기 때문에 보통 사람들이 확신, 즉 «그자들»은 오로지 폭력만으로 자신들의 뜻을 표현한다는 확신을 가지게 되었다는 것은 분명하다.

그러므로 꼼꼼한 연구자들이 한 통계조사가 무슨 소용이 있었겠는가? 대중이 많이 읽지도 않는 여러 잡지에 실린 인도주의적 항의가 무슨 소용이 있었겠는가? 1953년에 「정신」에 실린 사회학자 피에르-베르나르 라퐁의 글이 그러했다. 그 글에서 라퐁은 세밀한 조사 결과를 발표했는데, 그 글은 통념들을 하나씩 깨부수는 다음과 같은 내용을 담고 있다. «프랑스인, 이탈리아인 또는 스페인인이 저지르는 중범죄와

425 죠르쥬 드 라 푸샤르디에르(1874~1946년): 프랑스 언론인, 작가. 「사슬에 묶인 오리」와 「작품」의 기자로 활동했으며, 『암캐』를 비롯한 소설, 극작품, 오페레타 대본을 썼다.

경범죄가 있듯이, "아랍인"이 저지르는 중범죄와 경범죄가 있다. 중범죄 또는 경범죄를 저지르는 행위는 어느 한 민족만의 고유한 특성이 아니며, 그런 행위는 시공간 속에 항상 있었다. 우리가 반대하는 것은 이민자 집단을 둘러싸고 행해지는 선전 활동, 즉 프랑스 내에서 중범죄가 늘어가는 것을 북아프리카인들의 이민 탓으로 돌리는 경향이 있는 선전 활동이다.» 이어서 라퐁은 다음과 같은 놀라운 수치를 제시했다. «파리 지역에 살고 있는 총 15만 명에 이르는 북아프리카인 중에서 2570명이 1950년에 유치장으로 보내졌다. 이것은 프랑스로 이민을 온 «아랍인들»을 범죄인이라고 평가하고 그들을 «범죄 집단»으로 여기는 «대중 언론»의 주장과는 다르다. 라퐁은 예컨대 살인을 저지른 북아프리카인의 수를 다음과 같이 집계했다. 1947년에는 27명, 1948년에는 17명, 1949년에는 12명, 1950년에는 21명이었다. 라퐁은 강간과 풍기 문란 — 이것은 대중이 상상하기로는 너무나 쉽게 마그레브인들의 공동체와 관계가 있었다. —으로 체포된 사람들의 수에 대해서도 언급했다. 1947년에는 83건, 1948년에는 74건, 1949년에는 68건, 1950년에는 82건이었다.

프랑스인들과 이민자들 사이에 세워진 몰이해의 벽

1961년 10월 17일, 수백 명의 알제리인이 파리의 거리에서 살해되었다.[426] 식민지배 체제가 완전히 붕괴되기[427] 직전의 시점에서 유혈 사건

426 1961년 10월 17일 …… 살해되었다.: 각주 412번을 보라.
427 식민지배 체제가 완전히 붕괴: 1962년에 알제리가 독립하면서 사실상 식민 시대는 끝났다.

이 일어나서 식민지배 역사의 대미를 장식해야만 한다는 듯이 말이다.

그로부터 며칠 뒤, 중도파 국회의원 외젠 클로디위스-프티는 다음과 같은 끔찍하고도 진실한 질문을 프랑스 시민들에게 던졌다.

> «그러므로 노란 별의 치욕[428]을 겪은 다음으로 머지않아 곧 노란 초승달의 치욕[429]을 겪어야만 합니까? 그것은 필연적인 내리막길이기에 드리는 말씀입니다. 신사 숙녀 여러분, 지금 우리가 어떤 일을 겪고 있는지를 여러분께서 깨닫고 있는지 저는 알지 못하기에 이런 말을 하는 것입니다. 히틀러가 등장했을 때 독일인들이 겪었던 것을 우리가 이해하지 못하였던 것과 마찬가지의 상황을 우리는 지금 겪고 있습니다 (…). 각종 문명과 각종 제도가 인간의 마음, 인간의 정신, 인간의 이성 깊은 곳에서 몰아내려고 무척이나 애를 썼던 인종주의라는 흉측스러운 짐승, 그 흉측스러운 짐승이 굴레를 벗고 날뛰고 있습니다.»(1961년)

위의 글에서 클로디위스-프티가 말한 것은 알제리 정복이 있은 지 130년이 지난 뒤에야 비로소 깨닫게 된 고통스러운 사실이었다! 식민화 사업을 사명이라고 생각했던 자들이 보기에, 지리적으로 가장 가까운 곳에 살고 있는 프랑스인들의 «피보호자들»과 프랑스인들 사이에 들어선 몰이해의 벽보다 더 참담한 실패가 있겠는가?

428 노란 별의 치욕: 독일 강점기에 노란 별 모양의 표지를 패용해야만 했던 유태인들이 당한 치욕.
429 노란 초승달의 치욕: 무슬림들이 당하는 치욕.

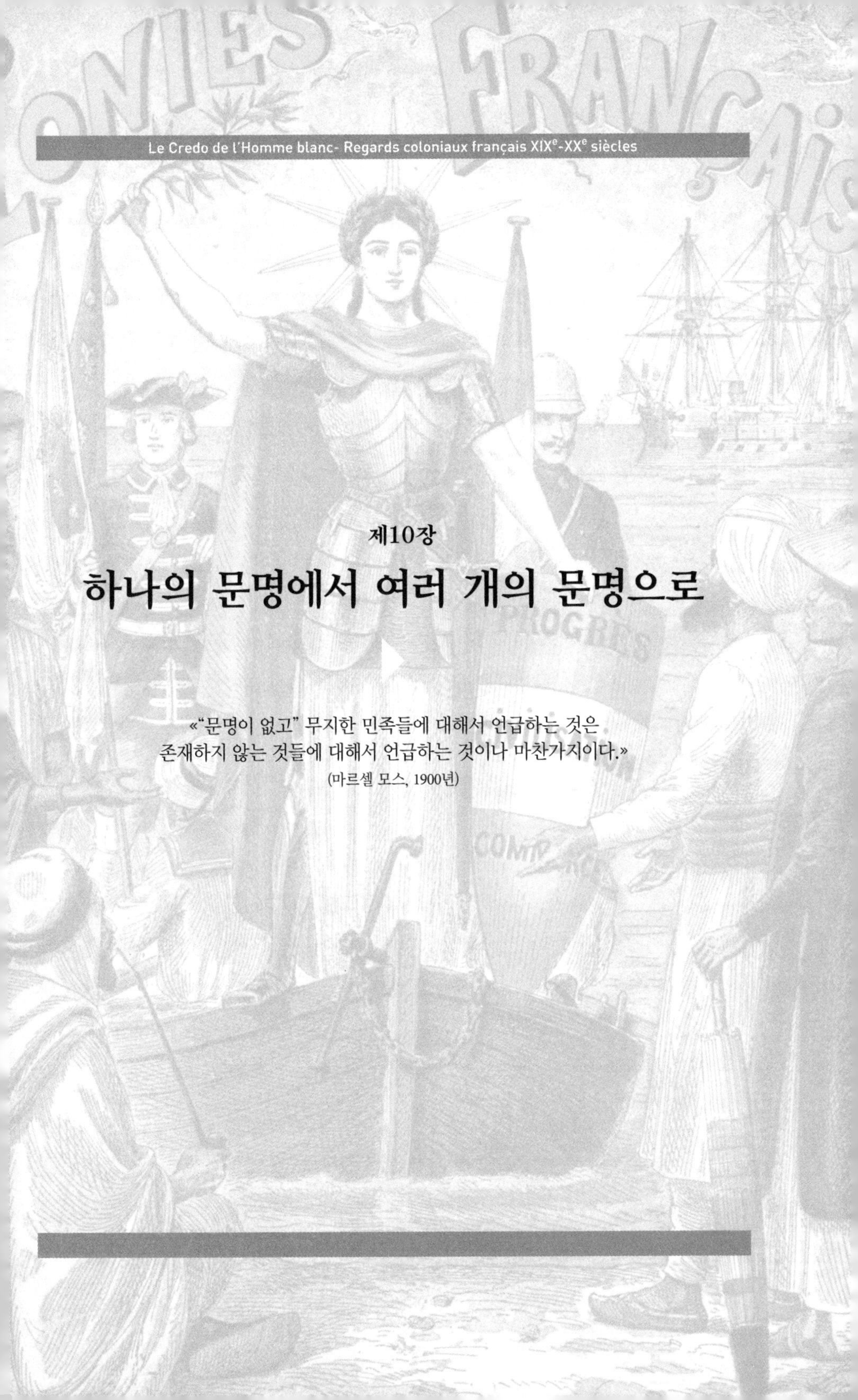

제10장

하나의 문명에서 여러 개의 문명으로

«"문명이 없고" 무지한 민족들에 대해서 언급하는 것은
존재하지 않는 것들에 대해서 언급하는 것이나 마찬가지이다.»
(마르셀 모스, 1900년)

20세기 초, 모든 인간 사회 발전의 최종 목적지이자 필연적 목표인 단 하나의 '문명' *unique Civilisation*이라는 개념의 절대성을 문제 삼는 사람은 많지 않았다. 훌륭한 학자였던 마르셀 모스[430]는 그것을 문제 삼은 사람들 중 한 명이다. 그리하여 그는 놀라울 정도로 명쾌하게 다음과 같이 대담하게 정의를 내렸다. «어느 민족의 문명이란 그 민족의 사회 현상들의 총체일 뿐 다른 무엇도 아니다…….» 이어서 그는 당시에는 매우 이단적이었던 다음과 같은 표현을 내뱉었다. «…… 무지하고 "문명이 없는" 민족에 대해서나 "자연 그대로의" 민족(원시 민족 *Naturvölker*)에 대해서 언급하는 것은 존재하지 않는 것에 대해서 언급하는 것이나 마찬가지이다.»(1900년)

다행스럽게도 언제나 당대의 풍조를 따르지 않는 자유로운 정신의 소유자들이 크게 기여했다는 것은 프랑스 사상의 자랑스러운 면이다. 인종주의적 오만을 드러내는 사람들이 있었던 반면, '타자'와 '다른 사람'을 이해하고자 했던 사람들도 언제나 있었다. 프랑스의 후견을 받는 곳에 사는 사람들과 그들의 문화를 학술적으로, 또는 최소한 진지하게라도 알고자 했던 사람들은 언제나 있었다. 과학자들은 언제나 상투적인 생각과 정치적 압력을 멀리하면서 소위 «오리엔트» 문명에 대해 연구를 훌륭히 수행했으며, 가설을 제시했으며, 자신들의 시각을 대조해보았다.

---

430 마르셀 모스(1872~1950년): 프랑스 인류학의 아버지로 간주된다. 뤼시앵 레비-브륄, 폴 리베와 민족학연구소를 설립했으며, 콜레쥬드프랑스에서 강의했다. 사회주의자로 쟝 죠레스와 가까웠으며, 드레퓌스 사건 때에는 드레퓌스를 지지했다. 어떤 사회 현상은 다차원적(경제적, 문화적, 종교적, 상징적, 법적 차원)이라고 보면서, 그 «총체적 사회 현상»을 파악하고자 했다. 종교사회학을 개척했다. 사회학자 에밀 뒤르케임이 그의 외삼촌이다.

«인종»에 대한 대대적인 문제 제기의 짧은 역사

«우등 민족»이라고

1950년대까지만 하더라도 대부분의 과학자들(일반인은 말할 것도 없다.)이 예사롭게 받아들였던 «인종»이라는 개념은 예리한 정신의 소유자들로부터 매우 일찍이 자주 공격을 받고 와해되었다. 인종 분류를 하는 것이 사실상 불가능하다는 사실 때문에(같은 결과에 이르게 되는 것이지만, 인종을 분류하는 방식이 여러 가지라는 사실 때문에) 식민지의 현실을 두 눈으로 지켜보았던 어떤 사람들은 인종이라는 개념에 대해 매우 일찍이 의심을 품고 의문을 가지게 되었다는 것을 우리는 보았다. 폴 브로카 같은 사람이 당시의 과학계를 주도하고 있었지만, 적수들은 그를 호되게 공격했다. 예를 들면, 데샹 교수는 «인간 존재를 분류하는 기법에 있어서 이데올로기가 자연을 지배하고 생명체를 무시한다.»라고 주장하기를 두려워하지 않았다. 그는 인종을 분류하는 다양한 방식을 비꼬는 것으로 그쳤던 동시대의 다른 사람들보다 더 과감했다. 그는 다음과 같이 단호하게 주장했다. «인간종을 분류하는 방법이 뒤죽박죽인 것은 [인간종의] 해부학적 특성이라는 것이 존재하지 않기 때문이다.»(1859년) 같은 시기에 폴 그라티올레 교수는 브로카의 왕국이라 할 수 있는 파리인류학회 내에서 브로카를 공격하기를 주저하지 않았다. 파리인류학회에서 그는 인간의 지능과 두뇌의 크기 사이에는 거의 기계론적인 관계가 있다고 하는 당시의 여러 이론을 논박했다.

앞에서 보았듯이, 그다음 세대에서 확고한 위상을 차지한 것은 뤼시앵 레비-브륄의 권위였다. 하지만 여러 과학자는 그의 이론 중에서 주요 이론이었던 «전(前) 논리성 *prélogisme*» 이론에 반대했다. 레비-브륄보다 5년 뒤에 올리비에 르르와는 그 자신이 말하고자 하는 바가 명확히 드러나는 제목을 붙인 저서 『원시적 이성 - 전(前) 논리성 이론에 대한 반박 시론(試論)』을 출간했다. 르르와는 자신이 레비-브륄이 사용한 것과 거의 같은 자료를 사용해서 레비-브륄과는 정반대되는 결론을 이끌어 냈다는 점을 빈정거리는 투로 지적했다. 요컨대 르르와가 쓴 이 책은 그의 적수였던 레비-브륄이 쓴 책보다 훨씬 더 설득력 있고 훌륭하며, 시대를 앞서 간 책이자 오늘날 다시 읽어보아도 유익할 책이다. 르르와는 «원시적» 사고라는 것은 매우 복잡하다고 설명했다. 그는 다음과 같이 썼다. «우리가 보기에 미개인이 이성적으로 사고하지 *raisonner* 않는 것 같다면, 그것은 그 미개인이 우리와 같은 방식으로 사고하지 않기 때문이다.» 그렇다면? 르르와는 다음과 같이 주장한다. 즉, 훌륭한 분석 도구를 가지고 있다고 생각하는 우리가 할 일은 이해하려는 노력을 하는 것이며, 그렇게 하면 우리는 그러한 사고의 갖가지 특이한 점을 포착할 수 있을 것이다.(1927년) 열린 정신의 소유자들은 르르와의 권고를 실천에 옮겨서, 프랑스 식민지 거의 모든 곳에서 자신들이 가지고 있던 편견을 내던지고, «원주민들의» 사고 체계를 통해 전달되는 가치들을 이해하려고 애썼다. 하지만 식민지인들은 어린아이 같은 사람들이라는 주장이 마침내 자취를 감추기 위해서는(다시 한번 더 말하자면, 적어도 식견이 있는 대중에게서 자취를 감추기 위해서는) 아직도 수십 년 동안 더 식민지인들을 관찰해보아야 했다. 그리하여 탈식민화가 진행되기 직전에 마침내 클로드 레비-스트로스는 다음과 같이 쓰게 된다. «사실상 어린아이 같은 사람들은 없다. 모든 사람은 성인(成人)이다. 심지어 어린 시절과 청년기의 일기를 써보지 않았던 사람들도 그렇다.»(1952년)

전문가들 사이에 벌어진 이런 논쟁 밖에서, 어떤 사람들은 '인류'의 역사에서 어느 민족의 다른 민족에 대한 지배는 순환적 과정을 그리면서 계속되어 왔다는 점을 지적하는 것으로 그쳤다. 과거에 «유색»인들

— 인종적인 측면에서 보자면, 이 유색인들은 20세기의 유색인들과 똑같은 사람들이다. —이 세계를 지배할 수 있었고 발명을 할 수 있었다면, 그 유색인들은 그럴 만한 역량이 있었다는 점을 인정해야만 했다. 18세기에 뒤퐁 드 느무르[431]는 유럽인들이 가지고 있던 자만심 일체를 일찌감치 배격했다. 그는 다음과 같이 질문했다. «400년 전에 우리는 어떠했습니까? 베니스와 피렌체를 제외한다면, 유럽은 아마도 콩고나 베냉만도 못했을 것입니다.»(1769년) 19세기에는 과학자 아르망 드 카트르파쥬[432]가 다음과 같이 한술 더 떴다. «중국인들과 이집트인들이 문명화되어 있을 때, 유럽인들은 모두 진짜 미개인이었습니다. 우리가 오늘날 너무나 자주 이방(異邦) 인종들을 평가하듯이 중국인들과 이집트인들이 우리의 선조들을 평가하였더라면, 그들은 우리의 선조들에게서 수많은 열등성의 흔적을 발견했을 것입니다.»(1877년)

그로부터 얼마 뒤, 피에르 밀 — 하지만 이 사람은 식민지를 다룬 문학작품을 쓴 매우 저명한 작가들 중의 한 사람이다. —은 «조금은 겸손할 것을 우등 민족»(이것은 그가 기고한 글의 비꼬는 투가 역력한 제목이다.)에게 호소했다. 그는 다음과 같이 썼다. «우리는 두려움을 떨쳐버리기 위해 만병통치약과도 같은 멋진 가설을 항상 가지고 있다. 백인은 두뇌가 우등하다는 가설이 그것이다.» 우리는 이런 가설을 그토록 확신하

431 피에르 사뮈엘 뒤퐁 드 느무르(1739~1817년): 프랑스 철학자, 언론인, 경제학자, 정치인, 외교관, 기업가. 재무총감 튀르고와 역시 재무총감 칼론 밑에서 일했다. 『새로운 과학의 기원과 발전』으로 유럽의 군주들로부터 환영을 받았으며, 폴란드 국왕의 초청으로 폴란드 교육 시스템을 개혁하는 일을 맡았다. 미국 독립전쟁을 매듭짓는 베르사유 조약(1783년) 문안을 작성했다. 대혁명 때에는 제헌 국민의회의 의장을 맡았으나, 루이 16세와 마리 앙트와네트를 처형하는 것에 반대하면서 자신이 처형될 위험을 맞기도 했다. 토머스 제퍼슨과 친분이 깊었으며, 1800년에 미국으로 이민해서 프랑스와 미국의 외교관계에 참여했다. 루이지애나 매각에도 간여했다.

432 아르망 드 카트르파쥬(1810~1892년): 프랑스 생물학자, 동물학자, 인류학자. 자신의 저서 『인간종(種)』에서 다음과 같이 썼다. «남극과 북극 그리고 적도, 대륙들과 섬들, 산들과 평야들이 존재하는 한, 온갖 종류의 특징으로 구분되는 여러 인종, 즉 지적이며 정신적인 면에서 우등 인종과 열등 인종이 존속하게 될 것이다.» 이 때문에 인종주의라는 말이 생겨나기 이전의 인종주의자로 여겨지기도 한다.

는가? 어찌 되었든 간에, 왜 우리의 세계 지배는 '영원하신 분'의 인가(印可)를 '역사'상 유일하게 받게 될 것인가? 이렇게 질문을 던진 다음, 그는 다음과 같이 썼다. «얼마 전에 "그 일이 시작되었기 때문에" 당분간 "그 일은 계속될 것"이라고 우리는 생각하며, 또 그런 동향은 (…) 아직도 오랫동안 계속될 것이라는 추측을 우리는 할 수 있다.» 그러나 조심하시라! "황인종들"이 깨어나고 있다는 것은 어떤 일이 일어나리라는 전조이다(밀의 이 글은 러일 전쟁이 종결되지 않은 때에 쓴 것이다). 밀은 이렇게 주장하면서 다음과 같이 썼다. «백인들의 지배가 바로 이 순간 한계점에 이르고 있는 중일지도 모른다.» «이것은 단지 어떤 가설상의 문제이다. 나는 이 점을 잘 알고 있다. 그러나 이 불편한 가설이 터무니없는 것은 전혀 아니다.»(1905년)

«위기에 봉착한 백인의 문명화 사업»(「삽화 신문」)

보다 근본적인 문제 제기가 생기게 되는 것은 특히 1차대전 이후이다. 슈맹 데 담 *Chemin des Dames*에서의 공포[433]를 겪은 이후로는 백인이 자신의 정신적 가치가 우월한 것이 확실하다고 천명하기란 쉽지 않은 일이 되었다. 백인이 1914년 이전에 가졌던 확신을 문제 삼는 일이 다반사가 되다시피 했다. 도처에서 많은 사람이 전쟁이라는 극악무도한 범죄를 규탄하는 데에 몰두했다. 초현실주의자들은 도발을 위한 도발로 반항심을 표출했다. 앙리 바르뷔스를 비롯한 몇몇 사람은 프랑스공산당에 가입했다. 처음에는 사회 문제에 참여하지 않았던 지식인들과 작가들도 서양 세계에 안주하기를 거부했는데, 그 세계에 안주

433 슈맹 데 담에서의 공포:슈맹 데 담은 프랑스 북부에 있는 랑이라는 도시의 남쪽을 흐르는 엔강과 엘레트강 사이의 길이 30킬로미터에 이르는 능선이다. 제1차 세계대전의 격전지였던 이곳에서 1917년 4월 16~19일에 프랑스군은 독일군에 참패했다. 프랑스 병사 3만 명이 전사하고, 8만 명이 부상했다.

한다는 것은 이제 구역질 나는 것으로 간주되기에 이르렀다.

얼마 전까지만 하더라도 자랑스러운 말이었던 «문명»이라는 말은 끊임없이 의문의 대상 또는 씁쓸한 경멸의 대상이 되었다. 폴 발레리[434]는 «이제 우리는 우리의 문명이 사멸할 것임을 알고 있다.»라고 했는데, 이 유명한 말은 정확히 제1차 세계대전이라는 '대(大)살육'이 끝난 직후에 한 것이다.(1919년) 1918년에 공쿠르상은 죠르쥬 뒤아멜[435]에게 돌아갔다. 바로 그 『문명』[436]이라는 제목을 단 자전적 이야기가 수상작이었다. 뒤아멜은 다음과 같이 썼다. «여러분이 문명이라 부르는 것이 무엇인지를 알아야 할 것입니다. 저는 그렇게 해보라는 부탁을 여러분께 드릴 수 있습니다. 그것은 먼저 여러분은 배운 것이 많은 지식인이기 때문이며, 다음으로는 그 유명한 문명이라는 것에 대해 여러분이 자꾸만 언급하기 때문입니다.» 사람들을 이렇게 비꼰 다음, 뒤아멜은 다음과 같이 분노를 드러냈다. «나는 이 가련한 유럽이 마치 기름 얼룩처럼 세력을 넓혀나간 세계 전체와 썩어 빠진 이 유럽을 혐오하는 것과 마찬가지로 20세기를 혐오합니다.» 이렇게 유럽이 세계의 패권을 장악한 것에 대해 문제를 제기한 사람은 뒤아멜만이 아니다. 위에서 언급

434 폴 발레리(1871~1945년): 프랑스 시인, 평론가. 시적 영감을 배척하고 엄밀한 분석과 계산으로 시를 구축하려고 한 주지주의적 시인으로 평가된다. 그에게는 창작 행위의 결과인 시 자체보다는 그 행위에 따르는 시인 자신의 의식 변화에 대한 성찰이 더 중요했다. 그에게서 시를 비롯한 예술은 그 자체로서 자유로운 지성의 훈련이었으며, 그의 근본적 관심사는 정신 활동의 원리를 파악하는 것이었다.

435 죠르쥬 뒤아멜(1884~1966년): 프랑스 의사, 작가, 시인. 기계문명을 비롯한 현대 사회의 갖가지 모순을 비판하면서 정신의 자유와 존엄을 근간으로 하는 서구 문화를 수호하려고 한 개인주의적 휴머니스트. 1906년부터 샤를 빌드락을 비롯한 작가들 및 예술가들과 크뢰테이유 수도원의 영지를 빌려 공동생활을 하면서, 전일주의(全一主義) 운동을 했다. 제1차 세계대전 때에는 외과 야전병원에 배속되어 겪은 고통스러운 경험을 바탕으로 『순국자들의 삶』과 『문명 1914~1917년』을 썼다. 1919년에 본업(의사)을 버리고 문학에 매진하면서 러시아 혁명에 잠시 매료되기도 했다. 1932년까지는 평화주의자였으나, 독일에 무조건 양보하는 평화주의를 비난했다. 독일군 강점기에 작품 출판이 금지되었으며, 레지스탕스 작가들을 지원했다. 해방이 되면서 전국작가위원회에 가입했으나, 이 조직이 주도하는 과도한 대독 부역자 숙청에 불만을 품고 탈퇴했다. 말년에는 제국주의를 비판했다. 1935년에 아카데미프랑세즈에 입회해서 종신 사무총장을 지냈다.

436 『문명』: 정확한 제목은 『문명 1914~1917년』이다.

한 문장이 실려 있는 글에서 폴 발레리가 참된 질문을 제기했다는 것을 우리는 알고 있다. 그 질문은 다음과 같다. «미래에 유럽은 현재 실재하는 그대로의 유럽처럼 다시 될 것인가? 즉, 아시아 대륙의 작은 갑(岬)이 다시 될 것인가?» 많은 이들이 참고 들을 수 없었던 이 질문은 마치 경종처럼 울려 퍼졌다. 1925년, 뤼시앵 로미에[437]는 『우리 시대에 대한 설명』을 썼는데, 이 글은 다음과 같은 내용을 담고 있다.

> «문명에 대한 편견이 허물어지고 있다(…). 경험이 보여준 것이 무엇일까? 유럽 문명보다 우월하다고는 할 수 없을지라도 유럽 문명과 다르기는 하지만 유럽 문명과 동등하리라고 추정되는 여러 종류의 문명이 세상에 존재한다는 것을 경험은 보여주었다……. 예전에 "야만인"이라고 불리었던 민족들이 도덕적, 사회적 문명 면에서 자신들을 유럽인들과 동등하게 평가하려 하는데, 이런 주장에 대한 유럽인들의 담담한 반발은 점차로 줄고 있다……. 과학이 하는 일은 무엇일까? 생활 습관이라는 것은 일체의 정신적 우열 개념을 암묵적으로 배제하는, 어떤 지역 또는 민족이 처한 조건의 총체에서 비롯된 것임을 과학은 보여준다.»

같은 해에는 미국 시론가(試論家) 로스롭 스토다드의 주요 저서가 프랑스어로 번역되었다. 그의 저서는 다음과 같은 모호하지 않은 제목을 달고 있다. 『백인들의 세계 패권을 위협하며 밀어닥치는 유색인들의 파고(波高)』. 다른 사람들은 현실을 인식하고는 유럽을 힘차게 옹호했

---

437 뤼시앵 로미에(1885~1944년): 프랑스 역사가, 언론인, 정치인. 역사학을 공부했으며, 제1차 세계대전에 참전했다. 종전 후에 경제 관련 잡지에 간여하고 「르 피가로」의 편집장을 지냈다. 제2차 세계대전 때에는 비시 정부에서 일했다.

다. 앙리 마시스[438]는 『서양 수호』를 썼다. 이 글에서 그는 기독교를 다시 모든 가치의 중심축으로 삼자고 제안했다.(1927년) 논쟁은 지식인 계층을 크게 넘어서 진행되었다. 사람들은 저마다 어떤 전환점이 어렴풋이 드러나고 있다는 것을 깨달았다. 「삽화 신문」은 «위기에 봉착한 백인의 문명화 사업»(르쟝드르 박사, 1926년)에 지면 전체를 할애했다. 그러나 이런 움직임은 마시스의 저서 제목이 가리키듯이, 후위(後衛)에서 벌어지는 방어전에 불과했다. 다른 곳에서 전파된 여러 가치에 대한 관심이 도처에서 커져가고 있었기 때문이다. 1925년, 「월간 수첩」 특집호가 발행되었는데, 제목은 «오리엔트의 손짓»이었다. 시대가 바뀌고 있었다. 당시의 저명인사들 중에서 몇몇 사람은 그 잡지가 던진 질문[439]에 답했다. 폴 발레리, 앙드레 지드, 필립 수포, 가브리엘 오디지오, 앙리 바르뷔스, 폴 클로델, 죠르쥬 루오, 앙드레 브르통, 로맹 롤랑, 앙리 마스페로, 키스 반 동겐, 루이 아라공 등이 그러했다. 그들 모두는 다

438 앙리 마시스(1886~1970년): 민족주의적이며 가톨릭적인 성향의 프랑스 문학 비평가, 정치 시론가. 젊은 시절에는 민족주의 사상가들(모리스 바레스, 샤를 모라스)에 매료되었으며, 극우 조직인 프랑스행동대 *Action française*에 가담했다. 1913년에 알프레드 드 타르드와 함께 젊은이들의 의식에 대해 설문조사를 했다. 1935년에 무솔리니가 이끄는 이탈리아 군대가 에티오피아를 침공한 것에 대해 국제연맹이 제재를 결의하자, 여기에 반대하는 〈서구 수호를 위한 선언문〉(얼마 뒤에 〈유럽의 평화와 서구 수호를 위한 프랑스 지식인들의 선언문〉으로 이름이 바뀌었다.) 작성을 주도했다. 살라자르, 무솔리니, 프랑코 같은 파시스트를 지지했다. 비시 체제에서 일했으나 종전 후에 숙청 대상이 되지는 않았다. 1960년에 아카데미프랑세즈 회원이 되었다. 이후로도 여전히 민족주의 활동을 벌였다.

439 「월간 수첩」 특집호의 질문: 다음과 같은 다섯 가지 질문에 대한 저명 지식인들의 답변이 「월간 수첩」 1925년 2-3월호에 실려 있다. «1. 귀하께서는 서양과 오리엔트는 서로를 완전히 받아들일 수 없다고 생각하십니까? 아니면 적어도 메테를링크의 말에 따르면, 인간의 뇌 속에는 서양적 뇌엽(腦葉)과 오리엔트적 뇌엽 — 이 두 종류의 뇌엽은 서로 상대의 노력을 무력화해왔다. —이 있다고 생각하십니까? / 2. 만일 우리가 오리엔트의 영향을 받아들일 수 있다면, 게르만과 슬라브와 아시아가 중개할 수 있는 것은 무엇이며, 귀하께서 보시기에 그 중개를 통해서 이런 행위([오리엔트의 영향을 받아들이는 행위])가 프랑스에 더없이 크게 작용할 것 같습니까? / 3. 귀하께서는 오리엔트의 그런 영향은 프랑스 사상과 예술에 심각한 위기, 시급히 물리쳐야 할 위기가 될 수 있다는 앙리 마시스의 견해에 동의하십니까? 또는 지중해권의 영향력 청산이 시작되었으며, 우리는 독일의 예를 따라 우리의 일반 문화를 풍요롭게 하고 우리의 감성을 새롭게 할 수 있는 것을 «동방의 인식 *Connaissance de l'Est*»에서 구할 수 있다고 생각하십니까? / 4. 귀하께서 보시기에 그런 영향력이 유난히 풍요로운 결과를 가져다줄 수 있을 것 같은 영역 — 예술, 문학, 철학 —은 무엇입니까? / 5. 당신이 느끼시기에, 오리엔트에 대한 서양의 우월성을 이루는 서양의 가치들은 무엇입니까? 또는 당신의 견해로는 우리 서양 문명의 가치를 실추시키는 가짜 가치들은 무엇입니까?

소간 «문명»이라는 낱말을 단수가 아닌 복수로 사용했으며, 오리엔트에서 전파된 여러 가치를 찬양했다. 「월간 수첩」 특집호를 주도한 인물은 콜레쥬드프랑스에서 산스크리트어를 가르치는 교수이자 프랑스학사원의 회원인 실뱅 레비였다. 그 특집호를 소개하는 글에서 그는 «세계의 다른 곳에서 제멋대로 행동하려는 유럽의 정신 나간 오만»을 호되게 공격했다. 화가 반 동겐도 그에 못지않게 신랄했다. 그는 다음과 같이 썼다. «오리엔트에 대한 서양의 우월성을 이루는 서양의 가치들이라고? 우리는 비열한 자들, 소인배, 거드름을 피우는 자들이다. 가짜 가치들, 또는 진짜 가치들, 주식거래소와 은행의 시가(時價)는 내 능력 밖이다. 서양 문명이라고? 대단한 우스갯소리이다.»

독일에서 나치즘이 활개를 치면서 그 결과로 서양의 나머지 국가들에서는 인종주의 이론이 조금 더 손상되었다. 전 세계의 과학자들과 인문학자들이 들고 일어났다. 예를 들면, 「인종과 인종주의」라는 잡지가 있었다는 것 — 이 잡지는 짧은 기간 존속했다. —은 의미심장하다. 이 잡지의 목차를 읽어보면, 서양의 자유로운 지식인들이 나치즘에 얼마나 격렬히 반대했던가를 알 수 있다. 그러나 식민주의의 근본 가치들을 이리저리 공격하지 않은 채로 반유태주의, 즉 아리안족의 우월성에 대한 터무니없는 믿음을 무너뜨리고, 또 그 믿음이 어떤 사실에도 근거하고 있지 않다는 것을 증명하기란 쉽지 않았다. 예를 들면, 1937년에 「인종과 인종주의」는 가톨릭 철학자 쟈크 마리탱의 강연에 대해 보도했는데, 강연 도중에 마리탱은 너무나 단호하게 다음과 같이 천명했다. «인류의 현 상태에 있어서 인종이라는 개념은 어떤 병리해부학적 실체에도, 어떤 "혈통"의 단위에도 부합하지 않는다.»

1945년 이후, 현실에 적용해보니 — 즉, 범죄 이론을 고스란히 적용해보니 — 옳지 않다는 것이 드러남으로써 권위가 실추된 «과학적» 인종주의는 폐기되기 직전 상황에 이르렀다. 에메 세제르(1950년) 같은 몇몇 작가는 나치의 인종주의적 견해와 식민주의자들의 인종주의적 견해를 동일선상에 놓기를 주저하지 않았다. 유네스코는 인종주의가 과학적 근거를 완전히 결여하고 있다는 것을 보여주기 위해 전 세계를 대상으로 캠페인을 벌였다. 미셸 레이리스의 글(«인종과 문명»)과 클로드 레비-스트로스의 글(«인종과 역사»)은 사람들의 사고를 심화시키는 데에 도움이 되었다.(1952년)

이후로 온갖 형태의 인종주의가 배척되었다.

1950년대에도 전문가들은 인종주의와 완전히 결별하기를 여전히 망설였다. 인종주의는 거부했지만 «인종»이라는 개념은 거부하지 않았던 것이다. 그로부터 20년 뒤, 생물학 발전이 촉진제가 되어 마침내 «인종»이라는 개념도 거부되기에 이르렀다. 콜레쥬드프랑스에서 행한 강의를 모아놓은 유명한 책『첫 강의』에서 쟈크 뤼피에[440] 교수는 다음과 같은 진실을 내뱉었다. «'인간'에게 있어서 종이란 존재하지 않는다.» 그가 보기에 이것은 너무나 간단한 사실이었다. 이후에 발표한 저서에서 이 위대한 과학자는 다음과 같이 덧붙였다. «유일하게 직접적으로 지각되고 즉각 사용할 수 있는 형태론적 자료» — 이것은 실제에 적용해 볼 수도 있을 것이다. —는 눈에 보이지 않는 자료보다 그 수가 훨씬 적으며, 이 두 종류의 데이터는 절대로 서로 겹쳐지지 않는다.(1983년) 이후로 어떤 과학자도 «인종»이라는 개념을 사용하지 않게 된다. 이 개념은 이제 사라졌다.

우리는 «인종»이라는 개념과 식민지 확장이 시기적으로 놀랍도록

440 쟈크 뤼피에(1921~2004년): 프랑스 혈액학자, 유전학자, 인류학자. 혈액학을 정립했다. 과학아카데미의 회원과 콜레쥬드프랑스의 명예교수를 지냈다.

일치한다는 것을 충분히 보았다. 1860~1880년에서 1950~1970년에 이르기까지 «인종»이라는 개념과 식민지 확장은 마치 서로 떼어놓을 수 없는 것인 양 나란히 성장기, 절정기, 쇠퇴기를 겪었다. 마치 두 개의 괄호가 숙명적으로 동시에 열리고 동시에 닫혀야만 한다는 듯이 말이다. 하지만 그 사건들이 일어난 시대를 살았던 사람은 실질적으로 그 사실을 결코 깨닫지 못했다.

«인종»이라는 개념은 사멸했다. 그러나……

«인종»이라는 개념이 사멸했다는 사실이 확인되었지만, 이와 함께 «일반 대중이 마음속에 간직하고 있던» 인종주의가 자취를 감춘 것은 아니다. 식자 집단에서는 이제 어느 누구도 «인종»의 우열에 대한 고루한 견해를 자기의 견해로 삼지는 않지만, 그렇다고 해서 «보통 프랑스인»이라고 부를 수 있는 사람들도 그렇다고 할 수 있을까? 오늘날 프랑스 본국 사람들은 «백인종»의 우월성에 대한 견해 — 이론의 여지 없이 이것은 넓은 의미에 있어서 식민주의에서 연유한 것이다. —에 물들지 않았다고 말할 수 있을까? 안타깝게도 그렇게 말할 수 없다. 무수한 일반인의 머릿속으로 침투되는 속도에 있어서 생물학 연구의 성과는 다른 과학적 확신보다 더 빠르지도, 더 느리지도 않을 것이다. 다시 말해서 그 성과는 매우 느리게 침투될 것이다. 롤랑 바르트가 말하는 «인식과 신화의 명백한 괴리»는 «인종들» 사이의 관계에, 다시 말해서 사회 관계의 상당 부분에 해악을 끼치는, 20세기 말의 피치 못할 현실 중의 하나였다. 바르트는 다음과 같이 썼다. «우리가 [인종에 대해] 일반인들이 가지고 있는 이미지(「마치 *Match*」[441]의 독자는 약 150만 명이었

441 「마치」: 1926년에 창간된 스포츠 전문 주간 잡지로 사진을 많이 실었다. 1949년에 시사 잡지 「파리-

다.), 니그로와 관련한 주장이 허황하다는 것을 알리기 위한 민족학자들의 노력, "원시인들 *Primitifs*" 또는 "케케묵은 사람들 *Archaïques*" 같은 애매한 개념을 다루지 않을 수 없을 때에 그 민족학자들이 이미 매우 오래전부터 지켜오고 있는 엄격한 신중성, 그리고 위장되고 낡은 인종주의적 용어와 싸우는 모스[442]나 레비-스트로스 또는 르르와-구르앙[443] 같은 지식인들의 정직성을 비교해본다면, 우리에게 드리워진 중대한 속박들 중의 하나를 더 잘 이해하게 된다. 인식과 신화의 명백한 괴리가 바로 그 속박이다. 과학은 빠르면서도 바른 걸음으로 나아가고 있다. 그러나 집단 표상은 그 뒤를 따르고 있지 않으며, 여러 세기(世紀) 뒤처져 있으며, 권력과 주요 언론과 사회 질서를 우선시하는 가치들 때문에 오류에 사로잡혀 정체하고 있다.»(1957년)

«인종»이라는 개념»은 사멸했지만, 이 개념을 매장하는 일은 아직도 몇 세기 동안 계속될 것이다.

상이한 여러 종류의 문화 발견

인도차이나에서

인도차이나에서 식민지배가 시작될 때부터 많은 프랑스인은 프랑스가 정복한 여러 나라의 문화에서 볼 수 있는 아름다움을 접하면서 자신들이 느끼는 감탄을, 그리고 자신들은 존중할 만한 문명을 대하고 있다는 확신을 토로했다. 베트남 후에에서 변리공사로 근무하다가 프

마치」로 바뀌었다. 「파리-마치」도 사진을 많이 실으며(1960년대에 스무 명의 사진사가 이 잡지에서 일했다.), 사진 전문 에이전시에도 사진을 판매한다.

442 모스: 마르셀 모스를 가리킨다.

443 앙드레 르르와-구르앙(1911~1986년): 프랑스 민족학자, 고고학자, 역사학자, 선사시대 전문가.

랑스로 귀국한 프레데릭 바이유[444]는 조금은 겸손할 것을 몇몇 프랑스인에게 호소했다. 그는 다음과 같이 썼다. «극동의 문명 같은 문명은 지난 수천 년 동안 자체의 법제(法制), 자체의 미학, 자체의 서적들, 자체의 영웅들 또는 자체의 용감한 사람들을 통해 형성되어 왔으며 또 세상에서 가장 정교한 정치·행정 기구를 하나씩 구축해왔기 때문에, 우리가 신중함을 가지지 않거나 존경심을 가지지 않은 채로 그 문명을 대하면 안 된다.»(1890년) 관찰자들은 인도차이나반도를 누비고 다녔으며, 같은 나라 사람들 대부분이 한 것처럼 피상적이며 간접적인 관찰을 하는 것으로 그치지 않았다. 예를 들면, 샤를 오카르 박사[445]는 민족학에서 사용되는 몇 가지 현대적 방법을 선구적으로 사용하면서 «원주민들»처럼 살기를 주저하지 않았다. 그는 베텔[446]을 씹고, 개고기를 먹었다. 그가 기록한 글을 보면, 그가 많은 시간을 들여서 관찰하고, 사람들과 같이 살고, 선입견 없이 대중의 관례와 풍습을 기록했다는 것을 알 수 있다. 그는 특히 베트남 문화에 관심이 있었다. 그가 내린 결론은 식민지에 대해 쓴 수많은 글과는 정반대이다. 그 내용은 다음과 같다. «프랑스에서 아직도 많은 사람은 안남인들을 미개인으로 여기고 있다. 하지만 안남인들에게는 우리의 문명보다 더 오래된 문명이 있으며, 이 문명은 [우리의 문명과는] 완전히 다르기는 하지만 [우리의 문명보다] 덜 완전한 것도 아니고 덜 세련된 것도 아니다.»(1892년) 군인이었던 오귀스트 보니파시 중령은 인도차이나반도의 민속학적 모

444 프레데릭 바이유(1848~1910년): 프랑스 언론인, 식민지 행정관. 후에, 하이퐁, 박닌, 하노이 등에서 부(副)변리공사, 시장 등을 지냈다.

445 샤를 오카르(1853~1911년): 프랑스 군의관, 사진사, 탐험가. 1883년에 통킹 원정대에 자원해서 군의관으로 인도차이나를 탐사하면서 베트남 사회의 이모저모를 촬영했다. 이어서 1894년에 마다가스카르 원정대의 군의관으로 있으면서 마다가스카르 사회를 촬영했다.

446 베텔: 동남아시아인들이 애용하는 씹는 담배의 일종으로 구장잎에 담배잎, 빈랑 열매, 생석회를 싸서 만든다. 이것을 씹으면 혀와 치아가 검붉은 색으로 물든다.

습 전체를 소개함으로써 선구자적 업적을 이룩했다. 1888년, 오리엔탈리스트 에밀 기메[447]는 처음에는 리옹에 전시했던 자신의 수집품들을 수습해서 이후로 그의 이름을 따서 기메 박물관이라 불리는 파리의 박물관에 전시했다.

그러나 인도차이나 문명에 대해 깊이 알 수 있게 해준 것은 특히 프랑스극동학교이다. 20세기 초에 설립된 이 대학은 지금까지 줄곧 기능을 수행해왔다. 이 대학이 한 역할은 매우 많았다. 훌륭한 역사학자들, 고고학자들, 언어학자들이 이 대학에서 연구 성과를 발표했다. 식민시대에만 한정한다면, 훌륭한 정기간행물 「회보」를 제외하고도 140권에 이르는 책이 이 대학에서 발행되었다. 루이 피노, 루이 브자시에, 죠르쥬 코에데스, 빅토르 골루베프의 저서를 비롯한 연구 성과는 권위를 얻었다. 몇몇 경우는 잊혀져 있던 것을 다시 발견할 수 있게 해주었다고도 할 수 있다. 예를 들면 앙리 파르망티에 같은 학자는 베트남 중부에 사는 참족 *Chams*의 예술을 망각에서 구해냈다. 그러나 프랑스극동학교가 전 인류에 가장 크게 기여한 것은 아마도 앙코르와트 전체를 학문적으로 연구한 것이리라. 현장에서 행한 연구 — 이 연구 덕분에 앙코르와트 건축물 전체가 열대 식물에 뒤덮여 완전히 폐허가 되지 않을 수 있었다. —는 제외하더라도 말이다.

이슬람에 대한 인식

무슬림 문명에 대해서 이런저런 여행객, 행정관, 연구자는 샤토브리

447 에밀 기메(1836~1918년): 프랑스 기업가, 예술품 수집가. 아버지로부터 물려받은 기업을 운영하는 동시에 이집트, 미국, 일본을 비롯하여 세계 여러 곳을 여행하면서 많은 예술품을 수집했다. 수집품을 리옹의 자연사박물관에 전시했다가(1879년), 파리에 자비로 설립한 기메 박물관으로 옮겼다.(1888년)

앙, 뵈이요, 르낭[448]보다는 덜 신랄한 평가를 내렸다.

외젠 프로망탱은 『사하라에서 보낸 여름 한 철』(1857년)과 이어서 『사헬에서 보낸 한 해』(1859년)를 발표하여 이타성(異他性 *altérité*)을 존중하면서 겸허한 자세로 관찰하는 전통의 길을 텄는데, 많은 이들이 식민 시대 내내 이런 관찰 자세를 모방했다. 프랑스가 알제를 정복하기 시작한 지 10년이 지나서 그곳에 들렀던 테오필 고티에는 두 눈을 크게 뜨고 그곳을 관찰하고는, «우리의 특징인 그 잘난 뻔뻔스러움으로 우리가 야만이라고 부르는 이 오리엔트 문명»에 슬쩍 경의를 표했다.(1845년) 한편, 레바논을 여행한 시인 알퐁스 드 라마르틴은 다음과 같이 썼다. «기도와 애덕이라는 두 가지 위대한 의무만을 인간에게 부과한 마호메트교를 올바르게 평가해야 한다. 기도와 애덕이라는 이 두 가지 위대한 개념은 사실 모든 종교의 더없이 숭고한 두 가지 진리이다.» 그는 «본질적으로 도덕적이고, 끈기 있고, 인종(忍從)하고, 자비롭고, 관용적인» 이슬람을 찬양했다. 라마르틴에 따르면, 이슬람의 관용적인 특성은 «기독교 신앙 — 이슬람은 기독교가 성스러운 이슬람 도시 안에서조차도 존속하면서 자유롭게 활동하도록 했다. —과 조화를 이루며 평화롭게 살아가는 습성»으로 증명된다 (…). 이러한 면에서 이슬람은 종교적 완성으로 나아가는 길에 있어서 이슬람을 모욕하고 무시하는 많은 종교보다 앞서 있다.»(1833년) 빅토르 위고는 이슬람에 대한 존경심을 담은 세 편의 시, 즉 «마호메트»(1849년), «헤지라 제9년»과 «서양 삼나무»(1858년)를 『세기의 전설』 속에 삽입했다. 그로부터 얼마 뒤, 피에르 로티의 작품(그리고 그의 삶)은 오늘날 많은 순수주의자를 자극하지만, 당시에는 선악 이분법에 입각하지 않은 『오리엔트의 이모저모』

---

448 샤토브리앙, 뵈이요, 르낭: 각주 51번, 186번, 43번을 보라.

를 독자들이 쉽게 접할 수 있는 형태로 보여주었다는 점에서 훌륭하다. 수도사 샤를 드 푸코[449] — 하기야 이 사람의 여러 가지 모호한 점을 간과할 수 없긴 하지만 —는 가톨릭교회 내의 어떤 관용적인 경향이 공인을 받을 수 있게 되는 데에 큰 기여를 했다. 1883년, 직업군인으로 장교였던 그는 모로코에 배속되었다. 이 가톨릭 신자는 그곳에서 이슬람을 통해 불가지론자가 되었으며, 절대자를 재발견했다. 그는 다음과 같이 썼다. «이슬람은 나에게 엄청난 혼란을 야기했다 (…). 절대자의 부단한 현존 속에서 살아가는 그 사람들, 그 믿음을 보면서 나는 속세의 일들보다 더 훌륭하고 더 참된 어떤 것이 있다는 것을 엿보게 되었다 (…). 나는 이슬람을, 이어서 성서를 공부하기 시작했다. 그리고 어린 시절에 내가 가졌던 신앙은 은총의 작용으로 굳건해지고 새로워졌다.»(1938년) 군을 떠난 그는 마침내 «예수성심형제회»를 설립했다. 그러나 이슬람교도에 대한 그의 이해 방식은 여전히 주의를 기울여 관찰하고 듣는 방식이었다.

몇몇 유럽인은 "절대자의 계시"를 찾고자 이슬람으로 개종하기도 했다. 그들이 보기에 기독교적 전통의 서양은 이제 그 "절대자의 계시"를 그들에게 가져다줄 수 없었다. 이슬람으로 개종한 사람들 중에는 이스마일 위르뱅[450] 같은 사람이 있다. 그는 이집트의 생-시몽주의자들 곁

449 샤를 드 푸코(1858~1916년): 프랑스 탐험가, 지리학자, 가톨릭 수도사, 언어학자. 기병대 장교로 근무하다가 스물세 살에 퇴역해서 모로코를 탐험했다. 이후 트라피스트회 수도사가 되어 시리아에서 생활하다가 트라피스트회를 나와서 팔레스타인에서 은자(隱者) 생활을 했다. 사제로 서품 받고 사하라에서 베르베르족과 함께 살면서 투아레그어를 공부해서 프랑스어-투아레그어 사전을 만들었다. 무슬림 문화와 종교를 열린 자세로 대했다. 원주민 강도들에게 살해되었다. 2005년에 시복(諡福)되었다.

450 이스마일 위르뱅(1812~1884년): 프랑스 언론인, 통역관. 노예의 후손인 기얀 출신의 어머니와 마르세유 출신의 상인인 백인 아버지 사이에서 사생아로 태어난 혼혈인이었다. 생-시몽주의가 인종들 사이의 화해를 보여주는 것이라고 여기면서, 그 사상에서 자신의 처지를 벗어날 수 있는 길을 찾았다. 이집트를 여행하다가 이슬람으로 개종해서 이스마일을 이름으로 삼았으며, 기독교 정신과 이슬람 정신을 조화시키려고 했다. 이집트에서 아랍어를 공부한 뒤, 1937년부터 알제리에서 뷔죠를 비롯한 여러 장군의 통역관으로 활동했다. 이슬람에 대한 방대한 지식과 경험 때문에 알제리 주재

에 머물 때에 이슬람으로 개종했으며[451], 얼마 뒤에는 알제리에서 고위 공무원으로 일했다. 그는 나폴레옹 3세의 신임을 얻었으며, 관용 정책을 펼 것을 그에게 주장했다. 에티엔 디네[452]도 이슬람으로 개종했다. 이 사람은 특히 오리엔탈리스트 화가로 알려져 있으며, 주로 알제리에서 작품의 소재를 취했다. 위르뱅과 마찬가지로 그 자신이 매우 순수한 신앙으로 평가한 이슬람으로 개종한 이 사람은 이슬람 전문가이자 특히 『마호메트 전기』(1918년)를 쓴 사람이다. 이런 일을 하는 동시에 프랑스 국민들과 마그레브 사람들을 화해시키려고 애쓴 디네는 파리 한복판에 모스크를 건립하려는 생각을 처음으로 한 사람이다. 그는 이 모스크가 상징적인 것이 되기를 바랐다.

이슬람으로 개종한 사람들 중에서 이자벨 에버라르트가 특히 유명하다. 러시아에서 이민을 온 사람의 딸로 태어난 이 젊은 여성의 삶은 그 자체로 모험이었다. 그녀가 마그레브와 접촉한 기간은 스무 살 때인 1897년부터 사고로 사망한 1904년까지로 비교적 짧았다. 그 기간 동안 그녀는 불꽃 같은 삶을 살았다. 그녀는 코스모폴리탄적 교양과 다양성을 존중하는 견해를 가지고 있었으며, 이 때문에 «자신들의 존재로 나라에 독(毒)이 되고 있는 어리석은 유럽인들»을 곧 경멸하게 되었다.(1902년) 반면, 그녀는 «원주민들»의 생활 습관, 풍습, 심리에 관심을 가졌다. 그녀는 부사관 신분의 아랍인 청년 슬리멘 에니를 만나서

프랑스 총독부의 자문위원으로 활동했으며, 나폴레옹 3세에게 친(親)아랍 정책을 펴도록 조언하면서 «아랍 왕국»을 건설하는 방안을 권고했다. 이슬람을 다룬 많을 글을 발표하면서 알제리 원주민들을 옹호하는 자라는 비난을 받았다. 죽어서 알제에 묻혔다.

451 생-시몽주의자들과 위르뱅: 1930년대 초, 생-시몽의 주장을 따르는 사람들은 권력이 보기에는 위험한 존재들이었다. 생-시몽주의자들은 결혼 제도와 사유재산 제도를 폐지해야 한다고 주장했기 때문이다. 투옥되었다가 1833년에 석방된 그들의 지도자들 일부는 이집트로 건너가서 그곳에서 노동과 산업을 통해 이상사회를 일구고자 했다. 그들 중에 위르뱅도 끼어 있었다.

452 에티엔 디네(1861~1929년): 프랑스 오리엔탈리스트 화가. 알제리를 여행하고 또 그곳에서 살면서 그곳의 풍물을 많이 그렸다.

함께 살다가 그와 결혼했다. 그녀는 이슬람으로 개종했다. 그때부터 생애 마지막 몇 년간 그녀는 새로운 교우(教友)들, 즉 이슬람교도들과 똑같은 방식으로 살게 된다. 그녀의 생애가 평범하지 않았다면, 그녀가 쓴 작품도 마찬가지이다. 그녀가 쓴 수백 쪽에 이르는 글에서 우리는 줄곧 비범한 감수성, 세부를 포착할 줄 아는 놀라운 센스를 발견한다. 이런 감수성과 센스로 마그레브 사람들의 일상생활을 아마도 다른 어떤 유럽인보다 더 잘 묘사할 수 있었다.

프랑스에는 이슬람을 대하는 이러한 문학적, 미학적, 또는 감정적 태도뿐만 아니라 어떤 학문적 연구의 전통이 있었다. 19세기에 이슬람을 학문적으로 연구한 저명한 사람으로 앙트완-이작 실베스트르 드 사시[453]가 있다. 그는 학식이 대단했으며 오리엔트의 대여섯 개 언어를 말하고 읽을 줄 알았다. 반세기 동안 그 분야에서는 유일한 책이었던 『아랍어 문법』(초판, 1810년)을 저술한 이 사람은 프랑스 오리엔트 학파의 명실상부한 우두머리였으며, 한 세대에 걸쳐 전 세계 학자들이 존경하고 따르는 사람이었으며, 많은 제자를 길러냈다. 그 제자들 중의 한 사람인 카지미르스키는 코란을 번역해서 출판했는데, 이 번역서는 코란을 학문적 차원에서는 처음으로 다룬 책들 중의 하나이다. 그러나 순수 학문이란 존재하지 않는다. 1830년부터 정치 당국자들은 이슬람에 대한 학문적 연구가 가질 수 있는 분명한 이점을 깨달았다. 이제 국가에 봉사한다는 명분으로 과학자들과 연구자들은 마지못해 식민화 사업의 보조수가 되었다. 이를테면 실베스트르 드 사시는 드 부르몽[454]

453 앙트완 이작 실베스트르 드 사시(1758~1838년): 프랑스 언어학자, 문헌학자, 아랍 전문가, 오리엔탈리스트. 어려서부터 언어에 재능을 보였다. 열두 살부터 히브리어, 아랍어, 시리아어, 페르시아어 등 여러 언어를 배웠다. 여러 고문헌을 번역하고, 근동의 고대사를 다룬 책을 집필했다. 비문(碑文) 아카데미 회원이 되었으며, 파리동양어대학, 프랑스학사원, 콜레쥬드프랑스에서 강의했다. 당대 최고의 아랍어 및 페르시아어 전문가였다.

454 루이 드 부르몽(1773~1846년): 프랑스 군인. 샤를 10세 국왕의 부름을 받고 알제 섭정령을 정복하

장군이 알제를 점령한 직후에 아랍인들에게 공포한 첫 포고문을 번역했다. 이것은 상징적인 예이다! 아프리카 땅에 프랑스 원정대가 첫걸음을 내디디면서부터 군인들과 학자들이 서로 협력했던 것이다…….

이런 실리주의에도 불구하고, 과학 지식은 세기말까지 발전해나갔다고 할 수 있다. 이때부터 식자층 사람들은 이슬람교의 중요 원리를 객관적으로 소개하고, 무슬림 문명의 아름다움을 역설하며, 마호메트의 생애를 객관적으로 들려주는 등의 갖가지 연구를 접할 수 있었다. 「이슬람 평론」(1895년 창간), 「무슬림 세계 평론」(1906년 창간), 「이슬람의 프랑스」(경제학자 샤를 지드가 1913년에 창간) 같은 여러 잡지가 발행되기 시작했다. 이슬람 세계를 처음으로 종합적으로 다룬 책은 귀스타브 르 봉[455]이 1884년에 썼다. 르 봉은 『아랍인들의 문명』이라는 당시로서는 대담한 제목을 주저 없이 택했다.

간전기에는 매우 유럽중심주의적인 성향을 띤 대학인들이 여전히 아랍 세계에 대해 연구하고 있었지만, 변화가 다가오고 있다는 것을 분명히 알려주는 몇 가지 징후가 나타났다. 1931년, 알제리 정복 100주년 기념식이 전 국민적 축제 분위기 속에 치러진 직후, 당시에는 아웃사이더였던 역사학자 샤를-앙드레 쥘리앵[456]이 많은 통념을 무너뜨리는 내용을 담은 『북아프리카의 역사』를 발표했다. 이 책에서 그는 특히 프랑스인들이 침략하기 이전의 마그레브 역사에 대해 연구했으며, 당

기 위한 원정대를 이끌었다. 1830년 6월 14일 알제 땅에 상륙해서 알제, 본, 오랑을 차례로 점령했다. 원정 중에 원수(元帥) 계급까지 올랐다. 7월 혁명으로 새로운 국왕이 된 루이-필립에게 충성을 맹세하기를 거부하면서 그해 9월에 베르트랑 클로젤 장군으로 대체되었다.

455 귀스타브 르 봉(1841~1931년): 프랑스 인류학자, 사회심리학자, 사회학자. 여러 문명은 우열이 있는 것이 아니라 발전 단계가 다를 뿐이라고 주장했다. «아리안족의 신화»를 규탄하고 나치즘을 경계할 것을 주장했다. 아랍 문명, 인도 문명, 군중 심리학을 연구한 저서를 남겼다.

456 샤를-앙드레 쥘리앵(1891~1991년): 프랑스 사학자, 반식민주의자. 북아프리카 전문가로서 파리정치대학, 파리문과대학, 모로코의 라바트대학에서 가르쳤다. 정치적으로는 프랑스 공산당, 노동자인터내셔널프랑스지부에서 활동하고 반식민주의 운동을 폈다.

시에 마그레브에는 이미 국가 단위를 이루는 요소들이 있었다고 썼다. 1926년에 루이 마시뇽[457]이 콜레쥬드프랑스에서 무슬림 사회학을 가르치는 교수에 임명된 것은 위엄 있는 기관들도 이제는 어떤 개방적 기운에 무관심할 수 없다는 것을 보여주는 것이었다. 열렬한 가톨릭인이었으며, 샤를 드 푸코의 친구이자 제자였으며, 프랑스 외무부로부터 여러 번 임무를 부여받았던 마시뇽은 선동가도 아니었으며 몽상가도 아니었다. 그는 폭넓은 학식을 갖춘 학자이자 코란과 이슬람의 역사를 비할 데 없이 잘 알고 있는 사람이었다. 40세에 그는 중세 이슬람의 위대한 신비주의자였던 만수르 알 할라지[458]를 연구한 박사학위 논문을 제출했다. 그는 1923년에는 『무슬림 세계 연감』을 편집하는 책임을 맡았으며, 1927년에는 「이슬람 연구 평론」의 주간을 맡았다. 이후로 그는 일생 동안 하나의 주도적 이념을 주장하게 된다. 같은 조상 아브라함에서 나온 3대 일신교 사이에는 대화가 필요하고 가능하며, 따라서 무슬림은 우리의 적이 아니라 우리의 형제이며 같은 하느님의 피조물이라는 주장이 그것이다.

이런 생각들이 새로운 바람을 불어넣기 시작했다. 그리하여 이슬람에 정면으로 맞서 싸우자는 짐짓 공격적인 어조는 공식 담론과 진지한 연구에서 거의 다 사라져버렸다. 의미심장한 일은 파리정치대학 동문회가 주관한 일련의 강연이다. 이 강연에 참여한 연사들(위베르 리요테 원수, 막심 베강 장군, 파리동양어대학의 폴 보와예 교수, 오귀스탱 베르나르, 프랑스 대사 쥘 캉봉, 그리고 또 루이 마시뇽 등)은 모두 파리의 보수적 사교계 인사들이

457 루이 마시뇽(1883~1962년): 프랑스 이슬람학자. 모로코에 대해 연구했으며, 콜레쥬드프랑스에서 무슬림 사회학과 사회지학(社會誌學)을 강의했다. 열렬한 시오니스트로서 이스라엘인들의 정착촌 건설에 찬성했으나 점차 아랍인들에 호의적인 반유태주의자가 되었다. 1948년에 이스라엘이 건국되었을 때, 열렬한 반유태주의자로 바뀌어 있었다. 예루살렘이 기독교, 유태교, 이슬람의 공동 성지가 되기를 바랐다.

458 만수르 알 할라지(858~922년): 페르시아의 신비주의자 시인이자 수피즘 교사.

었다. 그들은 모두 공격성을 보이지 않으면서, 그리고 상당히 절제하면서 말했다.

정치 지도자 집단들의 태도는 어떠했던가? 정치 책임자들은 현실 감각이 있었고 또 본질적인 것 — 평화와 안정을 유지하면서 프랑스가 식민지를 보전하는 것 —을 잃지 않으려고 했기 때문에, 매우 일찍부터 배타적인 식민지 거주민 집단이 드러내는 십자군 정신[459]에 반대했다.

자신들의 종교에 대한 «원주민들»의 애착은 요지부동으로 확고하다는 것은 분명하고 또 그 애착은 유럽인이 그것을 공격하려고 할 때 마찰이 생기는 지점이라는 것이 분명했기 때문에, 이슬람을 깨부수려고 고집할 필요가 있었을까? 그렇게 해서 식민지배 체제 전체를 위태롭게 할 필요가 있었을까? 프랑스 제국의 힘이 절정기에 이르렀을 때, 제국 내에서 무슬림은 주민 다섯 명 중에 한 명 꼴이었다. 사실상 제국의 각 지역마다 마호메트교를 믿는 사람들이 있었다. 심지어 먼 인도차이나에서조차도 그러했다. 강력한 이데올로기로 결속되어 있고 또 세계의 무슬림 공동체와 연결되어 있는 그런 사람들의 무리와 대결한다는 것은 자살 행위가 될 것이었다. 이 모든 것은 황제 나폴레옹 3세가 알제리를 대상으로 시행한 정책 방향이었다. 나폴레옹 3세가 보기에 알제리는 사실상으로 식민지였던 것이 아니라 «아랍 왕국»이었다. 막 마옹 총독에게 보내는 편지 — 이 편지는 지금도 유명하다. —에서 나폴레옹 3세는 자신이 바라는, 프랑스의 정책이 나아가야 할 방향을 지적했다. 알제리인들과 대립하려는 생각에 배치되는 방향이었다. 편지 내용은 다음과 같다. «호전적이며 총명한 이 나라 사람들은 우리가 배려해줄 만합니다. 우리나라 사람들의 인간애와 이익은 그 나라 사람들

459 십자군 정신: 이슬람을 쳐부수려는 정신.

을 우리에게 호의적이도록 만들 것을 우리에게 요구합니다. 우리가 정복한 어느 민족을 다스리는 방식이 아프리카와 아시아의 다른 부분에 흩어져 살고 있는 1500만 명에 이르는 아랍인들이 보기에 선망의 대상이 될 때, 아틀라스산맥[460] 아래에서 우리의 힘이 그들이 보기에 타락한 민족을 다시 일으켜 세우기 위한 '구세주'의 개입으로 비쳐지게 되는 바로 그날, 프랑스의 명성은 튀니스에서부터 유프라테스강까지 울려 퍼질 것이며 또한 [그곳에 대한] 주도권을 우리나라가 확고히 가질 수 있게 해줄 것입니다. 이 주도권은 어느 누구의 질투심도 자극할 수 없습니다. 왜냐하면 이 주도권은 정복을 바탕으로 삼는 것이 아니라 인류에 대한 사랑과 진보를 바탕으로 삼는 것이기 때문입니다. 아랍인들을, 민법의 규제를 받으면서도 무슬림 법을 따르는 프랑스인으로 여기는 것이 좋을 것입니다. 하지만 프랑스 법의 혜택을 누리고자 하는 사람들은 요청에 따라 나이를 불문하고 프랑스 시민으로서의 권리를 부여받을 것입니다. 다른 한편, 아랍인들은 제국의 모든 군직(軍職)과 알제리의 민법상의 모든 직업에 종사할 수 있습니다.»(1865년) 개혁 의지가 이토록 과감했던 적은 없었다(그리고 앞으로도 이토록 과감하지는 않을 것이다.). 그로부터 얼마 뒤, 죠레스 역시 무슬림에 대한 모든 적대적 정책이 불러올 위험을 감지했다. 그는 동료 의원들에게 다음과 같이 말했다. 현대 무슬림 세계에는 두 종류의 큰 집단이 있다. 즉, 한편으로는 서양에 대한 증오를 부추기고 서양을 쳐부술 것을 선동하는 광신자들이 있으며, 다른 한편으로는 «이슬람교도는 스스로를 혁신하고 자신들의 낡은 종교서를 새로운 자유·박애·평화의 정신에 따라 해석할 때에만 비로소 스스로를 구할 수 있다고 말하는 엘리트 집단 전체, 즉 근대인

460 아틀라스산맥: 모로코에서 튀니지를 거쳐 알제리에 이르는, 북아프리카 북서부를 가로지르는 산맥.

들(…)»이 있다. 그는 이슬람교도를 이해하려는 정책을 펴서 광신자들을 격리하고 근대인들의 신뢰를 얻어야만 한다고 주장했다.(1912년)

1918년 이후로 여러 사건이 일어나면서 사회주의자 웅변가 죠레스가 옳다는 것이 증명되었다. 무슬림 세계는 뉴스의 스포트라이트를 받았다. 1922년, 영국은 이집트를 보호령으로 유지하기를 포기해야만 했다.(그러나 수에즈 운하 일대는 여전히 보호령으로 간직했다.) 이듬해, 무스타파 케말[461]이 터키 전역을 장악하고 국가를 빠른 속도로 개혁하는 일에 착수했다. 러시아의 주변 지역과 그 영향권 내에는 여러 개의 무슬림 공화국이 수립되었다. 프랑스가 지배하고 있던 나라들도 이 도도한 흐름을 벗어나지 못했다. 1925년에 압델-크림이 이끄는 반란군이 프랑스령 모로코로 세력을 확장했으며, 같은 해에 프랑스가 시리아를 위임통치하는 것에 대해 자발 드루즈 지역[462]이 반대하면서 봉기했다……. 현지의 현실을 두 눈으로 지켜보았던 많은 사람이 그 새로운 상황을 주시했다. 1922년 1월에 창간호가 발행된 잡지「오리엔트와 서양」은 두 세계 사이의 대화와 상호 이해를 도모하는 장(場)이 되고자 했다. 여러 해 동안 정치인들과 외교관들에게 끈덕지게 달라붙어서 프랑스인들과 아랍인들의 우호를 도모할 것을 끊임없이 부르짖은 외젠 쥥의 활동이 대화와 상호 이해의 한 본보기이다. 쥥은 반이슬람주의자 집단에게 다음과 같이 쏘아붙였다. 당신들은 «마지막 십자군 원정»이 필요하다는 생각을 퍼트리고 있다. 그런 예측이 실현되는 것을 두려워하라. 그러나 그 예측이 당신들이 상상하는 그런 방향으로 실현되지는 않을 것이다. 이렇게

461 무스타파 케말(1881~1938년): 제1차 세계대전 직후에 쇠락해가는 터키를 근대화하기 위해 일부다처제를 폐지하고 종교 교단을 해체했으며, 아랍 문자 대신에 서구식 알파벳을 사용하고 서구식 복장을 착용하게 하는 등의 개혁 정책을 폈다.

462 자발 드루즈 *Djebel Druze*: «드루즈족의 산(山)»을 의미한다. 1921년부터 1936년까지 프랑스의 위임통치를 받았던, 시리아의 남쪽 산악 지대에 있었던 자치 국가이다.

쏘아붙인 다음, 그는 다음과 같이 썼다. «이슬람에 맞선 기독교 정신과 시오니즘의 싸움은 최악의 재난을 초래할 것이다.» 이 글에서 줭은 도덕가로서 자신의 의견을 피력하고 있는 것이 아니라, 정치인들의 양식(良識)에 호소하고 있다. 줭이 내린 결론은 드골주의라는 말이 생기기 이전에 이미 드골주의적이었다. 그가 내린 결론은 다음과 같다. 서양의 모든 나라 중에서 어느 나라가 이슬람과 기독교 사이에 가교를 놓는 데에 프랑스보다 더 유리한 위치에 놓여 있는가? 그렇다. 우리나라는 해야 할 국제적 역할이 있다. 그러나 터무니없는 새로운 십자군 원정의 선두에 서는 것이 그 역할이 아니다. 사람과 사람이, 그리고 문화와 문화가 대화할 수 있도록 도와주는 일이 그 역할이다.(1926년과 1931년)

이런 생각을 가졌던 사람은 특히 1912년부터 1925년까지 모로코 주재 통감을 지낸 리요테 원수이다. 리요테의 이런 생각이 그 자신의 개인적인 관용의 정신에서 비롯된 것인지, 아니면 단순히 정치적 계산에서 비롯된 것인지는 중요하지 않다. 리요테가 무슬림의 전통과 가치를 존중하는 정책을 펴려고 노력했다는 것은 사실이다. 예를 들면, 통감부는 모로코에 살고 있는 유럽인들에게 모스크를 방문하지 말 것을 부탁했다. 신자들의 기도를 방해하지 않도록 하기 위해서였다. 1922년 10월 19일, 파리에서 열린 모스크의 첨탑(미나렛) 낙성식을 주재하면서 그는 이슬람교도에 대한 자신의 «호감»에 대해 언급하기를 주저하지 않았다. 그는 계속해서 다음과 같이 말했다. «우리가 믿는 여러 종교는 우리를 갈라놓기는커녕 우리가 가진 여러 신념을 서로 존중할 것을 우리에게 가르칩니다. 어떤 감정의 공동체 *communauté d'un sentiment* — 우리가 믿는 여러 종교는 각기 이 감정의 공동체의 숭고한 표현입니다. —만을 볼 정도로 충분히 우리 자신을 고양하고자 한다면 말입니다.» 리요테는 결론적으로 «자유주의적이며 꼼꼼하고 근면한 프랑스인»과 «혁신되고 새로워진 이슬람교도»는 서로 이익이 수렴된다고 했다.

흑아프리카에서

사하라 사막 이남 아프리카의 여러 문명을 재평가하는 일은 보다 오랜 시간을 필요로 하는 보다 성가신 작업이었다. 예를 들면, 오랫동안 프랑스의 아프리카학은 경쟁국인 영국과 독일의 학자들이 이룩한 것에 비해 훨씬 빈약한 성과를 얻었다.

하지만 점차 여러 분야의 전문가들과 현지 활동가들이 많은 부조리를 바로잡았다. 이 전문가들 중에서 많은 사람은 식민지 관료 집단 출신이었다. 고위 공무원으로서 흑인들의 세계를 보다 더 잘 이해하는 데에 일생을 바친 모리스 들라포스[463]가 그들 중의 한 사람이다. 1912년, 들라포스는 수년간에 걸친 관찰의 결실인 두툼한 지역학 연구서 『북(北)세네갈-니제르』 — 이 책은 들라포스의 주저이다. —를 발표했다. 이 책에서 그는 «연구하고 서술할 만한 가치가 있는 여러 문명»이 이 지역에 존재한다고 주장했는데, 그것은 당시로서는 흔치 않은 주장이었다. 그는 대중을 상대로 하는 글을 많이 쓰기도 했다. 비록 그 어조가 우리가 보기에는 이따금 조금은 가부장적 *paternaliste*이긴 하지만, 들라포스의 공로는 전문가들이 알고 있고 또 인정하는 주장들 — 하지만 그런 주장들은 당시에 발표된 기행문이나 겉핥기식 글들과는 너무나 거리가 멀었다. —을 대중들에게 소개했다는 점이다. 그는 자

463 모리스 들라포스(1870~1926년): 프랑스 식민지 행정관, 아프리카학자, 민족학자, 언어학자. 파리동양어대학에서 수학한 후, 코트디부아르, 라이베리아에서 식민지 행정관으로 근무했다. 다시 코트디부아르로 돌아와서 코트디부아르와 가나(당시에는 영국 식민지)의 국경을 획정하는 일에 참여했다. 파리로 돌아와서 동양어대학과 식민인력양성학교에서 가르치다가, 프랑스령 서아프리카에서 민정 업무 책임자로 일했다.

신의 연구를 종합하는 첫 저서를 발표했다. 1925년에 쓴 『니그로 아프리카인들의 여러 문명』이 그것이다. 예를 들면, 그는 아프리카인들의 발전이 «늦은» 이유에 대해 다음과 같은 설명을 내놓았는데, 이 설명은 매우 타당하다. «아프리카의 니그로들은 발전을 이룩하는 데에 있어서 외부로부터 아무것도 얻지 못하고 자신들만을 믿을 수밖에 없는 종족의 모습을 보여주는데, 이런 모습은 아마도 세계에서 유일하다.» 즉, 아프리카의 니그로들은 외부와 접촉을 하지도 않았으며, 외부와 대결하지도 않았으며, 따라서 외부로부터 얻은 것이 없고, 외부로부터 얻은 것이 없기에 발전이 없다는 것이 들라포스의 설명이다. 들라포스는 다음과 같은 질문을 던졌는데, 이 질문은 당시로서는 대담했다. 우리 백인들이 같은 상황에 놓여 있다면, 더 잘할 것인가? 그리고 나서 그는 다음과 같이 결론을 내렸다. «이 민족들은 지능의 관점에서 열등한 사람들로 취급받을 만하지 않다.»(1941년) 프랑스령 서아프리카 주재 총독이었던 죠제프 클로젤[464]은 흥미로운 또 다른 인물이다. 학식이 풍부했던 그는 자신이 행정을 담당한 흑인들의 전통을 주의 깊게 연구했다. 그는 역사·과학연구위원회의 설립을 주도했다. 1916년 다카르에서 설립된 이 위원회는 자료를 풍부하게 실은 「회보」를 발행했다. 1925년, 마르셀 모스를 중심으로 인류학연구소가 설립되었는데, 이 연구소는 프랑스 대학 내에 설립된 첫 인류학연구소이다. 하지만 특별히 «아프리카 문제를 다루는» 기구가 설립되기 위해서는 더 기다려야만 했다. 1930년에 가서야 아프리카학회가 탄생했다.

이 학회를 설립한 사람들 중의 한 명인 마르셀 그리올[465]은 «다카르-

464 죠제프 클로젤(1860~1918년): 프랑스 식민지 행정관. 콩고를 탐사하고 코트디부아르, 프랑스령 수단, 프랑스령 서아프리카 총독을 지냈다. 아프리카 «원주민들»과 협력 관계를 맺었으며, 들라포스와 함께 그들에 대해 연구하고 민족학 연구서를 펴냈다.

465 마르셀 그리올(1898~1956년): 파리동양어대학에서 마르셀 모스 등에게서 민족학을 배웠다.

지부티 탐사단»을 기획하고 이끈 사람이다. 재능 있는 젊은 인류학자들이 그를 따랐는데, 그들 중에는 미셸 레이리스도 있었다. 탐사단은 1931년부터 1933년까지 22개월 동안 프랑스령 아프리카에 속한 14개 국가(그리고 벨기에령 콩고)를 누비고 다니게 된다. 거액의 자금(이 탐사단을 지원하기 위한 예산이 국회에서 특별히 가결되었다.)을 지원받은 탐사단은 현장 연구를 훌륭히 수행하게 되는데, 이 연구는 아마도 그런 유형의 연구로서는 유일한 것이었으리라. 미셸 레이리스 — 이 사람의 이름은 지식인 계층에서는 이미 잘 알려져 있었다. —는 장차 큰 반향을 일으키게 되는 짧은 메모 형식의 저서『유령의 아프리카』를 발표했다. 한편, 마르셀 그리올은 많은 기고문과 연구 논문을 썼다. 특히 잡지「미노타우로스」에 그 글들을 발표했다. 이어서 그는 도곤족[466]의 가면에 대해 연구한 국가 박사학위 논문을 발표했다.(인류학연구소 간행, 1938년) 그는 제2차 세계대전이 끝난 뒤에는 도곤족의 늙은 현자(賢者) 오고테멜리(Ogotêmmeli)와 나눈 대담으로 구성되어 있는『물의 신』을 발표했다.(1948년)

1945년과 아프리카 국가들이 독립하는 시점 사이에는 새로운 세대에 속하는 연구자들이 뒤를 이었다. 가장 왕성하게 활동한 사람은 물론 죠르쥬 발랑디에이다. 그는『검은 브라자빌들의 사회학』(1955년)과 이어서『오늘날의 흑아프리카 사회학』(1955년) — 이 책은 흑아프리카 사회를 대단히 치밀하면서도 종합적으로 연구한 것이다. —을 발표했다. 이미 정치 활동에 참여하고 있던 다른 사람들은 한편으로는 정치 활동을 하고, 다른 한편으로는 그에 병행해서 진행 중인 변화의 역사적

1931~1933년에 다카르-지부티 탐사단을 기획해서 민족학자들과 함께 서아프리카를 탐사하고 많은 물건을 수집했으며, 이후로 도곤족에 대해 연구했다. 에티오피아의 네구스(에티오피아 황제)가 국제연맹에서 한 연설의 원고를 썼으며, 네구스가 런던으로 망명할 때 동행했다. 파시즘 국가 이탈리아의 침공을 받은 자유 주권국가 에티오피아를 수호했다. 파리동양어대학, 파리대학, 소르본대학에서 가르쳤으며, 문화적 다양성을 옹호하기 위해 애를 썼다.

466 도곤족: 아프리카 말리의 고원지대에 사는 소수 종족.

근거를 밝히는 작업을 수행했다. 장 드레슈[467]에 대해서는 별도의 자리를 마련해서 다루어야 한다. 이 사람은 독자적으로 행동하는 공산주의자였으며, 지칠 줄 모르는 반식민주의 투사였다. 마침내 여러 명의 유럽인들이 잡지 「아프리카의 존재」를 발행하는 일에 참여했다. 이 잡지는 프랑스에 거주하는 흑아프리카 출신 교사들과 학생들이 모여 1947년에 창간한 것이다. 장차 아프리카인들이 쓴 많은 글 외에도 앙드레 지드, 마르셀 그리올, 죠르쥬 발랑디에, 미셸 레이리스, 장 쉬레-카날, 장-폴 사르트르, 테오도르 모노드 등의 글이 이 잡지에 실리게 된다.

누벨칼레도니에서

카나크족이 고유한 문명을 지니고 있다고 주장하기 위해서는 더 대담한 정신이 필요했다. 전통적으로 서양인들이 정하는 가치 등급에 있어서 태평양의 여러 섬에 사는 «니그로들»은 꼴찌 자리를 차지했다. 조용히 죽을 수밖에 없는 운명을 타고난 이 사람들에게 관심을 기울이는 것이 무슨 소용이 있겠는가?(새로운 질병들, 알코올 중독, 토지 박탈은 그들에게는 운명이라는 이름으로 불리었다.) 인구 변동 수치는 가혹했다. 20세기 초에 카나크족 인구는 2만 7000명에 불과했는데, 이것은 1853년 인구의 절반에 해당한다.

카나크족 사람들의 구전 문화에 마음을 열기 위해서는 파리콤뮌이 끝나면서 [누벨칼레도니에 보내져서] 유형에 처해진 루이즈 미셸[468]이 카나크족에 대해 가졌던 다정다감한 태도 같은 것이 필요했다. 함

467 장 드레슈(1905~1994년): 프랑스 지리학자, 반식민주의 운동가. 고등사범학교를 졸업하고 모로코의 고등학교에서 근무하면서 지역의 공산주의자들 및 독립운동가들과 친분을 쌓았다. 파리지리학연구소 소장, 국제지리학연합 부의장을 지냈다.

468 루이즈 미셸(1830~1905년): 프랑스 무정부주의 혁명가. 파리콤뮌 때 교사 신분으로 반란자들 편에 가담했다. 파리콤뮌이 실패하면서 체포되어 누벨칼레도니에 유형되어 있다가 1880년에 사면되었다. 이후로도 억압받는 민중의 해방을 위해 투쟁했다.

께 유형에 처해진 동료들과는 반대로, 루이즈 미셸은 «원주민들»을 관찰하고 그들의 이야기에 귀를 기울이려고 애를 썼다. 여러 증언에 따르면, 그녀는 카나크족과 더불어 지냈다고 한다. 점차적으로 그녀를 신뢰하게 된 카나크족은 그녀에게 민족의 옛 전설을 들려주었다. 이렇게 해서 그녀는 인류학자로서의 진짜 연구를 했던 것이다. 유형지에서 돌아온 그녀는 나중에 민담 모음집을 출판하게 된다. 이 모음집은 카나크족의 설화를 담은 최초의 자료집이다. 그녀는 카나크족이 사용하는 어휘에 대한 귀중한 기록을 이 책에 덧붙여 놓았다.(1885년)

그로부터 20년 뒤, 개신교 선교사 모리스 렌아르트[469]가 카나크족의 문명을 더 심층적으로 연구하는 일을 맡게 된다. 1902년에 누벨칼레도니의 누메아에 도착한 그는 재빨리 여느 프랑스인들의 태도와는 매우 다른 태도를 가졌다. 자신이 맡은 복음 전파 활동의 일환으로 그는 토착민들에 섞여들고 그들의 문화를 이해하려고 애썼다. 그는 모든 것을 서양의 잣대로 평가하는 사고방식을 규탄했다. 1907년, 그는 다음과 같은 탄식을 내뱉었다. «우리는 우리와 비교하지 않으면서 타인들을 평가할 줄 모른다.» 렌아르트는 현대 민족학에서 사용되는 «참여적 관찰»이라는 방법을 처음으로 사용한 사람들 중의 한 명이다. 이런 탄탄한 현장 연구로 실력을 쌓은 그는 파리에서 인류학연구소와 접촉하고, 마르셀 모스 및 뤼시앵 레비-브륄과 친분을 맺었다. 렌아르트는 여러 가지 연구를 계속 수행했는데, 그가 남긴 연구 성과는 지금도 카나크 문명에 대해 알기 위해서는 꼭 참고해야 할 입문서와도 같다. 『누벨칼레도니 민족학 연구』(1930년), 『그랑드 테르의 사람들』,[470](1937년)

469 모리스 렌아르트(1878~1954년): 프랑스 목사, 민족학자. 1902~1926년에 누벨칼레도니에서 선교사로 활동하면서 카나크족에 대해 연구했다. 파리동양어대학에서 오세아니아의 여러 언어, 특히 카나크어를 가르치는 데에 이바지했다.

470 그랑드 테르 *Grande Terre*: 누벨칼레도니의 주도(主島). «큰 땅»이라는 뜻이다.

그리고 특히 훌륭한 저작인 『도 카모』[471](1947년)가 그러하다. 이 세 편의 저작에서 렌아르트는 신화적 사고와 이성적 사고의 관계에 대해 뤼시앵 레비-브륄이 시작한 논쟁에 귀중한 기여를 했다. 그러나 레비-브륄 — 렌아르트 목사는 이 사람을 알고 있었으며, 게다가 그를 존경했다. —과는 반대로, 렌아르트는 신화적 사고와 이성적 사고는 서로 뒤얽혀 있다고 주장했다. 그 내용은 다음과 같다. «모든 심리는 이성적인 면과 신화적인 면을 포함하고 있다. 그러나 이 두 가지 면 중에서 어느 한 면이 다른 면보다 우세를 보일 수 있다, 다른 면을 거의 완전히 뒤덮을 정도로.» 렌아르트는 신화적인 면과 이성적인 면, 전(前) 논리적인 면과 논리적인 면을 일대일 대립 관계로 보기는커녕, 그 대립 쌍들은 «두 가지 상호 보완적인 인식 방식»이라고 생각했다. 그는 다음과 같이 결론을 내렸다. «원시성이란 사고의 한쪽 면에 존재하는 것으로서, 이 두 가지 인식 방식이 균형을 이루지 못하도록 함으로써 인간으로 하여금 양식에서 벗어난 행동을 하게 한다.»(1947) 레비-브륄이 생애 말년에 «원시적 심리»와 관련한 자신의 핵심 이론을 포기하게 된다는 것을 우리는 알고 있다. 모리스 렌아르트가 레비-브륄의 『유고(遺稿) 수첩』(1949년)에 서문을 붙여 출판한 것은 물론 우연이 아니다.

«미개 예술»

한편으로는 프랑스에서 멀리 떨어져 있는 여러 나라에서 전파된 예술 형식을 느리게 그리고 점진적으로 발견하게 되면서, 그리스-로마식

471 도 카모: 카나크어로 «참 사람»을 의미한다.

미의 본보기가 손상되었다.

이런 관점에서 볼 때, 아웃사이더 예술가들과 비순응주의적 예술가들, 또는 간단히 말하자면 '다양성 *Divers*'에 개방적인 예술가들의 역할은 중요하다. 어느 타히티 여성에게 열대 풍경을 배경으로 루카스 크라나흐[472]의 비너스(1537년)와 같은 자세를 취해달라고 요구하기(고갱의 작품 〈망고의 여인〉을 보라) 위해서는 뻔뻔스러워야 했다. 20세기 초에 비웃음을 무릅쓰면서 «안남의» 음악은 어떤 악취미의 흔적도 없으며 «자기만족을 얻으려는 기발하며 본능적인 예술적 욕구»에 부합한다고 주장하기(클로드 드뷔시, 1913년) 위해서는 정신이 활짝 개방되어 있어야 했다. 마그레브로 떠나는 것은 회화를 쇄신하는 데에 필요하다고 상상하기(들라크르와, 프로망탱, 그리고 얼마 뒤에는 칸딘스키, 마티스) 위해서는 천재적 예지력이 필요했다. 작은 «니그로» 입상(立像)은 〈미로의 비너스〉보다 더 아름답다고 대담하게 말하기(피카소) 위해서는 서양 미학의 모든 규준을 내던져야 했다.

«미래는 열대지방 화가들의 것이다.»(폴 고갱)

이런 격동의 중심에 폴 고갱이 있었다. 위대한 예술가 고갱이 일생 다른 곳 *ailleurs*(오로지 지리적으로만 다른 곳도 아니고, 주로 지리적으로 다른 곳도 아니다.)에 대해 탐구한 것이 이 분야에서 차지하는 중요한 역할은 아무리 강조해도 지나치지 않을 것이다. 1887년, 그는 처음으로 이국을 여행하면서 — 그는 파나마를 여행하고 이어서 마르티니크를 방문했다. — 그 다른 곳에 대해 탐구하기 시작했다. 그러나 그가 결정적

472 루카스 크라나흐(1472~1553년): 독일 화가. 신화를 주제로 한 그림, 초상화, 누드화를 많이 그렸다. 그의 누드화에 등장하는 여성들의 몸은 부드러운 곡선과 날씬함이 부각되어 있다. 본문에 언급된, 1537년 작(作) 비너스 그림은 여러 점이 있다.

인 충격을 느낀 것은 그로부터 2년 뒤에 파리만국박람회가 열렸을 때이다. 그는 파리의 샹 드 마르스에서 열린 «주거의 역사 » 전시회 — 이 전시회에서 파리인들은 온갖 나라의 집들을 구경할 수 있었다. — 를 주의 깊게 지켜보았다. 고갱은 앵발리드 광장에 설치된 식민지관(館)도 구경했다. 프랑스에서 멀리 떨어진 그 여러 나라의 모든 것이 그의 관심을 끌었다. 그는 파리인들이 쩨쩨하고 편협하다고 판단했으며, 파리의 모든 것이 그를 불쾌하게 했다. 바로 그때 고갱은 따뜻한 나라로 가서 계속 머물 계획을 세웠다. 그로부터 2년 전(1888년)에 그는 «미래는 열대지방 화가들의 것이다.»라고 썼다. 그런데 고갱만이 해외로 가서 살면서 재충전을 하려고 생각한 것은 아니다. 빈센트 반 고흐는 아우 테오에게 쓴 편지에서 고갱과 같은 바람을 드러냈다. 비록 자신이 그 바람을 행동에 옮기기에는 용기가 부족하다고 털어놓긴 했지만 말이다.(1889년) 고갱은 떠나기로 결심했다. 어디로 갈 것인가? 다시 마르티니크로? 마다가스카르로? «통킹»으로? 타히티로? 어디인들 상관없다. 멀리, 서양의 미적 기준에서 멀리 떨어진 곳으로 가자. 거드름을 피우는 온갖 확신을 떨쳐버리고 먼 곳으로 가자. 우리가 알고 있듯이, 고갱은 마침내 타히티로, 이어서 마르키즈제도로 가게 된다.

그곳에서 고갱은 자신의 꿈을 완전히 실현하게 된다. 그는 관례를 추종하는 자들이 함부로 사용하는 «야만적», «미개적», «원시적»이라는 낱말을 자랑스럽게 휘두르게 된다. 편지와 대담에서 그는 얼마나 여러 번 이 형용사를 자신에게 갖다 붙였던가! 오딜롱 르동[473]에게 보내는 편지에서도 마찬가지이다. 그 편지의 내용은 다음과 같다. «저는 타히티로 갈 것이며, 그곳에서 생을 마감하렵니다. 저는 당신께서 좋아하

473 오딜롱 르동(1840~1916년): 프랑스 상징주의 화가. 신비롭고 환상적인 세계를 그려내는 데에 주력했다.

시는 저의 예술이 하나의 싹일 뿐이라고 판단하며, 그곳에서 저 자신을 위해서 그 싹을 원시적이며 미개적인 상태 그대로 키우렵니다.»(1890년) 따라서 고갱은 비순응주의와 그 스스로가 인정하는 아웃사이더적 상태를 넘어서 예술에 대한 근본적인 성찰에 몰두했다. 고갱이 «당신께서는 영양이 풍부한 젖을 원시 예술에서 항상 만날 수 있을 것입니다.»라고 말할 때(1897년), 그는 이론가로서의 자신의 의견을 피력한 것이다. 고갱은 다음과 같이 말하기도 했다. «항상 당신 앞에 페르시아인, 캄보디아인, 그리고 약간의 이집트인을 두십시오.» 그리고 또 다음과 같이 불경스러운 지적을 하기도 했다. «가장 큰 오류는 그리스인입니다. 비록 아름답기는 하지만.»(1903년) 아마도 누구보다 먼저 그는 «원주민들»이 만든 물건들은 참으로 예술 작품과 유사하다고 보았다. 그는 다음과 같이 썼다. «뉴질랜드의 마오리족이나 마르키즈제도에 사는 사람들에게는 매우 발전된 장식 예술이 있었다는 것을 유럽 사람들이 짐작하고 있는 것 같지 않다. 어느 날카로운 비평가가 그 모든 것을 파푸아인의 예술로 간주할 때, 그 비평가는 오류를 범하는 것이다! 마르키즈인에게는 특히 장식 분야에 놀라운 감각이 있다. 어떤 기하학적인 형태의 물건이나 심지어 기하학적이긴 하나 기형적인 형태의 물건을 마르키즈인에게 주어보라. 그 사람은 충격적이거나 어울리지 않는 빈 공간을 조금도 남기지 않고 전체가 완벽한 조화를 이루는 작품을 만들어낼 것이다. 그것의 바탕은 이상하고 기하학적인 형상처럼 보이는 사람의 몸이나 얼굴이다. 항상 같지만 절대로 같지 않은 작품이다.»(1903년) 마치 이런 판단을 정당화하기 위해서인 듯이 고갱은 작업에 착수했다. 그리고 그 자신이 만든 그림이나 조각 작품은 «원시적인» 민족들에게 바치는 존경의 표시였다. 타히티인들이 빚은 것처럼 보이는 〈진주 신상(神像)〉 또는 〈조개 신상(神像)〉 같은 작품이 그러하다. 또는 상징적으로 '오비리 *Oviri*'(타히티어로 미개인을 의미한다.)라는 이름이 붙은 작은 입상(立像) — 이 작품은 고갱이 자신의 무덤에 놓아달라고 부탁했을 것 같다. —이 그러하다.

고갱은 1903년 5월 8일에 영면했다. 그는 너무나 오래전부터 세상 끝에 고립되어 있었지만, 머지않아 사람들이 그의 말에 귀를 기울이게 된다. 타히티에서 보낸 생활을 회상한 『노아-노아』는 그의 생전에 출판되었다.(1901년) 빅토르 세갈렌은 고갱에 대해 고찰한 글을 1904년에 「메르퀴르 드 프랑스」에 기고했는데, 이 글은 크게 주목을 받았다. 특히 1906년 10~11월에 살롱 도톤느[474]에서 열린 대규모 고갱 회고전은 예술가들의 세대가 교체되는 데에 징검다리 역할을 했다. 이 회고전에서 대중들은 그의 모든 작품을 처음으로 감상할 수 있었다. 피카소, 드랭, 모딜리아니, 마티스(이 사람은 고갱의 작품 한 점을 가지고 있었다.), 브랑쿠시 등이 구경을 왔다. 이들은 작품이나 글을 통해서 이 위대한 고인에게 자신들이 지고 있는 빚에 대해 언급했다.

1906년은 «원시» 예술이 유행하기 시작한 해이며, 입체파 화가들의 첫 작품이 생겨나기 직전이었다. «멈추어 세울 수 없는 새로운 흐름이 시작되었다.»(1903년). 이 표현은 고갱이 죽기 몇 달 전에 쓴 것이다…….

«니그로» 예술 발견

따라서 젊은 예술가들은 1910년 무렵에 «원시» 예술에 관심을 가지기 시작했다. 이 예술을 어떻게 불러야 할 것인가……? 이 예술을 가리키는 말이 분명치 않았다는 사실은, 주목을 끄는 것이 특히 미학적 기준이었지 인류학적 기준이 아니었음을 증명해준다. 사람들은 아프리

474 살롱 도톤느 *Salon d'Automne*: 1903년부터 매년 가을에 파리에서 열리는 그림 전시회.

카 가면이나 오세아니아 가면을 무차별적으로 «니그로» 예술이라고 했다. «미개 예술 *art sauvage*», «케케묵은 *archaïque*» 예술, «원시» 예술, 나아가 «식민지» 예술 등으로 부르기도 했다. 몇몇 사람은 옛 이집트에서 제작된 작품이나 콜럼버스가 도착하기 이전에 아메리카에서 제작된 작품 등을 이런 개념 속에 포함시키기도 했다. 파리 북쪽 교외에 있는 생-투앙 *Saint-Ouen* 벼룩시장, 파리의 무프타르 *Mouffetard* 로(路)와 렌 *Rennes*로(路)에서 상인들 — 이들은 진짜 전문가들이라기보다는 이리저리 떠돌아다니는 골동품 상인들이었다. —은 이 새로운 거래에 뛰어들었다. 몇몇 비순응주의자는 그 물품을 수집하기 시작했다. 1905년부터 브라크, 앙드레 로트, 블라맹크가 처음으로 그 물품을 수입했다. 이어서 모딜리아니, 브랑쿠시, 막스 쟈콥, 마티스, 드랭, 파블로 피카소가 그 물품에 관심을 가졌다. 아폴리네르는 다음과 같은 시를 썼는데, 물론 이 시는 자전적인 내용을 담고 있다.

> «그대는 오퇴이유 *Auteuil*[475]를 향해 걷는다 그대는 걸어서 그대 집까지 가려고 한다
>
> 그대가 가진 오세아니아와 기니의 물신상(物神像)에 둘러싸여 잠들기 위해
>
> 그 물신상들은 희미한 희망을 가져다주는 열등한 그리스도이다.»(1912년)

20세기 초 파리에서 문화를 향한 열정이 후끈 달아올랐다. 모든 창작인들이 같은 장소(몽파르나스나 몽마르트르)에서 자주 만나서 생각과 경험을 열정적으로 주고받았으며, 새로운 표현 형식에 대해 모색하고 그

475 오퇴이유: 파리 외곽에 있는 콤뮌.

흔적을 남겼다. 그러나 모색 방향이 동일했던 것은 아니다. 그리하여 그들이 같은 시기에 새로운 표현 형식을 발견하고 새로운 미학을 정립하게 되었는데, 그것은 우연이 아니었다.

야수파가 생겨나고 이어서 입체파가 생겨난 것은 이런 유행과 직접적인 관계가 있었던가? 약간은 기계적이라 할 수 있는 이런 주장은 오랫동안 요지부동으로 받아들여져 왔다. 기욤 아폴리네르가 쓴 사건의 역사를 따라가보자. 그는 아마도 자신도 모르게 몇 가지를 혼동했던 것 같다. 1912년에 「시대」에 기고한 «입체파의 출발»이라는 제목의 글에서 그는 입체파의 탄생에 해당한다고도 할 수 있는 사건이 일어난 것은 1902년 가을(그런데 여기서 아폴리네르는 시기에 대해 착오를 범하고 있다.)이라고 했다. 그 사건이란 얼마 전에 알게 된 드랭에게 블라맹크가 자신이 수집하기 시작한 물건들을 보여준 것을 말한다. 블라맹크가 수집하기 시작한 물건이란 «프랑스령 아프리카의 니그로 예술가들이 나무를 깎아 만든 조각품들, 가면들, 물신상(物神像)들»을 말한다. 아폴리네르는 다음과 같이 썼다. «인상주의자들이 회화를 구속하고 있던 아카데미의 사슬을 마침내 풀어버린 바로 그 시기에 모리스 드 블라맹크는 니그로가 제작한 야만적 조각품들에 심취했으며, 앙드레 드랭은 그 야릇한 물품들을 바라보며 상념에 빠져들었는데, 이 두 사람의 그러한 행동은 장차 프랑스 미술이 나아갈 방향에 큰 영향을 끼쳤던 것 같다.» 다른 한편, 독자 여러분께서는 프랑시스 카르코[476]가 자신의 회고록에서 전하는 일화 — 이 일화는 유명하기는 하지만, 약간 논란의 대상이 되었다. —를 알고 있다. 1906년(?), 블라맹크, 드랭, 피카소는 자

476 프랑시스 카르코(1886~1958년): 누벨칼레도니 태생의 작가, 시인, 언론인. 1910년에 파리에 정착해서 몽마르트르를 출입하면서 아폴리네르를 비롯한 작가들, 화가들과 교우했다.

신들이 막 취득한 작은 아프리카 입상(立像)을 감상하면서 넋을 잃었다. 블라맹크는 이 입상은 «거의 밀로의 비너스만큼 아름답다.»라고 말했다. 드랭은 그렇지 않다, 밀로의 비너스«만큼 아름답다.»라며 반박했다. 카르코의 이야기는 다음과 같이 계속된다. «피카소는 생각에 잠겼다. 그는 잠시 뜸을 들이더니 마침내 두 사람의 의견보다 한술 더 떠서 할 말을 찾아내고는, 그것은 [밀로의 비너스보다] 더~어 아롬답다 *pluss bô!*[477]라고 말했다.»(1942년) 그로부터 몇 달 뒤인 1907년, 피카소는 파리의 트로카데로[478]에서 전시 중이던 «원시» 예술 컬렉션을 구경하러 갔다. 그는 그 컬렉션에서 엄청난 충격을 받았다. 이 몇 가지 사건은 피카소가 너무나 유명한 〈아비뇽의 아가씨들〉(1907년)을 구상하고 제작하기 전에 있었던 일이다(또는 그 작품을 구상하고 제작하는 동안에 있었던 일인지도 모르겠다.) 우리는 〈아비뇽의 아가씨들〉의 화면 오른쪽에 있는 두 인물이 «니그로» 예술에서 볼 수 있는 형상을 분명하게 상기시킨다는 것을 알고 있다. 그러므로 아프리카의 작은 입상이 〈아비뇽의 아가씨들〉에게 영향을 끼쳤다고 해야 할까? 현대 예술사가들은 이 단호한 의견에 공감하지 않는다. 그들의 관점은 다르다. 그들은 «원시인들»이 입체파 화가들에게 직접적인 영향을 끼쳤다기보다는 양자 간에 우연한 만남이 있었다고 본다. 당시에 화가들은 아카데믹하지 않은 새로운 표현 형식을 모색하고 있었다. 아폴리네르 역시 고갱에 뒤이어 그리스 예술을 비난하고, 또 그리스 예술을 모든 것의 척도로 삼으려는 것을 비난하지 않았던가? 1914년에 쓴 어느 글에서 그는 다음과 같이 언급했다. «……우리는 미학과 미를 제외한 어떤 것에도 관심이 없다. 어

477 더~어 아롬답다!: 피카소의 프랑스어 발음이 시원치 않았던 것 같다.
478 트로카데로: 트로카데로궁(宮) *Palais du Trocadéro*을 가리킨다. 1878년의 만국박람회에 즈음하여 건축되어 전시 공간으로 사용되다가 보기 흉하다는 비판을 받고 1935년에 해체되었다. 1937년, 그 자리에 샤이요궁 *Palais de Chaillot*이 건설되었다.

떤 방향으로 모색할 것인가? 도처에서 모색할 것! «니그로» 예술은 가능한 해법들 중의 하나이다.» 여전히 아폴리네르는 1907년에 회화를 혁신시킬 수 있는 «온갖 조형 화법(畫法)»에 대해 두서없이 언급했다. 즉, «…… 엄숙한 이집트인들, 세련된 그리스인들, 관능적인 캄보디아인들, 옛 페루인들의 작품들, 아프리카 니그로들의 작은 입상들 ……»에 대해 언급했다. 전위 예술가들은 당시에 주변에서 볼 수 있었던 아카데미즘을 충분히 비판했기에 새로운 순응주의의 함정에 다시 빠지지 않을 수 있었다. 따라서 이 «니그로» 예술은 그로부터 몇 년 뒤에 피카소가 말했듯이, 그들의 눈에는 어떤 «본보기»나 어떤 «모범» 이상의 것, 즉 어떤 «모델 *témoin*» 같은 것으로 보였다(1923년).

따라서 이 «원시» 예술이 현대 서양 미학에 직접적으로 혁신을 야기했다고 주장할 수는 없지만, 고루한 사람들의 비꼼과 빈정거림과는 달리 20세기 초 파리의 지식인들이 창조적이며 혁신적인 예술가로 여겼던 모든 이들이 훌륭한 «원시» 예술을 주목하고 높이 평가했으며, 이 예술로부터 부분적으로 영향을 받았다.

«흑색 애호증»과 «흑색 편애증»(기욤 아폴리네르)

1914년 이전에는 그다지 많지 않은 창작인 집단이 «원시» 예술에 매료되었다. 하지만 1차대전이 끝나면서 이 «니그로» 예술은 폭발적으로 유행했다. 1917년, 아폴리네르 — 하지만 그는 이런 현상이 분명하게 등장하는 것을 볼 수 있을 만큼 오랫동안 살지 못하게 된다.[479] —는 «흑색 애호증 *mélanophilie*»(이 용어는 피부 색소를 의미하는 멜라닌 *mélanine*에서 유래한 것이다.)이 «흑색 편애증 *mélanomanie*»으로 바뀌고 있는 중

479 아폴리네르 …… 된다.: 아폴리네르는 1918년에 스페인 독감에 걸려 사망했다.

이 아닌가 하고 자문했다. 총명한 청년들 중에서 일부가 이러한 동향에 참여했다. «니그로» 예술에 대한 열정 속에는 비순응주의, 형식을 중요시하는 미학의 규준을 파괴하려는 의지, 부르주아가 느끼는 만족감과 서양인들의 자만에 대한 증오심 등이 뒤섞여 있었다. 개명한 대중들도 관심을 가지기 시작했다. 1917년, 영향력 있는 예술 애호가였던 폴 기욤[480]이 «니그로» 예술에 대해 쓴 소책자를 출판했다. 이런 종류의 책이 발행된 것은 프랑스에서는 처음 있는 일이었다. 아폴리네르가 이 소책자의 서문을 썼다. 폴 기욤은 파리에서 «니그로» 예술을 주제로 하는 엄밀한 의미에서의 예술적 성격을 띤 첫 전시회라고 할 수 있는 전시회를 개최하는(1919년 5월, 드방베즈 *Devambez* 화랑) 일을 주도했다. 이어서 장식예술박물관에서 다른 전시회를 열었는데(1923년), 이것은 대중을 대상으로 하는 전시회였다. 같은 시기에 「예술계 회보」가 설문조사를 실시했는데, 설문 주제는 «루브르 박물관에 니그로 예술 작품을 받아들여야 하는가?»였다. 이 설문조사가 10~20년 전에 실시되었더라면, 어떤 비평가든지 분노했을 것이다.

다른 종류의 예술표현 형식에서도 역시 «니그로»가 다루어졌다.

1917년, 젊은 작곡가 프랑시스 풀랑[481]이 첫 작품 연주를 파리의 비외콜롱비에 *Vieux Colombier* 극장에서 열었다. 작품 제목은 〈니그로 랩소디〉였다. 재즈가 처음으로 프랑스인의 작품에 영향을 끼친 것은 에릭 사티가 작곡한 발레곡 〈퍼레이드〉이다.(1917년) 같은 해에 아폴리네르의 작품 『티레지아스의 유방』이 몽마르트르의 무대에 올랐는데, 이 작품에 등장하는, 얼굴에 검은 칠을 한 배우는 탄자니아에 사는 «잔지

480 폴 기욤(1891~1934년): 프랑스 현대미술 화상(畫商), 수집가. 아프리카 미술 작품을 처음으로 전시했다. 아폴리네르의 소개로 파리에서 활동하던 여러 화가를 알게 되었으며, 제1차 세계대전 때에는 피카소를 비롯한 현대 미술가들의 작품을 전시했다.

481 프랑시스 풀랑(1899~1963년): 프랑스 작곡가, 피아니스트.

바르인»을 나타내는 것으로 추정된다. 여전히 1917년에 루마니아 출신의 혈기 왕성한 작가 트리스탄 차라가 스위스 취리히(차라는 전쟁이 끝나고 파리로 가서 정착하게 된다.)에서 열린 다다이스트들의 저녁 모임에서 자신의 첫 『니그로 시(詩)』를 낭독했다. 그로부터 조금 뒤, 블레즈 상드라르스가 『니그로 걸작선』을 발표했다.(1921년) 이 책은 아프리카의 구전 문학작품들을 처음으로 조사해서 모아놓은 것인데, 이 책을 통해서 많은 통념이 와해되었다. 1923년에는 이름이 별로 알려지지 않았으나 재주가 엄청났던 4명의 예술가(블레즈 상드라르스, 쟝 뵈랭, 페르낭 레제, 다리위스 밀로)가 힘을 합쳐서 아프리카 설화에서 영감을 얻은 발레 작품 『창세기』를 무대에 올렸다. 상드라르스 — 물론 그는 이 작품의 주제를 아주 잘 알고 있었다. —가 대사를 썼고, 오래전부터 아프리카인들의 춤에 감탄하고 있던 무용수 뵈랭이 안무를 했으며, 레제가 무대 장식을 맡았으며 — 특히 진짜 아프리카 가면을 사용했으며 —, 밀로가 작곡을 했다. 밀로가 작곡한 곡은 싱커페이션 리듬으로 되어 있는데, 이 리듬은 아프리카 음악뿐만 아니라 당시에 생겨나고 있던 재즈에서도 영향을 받았다.

그런데 이런 열기가 모든 사람의 구미에 맞았다고 생각하지는 말아야 한다. 보수주의적인 성향이 강한 사람들은 충격을 받았다. 그로부터 몇 년 뒤, «사촌» 사이인 마리위스 르블롱과 아리 르블롱이 『율리시즈, 카프라리아』[482]를 썼다. 이 작품은 쾌활하고 상냥하지만 순종적인 «착한 흑인»의 모습을 담고 있다. 이 흑인의 모습은 속물근성에 찌든 파리의 명사들 앞에서 손짓과 발짓을 하는 «니그로»와는 반대된다. 이 작품 속에는 다음과 같은 탄식의 글이 담겨 있다. «흑인의 취향, 흑인

482 『율리시즈, 카프라리아』: 이 작품은 죠르쥬 아테나스와 알렉상드르 메를로가 마리위스-아리 르블롱(마리위스 르블롱 + 아리 르블롱)이라는 공동 필명으로 발표한 것이다.

의 심리, 흑인의 쾌활함, "아프리카의 암흑 *ténèbres de l'Afrique*"이라고도 할 수 있는 것, 이런 어두움 *nuit*이 갑자기 우리의 빛 속으로, 즉 프랑스 속으로 밀려들어 왔다.»(1924년) 프랑시스 잠은 「르 피가로」에 기고한 글에서 재즈를 «끔찍한 소리»를 내는 «니그로 음악»으로 평가하면서, 그 음악에서 자신이 느끼는 두려움을 털어놓았다.(1926년)

이런 반응이 나온 것은 미국 재즈가 구세계, 즉 유럽의 문화계에 대대적으로 유입되어, 새로운 리듬을 갈망하는 젊은 대중에게서 인기를 얻었기 때문이다. 1917년, 프랑스에 파견된 미국 병사들이 즉흥 음악회를 열었다. 진짜 첫 재즈 그룹은 인기 있는 젊은 클라리넷 연주자 시드니 베쳇이 참여하고 루이스 미첼이 이끄는 오케스트라였다. 예를 들면, 1921년에 샹젤리제 극장은 이런 종류의 음악회 프로그램을 마련했는데, «가장 유명한 아메리칸 서던 싱커페이티드 오케스트라 *The Most Famous American Southern Syncopated Orchestra*»가 연주를 담당했다. 그러나 급격히 확산된 이런 대단한 유행에서 중요한 사건은 1925년에 여전히 샹젤리제 극장에서 열린 〈니그로 버라이어티 쇼〉 공연이었다. 첫 공연이 열린 그해 10월 20일, 파리의 명사들이 공연장에 몰려왔다. 현대주의자들(물론 블레즈 상드라르스, 그리고 죠르쥬 오릭, 르네 클레르, 프랑시스 피카비아, 페르낭 레제, 쟝 콕토, 로베르 데스노스)은 환호했으며, 보수주의자들은 욕설을 퍼붓고 고함을 지르고는 자리를 박차고 나갔다. 시드니 베쳇이 다시 오케스트라에 등장했다. 그러나 관중들의 눈은 벌거벗다시피 하고 눈부신 몸매를 자랑하는 무희 죠세핀 베이커만을 바라보았다. 베이커는 곧 관중들의 사랑을 독차지하는 새로운 스타가 되었다. 그녀는 물론 식민지 출신이 아니라 유색인이었는데, 당시에 그녀가 무대 생활을 시작했다는 것은 유색인에 대한 많은 편견이 줄었다는 것을 보여주는 증거였다. 검은 피부가 부정적으로 평가되지 않기에 이르렀던 것이다. 그런데 유럽 여성들이 당시에 유행하던 수영장이나 해변에서 살갗을 햇볕에 그을리기 시작한 것은 바로 그 시기, 즉 1925~1927년경이었다. 참으로 아이러니가 아니라 할 수 없다. 유럽의 영향으로 «원주민» 여성들은 벌거벗은 몸 — 당시에 벌거벗은 몸을 드러내는 것은 정숙하지 못한 것으로 평가되었다. —을 감추게 된 반면, 백인 여성들은 어깨와 다리를 드러내는 기쁨을 알게 되었으니(앞으로 기쁨을 더 많이 누리기를 고대하면서) 말이다. 과거에는 하얀 피부가 우수한 가치가 있다는 것을 사람들에게 설득하기 위해 이데올로기가 총동원되었지만, 이제는 햇볕에 그을린 피부가 다른 성을 유혹하는 수단이 되었다.

그리하여 «보통» 사람들에게서는 식민지를 대하는 태도에 우월 의식이 팽배해 있던 바로 그때, 세상 돌아가는 형편을 잘 알고 있는 계층에서는 그런 확신을 문제 삼는 일이 대대적으로 시작되었다. 이제 사려 깊은 사람들이 «아프리카의»라는 형용사와 «문명»이라는 명사를 합쳐서 «아프리카의 문명»이라고 한다고 해서 그것이 웃음을 살 일은 아니었다. 1931년에 파리의 동쪽 교외 뱅센에서 식민박람회가 열리기 직전, 당시에 가장 유명했던 음악 평론가 에밀 뷔예르모즈는 그때에 음악 분야에서 일고 있던 그런 변화를 다음과 같이 평가했다. «지금은 이국적인 악기로 앵앵 소리를 내는 즉흥 연주를 유치한 짓거리라고 경멸하며 즐거워하던 그런 때가 아니다. 온음계, 평균율 악기, 그리고 장조와 단조라는 조잡한 두 음계로 이루어진 우리의 자의적인 [음악] 체계를 무오류 — 이것은 약간 희극적이다. —로 여기는 순진하기 짝이 없는 오만을 우리는 잃어버렸다.» 뷔예르모즈는 다음과 같이 결론을 내렸다. «이런 새로운 발견의 결과는 헤아릴 수 없을 정도이다.» 새로운 발견 *révélation*이었던가, 아니면 혁신 *révolution*이었던가?

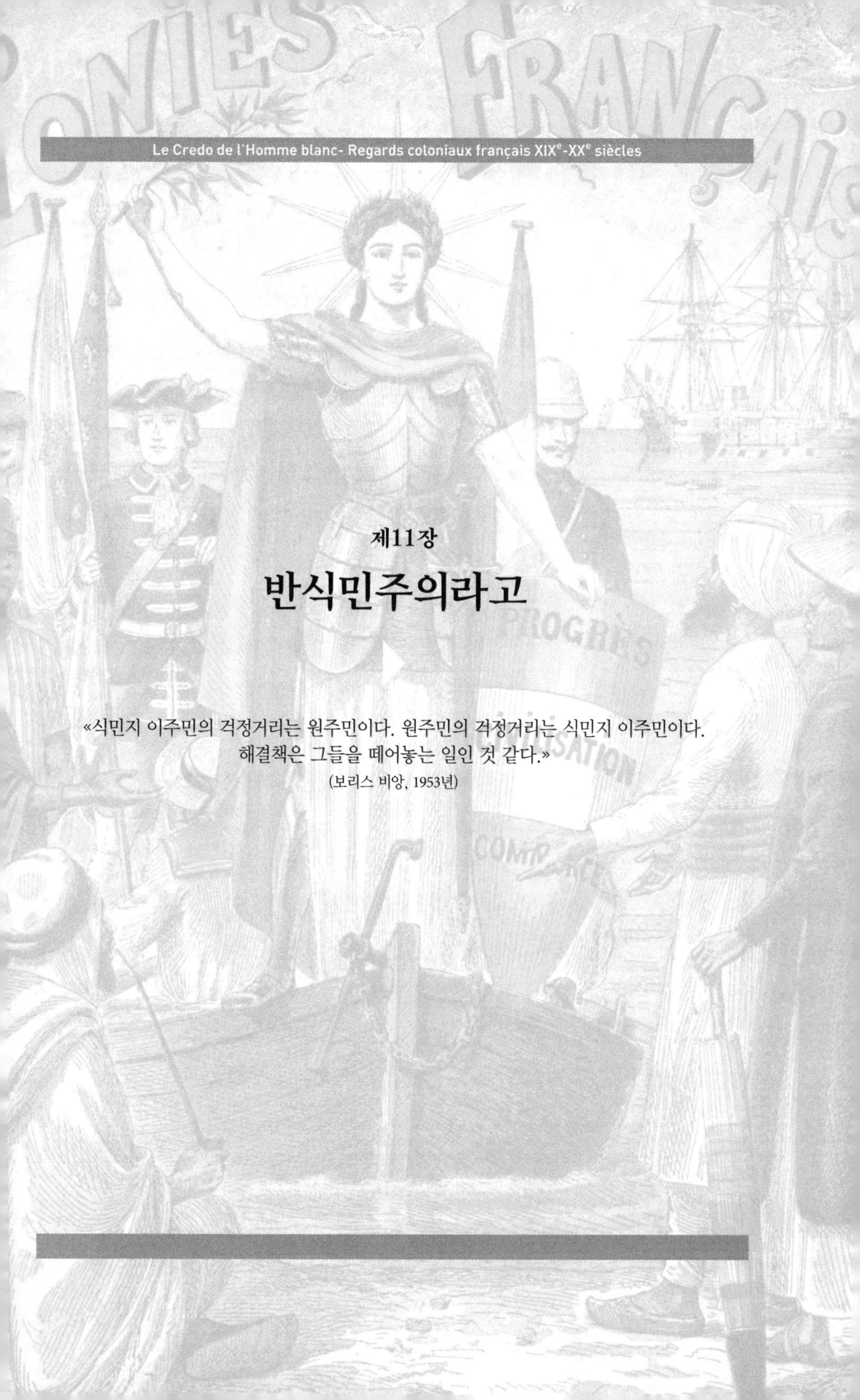

제11장

반식민주의라고

«식민지 이주민의 걱정거리는 원주민이다. 원주민의 걱정거리는 식민지 이주민이다.
해결책은 그들을 떼어놓는 일인 것 같다.»
(보리스 비앙, 1953년)

19세기 마지막 수십 년부터 알제리 전쟁이 막바지에 이른 때까지, 제국의 가치들을 프랑스인들의 머릿속에 주입하기 위한 의도적이며 꾸준한 노력이 있었다. «식민당»[483]이라는 애매한 용어로 불리는, 비공식적인 성격이 매우 강한 어느 집단은 그 자신들이 국익이라고 여겼던 것(또는 그들이 자기 자신들의 이익이라고 생각했던 것) 쪽으로 프랑스의 정책을 끌어가기 위해, 그리고 프랑스가 해외에서 벌이는 활동의 정당성을 사람들에게 납득시키기 위해(납득시키려고 시도하기 위해) 갖은 애를 썼다.

그런 주장이 전개되는 것에 맞서, 그리고 여론에 압력을 가하려는 지속적인 그런 의지에 맞서, 자신들의 적수만큼이나 비공식적인 성격을 띠는 일종의 «반식민당» 같은 조직은 일관성 있는 논리를 만들어내는 작업에 착수했으며, 자신들의 적수가 펴는 선전 활동에 대응하는 선전 활동을 전개하려고 애를 썼다.

그런 집단이 없었다면, «식민당»의 한결같은 목소리에 맞서 자신의 목소리를 내는 힘찬 인물이 있었을 것이며, 또한 반순응주의자들 —이들은 반식민주의자가 되었다. —이 있었을까?

프랑스 좌파와 반식민주의

공상적 사회주의 진영

식민화 사업을 정당화하는 논리를 제공한 좌파 인사들은 셀 수 없이 많다.

19세기에 사회주의 진영은 지구 전체를 합리적으로 개발하는 일을

483 식민당: 각주 163번을 보라.

진영 자체가 마련한 개혁 계획이 지향하는 기본 방향들 중의 하나로 삼았다. 인간은 프로메테우스이다. 아무리 거대한 계획이라 하더라도 인간은 놀라지 않는다. 사막은 그런 종류의 실험을 하기 위한 멋진 장소이다. 사회주의 진영은 이렇게 생각했다. 알제리 정복이 시작되기 22년 전인 1808년, 샤를 푸리에[484]는 사하라를 개발하기 위해 새로운 정신으로 무장한 사람들의 협력을 꿈꾸었다. 그는 다음과 같이 썼다. «우리는 각 지점마다 1만~2만 명의 노동력을 동원해서 그곳을 여러 지점에서 공략하게 할 것이며, 만일 필요하다면 흙을 새로 가져와서 땅을 돋우어 차츰차츰 나무를 심고 조림을 해서, 그곳이 수분을 머금게 하고, 모래를 안정시키고, 사막을 풍요로운 곳으로 바꾸어놓게 될 것이다.»

땅을 변모시키는 일, 그리고 특히 인간 사회를 변모시키는 일이 바로 식민화 사업으로 여겨졌다. 식민화 사업은 전면적으로 새로운 이상 사회를 건설할 수 있는 가능성 — 아마도 유일한 가능성 —으로 여겨졌던 것이다. 백지(白紙) 이론이라는 것이 횡행했다. 즉, 일찍이 사람이 살았던 흔적이 전무한 곳, 다시 말해서 아무런 때도 묻지 않은 «처녀지»로 가서 그곳에 새로운 세계를 건설하는 것보다 더 흥미로운 일은 없다는 것이 백지 이론이다. 식민지는 사회주의적 개조의 실험실이자 시험장이며, 새로운 사회를 이끌고 나갈 미래의 인력을 양성할 수 있는 곳으로 여겨졌다. 당시의 저명한 생-시몽주의자들 중의 한 사람으로 «교부(敎父)»로 불리던 프로스페르 앙팡탱[485]은 다음과 같이 썼

484 샤를 푸리에(1772~1837년): 프랑스 철학자. 팔랑스테르라는 이름의 공동체 마을을 중심으로 사람들이 상부상조하며 살아가는 이상 사회를 꿈꾼 대표적인 공상적 사회주의자로 기억된다.

485 프로스페르 앙팡탱(1796~1864년): 프랑스 사회 개혁가. 생-시몽을 만나 그의 추종자가 되었다. 생-시몽이 사망하자 신문을 창간해서 그의 사상을 전파하면서 생-시몽주의자들의 지도자가 되었다. 자신의 집에서 생-시몽주의자들과 가진 회합이 풍기 문란 및 불법 모임 결성에 해당한다는 죄목으로 1년간 수감되어 있다가 사면되었다. 이집트로 가서 수에즈 운하와 나일강 삼각주에 거대한 댐을 건설하다가 중단했다. 알제리 식민화를 확장하는 방안에 반대했다. 수에즈 운하를 다시 건설하기 위해 10여 년간 노력했으나 페르디낭 드 레셉스에게 권리를 넘겨야 했다. 파리와 리옹 간 철도를 부

다. «나는 콩스탕틴[486] 지방을 식민화하는 행위는 프랑스 내의 노동 편성을 담당할 훌륭한 인재들이 양성될 수 있는 사범학교 같은 기능을 할 것이라고 생각한다.»(1840년) 또한 다른 글에서 앙팡탱은 다음과 같이 썼다. «프랑스에게 있어서 알제리는 프랑스에서 싹이 트기는 하지만 잎이 피어나지 않는 — 왜냐하면 그 씨앗이 뿌리를 내리기에 적합한 새로운 토양이 필요할 것이기 때문이다. — 많은 이념이 파종되어야 할 시배지(始培地) 같은 곳으로 흔히 간주될 수 있다. 이곳에서 모든 것을 새롭게 창조해야 한다.» «교부» 앙팡탱은 다음과 같이 말한다. 지금까지 우리는 «원주민들»에게 전사의 모습으로 비쳐졌다. 이제 우리를 노동자(모범적 노동자)와 교육자의 모습으로 보일 때가 되었다. 이렇게 하기 위해서는 유일하게 받아들일 수 있는 위계질서, 즉 가치의 위계질서를 바탕으로 하는 새로운 공동체를 통해서 땅을 개발하는 시스템을 마련해야 한다. 그렇게 해야 우리는 우리의 모범으로 «원주민들»을 끌어들이고 동화시킬 수 있게 될 것이다.(1843년) 그런데 이런 망상가들만이 그런 일에 매진한 것은 아니다. 1848년, 그해 2월에 막 출범한 제2공화국 정부(노예제도 폐지를 공포한 바로 그 정부)는 알제리 전체를 식민화하기 위한 계획을 수립했다. 그로부터 얼마 뒤에 들어선 제2제정 정부도 같은 방향을 견지했다. 모든 것을 도식적으로 파악하려고 할 수도 있을 사람들에게는 역설적인 지적을 하나 해두고자 한다. 많은 장교가 당시에 다소간 사회주의적인 색채를 띤 이념을 설파했으며, 또 그 이념을 현실에 적용하려고 시도했다는 사실 말이다. 심지어 식민지 행정 기관 내에도 생-시몽주의자 최고위 공무원들이 있었다. 예를 들면, 누벨

설하려는 계획을 세웠으나 역시 실패했다.

486 콩스탕틴: 알제 북동부에 있는 도시.

칼레도니 총독 샤를 길랭이 그러했다.

장 죠레스에서부터 기 몰레에 이르기까지의 프랑스 사회주의 운동

파리콤뮌이 끝난 직후, 당시에 태동 중이던 사회주의 운동 세력은 프랑스인들의 삶에서 점차 큰 자리를 차지해가는 식민지 문제에 어떻게 대응할 것인가를 두고 자체의 정책을 점차적으로 명확히 해야만 했다. 사회주의 운동 세력은 적지 않은 난관을 마주치면서도 그 정책을 명확히 했으나 특별한 반향을 일으키지는 못했다.

사실, 대체로 사회주의 운동 세력의 지도자들과 투사들은 식민지 문제에 별로 관심을 기울이지 않았다. 따라서 식민지 확장 활동이 절정에 이른 때인 1886년부터 1914년까지 식민지 문제는 32번이나 열린 노동자 대회(각종 노동자협회 *Bourses du travail*[487], 노동총동맹 등)에서 단 두 번만 의제에 오르게 된다.

여러 노동자 정당의 회합에서, 그리고 1905년 이후로는 노동자인터내셔널프랑스지부의 회합에서 식민지 문제는 부차적으로 다루어졌다. 이 문제는 여러 노동자 대회에서 별로 주목을 받지 못했으며, 이에 항의하는 집회도 별로 열리지 않았다.

하지만 다음과 같은 몇 가지 예외가 있었다. 쥘 게드[488]는 «통킹» 정

---

487 노동자협회: 처음에는 노동자들의 직업소개소 같은 것이었으나, 이후로 노동조합이 회합하는 장소가 되었다. 이곳에서 노동조합은 질병을 앓거나 실업 상태이거나 분쟁 중인 노동자를 돕고, 이들을 대상으로 직업 교육이나 교양 교육을 하고, 도서관을 운영하기도 했다. 1887년에 파리에서 처음 문을 열었으며, 프랑스 주요 도시에 설치되었다. 제1차 세계대전 후에 쇠퇴했다.

488 쥘 게드(1845~1922년): 프랑스 정치인. 프랑스 최초의 마르크스주의 신문 「평등」을 창간하여 프랑스에 마르크스주의를 소개했다. 1882년에 노동당을 창당했다(이 정당은 이듬해에 프랑스노동당이 되었다. 프랑스노동당은 프랑스의사회주의당을 거쳐, 1903년에 장 죠레스가 창당한 프랑스사회주의당과 합당되어 1905년에 노동자인터내셔널프랑스지부로 통합되었다가, 1969년에 사회주의당이 되었다). 공화체제를 통해 사회주의를 건설하자고 주장한 죠레스와는 달리, 부르주아 계급과의 어떤 종류의 타협도 거부하는 마르크스 혁명주의를 지향했다. 1893~1922년에는 국회의원을 여러 차례 지냈다. 1914~1916년에는 국무위원을 지냈다. 제1차 세계대전 때에는 민족주의자의 입장을 취했다.

복에 반대하는 매우 가혹한 글을 썼으며, 귀스타브 루아르네[489]도 마찬가지로 그런 글을 써서 흑아프리카에서 자행되는 폭력 행위를 규탄했다. 1895년에 프랑스 북동부에 있는 도시 로미이에서 열린 프랑스노동당(쥘 게드가 이끄는 정당) 전당대회에서는 식민주의를 «자본가들이 행하는 최악의 착취 형태들 중의 하나»로 규정하는 안건이 채택되었다. 이 안건 중에서 이제 «식민지에서 자행되는 도적질»에 «단 한 사람도, 단 한 푼도»[490] 허락하지 않을 것이라는 유명한 표현이 주목을 끌었다. 창간 때(1904년)부터 「인류애」는 반식민주의자 지식인들의 글을 실었는데, 그들 중에서 일급 지식인으로는 아나톨 프랑스[491]가 유명했다. 특히 죠레스는 호전주의자들에 맞서 맹렬하게 싸웠다. 예를 들면, 위대한 웅변가 죠레스는 모로코 정복에 반대하는 운동을 벌이면서, 프랑스가 정복한 나라들이 고유한 가치를 지니고 있다는 것을 인정하는 선구자의 모습을 보였다. 그는 프랑스가 매우 오래된 문명과 존경스러운 문화를 대면하고 있다고 조금도 애매하지 않게 주장한 당시의 많지 않은 정치인들 중의 한 사람이다.

하지만 프랑스 사회주의 운동 세력은 식민지 문제를 대함에 있어서 용기보다는 준엄함이 부족했던 것 같다. 식민당의 후원으로 출판된 수

---

489 귀스타브 루아르네(1855~1927년): 프랑스 사회주의자 정치인. 「인류애」를 비롯한 여러 사회주의 계열의 신문에 기고하고 「인류애」의 편집장을 지냈다. 하원의원을 여러 차례 지내면서 쟝 죠레스의 측근으로 활동했다.

490 «단 한 사람도, 단 한 푼도»: 로미이 대회에서 채택된 결의안은 다음과 같은 구절로 끝난다. «프랑스노동당 제13차 전당대회는 사력을 다해 식민지에서 자행되는 도적질에 반대하며, 의식 있는 어떤 사회주의자도 그 도적질을 하는 데에 필요한 단 한 사람, 단 한 푼에도 찬성표를 절대로 던지지 않을 것이다.»

491 아나톨 프랑스(1844~1924년): 프랑스 소설가. 터키의 아르메니아인 학살을 규탄했으며, 드레퓌스를 구명하는 운동에 동참했다. 에밀 졸라의 추도사를 낭독한 것으로도 유명하다. 인권연맹 설립에 참여했으며, 쟝 죠레스와 가까웠다. 정교분리를 지지하고, 노동조합 결성의 권리를 옹호하고, 식민주의를 규탄하는 등의 활동을 했다. 제1차 세계대전 때에는 전쟁의 광기를 비난하고, 프랑스와 독일의 화해를 역설했다. 「인류애」 창간에 간여했다. 노동자인터내셔널프랑스지부를 지지하고 프랑스공산당을 비판했다. 1921년에 노벨 문학상을 수상했으나, 이듬해에 그의 작품 전체는 교황청의 금서 목록에 포함되었다. 국민들의 애도 속에 장례가 치러졌다.

백 권의 저서와 수만 페이지에 이르는 글들에 맞서서, 사회주의 운동 세력은 개괄적인 연구서 단 한 편을 발표한 것이 고작이었다는 사실은 의미심장하다. 사회주의 운동가 폴 루이[492]는 1897년부터 경제주체론적 성격이 매우 강하지만 상당히 조리 정연한 분석 틀을 적용한 글을 「사회주의 평론」에 기고했다. 1905년, 그는 자신의 주장을 요약해서 『식민주의』라는 제목의 책으로 발표했다. 이 저서는 별로 두껍지는 않으나 논리가 매우 치밀하고 자료를 풍부하게 담고 있다.

하지만 우리는 식민주의의 원리 자체를 정당화하는 수많은 주장(이것은 이전 시대에서 물려받은 것이다.)도 보았다. 사회주의자들은 이미 기정사실로 여겨지고 나아가 피할 수 없는 것으로 여겨지는 식민 정책을 손보아서 보다 정의롭고, 보다 인간적이며, 보다 착취적이지 않은 것으로 만들고자 애썼던 것 같다. 그러나 이 세속적 투사들은 이런저런 민족주의 운동 세력이 취하는, 대체로 케케묵은 종교적 형식에 대응하는 데에 있어서 나아가야 할 방향을 가리키는 지표가 부족했다. 이 공화주의자들은 자신들이 보기에 반동적으로 여겨지는(많은 경우에 실제로 반동적이기도 했다.) 군주들을 지지하기를 싫어했다. 이 합리주의자들은 프랑스의 새로운 «피보호자들»의 «원시성»을 대면하고는 당황했다. 요컨대, 자본주의는 지구 전체를 개발함으로써 역사적 사명 — 전 세계의 사회주의화를 예비해야 할 사명 —을 완수하는 것이 아닐까? 무슨 이유로 자본주의가 너무나 분명하게 경작되지 않은 채 황폐하게 내버려져 있는 «이 아프리카를 풍요롭게 하지» 못하도록 할 것인가? 이것

---

492 폴 루이(1872~1955년): 프랑스 정치인, 언론인. 성인이 되기도 전에 여러 사회주의 정당에 가입했다. 노동자인터내셔널프랑스지부 전국위원회와 상임행정위원회에서 활동했다. 러시아 혁명에 환호하고 사회주의 인터내셔널을 재건하기 위해 노력했다. 「인류애」에서 활동하고 프랑스공산당에 가담했으나 곧 제명되었다. 이후로 여러 사회주의 정당을 통합하기 위해 애를 썼다.

은 귀스타브 에르베[493]가 쓴 글의 내용이다. 사회주의 운동 세력 중에서 어느 한 분파는 더 과격한 주장을 하기도 했다. 식민지배 행위에 동의하는 것과 식민지배 행위를 정당화하는 것은 별반 차이가 없었다. 여러 연구자 중에서 백인이 식민지를 지배하는 것을 자신의 이론을 동원해서 가장 열심히 정당화한 사람은 노동자인터내셔널프랑스지부와 가까웠으며 「인류애」에 간여했으며 죠레스의 친구였던(그리고 그의 전기를 쓴) 레비-브뤼이 아닌가? 1912년, 알제리에서 식민지 이주민으로 생활했으며 노동자인터내셔널프랑스지부에 속한 저명인사이기도 했으며 하원의원이었던 뤼시앵 데슬리니에르는 기이한 저서 『사회주의적 모로코』(데슬리니에르는 쓸데없이 시간을 보내면서 이 책을 쓴 것은 아니다. 1912년은 프랑스가 모로코를 보호령으로 삼은 바로 그해이기 때문이다.)를 발표했다. 이 책에서 데슬리니에르는 프랑스가 새로 획득한 모로코 전체를 사회주의 체제의 식민지로 만들기 위한 체계적인 계획을 개진했다. 그의 생각의 바탕 자체는 유토피아 건설에 필요한 것으로 여겨지는 «타불라 라사»와 «실험실» 같은 주제를 상기시킨다. 그 내용은 다음과 같다.

> «우리는 현재까지 너무나 외골수로 비판과 반대만을 일삼아 왔을 뿐, 무엇을 실행에 옮길 수 있는지에 대해서는 별로 신경을 쓰지 않는 사회주의자들이 다음과 같은 사실을 받아들이도록 해야만 할 것이다. 사회주의는 단 한 나라에만 적용되기 시작해야 하므로 모로코 또는 다른 한 나라가 적합할 수 있다는 사실을, 그리고 만일 프롤레타리아의 행위와 투쟁이 정치·경제적으로 부르주아지의 재산을 수

493 귀스타브 에르베(1871~1944년): 프랑스 사회주의 정치인, 파시스트. 노동자인터내셔널프랑스지부의 창당에 간여했으며, 노동총동맹에도 참여했다. 모든 전쟁에 반대하는 반군국주의 운동을 벌이면서 여러 차례 투옥되었다. 점차 애국주의로 전향하고 파시즘적인 성향을 띠었다.

용하고 이어서 계급을 철폐하고 집산주의를 토대로 삼아 생산과 분배를 조절하는 수단으로 채택되었다면, 우리의 유일한 목표인 이런 [생산과 분배] 조절 작업은 말할 것도 없이 계급이 존재하지 않고 또 결과적으로 모든 사전 작업이 완료되어 있는 나라에서 시행될 수 있다는 사실을 말이다.»

독자 여러분께서는 이 기묘한 생각이 어느 특이한 개인의 정신 속에서 싹텄다고 생각하지 말기 바란다. 앞에서 말했듯이, 데슬리니에르는 저명한 사회주의 운동가였다. 그는 자신의 생각을 법안으로 만들어줄 것을 하원 내의 사회주의자 집단에게 요구했다. 사회주의자 집단 내의 쥘 게드를 포함한 소수파는 데슬리니에르의 계획을 지지했으나, 죠레스와 바이양[494]의 완강한 반대로 마침내 이 계획은 포기되었다.

결국 프랑스 사회주의 운동 세력은 식민지 문제에 대해 어떤 해결책을 제시해야 할지 어찌 줄 몰랐던 것 같다. 그들은 식민지 해방이 필요하다면(먼 어느 날에) 그 해방은 마땅히 프랑스 본국 노동자들의 투쟁을 통해서 이루어져야만 할 것이라고 생각했다. 알제리 여행을 마치고 귀국한 직후, 죠레스는 «노동하는 모든 사람들, 즉 아랍인들 또는 유럽인들에게 가장 좋은 체제»에 대해 언급했다. 어떻게 그 체제를 이룩할 것인가? 그는 «공화주의적이며 사회주의적인 프랑스의 대담한 추진력»으로 그 체제를 이룩할 수 있다고 보았다. 그는 다음과 같이 썼다. «바로 그것이 아프리카의 프랑스로 자라날 싹이다. 아직은 발육이 잘 되어 있지 않고 감추어져 있는 것이나 다름없지만, 강인하고 번식력이

494 에두아르 바이양(1840~1915년): 프랑스 사회주의 정치인. 파리콤뮌의 지도자들 중의 한 사람. 장 죠레스, 쥘 게드, 장 알르만과 함께 19세기 말~20세기 초 프랑스 사회주의 진영의 4인방에 속했다.

강한 싹 말이다.» 죠레스는 다음과 같이 결론을 내렸다. «프랑스에서와 마찬가지로 알제리에서도 장차 문제를 해결하게 될 것은 사회주의 프롤레타리아이다.»(1898년)

간전기에도 프랑스 정계 내의 이 분파, 즉 사회주의 운동 세력의 태도는 변함이 없었다. 노동자인터내셔널프랑스지부 내의 좌익에 속한 몇몇 독자 행동가 — 쟝 지롬스키, 막들렌 파즈, 마르소 피베르, 다니엘 게랭 —만이 거리낌 없이 식민주의를 공격했다. '당', 즉 노동자인터내셔널프랑스지부 내의 중도파와 우익에 속하는 나머지 사람들은 중요한 점, 즉 식민지의 중요성을 인정하는 데에 있어서는 의견이 합치했다. 1928년에 열린 전당대회에 파견된 대표 죠아셍 뒤렐[495]은 다음과 같이 설명했다. «식민화 사업은 인간의 활동이 뻗어나가는 한 방식과 다름없습니다. 식민화 사업을 통해서 문명이 확산되었습니다.» 같은 시기에 레옹 블룸은 페리의 말을 고스란히 다시 사용해서 — 이런 행위가 순진한 것일 수는 없다. — «[자신들과] 같은 문화 수준에 도달하지 못한 민족들을 자신들에게로 끌어당길 수 있고 또 그렇게 해야 하는 우등 민족들의 권리와 심지어 의무»에 대해 언급했다.(1925년) 알베르 바이예[496]라는 인물은 아마도 식민지 문제와 관련하여 사회주의 운동 세력이 가졌던 확신을 가장 잘 상징하는 것이리라. 교육연맹의 의장, 합리주의자연합의 지도자였던 그는 이론의 여지 없이 공화국의 탈종교적인 가치들 — 그는 이 가치들을 그 어떤 것보다 중요하게 여겼

495 죠아셍 뒤렐(1878~1939년): 프랑스 정치인. 튀니지에서 교사로 근무하면서 사회주의 운동에 가담했다. 튀니지 민족주의 세력의 요구를 배격하면서, 사회주의 진영은 «원주민들의 외국인 혐오증, 광신주의, 민족주의»를 규탄한다고 했다. 튀니지 내의 노동운동과 노동자인터내셔널프랑스지부의 강령에 큰 영향력을 발휘했다.

496 알베르 바이예(1880~1961년): 프랑스 사회학자. 고등연구원과 소르본대학교에서 교수를 지냈다. 교육연맹의장, 인권연맹 회원, 국민의회 의원 등을 지냈다. 식민지를 전면적으로 해방하거나 식민지 «원주민들»에게 자결권을 줄 것이 아니라, 그 «원주민들»이 인권을 실천에 옮길 수 있을 때까지 그들을 문명화하는 것은 식민국가의 의무라고 보았다.

다. —에 애착을 가졌던 좌파 인물이다. 그러나 바로 이런 점 때문에 그는 «인본주의적 식민화 사업»을 옹호하는 관념론자가 되었다. 뱅센 식민박람회가 열리던 바로 그해에 그는 인권연맹 대회에 참여했다. 그 해의 대회 주제는 마땅히 그러해야만 한다는 듯이 식민지 문제였다.

알베르 바이예는 그 대회에 참석한 대표들 중에서 다수(인권연맹에도 좌익이 있었기 때문이다.)의 의견을 멋지게 대변한 사람이다. 그는 다음과 같이 말했다.

> 너무나 자주 식민화 활동에 폐습이 동반된다는 사실로부터 우리는 다음과 같은 결론을 유추할 권리를 가지고 있을까요? 식민화 활동은 폐습과 떼려야 뗄 수 없는 것이라는 결론 말입니다. 저는 그렇게 생각하지 않습니다. 타락한 식민화 사업은 세계에 위험이 되며, 순화된 식민화 사업은 유익이 될 수 있습니다 (…). 식민지를 만드는 민족이 다른 민족을 풍요롭게 해줄 사상과 감정의 보고(寶庫)를 함께 가져갈 때, 식민화 사업은 정당한 것이 됩니다 (…). 르네상스를 모태로 해서 생겨났으며 18세기와 대혁명을 계승한 현대 프랑스는 전 세계에 자신이 확산할 수 있고 또 그렇게 해야만 하는 어떤 이상을 세계에서 대표합니다 (…). 인권을 천명했으며, 학문 발전에 눈부시게 기여했으며, 탈종교적 교육을 시행한 국가이자 다른 여러 나라 앞에서 위대한 자유의 투사인 국가는 자체의 과거로 말미암아 사명을 가지고 있습니다. 자체의 위대함을 이루었던 사상을 퍼트릴 수 있는 모든 곳에 퍼트려야 할 사명을 말입니다.»(1931년)

위의 글에서 바이예가 강조하듯이, 당연히 «폐습»이 생겨났다. 시스템은 불완전했다. 개혁이 반드시 필요했다. 정의의 이름으로, 또한 시스템의 존속을 위해서도 개혁이 필요했다. 레옹 블룸은 노동자인터내셔널프랑스지부가 발행하는 일간 신문 「인류애」에 기고한 글에서 다음과 같이 썼다. «우리의 식민화 사업과 문명화 사업이 그런 조건에서 행해지고 있어서 곧 분노하는 외침이 들려올 것 같은 느낌이 든다. 우리는 원주민들에게 아직도 남아 있는 야만적인 면과 그 원주민들 속에서 커져가고 있는 숭고할 정도로 인간적인 면 그 두 가지, 말하자면 증오심과 정의감, 양심에의 호소와 복수의 충동이 한꺼번에 우리를 향하도록 할 위험이 있다. 이것이 진짜 위험이다.»(1927년) 인민전선 때에 집권한 프랑스 좌파는 신중한 개혁 노선을 시행하게 된다. 인민전선이 식민지에 적용하기 위해 마련했던 계획이 국회의 해외조사위원회 파견을 제안하는 것에 그침으로써, 그 계획이 이전보다 더 과감하지 못했다는 것을 우리는 알고 있다. 신임 식민부 장관은 그로부터 얼마 전에 투옥된 민족주의자들을 옹호했으며 인권연맹의 회원이었던 마리위스 무테였다. 그에게는 편협한 식민주의자 같은 면이 조금도 없었다. 그러나 그는 일련의 사회적 조치를 취해야 할 필요성에 대해 언급하기는 했지만, 프랑스의 해외 진출을 문제 삼는 — 심지어 결과론적으로 문제 삼는 — 모든 정치 개혁 방안에 반대했다. 정부만이 이런 정책을 취했던 것은 아니다. 인민전선과 관계가 좋았던 신문을 읽어보면 시사하는 바가 많다. 좌파에 속하는 각종 정파의 집결지가 되고자 했지만 각종 조직에 예속되지 않았던 「광명」[497]의 기사에서는 식민지 문제와 관련하여 새로운 의견을 제시했다는 어떤 흔적도 볼 수 없다. 몇 가지 개혁을 무한정 뒤로 미루는 것이 프랑스 본국의 민주주의에 끼칠 정치적 위험을

497 「광명」: 앙리 바르뷔스가 1919년에 창간한 신문. 평화주의적, 반자본주의적, 반의회주의적 성향을 띠었다. 1928년까지 발행되었다.

지적하는 비판이 자주 제기되었다. 빈틈을 엿보고 있는 파시즘 세력이 그 위험을 이용할지도 모르는 일이었다 ……. «무어인들»을 동원해서 스페인령 모로코에서 프랑코를 추종하는 자들이 일으킨 반란으로부터 훌륭한 증거가 얼마 전에 제시되지 않았던가? 이것은 예를 들면, 프랑스공산당의 «동반자» 프랑시스 쥬르댕(1937년)과 좌파적 성향이 뚜렷했던 젊은 민족학자 쟈크 수스텔(1938년) 또는 노동자인터내셔널프랑스지부 내의 식민지 문제 전문가 로베르-쟝 롱게(1938년)가 내놓은 주장이다. 인민전선 정부는 식민지인들이 많은 희망을 가지도록 부추긴 다음, 식민지의 많은 민족주의자에게 쓴맛 같은 것을 남기면서 — 이것은 민족주의자들이 과격화하는 서막이었다. — 이렇다 할 성과를 얻지 못하고 끝나버렸다.

1945년 이후로 탈식민화가 시작되기 직전, 프랑스 좌파 내의 이 분파, 즉 사회주의 운동 진영의 논리는 조금도 바뀌지 않았다. 인민전선 정부에서 식민부 장관을 지냈으며 해방 후 여러 정부에서 다시 이 직책에 오르게 될 사회주의자 마리위스 무테는 다음과 같이 썼다. «우리의 말, 우리의 테제, 우리의 결의는 아시아와 프랑스령 아프리카에 우리가 계속 머무르는 것이다. 그러나 인도차이나인들과 아프리카인들의 뜻에 역행하지는 않으면서 말이다.» 그리고 그는 다음과 같이 덧붙였다. «"식민주의"라는 낱말은 당연히 경멸적인 의미로 이따금 사용되었다. 우리는 사회주의 운동 진영이 이 낱말을 보다 잘 정의해주기를 요구하면서, 이 낱말에 좋은 의미를 부여하고자 한다.»(1945년) 무테가 가졌던 것과 같은 정신 때문에 사회주의학습주간[498]에 참석한 사회주의 진영의

498 사회주의학습주간: 당면한 사회주의 진영의 문제를 논의하기 위해 노동자인터내셔널프랑스지부가 1947년 7월 20~27일에 프랑스 중부에 있는 도시 묑-쉬르-르와르 *Meung-sur-Loire*에서 개최한 집회.

대표자들은 과거의 노동자인터내셔널프랑스지부를 노동자인터내셔널프랑스연합지부로 대체하자고 제안하기에 이르렀다.(폴 알뒤, 1947년)

이런 여러 주장은 장차 1945년부터 1962년까지 식민지 원정을 정당화하는 사회주의자들의 여러 주장에서 대세를 차지하게 된다는 것을 우리는 알고 있다. 사실이 그러했다. 즉, 노동자인터내셔널프랑스지부의 지도자들과 적지 않은 사람들은 당시에 식민지에서 벌어지는 반란 진압 작전을 지지했던 것이다.(인도차이나에서 벌어지는 진압 작전을 지지한 마리위스 무테와 폴 라마디에, 알제리에서 벌어지는 진압 작전을 지지한 기 몰레, 에드몽 네즐랑, 막스 르죈 등.)

공산주의자들의 태도

1920년 이후로 전투적 반식민주의 운동의 횃불을 든 것은 대체로 공산주의자 집단, 즉 «인터내셔널프랑스지부»였다. 1930년대 중반까지 공산주의자 집단은 식민주의에 대해 계속 항의하고 행동하려고 한 유일한 정치적 세력이었다. «프랑스 제국주의»는 그것이 출현한 모든 곳에서 타도되어야 한다고 공산주의자들은 평가했다. 식민지는 «프랑스 제국주의»에 맞서는 대결의 장들 중의 하나로 간주되었다. 「인류애」에 기고한 글에서 가브리엘 페리[499]는 다음과 같이 썼다. «제국주의적 억압자, 즉 인도에서의 영국인과 인도차이나에서의 프랑스인에 대한 아시아 인민들의 장대한 저항은 이 시대의 가장 중요한 역사적 사건이다.»(1924년) 프랑스공산당의 식민지 지부는 식민지에 복음을 전하러 가게 될 임무를 띤 «원주민 투사들»을 급속히 양성했는데, 이는 프랑

499 가브리엘 페리(1902~1941년): 프랑스 언론인, 정치인. 프랑스공산당 중앙위원을 지냈으며, 「인류애」에서 외교정책 관련 부서를 이끌었다. 하원의원을 지내면서 뮌헨 협약에 반대했다. 제2차 세계대전 때에 레지스탕스 운동을 하다가 프랑스 경찰에 체포되어 독일군에 넘겨져서 총살되었다.

스 정치사에서 새로운 사건이었다. 1920년부터 1935년까지 수십 명의 식민지 출신 사람들, 즉 서인도제도 사람들, 마그레브 사람들, 아프리카 사람들, «인도차이나 사람들»이 프랑스공산당에 가입했다고 할 수 있다. 이들 중에서 가장 유명하고 가장 유능했던 사람은 응우옌 아이 꾸옥이라는 가명(그로부터 훨씬 뒤에는 호치민이라는 가명을 사용하게 된다.)으로 글을 기고했다. 의회에서는 쟈크 도리오, 모리스 토레즈, 폴 바이양-쿠튀리에가 열정적인 연설을 했다. 공산주의자들은 그들이 통제하고 있던 통일노동총연맹[500]과 함께 리프 전쟁 때 식민지에서 벌어지는 전쟁에 반대하는 첫 총파업을 시도했다.(그런데 그 시도는 실패했다.)

하지만 다음과 같은 생각을 해보아야 한다. 즉, 식민지 문제를 대하는 그러한 반식민주의 운동은 순수하기는 했지만, 다른 기준들 — 이 기준들은 점차로 더 중요한 것으로 판단되기에 이르렀다. —을 고려해야만 할 상황에 대응하기에는 그것으로 충분치 않았다고 말이다. 1934년부터 제2차 세계대전이 일어나기 이전 시기 내내, 프랑스공산당은 사실상의 파시즘 세력 또는 사람들이 머릿속으로 상상한 파시즘 세력 — 마그레브에서의 이탈리아 파시즘 세력, 북아프리카에서의 독일 파시즘 세력, 인도차이나에서의 일본 파시즘 세력 —이 프랑스 제국을 위협하고 있다는 것을 지각하게 되면서, 그때까지 취해오던 입장을 누그러뜨리게 된다. 1937년에 프랑스 남부에 있는 도시 아를에서 열린 전당대회에서 모리스 토레즈는 레닌이 사용한 적이 있는 표현을 찾아내어 처음으로 사용했다. «결별할 수 있는 권리 *droit au divorce*»가 «결별해야 할 의무 *obligation de divorcer*»를 의미하는 것은 아니라는

500 통일노동총동맹: 1921년에 노동총동맹에 속한 일부 사람들이 결성한 공산주의 계열의 프랑스 노동조합. 1936년에 노동총동맹에 통합되었다.

표현이 그것이다. 이렇게 해서 식민 지배를 받고 있는 인민들이 겪고 있는 고통을 해소할 수 있는 즉각적이며 완전한 해결책으로서 그들을 독립시키는 방안은 공산주의자들의 담론에서 사라져버렸다. 식민지인들이 프랑스 공화국의 보호를 벗어나게 된다고 해서 그들이 얻는 것은 아무것도 없을 것이다. 그렇게 된다고 해도 식민지인들은 프랑스 공화국과는 다르게 무시무시하고 폭력적인 지배자의 마수에 걸려들고 말 것이다. 공산주의자들은 이렇게 주장하기에 이르렀다. 인민전선 집권기 내내, 공산주의자들은 식민지 문제를 자신들이 사회주의자들이나 급진주의자들과 불화하는 실제적인 동기로 여기지 않았다. 그들은 개혁이 미진하다는 것을 아쉬워했을 뿐이다.

1945년 이후로 냉전 시대 내내, 공산주의자들의 생각은 거의 바뀌지 않았다. 파시즘이 미국 제국주의로 대체되었을 뿐이라고 여겼기 때문이다. 물론, 프랑스공산당이 인도차이나 전쟁에 반대하는 투쟁에 대대적으로 가담하는 것에 대해서는 아무도 이의를 제기하지 않았다. 이 시기 내내 어떤 때,「인류애」의 독자들은 이 신문에 실린 호소문들 — 이 호소문들은 20세기 초에 공산주의자들이 발표한 호소문을 상기시켜준다. —을 읽었다. 노동총동맹에 소속된 항만 노동자들이 초강경 파업을 벌였다. 반전(反戰)운동을 한 것 때문에 투옥된 젊은 수병 «앙리 마르탱 사건»[501]이 벌어지자 이를 두고 공산주의자들은 대대적인 여론전을 벌이는 데에 성공했다. 하지만 같은 시기에 프랑스의 다른 식민지와 관련하여 공산주의자들이 내뱉은 담론을 주목해보면, 그들의 상황 분석이 흐려졌다는 것을 알 수 있다. 예를 들면, 프랑스공산당

501 수병 앙리 마르탱(1927~2015년) 사건: 1950년, 공산당원이자 수병(水兵)이었던 앙리 마르탱은 인도차이나 전쟁에 반대하는 태업을 주도한 혐의로 체포되어 5년 형을 선고받았다. 프랑스 공산당은 그를 석방하기 위한 운동을 벌였다.

은 베트민과 보조를 맞추었지만 — 그것은 당연한 일이었다. —, 마그레브 민족주의자들과는 관계가 좋지 않았던 것 같다. 공산주의자들은 모로코의 독립운동 — 이 운동의 중심인물은 군주[502]였다. —을 그다지 열렬히 지지하지 않았으며, 그것도 몹시 뒤늦게 지지하기 시작했을 뿐이다. 공산주의자들은 알제리 독립운동을 지지하는 데에 있어서는 더 많이 주저하고 또 더 두루뭉술한 태도를 취했다. 1939년 2월, 모리스 토레즈는 알제리에는 «스무 개의 종족이 뒤섞여서» «형성 중인 국가 *Nation en formation*»가 있다는 생각을 내비쳤다.(스무 개의 종족이란 아랍인, 베르베르인, 그리고 프랑스인, 스페인인, 이탈리아인, 몰타인 등을 가리킨다.) 1954년에 알제리 전쟁이 시작되자, 이제 쓸모가 없어진 그런 주장에 매몰된 공산주의자들은 알제리인들의 독립운동이 보여주는 말 그대로의 전 국민적 규모를 과소평가하게 된다. 공산주의자들은 당시에 알제리에서 진행 중이던 진압 작전을 규탄하기는 했지만, 그럼에도 불구하고 알제리 전쟁이 끝날 때까지 그런 괴리 — 이것은 알제리 민족주의자들과 프랑스 공산주의자들이 분명하게 결별하게 되는 주요 원인이었다. —를 괴로워하게 된다. 한편, 국내용 정치적 계산(1956년에 기 몰레 정부에게 «전권»을 부여하는 안에 찬성표를 던진 것[503]) 때문에 난처한 처지에 몰리게 되고, 스탈린 이후 체제의 소련에 무조건으로 매달림으로써 고립무원의 처지가 된 프랑스공산당은 식민주의에 항의하는 운동에서 중심축으로서의 자리 — 이 자리는 노동자인터내셔널프랑스지부가 약화되면서 비어 있었다. —를 차지할 수 없다는 것이 드러나게 된다.

그러나 공산주의자들이 벌인 반식민주의 앙가주망의 한계는 훨씬

502 군주: 모하메드 5세.

503 기 몰레 정부와 «전권»: 1956년 1월의 선거에서 좌파가 승리하면서 총리가 된 기 몰레가 알제리 문제와 관련하여 «질서 복구, 인명과 재산 보호, 국토 수호»를 위해 «모든 예외적 조처를 취하기 위한 가장 광범위한 권한»을 내각에 줄 것을 요청하자 국민의회가 승인했다.

더 멀리에서 찾아보아야 한다. 여느 정치·사회 세력과 마찬가지로 공산당은 의식적이든 또는 그렇지 않든 간에 어떤 유산의 영향을 받았다. 반식민주의 앙가주망의 경우에는 마르크시즘 — 하여튼 당시에 공산주의자들이 이해하고 있던 그대로의 마르크시즘, 다시 말해서 스탈린주의에 물들었다고는 할 수 없지만 스탈린주의적 색채를 띤 마르크시즘 —이 그 유산이다. 그런데 당시에 공산주의자들이 이해하고 있던 마르크시즘에 따르면, 세계는 선진 자본주의 세계인 «중심 지역»과 경제적 발전을 크게 이루지 못한 «주변 지역» — 식민화된 곳 또는 그렇지 않은 곳 —으로 구분되었다. 스탈린은 세계 여러 민족의 우열을 다음과 같이 명시하였다. «선진국들 *nations avancées*의 의기양양한 프롤레타리아는 후진 민족 *nationalités arriérées*의 노동 대중이 경제·문화적 발전을 이룩할 수 있도록 그들에게 지속적이며 실제적인 도움을 줄 필요가 있으며, 그 노동 대중이 높은 발전 단계로 도약할 수 있도록 도와줄 필요가 있다.»(1921년) 스탈린은 발전 정도에 있어서 앞선 국가와 뒤처진 국가는 혁명을 이룩할 수 있는 잠재력에 있어서도 마찬가지로 앞서고 뒤처져 있다고 보았다. 그가 보기에 «후진 민족»의 해방을 거의 자동적으로 야기하게 될 것은 분명히 프롤레타리아를 중심으로 단결해서 «선진국들»이 벌이는 투쟁이었다. 아시아 인민들을 대하는 신생 러시아의 태도에서 그 생생한 증거를 볼 수 있지 않은가? 스탈린은 이렇게 주장했다. 프랑스 공산주의자들은 민주주의적이며 나아가 사회주의적인 체제의 프랑스가 자체의 여러 식민지에 대해서 같은 역할을 할 수 있게 될 것이라고 굳게 믿었다. 이상적인 도식은, 1937년에 프랑스 남부에 있는 도시 아를에서 열린 프랑스공산당 전당대회에서 가브리엘 페리가 묘사한 도식인 것 같다. 그 내용은 다음과 같다. «프랑스에서 이룩된 개혁이 점차로 식민지 인민들에게까지 일파만파로 퍼져나가도록 하자.» 프랑스공산당이 정권에 접근하거나(1936~1937년)[504] 또는 정권에 가담할 때마다(1945~1947년)[505] 기이하게도 식민주의에 반대해오넌 입장을 누그러뜨린 것은 저속한 정략적 계산 때문이었던 것은 아니다. 프랑스공산당은 프랑스 본국 내에서 자신들이 발휘하는 영향력과 자신들의 행위가 식민지에 유익이 되는 방향으로 파급될 것이라고 생각했기 때문에 식민주의에 반대해오던 입장을 누그러뜨렸던 것이다. 식민지 문제 전문가였던 앙리 로즈레[506]는 다음과 같이 썼다. «프랑스 인민이 민주주의를 본국 내에서 발전시키면서 해외 영토로 확장하게 되면, 식민지 문제에 대한 만족스러운 해법을 마련하기 위한 보다 좋은 조건을 만들어내게 된다.»(1946년) 바로 이 시기에 공산주의자들은 사명 *mission*이라는 낱말 — 이것은 반드시 사용해야만 할 것이었다. —을 사용했다.(1946년에는 앙리 로즈레가, 1947년에는 마리위스 마니앵[507] 등이 이 낱말을 사용했다.)

프랑스 좌파의 «형님 같은 태도»

가부장적인 태도 *paternalisme*라고? 이 개념은 경멸적이다. 이 개념에 따르면, 선교사들(이 선교사들은 다른 곳에서는 열대지방에서만큼 '아버지/신부님 *Père*'[508]이라는 이름에 합당하게 처신하지 못했을 것이다), 그들의 «보호를 받는

---

504 1936~1937년의 프랑스공산당과 정권의 관계: 프랑스공산당(당시에는 공산주의인터내셔널프랑스지부), 노동자인터내셔널프랑스지부, 급진당이 연합한 1936년 선거에서 승리하여 인민전선 정부(1936년 3월~1938년 4월)가 수립되었으나, 모스크바의 지령에 따라 공산당은 정부 구성에 참여하지 않았다.

505 1945~1947년의 프랑스공산당과 정권의 관계: 1945년 제헌의회 선거에서 159석(1946년 선거에서는 182석)을 얻어서 제1당이 된 프랑스공산당은 민중공화운동 및 노동자인터내셔널프랑스지부와 3당 연정체제를 형성했으나, 1947년 5월에 정부 구성에서 배제되었다.

506 앙리 로즈레(1898~1952년): 프랑스 정치인. 식자공으로 공산당에 입당해서 1936~1940년, 1945~1950년에 하원의원을 지냈다.

507 마리위스 마니앵(1903~1962년): 프랑스 언론인, 작가. 「인류애」에서 국제부 편집장으로 활동했으며, 아시아를 여행하고 중국, 티벳 등에 대해 글을 썼다.

508 «père»: 통상적으로는 '아버지'를, 가톨릭에서는 '신부(님)'를 의미한다.

사람들», «흑인이 쓰는 엉터리 프랑스어 *petit nègre*»로 의사소통하며 굳센 신념을 가졌던 식민주의자들, 마르세유나 뱅센에서 개최된 박람회를 구경 가서 카나크족이 사는 오두막집 등을 구경하면서 미소를 짓던 보통 프랑스인들, 프랑스 좌파 당원들 — 어찌 되었건 이들은 식민지에서 자행된 비행과 가혹 행위[509]를 용기 있게 고발한 사람들이다. — 은 모두 똑같은 부류로 간주될 수 있을 것이다. 이들 모두를 같은 부류로 여기는 것은, 곰곰이 생각해보건대 부당할지도 모른다. 가부장적인 태도 *paternalisme*라는 개념은 식민지인들에 대한 어느 정도의 거리 두기, 나아가 그들에 대한 어느 정도의 경멸을 포함하고 있다. 바로 이런 의미에서 가부장적인 태도라는 것은 프랑스 좌파의 태도를 반영하는 것이 아니다.

에메 세제르가 1956년에 프랑스공산당과 요란스럽게 결별하면서 사용한 «형님 같은 태도 *fraternalisme*»[510]라는 신조어가 더 적합한 것 같다. 세제르는 다음과 같이 썼다. «스탈린과 그를 신봉하는 자들의 경우, 그들이 보여준 것은 아마도 가부장적 태도가 아닐 것입니다. 그러나 그들이 보여준 것은 틀림없이, 그리고 혼동하리만큼 가부장적 태도와 꼭 닮은 어떤 것입니다. 새 낱말을 만들어봅시다. 형님 같은 태도라는 낱말 말입니다. 그것은 분명히 한 손(아쉽게도 한 손, 이따금 거친 손)으로 그대를 붙잡고 자신이 알고 있는 '이성'과 '진보'가 있는 길로 그대를 데려가는, 우월감에 젖어 자신의 경험을 확신하는 형, 큰형의 태도이기 때문입니다.»(1956년) 세제르의 이런 비난은 프랑스 좌파 전체 —

509 식민지에서 자행된 비행과 가혹 행위: 이것은 프랑스령 적도아프리카의 총독을 지낸(1920~1923년) 빅토르 오가뇌르가 1927년에 발표한 저서(『식민지에서 자행된 비행과 가혹 행위』)의 제목이기도 하다.

510 형님 같은 태도 *fraternalisme*: 형이 동생을 대하듯이 프랑스인들이 식민지인들을 대하는 태도이다. 한편, 가부장적인 태도(또는 보호자적 태도) *paternalisme*는 마치 아버지가 자식을 대하듯이 프랑스인들이 식민지인들을 대하는 태도를 말한다.

이들 좌파는 두 세기 전부터 계몽사상을 계승하고 있었다. —의 생각과 태도에도 타당하게 확대 적용될 수 있다. 콩도르세는 미신만을 퍼트리는 선교사들을, «원시인들의 행복에 유익한 진리를» 그 원시인들에게 가져다주기 위해 그곳으로 간 사람들로 교체하고자 했는데(1780년), 그때 그는 형님 같은 태도를 보였다. 빅토르 쉘셰르는 노예제도 폐지 포고령에서 «인류 가족 *famille humaine*» — 쉘셰르는 «그들(옛 노예들)이 프랑스라는 조국을 가질 수 있게 해줌으로써, 그리고 또 그들에게 프랑스 시민이 누리는 모든 권리를 유산으로 줌으로써» 과거에 저지른 범죄행위에 대해 사죄하는 프랑스 공화국의 너그러움 덕분에 이 인류 가족은 화해하게 되었다고 했다. —을 찬양했는데(1848년), 그때 그도 형님 같은 태도를 보였다. 알제에서 있었던 푸리에주의자들[511]의 연회에서 열변을 토한 쥐르셰 해군 대위 같은 사람도 형님 같은 태도를 보였다. 그는 다음과 같이 외쳤다. 프랑스인들과 식민지인들 간의 «평화로운 협력의 길로 과감하게 전진합시다. 아틀라스산맥 사면에 많은 팔랑스테르[512]가 만들어져서 아랍 민족이 곧 우리에게 동참하기를, 그리하여 그것이 인민들 간에 전 세계적 형제애 *fraternité universelle*가 싹트는 계기가 되기를!»(1848년) 인민전선 정부에서 장관을 지냈으며 이후에는 하원의원 — 당시에 그는 공산주의자 비슷한 모습을 보였다. —이 된 피에르 코트도 형님 같은 태도를 보였다. 그는 인도차이나 전쟁 초기에 호전주의자들에 맞서서 — 이때, 그는 용기가 없지 않았다. — 다음과 같이 주장했다. 우리는 지배자가 아니다. 이것은 다행스러운 일이다. 이제는 동생이 힘겨울 때 그의 손을 잡아주고,

511 푸리에주의자들: 샤를 푸리에를 추종하는 사람들.
512 팔랑스테르: 각주 484번을 참고하라.

«자신의 경험을 잘못 사용하지 않도록 항상 조심하는» 형의 역할을 다하자.(1947년)

물론 사람은 더없이 좋은 의도를 가지고 있으면서도 정치적 과오를 범할 수 있다. 자신들을 멸시하지 않고, 반대로 자신들의 말에 귀를 기울이고, 자신들의 심정을 이해하고, 자신들을 옹호해주는 백인들을 만난 것을 다행스러워하는 식민지인들은 오랫동안 백인들의 그런 이론과 그런 실천이 옳다고 믿었다. 이후로 민족주의 운동이 성숙되어가면서 점차로 그런 태도는 식민지인들에게 거북스러움을 야기하고 마침내 분노를 야기하게 되었다. 다시 한번 더 언급하지만, 이것은 에메 세제르가 보여주는 바이다. 세제르는 위에서 언급한 대로 의견을 개진한 다음, 곧바로 다음과 같이 글을 이어나갔다. «그런데, 우리가 원하지 않는 것은 바로 이것입니다. 우리가 더 이상 원하지 않는 것은 말입니다. 우리는 우리 사회가 높은 발전 단계로 도약하기를 바랍니다. 그러나 자체적으로, 내적 성장에 의해서, 내적 필요에 의해서, 유기적인 진전을 통해서, 그리고 외부적인 어떤 것에 의해서도 그 성장이 뒤틀어지거나 변질되거나 또는 위태롭게 되지 않는 상태에서 그렇게 되기를 바랍니다.»(1956년)

이 문제를 다룬 역사서에서는 식민지와 관련하여 프랑스 좌파가 보여준 애매모호한 태도를 비꼬는 일이 아주 흔하며, 또한 그 좌파가 이론적으로는(소위 기본 방침에 있어서는) 반식민주의를 표명하면서도 그와는 반대로 «식민주의에 대한 올바른 처리»라는 측면에 있어서는 수치스러운 실천을 했다고 간주하는 경우도 아주 흔하다. 사실은 아마도 프랑스 좌파는 그토록 마키아벨리적이지는 않았으리라. 사실은 프랑스 좌파는 식민지 문제에 있어서 몇몇 본질적인 가치에 대해서는 보수주의적 성향을 지닌 정계 인사들과 꾸준히 공감했다. 물론, 한결같이 그렇지는 않았으며 조금씩 바뀌기는 — 그 구성원들이 바뀜에 따라 그런 태도도 크게 바뀔 수도 있었다. — 했지만 말이다. 좌파카르텔[513], 인민전선, 그리고 해방 후인 1956년에 공화전선[514]이 식민지 문제와 관련하여 취한 정책은 우유부단 그 이상이었다. 그러나 프랑스 좌파가 이후에 환상에서 깨어난 것에 대해서 의문을 가지기보다는, 그들이 이전에 가졌던 환상에 대해서 의문을 가져야 하지 않을까?

사막에서 외치는 목소리

프랑스의 여러 정치 세력이 취한 태도에서 식민주의에 반대하는 지속적이며 적극적인 경향을 찾아보기란 몹시 어렵다. 그렇기 때문에 방향을 바꾸어서, 항상 식민주의에 항의하는 전통을 유지해왔거나 또는 식민주의에 대해서 경고의 외침을 토해낸 개인들을 살펴보아야 한다. 사실, 식민 시대 내내 현지의 현실을 두 눈으로 지켜보았던 사람들과 그곳에서 벌어지는 일을 목격한 사람들은 식민 정책을 옹호하는 압력단체의 주장에 대응하고자 했으며, 자신들은 양심에 거리낄 것이 없다는 당대의 거의 모든 이들의 강고한 의식에 균열이 생기게 했으며(그리고 균열이 생기게 하려고 애썼으며), «프랑스의 문명화 사명»과 관련한 주장의 이면에서는 식민지인들을 비열하게 쥐어짜는 행위와 창피스러운 짓이 자행되고 있다는 것을 보여주었다.(그리고 보여주고자 애썼다.) 그들 또는 그들과는 다른 사람들은 모든 국가라

513 좌파카르텔: 1924년 5월 총선과 1932년 5월 총선에서 급진주의자들과 사회주의자들이 연합해서 승리했다.

514 공화전선: 1956년 1월 총선에서 노동자인터내셔널프랑스지부, 급진당, 레지스탕스민주·사회주의연합, 사회공화주의자들이 연합해서 승리했다.

는 존재는 단숨에 지워질 수 없다는 것을, 요컨대 식민주의는 일시적일 수밖에 없다는 것을, 그리고 프랑스는 너무 늦기 전에 이런 사실을 명심해야 한다는 것을 상기했다.

이런 행위는 식민지 정복 초기부터 있었다.

오늘날 우리는 「양(兩) 세계 평론」의 기자였던 코쉬트라는 사람이 알제 점령이 있고 15년밖에 지나지 않은 때에 행한 다음과 같은 분석 — 이 분석은 미래를 예고하는 내용을 담고 있다. —을 다시 읽으면서 약간은 놀라고, 약간은 존경을 표하지 않을 수 없다. «압델-카데르가 젊은 시절부터 가다듬어온 위대한 생각은 일종의 알제리 민족 *nationalité algérienne*을 만드는 것이다. 이에 도달할 수 있는 방법은 알제리를 차지하고 있는 주요한 두 민족, 즉 본래는 모리타니에 살던 카빌인들과 무슬림 시대에 정복자였던 아랍인들을 융합하는 것이리라.»(1846년)

프랑스가 성큼 제국주의 시대로 접어들었을 때, 식민지의 가치를 둘러싸고 의견 일치가 있었지만, 그 때문에 식민 지배에 항의하는 행위가 완전히 사라지지는 않았다. 식민 지배에 항의하는 그런 성가신 태도는 무정부주의적 색채 — 적극 행동주의적인 무정부주의적 색채 또는 순전히 이론적인 무정부주의적 색채 —가 강했다. 폴 비녜 독통[515]이라는 사람은 시사하는 바가 많은 제목을 붙인 소책자 『검(劍)의 영광』(1900년)과 『원주민 착취』(1911년)를 연이어 발표했다. 한편, 에밀 푸제[516]는 아주

515 폴 비녜 독통(1859~1943년): 폴 비녜의 필명. 프랑스 정치인, 언론인, 반식민주의 운동가. 군의관 신분으로 식민지 정복 작전에 참전하여, 해병대와 원주민 출신 보병대가 자행하는 만행을 목격하고는 전역했다. 정치에 입문하여, 식민화 사업을 찬양하는 자유주의 경제학자 폴 르르와-보리외를 물리치고 하원의원을 지냈다. 하원에서 한 발언에서, 그리고 언론에 발표한 글에서 식민정책의 폐해를 고발하는 데에 전력을 기울였다. 비녜 독통 *Vingé d'Octon*에서 옥통 *Octon*은 폴 비녜 자신의 고향 마을 이름에서 따온 것이다.

516 에밀 푸제(1860~1931년): 프랑스 아나키스트, 반군국주의자, 혁명노동조합주의자. 주간 신문 「편안한 영감 *Le Père peinard*」을 창간해서 이끌었으며, 노동총동맹에서 활동했다.

독특하면서도 별로 «편안하지 *peinard*» 않는 문체를 구사하면서 다음과 같이 썼다.

> «아! 맙소사, 우리 [프랑스인들]의 머리에서 이를 잡아본 적이 한 번도 없는 민족들을 문명화하기 위해 프랑스인들이 사용하는 방법은 멋지다. 첫째, 가능한 한 많이 훔치고 약탈한다. 둘째, 총을 난사한다. 셋째, 적지 않은 통킹의 계집년들과 강제로 성관계를 맺는다. — 어쨌거나 여러 면에서 우리보다 낫다고 할 수도 있을지도 모르는 이 야만적인 상것들을 문명화하는 이야기.»(1890년)

19세기에서 20세기로 넘어가는 시기에 「버터 접시」[517]는 상상을 초월할 정도로 강렬한 캐리커처와 글로 주목을 받았다. 그런 캐리커처와 글은 당시로서는 매우 독특했다. 1902년 2월 26일에 발행된 이 신문에는 스타인랑이 그린 것으로 잘린 머리들, 뽑힌 팔들, 꼬챙이에 꿰인 시신들, 사슬에 묶인 노예들 등을 묘사한 그림이 실려 있다. 같은 그림에는 사람들(흑인들)의 등 위에 걸터앉은 채로 어딘가로 가는 어느 식민지 개척자의 모습이 등장하는데, 이 사람은 그 묵시론적인 장면을 굽어보면서 태연하게 구경을 하고 있다. 1903년에 발행된 이 신문의 타이틀은 대담하게도 «알제리는 알제리인들에게!»였다. 그로부터 몇 년 뒤에는 성벽에 설치된 갈고리에 걸린, 피가 흘러내리는 머리들을 묘사한 그림이 실렸다. 이 그림에는 다음과 같은 설명문이 붙어 있다. «모로코가 문명화되지 않았을 때……». 그림 조금 아래쪽에는 단두대를 묘사한 작은 네모 칸이 있고, «……모로코가 문명화될 때»라는 설명문이 붙어

517 「버터 접시」: 그림을 많이 싣는 풍자 전문 신문. 1901~1936년에 주간 또는 월간으로 발행되었다.

있다.(1907) 위대한 레옹 블르와[518]는 다음과 같은 격렬한 내용의 글을 이 신문에 기고했다.

> «프랑스에서는 작은 돼지도 도살할 수 없지만 저 먼 곳에서는 행정관이나 특무상사가 되어, 사람들이 아내와 가진 돈 마지막 한 푼까지 자신들에게 내주는 데에 주저했다는 것에 대해 벌을 주기 위해 그 사람들을 태연히 찢어 죽이고, 꼬챙이에 꿰어 죽이고, 산 채로 태워 죽여서 붉은 개미 떼에게 먹이로 던져주고, 그들에게 이루 말할 수 없는 고문을 가하는 자들에게, 원주민들을 도살하는 자들에게 총탄을 마구 퍼붓는 것 말고 다른 무엇을 줄 수 있는 방안은 어디에 있는가! 이런 짓은 모든 사람들이 알고 있는 너무나 흔한 일이다. 이런 짓을 하는 악마들은 레지옹 도뇌르 훈장을 받고 위선을 필요로 하지도 않는 무척이나 정직한 사람들이다.»(1903년)

식민지에서 자행되는 행위에 대한 항의가 블르와의 이 글에서 볼 수 있는 것처럼 항상 격한 어조를 띠었던 것은 아니다. 그 항의는 단순히 정치적 현실주의 또는 인본주의의 모습을 띨 수도 있었다. «통킹» «평정 작전»이 완료되는 바로 그 시점에 인도차이나를 방문한 외젠 브리외[519]는 어느 모로 보나 당시에 다른 이들이 가지고 있던 확신에 공감할 수 있을 것 같은 사람이었다. 아카데미프랑세즈의 회원으로 존경을 받았으며, 엄청난 부수로 발행되는 주간잡지 「삽화 신문」으로부

518 레옹 블르와(1846~1917년): 프랑스 작가. 과격한 기질과 열렬한 가톨릭 신앙으로 권력자, 위선자, 영혼을 더럽히는 사람들, 탐욕가들, 자연주의 문학과 에밀 졸라, 유물론, 민주주의, 실증주의, 조잡한 사제들, 교황청의 보수주의, 반유태주의, 부르주아 계급을 격렬하게 비난하고, 억압 받는 사람들, 고통 받는 사람들, 가난한 사람들을 옹호했다. 이런 의미에서 이 책의 저자는 그를 가리켜서 위대하다고 한 것 같다.

519 외젠 브리외(1858~1932년): 프랑스 극작가, 언론인, 여행가.

터 탐문 조사를 의뢰받은 그는 많은 여행자와 마찬가지로 인도차이나 총독부의 응접실을 주로 드나들었다. 하지만 무슨 일 때문에 그는 당대 사람들 대부분이 가졌던 환상에 공감하지 않게 되었으며 목소리를 높이게 되었는가? 당국자들은 인도차이나가 «평정 작전»으로 다시 잠잠해진 모습만을 보았지만, 그는 바로 그곳에 힘겨운 미래가 기다리고 있다는 예언을 했다. 현지의 현실을 두 눈으로 지켜보았던 많은 사람은 극동에 있는 그 식민지가 마침내는 프랑스가 되는 미래 *un avenir définitivement français*를 가지게 되리라고 전망했지만, 그는 다음과 같이 썼다. «우리는 다음과 같은 생각, 즉 우리가 무슨 수를 쓰더라도 우리는 인도차이나를 무한정 보유할 수 없게 되리라는 생각에 익숙해져야 한다.» 그는 따라서 인도차이나가 본국과 분리되는 때를 지금부터 준비해야 한다고 정치인들에게 권고했다.(1910년) 같은 시기에 아시아에 오랫동안 살았던 디게 대령은 당시로서는 별로 통용되지 않았던 다음과 같은 생각을 했다. «어리석게도 1900만 명에 이르는 인도차이나인들은 빼놓고 오로지 프랑스인들로만 채워진 인도차이나 *Indochine exclusivement française*를 바라는 일을 그만두고, 프랑스인들과 안남인들이 공존하는 인도차이나 *Indochine franco-annamite*라는 방식을 분명하게 택합시다.»(1908년) 몇몇 지식인은 식민화 사업이라는 것이 흔히 상상하는 것처럼 이상적이지는 않다는 것을 대중 여론에게 보여주고자 애썼다. 그러나 그 방법은 변변치 않았다. 아나톨 프랑스는 콩고원주민보호를위한프랑스연맹을 결성하는 일을 주도했다.(1908년) 아마도 당시 사람들 중에서 식민지의 실상을 가장 잘 아는 사람이었다고 할 수 있는 펠리시앵 샬레는 특히 샤를 페기[520]가 발행하

520 샤를 페기(1873~1914년): 프랑스 가톨릭 시인, 극작가. 프랑스 중부에 있는 도시 오를레앙의 가난

는 「반월간 수첩」에 잇달아 글을 기고했다.

1914~1918년의 거대한 충격이 있은 뒤, 다른 사람들이 목소리를 높였다.

위대한 언론인이었던 알베르 롱드르는 흑아프리카에서 진행되는 식민화 사업을 거세게 질타하는 글을 썼다. 그는 «콩고와 대서양»을 잇는 철도 건설 현장에서 인명이 엄청나게 희생되고 있다는 것을 폭로함으로써 그 철도 건설과 관련한 분홍빛 이미지를 찢어발겼다.[521](1929년) 앙드레 지드는 콩고를 여행하고(1927년) 이어서 차드를 여행하고는(1928년) 롱드르가 했던 것처럼 식민지에서 벌어지는 참상을 고발했다. 지부티를 들른 폴 니장[522] — 당시에 그는 공산주의자였다. —은 자신의 주변에서 볼 수 있는 초라한 모습에 대해 비판하기도 했다.(『아덴 아라비아』, 1931년) 같은 시기에 벨기에 태생의 젊은 작가이자 언론인이었던 죠르쥬 심므농 역시 아프리카 여행을 마치고 귀국해서 일련의 글을 발표했는데, 그 글들은 적지 않은 소란을 일으켰다. 그가 내린 다음과 같은 결론은 당혹스러웠다.

«유럽인들은 어쨌든 아프리카에서 쫓겨날 것이다. 유일한 문제는 프랑스인, 벨기에인, 영국인 중에서 누가 먼저 그렇게 될 것인가를 아는

한 집에서 태어났다. 아버지는 그의 생후 몇 달 만에 사망했으며, 어머니는 의자 수선으로 생계를 이어갔다. 불우한 환경 때문에 일찍부터 사회주의에 매료되었다. 고등사범학교 재학 중에 드레퓌스를 구명하기 위한 투쟁에 참여했다. 1900년에는 잡지 「반월간 수첩」을 창간하여 사회주의 진영을 호되게 비판했다. 독일의 위협이 가중되자 평화주의를 주장하는 사람들을 공격하면서, 신앙심과 애국심이 결합된 작품들을 발표하기 시작했다.

521 «콩고와 대서양»을 …… 찢어발겼다.: 각주 103번을 보라.

522 폴 니장(1905~1940년): 프랑스 철학자, 작가. 1924년에 레이몽 아롱, 사르트르 등과 함께 고등사범학교에 입학했다. 1925년에 당시의 정치·사회적 상황에 환멸을 느끼고는 남예멘의 아덴으로 갔으며, 1927년에 귀국하여 이듬해에 프랑스 공산당에 입당했다. 『아덴 아라비아』(1931년)에서 부르주아 계급과의 작별을 선언했으며, 『충견들』(1932년)에서는 대학 강단의 철학자들을 비난했다. 1934년에 소련에서 열린 소비에트작가연맹 회의에 참석했다. 1939년에 독일-소련 협정이 체결되고 붉은 군대가 폴란드를 침입하자, 프랑스공산당을 탈당했다. 이 때문에 루이 아라공을 비롯한 옛 동지들로부터 경찰의 첩자 노릇을 했다는 누명을 썼다. 제2차 세계대전에 참전했다가 전사했다.

것이다.» 그는 뱅센에서 열린 식민박람회의 슬로건 «아프리카가 여러분께 말합니다.»에 대응해서 다음과 같이 썼다. «아프리카가 여러분에게 엿 먹어라……라고 말합니다. 자업자득입니다.»(1932년) 폴 모네[523](1925년과 1926년), 앙드레 비욜리스[524](1931년), 루이 루보(1931년)[525]는 인도차이나에 대해 매우 비판적인 내용을 담은 르포르타주를 발표했다. 앙드레 말로는 신문 「속박된 인도차이나」를 발행하면서 한동안 사이공에서 소란을 일으켰다.(1925년) 북아프리카에서도 같은 현상이 벌어졌다. 루이 루보는 『모그랍』을 썼는데, 이 작품에서는 식민지의 도시 외곽에 생겨나기 시작한 «판자촌»에 대한 묘사가 주목을 끈다.(1934년) 젊은 기자 알베르 카뮈는 알제리의 카빌리 지역을 누비고 다녔으며, 그곳에서 가슴을 에는 듯한 내용을 담은 르포르타주를 가지고 돌아와서 「공화주의 알제」에 발표했다.(1939년) 태평양의 여러 섬에서 볼 수 있었던 식민주의의 폐해에 대한 고발은 항해사 알랭 제르보의 중심 사상들 중의 하나였다. 그는 다음과 같이 썼다. «만일 내게 화가의 재능이 있다면, 내가 그리고 싶은 것은 거대하고도 놀라운 그림이다. 나는 멋진 문신을 한 타히티 전사들의 몸에서 볼 수 있는 비할 데 없는 아름다움, 그들의 춤과 놀이와 의식에서 볼 수 있는 아름다움, 아름다움을 지향하는 그들의 문명과 그들의 문화, 그리고 퇴폐적인 백인들의 출현, 페이피 전투[526], 그리고 그로부터 말미암은 온갖 불행을

523 폴 모네(1884~1941년): 프랑스 군인. 식민지 파견 군대에서 근무했다. 『프랑스인들과 안남인들』 등 인도차이나와 관련한 작품을 여러 편 썼다.

524 앙드레 비욜리스(1879~1950년): 프랑스 여성 언론인. 제1차 세계대전과 제2차 세계대전 사이에 영국 신문의 특파원과 프랑스 신문의 기자를 지내면서 르포르타주 기사를 많이 썼다. 1932년에 식민부 장관 폴 레노를 수행하면서 쓴 인도차이나 기행문 『인도차이나를 구하자』(1935년)에서 프랑스인들이 옌바이 봉기를 진압하는 과정에서 자행한 만행을 고발했다.

525 루이 루보: 각주 292번을 보라.

526 페이피 전투: 타히티의 포마레(1774~1821년)가 1815년 11월에 다른 부족들과 벌인 전투. 이 전투에 승리한 포마레는 자신을 포마레 2세 왕이라고 선언했다.

그 그림에 그려 넣으리라. 나는 은(銀)을 획득하고자 하는 욕망이 빚어내는 온갖 것, 흉측한 옷들, 유럽인들의 넝마 조각, 금속 골판, 백인들의 무자비한 문명 아래에서 사라져버린 아름다움을 그 그림에 그려 넣으리라.»(1932년) 같은 관점에서 제르보는 이 문제와 관련하여 아마 누구도 쓴 적이 없는, 다음과 같은 더없이 모진 표현을 사용했다. «백인의 문명은 동(東)오세아니아에서는 전적이며 철저한 파괴의 문명이다.»(1949년)

이렇게 개인적으로 식민주의에 반대한 사람들은 이따금 집단적 반식민주의 운동에 참여하기도 했다. 리프 전쟁 때, 앙리 바르뷔스는 공산당의 프로파간다를 지식인 계층에 전파했다. 이 위대한 작가는 리프 전쟁에 반대하는 운동에 참여해달라는 자신의 요청에 대해 여러 사람이 한 답변을 자신이 창간한 잡지 「광명」의 특집호에 게재했다. 몇몇 저명한 지식인(샤를 빌드락, 르네 마랑, 루이 아라공, 로맹 롤랑, 빅토르 마르그리트, 앙토냉 아르토, 앙리 풀라이유, 쟝 뤼르사 등)은 이용당하지나 않을까 염려하면서도, 바르뷔스와 함께 프랑스의 태도를 규탄했다.(1925년) 뱅센에서 식민박람회가 열렸을 때, 앙드레 브르통, 르네 샤르, 뱅쟈맹 페레, 폴 엘뤼아르 그리고 다른 초현실주의자들은 «식민박람회를 구경하러 가지 마십시오.»라는 선동적인 제목을 단 전단을 배포했다.(1931년) 같은 시기, 정말로 매우 활동적이었던 앙리 바르뷔스가 주간으로 있는 주간 신문 「세계 *Monde*」[527]는 중요 언론 모두가 빠짐없이 발행한 특집호에 맞서서, 그 신문들과는 다른 목소리를 들려주려고 했다(레옹 베르트, 죠르쥬 알트만, 폴 루이 등이 기고한 글이 그러했다).(1931년) 1932년, 성향 면에서는 사회주의적이지만 식민지와 관련하여 노동자인터내셔널프랑스지

527 「세계 *Monde*」: 「르몽드 *Le Monde*」와 혼동하지 말 것.

부가 취하는 입장과는 매우 거리가 먼 몇몇 전문가는 잡지 「마그레브」를 창간했다. 1935년, 잡지 「정신」의 멋진 특집호는 제국을 주제로 삼았다. 핵심 개념은 식민지 시스템의 위기였다. 죠제프 폴리에[528]는 마치 타조처럼 위험 앞에서 눈을 감는 정책을 이제는 그만 시행하자고 부르짖었다. 그가 기고한 글의 내용은 다음과 같다. «그것은 지속될 수 없다. 많지 않은 사람이 이렇게 말하지만, 모든 사람이 이렇게 생각한다.» 즉각적인 개혁이 필요한 상황이므로 «궁리하고, 시도하고, 혁신해야 한다.» 폴리에는 이렇게 썼다. 여러 전문가는 복지부동이 만연해 있기 때문에 안타깝다고 답했다. 예를 들면, 로베르 들라비녜트는 프랑스령 아프리카를 사실상 포기하는 것을 유감스럽게 여겼다. 그러므로 신중한 개혁가밖에 없었던 것이다. 게다가 어느 베트남인이 «주요 식민지의 해방»을 예측하는 기고문을 한 편 썼는데(익명으로), 이 사실은 여론 중의 어느 소수파 — 이들은 매우 «원주민을 좋아하는» 사람들이었다. —가 어떤 생각을 하고 있었는지를 잘 보여준다. 이 베트남인은 다음과 같이 썼다. 정책을 조정하는 것으로 충분하던 시대는 이제 끝났다, 그런 시대가 어느 때 있었다면 말이다. «우리의 불행은 많은 프랑스인의 가슴을 울렸다. 악덕 상인들이 "식민지의 필요성"이라고 부르는 것을 떨쳐버린 식민주의가 언젠가는 우리를 프랑스인들의 공동체에 완전히 동참시킬 수 있다고 거의 모든 사람이 믿고 있지만, 너무 늦었다.»

1945년부터 탈식민화 시대가 시작되었는데, 그때 지식계의 일부는

528 죠제프 폴리에(1903~1972년): 프랑스 가톨릭 사제, 사회학자, 작가. 가톨릭 잡지 「7」에서 사설을 쓰면서 가톨릭을 보수주의와 민족주의에서 떼어놓고자 애를 썼다. 이후로도 여러 잡지에 간여하면서 인종주의, 반유태주의, 고문 등을 규탄했다. 제2차 세계대전 때에는 레지스탕스 운동을 벌였다. 만년(1968년)에 사제로 서품되었다.

종전의 태도를 고스란히 유지했다. 엠마뉘엘 무니에[529]가 발행하는 「정신」, 쟝-폴 사르트르가 발행하는 「현대」, 또는 「기독교인의 증언」에 실린 것으로 인도차이나 전쟁이나 마다가스카르 «사건»[530]을 다룬 초기의 글들은 그 글들에서 볼 수 있는 통찰력으로 말미암아 당시의 정치인과 언론인 거의 전부가 주장한 것과 뚜렷이 구분된다. 인도차이나 전쟁 기간에 공산주의자들과 「현대」를 발행하는 집단은 관점이 같았기 때문에 서로 힘을 합치려는 계획을 하기도 했다.(양측은 일부 문제에 대해서 잠시 서로 힘을 합쳤다. 그렇게 하는 동시에 양측은 예를 들면 스탈린 수용소나 «티토주의»[531]와 관련해서 거친 논쟁을 벌이면서 반목하기에 이르렀다.) 이 두 집단(공산주의자들의 집단과 「현대」를 발행하는 집단)은 마그레브에서 위험이 고조되고 있는 것에 대해 규탄하기도 했다. 1953년, 프랑스와 모리악은 작가 쟝 폴랑, 알베르 카뮈 그리고 당시의 주요 이슬람학자들과 아랍학자들(루이 마시뇽, 샤를-앙드레 쥘리앵, 뱅상 몽테이유, 레지스 블랑셰르)을 포함한 저명인사들을 규합해서 프랑스-마그레브 위원회를 설립했다. 이 위원회는 북아프리카인들이 의사를 자유롭게 표현하는 것을 방해하는 각종 행위를 규탄했으며, 모로코의 술탄 모하메드 5세가 폐위된 것[532]에 반대하는 투쟁을 벌였다. 알제리 전쟁이 시작되기 3년 전인 1951년, 알제리에 거주하는 프랑스 여성 클레망스 쉬지에가 쓴 글이 「정신」에 실렸는데, 이 글은 마치 주먹으로 강타하는 듯한 다음과 같은 문장으로 시작된다. 당

529 엠마뉘엘 무니에(1905~1950년): 프랑스 가톨릭 철학자, 언론인. 「정신」을 창간해서 이끌었으며, 인격주의를 부르짖었다.
530 마다가스카르 «사건»: 각주 358번을 보라.
531 티토주의: 유고슬라비아사회주의연방공화국의 총리 티토와 그의 추종자들이 1948년부터 스탈린과 거리를 두고 내세운 독자적 공산주의 노선.
532 모하메드 5세의 폐위: 1953년 8월, 프랑스 장군 오귀스탱 기욤이 마라케시의 족장 글라우이와 베르베르족을 비롯한 모로코의 여러 엘리트와 결탁해서 모하메드 5세 술탄을 폐위하고 그의 삼촌 모하메드 벤 아라파를 옹립했다. 양위를 거부한 모하메드 5세는 프랑스 측에 체포되어 코르시카와 마다가스카르에 유폐되었다. 1955년, 모로코 민족주의 운동이 격화되자 프랑스는 모하메드 5세를 복위시켰다.

시의 정치인들은 아마도 이 말을 잘 새겨 들었을 것이다. «알제리는 지금 국가가 되고 있는 중이다.» 이 글이 실린 것과 같은 호에 기고한 글에서, 지칠 줄 모르는 사람이며 알제리를 프랑스령으로 묶어두는 것을 지지한 루이 마시뇽은 다음과 같은 암울한 예측을 내놓았다. 알제리인들의 요구에 귀를 기울이지 않고 있기에 «우리는 백만 명에 이르는 우리의 동포들을 머지않아 철수시키는 준비를 해야 할지도 모른다.» 그로부터 10년 뒤, 백만 명에 이르는 피에-느와르가 짐을 쌌다…….

그리하여 1954년 11월에 프랑스의 여러 식민지가 해방되는 과정에서 벌어진 마지막 전쟁(그리고 가장 많은 피를 흘린 전쟁), 즉 알제리 전쟁이 시작되었다. 1954년 바로 그해 만성절에 벌어진 사건[533]과 그에 뒤이어 벌어진 사건 때, 당시 사람들 중에서 그 누가 그 사건의 파장을 깨달았던가? 그런 사람은 매우 적었다. 프랑스 좌파의 주요 조직들이 벌이는 반식민주의 운동이 파탄을 맞았다는 것이(또는 미온적이라는 것이? 또는 무기력하다는 것이?) 백일하에 드러났다. 아마도 이 집단들의 활동과 개인들의 앙가주망(또는 탄탄하게 조직화되지 못한 개인들의 앙가주망)이 이때보다 더 강하게 대조를 이루었던 적은 결코 없을 것이다. 주요 좌파 신문들(「인류애」, 첫 「해방 *Libération*」[534], 「기독교인의 증언」)이 계속 검열을 받으면서 신중하지 않을 수 없게 되면서, 알제리 전쟁의 갖가지 양상을 알리고 싶은 사람들은 비밀 언론(「진실-자유」, 「증언과 자료」)에 기고했다. 프랑시스 쟝송, 로베르 다브지에스, 로베르 보노, 피에르 비달-나케, 로베르

---

533 1954년 만성절에 벌어진 사건: 11월 1일은 가톨릭 전례에서 모든 죽은 이들을 기념하는 만성절(萬聖節 *Toussaint*)이다. 1954년의 만성절에 알제리 민족주의자들이 프랑스인들을 겨냥하여 알제에서 연쇄 테러를 벌였다. 유혈 희생자가 많았기에 «붉은 만성절 *Toussaint rouge*»이라고 한다. 이렇게 해서 알제리 전쟁이 시작되었다.

534 첫 「해방 *Libération*」: 1941~1964년에 발행된 신문을 말한다. 처음에는 레지스탕스 운동 조직의 비밀 신문으로 발행되었다. 해방 이후 정식 신문으로 발행되기 시작했다. 1973년에 창간된 동명의 신문 「리베라시옹 *Libération*」과 구분하기 위해 '첫'이라는 말을 덧붙였다.

바라 등은 가진 수단이 많지 않았음에도 불구하고 더없이 날카로운 항의의 외침을 쏟아냈으며, 국가이성 *Raison d'État*을 거론하면서, 고문·유형(流刑)·보복 행위에 대해 여론에 경각심을 일깨웠다. 「공화주의 알제」의 주간이자 알제리에 거주하는 유럽 출신 공산당원이었던 앙리 알렉은 자신이 목격한 것을 기록한 책 『의문』을 썼다.(1958년)[535] 장-폴 사르트르는 더없이 과격한 경향을 띤, 여러 사람의 글을 자신이 발행하는 잡지 「현대」의 지면에 실어주었다. 알제리 전쟁이 시작되고 1년이 지난 뒤, 「현대」의 입장은 분명했다. «알제리는 프랑스가 아니다.»라는 글을 실었던 것이다.(1955년 11월) 1960년 9월, 121명의 저명 지식인들이 «알제리 전쟁에 불복종할 권리 선언문»을 발표했는데, 이 글은 큰 반향을 불러일으켰다. 하지만 주요 언론들(이 언론들은 드골 장군이 이끄는 정부의 입장이 바뀌고 한참 지난 시점에도 «프랑스령 알제리»를 지지하게 된다.)의 힘에 맞서고 또한 여론의 적지 않은 일부가 보여주는 무관심과 적대감에 맞서는 그러한 행동과 항의는 언제나 소수에 불과했다.

의견이 일치되지 않았던 문학작품

자체의 고유한 수단을 가진 픽션 문학작품도 식민지배를 규탄하는

535 앙리 알렉과 『의문』: 앙리 알렉(1921~2013년)은 프랑스 언론인으로 알제리 공산당에서 활동했다. 1951년부터 1955년까지 「공화주의 알제」(1955년에 출판이 금지되면서 비밀리에 발행됨)의 주간을 지냈으며, 친구 모리스 오댕이 고문을 받고 사망한 다음 날인 1957년 6월 12일에 오댕의 집에서 공수대원들에게 체포되어 고문을 당했다. 그 자신이 검찰에 제출한 성명서 사본을 프랑스로 들여보냈는데, 이 사본 내용이 바로 『의문』이다. 이 저서는 알렉 자신이 당한 고문을 묘사한 것이다. 그러나 그 글은 «국방을 위태롭게 할 목적으로, 군의 기강을 해치려는 기도에 참여하고 있다.»라는 구실로 압류되었다. 1960년에 국가 안보를 위태롭게 했다는 죄목으로 10년 형을 선고받고 복역하다가 탈옥해서 체코슬로바키아로 도망쳤다. 1962년 3월에 에비앙 협약이 체결되자 프랑스로 돌아왔다가 알제리로 건너갔다.

데에 뒤지지 않았다. 대체로 프랑스 작가들에게는 대단한 이론이 별로 없었다. 많은 작가는 클로드 파레르[536]가 빈정거리는 듯한 제목을 단 자신의 대표작 『문명인들』에서 쓴 것처럼 쓸 수도 있었을지 모른다. 파레르가 쓴 글은 다음과 같다. «나는 식민지를 비난하지 않는다. 나는 식민지 거주민들을 비난한다.» 파레르는 20세기 초에 자신이 사이공의 명사들을 다음과 같이 묘사한 것 때문에 쉽게 가시지 않을 반감을 사게 된다. «식민지는 본래 본국이 뱉어내고 배설하는 온갖 음식물과 배설물을 버리는 곳이다.»(1905년) 게다가 우리는 이 시기의 역사 내내 열대지방에서 살아가는 백인들의 집단 — 적어도 본국의 여론 일부는 항상 의심의 눈초리로 이 집단을 바라보았다. —이 저지르는 나쁜 짓에 대한 은밀한 적대감의 흔적을 확인할 수 있다. 특별한 공격 각도는 대체로 식민지를 대상으로 하는 투기꾼들의 행위를 규탄하는 것이었다. 프랑스 문학 속에는 식민지를 정복하고 제국을 수탈하는 과정에서 자행된 «더러운 짓»을 규탄하는 거침없는 공격이 수없이 많다. 자료를 잘 섭렵해서 쓴 작품들 중의 하나이자 가장 유명한 작품은 기 드 모파상의 『벨아미』[537](1885년)이다. 독자 여러분께서는 오노레 드 발작의 『사촌 누이 베트』에 실린, 알제리에서 자행된 노략질에 대한 짧지만 힘찬 공격을 아마도 잘 모를 것이다. 그 내용은 다음과 같다.

---

536 클로드 파레르(1876~1951년): 프랑스 해군 장교, 작가. 해군에 근무하면서 소설을 여러 편 썼다. 터키, 일본을 여러 차례 방문했다. 『문명인들』로 공쿠르상을 받았으며, 1935년에 아카데미프랑세즈의 회원이 되었다.

537 『벨아미』: 파리에서 철도 사무실에서 일하는 죠르쥬 뒤르와(Georges Duroy)가 자신의 잘생긴 용모를 무기로 사교계 여성들을 농락하고 또 그 여성의 환심을 사서 출세 가도를 달리고 부를 축적하는 과정을 통해서 자본주의, 정치, 언론의 밀착 관계와 배금주의를 비판한 작품. 식민지 정복 정책의 폐해에 대한 고발도 볼 수 있다. 발테르 부인의 남편은 외무부장관으로부터 정부가 곧 모로코를 정복하게 된다는 정보를 입수하고 모로코의 값싼 국채를 사들이는데, 모로코 정복이 시작되면서 국채 값이 폭등해서 엄청난 재산을 축적한다.

«- 알제리에서 무슨 일을 하나요?

- 전쟁에 쓸 식량, 즉 곡물과 동물 사료를 공급하는 일입니다. 선생에게 드릴 위촉장을 받아 왔습니다. 그곳에서 선생은 우리가 선생에게 제시할 가격보다 70프로 싼 가격으로 공급품을 구할 수 있을 것입니다.

- 누가 내게 그걸 구해주나요?……

- 약탈하거나 세금으로 받거나 칼리프가 구해줍니다. 알제리(우리는 8년 전부터 그곳에 진출해 있지만, 그곳은 아직 별로 알려지지 않았습니다.)에는 곡물과 사료가 엄청나게 많습니다. 그런데 그런 물품이 아랍인들의 것일 때 우리는 수많은 구실을 붙여서 그들에게서 그것을 빼앗습니다. 그 식량이 우리의 것일 때는 아랍인들이 우리에게서 그것을 되빼앗으려고 애를 씁니다. 곡물을 두고 서로 많이 싸웁니다. 그러나 서로에게서 뺏은 양이 얼마인지 서로 정확히 알지 못합니다. 허허벌판에서는 프랑스 시장에서처럼 100리터 단위로 밀의 양을 세거나 앙페르 *Enfer*로(路)[538]에서처럼 건초의 양을 셀 시간이 없습니다. 아랍인 족장들과 우리나라 국적을 가진 원주민 출신으로 이루어진 기병대원들 *spahis*은 돈을 좋아해서 이 물품을 아주 싼값에 팔아치웁니다. 육군성 행정처가 필요로 하는 것은 정해져 있습니다. 이 기관은 식량을 확보하기 어렵다는 것과 운반에 따르는 위험을 감안해서 터무니없이 비싼 가격으로 매매계약을 체결합니다. 자, 이것이 바로 식량 생산의 관점에서 본 알제리입니다.»(1846년)

20세기 초, 당시에 아주 인기가 있었던 극작가 에밀 파브르가 쓴 두

538 앙페르로: 1800년대 중반에 말(馬)을 사고팔던 시장이 있던 파리의 거리 이름.

편의 극작품이 무대에 올랐는데, 이 두 작품 역시 식민지에서 벌어지는 더러운 짓거리를 고발하는 내용을 담고 있다. 첫 번째 작품 『재력가들』은 큰 사업을 벌이는 두 사람의 사활을 건 싸움 이야기이다. 한 사람은 «새 아프리카»사(社)의 사장인 토(Thau) 남작이고, 다른 한 사람은 마찬가지로 부패한 상인인 위르트(Urth) 남작이다. 사활을 건 싸움이라고? 아니다. 두 투기꾼은 마침내는 화해하고 정부와 언론으로부터 인정을 받게 되기 때문이다. 아껴 모은 돈을 몽땅 사업에서 날린 몇 명의 «얼간이»만이 알거지가 된다.(1905년)

파브르의 두 번째 작품 『메뚜기 떼』는 한층 더 강렬한 내용을 담고 있다. 이 작품의 등장인물들은 식민지에서 살아간다. 줄거리는 총-호이(Chon-hoi)(당시에 관객들은 모두 이곳이 하노이를 가리키는 것임을 잘 알고 있었다.)가 수도이고 나라 이름은 '금룡(金龍 *Dragon d'Or*)'이라는 곳에서 벌어지는 것으로 추정된다. 이 작품에서 작가는 프랑스 당국자들과 그들의 협력자인 «안남인» 고관대작들의 음모, 투기, 무기력을 두서없이 고발한다. 유일하게 긍정적인 인물이자 신사(紳士)인 카르뱅(Carvin) 총독은 투기꾼들이 벌이는 짓거리에 반대함으로써 재빨리 제거된다. 투기꾼들에게 보다 너그러운 후임자가 부임하면서 투기꾼들의 이권 쟁탈전은 계속될 수 있게 된다. 작품 제목의 의미가 점차로 드러난다. 즉, 구름처럼 몰려드는 메뚜기 떼처럼 프랑스인들이 극동에 있는 프랑스의 소유지로 몰려들었다는 의미이다.(1911년) 군대와 가톨릭교회도 비판을 면하지 못했다. 성향이 무정부주의적이었던 작가 죠르쥬 다리앵은 『견장(肩章)』에서 몇 페이지에 걸쳐 식민화, 군국주의화, 복음 전파 간의 관계에 대해 썼는데, 이 부분은 반식민주의 정신을 표명한 작품들을 모아놓은 선집에 실릴 만하다. 그 내용은 다음과 같다.

«그곳에는 커다란 섬이 하나 있다. 그 섬에서 예수회 수도사들은 편안하게 거처를 정할 수 없으며, 자신들을 도와줄 프랑스 공화국을 필요로 한다……. 그래서 마리안은 자신이 프리지아 모자 대신에 쓰는 빈 양모 양말[539]을 덮어쓰고, 매질을 당해서 검게 된 넓적다리 위로 진흙이 묻어 뻣뻣해진 치마를 끌어올리고, 프랑스인들의 피가 묻은 붉은 소매를 걷고는 예수회 수도사를 지원한다. 마다가스카르의 문명은 프랑스의 만행 앞에서 사라져야만 한다. 가난한 자들의 자식들아, 진격하라! 열과 이질로 죽어라! 그리고 너희 늙은이들은 너희 자식들이 죽을 수 있도록 돈을 더 내라, 더 내라!»(1901년)

제1차 세계대전 직후, 깜짝 놀랄만한 사건이 일어났다. 공쿠르상 심사위원단이 기얀 출신의 젊은 작가 르네 마랑에게 상을 주었던 것이다. 마랑의 소설『바투알라 — 진짜 니그로 소설』(1921년)은 사실을 말하자면 상당히 상투적인 작품이다. 반면, 공산당이 느끼기에 저자가 붙인 서문은 엄청난 도발이었다. 이 서문에서 마랑은 백인들의 «문명»을 고발했다. 피정복민들에게 있어서 그 «문명»은 쇠락과 죽음을 의미했다. 이 작품은 큰 소란을 일으켰다. 몇 달 동안, 파리의 명사들은 마랑 지지파와 반대파로 나뉘어 대립했다.

본래는 식민지의 실상을 볼 수 없는 위치에 있었지만 점차로 그 실상을 마주하면서 폭력과 불의만을 보게 된 목격자라는 소재가 1920~1930년대 문학에서 특별한 자리를 차지했다. 이러한 경향에서는 단연코 죠지프 콘래드 — 당시에 그의 작품『어둠의 한가운데』가 프랑

539 마리안……빈 양모 양말: 마리안은 프랑스 공화국을 상징하는 여성의 이름이며, 프리지아 모자는 마리안이 쓰는 자유의 상징이다. 빈 양모 양말은 옛 농부들이 아껴 모은 돈을 넣어두던, 요즈음의 돼지저금통 같은 것이다.

스어로 번역되었다. —의 영향이 느껴진다.

아프리카와 관련해서는 당연히 셀린의 이름이 우리의 머릿속에 가장 먼저 떠오른다. 셀린이라는 필명을 쓴 루이-페르디낭 데스튜슈가 아프리카에서 산 적이 있다는 사실, 그리고 그의 극작품 『교회』(1926년)의 상당 부분과 그의 대표 소설 『밤의 끝으로의 여행』(1932년)의 많은 부분이 자전적인 내용을 담고 있다는 사실을 우리는 알고 있다. 셀린이 내린 평가는 그다지 밝지 않다. 셀린은 섬세한 묘사를 하려고 신경 쓰지 않으면서, 끈적거리고 위선적이며 부패한 식민지 세계를 그려냈다. 셀린이 그려낸 전형적인 식민지 거주민들의 모습은 당시에 발행된, 식민지를 묘사한 밝은 그림들과는 거리가 너무나 멀었다. 셀린이 그려낸 식민지 거주민들은 «말라리아 환자, 알코올 중독자, 아마도 매독 환자 같은 사람 등»이었다. «모기 떼가 그들의 피를 빨고 가시지 않는 독(毒)을 그들의 혈관 속에 가득히 퍼뜨리고 있다……. 그들의 간은 알코올 때문에 부어 있다……. 지글거리는 햇빛이 마침내 그들의 망막을 태워버릴 듯하다! ……. 머지않아 무엇이 그들에게 남을까? 두개골 한 조각……. 그것으로 뭘 하려는가? 여러분께 물어본다.» 같은 시기에 죠르쥬 심므농은 아프리카를 여행하면서 그곳에서 목격한 식민지 거주민들을 작품 소재로 삼았다. 그는 몇 년 사이에 네 편의 소설을 발표했다. 『가슴을 에는 달빛』(1933년), 『그늘에서의 45도』(1936년), 『안경을 쓴 백인』(1937년), 『바나나 관광객』(1938년)이 그것이다. 첫 번째 소설은 걸작이다. 이 작품에서 심므농은 가봉으로 간 주인공 죠제프 티마르(Joseph Timar)가 걸어간 길에 대해 이야기한다. 티마르는 물론 이상주의 때문에 그곳으로 간 것이 아니다. 그는 프랑스가 식민지에서 수행해야 할 역할과 관련하여 본국에서 널리 유포되었던 이념에 물들어 그곳으로 간 것이다. 그가 받은 충격은 엄청났다. 이 벨기에 소설가의 작품에서 볼 수 있는 온갖 주제가 이 작품에 이미 들어 있다. «가난한 백인들 *petits Blancs*»의 초라함(암울하고, 쩨쩨하고, 알코올에 찌들고, 오로지 성관계와 뒷거래만을 위해서 살아가는 사람들), 그리고 백인들이 «니그로» 사회 속에서 지배자로서 살아가면서 대수롭지 않고 사소한 행동에서 언제나 드러내는 불의와 뿌리 깊은 폭력이 그러하다. 그 지옥의 끝으로의 여행이 끝나는 곳에서는 광기가 주인공을 덮칠 기세이다. 그 광기는 허위에 맞서는 저항의 한 형태이다.

인도차이나에서 귀국한 이본 숄츠[540]는 인본주의적이며 불의에 저항하는 전통에 속하는 작품 『황인종 노예 상인의 손아귀에』를 발표했다. 이 소설은 «통킹»에서 «코친차이나»의 파라고무나무 플랜테이션으로 끌려온 푹(Phuc)과 그의 아내 티 민(Thi Minh)의 끔찍한 생활 이야기를 담고 있다. 물론 가증스럽기 그지없는 인물들인 인부 모집원들과 감시원들도 «안남인들»이다. 이본 숄츠는 진짜 책임이 있는 백인들의 권력도 역시 고발한다. 하지만 숄츠의 소설 역시 갖가지 잔혹 행위를 중심으로 전개되며, 가능한 두 종류의 식민화 사업에 대한 이야기를 들려준다. 두 프랑스인이 나누는 대화가 그 이야기이다. 한 사람은 감시원으로, 식민지인들을 탄압하고자 하는 의지와 폭력을 대표한다. 독자가 성향을 알아차릴 수 있도록 설정되어 있는 다른 한 사람은 의사이다. 두 사람이 나누는 대화는 다음과 같다.

> «- 나사를 조여야 합니다.
>
> - 한 바퀴 말이지요.
>
> - 열 바퀴 조여야 합니다. 이렇게 해야 우리가 안녕을 유지할 수 있습니다.

540 이본 숄츠(1889~1977년): 프랑스 소설가. 인도차이나를 무대로 하는 작품을 여러 편 썼다.

- 나사의 이빨이 뭉개지도록 말인가요, 그런가요?

(…)

- 그런데, 우리가 대응을 하지 않으면, 안남인들은 자신들이 주인이라고 생각할 것이며, 그렇게 되면 우리가 당하게 됩니다.

- 그렇지 않아요. 우리가 잘잘못을 가린다면 말입니다.

- 잘잘못을 가린다고요? 그래서 그들이 서로 간에 올바르게 행동하기 시작하도록 해야겠군요.

- 우리가 벌을 주지 않으면 악을 조장하게 됩니다. 우리를 돕고 있는 감시원들 중에서 몇몇 사람은 난폭한 사람들입니다. 그러나 우리는 그들의 잘못을 덮어주고 있습니다. 감독을 바꾸지 않으려고 말이지요.

(…)

- 우리가 그들을 갈아치울 수 없기 때문이지요. 의사 선생님, 우리가 선생님의 주장을 따른다고 상상해보세요. 감시원들을 징벌하고, 돌려보내고, 다른 사람들로 갈아치우면, 그 다른 사람들은 그들만큼 훌륭하지 않습니다. 질서가 무너지고, 수확을 다 할 수 없게 되고, 파업이 일어납니다. 간단히 말해서, 빠른 기간에 플랜테이션은 몰락합니다. 간단히 말해서, 우리는 쿨리들을 돌려보내야만 합니다.»

하지만 결론을 짓는 말을 하는 사람은 의사이다. 그 사람은 따뜻하고 인간적인 식민화 사업에 대한 자신의 신념을 말하는데, 이때 그는 명백하게 저자의 생각을 드러내고 있다. 그런 정책만이 우리를 구원해 줄 것이다. 그는 다음과 같이 말한다. «달리 말하자면, 우리가 효과적으로 보호하고 있는 원주민들이 우리에게 격분하도록 하기 위해서는 아마도 몇 명의 착취자만 있으면 충분할 것이기» 때문이다.(1931년)

마그레브에서 타로 형제[541]는 조금도 반식민주의 집단에 속하지는 않았지만, 이와는 정반대로 여전히 1931년에 문제 소설 *roamn à thèse* 『아랍의 축제』를 썼다. 이 소설에서도 식민지 이주민들과 행정관들의 모습은 엄하고, 우리의 «보호를 받는 사람들»의 호감 어린 모습과는 대조적이다. 이 소설의 말미에서 볼 수 있는 것은 경고의 외침인데, 이것은 알제리 총독을 지낸 모리스 비올렛이 같은 해에 피력한 생각과 일치한다. 그 내용은 다음과 같다. 식민지인들을 대하는 교만한 태도를 우리는 도대체 언제 버리게 될 것인가? 이런 태도 때문에 두 나라 사람들, 즉 우리 프랑스인들과 식민지인들은 서로를 이해하지 못하고 있다. 소설은 다음과 같이 계속된다. «우리의 식민지 원주민들을 정복한 그때처럼 그들을 취급하는 것은 당치않다는 것을 우리는 도대체 언제 깨달을 것인가? 거의 한 세기 전부터 모든 전장에서 싸울 병사들, 목동들, 농민들, 놀라운 참을성을 가진 사람들을 우리에게 공급해주고 있는 저 500만 명의 아랍인들을 우리는 여전히 적이자 천민으로 바라볼 것인가?» 타로 형제는 마그레브에서 대중은 평온하고 이와는 대조적으로 불순분자들은 미쳐 날뛰고 있다는 주장과는 달리, 프랑스인들의 잘못 때문에 반란이 일어날 분위기가 무르익어가고 있다고 강조했다. 그 내용은 다음과 같다. «각 콤뮌과 각 부락에서 저절로 불이 붙을 것이며, 같은 이유로 불의와 빈곤이 생겨날 것이다.» 『아랍의 축제』는 당시로서는 대담했던 다음과 같은 요구로 끝난다. 우리의 «보호를 받는 사람들»에게 시급히 참된 권리를 부여해야 한다. 앙리 드 몽테를랑은 1930년부터 1932년까지 남몰래 소설 『사막의 장미』(이 소설은 1968년에 비로소 출판된다.)를 썼다. 줄거리는 사랑 이야기이다. 그러나 작가는

541 타로 형제: 제롬 타로와 쟝 타로.

이야기 속에 여러 가지 정치적 견해를 많이 섞어 놓았다. 등장인물들 중의 한 명으로 예술가이자 교양인이며 식민지 관리로 장기 체류하고 있는 기스카르(Guiscart)는 분명히 몽테를랑의 대변인으로 보인다. 프랑스인들의 공동체와 아랍인들의 공동체의 관계에 대한 그의 견해는 준엄하며, 식민화 사업의 미래에 대한 그의 견해는 미망에서 깨어나 있다.

탈식민화 과정에서 큰 분쟁들[542]이 일어난 시기에 발표된 문학작품은 당시에 진행 중이던 그 비극에서 드물게 착상을 얻었을 뿐이다. 인도차이나 전쟁이 벌어질 당시의 사람들 중에서, 몽테를랑의 작품 『산티아고의 지배자』(1948년에 쓴 극작품)에서 볼 수 있는 몇몇 불길한 문장이 그 소설의 무대인 16세기의 옛 카스티야에만 적용될 수 없으리라는 것이 분명하다는 것을 알아차리기 시작한 사람은 거의 없었다. 그 문장은 다음과 같다. «군주들은 새로운 소유지를 획득하는 데에 골몰해 있는데, 그들은 그 소유지를 어떻게 다스려야 하는지, 어떻게 지켜야 하는지 모르게 될 것이다. 그 소유지는 그들에게 힘을 주기는 커녕, 그들을 약화시키게 될 것이다. 그리고 그들은 그 소유지로부터 엄청난 근심을 얻은 다음, 마침내는 그 소유지를 가련하게도 잃게 될 것이다. 우리는 인도를 잃게 될 것이기 때문이다. 식민지는 잃어버리기 위해 만들어졌다. 식민지는 이마에 죽음의 십자가가 새겨진 채로 태어났다.»

인도차이나 전쟁이 벌어지는 동안, 당시의 사건에서 직접 착상을 얻은 문학작품으로 손꼽을 수 있는 것은 몇 작품밖에 안 된다. 베르코르[543]

542 탈식민화 과정에서의 큰 분쟁들: 인도차이나 전쟁, 알제리 전쟁 등을 가리킨다.
543 베르코르: 장 브륄레(1902~1991년)의 필명. 프랑스 소설가. 제2차 세계대전 중에 『바다의 침묵』을 발표하여 대단한 반향을 일으켰다. 지적 레지스탕스 운동의 상징이 된 그는 종전 후에 출판계를 정화하는 직책에 임명되었으나 곧 사임했다. 전국작가위원회 위원으로 그 위원회가 대독 협력 작가들의 블랙리스트를 발표하면서 논쟁이 벌어지자, 작가의 책임을 주장했다. 점차로 공산주의 진영과 거리를 두었다. 알제리 전쟁 때에는 프랑스군이 자행하는 고문에 반대하는 운동에 참여했다.

와 쟈크 프레베르[544]는 각자의 방식으로 앙리 마르탱을 석방시키기 위한 운동에 참여했다. 베르코르는 『바다의 침묵』의 주제 일부를 다시 가져와서 짧은 분량이지만 감동적인 중편소설 『침묵의 늪』을 썼다. 프레베르는 시 〈베트남 사람들이여, 들으시나요〉를 썼다. 그 내용은 다음과 같다.

> «저기
> 은행 작전 무대 *théâtre des opérations bancaires*[545]에서
> '원정대'는
> 이제는 같은 승리를 얻지 못했네
> 그리고 멋진 무대장치 속에서 가련한 죽음의 단역들은 쓰러졌네
> 피아스트르화를 밀거래하는 사람들만이 앙코르를 외치고 박수갈채를 보냈네.»(1953년)»

«상황 문학» 이론을 실행에 옮긴 것은 특히 공산주의 작가들이다. 그런데 흑백논리적인 성격이 매우 강한 «사회주의 리얼리즘»을 수호하고 선양하는 것을 목표로 하는 것이 «상황 문학»이다. 프랑스에서 경계를 게을리하지 않고 그런 노선을 지켜나간 루이 아라공은 디드로가 썼던 방식을 차용해서 『뒤발 씨의 조카』[546]를 썼다.(1953년) 이 작품은

544 쟈크 프레베르(1900~1977년): 대중적인 언어로 쉽게 이해할 수 있는 시를 썼다. 연극작품, 영화 시나리오, 어린이용 책도 많이 썼다. 그의 시는 대중가요로 많이 불려졌다.

545 은행 작전 무대: "작전 구역 *théâtre des opérations*"과 "은행의 *bancaires*"를 결합한 언어유희. 재정이 엄청나게 투입되는 전쟁을 가리킨다. 따라서 "멋진 무대장치"는 전쟁터를, "가련한 죽음의 단역"은 그 전쟁터에서 죽는 병사들을 가리킨다. "피아스트르화를 밀거래하는 사람들"은 환차익을 남기기 위해 베트남에서 피아스트르화를 구해서 프랑스로 들여보낸 사람들을 가리킨다. 그들에게서 전쟁은 큰 돈벌이를 할 수 있는 기회였다. 피아스트르화 밀거래에 대해서는 각주 137번을 참고하라.

546 『뒤발 씨의 조카』: 디드로의 『라모의 조카』를 차용한 이 작품(1953년에 출판)은 '나'와 두 조카(뒤발과 미셸)가 "레장스 *Régence*"라는 카페에서 식민주의를 비롯한 당대의 여러 문제에 대해서 토론하는 내용을 담고 있다.

지금은 사람들이 까맣게 잊고 있는 작품이다. 젊은 작가 앙드레 스틸[547]은 중편소설 한 편(1950년)과 일련의 장편소설(1951~1953년) — 이 일련의 장편소설로 스틸은 스탈린상을 받았다. —에서 전쟁에 반대하는 수병들과 항만 노동자들의 투쟁을 세밀하게 묘사했다. 피에르 쿠르타드(1953년), 마들렌 리포(1953년) 그리고 쟝-피에르 샤르볼은 각기 자신의 첫 소설에서 인도차이나 전쟁을 다루었다. 마르그리트 뒤라스 — 그녀 역시 당시에는 공산주의자였으나 «사회주의 리얼리즘»과는 매우 거리가 멀었다. —는 부분적으로 분명히 자전적인 내용을 담고 있는 훌륭한 작품을 발표했다. 그녀의 소설『태평양의 방파제』에서 벌어지는 사건은 인도차이나 전쟁과 직접적인 관련은 없다. 그 사건은 작자가 태어난 «코친차이나»에서 1930년대에 벌어지기 때문이다. 그러나 그 작품에서 볼 수 있는 '가난한 백인들 *petits Blancs*'과 «안남인들»의 세계에 대한 묘사는 시사성이 있다는 것을 당시 사람들은 누구나 알아차렸다.(1950년)

알제리 전쟁 기간에는 프랑스 작가들과 창작인들이 들고 일어났다. 지식계가 식민지 문제에 자신들이 그토록 강력하게 관계되어 있다고 느낀 적은 아마 한 번도 없었던 것 같다. 그들은 함께 들고일어났다. 그들의 반응은 곧바로 정치적이라고 할 수 있는 형태로 표출되었으며, 픽션 작품에서는 그다지 자주 표현되지 않았다. 그들이 이렇게 반응을 보인 것은 아마도 검열, 즉 그들의 자기 검열 때문이었을 것이며, 또한 시사 문제에 정신이 팔린 채로는 몹시 복잡한 인간관계를 묘사하는

547 앙드레 스틸(1921~2004년): 프랑스 작가, 언론인. 가난한 석공의 아들로 태어났으며, 젊을 때부터 사회 참여 의식을 가졌다. 2차대전 때 레지스탕스 운동에 참여하면서 프랑스공산당에 입당했으며, 사회주의 리얼리즘적인 중편소설을 많이 썼다. 1950년에「인류애」의 편집장, 프랑스공산당 중앙위원이 되었다. 냉전기에 공산주의자 지식인으로서 소련을 옹호하고 미국에 반대하는 선전 운동의 선봉에 서서 활동했으며, 그 공로로 1952년에 스탈린 문학상을 수상했다. 1956년의 헝가리 민중 봉기 때에도 여전히 소련을 옹호했다.

일이 힘겨웠기 때문이었을 것이다. 적어도 1962년까지만 하더라도 당시에 사용되었던 표현대로 «북아프리카 사건»[548]을 다룬 작품을 쓴 작가는 드물었다. 예를 들면, 당시에 알제리에서 살고 있던, 또는 산 적이 있는 작가들(알베르 카뮈, 막스-폴 푸셰, 쥘 르와, 엠마뉘엘 로블레스) 중에서 당시에 진행 중이던 전쟁을 소설 창작의 직접적인 주제로 삼은 사람은 아무도 없다. 이들 외의 작가들 중에서 가장 훌륭한 작품을 쓴 사람은 물론 쟝 쥬네[549]이다. 그가 쓴 극작품 『병풍』은 1961년에 발표되었다. 어떤 사람들이 보기에 작가가 천재라는 것을 증명해주는 것이었으며 다른 사람들이 보기에는 무기력하고 비열한 도발이자 프랑스에 해가 되는 것으로 여겨졌던 이 작품은 알제리 전쟁이 끝나고 4년 뒤에 파리에서 초연되어(르노-바로 극단 *Compagnie Renaud-Barrault*이 공연) 엄청난 파란을 불러일으켰다.

모리스 클라벨[550]은 『제밀라의 정원』과 함께 소책자를 하나 썼다. 1958년에 발표된 이 두 편의 글에는 프랑스 군인들이 알제리 민족주의자들을 고문하는 장면이 생생하게 묘사되어 있다. 이미 인도차이나 전쟁에 반대하는 내용을 담은 소설을 쓴 적이 있는 앙드레 스틸은 알

548 «북아프리카 사건»: 알제리 전쟁을 가리킨다. 1954년부터 1962년까지 알제리인들의 식민지 해방운동을 진압하기 위해 프랑스가 벌인 군사작전은 프랑스인들에게는 «이름 없는 전쟁»이었다. 상황이 전개되어감에 따라 점진적으로 «사건», «치안 작전», «질서 유지 활동», «시민 평화 회복 작전», «북아프리카 질서 유지 작전» 등으로 불리다가, 1999년 10월 18일 자 법에 따라 공식적으로 《알제리 전쟁»으로 규정되었다.

549 쟝 쥬네(1910~1986년): 프랑스 시인, 소설가, 극작가. 사생아로 태어나서 7개월 때 가정부였던 어머니로부터 유기되었다. 열 살부터 절도를 하기 시작했다. 열여섯 살에 기차를 타고 가다가 무임 승차로 체포되어 투옥되었다. 이후로 거지, 도둑, 남창(男娼), 죄수 생활을 하면서 젊은 시절을 보냈다. 1943년에 첫 소설을 발표했다. 한국 독자들에게는 『도둑 일기』의 저자로 잘 알려져 있다. 연극 작품 『병풍』은 알제리 전쟁을 무대로 벌어지는 이야기를 다루고 있으며, 프랑스 군대의 거친 모습을 그렸다. 이 작품이 1966년에 초연되었을 때, 극우파 집단들과 북아프리카와 인도차이나에서 싸운 퇴역 군인들이 몰려와서 극장 내외부에서 의자, 계란, 쥐, 최루탄을 던지며 상연 중단을 요구했다.

550 모리스 클라벨(1920~1979년): 프랑스 철학자, 작가, 언론인. 제2차 세계대전 때에 레지스탕스 운동에 참여했다. 해방 후, 무분별한 부역자 숙청을 규탄했다. 공산 체제를 거세게 비판함으로써 프랑스공산당으로부터 «괴벨스의 목소리»라는 비난을 받았다. 알제리 전쟁에서 고문이 자행되는 것을 비난했으며, 드골을 지지했으나 점차 거리를 두었다. 방송인으로 활동했으며, 마오쩌둥주의자들을 지지했다.

제리 전쟁과 관련이 있는 사건들을 묘사한 세 편의 감동적인 이야기를 발표하여 다시금 알제리 전쟁에 반대했다. 『우리는 내일엔 서로 사랑하리라』(1957년), 『폭파 해체』(1960년), 『마지막 15분』(1962년)이 그러하다. 당시에 고급 장교였던 죠르쥬 뷔스[551]는 알제리 주둔군 내의 «어린 병사들»을 찬미하는 산문 작품과는 아주 거리가 멀고 간신히 소설 형식을 취한 이야기인 『동굴』을 발표함으로써 놀라운 용기를 보여주었다.(1961년) 피에르-쟝 레미[552]는 알제리 전쟁이 끝나가는 마지막 며칠 동안 오랑에서 증오가 엄청나게 증폭되어가는 모습을 묘사했다.(1963년) 알제리 전쟁이 끝나고 얼마 지나지 않은 때에 마침내 클레르 에체렐리는 우리가 앞에서 이미 여러 번 언급한 작품 『엘리즈 또는 참된 삶』을 발표했다.(1967년)

반식민주의 진영의 한계와 무기력

결국, 식민주의에 항의하는 사람들의 목소리는 사막에서 외치는 목소리 같았다는 매우 분명한 느낌이 든다. 물론, 그들의 소심한 태도가 문제였다. 물론, 그들은 정책 결정권자들에게 자신들의 의견을 전해줄 수 있는 중계자를 마련하고 또 일반인들에게 반식민주의 정신을 참되

551 죠르쥬 뷔스(1912~1998년): 프랑스 군인, 작가. 사이공에서 태어나서 기갑부대에 들어갔다. 제2차 세계대전 때 레바논에서 근무하던 중에 탈영해서 예루살렘에 있는 자유 프랑스군에 합류했다. 프랑스 전투에서 싸웠으며, 히틀러가 머물고 있던 «독수리 둥지»에 가장 먼저 잠입했다. 이후로 인도차이나, 모로코, 이란, 아프가니스탄, 알제리 등에서 근무했다. 고등국방연구소를 비롯한 여러 국방 관련 기구의 책임자로 일했다. 『동굴』은 알제리 전쟁을 무대로 프랑스 군병력이 동굴에 은신한 알제리 반도(叛徒)를 일망타진하는 힘겨운 과정을 그린 소설이다.

552 피에르-쟝 레미(1937~2010년): 프랑스 외교관, 행정가, 작가. 홍콩, 베이징, 런던, 피렌체에서 외교관으로 근무했으며, 유네스코 상주 대표를 지냈다. 문화부와 외무부에서 문화, 과학, 기술 관련 책임자로 일했으며, 국립도서관 관장을 지내기도 했다. 르노도상을 비롯한 여러 문학상을 받았다.

게 교육할 계획을 세우면서 유능한 압력 집단을 조직하는 데에 결코 이르지 못했다. 물론, 이들과는 반대로 식민 정책을 조직적으로 옹호하는 압력단체 — 이 단체는 자신들의 의사를 표현할 수 있는 통로를 이들보다는 1000배 이상 가지고 있었으며, 본국의 온갖 세력가의 신임을 받고 있었으며, 정부 기구와 언론과 가톨릭교회와 군대 내에서 중요한 위치를 차지하고 있던 이들 모두를 자신들의 진영 내에 확보하고 있었다. —가 다양한 활동을 벌였다는 사실은 식민주의에 항의하는 사람들이 규탄하는 것에 귀를 기울이는 사람이 많지 않았다는 것을 의미한다. 식민지에서 일하는 우리나라 행정관들과 우리나라 선교사들이 펴는 자선 사업을 찬미하는 무수한 출판물에 맞서서, 한 권의 소책자가 어떤 무게를 가졌겠는가? 그 소책자가 앙드레 지드가 쓴 것이라 하더라도 말이다. 1931년에 인도차이나를 공식 방문한 폴 레노 장관 측근들이 이구동성으로 식민주의를 찬양하는 말들에 맞서서 앙드레 비욜리스가 들려주는, 귀에 거슬리는 작은 목소리[553]가 무슨 일을 할 수 있었겠는가? 1900년에는 「버터 접시」와 「작은 소식」, 1930년에는 「프롤레타리아 혁명」과 「삽화 신문」, 1950년에는 「기독교인의 증언」과 「프랑스 석간」, 1960년에는 「알제리의 진실」과 「파리 마치」가 대등한 무기를 들고 싸웠던가?

그리고 특히 식민주의에 항의하는 사람들이 벌이는, 흔치 않고 충분하지도 않았던 운동은 프랑스 국민 대다수의 관심 부족에 부딪혔다. 더욱 안타까운 일은, 식민지의 가치, 그리고 그 가치를 통해 전파된 인종주의가 프랑스 국민 전 계층에 내면화되어 있었다고 우리는 주저 없이 말할 수 있다는 사실이다.

553 귀에 거슬리는 작은 목소리: 각주 524번을 참고하라.

«좌파 인민»에게도 식민지의 가치와 인종주의가 내면화되어 있었다.

파리콤뮌이 실패로 끝난 뒤, 반란자들은 가혹하게 탄압되었다. 그들에게 선고된 형벌 중에는 누벨칼레도니에로의 유형(流刑)도 있었다. 그리하여 4250명에 이르는 콤뮌주의자들은 세상 저 끝에 있는 도형장으로 보내졌다. 프랑스 사회로부터 격리된 이 사람들은 현지에 도착해서, 자신들과 마찬가지로 불행한 흑인 형제들을 호감 어린 눈으로, 아니면 적어도 이해심 어린 눈으로 바라보았는가? 대부분은 그렇지 않았다. 그들의 반응에서 우리는 다른 프랑스인들에게서 볼 수 있는 것과 같은 상투적인 생각을 다시 발견한다. 파리콤뮌의 지도자이자 장차 창당되는 사회주의 정당, 즉 노동자인터내셔널프랑스지부의 창당 멤버가 될 쟝 알르만[554]은 수많은 저주를 받는 누벨칼레도니의 땅에 대해 묘사했다. 그 수많은 저주 중에서 그는 메뚜기 떼의 습격, 기근, 태풍, «원주민들의» 반란에 대해 두서없이 언급했다.(『어느 콤뮌주의자의 회고록』, 1901년) 태평양에 있는 그 '큰 섬'에서 1878년에 토지 수탈에 반발하는 반란이 일어나자, 프랑스 당국은 주저 없이 몇몇 콤뮌주의자를 무장시켰다. 당국으로서는 그런 행위를 유감스러워할 필요가 없었다. 여러 명의 정치범이 반란을 진압하는 데에 적극적으로 참여했다. 장차 «통킹 사람»이라고 불리게 되며 당시에는 누벨칼레도니에서 근무하고 있던 앙리 리비에르[555]는 회상록[556]에서 다음과 같이 썼다. «그 사람들의 눈은 생기에 차 있고, 바람에 날리는 수염은 기다랗

554 쟝 알르만(1843~1935년): 프랑스 노동조합 운동가, 정치인. 열아홉 살에 인쇄소에서 일하다가 식자공들의 파업에 참여해서 투옥되었다. 국민방위대의 일원으로 파리콤뮌에 참여해서 마지막까지 싸웠다. 종신 강제 노동형을 선고받고 누벨칼레도니에 수감되었다. 카나크족의 반란을 무력 진압하는 데에 참여하기를 거부했으며, 1880년에 사면되어 귀국했다. 프랑스노동당, 사회주의혁명노동당, 프랑스사회주의당, 노동자인터내셔널프랑스지부 등에서 활동했으며, 하원의원을 지냈다.

555 앙리 리비에르: 각주 207번을 보라.

556 회상록: 『누벨칼레도니 회상 - 카나크족의 반란』.

고, 가슴은 살짝 젖혀진 셔츠 아래 맨 모습으로 드러나 있다 (…). 그들은 가슴 속에 애끓는 증오심을 가지지는 않은 채, 오직 운명이 그들을 던져놓은 이 먼 땅을 지키기 위해서 손에 총을 들고 있다. 이 땅은 그들이 유형당한 땅이기는 하지만, 지금 그들에게는 프랑스이다.»(1881년)

그런데 당시에 어느 한 사람의 태도는 다른 사람들과는 또렷이 구분되었다. 어느 여성의 태도가 그러했다. 어떤 여성 말인가? 루이즈 미셸[557]이다. 그녀는 식민지인들의 말에 귀를 기울이고, 그들을 이해하려고 애쓰고, 그들의 고통과 희망을 함께 나누었던 여성들 중의 한 명이다. 그녀는 몇몇 사람에게 교사 역할을 했다. 그녀는 «나의 '검은' 친구들»이라는 표현으로 카나크족을 지칭했다. 『회고록』의 한 페이지에서 루이즈 미셸은 봉기가 일어나기 전날 밤에 자신을 신뢰하는 카나크 족장들이 자신을 찾아와서 작별을 고했다는 이야기를 들려준다. 그녀는 자신이 간직하고 있던, 파리콤뮌의 추억이 서려 있는 붉은 스카프를 과장된, 그러나 감동적인 동작으로 둘로 찢어서, 그중에서 한 조각을 반란자들에게 선물로 주었다. 그녀는 다음과 같이 회고했다. 카나크족은 «자신들의 독립을 위해, 자신들의 생명을 위해, 자신들의 자유를 위해» 싸웠으며, «나는 반란을 일으켰으나 진압되고 패배한 파리 인민과 함께 했듯이» 오직 그들과 함께 할 수 있을 뿐이었다.(1898년)

이 에피소드는 상징적이다.

식민주의 역사 내내, 식민주의에 항의하는 사람들은 루이즈 미셸과 같은 처지였다. 비록 그들의 고립된 정도가 다르기는 했지만. 20세기

557 루이즈 미셸: 각주 468번을 보라.

초, 빅토르 메릭[558]은 다음과 같이 안타까움을 토로했다. «선술집과 경마장에서 여가를 보내는 파리 인민은 군대를 동원해서 벌이는 [식민지] 정복에 박수갈채를 보내며, 잔혹한 식민지 원정에 찬성한다.» 어떻게 할 것인가? 격렬하게 항의할 것인가? 범죄행위와 나쁜 짓을 규탄할 것인가? 비열한 짓을 비난할 것인가? 그렇게 한다고 해서 바뀌는 것은 아무것도 없었다. 선량한 인민들은 귀를 기울일 시간이 없었다.»(1911년) 1925년, 리프 전쟁에 반대하는 파업을 기획한 단체들(프랑스공산당과 통일노동총연맹)은 조직 내의 핵심 세력을 제외하면, 인터내셔널 정신을 가져달라는 자신들의 호소가 큰 반향을 일으키지 못한다는 것을 확인해야만 했다. 1931년, 좌파 활동가들도 같은 생각을 하지 않은 것은 아니다. 그들은 뱅센 식민박람회를 구경한 사람은 800만 명이었지만 활동가 자신들이 개최한 소규모 반대 박람회는 썰렁했다는 것을 비교해보았다. 그로부터 20년 뒤, 프랑스-마그레브 위원회를 이끈 주요 인물인 프랑스와 모리악은 자신이 벌이는 활동이 큰 반향을 일으키지 못하는 것에 대해 다음과 같이 탄식했다. «소수의 우리를 제외하고는 아무도 항의하지 않고, 아무도 화해의 목소리를 내지 않는다.»(1953년) 그리고 인도차이나 전쟁과 알제리 전쟁에 반대하는 투사들 중에서 어느 누구인들 약간의 씁쓸함을 느끼지 않았겠는가? 행동에 나서줄 것을 호소하는 자신들의 목소리가 침묵과 적지 않은 무관심에 봉착하게 되는 것을 보면서 말이다.

반식민주의자들이 드러내는 분노 어린 항의가 결국에는 본국 여론을 그다지 움직이지 못했다는 사실을 설명해 줄 수 있는 유일한 것은 본국 사람들이 식민지인들에 대해 가졌던 어떤 우월감, 즉 무의식적이

558 빅토르 메릭(1876~1933년): 무정부주의적, 평화주의적, 반군국주의적인 성향의 프랑스 작가, 언론인.

며 입 밖으로 드러내지 않은 우월감이다. 하지만 이 우월감을 어떤 종류의 인종주의로 규정하지는 말자.

요컨대 만일 희생자들이 유럽인이었다면, 지드, 말로, 알베르 롱드르를 비롯한 수백 명에 이르는 사람들의 규탄 대상이 되었던 행위들이 사람들의 기억에서 그토록 쉽게 사라질 수 있었으리라는 — 또는 단 한 번도 사람들의 기억에 새겨질 수 없었으리라는 — 상상이 가능한가? 우리는 1925년에는 리프에서, 1931년에는 예-띤에서, 1945년에는 세티프에서, 1947년에는 마다가스카르(당시에 몇몇 사람은 이 사건이 «한 민족을 대상으로 한 드레퓌스 사건» 같은 것이라고 했다.)에서 사망한 수만 명의 사람들[559], 네이팜탄을 맞거나 또는 고문을 받고 죽은 «베트남인들»이나 «알제리 빨치산들 *Fellaghas*»이 해학가들이 말했듯이 «정상인들», 즉 백인들이었더라면 사람들의 주목을 받지 않을 수 있었으리라는 상상이 가능한가? 그리고 1962년 2월에 파리의 샤론 지하철역에서 자행된 살인[560]에 대해 프랑스인들이 행한 엄청난(그리고 정당한) 항의와 1961년 10월의 참혹한 인간 사냥[561]에 대해 프랑스인들이 보인 침묵에 가까운 반응 사이의 끔찍한 간극에 대해서는 뭐라고 말해야 하는가? 그런데, 1962년 2월 사건 때에 사망한 사람들은 프랑스인이었으며, 1961년 10월 사건 때에 사망한 사람들은 알제리인

559 ① 예-띤(1931년), ②) 세티프(1945년), ③ 마다가스카르(1947) 반란사건: ① 1930년과 1931년에 베트남 중북부에 있는 예안 *Nghe An*과 하띤 *Ha Tinh*에서 노동자, 농민, 지식인들이 프랑스의 식민지배, 고관대작들, 지주들에 맞서 일으킨 반란. 공산당 조직이 소비에트(위원회)를 설치하고 관리들과 지주들을 처단했다. 프랑스 군대의 무력 진압으로 궤멸되었다. ② 알제리의 세티프에서 1945년 5월 8일에 주민들이 민족주의 지도자 메살리 하지(1941년부터 수감 생활을 하고 있었다.)의 석방과 알제리 독립을 요구하면서 벌인 시위. 폭동으로 비화되었으며, 2만 명 이상이 진압작전에 희생되었다고 한다. ③ 각주 358번을 보라.

560 샤론 지하철역 사건: 1962년 2월 8일, 파리에서 알제리 내 프랑스 군인들이 조직한 비밀군사조직에 반대하는 시위가 일어났다. 시위대는 경찰에 쫓겨 달아나다가 샤론 지하철역의 닫힌 철책에 부딪쳐 진압되었으며, 시위대 중에 8명이 사망했다.

561 1961년 …… 인간 사냥: 각주 412번을 보라.

들이었다.

인본주의 정신은 «열등한» 다른 사람들이 희생되었을 때는 항상 작동되지 않았다. 이것이 바로 프랑스 반식민주의 역사에서 반드시 마주치는 실상이다.

결론

한 시대가 끝났는가

«식민지는 잃어버리기 위해 만들어졌다.
식민지는 이마에 죽음의 십자가가 새겨진 채로 태어났다.»
(앙리 드 몽테를랑, 1948년)

뒤로 물러서서 바라보면, 식민 시대 프랑스인들의 사고는 어처구니없을 정도로 형편없었다. 당시 사람들의 어리석은 말들을 모으면 한 권의 책을 쉽게 만들 수 있을 것이다. 아마도 너무나 쉽게 만들 수 있을 것이다. 여하튼 역사적 진실에 반대되고 역사를 단순화했던 어리석은 말들을 모아놓은 책을 말이다. 열대지방에 꽂힌 프랑스 국기의 보호를 받으며 활동한 저명인사들이 없었던 것은 아니다. 훌륭한 인물들도 마찬가지로 없었던 것이 아니다. 프랑스 식민주의는 장엄한 면이 있었다.

우리는 열대지방에서 프랑스의 영광을 위해 일한 식민지 관리들의 모습을 잊을 수 없다. 졸라가 격정적으로 외쳤듯이 말이다. 그 내용은 다음과 같다. «행동하고 여러 대륙을 굴복시키는 것이 그들의 즐거움이며, [식민지인들의] 삶을 개선한 것이 그들에게 주어진 보상이다. [프랑스로부터] 멀리 떨어진 새로운 곳의 부름에 응답하고 정복 행진을 이어나가면서 되찾은 그들의 활기는 초인의 경지에 이르는 삶 속에 펼쳐지고 있다.»(1898년) 그리고 물론 식민지에서 프랑스의 영광을 위해 일한 사람들의 활동을 서술하는 그 어떤 글에서도 수녀들이 보여준 놀라운 헌신에 대해, 탈종교적 교육을 하는 학교에서 교사들이 보여준 끈기 있는 모습에 대해, 척박한 땅을 개간해서 소규모 농장을 꾸려나간 식민지 이주민들의 악착같은 노동에 대해, 그리고 폴 뮈스, 루이 마시뇽, 마르셀 그리올을 비롯한 대학자들이 다른 문명을 보다 더 잘 알기 위해 부단히 행한 연구에 대해 언급하는 일을 빼놓을 수 없다.

그렇다.

하지만 다른 면도 있다.

1957년, 알베르 멤미는 다음과 같이 썼다. «식민지의 전체 분위기를 주도하는 사람은 보잘것없는 사람이다.» 멤미는 다음과 같이 덧붙였다.

«식민지에서 보내는 생활에 대한 보상을 가장 많이 필요로 하는 사람은 바로 이 보잘것없는 사람이다.» 비극적인 사실은 이 보잘것없는 사람이 언제나 그리고 도처에서 최종적으로 자신의 사고방식과 자신의 틀에 박힌 생각을 식민지인들에게 강요한다는 것이다. 멤미는 다음과 같이 결론을 내렸다. «그리하여 모든 식민주의자 *colonialiste*가 보잘것없는 사람인 것은 아니지만, 모든 식민지 개척자 *colonisateur*는 식민지에서 보내는 생활의 보잘것없는 면을 어느 정도는 감수해야만 하며, 식민화 사업을 벌이는 사람들의 보잘것없는 면과 타협을 해야만 한다.» 해외로 이주해서 그곳에서 살고 있던 프랑스인들은, 식민 제국 전성기에 사용되었던 말을 다시 쓰자면, 평균적인 사람들과 다른 «부류»에 속하지 않았다. 그들은 자신들의 훌륭한 자질이 예외적인 특징으로 여겨지고 자신들의 자잘한 나쁜 버릇이 결점으로 여겨지며 자신들의 정신적 허약성이 결함으로 여겨지던 사회적 조건 속에 놓여 있었으며, 그런 인간관계 망에 연류되어 있었을 따름이다. 그들의 결점과 결함은 그들에게 종속된 사람들에게는 곧 참을 수 없는 것이 되었다. 앙리 드 몽테를랑은 『사막의 장미』에 등장하는 주인공의 입을 빌려 다음과 같이 말했다. «식민화 사업의 첫 번째 나쁜 점은 다음과 같다. 식민화 사업은, 태생적으로는 하급자가 되도록 태어난 사람들이지만 자기 뒤에 나라 전체 ― 그들이 무슨 일을 하든 간에 그들을 조직적으로 뒷받침할 준비가 되어 있는 여론, 관료, 경찰, 법정 등 ―가 있다고 느끼는 사람들이 독재자가 되어 명령을 내릴 수 있도록 해준다.»(1932년) 겸손했지만 대단한 학자였으며, 페스트균을 발견했으며, «자신이 사랑하는 안남인들» 곁에서 40년을 살았던 알렉상드르 예르생[562]이 보기에 무식한 촌장들 ― 이들

562 알렉상드르 예르생(1863~1943년): 스위스계 프랑스인 탐험가, 박테리아 학자. 1889년에 프랑스 국

은 유럽에서는 상상할 수 없을 정도로 넓은 영지를 가진 세력가였다.— 은 몇 명이었던가? 이슬람으로 개종했으며, 아랍 주민들에게 너무나 잘 동화되었기에 지나가는 마을 주민들이 그녀가 실제로 자신들과 같은 사람이 아니라는 것을 알아차리지 못했던 이자벨 에버라르트가 보기에, 자신들의 시중을 드는 사람들 곁에서 5년, 10년을 살면서도 그 사람들과 진정한 의사소통의 말을 나누지 않았던 무례하고 가난한 백인들 *petit Blanc*은 얼마나 되었던가? 길에 나서면, «선생님 *monsieur*»[563]이라 불리는 백인 한 명당 «비코 *bicot*», «냐꾸에 *nha que*» 또는 «밤불라 *bamboula*[564]»는 몇 명이나 되었던가? 미소를 보내면, 증오나 경멸의 눈길을 보내던, 또는 그보다 더 나쁘게는 쳐다보지도 않던 사람들은 몇 명이나 되었던가? 손을 내밀면, 엉덩이에 발길질을 하던 사람들은 몇 명이나 되었던가? 아랍인들과 유럽인들이 공존하는 알제리를 만들기에 아직은 늦지 않았다고 부르짖는 알베르 카뮈, 쥘 르와[565], 엠마뉘엘 로블레스[566] 같은 사람들이 보기에, 어떤 종류의 변화에도 완전히 폐쇄적이며 자신들의 보잘것없는(어떤 사람들이 보기에) 특권에 집착하는 피에-느와르는 몇 명이나 되었던가? 개혁가(결단력이 없는 개혁가)가 보기에, 보수주의자들(미친 듯한 보수주의자들)은 몇 명이나 되었던가?

적을 얻었다. 안남과 라오스 탐사대에 참여한 이후로 연구에 전념해서 페스트균을 발견하고, 치료 혈청을 개발했다(1894년). 나트랑에 연구소를 세웠으며(나트랑 파스퇴르연구소), 하노이 의과대학을 설립해서 초대 학장을 지냈으며, 베트남에 고무나무, 키나나무 등 열대 식물을 들여와서 재배했다. 죽어서 나트랑에 묻혔으며, 2014년에 베트남 명예 시민으로 추대되었다.

563 «선생님»: 식민지인이 남성 식민지 거주민, 식민지 이주민, 식민지 관리, 식민지 주둔 군인을 부르던 말.

564 «밤불라 *bamboula*»: 흑인을 경멸적으로 가리키는 말.

565 쥘 르와(1907~2000년): 프랑스 작가, 군인. 젊은 시절에는 우파 사상가 샤를 모라스에 심취했다. 제2차 세계대전 중에는 페탱 원수를 지지했으나, 곧 영국으로 건너가서 드골이 이끄는 자유프랑스에 합류해서 영국 공군기를 타고 독일을 공습하는 전투에 출격했다. 인도차이나 전쟁에 통신장교로 참전했으나 프랑스 군대의 전투 방식이 명예롭지 못하다고 판단하면서 퇴역했다. 이후로 문학에 전념했으며, 알제리 전쟁을 비판했다. 작가로서는 르노도상을 비롯하여 많은 문학상을 받았다.

566 엠마뉘엘 로블레스: 각주 309번을 보라.

하지만 위험 신호가 없었던 것은 아니다. 알렉시스 드 토크빌[567]이 1847년에 알제리 조사 위원회의 대변인으로서 한 다음과 같은 예언을 1954~1962년 알제리에서 벌어진 사건에 비추어 지금 다시 읽어보시라. «우리가 원주민을 대하는 방식에 따라 특히 아프리카에서 우리가 행하는 지배의 앞날은 달라진다고 위원회는 확신합니다 (…). 만일 (…) 알제리의 옛 거주자들은 우리가 보기에 밀쳐내고 발로 짓밟아야 할 장애물로만 여겨진다는 것을 보여주는 방식으로 우리가 행동한다면, 알제리인들을 두 팔로 안아서 행복과 광명에 이르도록 하기 위해서가 아니라 그들을 두 팔로 졸라서 질식시켜 죽이기 위해서 그들을 에워싼다면, 두 인종 사이에 죽고 사는 문제가 야기될 수도 있을 것입니다. 명심하십시오. 알제리는 조만간에 두 민족이 가차 없이 싸워서 어느 한 쪽이 죽어야만 할지도 모르는 출구 없는 전쟁터, 벽으로 둘러싸인 싸움터가 될지도 모른다는 것을 말입니다.» 그로부터 30년 뒤, 지칠 줄 모르고 활동한 빅토르 쉘셰르가 발표한, 경각심을 가질 것을 호소하는 글을 다시 읽어보시라.

> «우리의 여러 식민지에서 다소간 위력을 떨치고 있는 유색인에 대한 편견을 우리는 도대체 언제 버리게 될 것인가? (…) 인종적 알력 — 이것이 전적으로 가공(架空)의 것이라 하더라도 —으로 말미암아 사실상 두 진영으로 나뉜 사람들을 하나로 만드는 일은 결코 여의치 않을 것이다. 유색인에 대한 편견을 고집스럽게 버리지 못하는 사람은 잘못을 저지르고도 그 잘못을 잘 깨닫지 못한다.»(1875년)

567 알렉시스 드 토크빌(1805~1859년): 프랑스 사상가, 정치인. 노예제도를 폐지하기 위해 애쓰고 미국 민주주의를 찬양한 사람으로 알려져 있다. 알제리와 관련해서는 한편으로는 그곳을 프랑스 식민지로 삼기 위해 초토화 작전을 펼 것을 주장했으며, 다른 한편으로는 뷔죠가 펴는 정복 작전을 비판하면서 원주민 사회, 원주민들의 재산, 교육체계, 종교 조직 등이 파괴되지 않기를 바랐다.

이어서 아무렇게나 다음 글을 다시 읽어보시라.

«백인 특권계급은 조상들이 비옥하게 해놓은 그 땅이 자신들의 발 아래에서 흔들리고 있다는 것을 느낀다. 그리고는 막연한 공포에 사로잡혀 두 눈을 감은 채, 무너져 내리는 과거의 잔해에 매달린다. 모든 혁신은 박애주의이며, 모든 박애주의자는 바보가 아니면 사기꾼이다.» 이 글은 어느 좌파 인사가 1960년대에 알제리에 살고 있던 피에-느와르들의 공동체에 대해서 행한 분석일까? 그렇지 않다. 이 글은 보수주의적인 성향을 띤 잡지 『양(兩) 세계 평론』의 기자 A. 코위트가 서인도 제도에서의 노예제도 폐지에 대해서 1843년에 지적한 것이다.

> «유럽인 식민지 이주민에게 그 자신의 권리 아닌 다른 사람의 권리가 존재한다고, 그리고 원주민은 제멋대로 인두세와 부역을 가할 수 있는 인종이 아니라고 말하기 어렵다. 원주민들을 어떻게 대할 것인지에 대한 기본적인 방침(일반적인 관점)이 식민지 이주민들에게는 없다. 그들은 300만 명에 이르는 사람들을 억압하는 것 말고는 그 사람들을 어떻게 대해야 할지 거의 알지 못한다. 식민지 이주민들은 아마도 그 사람들을 없애버리려는 생각은 하지 않을 것이다. 식민지 이주민들은 그 사람들을 짓밟으려고도 하지 않는다. 그러나 식민지 이주민들은 그 사람들의 하소연에 대해서도, 빈곤과 함께 늘어나는 듯이 보이는 그들의 수에 대해서도 관심을 가지지 않는다. 식민지 이주민들은 위험이 닥칠 수도 있다고 느끼지만, 그 위험을 면하기 위해 어떤 조처도 취하지 않고 있다.»

이 글은 유럽인들이 하는 일을 제멋대로 비판하는 어느 고질적인 자유주의자가 한 말일까? 그렇지 않다. 이 글은 프랑스 제국을 구축한 사람들 중의 한 명인 쥘 페리가 1892년에 알제리에서 귀국해서 제출한 보고서[568]에 나오는 글이다.

«알제리를 알제리인들에게 마땅히 되돌려주어야 전면적인 평화 정책이 확실하게 시행될 수 있다는 점을 먼저 분명히 해야 한다. 프랑스 군대를 없애면 현재의 지배가 계속될 수 없을지도 모르지만, 현재의 지배는 어떤 종류의 개혁과도 완전히 양립될 수 없다.» 이것은 제5공화국 때에 볼 수 있었던 신념 표명, 즉 식민 제국을 유지하는 것은 얻는 것보다는 잃는 것이 더 많다는 신념 표명일까? 그렇지 않다. 이 글의 내용은 프랑스가 알제리를 정복한 지 20년이 지난 때에 실증주의의 아버지 오귀스트 콩트가 제안한 것이다.(1854년)

«탐욕스러운 자들이 마음대로 설치도록 놔두라. 그러면, 20년 뒤에 프랑스는 멋진 식민지를 잃게 될 것이다.» 이 글은 인권연맹의 어느 회원이 인본주의에 입각해서 한 경고인가? 그렇지 않다. 이 글은 극단론자가 전혀 아니었던 사람으로, 인도차이나에서 조사 임무를 마치고 귀국한 롤랑 도르쥴레스가 내뱉은 경고의 외침이다. 도르쥴레스는 다음과 같이 덧붙였다. «우리는 소비에트인들 때문이 아니라 모리배들 때문에 인도차이나를 잃게 될 것이다.»(1925년)

«원주민 정책이라! 그 사람들은 대대적인 정책에 착수해야 할 때 오히려 그 정책을 축소하고 최소화했다. 그들은 그 정책으로 행정상의 작은 교외 구역을 만들었다. 그 구역은 밋밋하고, 먹줄로 튕긴 듯이 반듯하고, 깔끔하고, 토지대장에 등록되어 있다. 그들은 대규모 계획을

568 쥘 페리와 보고서: 쥘 페리는 1891년부터 알제리 문제와 관련한 상원 위원회 위원장으로 있었다. 알제리의 실상을 파악하기 위해 1892년 4월 19일부터 6월 4일까지 다른 6명의 상원의원과 함께 알제리의 이곳저곳을 다니면서 식민지 이주민들과 알제리인들의 의견을 청취했다. 알제리에서 돌아와서 제출한 보고서(«알제리 통치 *Le gouvernement de l'Algérie*»)에서 당시에 알제리에서 시행되고 있던 동화정책과 원주민들의 토지를 수탈하는 행위를 비판하고, 알제리인들의 대표권을 확대할 것을 주장했다.

구상해야 할 때에 소규모 계획을 구상했다. 그들은 스케일이 작은 정신의 소유자들이다…….» 이 글은 흥분한 어느 프랑스 본국 사람, 또는 어느 극좌파 투사가 한 고약한 잔소리인가? 그렇지 않다. 이 글은 알제리 정복 100주년이 지난 3년 뒤, 프랑스인들이 자기 만족감에 취해 있던 때에 아랍인들과 관련한 일을 담당했던 오귀스탱 베르크[569]가 또렷한 정신으로 행한 분석이다.(1933년)

식민지배 체제의 위기가 시작되기 전에도 인도차이나에 거주하던 장-마리 드 란느상[570], 프랑스령 서아프리카에 거주하던 죠스트 반 볼렌오벤[571], 알제리에 거주하던 모리스 비올렛 같은 통찰력 있는 몇몇 식민지 행정관은 현지의 사정에 대해서 동시대인들의 눈을 뜨게 해주려고 했으며, 개혁에 착수하려고 했다. 다른 사람들은 «전적으로» 식민주의적인 시스템에서 벗어나는 방법을 생각해내려고 애를 썼다. 예를 들면, 1925년에 리요테 원수(元帥)는 요컨대 식민 시대는 영원할 수 없을 것이며, 프랑스의 이익 면에서도 식민지배 체제를 떨쳐버리는 것 — 비록 먼 미래에 그렇게 한다 하더라도 —이 프랑스 본국에 손해가 되지 않도록 만전을 기해야만 한다는 것을 설명하려고 애썼다.

위에서 언급한 사람들은 모두 존경스러운 분들이다. 그러나 그들은 샤를 10세[572]에서부터 샤를 드골에 이르기까지 한 세기 반 동안 시행된

569 오귀스탱 베르크(1884~1946년): 이슬람학자. 1941년에 알제리 총독부에서 무슬림 문제 및 알제리 남부 영토 관련 부서의 책임자로 있었다. 저서로는『알제리의 고대 예술과 무슬림 예술』,『예술과 역사의 땅 알제리』가 있다.

570 장-마리 드 란느상(1843~1919년): 프랑스 박물학자, 의사, 정치인. 파리 의과대학에서 강의했으며, 급진파 하원의원(1881~1891년, 1898~1906년), 인도차이나 총독(1891~1894년), 해양부 장관(1899~1902년)을 지냈다. 식민 정책과 관련해서『식민화 사업의 원리』등 여러 권의 책을 썼다.

571 죠스트 반 볼렌오벤(1877~1918년): 프랑스 장교, 식민지 행정관. 인도차이나 총독(1914~1915년), 프랑스령 서아프리카 총독(1917~1918년)을 지냈다. 1917년에 프랑스 정부가 원주민을 추가로 징집할 것을 요구하자(정부는 징집병들을 전선에 투입할 계획이었다.), 1914년부터 그때까지 이미 많은 원주민들이 징집되었으므로 더 이상 징집은 불가능하다는 의견을 제시했다. 총리 죠르쥬 클레망소와의 면담에서도 같은 의견을 제시했으나 뜻이 관철되지 않자 총독직을 사임했다.

572 샤를 10세(1757~1836년): 1830년에 알제리 원정을 감행했다.

프랑스 정부의 정책에 결코 깊이 있게 그리고 지속적으로 영향을 미치지 못했다는 사실을 인정해야만 한다. 그렇다고 해서 이 때문에 그들의 공로가 줄어드는 것은 전혀 아니다. 자유주의적인 정책을 펴고자 하는 의향이 표명되기도 했으며, 여기저기에 그런 정책이 시행되기도 했다. 나폴레옹 3세가 추진한 «아랍 왕국» 정책[573]과 제4공화국 때에 도입되었던 프랑스연방 *Union française*[574] 정책은 창의적인 면과 관대한 면이 없지 않았다. 그러나 이 두 정책은 모두 사실상 좌초하고 말았다.

그 이유는 무엇이었는가?

점차로 폭발성 혼합물이 생겨났다. 그 혼합물의 성분들은 다음과 같은 이름으로 불린다. 식민지 시스템의 중요 가치들에 대한 정계 인사들의 의견 일치, 선전 전술에 좌우되는 대중 여론의 지지, 식민당이 펼치는 다양한 형태의 활동, 개혁가들의 성격상의 허약성, 반식민주의자들의 무기력 또는 끈기 부족, 해외에 거주하는 백인 집단이 자신들의 특권에 대해 보이는 신경질적 반응 등이 그것이다.

너무나 복잡하게 뒤얽혀서 해결할 수 없는 상황은 언제 폭발할지 모르는 잠재력이 있었다.

여러 세대에 걸친 인본주의적인 성향의 식민주의자들 모두가 실제로 희망하고, 바라고, 기대했던 개혁으로 식민지배 시스템은 지켜질 수 있었던가? 보다 섬세한 사람들이 정성을 기울였던 보다 인본주의적이고, '다양성'에 개방된, 그리고 인종주의적인 색채가 덜한(또는 인종주의적인 색채가 없는 것인지도 모르겠다.) 지배 방식을 취했더라면, 아마도 프랑스

573 «아랍 왕국» 정책: 각주 188번을 보라.

574 프랑스연방: 1946년 10월 13일 자 제4공화국 헌법에 따라 성립된 것으로, 영연방 *Commonwealth*에 상응한다. 프랑스 식민 제국을 대체하는 개념이다. 서인도제도, 기얀, 레위니옹, 알제리, 토고, 카메룬, 베트남, 라오스, 모로코, 튀니지, 아프리카 내의 옛 식민지들, 마다가스카르 등을 포괄했다. 1958년에 제5공화국 헌법에 따라 프랑스공동체 *Communauté française*로 대체되었다.

인들과 식민지인들 서로 간의 몰이해, 마찰, 원한은 줄어들었으리라. 이런 가정은 공허한 생각에 불과한 것일까? (실재의) 역사를 (이론적으로) 재구성한 것에 불과한 것일까? 언제나 어디서나 적대적 정신이 화해의 정신을 압도했다는 것을 분명히 알아야 한다. 언제 어디서나 투박하게 또는 치밀하게 기획된 인종주의, 폭력적이거나 또는 가부장적인 인종주의가 위력을 떨쳤다는 것을 분명히 알아야 한다. 식민지배 체제를 개혁해야 한다는 주장은 쓸모없게 되었다는 것을 분명히 알아야 한다. 도덕성이 유난히 낮았던 사람들이 식민지배 시스템을 좌초하게 만든 것은 아니다. 그 시스템에 필요한 사람들을 모집해서 그들을 그 시스템 자체에 적합하게 만든 것은 식민지배 시스템 자체이다.

1946년 6월 26일, 많은 청중이 소르본대학으로 몰려왔다. 당연한 일이었다. 호치민이 프랑스를 방문하면서 베트남이 뉴스거리가 되고 있었던 것이다. 프랑스극동학교의 연구원이었으며 현장 활동가였던 폴 뮈스[575]가 인도차이나에서 귀국해서 강연을 했다. 그는 먼저 다음과 같은 사실을 지적했다. 극동에 있는 우리의 식민지에서 조금 전에 일어난 '혁명'으로 식민지배 시스템에 작은 틈이 생겼는데, 이 틈은 절대로 다시 메꾸어지지는 않을 것이다. 홍하 유역에서든, 제국의 어디에서든 그러할 것이다. 이제 식민주의는 단말마에 앞서 찾아오는 경련기에 접어들었다. 그로부터 식민지와의 결별이 시작될 것인가? 폴 뮈스는 다음과 같이 요약해서 설명하면서, 그 설명은 «단순하고 단세포적이기도 하다.»라고 평가했다. 그곳에 가면 «안락한 생활»을 할 수 있을 것

575 폴 뮈스(1902~1969년): 프랑스 오리엔트학자. 어린 시절을 사이공 교외에서 보냈다. 대학에서 산스크리트어, 티벳어, 중국어, 타이어, 베트남어를 배웠다. 제1차 세계대전 직후, 드골 장군의 인도차이나 관련 자문관으로 일하면서 인도차이나를 탈식민화하는 정책을 펼 것을 권고했다. 인도차이나 전쟁 때에는 호치민과 협상하는 일을 맡았다. 콜레쥬드프랑스, 예일대학교에서 가르쳤다. 보로부두르 전문가, 동남아시아 종교 전문가로 평가된다.

이라는 꾐에 빠져 식민지로 간 사람들은 특히 «질 나쁜 프랑스인들»일 것이다. 그들은 그곳에서 권력을 마구 휘두르고 싶은 유혹을 물리칠 수 없었으리라. 이렇게 말한 다음, 뮈스는 다음과 같이 주장했다.

«식민주의를 심판하는 이런 방식은 역사 자체가 담당한 진짜 심판의 흉내일 뿐이다. 그렇게 해서 어떤 사람은 식민주의에 대해서 해야 할 비난 — 이 비난은 [심판 흉내와는] 전혀 달리 진지하고, 또 전혀 달리 정당하다. —을 왜곡함으로써 식민주의에 봉사하기도 한다. 나쁜 것은 시스템이다. 그 시스템은 [처음에는 그렇지 않았는데 나중에] 나쁘게 되었는가? 항상 나빴던가? 여기서 나는 다음과 같은 사실을 지적하는 것으로 만족하고자 한다. 오늘날 어느 누구도 식민주의는 한물갔다는 것에 이의를 제기할 수 없다는 사실 말이다. 식민주의는 이제 용납되지 않는다. 식민주의가 좋은 것이 되도록 하기 위해 그 일에 종사하는 사람들의 자질을 함양하는 것으로는 충분치 않을 것이다.»

결국, 식민지배 상황 자체는 폭력에 바탕을 두고 있었던 것이다. 반드시 널리 통용되는 의미에서의 폭력에 바탕을 두고 있었던 것은 아닐지라도 말이다(또한 대체로 그러했다는 것도 아니다). 모든 인간관계의 밑바탕에 있는 기본적인 지배-종속 관계 자체가 폭력이기 때문이다. 이런 관계는 모든 체제의 토대이자 기반이다. 식민주의 정신의 바탕에 깔려 있는 생각은 알제리의 콩스탕틴에 거주하던 어느 무명 언론인이 잘 요약한 것 같다. 그 내용은 다음과 같다. «우리는 지배자이며, 아랍 족속은 우리 앞에서 몸을 숙이거나 꺼져야 한다.»(1880) 가혹할 정도로 솔직한 말이다. 이것은 실상을 은폐하는 수많은 위선적인 너울, 또는 착각을 불러일으키는 너울보다 더 값지다. «원주민»이라 불리는 그 기이한 존재가 할 수 있는 것이 몸을 숙이거나 또는 꺼지는 것 말고는 다른 선택의 여지가 없다면, 모든 개인적인 또는 집단적인 관계는 출발점에서부터 타락해 있다. 이러저러한 때에 어떤 사람들은 이런 상황을 받아들이지 않을 수 없게 되고, 다른 어떤 사람들은 이런 상황을 강요하지 않을 수 없게 된다.

해결책은 오로지 식민지배 체제와 결별하는 것이었다.

프랑스 식민주의의 역사에서 현대에 일어난 큰 사건은 두 번에 걸친 알제리 전쟁[576]이다. 프랑스 원정대는 첫 번째 전쟁에서 승리했다. 아마도 그렇게 될 수밖에 없었을 것이다. 두 번째 전쟁에서는 알제리 «토착민들»이 승리했으며, 당연히 그 외의 다른 출구는 없었다. 1962년에 알제리가 독립하게 되는 것은 1830년에 프랑스가 알제리를 정복하기 시작하면서 이미 예정되어 있었다.

식민주의는 개선될 가능성이 있었던가? 우리가 앞에서 살펴본 여러 사실이 이 질문에 대한 답변이다. '역사'에서 중요한 것은 사실이다.

이 책에서 우리가 백인의 생각을 뒤쫓아 한 여행을, 어느 «유색»인 — 이 유색인은 우리의 기분을 상하게 하지 않는다. —이 쓴 다음과 같은 글로 마무리하고자 한다. 프란츠 파농이 바로 그 사람이다. 따라서 감히 드리는 말씀이지만, 프란츠 파농께서는 우리가 그의 저서 『검은 피부, 흰 가면』의 마지막 문단을 인용하는 것을 우정 어린 마음으로 허락해주기 바란다.

576 두 번에 걸친 알제리 전쟁: 1830년에 시작된 알제리 정복 전쟁, 그리고 1954년부터 1962년까지 진행된 알제리인들의 민족해방 전쟁.

«긍정적인 목소리를 서로 주고받기에 앞서[577], [각 사람은 자신의] 자유를 [얻기] 위해 소외를 떨쳐버리려고 애써야 한다. 인간은 생의 처음에는 항상 [타자와의 소통이] 막힌 상태로 우연성에 매몰되어 허우적댄다. 인간의 불행은 그가 [한때에는] 어린아이였다는 것이다.

사람들은 [참된] 자신을 되찾고 탈각(脫殼)하려는 노력을 통해서, 그리고 자신의 자유를 끊임없이 긴장시킴으로써, 인간 세계의 이상적 존재 조건을 만들어낼 수 있다.

우등성이라고? 열등성이라고?

왜 그저 타자를 만지려고 하고, 타자를 느끼려고 하고, 타자가 나에게 자신의 모습을 [있는 그대로] 드러내도록 하지 않는가?

그러므로 '나'의 자유는'너'의 세계를 만들어주기 위해 내게 주어진 것이 아닌가?»(1952년)

탈식민화의 시대가 되면서, 과거의 «우등 민족»은 지구 다른 곳에 사는 사람들을 다른 시선으로, 즉 파농이 바랐던 바로 그 시선으로 바라볼 수 있는 가능성을 가지게 되었다.

그러나 가능성은 현실이 아니다.

우리가 '옛사람'을 떨쳐버리기 위해 아직도 가야 할 길이 우리 앞에 놓여 있다.

577 «긍정적인 목소리를 서로 주고받기에 앞서»: 이 인용문 직전의 문장을 참고하면 다음과 같이 고쳐 쓸 수 있다. «니그로»와 «백인»은 그들의 «선조들»이 서로 주고받았던 «비인간적인 목소리»를 떨쳐버리고 그들 사이에 «참된 소통이 생겨나도록» 하기에 앞서.

참고문헌

AJALBERT, Jean, *Ces phénomènes, artisans de l'Empire*, Paris, Édouard Aubanel, Coll. Les Grands Contemporains, 1941.

ALDUY, Paul, «Le problème cononial à la lumière du socialisme», *Revue Socialiste*, oct. 1947.

ALEMANE, Jean, *Mémoires d'un Communard. Des barricades au bagne*, Paris, Libr. socialiste, s.d. (1910).

ALLEG, Henri, *La Question*, Paris, Éd. de Minuit, 1958.

ALLEGRET, Marc, Journal, Bozoum, AEF, 8 déc. 1925, *in Carnets du Congo. Voyage avec Gide*, Paris, Éd. du CNRS, Coll. Singulier-Pluriel, 1987.

ALLIER, Raoul, *Le non-civilisé et nous. Différence irréductible ou identité foncière?*, Paris, Payot, Bibl. Scientifique, 1927.

APOLLINAIRE, Guillaume, «Henri Matisse» ; *La Phalange*, 15 déc. 1907, *in Œuvres complètes*, Vol. II, Paris, A. Balland & J. Lecat, 1966.

APOLLINAIRE, Guillaume, «Art et curiosité. Les commencements du cubisme», *Le Temps*, 14 oct. 1912, *in Œuvres complètes.*

APOLLINAIRE, Guillaume, «Zone», *Les Soirées de Paris*, déc. 1912 ; *Alcools*, Paris, Mercure de France, 1913.

APOLLINAIRE, Guillaume, *Paris-Journal*, 24 mai 1914, cité par BLUMENKRANZ-ONIMUS, Noëmie, «Vers une esthétique de la Raison ardente», *Europe*, nov.-déc. 1966.

APOLLINAIRE, Guillaume, «Les soupirs du servant de Dakar», juin 1915, *Calligrammes*, Paris, Mercure de France, 1918.

APOLLINAIRE, Guillaume, «Mélanophilie ou mélanomanie», *Mercure de France*, 1er avr. 1917, *Œuvres complètes.*

ARAGON, Louis, «Il pleut sur l'Exposition coloniale», *Persécuté, persécuteur*, Paris, 1931.

ARAGON, Louis, *Le neveu de M. Duval, suivi d'une lettre d'icelui à l'auteur de ce livre*, Paris, Éd. Français Réunis, 1953.

ARNAC, Marcel, «À chacun son point de vue», *L'Intrépide*, 8 juin 1913.

ARRII (Dr), *De l'impulsivité criminelle chez l'indigène algérien*, Thèse de Doctorat de Médecine sous la direction du Pr Antoine Porot, Alger, Imp. Carbonnel, 1926, cité par BERTHELIER, Robert, *L'Homme maghrébin dans la littérature psychiatrique*, Paris, L'Harmattan, Coll. Santé, Sociétés et Cultures, 1994.

ARRII (Dr) & POROT, Antoine (Pr), «L'impulsivité criminelle chez l'indigène algérien. Ses facteurs», *Annales Médico-Psychologiques*, déc. 1932, cités par BERTHELIER, Robert.

ASSO, Pierre, «Le fanion de la Légion», partition, musique de Marguerite Monnot, Paris, Les Éd. de Paris, 1945.

AUBURTIN, Jacques, *La belle vie. Étude de milieux saigonnais*, Paris, J. Aspar, 1937.

AUDE, Philippe, «À la suite de l'amiral Charner. Campagnes de Chine et de Cochinchine (1860-1864)», Lettres publiées par R.P. CADIERE, *Bulletin des Amis du Vieux Huê*, 1932.

AUMERAN, Adolphe (Général), Discours à l'Assemblée Nationale, 23 oct. 1953.

AURIOL, Vincent, Propos tenus au Secrétaire d'État John Foster Dulles, Paris, Palais de l'Élysée, 6 mai 1952, cité par AURIOL lui-même, *Mon Septennat, 1947-1954*, Paris, Gallimard, 1970.

AYMONIER, Étienne, *Le Cambodge*, Paris, E. Leroux, 1900.

BAILLE, *Souvenirs d'Annam (1886-1890)*, Paris, Plon, 1890.

BALANDIER, Georges, *Sociologie des Brazzavilles noires*, Paris, Armand Colin, Cahier nº 67 de la Fond. nat. des Sciences politiques, 1955.

BALANDIER, Georges, *Sociologie actuelle de l'Afrique Noire. Dynamique sociale en Afrique centrale*, Paris, PUF, Bibl. de Sociologie contemporaine, 1955.

BALENSI, S., «Impressions d'un Colonial sur les Français de France», *Le Monde Colonial Illustré*, nov. 1927.

BALOUT, Lionel, *Préhistoire de l'Afrique du Nord*, Paris, 1955.

BALLUT, Albert, «La civilisation romaine dans l'Afrique du Nord», *Orient et Occident*, déc. 1922.

BALZAC, Honoré de, *Le Nègre* (signé Horace de SAINT-AUBIN), Théâtre, Paris, 1822, *in* Douchan Z. MILTACHICH, *Le théâtre inédit de Honoré de Balzac. Édition critique d'après les manuscrits de Chantilly*, Paris, Hachette, 1930 ; Reprint Genève, Éd. Slatkine, 1973.

BALZAC, Honoré de, *Le Vicaire des Ardennes* (signé Horace de SAINT-AUBIN), Paris, Pollet, Libraire-Éd., 1822.

BALZAC, Honoré de, *Le Peau de chagrin. Roman philosophique*, Paris, U. Canel & C. Gosselin, 1831.

BALZAC, Honoré de, *La Cousine Bette*, Paris, 1846.

BARAIL du (Général), *Mes Souvenirs*, Vol. III, Paris, Plon – Nourrit, 1898.

BARATIER (Lieutenant-Colonel), *À travers l'Afrique*, Paris, Les Inédits de Modern-Bibliothèque, Arthème Fayard & Cie, Éd., s.d. (v. 1910).

BARATIER (Colonel), *Au Congo. Souvenirs de la Mission Marchand*, Paris, Modern-Bibliothèque, Arthème Fayard & Cie, Éd., s.d. (v. 1910).

BARATIER (Colonel), *Épopées africaines*, Paris, Modern-Bibliothèque, Arthème Fayard & Cie, Éd., 1912.

BARBUSSE, Henri e. a., «Que pensez-vous de la guerre du Maroc?», *Clarté*, nº 76, 1925.

BARDE, André (Livret), «La Caravane ou La fille du Bédouin», partition ; de l'opérette *Comte Obligado!*, Paris, Éd. Salabert, 1927.

BARONCELLI, Jacques de, *Feu!*, Film, Paris, 1926.

BARRES, Maurice, *Une enquête aux pays du Levant français*, Paris, Plon, 1923.

BARTHÉLÉMY, Georges, *La Gazette coloniale*, 5 févr. 1931.

BARTHES, Roland, *Mythologies*, Paris, Seuil, 1957.

BARTHOUET, Arnaud, *Indochine (au-dessus des drames, des bourrages et des comédies)*, Bordeaux, Dalmas, 1949.

BAUDELAIRE, Charles, «À une Malabaraise», *L'Artiste*, 13 déc. 1846 (signé Pierre de FAYIS) *in Les Épaves*, Bruxelles, Éd. Poulet-Malassis, 1866.

BAUDELAIRE, Charles, «La chevelure», *Revue française*, 20 mai 1859, *in Les Fleurs du Mal, Spleen et Idéal*, XXIV ; 3e édition, Paris, Lévy-Frères, 1868.

BAYET, Albert, Discours devant le Congrès de la Ligue des Droits de l'Homme, Vichy, 1931.

BELLEFOREST, F. de, *Histoire universelle du monde*, cité par NEGRONI, François, *Afrique fantasmes*, Paris, Plon, 1992.

BELLEVAL, Bauduin de, «La situation politique en Indochine», *La Revue Hebdomadaire*, 19 juil. 1930.

BENOIT, Pierre, *L'Atlantide*, Paris, Albin Michel, 1920.

BERARD, Victor, «La révolte de l'Asie», *Revue de Paris*, 15 avr. et 1er mai 1904.

BERGSON, Henri, «Le Rire. Essai sur la signification du comique», *Revue de Paris*, Paris, fév.-mars 1889.

BERNARD, Augustin, «Le Maroc et les évènements du Rif», *Le Monde Colonial Illustré*, déc. 1925.

BERNARD, Augustin, «L'Islam et l'Afrique du Nord», *in L'Islam et la politique contemporaine*, Paris, Libr. Félix Alcan, Bibl. d'Hist. Contemporaine, 1927.

BERNARD, Augustin, «Algérie», *Histoire des Colonies françaises et de l'expansion de la France dans le monde*, Paris, Soc. de l'Histoire Nationale / Libr. Plon, 1930.

BERNARD, Fernand (Capitaine), *L'Indo-Chine. Erreurs et dangers. Un programme*, Paris, Bibl. Charpentier, Eugène Fasquelle, 1901.

BERNARD, M., *Revue des Forces Terrestres*, janv. 1958.

BERNARD, Paul, *Bulletin de l'Enseignement des Indigènes*, Alger, 1908, cité par LÉON, Antoine, *Colonisation, enseignement et éducation. Étude historique et comparative*, Paris, L'Harmattan, Coll. Bibl. de l'Éducation, 1991.

BERNARD (Docteur), *De Toulon au Tong-Kin*, Paris, Lecène & Oudin, 1888.

BERNIER, François, «Nouvelle division de la terre, par les différentes espèces ou races d'homme qui l'habitent», *Journal des Sçavans*, 24 avril 1684, cité par TOPINARD, Paul, «De la notion de race en Anthropologie», *Revue d'Anthropologie*, 2e série, Vol. II, 1879.

BERQUE, Augustin, «Notes de politique indigène», 1933 *in Écrits sur l'Algérie*, réunis et présentés par BERQUE, Jacques, Aix-en-Provence, Édisud, Coll. Archives Maghrébines, 1986.

BERQUE, Jacques, «Cent-vingt-cinq ans de Sociologie maghrébine», *Annales, ESC*, 1956 n° 3.

BERT, Paul, *Lettres de Kabylie. La politique algérienne*, Paris, Alphonse Lemerre, 1885, cité par ISOART, Paul, «Poétique et politique. Rimes françaises au Viet Nam», *Approches-Asie*, Univ. de Nice, n° 10, nouv. série, 1989-1990.

BERT, Paul, Proclamation au peuple annamite, 1886, cité par CHAILLEY-BERT, Joseph, *Paul Bert au Tonkin*, Paris, G. Charpentier & Cie, 1887.

BERTHIER, André, «Les Berbères entre l'Islam et l'Occident», *Population*, janv.-mars 1947.

BERTRAND, Louis, *Le Mirage oriental*, Paris, Libr. Académique Perrin & Cie, 1910.
BERTRAND, Louis, *Saint Augustin*, Paris, Fayard, Éd. pour la Jeunesse, 1913.
BERTRAND, Louis, *Les plus belles pages de saint Augustin*, Paris, 1916.
BERTRAND, Louis, *Autour de saint Augustin*, Paris, 1921.
BERTRAND, Louis, *Les Villes d'or. Algérie et Tunisie romaines*, Paris, Arthème Fayard, Éd., 1927.
BERTRAND, Louis, *Quinzième centenaire de la mort de saint Augustin*, Paris, 1930.
BERTRAND, Louis, *L'Église de l'Afrique*, Paris, Publiroc, 1930.
BESSNER, de (Baron), Précis sur les Indiens, 1774, cité par HURAULT, Jean-Marcel, *Français et Indiens en Guyane, 1604-1972*, Paris, UGE, 10/18, 1972.
BIDOU, Henri, *Journal des Débats*, 22 juin 1906, cité pas CURNONSKY, J. & BIENSTOCK, J.W., *Le Musée des erreurs ou le Français tel qu'on l'écrit*, Paris, Albin Michel, 1925.
BILLOTEY, Pierre, *Sao Kéo ou le bonheur immobile*, Paris, Albin Michel, 1930.
BINETEAU, H., «La Cochinchine française», *Bulletin de la Soc. de Géographie de Paris*, 5e série, Vol. IV, juil.-déc. 1862.
BLOCH, Jean-Richard, *Cacaouettes et bananes*, Paris, Gallimard, NRF, 1929.
BLOY, Léon, «Colonisons», *L'Assiette au Beurre*, 9 mai 1903 ; repris sous le titre «Jésus Christ aux Colonies», *Le sang du pauvre*, Paris, 1909.
BLUM, Léon, Discours à la Chambre des Députés, 9 juil. 1925 ; *Le Populaire*, 17 juil., cité par SEMIDEI, Manuela, «Les socialistes français et le problème colonial entre les deux guerres», *Revue Française de Science Politique*, Vol. XVIII, n° 6, déc. 1968.
BLUM, Léon, «Dans nos colonies. Esclaves et coolies», *Le Populaire*, 7 juin 1927, *in L'œuvre de Léon Blum*, Vol. III, Paris, Albin Michel, 1952.
BODARD, Lucien, *France-Soir*, 23 avr. 1954.
BOIREAU, «Une cause du malaise», *Le Monde Colonial Illustré*, fév. 1931.
BOIREAU, «Vous, un Sénégalais?», *Le Monde Colonial Illustré*, juin 1931.
BOISNARD, Magali, *L'alerte au désert. La vie saharienne pendant la guerre, 1914-1916*, Paris, Perrin & Fils, 1916.
BOISSIÈRE, Jules, «Cahier de route», 19 juin 1889, *in Propos d'un intoxiqué. Souvenirs d'Indochine*, Hanoi, Impr. de L'Avenir du Tonkin, 1890 (signé Khou-Mi). Seconde édition, Paris, Soc. des Éd. Louis Michaud, 1896.
BOLLAERT, Émile, *Sur la voie de l'Union Française. Trois discours-programmes*, Saigon, Bureau de Presse et d'Information du Haut Commissariat de France, 1947.
BONAL, Marcellin de, *Un amour en Algérie*, Paris, Dolin, 1848, cité par DEJEUX, Jean, *L'image de l'Étrangère. Unions mixtes franco-maghrébines*, Paris, La Boîte à Documents, 1989.
BONIFACY, Auguste (Lieutenant-Colonel), «Les populations montagnardes du Tonkin», *Revue des Troupes coloniales*, 1903.
BONIFACY, Auguste (Lieutenant-Colonel), *Cours d'Ethnographie indochinoise*, Hanoi-Haïphong, Impr. d'Extrême-Orient, 1919.
BONJEAN, François, *Reine Iza amoureuse*, Paris, Milieu du Monde, 1947.
BONNAFONT, Louis, *La vie coloniale. Notes d'un Tonkinois*, Hanoi, Impr. de l'Avenir du Tonkin, 1907.

BONNEFONT, Gaston, *Aventures de six Français aux Colonies*, Paris, 1887, cité par MEYER, Charles, *La vie quotidienne des Français en Indochine (1860-1910)*, Paris, Hachette, Coll. La vie quotidienne, 1985.

BONNET, Enest, «La prédiction du Marabout», *Terre d'Afrique Illustrée*, Alger, été 1925.

BONNETAIN, Paul, *Au Tonkin*, Paris, V. Havard, 1885.

BONNETAIN, Paul, *L'Opium*, Paris, Charpentier, 1886.

BONNETAIN, Paul, *L'Extrême-Orient*, Paris, Quantin, 1887.

BORDEAUX, Henri, *Nos Indes noires. Voyage en Afrique occidentale*, Paris, Plon, 1936.

BOUGAINVILLE, *Voyage autour du monde*, Paris, Saillant & Nyon, 1771.

BOUILLET, M. N., *Dictionnaire universel d'Histoire et de Géographie*, Paris, Libr. Hachette & Cie, 27e édition, 1880.

BOUILLEVAUX, Charles-Émile R.P., *L'Annam et le Cambodge. Voyages et notices historiques*, Paris, Veuve Palme, 1874.

BOUINAIS, A. & PAULUS, A., *L'Indo-Chine française contemporaine*, 2 vol., Paris, Challamel aîné, 1885.

BOULANGIER, Edgar, *Un hiver au Cambodge, chasses au tigre, à l'éléphant et au buffle sauvage*, Tours, Mame, 1887.

BOURDE, Paul, *De Paris au Tonkin*, Paris, Calmann-Lévy, 1885.

BOURDIEU, Pierre, *Sociologie de l'Algérie*, Paris, PUF, Coll. Que sais-je?, 1958.

BOURDON, J.-B., *Physionomie et phrénologie*, Paris, 1842.

BOURGOIN, *Le Populaire*, 2-3 sept. 1945.

BREMONT, Ed. (Général), «Le Nord-Africain», *La Qualité française*, n° spécial Union française, mars-juin 1948.

BREMONT, Ed. (Général), *Berbères et Arabes. La Berbérie est un pays européen*, Paris, Payot, Bibl. Historique, 1950.

BRENIER (Baron), Rapport au nom de la Commission parlementaire chargée d'étudier l'éventualité d'un établissement en Cochinchine, avr. 1857, cité par FRANCHINI, Philippe, *La genèse de l'affaire de Cochinchine*, Saigon, Impr. d'Extrême-Orient, 1952.

BRETON, André : Voir Groupe surréaliste.

BRIAND, Aristide, Discours à la Chambre des Députés, 12 déc. 1921.

BRIAULT, Maurice (Père), *Les sauvages d'Afrique*, Paris, Payot, Bibl. Scientifique, 1943.

BRIEUX, Eugène, «Simples notes d'un touriste. Quelques réflexions sur l'Indo-Chine», *L'Illustration*, 16 juil. 1910.

BRIEUX, Eugène, *Voyages aux Indes et en Indo-Chine. Simples notes d'un touriste*, Paris, Libr. Ch. Delagrave, 1910.

BRIMONT, Marc, *À travers le mirage. Notations algériennes*, Paris, Eugène Figuière, Coll. Les Anthologies du XXe siècle, 1928.

BRISSON, Pierre, «Tunisie», *Le Figaro*, 7 juin 1955.

BROCA, Paul Pr, «Études sur le cerveau d'un nègre», Communication devant la Société d'Anthropologie de Paris, 3 novembre 1859, *Bulletin SAP*, Vol. I, 1860.

BROCA, Paul Pr, «Sur les hommes blonds de l'Afrique septentrionale», Société d'Anthropologie de Paris, *Bulletin SAP*, Vol. I, 1860, cité par HAOUI, Karim, «Classifications linguistiques et anthropologiques de la Société d'Anthropologie de Paris au XIXe siècle», *Cahiers d'Études Africaines*, XXXIII (1), 1993.

BROCA, Paul Pr, «Sur le volume et la forme du cerveau suivant les individus et suivant les races», Communication devant la Société d'Anthropologie de Paris, 21 mars 1861, *Bulletin SAP*, Vol. II, 1861.
BROCA, Paul Pr, «Sur le volume et la forme du cerveau», Communication devant la Société d'Anthropologie de Paris, en réponse au Pr Pierre GRATIOLET, *Bulletin SAP*, Vol. II, 1861.
BROCA, Paul Pr, «L'Anthropologie, son but, son programme, ses divisions et ses méthodes», *Mémoires d'Anthropologie*, Vol. I, Paris, 1871, cité par DIAS, Nélia, *Le Musée d'Ethnographie du Trocadéro (1878-1908). Anthropologie et Muséologie en France*, Paris, Éd. du CNRS, 1991.
BRUANT, Aristide, *L'argot au XXe siècle. Dictionnaire français-argot*, Paris, 1901.
BRUNHES-DELAMARRE, Mariel, Manuel de Cours Préparatoire, in Collection Jean BRUNHES, *Leçon de Géographie à l'usage des écoles primaires*, Tours, Mame, 1937.
BRUNEL, Camille, *La question indigène en Algérie. L'affaire de Margueritte devant la Cour d'Assises de l'Hérault*, Paris, Augustin Challamel, 1906.
BUFFON, *Histoire naturelle générale et particulière des animaux*, Paris, Impr. Royale, Panckoucke, 1769.
BUFFON, *Les époques de la Nature*, Paris, 1779.
BUFFON, *Histoire naturelle du genre humain*, Paris, Crochard, 1801.
BUGEAUD (Maréchal), «La situation de l'Algérie à la fin de 1843», *Le Moniteur Algérien*, 25 déc. 1843, *in Par l'épée et par la charrue*, Paris, PUF, Coll. Colonies et Empires, 1948.
BUGEAUD (Maréchal), «Des diverses races qui peuplent l'Algérie. Les Arabes et les Kabayles», *Revue de l'Orient*, VI, 1845, cité par HAOUI (1993).
BUIS, Georges, *La grotte*, Paris, Julliard, 1961.
BUISSON Dr, «Les îles Marquises et les Marquisiens», *Annales d'Hygiène coloniale*, Vol. VI, oct.-déc. 1903, cité par TOULLELAN, Pierre-Yves, *Tahiti colonial (1860-1914)*, Paris, Publ. de la Sorbonne, 1984.
CAMO, P., *Madame de la Rombière, grande dame de Tananarive*, Paris, Éd. de l'Étoile, 1926.
CAMUS, Albert, «Misère de la Kabylie», *Alger Républicain* 5 au 15 juin 1939, *in Actuelles*, Vol. III, *Chroniques algériennes, 1939-1958*, Paris, Gallimard, 1958.
CAMUS, Albert, *La Peste*, Paris, Gallimard, 1942.
CAMUS, Albert, «C'est la justice qui sauvera l'Algérie de la haine», *Combat*, 23 mai 1945.
CAMUS, Albert, *L'Étranger*, Paris, Gallimard, 1947.
CAMUS, Albert, *L'été*, Paris, Gallimard, 1959.
CANDIANI, Clara, *La République*, 14 févr. 1931, citée par SCHOR, Ralph, *L'opinion française et les étrangers, 1919-1939*, Paris, Publ. de la Sorbonne, 1985.
CARCO, Francis, «De Montmartre au Quartier Latin», *in Mémoires d'une autre vie*, Genève, Éd. du Milieu du Monde, 1942.
CARNIERES, M. de, *Tunisie française*, 17 avr. 1897, cité par TRIDON, H., *Comment la France perdra ses colonies*, Paris, Éd. et Libr., 40 rue de Seine, 1913.
CACHIN Mme, «Amour et Liberté. Abolition de l'esclavage», Galignani, 1847, citée par HOFFMANN, Léon-François, *Le Nègre romantique. Personnage littéraire et obsession*

collective, Paris, Payot, Coll. Le Regard de l'Histoire, 1973.
CASTELLAN, *La bande nègre*, Paris, Le Camée, 1842.
CAVENNE, Charles, «Un Bamboula au Fort-Royal», *Le Cabinet de lecture*, 29 oct. 1834, cité par HOFFMANN (1973).
CELARIE, Henriette, «Nos frères Noirs. Cameroun-Dahomey», s.l. (Paris), Hachette, 1932, cité par MARTINKUS-ZEMP, Ada, «Européocentrisme et exotisme : Homme blanc et la Femme noire (dans la Littérature française de l'entre-deux-guerres) », *Cahiers d'Études Africaines*, n° 49, 1973.
CELERIER, J., «Chez les Berbères du Maroc», *Annales d'Histoire Économique et Sociale*, n° 39, 31 mai 1936.
CÉLINE, Louis-Ferdinand, *L'Église*, pièce écrite en 1926, Paris, 1933.
CÉLINE, Louis-Ferdinand, *Voyage au bout de la nuit*, Paris, Gallimard, 1932.
CENDRARS, Blaise, *Anthologie nègre*, Paris, 1921.
CENDRARS, Blaise, *Petits contes nègres pour les enfants des Blancs*, Paris, 1928.
CENDRARS, Blaise, «Les boubous», in *Du monde entier au cœur du monde*, Paris, Denoël, 1947.
Voir également MILHAUD, Darius et CENDRARS, Blaise.
CENDRIEUX, Jehan, *François Phuoc, métis. Roman indochinois*, Paris, Bibl. Charpentier, Fasquelle, 1929.
CERVIERES, Paul, *Âme d'Islam*, Paris, Éd. de Montsouris, 1948.
CÉSAIRE, Aimé, *Discours sur le Colonialisme*, Paris, Éd. Réclame, 1950.
CÉSAIRE, Aimé, *Lettre à Maurice Thorez*, Paris, Présence Africaine, 1956.
CHABROL, Jean-Pierre, *La dernière cartouche*, Paris, Éd. Français Réunis, 1953.
CHADOURNE, Marc, *Vasco*, Paris, Libr. Plon, 1927.
CHALLAN DU BELVAL, Albert Dr, *Au Tonkin (1884-1885). Souvenirs et impressions*, Paris, A. Delahaye & E. Lecrosnier, 1886.
CHALLAYE, Félicien, «Le Congo français», *Cahiers de la Quinzaine*, XIIe Cahier de la VIIe Série, 1906.
CHALLE (Général), Déclaration, Alger, 22 avr. 1961, cité par VAISSE, Maurice, *Alger, le Putsch*, Bruxelles, Éd. Complexe, Coll. La Mémoire du Siècle, 1983.
CHALLUX, «Au cœur de l'Afrique sauvage», *L'Illustration*, 26 oct. 1929.
CHAMPSAUR, Félicien, *La caravane en folie*, Paris, Éd. Fasquelle, 1926.
CHAMPSAUR, F., *Nora, la guenon devenue femme*, Paris, Ferenczi & Fils, 1929.
CHARLES-Roux, François, Lettre du Comité de la France d'outre-mer à propos de la question marocaine, 7 avr. 1953, cité par BARRAT, Robert, *Justice pour le Maroc*, Paris, Éd. du Seuil, Coll. Esprit, 1953.
CHARRIER, *Tahiti, terre de plaisir*, Paris, La Renaissance du Livre, 1928.
CHASSIN, L.-M. (Général), «Guerre en Indochine», *Revue de Défense nationale*, juil. 1953.
CHASSIN, L.-M. (Général), «Réflexions stratégiques sur la Guerre d'Indochine», *Revue de Défense nationale*, déc. 1954.
CHATEAUBRIAND, François-René de, *Itinéraire de Paris à Jérusalem et de Jérusalem à Paris*, Paris, Le Normant, Imprimeur-Libraire, 1811.
CHATEAUBRIAND, François-René de, Discours devant la Chambre des Pairs, 9 avr.

1816 ; cité par Martin Claude, *Histoire de l'Algérie française, 1830-1962*, Paris, Éd. des Quatre Fils Aymon, 1963.

CHATEAUBRIAND, François-René de, *Mémoires d'outre-tombe*, Paris, 1848.

CHEVALIER, Louis, «Le problème démographique nord-africain», *Population*, Travaux et Doc. publiés par l'INED, Paris, 1950.

CHEVALIER, Maurice, «Ali Ben Baba», partition, musique de Henri Betti, Paris, Soc. d'Éd. Paris-Monde, 1942.

CHEVIGNE, Pierre de, Propos tenus au président Vincent AURIOL, Palais de l'Élysée, 13 janv. 1950, cité par AURIOL (1970).

CHOLLET, C. *Problèmes de races et de couleurs. Le conflit. La réconciliation*, Paris, Soc. des Missions Évangéliques, 1929.

CHRISTIAN-JAQUE, *Un de la Légion*, Film, Scénario de Paul FEKETE, d'après une nouvelle de NEWSON, Paris, 1936.

CHRISTINE, Henri, «La Petite Tonkinoise», partition, musique de Vincent SCOTTO, Paris, Éd. Christiné, 1906.

CHRISTINE, Henri, «À la Martinique. Chanson nègre», partition, Paris, Éd. Salabert, 1912.

CLAUDIUS-PETIT, Eugène, Discours à l'Assemblée Nationale, 30 oct. 1961 ; cité par EINAUDI, Jean-Luc, *La bataille de Paris. 17 octobre 1961*, Paris, Éd. du Seuil, 1991.

CLAVEL, Maurice, *Le jardin de Djemila*, Paris, Julliard, 1958.

CLEMENCEAU, Georges, Discours à la Chambre des Députés, 30. juil. 1885.

CLERC, Michel, «Maroc. Le visage du Sultan déchu sert d'étendard à l'emeute», *Paris-Match*, 14 août 1954.

COCARD, *Toby l'éléphant chez les Mangetoucrus*, Paris, Soc. d'Édition, Façonnage & Impression, 1945.

COCHUT, «De la Société coloniale. Abolition de l'esclavage», *Revue des Deux-Mondes*, juil.-sept. 1843.

COCHUT, «Les Khouan. Mœurs religieuses de l'Algérie», *Revue des Deux-Mondes*, avr.-juin. 1846.

CŒDES, Georges, *Pour mieux comprendre Angkor*, Hanoi, Impr. d'Extrême-Orient, 1943.

COGNACQ, Maurice, Propos tenus à NGUYEN ANH NINH, Saigon, 1924, cité par HEMERY, Daniel, *Révolutionnaires vietnamiens et pouvoir colonial en Indochine. Communistes, trotskistes, nationalistes à Saigon de 1932 à 1937*, Paris, Éd. F. Maspéro, 1975.

COHEN, Jean, «Colonialisme et racisme en Algérie», *Les Temps Modernes*, nov. 1955.

COINCY, L. de, *Quelques mots sur la Cochinchine en 1866*, Paris, Challamel, 1866.

COLLIGNON Dr, «Présentations d'indigènes de Madagascar et du Soudan», Société d'Anthropologie de Paris, séance du 4 juin 1896, *Bulletin SAP*, Vol. VII, IVe série, 1896.

COMBANAIRE, Adolphe, *Mensonges et vautours coloniaux. Indochine en déliquescence*, Chateauroux, Chez l'auteur, 1910.

COMBES, Émile, «Rapport fait au nom de la Commission chargée d'examiner les modifications à introduire dans la législation et dans l'organisation de divers services de l'Algérie (instruction primaire des indigènes) », *Bulletin Universitaire de l'Ac. d'Alger*,

1892, cité par COLONNA, Fanny, *Instituteurs algériens, 1883-1939*, Paris, Presses de la FNSP, 1975.

COMTE, Auguste, *Système de Politique positive ou Traité de sociologie instituant la Religion de l'Humanité*, Paris, Chez l'auteur et chez Carillan-Gœury & V. Dalmont, 1854.

CONDORCET, *Observations sur le XXIXe livre de l'Esprit des Lois*, Paris, 1780, cité par TODOROV, Tzvetan, *Nous et les Autres. La réflexion française sur la diversité humaine*, Paris, Éd. du Seuil, Coll. La Couleur des idées, 1989.

CONDORCET, *Esquisse d'un Tableau historique des progrès de l'esprit humain*, Paris, 1795.

CONRAD, Joseph, *Au cœur des ténèbres*, Paris, NRF, Gallimard, 1925.

COQUET, James de, «Pour le Viêt-minh, la paix est indésirable», *Le Figaro*, 22 nov. 1945.

COT, Pierre, Discours à l'Assemblée nationale, 18 mars 1947.

COTY, François, *Contre le communisme, sauvons nos colonies*, Paris, Grasset, 1931.

COURTADE, Pierre, *La Rivière noire*, Paris, Éd. Français Réunis, 1953.

COURTET DE L'ISLE, Victor, *Mémoire sur les questions suivantes : déterminer par l'Histoire et par les Sciences ce que l'on doit entendre par les mots de genre, espèces et races, appliqués à l'homme*, Paris, Au Bureau de l'Institut Historique, 1835, cité par BOISSEL, Jean, *Victor Courtet (1813-1867), premier théoricien de la hiérarchie des races*, Thèse, Paris-Montpellier, PUF, 1972.

COURTET DE L'ISLE, Victor, *Science politique fondée sur la Science de l'Homme ou Étude des races humaines sous le rapport philosophique, historique et social*, Paris, Arthus Bertrand, 1838, cité par BOISSEL (1972).

COURTET DE L'ISLE, Victor, *Tableau ethnographique du genre humain*, Paris, Arthus Bertrand, 1849, cité par BOISSEL (1972).

COUSTURIER, Lucie, *Des inconnus chez moi*, Paris, La Suène, 1920.

CRAYSSAC, *Le poème de l'Annam*, Hanoi, Impr. Le Van Tam, 1913.

CREMIEUX, Albert, *Le Grand Soir*, Paris, La Nouvelle Soc. d'Éd., 1929.

CRESSON, *Haute Région, 36 images instantanées*, Hanoi, Impr. d'Extrême-Orient, s.d. (v. 1940).

CUSSAC Père, *Un géant de l'apostolat. Le cardinal Lavigerie*, Paris, Libr. Missionnaire, Toulouse, Apostolat de la Prière, s.d. (v. 1930).

CUVIER, «Extraits d'observations faites sur le cadavre d'une femme connue à Paris et à Londres sous le nom de Vénus Hottentote», *Mémoires du Muséum d'Histoire Naturelle*, Vol. III, 1817.

DAHL, André, «L'Exposition coloniale», *Le Rire*, n° spécial, 23 mai 1931.

DAMASSE, Jean, *Sidi de banlieue*, Paris, Fasquelle, 1937.

DANRIT (Capitaine) (pseudonyme du Capitaine Driant), *L'Invasion jaune*, Paris, Ernest Flammarion, 1909.

DARIEN, Georges, *L'épaulette*, Londres, 1900-1901.

DARWIN, Charles, *On the Origins of Species*, Londres, 1859.

DAUDET, Alphonse, *Le sacrifice*, Pièce jouée au Théâtre de Vaudeville, 11 févr. 1869 ; Paris, Libr. Internationale A. Lacroix, Verbœcken & Cie, Nouv. Bibl. Dramatique, 1869.

DAUDET, Alphonse, *Les aventures prodigieuses de Tartarin de Tarascon*, Paris, Dentu, 1872.

DAUDET, Alphonse, «Le Turco de la Commune», *Le Soir*, 13 févr. 1872, Paris, Lemerre, 1873.

DAUMAS, M. & FABAR, M., *La Grande Kabylie*, Paris, Hachette, 1848, cité par LUCAS, Philippe & VATIN, Jean-Claude, *L'Algérie des Anthropologues*, Paris, Éd. F. Maspéro, 1982.

DEBRE, Michel, *Ces princes qui nous gouvernent*, Paris, Plon, Coll. Tribune Libre, 1957.

DEBUSSY, Claude, «Du goût», Revue *S.I.M.*, 1913, cité par INGHELBRECHT, G. & D.E., *Debussy*, Paris, Éd. Costrad, 1953.

DEKOBRA, Maurice, *Rue des bouches peintes*, Paris, Éd. Baudinière, 1933.

DELACROIX, Eugène, Lettre à Jean-Baptiste PIERRET, 25 janv. 1832 *in Correspondance générale*, Vol. I, Paris, André Joubin, 1936.

DELAFOSSE, Maurice, *Haut Sénégal-Niger*, Paris, É. Larose, 1912.

DELAFOSSE, Maurice, *Les civilisations négro-africaines*, Paris, Libr. Stock, 1925.

DELAFOSSE, Maurice, *Les Noirs de l'Afrique*, Paris, Fayot, 1941.

DELAPORTE, *Voyage au Cambodge. L'architecture khmer*, Paris, Delagrave, 1880.

DELAVIGNETTE, Robert, «Pour le paysannat noir, pour l'esprit africain», *Esprit*, 1er déc. 1935.

DELON, Charles, *Les peuples de la terre*, Paris, Hachette, Bibl. des Écoles et des Familles, 1890.

DEMAISON, André, *Diato. Roman de l'Homme noir qui eut trois femmes et en mourut*, Paris, Albin Michel, 1923.

DEMAISON, André, *Exposition coloniale internationale, Paris, 1931. Guide officiel*, Paris, Éd. Mayeux, 1931.

Voir également : MILLE, Pierre & DEMAISON, André.

DESCHAMPS, *Étude des races humaines : méthode naturelle d'Ethnologie*, Paris, Leiber & Comelin, 1857-1859, cité par BŒTSCH, Gilles & FERRIE, Jean-Noël, «L'impossibilité objet de la raciologie. Prologue à une Anthropologie physique du nord de l'Afrique», *Cahiers d'Études Africaines*, XXXIII (1), 129, 1993.

DESLINIÈRES, Lucien, *Le Maroc socialiste*, Paris, M. Giard & E. Brière, Libraires-Éd., 1912.

DESLOZIÈRES, *Les égarements du négrophilisme*, cité par Negroni (1992).

DESPREZ, Charles, *Alger, naguère et maintenant*, Alger, 1868 ; cité par MALVERTI, Xavier, «Alger, Méditerranée, soleil et modernité», *in Architectures françaises d'outre-mer*, Institut français d'Architecture, Mission des Travaux Hist. de la Caisse des Dépôts et Consignations ; Liège, Éd. Pierre Mardaga, 1992.

DIGUET, E. (Colonel), *Revue des Troupes coloniales*, juil.-déc. 1908, cité par THU TRANG Mme, *Contribution à l'étude de la vie et de l'œuvre de Phan Chau Trinh*, Paris, Thèse, EPHE, Dactyl., 1978.

DINET, Étienne & BEN IBRAHIM, Slimane, *La vie de Mohammed, Prophète d'Allah*, Paris, Piazza, 1918, cités par BRAHIMI, Denise, *La vie et l'œuvre d'Étienne Dinet*, Paris, ACR Éd., 1984.

DOIN, Sophie, *Blanche et Noir*, Paris, 1826 ; citée pas HOFFMANN (1973).

DORGELES, Roland, «Allons-nous perdre l'Indochine?», *Le Nouveau Siècle*, 3 sept. 1925.

DORGELES, Roland, *Sur la route Mandarine*, Paris, Albin Michel, 1929.

DORMOY, «Pour faire de beaux voyages et apprendre un métier, engagez-vous dans la Marine», Affiche, s.d. (années 1930), cité par DELPORTE, Christian, «L'Afrique dans l'affiche, la publicité, le dessin de presse», *Images et Colonies (1830-1962)*, Paris, Publ. de la BDIC / ACHAC, 1993.

DORSENNE, Jean, *La femme des îles*, Paris, La Nouvelle Soc. d'Éditions, 1929.

DORSENNE, Jean, *Faudra-t-il écavacuer l'Indochine?*, Paris, La Nouvelle Soc. d'Édition, 1932.

DOUMER, Paul, *Livre de mes fils*, Paris, Vuibert & Nony, 1906.

DREGERIN, «M. Doumergue inaugure aujourd'hui l'Exposition coloniale», *Le Canard Enchaîné*, 6 mai 1931.

DRESCH, Jean, «Villes congolaises. Étude de géographie urbaine et sociale», *Revue de Géographie Humaine et d'Éthnologie*, n° 3, juil.-sept. 1948 *in Un géographe au déclin des Empires*, Paris, François Maspéro / Hérodote, 1979.

DROUIN, Alfred, *La jonque victorieuse*, Paris, Fasquelle, 1906, cité par Isoart (1989-1990).

DUBOUT, «L'Exposition coloniale», *Le Rire* n° spécial, 23 mai 1931.

DUCHENE, Ferdinand, *La France nouvelle*, Paris, Calmann-Lévy, 1903.

DUHAMEL, Georges, *Civilisations*, Paris, Mercure de France, 1918.

DUHAMEL, Georges, «Reconnaissance», *Le Figaro*, 22 août 1956.

DUMAS, Alexandre, *Georges*, Paris, Libr. Dumont, 1843.

DUMAS, Alexandre, *Le Comte de Monte-Cristo*, Paris, Pétion, Libraire-Éditeur, 1845-1846.

DUPONT DE NEMOURS, *Observations*, Paris, 1769, cité par BENOT, Yves, *Diderot. De l'athéisme à l'anticolonialisme*, Paris, Éd. F. Maspéro, Coll. Fondations, 1981.

DURAS, Claire de, *Ourika* (publié sans nom d'auteur), Paris, Chez Ladvocat, Libraire de Son Altesse Sérenissime Mgr le Duc de Chartres, 1823.

DURAS, Marguerite, *Un barrage contre le Pacifique*, Paris, Gallimard, 1950.

DURAS, Marguerite, *L'Amant*, Paris, Éd. de Minuit, 1984.

DUREL, Joachim, Intervention devant le Congrès Extraordinaire du Parti socialiste SFIO, 1928, cité par SEMIDEI (1968).

DUTRONE de la COUTURE, *Adresse aux François contre la Société des Amis des Noirs*, Paris, 1790, cité par DEBBASCH, Yvan, «Poésie et traite. L'opinion française sur le commerce négrier au début du XIXe siècle», *Revue Française d'Histoire d'Outre-Mer*, Vol. XLVIII, n° 172-173, 1961.

DUVAL (Monseigneur) & al., *La Lutte des Algériens contre la faim*, Alger, Secrétariat Social, 1954.

DUVIVIER, Julien, *La Bandera*, Film, d'après le roman de Pierre MAC ORLAN, adaptation de Charles SPAAK & Julien DUVIVIER, Paris, 1935.

DUVIVIER, Julien, *Pépé le Moko*, Film, d'après le roman de ASHELBE, adaptation et dialogues d'Henri JEANSON, Paris, 1937.

EBERHARDT, Isabelle, «Yasmina», *Le Progrès de l'Est*, Bône, févr. 1902 *in Œuvres complètes. Écrits sur le sable*, Vol. II, Paris, Grasset, 1990.

EBERHARDT, Isabelle, Lettre, Maïn, 22 sept. 1902, «Quatrième Journalier», *in Œuvres complètes*, Vol. I, Paris, Grasset, 1988.

EDWARDS Dr, *Des caractères physiologiques des races humaines considérés dans leurs rapports avec l'Histoire*, Paris, 1829, cité par VIALLANEIX, Paul, *La voie royale. Essai sur l'idée de peuple dans l'œuvre de Michelet*, Paris, Flammarion, 1971.

EINSTEIN, Carl, *Negerplastik*, Leipzig, 1915, cité par LAUDE, Jean, *La peinture française (1905-1914) et l'Art nègre. Contribution à l'étude des sources du fauvisme et du cubisme*, Paris, Éd. Klincksieck, 1968.

ELEUTHERE-MARTIN, «Travail et Civilisation», *Le Monde Colonial Illustré*, oct. 1931.

ENFANTIN, Prosper, Lettre à ARIES, juil. 1840, *in «Œuvres de Saint-Simon et d'Enfantin»*, Paris, Dentu, 1866, cité par MERLE, Marcel, *L'anticolonialisme européen de Las Casas à Marx*, Paris, Armand Colin, Coll. U, 1969.

ENFANTIN, Prosper, *Colonisation de l'Algérie*, Paris, 1843.

ESME, Jean d' (pseudonyme de Jean-Marie Edmond d'ESMENARD), *Thi Ba, fille d'Annam*, Paris, Mercure de France, 1920.

ESME, Jean d', *Épaves australes*, Paris, Éd. du Dauphin, 1948.

ESNAULT, Gaston, *Dictionnaire historique des argots français*, Paris, Libr. Larousse, 1965.

ESQUIROS, «Du mouvement des races humaines», *Revue des Deux-Mondes*, avr.-juin 1845.

ESSAIRE, «La Syrie serait heureuse si...», *Le Monde Colonial Illustré*, mars 1936.

ESTRAY, Jean d', *Petits quarts d'heure amoureux d'Extrême-Orient*, Paris, Maurice Bauche, Éd. de la Revue Libre, s.d.

ESTRINNES, Jacques, «Les Nord-Africains au Chambon-Feugerolles», *Esprit*, août-sept. 1954.

ESTRINNES, Jacques, «Le ghetto des Algériens de Paris», *France-Observateur*, 8 sept. 1955.

ETCHERELLI, Claire, *Élise ou la vraie vie*, Paris, Denoël, 1967.

ETIEVANT, Henry & NALPAS, Marion, *La Symphonie pathétique*, Film, d'après le roman de Léon DURAN, Paris, 1928.

FABRE, Émile, *Les ventres dorés*, pièce jouée au Théâtre de l'Odéon, Paris, mars 1905 ; compte-rendu dans *Les Hommes du Jour*, 28 août 1909.

FABRE, Émile, *Les sauterelles*, pièce jouée au Théâtre de Vaudeville, 1911 ; P.V. Stock, Libr. 1912.

FAINO, «Dire qu'on les appelait les mal blanchis...», *À la Baïonnette*, 28 sept. 1916.

FAIVRE, Abel, «C'est vous le nègre? Continuez», *Le Rire*, 25 août 1900.

FANON, Frantz, «Le syndrome nord-africain», *Esprit*, févr. 1952.

FANON, Frantz, *Peau noire, masques blancs*, Préface de Francis JEANSON, Paris, Seuil, 1952.

FANON, Frantz, *Les damnés de la terre*, Préface de Jean-Paul SARTRE, Paris, Éd. F. Maspéro, 1961.

FARRERE, Claude, *Les civilisés*, Paris, Ollendorff, 1905.

FAURE, Élie, «Gobineau et le problème des races», *Europe*, 1er oct. 1923.

FAURE, Élie, *D'autres terres en vue*, Paris, Éd. de la Nouvelle Revue Critique, Coll. Essais critiques, 1932.

FAURE-FAVIER, Louise, *Blanche et Noir*, Paris, J. Ferenczi & Fils, 1928.

FAURE-SARDET, Jeanne, *Fille d'Arabe*, Paris, Figuière, 1935 ; cité pas DEJEUX (1989).

FEBVRE, Lucien, «Doctrines et Sociétés, Étienne Gilson et la philosophie du XIVe siècle»,

Annales, Économie, Sociétés, Civilisations, 1948 repris *in Combats pour l'Histoire*, Paris, A. Colin, 1953.

FERAOUN, Mouloud, Notes, nov.-dec. 1955, *in Journal, 1955-1962*, Paris, Seuil, Coll. Méditerranée, 1962.

FERRAN, «Les aventures de Pépin et Pico. Le couronnement de Pépin», *Ma Récréation*, 12 janv. 1911.

FERRY, Jules, Discours, Chambre des Députés, 1er avr. 1884, cité par AGERON, Charles-Robert, «Jules Ferry et la colonisation», *in Jules Ferry, fondateur de la République*, Paris, Éd. de l'EHESS, 1985.

FERRY, Jules, Discours, Chambre des Députés, 29 juil. 1885.

FERRY, Jules, *Le Tonkin et la Mère-Patrie*, Paris, Victor Havard, 1890.

FERRY, Jules, *Le Gouvernement de l'Algérie*, Paris, 1892, cité par JULIEN, Charles-André, *L'Afrique du Nord en marche. Nationalismes musulmans et souveraineté française*, Paris, Julliard, 1952.

FESCOURT, Henry, *L'Occident*, Film muet, d'après la pièce de Henry de KISTEMAECKERS, Paris, 1928.

FESCOURT, Henry, *L'Occident*, Film parlant, Paris, 1938.

FEYDEAU, Ernest, *Alger. Étude*, Paris, Calmann-Lévy, 1862.

FEYDER, Jacques, *L'Atlantide*, Film, d'après le roman de Pierre BENOIT, Paris, 1921.

FEYDER, Jacques, *Le Grand Jeu*, Film, scénario écrit en collaboration avec Charles SPAAK, Paris, 1934.

FIGUIER, Louis, *Les races humaines*, Paris, Hachette, 1875.

FLAUBERT, Gustave, Lettre à Ernest FEYDEAU, 4 juil. 1860, *in Correspondance*, Vol. III, Paris, Gallimard, Coll. La Pléiade, 1991.

FLAUBERT, Gustave, Lettre à Ernest FEYDEAU, 21 oct. 1860, *in Correspondance.*

FLAUBERT, Gustave, *Dictionnaire des Idées reçues*, Éd. établie par E. L. Ferrière, Paris, Louis Conard, 1913.

FLERS, Robert de, «Le Revue Nègre : obscénité», *Le Figaro*, 16 nov. 1925.

FONCIN, *Rapport de la Section Algérie et Tunisie*, Congrès Colonial National, Paris, 1889-1890, Vol. II, *Rapports des Commissaires, Documents, Annexes*, Paris, Libr. des Annales Économiques, 1890.

FOLLIET, Joseph, *Le droit de Colonisation. Études de Morale sociale et internationale*, Paris, Bloud & Gay, 1930.

FOLLIET, Joseph, «Coup de barre», *Esprit*, 1er déc. 1935.

FOUCAULT, Charles de, *Les Études*, 20 mars 1938, cité par SELLAM, Sadek, *L'Islam et les Musulmans en France. Perceptions, craintes et réalités*, Paris, Éd. Tougui, 1987.

FOUCHET, Max-Pol, *Les peuples nus*, Paris, Buchet-Chastel, 1953.

FOUREST, Georges, *La négresse blonde*, Paris, Éd. Messein, 1909.

FOURRIER, Charles, *Théorie des Quatre Mouvements et des destinées générales* (publié sans nom d'auteur), Lyon, 1808 ; Paris, Jean-Jacques Pauvert, 1967.

FROMENTIN, Eugène, *Un été dans le Sahara*, Paris, Michel Lévy Frères, Libraires-Éd., 1857.

FROMENTIN, Eugène, *Une année dans le Sahel*, Paris, Michel Lévy Frères, Libraires-Éd., 1859.

FUSTIER, Supplément à la 3e édition, Paris, Dentu, 1883, de l'ouvrage d'Alfred DELVAU, *Dictionnaire de la Langue verte. Argots parisiens comparés* (1re édition, Paris, Dentu, 1860)

GACON, Annie, *Patrie*, 2 janv. 1946.

GACON, *Patrie*, 5 janv. 1946.

GAFFAREL, Paul, *L'Algérie. Histoire, conquête et colonisation*, Paris, Firmin Didot, 1883.

GAIN, *Aux jardins des mers*, Paris, Boivin, 1942.

GALLAND, Antoine (Trad.), «Les Mille et Une nuits», Paris, 1704-1717.

GALLIENI, Joseph (Commandant), Lettre de 1895, *in Galliéni au Tonkin (1892-1896) par lui-même*, Paris, Berger-Levrault, 1941.

GALLOTTI, Jean, «L'Islam des faubourgs», *Voilà, L'Hebdomadaire du Reportage*, 28 janv. 1933.

GAMBETTA, Léon, Déclaration, 15 déc. 1882, cité par AGERON, Charles-Robert, «Gambetta et la reprise de l'expansion coloniale», *Revue Française d'Histoire d'Outre-Mer*, n° 215, 2e trimestre 1972.

GARNIER, Christine, *Va t'en avec les tiens*, Paris, Grasset, 1951.

GARNIER, Jules, «Voyage à la Nouvelle-Calédonie, 1863-1865», *Le tour de Monde*, 2e semestre 1867 / 2e semestre 1868 ; Paris, Zulma, Coll. Hors Barrière, 1991.

GARROS, Georges, *Forceries humaines. L'Indochine litigieuse. Esquisse d'une entente franco-annamite*, Paris, A. Delpeuch, 1926.

GAUGUIN, Paul, Lettre à Émile BERNARD, Pont-Aven, oct. 1888, in *Lettres à sa femme et à ses amis*, Paris, Grasset, 1992.

GAUGUIN, Paul, Lettre à Odilon Redon, 1890, cité par DANIELSSON, Bengt, *Gauguin à Tahiti et aux Iles Marquises*, Paris, Éd. du Pacifique / Presses Pocket, 1988.

GAUGUIN, Paul, «Cahier pour Aline», 1893, cité par DANIELSSON (1988).

GAUGUIN, Paul, «Noa-Noa», *La Revue Blanche*, 15 oct. et 15 nov. 1897 (avec des poèmes de Charles MORICE) ; puis *Noa Noa. Séjour à Tahiti*, Paris, Éd. La Plume, 1901.

GAUGUIN, Paul, Lettre à Daniel de MONFREID, oct. 1897, *in Oviri. Écrits d'un sauvage*, Paris, Gallimard, Coll. Folio / Essais, 1977.

GAUGUIN, Paul, *Avant et Après*, Marquises, Atuana, jan.-fév. 1903 ; 1re éd., Leipzig, 1918 ; Tahiti, Éd. Avant et Après, 1989.

GAULLE, Charles de, Déclaration sur l'Algérie, 18 août 1947 *in Discours et Messages*, Vol. I, *Dans l'attente, 1946-1958*, Paris, Plon, 1970.

GAULLE, Charles de, *Mémoires de Guerre*, Vol. I, *L'Appel, 1940-1942*, Paris, Plon, 1954.

GAULLE, Charles de, Conférence de Presse, 15 sept. 1960 *in Discours et Messages*, Vol. I, *Dans l'attente, 1946-1958*, Paris, Plon, 1970.

GAULLE, Charles de, *Mémoires de Guerre*, Vol. I, *L'Appel, 1940-1942*, Paris, Plon, 1954.

GAULLE, Charles de, Conférence de Presse, 15 sept. 1960 *in Discours et Messages*, VOL. III, *Avec le renouveau, 1958-1962*, Paris, Plon, 1970.

GAUTHEROT, Gustave, *Le Bolchévisme aux Colonies et l'impérialisme rouge*, Paris, Libr. de la Revue Française, Alexis Rieder Éd., 1930.

GAUTHIER, Théophile, «Voyage en Algérie», 1845, *in Loin de Paris*, Paris, Michel Lévy, 1865.

GENET, Jean, *Les Paravents*, Decines, M. Barbezat, L'Arbalète, 1962.

GENIAUX, Charles, «Un Colon», *Journal des Voyages*, 28 juin 1914.
GENIAUX, Claire-Charles, *L'âme musulmane. En Tunisie*, Paris, Fasquelle, Coll. Voyageuses des Lettres, 1934.
GENINA, Augusto, *L'esclave blanche*, Film, Paris, 1927.
GERANDO, Joseph-Marie de, *Considérations sur les méthodes à suivre dans l'observation des peuples sauvages*, Paris, Soc. des Observateurs de l'Homme, Procès-verbaux, 28 Fructidor AN VIII (1800), cité par COPANS, Jean & JAMIN, Jean, *Aux origines des l'Anthropologie française. Les Mémoires de la Société des Observateurs de l'Homme en l'an VIII*, Paris, Le Sycomore, 1978.
GERBAULT, Alain, *L'Évangile du Soleil*, Paris, Fasquelle, 1932.
GERBAULT, Alain, *Iles de Beauté*, Paris, Gallimard, 1941.
GERBAULT, Alain, *Un paradis se meurt*, Paris, Éd. Self, 1949.
GIBERTON, A. (Docteur), «Sous alimentation et malnutrition (aspects du problème en Algérie)», *in La Lutte des Algériens contre la faim*, Éd. du Secrétariat Social, Alger, 1954.
GIDE, André, *Les nourritures terrestres*, Paris, Gallimard, 1917.
GIDE, André, *Voyage au Congo. Carnets de route*, Paris, Gallimard, NRF, 1927.
GIDE, André, *Le retour du Tchad. Suite du Voyage au Congo. Carnets de route*, Paris, Gallimard, NRF, 1928.
GIRAUDOUX, Jean, *Pleins pouvoirs*, Paris, Gallimard, NRF, 1937.
GISCARD D'ESTAING, Edmond, *Le Monde Colonial Illustré*, nov. 1936.
GIVET S. de, *Le Monde Illustré*, 6 oct. 1945.
GOBINEAU, Joseph-Arthur de, *Essai sur l'inégalité des races humaines*, Paris, Firmin Didot, 2 vol., 1853-1855.
GODIN, P., *Note sur le fonctionnement des services de surveillance, de protection et d'assistance aux indigènes Nord-Africains*, Paris, 1933.
GOJON, Edmond, *En Algérie, avec la France*, Paris, Fasquelle, 1927.
GONEL, Suzanne, *Nous partons pour l'Extême-Orient*, Paris, Chanth, s.d. (v. 1930).
GOUROU, Pierre, *Les paysans du Delta tonkinois. Étude de géographie humaine*, Hanoi, Publ. de l'École Française d'Extrême-Orient, Impr. d'Extrême-Orient, 1936.
GRAINDOR, *La mare aux lotus roses (Indochine)*, Le Puy, Impr. de la Haute-Loire, 1929.
GRAMSCI, Antonio, Lettre à sa sœur, 7 sept. 1931, cité par TEXIER, Jacques, *Gramsci*, Paris, Seghers, Coll. Philosophes de tous les temps, 1966.
GRANDVAL, Gilbert, *Ma mission au Maroc*, Paris, Plon, 1956.
GRÉGOIRE (Abbé), *De la littérature des nègres ou Recherches sur leurs facultés intellectuelles, leurs qualités morales et leur littérature*, Paris, 1808.
GREVILLE, Edmond, *Princesse Tam-Tam*, Film, scénario de Pepito Albetino, Paris, 1935.
GRIAULE, Marcel, *Dieu d'eau. Entretiens avec Ogotemelli*, Paris, Fayard, 1948.
GROC, Léon, *Le petit Roi d'Angkor*, Paris, Baudinière, Coll. Les Meilleurs Romans policiers, 1933.
GROSLIER, Georges, *La route du plus fort*, Paris, Émile-Paul Frères, 1925.
GROSLIER, Georges, *Le retour à l'argile*, Paris, Émile-Paul Frères, 1928.
GROUSSET, René, *Les Civilisations de l'Orient*, Paris, Les Éd. G. Crès & Cie, 4 vol., 1929-1930.

GUEHENNO, Jean, *Voyages. Tournée américaine. Tournée africaine*, Paris, Gallimard, 1952.
GUILLAUME, Paul, *Sculptures nègres*, Paris, Chez P. Guillaume, 1917, cité par LAUDE (1968).
GUILLOT, René, *Ras el Gua, poste du Sud*, Casablanca, Éd. du Moghreb, 1936.
GUIZOT, Déclaration devant le Conseil du Roi, 23 avr. 1845, cité par FRANCHINI (1952).
HARRY, Myriam, «Avec le Président, dans l'extrême sud tunisien», *L'Illustration*, 6 mai 1911.
HARRY, Myriam, *Petites épouses*, Paris, Calmann-Lévy, 1901.
HARRY, Myriam, *Routes malgache. Le sud de Madagascar*, Paris, Plon, 1943.
HAUTECLOCQUE, Jean de, Déclaration au président Vincent Auriol, Palais de l'Élysée, cité par JULIEN, Charles-André, *Et la Tunisie devint indépendante*, Paris, Éd. Jeune Afrique, 1985.
HERVÉ, Gustave, *La Guerre Sociale*, cité par REBERIOUX, Madeleine, «La Gauche socialisté française : la Guerre Sociale et le Mouvement Socialiste, face au problème cononial», *Le Mouvement Social*, n° 46, janv.-mars, 1964.
HOCQUARD, Charles Dr, *Une campagne au Tonkin*, Paris, Hachette, 1892.
HOUGRON, Jean, *Mort en fraude*, Paris, Donnat, 1953.
HOUGRON, Jean, *Soleil au ventre*, Paris, Éd. Mondiales, 1957.
HUGO, Victor, *Bug Jargal*, Paris, 1818.
HUGO, Victor, Propos tenus au général Bugeaud chez Mme de Gérardin, 9 janv. 1841, *in Choses vues. Souvenirs, journaux, cahiers*, Vol. I, 1830-1846, Paris, Gallimard, Coll. Folio, 1972.
HUGO, Victor, «Faits contemporains» (arrivée du Bey de Tunis), 18 déc. 1846, *in Choses vues.*
HUGO, Victor, «Mahomet», 11 févr. 1849, *in La Légende des Siècles*, Bruxelles, 1859.
HUGO, Victor, «Orientale», Jersey, 20 nov. 1852 ; *in Les Châtiments*, Bruxelles, 1853.
HUGO, Victor, «L'An Neuf de l'Hégire», 15 janv. 1858, *in La Légende des Siècles.*
HUGO, Victor, «Le cèdre», 20-24 oct. 1858, *in La Légende des Siècles.*
HUMBOURG, Pierre, *Tous feux éteints*, Paris, Libr. Gallimard, 1928.
HUVELIN, Paul, Préface à l'ouvrage du général BREMOND, *L'Islam et les questions musulmanes au point de vue français*, Paris, Charles Lavauzelle & Cie, 1924.
ISAAC, Jules, Discours prononcé à l'occasion de la réception à la Chambre de Commerce de Lyon de M. Paul Doumer, Gouverneur général de l'Indochine, 1901 ; Compte-rendu des travaux, Lyon, 1902, cité par LAFFEY, John, «Les racines de l'impérialisme français en Extrême-Orient. À propos des thèses de J.-F. Cady», *Revue d'Histoire moderne et contemporaine*, avr.-juin, 1969.
JACQUIER (Abbé) : voir RICORD (Abbé).
JAMMES, Francis, *Mémoires*, Vol. I, *De l'âge divin à l'âge ingrat*, Paris, Plon-Nourrit, 1921.
JAMMES, Francis, «Le Jazz-band et la barbarie», Le Figaro, 9 oct. 1926.
JAMMES, Francis, *Lavigerie*, Paris, Flammarion, Coll. Les Grands Cœurs, 1927.
JANNEQUIN, Claude, *Voyage de Libye au Royaume de Senega le long du Niger en 1639*, Paris, 1643, cité par COQUERY, Catherine, *La découverte de l'Afrique. L'Afrique noire*

atlantique des origines au XVIIIe siècle, Paris, Julliard, Coll. Archives, 1965.
JAURES, Jean, Conférence à l'Alliance Française, Albi, 1884, cité *in Textes choisis. I. Contre la guerre et la politique coloniale*, Introduction de Madeleine REBERIOUX, Paris, Éd. Sociales, Coll. Les Classiques du Peuple, 1959.
JAURES, Jean, «En Algérie», *La Petite République*, 21 janv. 1898.
JAURES, Jean, Discours devant la Chambre des Députés, 24 janv. 1908 ; *in Œuvres. Pour la Paix. III. Le guêpier marocain, 1906-1908*, Paris, Les Éd. Rieder, 1933.
JAURES, Jean, Discours devant la Chambre des Députés, 28 juin 1912, *in Textes choisis*.
JEANJEAN, Marcel, «Baromètre», *Le Monde Colonial Illustré*, janv. 1927.
JEANSON, Francis, «Logique du colonialisme», *Les Temps Modernes*, juin 1952.
JEANSON, Francis & JEANSON, Colette, *L'Algérie hors la loi*, Paris, Éd. du Seuil, 1955.
JOSSET, E., *À travers nos colonies*, Paris, Armand Colin, 1901.
JOURDAIN, Francis, «Sur le problème colonial», *Clarté*, 15 mars 1937.
JULIEN, Charles-André, *Histoire de l'Afrique du Nord*, Paris, Payot, 1931.
JUNG, Eugène, *L'Islam sous le joug (la nouvelle Croisade)*, Paris, Chez l'Auteur, 1926, Rééd. sous le titre *L'Islam, notre ami, notre allié*, Saint-Ouen, Centre Abad, 1992.
JUNG, Eugène, *Les Arabes et l'Islam en face des nouvelles Croisades ; Palestine et Sionisme*, Paris, Chez l'Auteur, 1931 *in L'Islam, notre ami*.
KADDOUR BEN NITRAM (pseudonyme de MARTIN, Edmond), *Les Sabirs*, Tunis, Impr. J.-C. Bonici, 1931.
KAPPS, Walter, *Mahlia la métisse*, Film, France, 1943, cité par BALDIZZONE, José, «La Perle de l'Empire», *in* «Souvenirs d'Indochine», *Les Cahiers de la Cinémathèque. Revue d'Histoire du Cinéma*, n° 57, 1992.
KESSEL, Joseph, *Nuits de Montmartre*, Paris, 1932, cité par SCHOR (1985).
KRASUCKI, Henri, «Réponse à Andrée Michel», *La Pensée*, mars-avr. 1959.
KUBNIK, Henri, «Une fleur sur l'oreille», partition, musique de Henri BOURTAYRE, Paris, Arpège, 1946.
LA BRUYÈRE, René, *Le dernier voilier dans l'océan Pacifique*, Paris, 1928, cité par MARGUERON, Daniel, *Tahiti dans toute sa littérature. Essai sur Tahiti et ses îles dans la Littérature, de la découverte jusqu'à nos jours*, Paris, L'Harmattan, 1989.
LACAPERE, G. (Docteur), *La Syphilis arabe*, Paris, Libr. Octave Doin, Gaston Doin, 1923.
LACOUTURE, Jean, «Polémique en surface, malaise en profondeur», *in Maroc et Tunisie. Le problème du Protectorat*, Paris, La Nef, Julliard, mars 1953.
LAFARGUE, Paul, «Le Droit à la Paresse. Réfutation du Droit au Travail de 1848», *L'Égalité*, juin-août 1880, *in Textes choisis*, Paris, Éd. Sociales, Coll. Les Classiques du Peuple, 1970.
LAFONT, Pierre-Bernard, «La criminalité nord-africaine dans la Région Parisienne», *Esprit*, sept. 1953.
LA FOUCHARDIÈRE, Georges de, *L'Œuvre*, 10 juin 1925, cité par SCHOR (1985).
LAFRIQUE, Armand, *Poésies. Rimes françaises, rimes tonkinoises*, Hanoi, Éd. Mac Dinh Tu, 1915.
LAMARTINE, Alphonse de, Lettre, Baalbek, 28 mars 1833, *in Souvenirs, impressions, pensées et paysages pendant un voyage en Orient*, Paris, 1835.
LAMARTINE, Alphonse de, Discours à la Chambre des Députés, 2 mai 1834, cité par

PRIOLLAUD, Nicole, *La France colonisatrice*, Paris, Liani Lévi-Sylvie Messinger, Coll. Les Reporters de l'Histoire, 1983.

LAMARTINE, Alphonse de, «Les Esclaves. Fragments d'une tragédie», *Revue des Deux-Mondes*, janv.-mars 1843, pièce jouée à Paris en 1850 sous le titre *Toussaint Louverture*, Paris, Michel Lévy-Frères, 1870.

LANIER, L., ROGEAUX, C. & LABORDE, A., «Cours de Géographie méthodique. La France et ses colonies. Les cinq parties du monde», *Manuel à l'usage des Écoles Primaires et des classes élémentaires des Lycées et Collèges*, Paris, Libr. Classique Eugène Belin, 1903.

LAROUSSE, Pierre : voir Dictionnaire.

LAUBREAUX, Alain, «Une heure chez les mangeurs d'hommes», *Candide*, 14 mai 1931, cité par HODEIR, Catherine & PIERRE, Michel, *L'Exposition coloniale*, Bruxelles, Éd. Complexe, Coll. La Mémoire du Siècle, 1991.

LAUNAY, L. de, *Problèmes économiques d'après-guerre*, Paris, Libr. A. Colin, 1919.

LAUPTS, *Revue Scientifique*, 1897, cité par TRIDON (1913).

LAVIGERIE (Cardinal), «Lettre au Directeur des Écoles d'Orient», Alger, 1867, *Œuvres choisies*, Paris, 1884, cité par EMERIT, Marcel, «Le problème de la conversion des Musulmans d'Algérie sous le Second Empire. Le conflit entre Mac Mahon et Lavigerie», *Revue historique*, 1er trimestre 1960.

LEBLANC, A., «Confidences d'anthropophage», *Journal des Voyages*, 26 janv. 1908.

LEBLOND, Marius-Ary (pseudonyme unique de Georges ATHENAS & Aimé MERLO), *L'Oued*, Paris, Charpentier, 1907.

LEBLOND, Marius-Ary, *Ulysse, Cafre. Ou l'histoire dorée d'un Noir*, Paris, 1924.

LEBLOND, Marius-Ary, *Madagascar, création française*, Paris, Plon, 1934.

LEBLOND, Marius-Ary, *Histoires d'Afrique*, Tours, Mame, 1937, cités par ARZALIER, Francis, *Images de l'Afrique et des Africains en France de 1914 à 1962*, Beauvais, CRDP Picardie, 1994.

LE BON, Gustave, *La Civilisation des Arabes*, Paris, Firmin Didot, 1884.

LE BON, Gustave, «L'Algérie et les idées régnantes en France en matière de colonisation», *Revue scientifique*, 8 oct. 1887, cité par ROUVIER, Catherine, *Les idées politiques de Gustave Le Bon*, Paris, PUF, coll. Politique Aujourd'hui, 1986.

LE BRETON, Auguste, *Du rififi chez les hommes*, Paris, Gallimard, Coll. Carré noir, 1953.

LEENHARDT, Maurice, Lettre à ses parents, 15 oct. 1907, cité par PEREIRA DE QUEIROZ, Préface à la réédition de *Do Kamo*, Paris, Gallimard, 1971.

LEENHARDT, Maurice, «Notes d'ethnologie néo-calédonienne», *Travaux et Mémoires de l'Institut d'Ethnologie*, Vol. VIII, Paris, 1930.

LEENHARDT, Maurice, *Les gens de la grande Terre*, Paris, Gallimard, 1937.

LEENHARDT, Maurice, *Do Kamo. La personne et le mythe dans le monde mélanésien*, Paris, Gallimard, Coll. La Montagne Saint-Geneviève, 1947.

LE FEVRE, Georges, *L'épopée du caoutchouc*, Paris, Libr. Stock, 1927.

LEFRANC, Jean, «Coloniaux noirs et coloniaux blancs», *L'Illustration*, 19 janv. 1924.

LEGENDRE (Docteur), «L'œuvre de la Civilisation blanche en péril», *L'Illustration*, 3 avr. 1926.

LEIRIS, Michel, *L'Afrique fantôme*, Paris, Gallimard, 1934.

LEIRIS, Michel, «Race et Civilisation», *in Le racisme devant la science*, Paris, UNESCO, 1952.

LEIRIS, Michel, *Contacts de civilisations en Martinique et en Guadeloupe*, Paris, UNESCO / Gallimard, 1955.

LE LEAP, H. & BAUDRILLARD, J., «La France. Métropole et Colonies», *Manuel à l'usage des Cours préparatoires des Écoles primaires et des Classes élémentaires des Lycées et Collèges*, Paris, Libr. Delagrave, 1920.

LEMAITRE, Jules, «Les Achantis au Jardin d'Acclimatation», sept. 1887, *Impressions de Théâtre*, Paris, 1888, cité par PRIOLLAUD (1983).

LÉON XIII, Entretiens avec Mgr AUGOUARD, 1894, cité par NANTEUIL Jacques, «Mgr Augouard, L'Évêque des anthropophages», *Cahiers Charles de Foucauld*, 8e série, Vol. XXXII, 4e trimestre 1953.

LERMINIER, «De la conservation d'Alger», *Revue des Deux-Mondes*, avr.-juin 1836.

LEROY, Olivier, *La Raison primitive. Essai de réfutation de la théorie du prélogisme*, Paris, Libr. Orientaliste Paul Geuthner, 1927.

LESOURD, Paul, & al., *L'Année Missionnaire 1931*, Préface de S. Em. le Cardinal VERDIER, Paris, Desclée de Brouwer & Cie, 1931.

LE TAC, Joël, *Paris-Match*, 15 mai 1954.

LEVI, Sylvain, e. a., «Les appels de l'Orient», *Cahiers du Mois*, févr.-mars, 1925.

LEVILLOUX, *Les Créoles ou La vie aux Antilles*, 1835, cité par CORZANI, Jack, «L'image de l'homme de couleur avant 1848 (Meynard de Queilhe et Levilloux)», *in La période révolutionnaire aux Antilles dans la littérature française*, Schœlcher, Martinique, 1987.

LEVI-STRAUSS, Claude, «Race et Histoire», *in Le racisme devant la science*, Paris, UNESCO, 1952.

LEVY, Jean-Benoît & EPSTEIN, Marie, *Itto*, Film, d'après le roman de Maurice LE GLAY, Paris, 1934.

LÉVY-BRUHL, Lucien, *La mentalité primitive*, Paris, Libr. Félix Alcan, Bibl. de Philosophie contemporaine, 1922.

LÉVY-BRUHL, Lucien, *L'âme primitive*, Paris, Libr. Alcan, 1927.

LÉVY-BRUHL, Lucien, *Le surnaturel et la nature dans la mentalité primitive*, Paris, Libr. Alcan, 1931.

LÉVY-BRUHL, Lucien, *La mythologie primitive*, Paris, Libr. Alcan, 1935.

LÉVY-BRUHL, Lucien, *Morceaux choisis*, Paris, Gallimard, NRF, 1936.

LÉVY-BRUHL, Lucien, *L'expérience mystique et les symboles chez les primitifs*, Paris, Libr. Alcan, 1937.

LÉVY-BRUHL, Lucien, *Les carnets de Lucien Lévy-Bruhl*, présentés et annotés par Maurice LEENHARDT, Paris, PUF, 1949.

LINNE, Charles de, *Systema Naturae*, 1758, Éd. française, 1793, cité par HUBERT VAN BLYENBURGH, Ninian, *Une étude du décalage entre les connaissances du public et le savoir scientifique en biologie humaine*, Thèse, Univ. de Genève, Dactyl. 1989.

LONDRES, Albert, *Marseille, porte du Sud*, Paris, Les Éd. de France, 1927.

LONDRES, Albert, *Terre d'ébène. La traite des Noirs*, Paris, Albin Michel, 1929.

LONGUET, Robert-Jean, «À propos de la Syrie», *Clarté*, mars 1938.

LONGUET, Robert-Jean, «Les Colonies et le salut de la France», *Clarté*, juin 1938.

LOTI, Pierre, *Le mariage de Loti*, Paris, Calmann-Lévy, 1880.
LOTI, Pierre, *Le roman d'un Spahi*, Paris, Calmann-Lévy, 1881.
LOTI, Pierre, *L'Inde (sans les Anglais)*, Paris, Calmann-Lévy, 1903.
LOUIS, Paul, *Le Colonialisme*, Paris, Soc. Nouvelle de Libr. et d'Éd., Bibliothèque Socialiste, 1905.
LOUVET, R. P., *La Cochinchine religieuse*, Paris, Leroux, 1885.
LOUVET, R. P., *Les Missions catholiques aux XIXe siècle*, Lille, Desclée de Brouwer, s.d.
LOYSEL, Jean, «Niam Niam!», partition, Paris, A. Molinier, s.d.
LOZERAY, Henri, «Pour une Union française fraternelle et démocratique», Discours à l'Assemblée Nationale Constituante, 20 mars 1946, *Brochure PCF*, 1946.
LOZERAY, Henri, «La Lutte du peuple français pour la démocratie et l'émancipation des peuples coloniaux», *Cahiers du Communisme*, avr. 1946.
LUGUET, Pierre, «Pirates annamites. Le sergent Michel», *Journal des Voyages*, 29 déc. 1901.
LUITZ-MORAT, *Le sang d'Allah*, Film, scénario écrit en collaboration avec Alfred VERCOURT, Paris, 1922.
LYAUTEY, Hubert (Lieutenant-Colonel), Lettre à Henry BERANGER, 10 mai 1898, *in Les plus belles lettres de Lyautey*, Paris, Calmann-Lévy, 1962.
LYAUTEY, Hubert (Général), Lettre à Gaston DOUMERGUE, ministre des Affaires étrangères, 9 juin 1914.
LYAUTEY, Hubert (Général), Discours prononcé lors de la Réception organisée en son honneur par la Chambre de Commerce de Lyon, 29 févr. 1916, *in Paroles d'action. Madagascar, Sud Oranais, Oran, Maroc (1900-1926)*, Paris, Libr. Armand Colin, 1944.
LYAUTEY, Hubert (Maréchal), Discours prononcé lors de l'inauguration du Mirhab de la Mosquée de Paris, 19 oct. 1922, *in Paroles d'action.*
LYAUTEY, Hubert (Maréchal), Circulaire aux Officiers des Affaires Indigènes, 1925, cité par DELANOË, Guy, *Lyautey, Juin, Mohamed V. La fin d'un Protectorat*, Paris, L'Harmattan, 1988.
LYAUTEY, Hubert (Maréchal), *L'Islam et la politique contemporaine*, Paris, Libr. Félix Alcan, Bibl. d'Histoire contemporaine.
LYAUTEY, Pierre, *Chevauchées impériales*, Paris, SPES, 1939.
MAC ORLAN, Pierre, «Les rues secrètes. Bousbir», *Détective*, 8 févr. 1934.
MAGNIEN, Marius, «L'Indochine dans le mouvement national libérateur des peuples d'Asie», *Démocratie Nouvelle*, mars 1947.
MALET, Léo, *Micmac moche sur le Boul'Mich'*, Paris Robert Laffont, Les Nouveaux Mystères de Paris, 1957.
MALLERET, Louis, *L'exotisme indochinois dans la Littérature française depuis 1860*, Paris, Larose, 1934.
MALRAUX, André, Articles dans *L'Indochine*, puis dans *L'Indochine enchaînée*, Saigon, 1925, cité par LANGLOIS, Walter G., *André Malraux, l'aventure indochinoise*, Paris, Mercure de France, 1967.
MALRAUX, André, *Antimémoires*, Paris, Gallimard, NRF, 1967.
MANDOUZE, André, «Prévenons la Guerre d'Afrique du Nord. Impossibilités algériennes ou le mythe des trois départements», *Esprit*, juil. 1947.

MANNONI, Octave, *Psychologie de la Colonisation*, Paris, Seuil, Coll. Esprit, 1950.
MARAN, René, *Batouala. Véritable roman nègre*, Paris, Albin Michel, 1921.
MARCHAND (Colonel), «Salut aux troupes noires», *Lectures pour Tous*, 15 juil. 1913.
MARCHAND, René, *La nuit verte*, Paris, L. Fournier & Cie, s.d. (1929), cité par MARTINKUS-ZEMP (1973).
MARECHAL, Marie, *La dette de Ben Aïssa*, Paris, Hachette, 1876.
MARGUERITTE, Paul & Victor, *L'eau souterraine*, Paris, Félix Juven, 1903, seconde édition, Laffite & Cie, coll. Idéal Bibliothèque, 1910.
MARIE, A., «Immigration et hygiène mentale», *Archives de Neurologie*, avr. 1934, cité par SIMONNOT, Anne-Laure & LIAUZU, Claude, *Pourquoi?*, Ligue Franç. de l'Enseignement, janv. 1992.
MARITAIN, Jacques, Conférence à l'Université catholique de Paris, *La Libre Parole*, 20 avr. 1937, Revue *Races et Racisme*, mars-avr. 1937.
MARLOTTE, Jean-Louis, «Saigon», partition, Paris, Éd. Musicales Arpège, 1948.
MARQUET, Jean, *La Jaune et le Blanc*, Paris, Aux Éditeurs Associés, Les Éd. du Monde moderne, Coll. Le vaste Monde, 1927.
MARQUIS-SEBIE, Daniel, *Cieux africains*, Paris, Jean Crès, 1937.
MARROU, Henri-Irénée, «Colonisation et Décolonisation», *in La question algérienne*, Paris, Éd. de Minuit, 1958.
MARTIAL, René, *Les métis. Nouvelle étude sur les migrations, le métissage, la retrempe de la race française et la révision du Code de la Famille*, Paris, Flammarion, 1942.
MARTIN, Edmond : voir KADDOUR BEN NITRAM.
MARTIN, Françoise, *Heures tragiques au Tonkin (9 mars 1945-18 mars 1946)*, Paris, Berger-Levrault, 1948.
MARTIN DU GARD, Maurice, *Courrier d'Afrique : Sénégal, Soudan, Guinée*, Paris, Flammarion, 1943.
MARTY, Marcelle, *Un sidi ou La vie est belle...*, Paris, Albin Michel, Éd., 1938.
MARX, Georges, *La Cochinchine humoristique*, Paris, Bibl. de la Vie moderne, 1893.
MASSENET, Michel, *Contrepoison ou La Morale en Algérie*, Paris, Grasset, 1957.
MASSIGNON, Louis, «La situation en Algérie», *Esprit*, févr. 1951.
MASSIGNON, Louis, *Opera Minora*, Beyrouth, 1963, puis Paris, PUF, 1969.
MASSIGNON, Louis, *La Passion de Hallâj*, Paris, Gallimard, 1975.
MASSIGNON, Louis, *Parole donnée*, Paris, Seuil, 1983.
MASSIS, Henri, *Défense de l'Occident*, Paris, Libr. Plon, Coll. Le Roseau d'Or, 1927.
MAT, «Les aventures extraordinaires de Biquet et de son chien Plouf», *Vaillant*, UJRF, 13 juil, 1945.
MATHOT, Léon, *La danseuse de Marrakech*, Film, scénario de Léopold GOMEZ, Paris, 1949.
MAUCLAIR, Camille, *L'Orient vierge. Roman épique de l'An 2000*, Paris, 1895.
MAUNIER, René, *Sociologie coloniale*, Vol. I, *Psychologie des expansions*, Paris, Domat-Montchrestien, 1936.
MAUPASSANT, Guy de, «Lettre d'Afrique», *Le Gaulois*, 20 août 1881, *in Choses et autres*, Paris, Livre de Poche, 1993.
MAUPASSANT, Guy de, «Marauca» (signé MAUFRIGNEUVE), *Gil Blas*, 2 mars 1882,

repris sous le titre «*Marroca*» in *Mademoiselle Fifi*, Paris, Charpentier, 1885.
MAUPASSANT, Guy de, «Le Zar'ez», *La Revue Bleue*, 1er déc. 1883, *in Au Soleil*, Paris, Havard, 1884.
MAUPASSANT, Guy de, *Bel Ami*, Paris, Victore Havard, 1885.
MAUPASSANT, Guy de, «Boitelle», *L'Écho de Paris*, 22 janv. 1889, *in La main gauche*, Paris, Ollendorff, 1889.
MAUPASSANT, Guy de, «Allouma», *L'Écho de Paris*, 10 au 15 févr. 1889, *in La main gauche*.
MAURIAC, Fraçois, Journal, 20, août 1953, *Bloc Notes*, Paris, Flammarion, 1958.
MAURIAC, Fraçois, Préface à l'ouvrage d'Élie WIESEL, *La Nuit*, Paris, Éd. de Minuit, 1958, cité par HERSZBERG, Bernard, «Repérages de quelques chaînes signifiantes en relation avec la question posée», *in* «Sans distinction de... race», *Mots, les langages du Politique*, n° 33, déc. 1992.
MAURY, G., «La paix française en Afrique du Nord», *Le Monde*, 10 avr. 1947.
MAUSS, Marcel, *L'Année Sociologique*, Vol. IV, 1899-1900, cité par BENETON, Philippe, *Histoire de mots : Culture et Civilisation*, Paris, Presses de la FNSP, 1975.
MAZERES, M., *De l'utilité des colonies*, Paris, 1814.
MEGRET, Christian, *Les anthropophages*, Paris, Arthème Fayard & Cie, 1937.
MEMMI, Albert, *Portrait du Colonisé, précédé du Portrait du Colonisateur*, Paris, Buchet-Chastel, 1957.
MEMMI, Albert, *L'Homme dominé*, Paris, Gallimard, 1968.
MERIC, Victor, «Flibusterie coloniale», *Les Hommes du Jour*, 3 juin 1911.
MERLIN (Gouverneur général), «Opinion des Gouverneurs», *La Dépêche Coloniale Illustrée*, janv. 1916.
MEYNARD DE QUEILHE, Louis de, «Les trois nuits de la Martinique», *Le Voleur*, 10 août 1833, cité par HOFFMANN (1973).
MICHEL, Andrée, «Les travailleurs algériens en France», Paris, Travaux du Centre d'Ét. Sociologiques, Éd. du CNRS, 1956.
MICHEL, Andrée, «Sociologie des relations raciales», *La Pensée*, janv.-févr. 1959.
MICHEL, Louise, *Légendes et chants de gestes canaques*, Paris, Kéva & Cie, 1885.
MICHEL, Louise, *La Commune*, Paris, Stock, 1898.
MICHELET, Jules, *Introduction à l'Histoire universelle*, Paris, 1831.
MICHELET, Jules, *La Femme*, Paris, Hachette, 1860.
MILHAUD, Darius, *La création du monde*, Ballet, Paris, 1923, Livret de Blaise CENDRARS, *in Ma vie heureuse*, Paris, Éd. Belfond, 1973.
MILLE, Pierre, «La Race supérieure», *Revue de Paris*, 1905.
MILLE, Pierre, «Nos Sénégalais», *La Dépêche Coloniale Illustrée*, janv. 1916.
MILLE, Pierre & DEMAISON André, *La Femme et l'Homme nu*, Paris Les Éd. de France, 1924.
MILLE, Pierre, «Les indigènes et nous», *Le Monde Colonial Illustré*, nov. 1931.
MILLET, Raymond, *Trois millions d'étrangers en France. Les bienvenus. Les indésirables*, Paris, Libr. de Médicis, 1938.
MINIER, Jean, *L'amant jaune*, Paris, Éd. de la Lucarne, 1947.
MIRBEAU, Octave, *Le jardin des supplices*, Paris, 1889.

MITTERRAND, François, «Paradoxes et promesses de l'Union française», in «*Où va l'Union française? Du colonialisme à l'association*», *La Nef*, Paris, Julliard, juin 1955.
MOLLET, Guy, «Perdre l'Algérie, c'est perdre la France. Déclaration exclusive sur l'Algérie», *Jours de France*, 14 avr. 1956.
MONET, Paul, *Français et Annamites*, Paris, PUF, 1925.
MONET, Paul, *Les Jauniers. Histoire vraie*, Paris, Gallimard, NRF, 1930.
MONTEHUS, Georges, «Pan Pan l'Arbi», partition, Paris, Maison J. Ferrand, s.d. (1914-1918).
MONTESQUIEU, *De l'Esprit des Lois*, Paris, 1748.
MONTHERLANT, Henry de, *La Rose de sable*, Paris, Gallimard, NRF, 1968 (Roman écrit entre 1930 et 1932).
MONTHERLANT, Henry de, *Le Maître de Santiago*, Pièce jouée au Théâtre Hebertot, 1948 ; Paris, Gallimard, 1947.
MORAND, Paul, *AOF. De Paris à Tombouctou*, Paris, Flammarion, 1928.
MORAND, Paul, *Magie Noire*, Paris, Bernard Grasset, 1928.
MOREAU de SAINT-MÉRY, *Description de la partie française de l'île de Saint-Domingue*, Philadelphie, 1796, cité par COHEN, Claudine, «Taxinomie et ségrégation raciale : l'Anthropologie de Moreau de Saint-Méry», *in La période révolutionnaire aux Antilles dans la Littérature française*, Schœlcher, Martinique, 1987.
MOREL, Jean, Discours, Chambre des Députés, 1913, cité par METIN, A., *L'Indochine et l'opinion*, Paris, H. Dunod & E. Pinat, 1916.
MORIN, Marcelle, «Histoire du bled», *Terre d'Afrique Illustrée*, Alger, été 1925.
MOUHOT, Henri, *Voyage dans les Royaumes de Siam, de Cambodge, de Laos et autres parties centrales de l'Indo-Chine*, Paris, Libr. Hachette & Cie, 1872.
MOUTET, Marius, Déclaration devant le Comité Central de la Ligue des Droits de l'Homme, 6 juil. 1925, *Cahiers des Droits de l'Homme*, 1925, cité par OVED, Georges, *La gauche française et le nationalisme marocain, 1905-1955*, Paris, L'Harmattan, 1984.
MOUTET, Marius, «Le problème de l'Indochine», *Le Populaire*, 26 déc. 1945.
MOUTET, Marius, Déclaration, Hanoi, 1er janv. 1947, *Le Figaro*, 2 janv.
MUS, Paul, «Le Viet Nam chez lui», Conférence donnée à la Sorbonne, 1946, Paris, Centre d'Ét. de Politique étrangère, Paul Hartmann, 1946.
MUS, Paul, *Viet Nam. Sociologie d'une guerre*, Paris, Seuil, Coll. Esprit, 1952.
NACLA (Vicomtesse), «Les anthropophages au XXe siècle. Nouveau meurtre d'un Français», *Le Bon Journal*, 4 mai 1902.
NAPOLÉON III, Lettre au Maréchal de MAC MAHON, gouverneur général de l'Algérie, 20 juin 1865 ; citée par MAC MAHON lui-même, *Mémoires. Souvenirs d'Algérie*, Paris, Libr. Plon, 1932.
NAPOLÉON III, Lettre à Mgr LAVIGERIE, Archevêque d'Alger ; cité par EMERIT (1960).
NERVAL, Gérard de, *Voyage en Orient*, Paris, 1851, cité par HENTSCH Thierry, *L'Orient imaginaire. La vision politique occidentale de l'Est méditerranéen*, Paris, Les Éd. de Minuit, Coll. Arguments, 1988.
NIZAN, Paul, *Aden Arabie*, Paris, 1931.
NOLLY, Émile (pseudonyme du Capitaine DETANGER), *Le mariage de Bep Mao*, Paris,

Calmann-Lévy, 1925.
NOLLY, Émile, *Le conquérant*, Paris, Calmann-Lévy, Coll. Lisez, 1932.
NORA, Pierre, *Les Français d'Algérie*, Paris, Julliard, 1961.
NORES, Edmond, *L'œuvre de la France en Algérie. La Justice*, Paris, Félix Alcan, 1931.
ODINOT, Paul, *La vie musulmane et orientale. Le Monde Marocain*, Paris, Libr. des Sciences politiques et Soc., Marcel Rivière, Éd., 1926.
OLIVAINT, Maurice, «Amour d'exil», *in Les derniers oiseaux*, Paris, A. Lemerre, 1912.
PAGNOL, Marcel, *Marius*, Pièce jouée au Théâtre de Paris, 9 mars 1929, Paris, Fasquelle, 1946.
PAGNOL, Marcel, *Fanny*, Pièce jouée au Théâtre de Paris, 5 déc. 1931, *La Petite Illustration*, suppl. théâtral, mai 1934, cité par WANG, Nora, «Au jardin des supplices. L'image du Jaune en France : le dernier siècle», *Approches-Asie*, Univ. de Nice, n° 9, nouv. série, 1986-1987.
PAPILLAUT (Professeur), Intervention devant le XVe Congrès international d'Archéologie historique et d'Anthropologie, Paris, 20 au 29 sept. 1931, cité par GREGORY, Georges, «Le Congrès d'Anthropologie», *La Revue du Monde Noir*, n° 1, 1931.
PAUW, Cornelius de, «Observations sur les voyageurs», *in Recherches philosophiques sur les Américains*, Nouvelle édition augmentée d'une «Dissertation critique par Dom Pernetty et de la Défense de l'auteur des Recherches contre cette dissertation», Berlin, 1774, cité par DUCHET, Michèle, *Anthropologie et Histoire au Siècle des Lumières*, Paris, Éd. F. Maspéro, Coll. Bibl. d'Anthropologie, 1971.
PAVIE, Auguste, *À la conquête des cœurs. Le pays du million d'éléphants et du parasol blanc. Les Pavillons noirs. Déo Van Tri*, Préface de Georges CLEMENCEAU, Paris, Bossard, 1921.
PERI, Gabriel, «Départ pour l'Indochine», *L'Humanité*, 24 janv. 1924.
PERI, Gabriel, *La France du Front Populaire et les peuples coloniaux*, Intervention devant le IXe Congrès du PCF, Arles, 25-29 déc. 1937, Paris, Éd. du Comité populaire de propagande, s.d. (1938).
PERILLIER, Louis, Discours de Tunis, juin, 1950, *Le Monde*, 15 juin.
PEYROUTON, Marcel, *Le char des Dieux*, Paris, Les Éd. de France, 1930, cité par MARTINKUS-ZEMP (1973).
PICASSO, Pablo, Entretien accordé à Florent FELS, *Les Novelles Littéraires, artistiques et scientifiques*, 4 août 1923, cité par RUBIN, William, «Le primitivisme moderne : une introduction», *Le Primitivisme dans l'art du XXe siècle*, Paris, Flammarion, 1991.
PILOTAZ, Paul, *Soleil noir*, Paris, Gallimard, NRF, 1939.
PIONNIER, Marcel, «Quand la poule a chanté», *Journal des Voyages*, 8 avr. 1906.
PLEVEN, René, Discours de clôture de la conférence de Brazzaville, *in La Conférence africaine française, Brazzaville (30 janvier 1944 – 8 février 1944)*, Brazzaville, Éd. du Baobab, 1944.
POIRIE SAINTE-AURÈLE, *Cyprès et palmistes*, cité par CORZANI (1978).
POIRIER, Léon, *Caïn. Aventures des mers exotiques*, Roman, Paris, Rieder, 1930.
POIRIER, Léon, même titre, Film, Paris, 1930.
POMMEROL, Jean Mme, *Une femme chez les Sahariennes*, Paris, Flammarion, 1900.
POMPIDOU, Georges, *Pour rétablir une vérité*, Paris, Flammarion, 1988.

POORTER, Carel de, «Exotique de Paris», *Voilà, L'Hebdomadaire du reportage*, 7 sept. 1935.
POROT, Antoine (Professeur) : voir ARRII (Docteur).
POSTEL, Raoul, *L'Extrême-Orient. Cochinchine, Annam, Tong-Kin*, Paris, Degorce-Cadot, 1882.
POTHIER, Charles-Louis, «Nedjma», partition, *in Les nouveaux succès du compositeur Paul Chabran*, Paris, Éd. Paul Chabran, s.d.
POUGET, Émile, «Barbarie française», *Le Père Peinard*, 12 janv. 1890, cité par LANGLAIS, Roger, *Le Père Peinard*, Paris, Éd. Galilée, 1976.
POULBOT & al., «Nos Africains», *À la Baïonnette*, 28 sept. 1916.
POULENC, Francis, *Rhapsodie nègre*, Paris, 1917.
POUVOURVILLE, Albert de, *Griffes rouges sur l'Asie*, Paris, Éd. Baudinière, 1933.
PREVERT, Jacques, «Entendez-vous, gens du Viet Nam?», *in L'affaire Henri Martin*, Présentation de Jean-Paul SARTRE, Paris, Gallimard, NRF, 1953, repris *in La pluie et le beau temps*, Paris, Gallimard, 1955.
PREVOST, Antoine-François (Abbé), *Histoire générale des Voyages ou Nouvelle collection de toutes les Relations de Voyages*, Paris, Firmin Didot, 1746-1789.
PREVOST-PARADOL, A., «Sur l'Algérie, à propos de la brochure de l'Empereur», 11 nov. 1865, *in La France nouvelle, suivie de Pages choisies*, Paris, Garnier, Coll. Les Classiques de la politique, 1981.
PSICHARI, Ernest, «Carnets de route», 27 janvier 1907, *in Œuvres complètes*, Vol. I, Paris, Libr. Louis Conard, Libr. J. Lambert, 1948.
PSICHARI, Ernest, *Les voix qui crient dans le désert. Souvenirs d'Afrique*, Paris, Éd. Louis Conard, 1927.
PUGINIER (Monseigneur), *Notes sur le Tonkin*, Paris, 1887, cité par NGUYEN VAN PHONG, *La Société vietnamienne de 1882 à 1902 d'après les écrits des auteurs français*, Paris, PUF, Publ. de la Fac. des Lettres et Sc. Humaines de Paris-Sorbonne, 1971.
PUJARNISCLE, Eugène, «La métisse», *La Revue Indo-Chinoise*, 1922, cité par ISOART (1989-1990).
PUJARNISCLE, Eugène, *Philoxène ou De la Littérature coloniale*, Paris, Firmin Didot, 1931.
QUATREFAGES, Armand de, *L'espèce humaine*, Paris, Libr. Germer Baillière & Cie, Bibl. Scientifique Internationale, XXIII, 1877.
QUENTIN, Susanne, «Dans la pagode d'Amour», partition, Paris, Éd. Suzanne Quentin, 1928.
RAMBAUD, Alfred, «L'éducation française des Musulmans d'Algérie», *La Revue Bleue*, 10 sept. 1892, cité par GUILHAUME, Jean-François, *Les mythes fondateurs de l'Algérie française*, Paris, L'Harmattan, Coll. Minorités et Sociétés, 1992.
RAMBOSSON, *Les colonies françaises*, Paris, Delagrave, 1868, cité par VALLETTE, Jacques, «Note sur l'idée coloniale en France vers 1871», *Revue d'Histoire Moderne et Contemporaine*, Vol. XIV, avr.-juin, 1967.
RANDAU, Robert, *Les Algérianistes*, Paris, Sansot, 1911.
REBOUX, Paul, *Notre (?) Afrique du Nord. Maroc, Algérie, Tunisie. La valise... ou le cercueil!*, Bruxelles, Éd. de Chabassol, 1946.

RECLUS, Élisée, *L'Homme et la Terre*, Vol. III, Paris, Libr. Universelle, 1905.
RECLUS, Onésime, *Lâchons l'Asie, prenons l'Afrique*, Paris, Libr. Universelle, 1904.
RECLUS, Onésime, *Le partage du monde*, Paris, Libr. Universelle, 1906.
RECLUS, Onésime, *Un grand destin commence*, Paris, La Renaissance du Livre, 1917.
RECOULY, Raymond, *À travers l'Indochine et les pays voisins. Pistes, fleuves et jungles*, Paris, Les Éd. de France, 1932.
REIBEL, «L'ouvrier des régions industrialisées», *in La Lutte des Algériens contre la faim*, Éd. du Secrétariat Social, Alger, 1954.
REMY, Pierre-Jean, *Midi ou l'attentat*, Paris, Julliard, 1963.
RENAN, Ernest, *La Réforme intellectuelle et morale*, Paris, 1871.
RETORD (Monseigneur), Lettre au Curé de SALLES, 24 juin 1857, *Annales Propagation de la Foi*, Vol. XXX, 1858, cité par VO DUC ANH, *La place du Catholicisme dans les relations entre la France et le Viet Nam de 1851 à 1870*, Leiden, E.-J. Brill, 1969.
REY, Henri-François, «Il y a 200000 "bicots" en France», *France-Observateur*, 26 mai 1955.
REYNAUD, Paul, Discours d'ouverture de l'Exposition coloniale internationale de Vincennes, 6 mai 1931, *Le Figaro*, 7 mai 1931.
RHAISS, Elissa (pseudonyme de Rosine BOUMENDIL), «Kerteb», *in Le café chantant*, Paris, Plon, 1920.
RICHARD, Charles, *Étude sur l'insurrection du Dahra*, Paris, 1846.
RICHELET, Pierre, *Dictionnaire de la Langue française*, Lyon, 1759, cité par JEANEN, Cornelius J., «Réflextions sur l'image de l'Autre : L'Amérindien», *La période révolutionnaire aux Antilles dans la Littérature française*, Schœlcher, Martinique, 1987.
RICHEPIN, Jean, *Le Minaret*, Théâtre, Paris, 1913.
RICHET, Charles (Dr), *La sélection humaine*, Paris, Félix Alcan, 1919.
RICORD (Abbé) & JACQUIER (Abbé), Saint-Pierre de la Martinique, 1845, cités par CORZANI (1987).
RIFFAUD, Madeleine, *Les baguettes de jade*, Paris, Éd. Français Réunis, 1953.
RIMBAUD, Arthur, *Jugurtha*, Charleville, 2 juil. 1869, in *Œuvres complètes*, Paris, Gallimard, NRF, Bibl. de la Pléiade, 1963.
RIMBAUD, Arthur, Lettre à sa famille, Harar, 4 août 1888, in *Œuvres complètes*.
RIMBAUD, Arthur, Lettre à sa famille, 25 févr. 1890, in *Œuvres complètes*.
RIVIÈRE, Henri, *Souvenirs de la Nouvelle-Calédonie. L'insurrection canaque*, Paris, Calmann-Lévy, 1881. cité par DOUSSET-LEENHARDT, Roselène, *Terre natale, terre d'exil*, Paris, G. P. Maisonneuve & Larose, 1976.
ROBLÈS, Emmanuel, *Les hauteurs de la ville*, Alger, Charlot, 1948.
ROMAINS, Jules, Poème de 1925, *in L'Homme blanc*, Paris, Flammarion, 1937.
ROMIER, Lucien, *Explication de notre temps*, Paris, Grasset, 1925, cité par GIRARDET, Raoul, «L'apothéose de la plus grande France. L'idée coloniale devant l'opinion (1930-1935)», *Revue Française de Science Politique*, Vol. XVIII, n° 6 déc. 1968.
RONDET-SAINT, Maurice, *Dans notre Empire jaune. Notes et croquis*, Paris, Libr. Plon, 1917.
ROUBAUD, Louis, *Viet Nam. La tragédie indo-chinoise*, Paris, Libr. Valois, 1931.

ROUBAUD, Louis, *Mograb*, Paris, Bernard Grasset, 1934.
ROURE, Rémy, *Le Monde*, 25 juil. 1946.
ROUSSEAU, Jean-Jacques, *Discours sur l'origine et les fondements de l'inégalité parmi les hommes*, Académie de Dijon, 1754.
ROUSSIN, André, *La petite hutte*, Pièce créée à Bruxelles en oct. 1947, Paris, Èd. du Rocher, s.d.
ROUVEYRE, «Chochotte prend sons chocolat dans son lit», *Le Rire*, 7 juil. 1900.
ROYER, Louis-Charles, *La maîtresse noire*, Paris Les Éd. de France, 1928.
ROYER, Louis-Charles, *Kham, la Laotienne. L'or et les filles du Laos*, Paris, Les Éd. de France, 1936.
ROYER, Louis-Charles, *L'Algérie en rose... et en rouge*, Paris, Les Éd. de France, 1937.
ROYER, Louis-Charles, *Femmes tahitiennes*, Paris, Les Éd. de Paris, 1939.
ROYER, Louis-Charles, *Amours nordiques et tropicales*, Paris, Les Éd. de France, 1940.
ROYER, Louis-Charles, *Vaudou. Roman de mœurs martiniquaises*, Paris, Les Éd. de Paris, 1944.
ROYER, Louis-Charles, *Guide international de l'Amour*, Paris, Éd. de Paris, 1954.
RUFFIE, Jacques, Discours inaugural au Collège de France, déc. 1972.
RUFFIE, Jacques, *De la biologie à la culture*, Paris, Flammarion, Coll. Champs, 1983.
SABATTIER, G. (Général), *Destin de l'Indochine. Souvenirs et Documents (1941-1951)*, Paris, Plon, 1952.
SALE, Gustave, *Histoires coloniales*, Paris, Éd. d'Asie, 1931.
SARRAULT, Albert, *La mise en valeur des colonies françaises*, Paris, Payot, 1923.
SARRAULT, Albert, Discours devant les Élèves de l'École Coloniale, 5 nov. 1923, cité par ALLIER, Raoul, *Le non civilisé et nous. Différence irréductible ou identité foncière?*, Paris, Payot, Bibl. Scientifique, 1927.
SARRAULT, Albert, Discours de Constantine, 22 avr. 1927, cité par BIONDI, Jean-Pierre & MORIN, Gilles, *Les Anticolonialistes (1881-1962)*, Paris, Robert Laffont, Coll. Les Hommes et l'Histoire, 1992.
SARRAULT, Albert, *Grandeur et servitude coloniales*, Paris, Éd. du Sagittaire, Coll. Grandeur et servitude, 1931.
SARTRE, Jean-Paul & al., *L'affaire Henri Martin*, Paris, Gallimard, NRF, 1953.
SARTRE, Jean-Paul, «Le colonialisme est un système», *Les Temps Modernes*, mars-avr. 1956.
SAUSSURE, Léopold de, *Psychologie de la Colonisation française dans ses rapports avec les sociétés indigènes*, Paris, Félix Alcan, 1899.
SAUVAGE, Marcel, *Les secrets de l'Afrique Noire (sous le feu de l'Équateur)*, Paris, Denoël, 1937.
SAVIGNY & BISCHOF, *Les richesses du Tong-Kin, Les produits à y importer et l'exploitation française*, Paris, Libr. H. Odin, 1885.
SCHŒLCHER, Victor, «Encore Sœur Onésime», *Le Rappel*, 18 août 1875, *in Polémique Coloniale, 1882-1885. Suivi de Discours et articles divers*, Fort-de-France, Désormeaux, 1979.
SCHOLL, Aurélien, «Une Chinoise», *Gil Blas*, 23 sept. 1894.
SCHULTZ, Yvonne, *Dans la griffe du Jaunier*, Paris, Libr. Plon, 1931.

SEGALEN, Victor, «Gauguin dans son dernier décor», *Mercure de France*, juin 1904.
SEGALEN, Victor, «L'Humain, le Surhumain, l'Inhumain», Notes du 3 juin 1916, *in Essai sur l'exotisme. Une esthétique du divers*, Paris, Livre de poche, 1986.
SEGALEN, Victor, *Équipée*, Paris, 1915.
SENNEP, *Cartel et Cie*, Paris, Bossard, 1926.
SERVIER, André, *L'Islam et la psychologie du Musulman*, Paris, 1923, cité par SEURAT, Michel, «Le rôle de Lyon dans l'installation du mandat français en Syrie. Intérêts économiques et culturels, luttes d'opinion (1915-1925)», *in L'État de Barbarie*, Paris, Éd. du Seuil, Coll. Esprit, 1989.
SEUHL, Antonin, *Gabone. Roman d'amours coloniales*, Paris, Baudinière, 1933.
SIEGFRIED, André, *Autour de la route de Suez*, Le Havre, Impr. du Petit Havre, 1938.
SIEGFRIED, André, «La défense sanitaire de l'Occident», *Les Cahiers du Musée Social*, n° 1, 1943, cité par BIRNBAUM, Pierre, *La France aux Français. Histoire des haines nationalistes*, Paris, Éd. du Seuil, Coll. XXe siècle, 1993.
SIEGFRIED, André, «Casse-cou», Le Figaro, 3 janv. 1950.
SIEGFRIED, André, «Les difficultés de la France en Asie», Introduction à *L'année politique*, Paris, 1954.
SIMENON, Georges, «L'heure du nègre», *Voilà, L'Hebdomadaire du reportage*, 12 nov. 1932, *in À la recherche de l'Homme nu*, Paris, UGF, Coll. 10/18, 1976.
SIMENON, Georges, *Le coup de lune*, Paris, Libr. Arthème Fayard, 1933.
SIMENON, Georges, *45° à l'ombre*, Paris, Gallimard, 1936.
SIMENON, Georges, *Le Blanc à Lunettes*, Paris, Gallimard, 1937.
SIMENON, Georges, *Touriste de bananes*, Paris, Gallimard, 1938.
SOLUS, «La politique française à l'égard des institutions juridiques et coutumes autochtones dans les pays d'outre-mer», Stage d'Information sur les pays d'outre-mer, miméo, oct.-nov. 1949, cité par PERIES, Gabriel, «L'Arabe, Le Musulman, L'Ennemi dans le discours militaire de la Guerre révolutionnaire pendant la Guerre d'Algérie», *Mots. Les langages du Politique*, n° 30, mars 1992.
SOUSTELLE, Jacques, «L'Europe et les peuples coloniaux», *Clarté*, févr. 1938.
SOUSTELLE, Jacques, *Le drame algérien et la décadence française. Réponse à Raymond Aron*, Paris, Plon, Coll. Tribune Libre, 1957.
SPAAK, Charles : voir FEYDER, Jacques.
STALINE, Joseph, «De la façon de poser la question nationale», *La Pravda*, 8 mai 1921, repris *in Le marxisme et la question nationale et coloniale*, Paris, Èd. Sociales, 1953.
STAR, Jean, *Tonkinades*, Paris, Calmann-Lévy, 1902.
STEEG, Jules, *Le Rappel*, 7 nov. 1907.
STEINLEIN, *L'Assiette au Beurre*, 26 févr. 1902.
STIL, André, *La Seine a pris la mer*, Paris, Èd. Français Réunis, 1950.
STIL, André, *Le premier choc. Au château d'eau*, Paris, Éd. Français Réunis, 1951.
STIL, André, *Le premier choc. Le coup du canon*, Paris, Éd. Français Réunis, 1952.
STIL, André, *Le premier choc. Paris avec vous*, Paris, Éd. Français Réunis, 1953.
STIL, André, *Nous nous aimerons demain*, Paris, Éd. Français Réunis, 1957.
STIL, André, *Le foudroyage*, Paris, Éd. Français Réunis, 1960.
STIL, André, *Le dernier quart d'heure*, Paris, Éd. Français Réunis, 1962.

STODDARD, Lothrop, *Le flot montant des peuples de couleur contre la suprématie mondiale des Blancs*, Paris, Payot, 1925.
STORA-SUDAKA, Hélène, «Premières immigrations juives en Berbérie», *Bulletin de la Soc. de Conférences juives d'Alger*, n° 3, 1928-1929, citée par DEJEUX, Jean, *Femmes d'Algérie. Légendes, traditions, histoire, littérature*, Paris, La Boîte à Documents, 1987.
SUE, Eugène, *Atar Gull*, Paris, 1831.
SUE, Eugène, *Les Mystères de Paris*, Paris, Gosselin, 1842-1843.
SUGIER, Clémence, «Problèmes d'éducation en Algérie», *Esprit*, févr. 1951.
TAINE, Hippolyte, 1850, cité par LEGER, François, «L'idée de race chez Taine», *in L'idée de race dans la pensée politique française contemporaine*, Paris, Éd. du CNRS, 1977.
TAITTINGER, Discours, Chambre des Députés, 6 juin 1930 ; cité par ISOART, Paul, «Les députés français face au nationalisme vietnamien (1930-1932)», *in Actualités politiques et juridiques en Asie*, Paris, Libr. A. Pédone, 1988.
TAITTINGER, *Le rêve rouge*, Paris, Les Éd. du National, 1930.
TAUTAIN (Docteur), «L'Anthropophagie et les sacrifices humains aux Iles Marquise», *L'Anthropologie*, Vol. VII, 1896, cité par BERNHEIM, Pierre-Antoine & STAVRIDES, Guy, *Cannibales!*, Paris, Plon, 1992.
TERAMOND, Guy de, *Schmâm'ah'*, Paris, H. Simonis Empis, 1900.
THARAUD, Jérôme & Jean, *La randonnée de Samba Diouf*, Paris, Libr. Plon, 1922.
THARAUD, Jérôme & Jean, *La fête arabe*, Libr. Plon, 1931.
THIERRY, Augustin, *Histoire de la conquête de l'Angleterre*, Paris, 1825.
THOREZ, Maurice, Discours, IXe Congrès du PCF, Arles, 25-29 déc. 1937, *in Œuvres Complètes*, Vol. XV, Éd. Sociales, 1956.
THOREZ, Maurice, Discours sur l'Algérie, Alger, 11 févr. 1939, *in Œuvres Complètes*, Vol. XVI.
TOCQUEVILLE, Alexis de, «Notes prises avant le voyage d'Algérie et dans le courant de 1840», in *Œuvres Complètes*, Vol. III, *Écrits et Discours politiques*, Paris, Gallimard, NRF, 1962.
TOCQUEVILLE, Alexis de, «Travail sur l'Algérie», oct. 1841, *in Œuvres Complètes.*
TOCQUEVILLE, Alexis de, «Rapport sur le projet relatif aux crédits extraordinaires relatifs à l'Algérie», *Le Moniteur Universel*, 24 mai 1847, *in Œuvres Complètes.*
TOCQUEVILLE, Alexis de, «Rapport sur le projet de loi portant demande d'un crédit de trois millions pour les camps agricoles de l'Algérie», 2 juin 1847, *in Œuvres Complètes.*
TOPINARD, Paul (Professeur), «Instructions sur l'Anthropologie de l'Algérie», Société Anthropologique de Paris, Séance du 3 juil. 1873, *Bulletin SAP*, Vol. VII, 2e série, 1873.
TOPINARD, Paul (Professeur), Discussion sur le rapport du Dr Paul NEIS, Société Anthropologique de Paris, *Bulletin SAP*, Vol. V, 3e série, 1882.
TOPINARD, Paul (Professeur), *Éléments d'Anthropologie générale*, Paris, Adrien Delahaye & Émile Lecrosnier, 1885.
TRENET, Charles, «Biguine à Bongo», partition, Paris, Breton-Vianelly, 1938.
TRIDON, H., *Comment la France perdra ses colonies*, Paris, Éd. et Libr., 40 rue de Seine, 1913.
TRINQUIER, Roger (Colonel), *La guerre moderne*, Paris, La Table Ronde, 1958.

TRUMELET, *Les Français dans le désert. Journal d'une expédition aux limites du S'ah'râ algérien*, Paris, Garnier Frères, Éd., 1863, cité par LUCAS & VATIN (1982).

TZARA, Tristan, «Poème nègre», Zurich, 12 mai 1917, *in Œuvres complètes*, Vol. I, 1912-1924, Paris, Flammarion, 1975.

TZARA, Tristan, «Note sur l'Art nègre», Revue *S.I.C.*, sept.-oct. 1917, *in Œuvres complètes*.

VACHER DE LAPOUGE, Georges, *Systèmes et faits sociaux. Race et milieu social. Essai d'anthroposociologie*, Paris, Libr. des Sciences politiques et sociales Marcel Rivière, 1909.

VACHER DE LAPOUGE, Georges, «Dies Irae. La fin du monde civilisé», *Europe*, 1er oct. 1923.

VACHER DE LAPOUGE, Georges, Préface de l'édition française de l'ouvrage de Madison Grant, *Le déclin de la grande race*, Paris, Payot, 1926.

VAILLAND, Roger, Journal, Dzaoudzi, Mayotte, 28 juil. 1958, *in Écrits intimes*, Paris, Gallimard, 1968.

VALENSI, Théodore, *Yasmina. Roman arabe*, Paris, Méricant, 1922.

VALÉRY, Paul, «La crise de l'esprit», *Nouvelle Revue Française*, 1919, *in Œuvres complètes*, Vol. I, Paris, Gallimard, NRF, Bibl. de la Pléiade.

VANDELBOURG de, *Moulaye Ali*, Paris, Libr. Plon, 1931.

VAN DONGEN, Kaas, *Les Cahiers du Mois*, févr.-mars, 1925.

VAN GOGH, Vincent, Lettre à Théo VAN GOGH, 28 janv. 1889, *in Correspondance générale*, Paris, Gallimard-Grasset, 1960, cité par CACHIN, Françoise, *Gauguin*, Paris, Hachette, Coll. Pluriel, 1989.

VANLANDE, René, *L'Indochine sous la menace communiste*, Paris, J. Peyronnet & Cie, Éd. 1930.

VANLANDE, René, *Vaéa, étudiante tahitienne*, Paris, J. Peyronnet & Cie, 1938.

VARENNE, Alexandre, *Discours prononcé le 21 octobre 1927 par M. Alexandre Varenne, Gouverneur général de l'Indochine*, Hanoi, Brochure du Gouvernement général, 1927.

VARNA, Henri, «Colonies françaises», *in Paris qui remue*, spectacle du Casino de Paris, avec Joséphine BAKER, décors de Paul COLIN, Paris, 1931 ; cité par BAKER, Joséphine & BOUILON, Jo, *Joséphine*, Paris, Éd. Robert Laffont, 1976.

VERCORS, «Les marais du silence», *in L'Affaire Henri Martin*, Présentation de Jean-Paul SARTRE, Paris, Gallimard, NRF, 1953.

VERCOURT, Alfred : voir LUITZ-MORAT.

VERNE, Jules, *Cinq semaines en ballon*, Paris, Hertzel, 1863.

VERNE, Jules, *Les enfants du capitaine Grant*, Paris, Hertzel, 1868.

VERNE, Jules, *L'étonnante aventure de la Mission Barsac*, Paris, 1921 (Éd. posthume).

VERNET-HANUS (Commandant), cité par RIVET, Daniel, *Lyautey et l'instauration du Protectorat français au Maroc, 1912-1915*, Paris, L'Harmattan, Coll. Hist. et Perspective Méditerranéennes, 1988.

VEUILLOT, Louis, *Les Français en Algérie. Souvenir d'un voyage fait en 1841*, Tours, Mame, 1845 (c'est la 9e édition, 1880, qui a été utilisée ici).

VIAN, Boris, «Le problème du colon», Paris, 1953, *in Textes et Chansons*, Paris, C. Bourgeois, 1975.

VIDAL-NAQUET, Pierre, *La Raison d'État*, Paris, Éd. de Minuit, 1962.

VIGIER, Louis, *Djellani vendeur d'hommes*, Paris, Jules Tallandier, Coll. Chevaliers de l'Aventure, 1933 ; cité par Riesz Janos, «Les romans coloniaux», *in Images et Colonies (1830-1962)*, Paris, Publ. de la BDIC / ACHAC, 1993.
VIGNE D'OCTON, Paul, *La gloire du sabre*, Paris, Flammarion, 1900.
VIGNE D'OCTON, Paul, *La sueur du burnous. Les crimes coloniaux de la IIIe République*, Paris, Éd. de la Guerre Sociale, 1911.
VIOLETTE, Maurice, *L'Algérie vivra-t-elle? Notes d'un ancien Gouverneur général*, Paris, Libr. F. Alcan, 1931.
VIOLLIS, Andrée, *Indochine S.O.S.*, Préface d'André MALRAUX, Paris, Gallimard, 1933.
VIREY, Julien-Joseph, *Histoire naturelle du genre humain,* Paris, Crochard, 1801.
VUILLERMOZ, Émile, «Exotisme», *Art et Médecine*, mars 1931.
WANIER Dr, *L'Algérie devant le Sénat*, Paris, 1863.
WEILER, M. H., «Peuplement et démographie», *in Initiation à l'Algérie*, Paris, Libr. d'Amérique et d'Orient, Adrien Maisonneuve, Éd., 1957.
WEISS, Louise, «L'Indochine, avant-poste de l'Extrême-Occident», *Le Rassemblement,* 11 mars 1950.
WERTH, Léon, «Un vieux Noir dansait», *Monde*, 29 août 1931.
WILLENICH, Patrice de, «Femmes de toutes les couleurs. Congayes», *Voilà, L'Hebdomadaire du reportage*, avr. 1939.
YANN, L., *Croquis tonkinois*, Hanoi, Ed. MM. Chesnay, F. de Boisadan & F.-H. Schneider, 1889.
ZECCA, Ferdinand, *Le rêve de Dranem*, Film muet, Paris, 1905.
ZOLA, Émile, Carnets préparatoires à *Fécondité*, 1898-1899, cité par STEINS, Martin, «L'épisode africain de Fécondité et la tradition exotique», *Cahiers naturalistes*, Soc. Littéraire des Amis d'Émile Zola, n° 48, 1974.
ZOLA, Émile, *Les Quatre évangiles. Fécondité*, Paris, Eugène Fasquelle, 1899.
ZURCHER (Lieutenant de vaisseau), *Le Phlanstère de l'Algérie*, Alger, 1848, cité par TAILLIART, Charles, *L'Algérie dans la Littérature française*, Paris, Libr. Ancienne Édouard Champion, 1925.

▪ 익명으로 발표된 저서와 자료

Agence Territoriale Algérienne, *Guide de l'émigration par un colon*, Paris, 1881, cité par GUILHAUME (1992).
Congrès Colonial International, Paris, 2 vol., Challamel, 1889.
Exposition coloniale de Marseille, *L'Indo-Chine à l'Exposition Coloniale de Marseille*, Guide publié par le Commissariat général de l'IndoChine, Éd. du Journal des Colonies, Marseille, 1906.
Exposition Coloniale Internationale, Vincennes ; Programme du Pavillon de l'Indochine, Paris, Éd. d'Art Ponson, 1931.
Groupe Surréaliste, «Ne visitez pas l'Exposition coloniale», mai 1931, *in Tracts surréalistes et Déclarations collectives*, Vol. I, Paris, Le Terrain Vague, É. Losfeld, Éd., 1980.
Groupe Surréaliste, «Premier bilan de l'Exposition coloniale», 3 juil. 1931, *id.*

Homme de couleur (L'), Paris, Libr. Plon, Coll. Présences, 1939.
Institut français d'Opinion publique (IFOP), Sondage d'opinion, sept. 1945, cité par RUSCIO, Alain, «L'opinion française et la guerre d'Indochine (1945-1954). Sondages et Témoignages», *Vingtième Siècle, Revue d'Histoire*, n° 29, janv.-mars 1991.
Institut français d'Opinion publique (IFOP), janv. 1947, cité par Ruscio (1991).
Institut national d'Études démographiques (INED), «Français et immigrés», Sondage d'opinion présenté par Alain GIRARD et Jean STŒTZEL, Paris, *Cahiers de l'INED*, n° 19, PUF, 1953.
Institut national de Statistiques et d'Études économiques (INSEE), Sondage d'opinion, nov.-déc. 1949, cité par AGERON, Charles-Robert, «L'opinion publique face aux problèmes de l'Union française», *Les chemins de la décolonisation de l'Empire français, 1936-1956*, Paris, Éd. du CNRS, 1986.
JAVEL SDC, Affiche publicitaire, s.d., citée *in Négripub. L'image des Noirs dans la publicité depuis un siècle*, Paris, Soc. des Amis de la Bibl. Forney, s.d. (1987).
«Jeanne d'Arc africaine (Une). Épisode de l'invasion arabe en Afrique. La Kahina», Brochure anonyme, Paris, s.d. (v. 1890), citée par DEJEUX (1987).
Larousse, *Grand Dictionnaire Universel du XIXe siècle*, Rédaction de Pierre LAROUSSE, Paris, Éd. de Paris, 1866, Reprint, Slatkine, Genève-Paris, 1982.
Larousse, *Nouveau Larousse Illustré*, Paris, 1898.
Larousse, *Nouveau Larousse Universel. Dictionnaire encyclopédique en deux volumes*, Paris, 1948.
LIEBIG, «Une aventure au Congo», Vignette publicitaire, s.d. (v. 1900).
«Manifeste des Intellectuels français», oct. 1960, *Le Monde*, 7 oct. 1960.
Note sur les gens de couleur par un propriétaire colonial aussi respectable qu'instruit, Brochure, Martinique, années 1820, citée par BONNIOL, Jean-Luc, *La couleur comme maléfice. Une illustration créole de la généalogie des Blancs et des Noirs*, Paris, Albin Michel, 1992.
Parti Ouvrier Français, Congrès de Romilly, 1895, cité par WILLARD, Claude, *Les Guesdistes*, Paris, Éd. Sociales, 1968.
«Porquoi çi li fite di jor di l'an», Carte postale, Alger, Assus, Éd., s.d. (v. 1930).
Robert, *Dictionnaire historique de la langue française*, sous la direction d'Alain Rey, Paris, Éd. Le Robert, 1992.

■ 정기간행물

Afrique du Nord illustrée (L'), Alger, 29 avr. 1922.
Assiette au Beurre (L'), «Colonisons», 26 févr. 1902.
Assiette au Beurre (L'), «L'Algérie aux Algériens!», 9 mai 1903.
Assiette au Beurre (L'), «Le Maroc», 5 déc. 1903.
Assiette au Beurre (L'), «Civilisons le Maroc», 31 août 1907.
Assiette au Beurre (L'), «Terre à galons», 14 mars 1908.
Aurore (L'), 5 nov. 1949.
Aurore (L'), 1er avr. 1954.

Aurore (L'), 3 avr. 1954.
Bulletin de la Vie artistique, 15 nov.-15 déc. 1920, «L'Art nègre doit-il entrer au Louvre?», cité par PAUDRAT, Jean-Louis, «Afrique», *in Le Primitivisme dans l'art au XXe siècle*, Paris, Flammarion, 1991.
Cahiers du Mois (Les), «Les appels de l'Orient», févr.-mars 1925.
Canard Enchaîné (Le), n° spécial Exposition Coloniale, 6 mai 1931.
Clarté, «Que pensez-vous de la Guerre du Maroc?», n° 76, 1925.
Croix (La) d'Honneur (Roman Jeunesse), «Youssef Ban Salah, Le Spahi», 1er août 1915.
Courrier d'Haiphong (Le), déc. 1900, cité in Revue de Presse, *Revue Indo-Chinoise*, 14 janv. 1901.
Époque (L'), 10 févr. 1946.
Esprit, «Vers l'émancipation des colonies majeures», 1er déc. 1935.
Figaro (Le), 3 févr. 1950.
France-Soir, 1er avr. 1954.
France-Soir, «L'étau Viet se resserre sur les défenseurs de Diên Biên Phû», 23 avr. 1954.
Indépendant (L') - Écho de Constantine, 23 mai 1880, cité par AGERON, Charles-Robert, *Les Algériens musulmans et la France, 1871-1914*, Paris, PUF, 1968.
Illustration (L'), «Les voitures annamites à l'esplanade des Invalides», 15 juin 1889.
Journal des Débats (Le), 11 juil. 1925, cité par BERSTEIN, Serge & BECKER, Jean-Jacques, *Histoire de l'anti-communisme en France*, Vol. I, Paris, Olivier Orban, 1987.
Journal des Voyages (Le), «Les Touaregs à Paris», 18 avr. 1909.
Magasin Pittoresque (Le), «Mœurs des Indiens de la Guyane française», 31 août 1833.
Magasin Pittoresque (Le), mars 1834.
Marianne-Magazine, «Les femmes de l'Empire vous sourient», 10 mai 1939.
Matin (Le), n° spécial Exposition coloniale, 6 mai 1931.
Monde, n° spécial Exposition coloniale, 29 août 1931.
Monde (Le), 8 sept. 1945.
Monde Colonial Illustré (Le), «Le tour du monde en une heure par le cicérone et l'électrocar», juin 1931.
Monde Illustré (Le), 17 juin 1905.
Pélerin (Le), 13 juil. 1913.
Petit Journal (Le), «À Madagascar, les princesses royales prêchent la guerre sainte», 9 déc. 1894.
Petit Journal (Le), 25 août 1895.
Petit Journal (Le), «Les troubles de Margueritte (Algérie). Courageux dévouement d'une institutrice», 19 mai 1901.
Petit Journal (Le), 24 juin 1906.
Petit Journal (Le), «Un agitateur musulman prêchant la guerre sainte», 4 nov. 1906.
Petit Journal (Le), 22 juin 1913.
Petit Journal Illustré (Le), «La Police traque les indésirables», 8 févr. 1925.
Petit Marseillais (Le), 19 sept. 1906, cité *in L'Orient des Provençaux. Les Expositions coloniales*, Catalogue, Vieille Charité, Marseille, nov. 1982-févr. 1983.
Populaire (Le), 1er avr. 1954.
Rappel (Le), 7 nov. 1907 ; cité par OVED (1985).

Rire (Le), n° spécial Exposition coloniale, 23 mai 1931.
Saigonnais (Le), 27 mai 1884, cité par MEYER (1985).
Temps (Le), 23 févr. 1882, cité par PERROT, Michèle, *Les ouvriers en grève. France, 1871-1890*, Paris-La Haye, Mouton, 1974.
Temps Modernes (Les), «L'Algérie n'est pas la France», nov. 1955.
Trois couleurs (Les). Épisodes, contes et récits de la Grande Guerre, «Amar, le Turco», 27 janv. 1916.
Tunisie française, 17 avr. 1897.
Voyages aériens d'un petit Parisien à travers le monde (Les), «Deux contre mille!», Illustré, Paris, Public. J. Ferenczy, s.d. (v. 1900).

색인

단체, 사건

신문, 잡지, 저서, 대중가요 외

인명